Thomas Flemming

Gustav W. Heinemann – Ein deutscher Citoyen

KLARTEXT

Für Gisela und Clara

Thomas Flemming

Gustav W. Heinemann

Ein deutscher Citoyen

Biographie

1. Auflage Januar 2014

Satz und Gestaltung:
Klartext Medienwerkstatt GmbH, Essen

Umschlaggestaltung:
Volker Pecher, Essen

Titelabbildung:
© dpa/picture alliance

Druck und Bindung:
AALEXX Buchproduktion GmbH, Großburgwedel

ISBN 978-3-8375-0950-2

www.klartext-verlag.de

Inhalt

Vorwort
von Erhard Eppler

Nach den Erfahrungen, welche die Deutschen mit ihren Bundespräsidenten Horst Köhler und Christian Wulff machen mussten, ist es ziemlich still geworden um die früheren Amtsinhaber, vielleicht mit Ausnahme Richard von Weizsäckers. Auch von Gustav Heinemann ist nur noch selten die Rede. Dabei war er in seiner Amtszeit (1969 bis 1974) hoch angesehen, ja beliebt, und dies, obwohl die meisten Deutschen von 1950 bis 1966 wenig Gutes über ihn erfahren hatten: Dieser Heinemann, das war schon beinahe Konsens, sei ein Sektierer, ein Traumtänzer, ein »Neutralist«, der den Kommunisten auf den Leim gegangen sei, ein Fanatiker, der sich an Konrad Adenauer festgebissen hatte.

Erst als dieser Eigenwillige 1966 zum Bundesjustizminister ernannt wurde, begann sich das Bild zu wandeln. Warum musste ausgerechnet dieser viel Gescholtene endlich dafür sorgen, dass uneheliche Kinder mit ihren Vätern rechtlich als verwandt galten, dass diese Kinder Rechte hatten, sogar Erbrechte gegenüber dem unehelichen Vater? Warum hatte man auf ihn warten müssen, um den berüchtigten Paragrafen 175 des Strafgesetzbuches (Homosexualität) zwar noch nicht auszuradieren, wohl aber unwirksam zu machen?

Und dann Heinemann als Bundespräsident! Bescheiden, ganz und gar uneitel, und doch seiner Sache sicher, ein Präsident, der eine Rentnerin, die ihm geschrieben hatte, einfach anrief und dann eine Rede hielt, über die auch in solchen Blättern berichtet wurde, die ihm lange Zeit keine gute Zeile gewidmet hatten. Ein frommer Protestant, der nie vom christlichen Abendland schwärmte, ein Sozialdemokrat, der über die Freiheit und die Verantwortung des Bürgers – und der Bürgerin – sprach. Und dieser Präsident kam in eine aufgewühlte Gesellschaft, deren akademische Jugend den Aufstand probte. Er brachte es fertig, fast alle zu erreichen: die beleidigten Alten, die er an ihre Versäumnisse erinnerte und die allzu selbstgerechten Jungen, die er an das »Angebot des Grundgesetzes« erinnerte.

Über diesen Gustav Heinemann gab es bisher schon einiges an Literatur, über seine Deutschlandpolitik, seinen Konflikt mit Adenauer, auch über seinen Lebenslauf. Was noch fehlte, war die große, wissenschaftliche und alle Lebensabschnitte gleichgewichtig erfassende Biografie.

Die hat Thomas Flemming jetzt vorgelegt, gründlich recherchiert und sorgfältig dokumentiert. Auch wer – wie ich – Heinemann persönlich nahe stand, erfährt hier Neues, Präzises, worüber Heinemann nie sprach: was der linksliberale

Student in Marburg getrieben hat, wie er mit den Freunden Ernst Lemmer und Wilhelm Röpke diskutierte und feierte, wie aus dem agnostischen Studenten Heinemann der Mann der Bekennenden Kirche wurde, wie dieser hartnäckige kirchliche Widerständler seine Pflichten als Wirtschaftsjurist und Vorstandsmitglied in den Rheinischen Stahlwerken gewissenhaft und kompetent erfüllte, auch als diese Teil von Hitlers Kriegsmaschine geworden waren, wie er dies gegenüber seinem Freund Röpke schroff verteidigte, aber später doch einsah, dass auch er nicht ohne Schuld geblieben war. Oder wie der Laienprediger als Oberbürgermeister des zerstörten Essen um Brotrationen für seine Bergleute kämpfte.

Flemming findet ihm gegenüber den richtigen Ton. Bei aller Sachlichkeit des Berichts ist doch der Respekt spürbar vor einem Menschen, der zwar mehrmals in seinem Leben die Partei gewechselt hat, aber immer das Gegenteil eines Opportunisten war, immer der engagierte Citoyen blieb, der dem diente, was er für das Gemeinwohl hielt; für den die Freiheit, auch in der Wirtschaft, unentbehrlich war, aber gleichbedeutend mit der Übernahme von Verantwortung. Und der verstanden hatte, dass nun, im Atomzeitalter, »Friede der Ernstfall« geworden war.

Das hindert den Autor nicht an kritischen Fragen und Anmerkungen. Aber sie kommen nicht von oben herab. So passt diese Biografie auch in ihrem Stil zu ihrem Gegenstand, zu einer der interessantesten, markantesten und auf seine Weise wirksamsten Gestalten im Deutschland des 20. Jahrhunderts.

Wenn es eine Seite Heinemanns gab, die noch etwas mehr Licht verdient gehabt hätte, dann war es sein trockener Humor. Der ist wohl beim sorgfältigsten Quellenstudium schwer aufzufinden. Den Freunden war er wichtig. Etwa wenn sie eine Einladung zum Bundespräsidenten bekamen, auf der stand: »Kleidung beliebig, aber erwünscht.«

I. Einleitung

»Ich wünschte, ein Bürger zu sein«. Dieses Bekenntnis des alten Theodor Mommsen hätte auch das Lebensmotto Gustav W. Heinemanns sein können.[1] Wenngleich Heinemann diese Passage aus Mommsens »Politischem Testament« wahrscheinlich nicht kannte, verweist sie doch – so eine Hauptthese dieses Buches – auf einen Grundzug seines Denkens und Handelns: Denn ein »mündiger Bürger« wollte Heinemann stets sein; ein Bürger, der als »mitverantwortliches und in freier Selbstbestimmung mitwirkendes Glied« den Staat und die Gesellschaft »als seine eigene Angelegenheit« versteht und sich aktiv an deren Gestaltung, womöglich steten Verbesserung beteiligt.[2] »Bürger« also ganz im Sinne eines engagierten »Citoyen«, so verstand es Heinemann, und nicht eines »Bourgeois«, der in erster Linie auf die Wahrung seines Besitzes und seiner Privilegien bedacht ist. Allerdings musste schon Mommsen erfahren, dass widrige politische Verhältnisse der Realisierung dieses Lebensentwurfs als eines mündigen Bürgers/Citoyen häufig entgegenstehen. »Das ist nicht möglich in unserer Nation, bei der der Einzelne, auch der Beste, über den Dienst im Gliede und den politischen Fetischismus nicht hinauskommt«, fährt Mommsen fort mit Blick auf das kaiserliche Deutschland im letzten Drittel des 19. Jahrhunderts.

Es wird zu fragen sein, inwieweit es Gustav W. Heinemann gelang, dieses Ideal bürgerlicher Existenz für sich zu realisieren, und zwar unter ganz anderen Verhältnissen als die, unter denen Mommsen im 19. Jahrhundert zu leiden hatte – Verhältnisse, die zwischen 1933 und 1945 einer selbstbestimmten Bürgerexistenz noch weit stärker entgegenstanden als das wilhelminische Deutschland.

Im Falle Heinemanns war es – so meine These – eine spezifische Ausprägung des Bürgerlichen, die sich in den Wirren, Abgründen und politischen Kämpfen des 20. Jahrhunderts bilden und behaupten musste. In seiner Person verband sich der politisch engagierte Bürger – »animal politicum« (Mommsen) – mit dem erfolgreichen Wirtschaftsbürger und darüber hinaus mit dem gläubigen Christen. Zu fragen sein wird auch nach dem weltanschaulichen Fundament von Heinemanns Selbstbild als Bürger, d. h. nach jenen Werten, Überzeugungen und Leitbildern, an denen Heinemann sich orientierte. Heinemann selbst hat sich mit dieser Frage nach den metaphysischen Grundlagen bürgerlicher Existenz in bestimmten Lebensphasen sehr ernsthaft beschäftigt.

Es deutete lange Zeit nichts darauf hin, dass Gustav W. Heinemann einmal eine führende Rolle in der SPD spielen und sogar der erste sozialdemokratische Bundespräsident werden sollte – so kritisch wie er sich immer wieder zur Politik der SPD äußerte, in deren Verlautbarungen er 1919 beispielsweise »nichts als platte, negativste und geistlose Demagogie« sah.[3] 1920 empörte sich der Student Heinemann über die »ganz verwerfliche Wahlagitation« der Sozialdemokraten, die durch ihre Angriffe gegen die Deutsche Demokratische Partei und das Zentrum – »mit alten Phrasen und Schlagwörtern« – den Republikfeinden in die Hände spielten.[4] Noch der 50-jährige Heinemann stand der Sozialdemokratie ablehnend gegenüber und attestierte ihr 1949 »geistige Rückständigkeit«.[5] Später formulierte er es so: »Es gab eine geraume Zeit in meinem Leben, wo es für mich außerhalb jeder Erwägung stand, der SPD anzugehören. ... Aus Elternhaus, Schule und Erziehung war mir die SPD fremd.«[6]

Es war Heinemann auch nicht an der Wiege gesungen, dass er dereinst in der Evangelischen Kirche Deutschlands eine führende Rolle spielen und geradezu als Prototyp eines christlich geprägten Politikers gelten sollte. Denn diese Wiege stand in einem (vom Vater her) betont atheistischen Elternhaus, wo der Vater eine materialistische Weltanschauung nach Art der monistischen Lehre eines Ernst Haeckel vertrat. Sohn Gustav teilte lange Zeit diese religionsferne Geisteshaltung, welche den menschlichen Verstand über alles stellt. Wiederholt bezeichnete sich der junge Gustav Heinemann als einen »religiös unmusikalischen Menschen« ohne jedes »fromme Gefühl«.[7] Er sei nun mal ein »Freigeist und aller irrationalen Bindungen« ledig.[8]

Und doch fanden sie zusammen – Heinemann und die Evangelische Kirche und auch, im Sommer 1957, Heinemann und die deutsche Sozialdemokratie. Bis dahin war es allerdings ein weiter Weg, auf dem sowohl Gustav Heinemann als auch die protestantische Kirche und die SPD sich stark verändern mussten, bevor sie in engere Beziehung treten konnten, wobei diese Beziehung nie frei von Konflikten und »Fremdheiten« blieb. Dennoch – oder gerade wegen dieser »Spannungen« – sollte daraus in beiden Fällen eine sehr fruchtbare Beziehung entstehen.

Der politische Lebensweg Heinemanns hat nicht nur auf den ersten Blick etwas Sprunghaftes. Er führte ihn in insgesamt fünf politische Parteien: Deutsche Demokratische Partei (DDP), Christlich-Sozialer Volksdienst, CDU, Gesamtdeutsche Volkspartei (GVP) und schließlich in die SPD. Er gelangte in zahlreiche politische Ämter: u. a. Oberbürgermeister von Essen (1946–1949), Bundesinnenminister im ersten Kabinett Adenauer (1949/50), Bundesjustizmister der Großen Koalition (1966–1969) und schließlich Bundespräsident (1969–1974). Innerhalb der Evangelischen Kirche war Heinemann neben anderen Funktionen Mitglied im Rat der EKD (1945–1967), CVJM-Vorsitzender in Essen (1936–1950) und von 1949 bis 1955 Präses der Synode der EKD.

Darüber hinaus machte Gustav Heinemann seit Ende der zwanziger Jahre auch als Rechtsanwalt und Industrie-Manager (Justitiar) eine steile Karriere, die ihn bis in den Vorstand der Rheinischen Stahlwerke führte und ihm einigen Wohlstand und damit auch wirtschaftliche Unabhängigkeit sicherte.

Als eine der wichtigsten Leitlinien seines Denkens und Handelns – vielleicht die wichtigste überhaupt – erscheint Heinemanns Bemühen, in den Wirren und Abgründen des 20. Jahrhunderts eine »bürgerliche Existenz« zu führen.[9] Sein Lebensweg erschiene dann als eine spezifische Ausprägung bürgerlicher Existenz in Deutschland im 20. Jahrhundert und Heinemann selbst als »deutscher Bürger ohne Misere«, um es in Anlehnung an einen Buchtitel von Ernst Bloch zu formulieren.[10]

II. Herkunft und frühe Erfahrungen

Gustav W. Heinemann kam am 23. Juli 1899 in Schwelm, einem kleinen Industriestädtchen in der Nähe von Hagen (Bergisches Land), als erstes Kind der Eheleute Johanna, geborene Walter, und Otto Heinemann zur Welt. Vater Otto Heinemann war einige Jahre zuvor aus seinem Heimatort Eschwege bei Kassel nach Schwelm gezogen, wo ihm die Stelle eines Spar- und Stadtkassenkontrolleurs angeboten worden war. Lange hielt es die junge Familie jedoch nicht im Bergischen. Schon im Dezember 1900 trat Otto Heinemann bei Fried. Krupp in Essen als Assistent des »Büros für Arbeiterangelegenheiten« ein, und die Heinemanns übersiedelten ins damals noch selbstständige Rüttenscheid südwestlich von Essen.[1] 1903 zogen sie nach Essen, wo im Februar 1904 Gustavs Schwester Lore geboren wurde.

Der Erstgeborene erhielt seine Vornamen nach dem Großvater mütterlicherseits Gustav Walter, dem gut situierten Inhaber eines florierenden Dachdecker- und Klempnergeschäfts in Barmen (heute Wuppertal-Barmen). Gustav W. Heinemann sollte zeitlebens auf diese Initialen »G. W. H.« großen Wert legen, worin nicht zuletzt seine Verehrung für den Barmer Großvater, einen bekennenden Demokraten in der Tradition der gescheiterten 1848er Revolution, zum Ausdruck kam. So veröffentlichte Heinemann Anfang der zwanziger Jahre Zeitungsartikel häufig unter dem Pseudonym »Gustav Walter«.

Der Vater Otto Heinemann – ein Aufsteiger

Gustav W. Heinemann war der Sohn eines »Aufsteigers«. Sein Vater Otto Heinemann nämlich hatte sich durch Strebsamkeit und Fleiß sowie dank überdurchschnittlicher Begabung aus kleinsten Verhältnissen emporgearbeitet. Geboren wurde Ernst Christoph Otto Heinemann am 26.9.1864 in Eschwege/Nordhessen als Sohn des Metzgers Friedrich Carl Heinemann (1834–1881). Dieser hatte es jedoch nie zu einem eigenen Geschäft gebracht und musste sich und seine fünfköpfige Familie durch den »Haus-zu-Haus-Verkauf« von Fleisch und Wurstwaren sowie Hilfsarbeiten bei etablierten Metzger-Kollegen am Rande des Existenzminimums ernähren. »Die Wohnung meiner Eltern war für unsere heutigen Wohnansprüche und polizeilichen Vorstellungen unvorstellbar. … Unser Haushalt war sehr einfach und … ärmlich«, schrieb Otto Heinemann in seinen um 1940 abgefassten Lebenserinnerungen.[2] Sowohl die Heinemanns als auch die Familie der Mutter Katharina Amalie, einer geborenen Schilling (1845–1929), Gustav Heinemanns

Großmutter, waren seit langem in der Region verwurzelt. Eine Eschweger Ratsliste von 1478 erwähnt einen Hans Heynemann und einen Hans Schilling als angesehene Handwerker des Ortes.[3]

Wie aus Briefen und anderen Zeugnissen hervorgeht, hatte Gustav Heinemann zu seinem Vater Otto ein vertrauensvolles Verhältnis und sah in dem strebsamen Mann in gewissem Sinne ein Vorbild. Es lohnt daher ein etwas eingehenderer Blick auf Otto Heinemann, da dessen Denken und Handeln für Gustav Heinemann von nicht unerheblicher Bedeutung gewesen sind.

Otto Heinemann half schon als Schuljunge bei benachbarten Bauern auf dem Feld, um das karge Familienbudget etwas aufzubessern. Und auch während seiner Lehr- und ersten Berufsjahre ging er »im Sommer oft vor der Bürozeit, sozusagen vor Tau und Tag, mit zur Feldarbeit«. Doch scheint ihm jede Verbitterung über die engen Verhältnisse des Elternhauses und die Notwendigkeit harter Arbeit schon in jungen Jahren ferngelegen zu haben. Es »hat mir nicht geschadet, vielmehr mir körperlich und seelisch wohlgetan.«[4] In dieser Aussage mag allerdings auch ein Stück nachträglicher Verklärung jener »kleinsten Verhältnisse« bzw. etwas Koketterie mitschwingen, mit der erfolgreiche Aufsteiger zuweilen auf die widrigen Umstände ihres Herkommens zurückblicken.

Während der Vater – Gustav Heinemanns Großvater – in den Erinnerungen von Otto Heinemann eher als »Versager« da steht, erscheint die Mutter Katharina Amalie als eine sehr tatkräftige Frau, die durch Improvisationstalent und hausfrauliches Geschick die häuslichen Verhältnisse aufzuhellen wusste. Nach dem frühen Tod ihres Mannes war sie nahezu mittellos und brachte ihre drei Kinder zeitweilig mit einer kleinen Alkohol-Verkaufsstelle durch. Otto Heinemann schildert sie als eine »religiöse, rechtschaffene Frau und vor allem gute Mutter im besten Sinne des Wortes«, die ihrem Sohn und seinen zwei Geschwistern emotionale Wärme zu geben vermochte.[5] Otto Heinemann besuchte ab Ostern 1870 die lediglich sechs Klassen umfassende Elementarschule in Eschwege. Weil die offizielle Schulpflicht aber acht Jahre betrug, musste er absurderweise die oberste Klasse dreimal durchlaufen und den altbekannten Stoff wiederkäuen. »Neues kam nicht hinzu.«[6] Der Besuch einer höheren Schule kam trotz herausragender Leistungen Ottos wegen Geldmangels und der niedrigen sozialen Stellung der Familie nicht in Frage. So bekam Otto Heinemann früh einen Begriff von den Zwängen einer Klassengesellschaft, in der nicht Begabung, Leistung und Fleiß, sondern in erster Linie die Herkunft über Bildungs- und damit auch Lebenschancen entschied.

Doch der ehrgeizige Otto war nach eigenem Bekunden nicht gewillt, sich für seine Person mit diesen Verhältnissen abzufinden, sondern strebte früh eine höhere Stellung in der Gesellschaft an, als sie ihm von »Hause aus« eigentlich zustand. »Ich wollte ... etwas ›Besseres‹ werden und aus der wirtschaftlichen Enge und Ärmlichkeit des Elternhauses heraus.«[7] Unterstützung fand er dabei insbesondere im benachbarten Haus des Sanitätsrats Dr. Höfling, mit dessen Sohn Richard sich Otto Heinemann angefreundet hatte. Dort erhielt er zahlreiche Anregungen auf vielen Gebieten, »die außerhalb des Schulunterrichts und des Gesichtskreises des Elternhauses lagen.« Bei den Höflings las Otto voller Eifer Journale mit schöngeistiger Literatur und niveauvolle Zeitungen, vor allem die nationalliberale »Hessische Morgenzeitung«. Bald gehörte der aufgeweckte Heinemann quasi zur Familie. »Im Hause Höfling hatte ich eine zweite Heimat.«[8] Doch blieben ihm Verleugnung, gar Verachtung seiner Herkunft auch in dieser Umgebung, die so viel anregender und glanzvoller war als sein eigenes Elternhaus, fremd. Als ihm Sanitätsrat Höfling etwa eine Freistelle auf der Realschule in Eschwege verschaffen wollte, lehnte er dieses Angebot ab, weil er bei seinen Kameraden in der Volksschule bleiben wollte – »ein Ausfluss unbewussten Klassenstandpunktes«, wie Otto Heinemann es später nannte.[9]

1878, mit knapp 14 Jahren, verließ Otto Heinemann die Elementarschule mit dem besten Abgangszeugnis seines Jahrgangs. Er begann eine Lehre als Kassengehilfe bei der staatlichen Steuerkasse für den Landkreis Eschwege, wobei von einer geregelten Ausbildung jedoch nicht die Rede sein konnte. »Wer etwas lernen wollte, war ... auf die eigene Weiterbildung angewiesen.«[10] Eine Erfahrung, die Otto Heinemann in seinem Berufsleben noch häufig machen sollte, ohne dass der strebsame und geistig aufgeweckte Metzgerssohn sich davon abschrecken ließ. In seinen Erinnerungen betont er vielmehr, welche Freude und Genugtuung es ihm bereitete, sich neue Aufgabenfelder weitgehend selbstständig zu erarbeiten – und damit sukzessive seinen beruflichen und gesellschaftlichen Aufstieg zu befördern.

Beispielsweise erledigte Otto Heinemann als Mitarbeiter der Reichsbahn-Güterexpedition Eschwege bald den gesamten Schriftverkehr bei Streitigkeiten mit anderen Expeditionen, wobei er mit geschliffen scharfen Formulierungen und autodidaktisch erworbenen Rechtskenntnissen seine Vorgesetzten zu beeindrucken wusste. Nach Feierabend arbeitete er noch regelmäßig als Buchhalter für die Tuchfabrik Kahn & Co., nachdem er sich die dafür nötigen Kenntnisse wiederum im Selbststudium angeeignet hatte. »›Nütze die Zeit und die Stunde‹ war mein Wahlspruch ... niemals müßig zu sein, ist mir in Fleisch und Blut übergegangen und hat mich immer beherrscht.«[11] Mit ähnlichem Eifer und Disziplin scheint Otto Heinemann auch seine Freizeit gestaltet zu haben, u.a. im örtlichen Turnverein. Kaum eingetreten wurde er bereits »Vorturner« einer eigenen Riege, und wenige Jahre später bereits Gauturnwart. Vor allem schätzte Otto Heinemann an der Turnerbewegung den »Geist von 1848«, für ihn ein »im besten Sinne demokratischer Geist«, zu dem selbstverständlich auch eine vaterländisch-großdeutsche Gesinnung in der Tradition von Turnvater Jahn gehörte.

Umso mehr bedauerte es Otto Heinemann, dass die Söhne der wohlhabenden und gebildeten Kreise von Eschwege sich von Turnverein und freiwilliger Feuerwehr – Heinemanns zweitem Freizeit-Engagement – weitgehend fernhielten, offenbar in der Absicht, die Klassenschranken auch außerhalb von Fabrik, Amtsstuben und Militär nicht verschwimmen zu lassen. Eine der vielen Kränkungen, die Otto Heinemann in der wilhelminischen Gesellschaft des Kaiserreichs hinnehmen musste. Dessen ungeachtet fühlte sich der ehrgeizige Angestellte in der Kameradschaft des Turnvereins sehr wohl, wo er unter den Handwerkern und Arbeitern einige lebenslange Freunde fand.[12] Hingegen missfielen ihm gewisse antisemitische Tendenzen, die sich nach 1890 auch in seinem Eschweger Turnverein verstärkt bemerkbar machten. Nach Kräften wandte er sich gegen Versuche, die jüdischen Vereinsmitglieder – »gute Kameraden und zum Teil gute Turner« – zu diskriminieren oder sogar auszuschließen, wie einige Jahre zuvor in Österreich geschehen.[13]

Nach Ableistung seines rund dreijährigen Militärdienstes beim Nassauischen Feldartillerie-Regiment Nr. 27, wo er es bis zum Unteroffiziersanwärter brachte, trat Otto Heinemann im März 1888 eine neue Stelle als Buchhalter bei der Kreissparkasse Eschwege an. Auch dort erledigte er seine Arbeit zur vollen Zufriedenheit seiner Vorgesetzten, sodass sich ihm bald Aufstiegsmöglichkeiten boten. »Aber Eschwege war zu klein für mich geworden: Ich fühlte Mut, mich in die Welt zu wagen.« Die Welt – das war zunächst das Industriestädtchen Schwelm im Bergischen Land, 15.000 Einwohner, Eisenwarenindustrie, Landwirtschaft. Ein eher überschaubares Terrain. Gleichwohl machte der 28-jährige Otto Heinemann mit dem Umzug nach Schwelm im Jahr 1892 einen beachtlichen Karriereschritt, indem er beim Magistrat der Stadt den verantwortungsvollen Posten eines Spar- und Stadtkassenkontrolleurs übernahm, mit einem Anfangsgehalt von 2.400 Mark im Jahr und Pensionsberechtigung. Die Schwelmer Sparkasse war seinerzeit außergewöhnlich groß, weil zahlreiche Einwohner der benachbarten Industriestädte Barmen und Elberfeld [heute Wuppertal, T. F.] es aus steuerlichen Gründen vorzogen, ihr Geld in der Nachbargemeinde zu deponieren. Bald fiel der gewissenhafte und ehrgeizige Sparkassenangestellte auch der Bezirksregierung in Arnsberg auf, die ihn 1895 zum Kommissar der Allgemeinen Ortskrankenkasse in Schwelm mit weitgehenden Kontrollbefugnissen bestellte. Dabei kam er erstmals mit dem Sozialversicherungswesen in nähere Berührung, einem Feld, das ihn Zeit seines Berufslebens nicht mehr loslassen sollte.

In seiner Freizeit führte der kontaktfreudige und vielseitig interessierte Otto Heinemann ein reges soziales Leben. Er gehörte dem örtlichen Turnverein an und nahm regelmäßig an Veranstaltungen der »Vereinigung für ethische Kultur« teil, deren Mitglieder – zumeist Akademiker – sich für die Verbreitung wissenschaftlicher Erkenntnisse in der Bevölkerung und die Durchsetzung sozial-ethischer Normen in der Politik einsetzten. Politisch stand er der Freisinnigen Volkspartei nahe, deren strikt wirtschaftsliberalen Kurs und nicht zuletzt deren scharfe Kritik an Kaiser Wilhelm II. er teilte. »Wilhelm II. habe ich gehasst.« Als sein lebenslanges politisches Credo formulierte er einmal: »Deutsch sein und national sein, mein Vaterland über alles. Sozial fühlen, denken und handeln. Gleiche Rechte und Pflichten für alle!«[14]

Wie weit der 30-jährige Otto Heinemann auf der sozialen Leiter mittlerweile aufgestiegen war, zeigt sich auch daran, dass er Zeit und Geld für ausgedehnte Urlaubsreisen hatte, die ihn um das Jahr 1895 u. a. an die Ostsee und in die Alpen führten.

Im Oktober 1898 heiratete er Johanna Walter, die Tochter eines Dachdecker- und Klempnermeisters in Barmen. Die Hochzeitsreise ging nach Locarno am Lago Maggiore, mit Abstechern nach Mailand und an den Comer See. Stand die Persönlichkeit von Otto Heinemann vor allem für Strebsamkeit, Fleiß und ein gewisses Gewinnstreben, so kam mit Johanna Walter eine entschieden bürgerlich-republikanische Haltung in die Familie. Ihr Vater Gustav Walter (1841–1913) war nicht nur ein erfolgreicher Kleinunternehmer in Barmen, dessen soziale Haltung gegenüber seinen Arbeitern allgemein geschätzt war – ältere Gesellen wurden sogar direkt an seinem Dachdeckergeschäft beteiligt. Er engagierte sich auch als freisinniger Stadtverordneter von Barmen direkt für die öffentlichen Belange. Die Tradition der 1848er Revolution wurde in der Familie Walter sehr hoch gehalten; so waren beispielsweise Lieder der Revolution – u. a. das Hecker-Lied – im Hause Walter stets präsent.[15] Großvater Walter erscheint in den Erinnerungen seines Enkels Gustav Heinemann als weltoffen und tolerant, der auch aus seiner areligiösen, kirchenkritischen Einstellung – er war aus der Kirche ausgetreten – kein Dogma machte. Ausgedehnte Reisen führten ihn bis nach Spanien, Ägypten, in die USA und ans Nordkap, und er frönte bisweilen einem ausgefallenen Hobby: der Ballonfahrt.[16] Noch Jahrzehnte später erzählte Gustav Heinemann gern, wie er als kleiner Junge auf dem Schoß seines Großvaters Walter saß und dieser ihm das Hecker-Lied vorsang. »Er hängt an keinem Baume/Er hängt an keinem Strick/Er hängt nur an dem Traume/der schwarz-rot-goldnen Republik.«[17]

Hochgehalten wurde in der Familie der Mutter auch das Andenken an den Vater von Gustav Walter – Heinemanns Urgroßvater also – und zwei seiner Brüder, die 1848/49 in Elberfeld aktiv an den revolutionären Ereignissen teilgenommen hatten. Die beiden Brüder hatten sich sogar an den revolutionären Kämpfen in Baden beteiligt, bei denen Carl Walter ums Leben gekommen war. Sein Bruder Friedrich Ludwig floh nach dem Scheitern der 1848er Revolution in die USA.[18] Ihr Nachfahre Gustav Heinemann hat die 1848er Revolution und die aktive Rolle einiger Verwandter zeit seines Lebens in hohen Ehren gehalten und immer wieder – nicht zuletzt zu offiziellen Anlässen als Politiker und Bundespräsident – erwähnt. Offenkundig bildeten sie zentrale Elemente seiner ganz persönlichen Traditionsbildung.[19]

Schon der 21-jährige Gustav Heinemann fühlte sich den »1848ern« unter seinen Vorfahren besonders verbunden. Im Tagebuch heißt es: »Besonders gern beschäftige ich mich mit der 48er Revolution. … Auch habe ich von Großmutter Walter einige Briefe von zwei Brüdern meines Urgroßvaters Walter bekommen. … Friedrich Walter berichtet von seiner Auswanderung nach Amerika … und erzählt, wie ihn deutsche Landsleute unterstützt hätten, ›weil er für die Freiheit gefochten hätte‹. Für Einheit und Freiheit, für Republik und Demokratie! Ich werde an Euch denken!«[20] Das klingt fast, als wolle der junge Gustav Heinemann sich selbst in die Pflicht nehmen und des »Andenkens« seiner Vorfahren einmal würdig erweisen.

Sein Vater Otto Heinemann hatte bei der Geburt seines ersten Kindes – Gustav W. Heinemann – bereits einen beachtlichen Wohlstand für sich und seine Familie erreicht und die ärmlichen Anfänge seiner Existenz in Eschwege weit hinter sich gelassen. Sohn Gustav war gerade ein Jahr alt, als Otto Heinemann sich anschickte, in seiner beruflichen Karriere einen weiteren großen Schritt zu tun. Im Herbst 1900 bewarb er sich als einer von 266 Interessenten bei Fried. Krupp in Essen als Assistent im »Büro für Arbeiterangelegenheiten« – und bekam die Stelle mit einem Anfangsgehalt von 5.500 Mark im Jahr und Pensionsberechtigung. Damit hatte er seine Lebensstellung gefunden, denn Otto Heinemann blieb Fried. Krupp bis zu seiner Pensionierung im Jahr 1931 treu. 1913 stieg er zum Leiter des »Büros für Arbeiterangelegenheiten« mit rund 500 Mitarbeitern auf, 1923 wurde er zum Prokuristen ernannt.[21] Für einen Mann mit faktisch bloß sechs Jahren Schulbildung war das eine sehr beachtliche Karriere. Ein weiterer Aufstieg über den Prokuristen hinaus war ihm allerdings verwehrt, da die hohen Positionen bei Krupp – wie in den meisten deutschen Großunternehmen auch – ausschließlich mit Akademikern besetzt wurden. Hier stieß Otto Heinemann an Bildungs- und Standesschranken, die er trotz hoher Begabung und Tüchtigkeit nicht übersteigen konnte. Seine Enttäuschung darüber brachte er im Familiengespräch, nicht zuletzt gegenüber Sohn Gustav, öfters zum Ausdruck.

Mit Eintritt beim größten deutschen Montanunternehmen als Angehöriger des mittleren (bald des höheren) Managements hatte Otto Heinemann endgültig den Aufstieg in die wohlhabenderen Kreise der Gesellschaft geschafft. Dass ihm dabei sozialer Dünkel fremd und das Gefühl für soziale Verantwortung für die Sorgen und Nöte der Arbeiter und kleinen Angestellten erhalten blieb, hat er selbst immer wieder betont und es wird auch von anderer Seite, nicht zuletzt von Sohn Gustav

Heinemann, bestätigt. »Was hatten denn die Arbeiter selbst bei gutem Lohn bei der langen Arbeitszeit von ihrem Leben?«, fragte sich Otto Heinemann angesichts der harten Arbeitsbedingungen.[22] Auch sein großes Engagement für das System der Betriebskrankenkassen – bald sein zweites Betätigungsfeld – zeugt von dieser Sensibilität für soziale Fragen.[23] Sie brachte ihn allerdings politisch nie in die Nähe der Sozialdemokratie, da er ein strikt liberales Wirtschaftssystem stets für die Voraussetzung ökonomischer Prosperität erachtete und größere Einschränkungen des freien Unternehmerhandelns ablehnte. Und so betrieb Otto Heinemann später mitunter auch kräftige Lobby-Arbeit für Fried. Krupp, wenn er etwa im Firmenauftrag in Berlin vor Reichstagsabgeordneten konservativ-liberaler Parteien über die Kruppschen Sozialleistungen referierte, um sie mit Argumenten gegenüber Angriffen vonseiten der Sozialdemokratie zu versorgen.[24]

Mit seinen rund 27.000 Beschäftigten war Fried. Krupp zu Beginn des 20. Jahrhunderts eines der größten und dynamischsten Unternehmen Deutschlands, das einen großen Teil seiner Gewinne mit Rüstungsgütern erzielte. »Es herrschten große Pünktlichkeit, Ordnung, Fleiß und Dienstwilligkeit. Überhaupt ging durch das Kruppsche Werk … ein militärischer Zug«, beschreibt Otto Heinemann seine Eindrücke.[25] Am Vorabend des Ersten Weltkriegs war die Zahl der Beschäftigten auf rund 40.000 gestiegen. Die tägliche Arbeitszeit betrug im Jahr 1900 in den Hüttenbetrieben noch zwölf Stunden – von sechs bis sechs Uhr mit unregelmäßigen Pausen je nach Arbeitsanfall. In den mechanischen Werkstätten lag sie bei zehn Stunden, ebenfalls von sechs bis sechs Uhr, jedoch mit zwei Stunden fester Mittagspause. Im Büro für Arbeiterangelegenheiten wurde von acht bis zwölf Uhr und von 14 bis 19 Uhr gearbeitet.

Das »Büro für Arbeiterangelegenheiten« fungierte als zentrale Verwaltungsabteilung für fast alle Personalangelegenheiten bei Krupp. Hier wurden Einstellungen und Entlassungen abgewickelt und die Arbeitszeit kontrolliert. Hier befanden sich auch die Lohnbuchhaltung und die Lohnhauptkasse, darüber hinaus die Kruppschen Spareinrichtungen, die Betriebskrankenkasse und die Arbeiterpensionskasse. Otto Heinemann war als leitender Angestellter bei Krupp also weniger mit Produktion, Vertrieb oder marktstrategischen Entscheidungen befasst als mit jenen die Beschäftigen unmittelbar angehenden Bereichen Lohn, Krankenversicherung, Pensionskasse. Damit war er auch direkt mitverantwortlich für jenes System von Sozialleistungen, für das Krupp in ganz Europa kaum weniger bekannt war als für seine Kanonen und Panzerplatten. Dieses von den Firmenpatriarchen seit Alfred Krupp schrittweise ausgebaute System umfasste um die Jahrhundertwende u. a. mehrere tausend Werkswohnungen mit verbilligten Mieten, einen firmeneigenen Konsumverein, Betriebskrankenkasse und eine spezielle Pensionskasse.

So erfreulich diese Sozialleistungen für den Einzelnen auch waren: Die Arbeits- und Lebensbedingungen blieben dennoch hart genug und das ganze System war umstritten. Aufseiten der Gewerkschaften und der Sozialdemokraten wurde man nicht müde, mit scharfen Worten die spezifische Dialektik dieser »Wohltaten« herauszustellen. Denn die Sozialleistungen waren bei Krupp verbunden mit einem rigiden »Herr im Hause«-Standpunkt, der gewerkschaftliche und sozialdemokratische Betätigung der Arbeiter konsequent zu unterdrücken suchte. Zahlreiche Sozialleistungen waren zudem an bestimmte Bedingungen geknüpft. So kam ein Krupp-Arbeiter erst nach 20 Jahren ununterbrochener Betriebszugehörigkeit (bei besonders schwerer Arbeit 15 Jahre) in den Genuss einer relativ geringen Betriebsrente. Jeder Arbeiter war zur Einzahlung verpflichtet, jedoch wurden die geleisteten Beiträge bei freiwilligem oder unfreiwilligem Ausscheiden nicht ausgezahlt. Loyalität wurde belohnt, jegliche Unbotmäßigkeit der Arbeiter streng sanktioniert. »(Schon) die Kinder werden in gläubiger Verehrung der als höchstes Ziel zu erstrebenden dereinstigen Pension erzogen, alles arbeitet hin auf Züchtung eines Abhängigkeitsgefühls, das alle eigenwollende Regungen erstickt, den Arbeiter mit unzerreißbaren Fesseln in das Joch, unter die absolute Herrschaft des Wohltäters spannt«, geißelte ein Gewerkschafter 1901 den Kruppschen »Fabrikfeudalismus«.[26] Diese klassenkämpferische Kritik am Kruppschen System der Sozialleistungen teilte Otto Heinemann indes ganz und gar nicht. Vielmehr verteidigte er in Vorträgen und Broschüren vehement die sozialen Einrichtungen bei Krupp, nicht zuletzt die von SPD und Gewerkschaften besonders scharf kritisierte Pensionskasse.[27]

Der soziale Aufstieg von Otto Heinemann spiegelte sich bald auch in deutlich verbesserten Wohnverhältnissen wider. 1903 bezog die Familie ein großzügiges Einfamilienhaus von 142 qm Wohnfläche mit Garten in der Krawehlstraße 27, das Heinemann für rund 42.000 Mark hatte bauen lassen. Das Grundstück hatte die Firma Krupp ihrem loyalen Angestellten zu einem Drittel des Marktpreises überlassen.[28]

Sohn Gustav wuchs fortan mit seinen jüngeren Schwestern Lore (geboren 1904) und Heidi (geboren 1915) in einem »herrschaftliche(n) Wohnhaus ... in bester und gesundester Lage« auf, wie es in einem Gutachten von 1911 hieß.[29] Die Familie Heinemann gehörte nunmehr zum durchaus »gehobenen Mittelstand«, sodass die Kinder – anders als noch ihr Vater – so etwas wie materielle Not nie erlebten. Aber es ging bei den Heinemanns niemals besonders aufwendig, gar verschwenderisch zu, da Otto Heinemann jene strikte Sparsamkeit, zu der er in seiner Jugend genötigt war, auch beibehielt, nachdem er zu einigem Wohlstand gelangt war. Die Mutter Johanna sorgte allerdings dafür, dass diese Sparsamkeit nicht ins Geizig-Knauserige abglitt, so dass etwa zu Weihnachten, die Geschenke für die Kinder etwas üppiger ausfielen als im Budget des Vaters eigentlich vorgesehen.[30]

Neben seiner beruflichen Tätigkeit im »Büro für Arbeiterangelegenheiten« engagierte sich Otto Heinemann auch politisch. So saß er ab 1902 als Vorsitzender eines »Bürgervereins« im Rüttenscheider Gemeinderat, wo er sich u. a. für die rasche Eingemeindung nach Essen einsetzte und auch die Machenschaften von Boden- und Häuserspekulanten anprangerte. »Was [sich] gewisse Häuserkönige in dieser Hinsicht geleistet haben, grenzt schon an Mietwucher«, so Otto Heinemann 1905 in einer Rede. Als ein Mittel gegen die wachsende Wohnungsnot trat er für die staatliche Förderung des genossenschaftlichen Wohnungsbaus ein.[31]

Zudem gehörte Otto Heinemann dem »Nationalen Verein« an, einem Club national gesinnter Honoratioren, der sich vorwiegend mit Wirtschafts- und Kolonialpolitik befasste und ideologisch den Alldeutschen nahestand. Zu Heinemanns Bedauern wurden soziale Fragen dort nicht thematisiert. »Insofern wurde Vogel-Strauß-Politik betrieben.«[32] Trotzdem hielt er eine aktive Mitgliedschaft offenbar für nützlich.

Nach der Eingemeindung Rüttenscheids nach Essen im April 1905 wurde Otto Heinemann Mitglied der Essener Stadtverordnetenversammlung, in der er den Vorsitz der Finanzkommission übernahm. Zuvor hatte er über Essen hinaus von sich reden gemacht, als er den scheidenden Bürgermeister von Rüttenscheid wegen einer hohen Ausgleichzahlung – es wurde von rund 200 000 Mark gesprochen – scharf angriff. Zwar wurde Otto Heinemann wegen dieser Attacke von politischen Gegnern und auch von seinen Vorgesetzten bei Krupp gerügt, doch beharrte er auf seiner öffentlichen Kritik am Verhalten des Bürgermeisters. 1906 wurde er wiedergewählt und blieb bis Ende der zwanziger Jahre Stadtverordneter, ab 1920 als Vertreter der Deutschen Demokratischen Partei (DDP).[33]

Erstaunlicherweise schien Otto Heinemann mit seiner Tätigkeit im Kruppschen »Arbeiter-Büro« und in der Kommunalpolitik noch keineswegs ausgelastet. Als drittes Aktionsfeld erschloss er sich den Bereich der betrieblichen Krankenkassen. Dieser zählte zwar zu seinen unmittelbaren Obliegenheiten im »Büro für Arbeiterangelegenheiten«, doch engagierte sich Otto Heinemann bei dem Thema weit über den Rahmen des Unternehmens hinaus. So übernahm er 1904 nebenamtlich die Geschäftsführung des neugegründeten »Verbands rheinisch-westfälischer Betriebskrankenkassen«, dem Ende 1907 bereits 419 einzelne Betriebskassen, darunter 19 Knappschaftskassen, angehörten. 1907 wurde Heinemann zusätzlich zweiter Geschäftsführer des »Verbands zur Wahrung der Interessen der deutschen Betriebskrankenkassen«. Heinemann setzte sich dafür ein, die Stellung der Betriebskrankenkassen zu stärken und deren Interessen gegenüber der Politik, nicht zuletzt auch gegenüber den Ärzteverbänden zur Geltung zu bringen, wobei es meist um Honorarfragen ging. Als führendes Verbandsmitglied war Otto Heinemann 1911 auch maßgeblich an der Neuregelung des reichsweiten Systems der Ortskrankenkassen beteiligt, durch die – wie Heinemann mit einiger Genugtuung feststellt – die »Vorherrschaft der Versicherten … (gebrochen wurde), die zu einer unbeschränkten Herrschaft der Sozialdemokratie in den großstädtischen Ortskrankenkassen geführt hatte …«[34]

Diese vielfältigen Aktivitäten Otto Heinemanns – die mitunter den Eindruck einer gewissen Getriebenheit erwecken – forderten natürlich ihren Preis, den nicht zuletzt Frau und Kinder zu entrichten hatten. »So habe ich mich leider zeitweise meiner Frau und Familie nicht so gewidmet, wie es angebracht gewesen wäre. Ich war rastlos tätig«, urteilt er selber im Rückblick.[35] Gustav Heinemann erinnerte sich an diesen »rastlos tätigen« Vater u. a. mit folgender Episode. »Als ich eines Morgens kurz vor acht Uhr zum Frühstück ins Esszimmer kam, saß mein Vater schlafend da. Sein Kopf war auf den Tisch gesunken, um ihn herum lagen Zeitungen. Er war, wie so oft, spät in der Nacht nach Hause gekommen und dann über dem Zeitunglesen eingeschlafen. Als er aufwachte und die Uhrzeit sah, meinte er nur ganz ruhig: ›Na, dann muss ich mich noch ein bisschen rasieren, bevor ich ins Werk gehe.‹ Er war von so robuster Gesundheit, dass es ihm gar nichts ausmachte, wenn er eine Nacht durcharbeitete. Ein wenig Schlaf irgendwo … und schon war er wieder fit.«[36]

Trotz der häufigen Abwesenheit des Vaters hatte Sohn Gustav zu ihm ein vertrauensvolles Verhältnis, in dem auch Bewunderung und Respekt für den beruflich erfolgreichen und gesellschaftlich angesehenen Vater mitschwangen. Es fehlte ja auch nicht an sichtbarer Anerkennung für den vielfältig engagierten Otto Heinemann. Da war zum einen der relative Wohlstand mit eigenem Haus und Garten, den er seiner fünfköpfigen Familie bieten konnte. Er war ein angesehenes Mitglied der Essener Gesellschaft mit Zugang zu höheren Kreisen der wirtschaftlichen und politischen Elite. Und als die Firma Krupp 1912 ihr 100-jähriges Bestehen mit Kaiser Wilhelm II. als Ehrengast feierte, nahm Otto Heinemann sogar am »Kaiseressen« in der Villa Hügel teil und erhielt im Rahmen der Feierlichkeiten für seine Verdienst um das Unternehmen den »Kronenorden« – Vierter Klasse allerdings, was ihn aber nicht zu wurmen schien.[37] Zum 25-jährigen Dienstjubiläum bei Krupp im Dezember 1925 waren Otto Heinemann und Gattin zusammen mit anderen leitenden Angestellten beim Unternehmenschef Gustav Krupp von Bohlen und Halbach zu Tisch geladen.[38]

Ein Vater mithin, zu dem Gustav als Kind und Jugendlicher durchaus aufschauen konnte, zumal Otto Heinemann sich seiner Frau und den Kindern gegenüber ungeachtet der häufigen Abwesenheit als treusorgender, liebevoller und anteilnehmender Vater zeigte. Jedenfalls vermitteln die überlieferten Briefe an die Familie, insbesondere an Sohn Gustav, diesen Eindruck, der auch von späteren Äußerungen Gustav Heinemanns über seinen Vater gestützt wird.

Das Verhältnis der Kinder zur Mutter war offenbar emotionaler als zum betont nüchternen Vater, der zudem auch sehr streng und fordernd sein konnte. Gustav Heinemann schildert die Mutter als gefühlvolle Frau, die »sehr lebendig ..., auch sehr heiter« gewesen sei. »Sie liebte den Zirkus ... (und) ist ja als kleines Kind mal mit einem Zirkus ausgerückt, auf kurze Zeit jedenfalls.« Mit ihrem fröhlichen Temperament sorgte sie dafür, dass im Hause Heinemann meist eine gelöste Atmosphäre herrschte, die bei allem bürgerlichen Ordnungssinn offen war für mancherlei Späße, wenn beispielsweise zu Karneval sich das ganze Haus in einen Tummelplatz für verkleidete Kinder verwandelte. Die Mutter hatte zudem eine musikalische Ader und improvisierte gern auf dem Klavier. Der Vater war unmusikalisch, »das habe ich von ihm geerbt«, so Gustav Heinemann. Zu den Vorlieben der Mutter gehörte auch, das Erscheinungsbild der Wohnung ständig zu verändern, indem sie Möbelstücke verrückte oder kleine bauliche Umgestaltungen vornehmen ließ. Der Vater ließ es geschehen. Überhaupt beschreibt Sohn Gustav seine Mutter als unternehmungslustig, »während der Vater immer zurückhaltender war.«[39] Dabei hatte Johanna Heinemann eine schwache gesundheitliche Konstitution. Sie litt stark unter Asthma und ihre Sehkraft war durch ein sich mit den Jahren verschlimmerndes Augenleiden sehr eingeschränkt.

Die Eltern Heinemann nahmen am kulturellen und gesellschaftlichen Leben Essens regen Anteil. Sie hatten eine Loge im Stadttheater abonniert und besuchten besonders gern Opernaufführungen. Die Mutter war mit einer Sängerin der Städtischen Oper befreundet, welche bei ihren Besuchen mitunter Kolleginnen mitbrachte. Häufig waren auch Kollegen des Vaters aus der mittleren und höheren Beamtenschaft von Krupp zu Gast, wobei – nach dem späteren Urteil von Sohn Gustav – die dabei geführten Gespräche meist nicht besonders inhaltsreich und niveauvoll gewesen sein sollen.

Demgegenüber war der rege Kontakt zur benachbarten Familie Richter anspruchsvoller. Die Familie von Franz Richter, ein Gymnasiallehrer (Deutsch, Geschichte, Geographie), war sehr musikalisch und auch für andere Künste aufgeschlossen, insbesondere für das Theater. Vor allem aber verbanden Otto Heinemann und Franz Richter gemeinsame philosophische und weltanschauliche Interessen, wobei beide einem materialistischen, areligiösen Weltbild zuneigten. Richter war es auch, der Vater Heinemann zu Versammlungen des Monistenbundes mitnahm, einer 1906 von dem Zoologen und Philosophen Ernst Haeckel gegründeten Freidenker-Vereinigung, welche ein streng naturwissenschaftlich-materialistisches Weltbild propagierte. In diesem Rahmen haben Vater und Sohn Heinemann bei Richter auch den Bonner Philosophie-Professor Johannes Maria Verweyen (1882–1945) kennengelernt, damals einer der führenden Köpfe der deutschen Monistenbewegung.[40] »Wir führten völlig freireligiöse, unreligiöse, monistische Gespräche«, so Gustav Heinemann rückblickend.[41] Im Hause Heinemann las man fortan die »Monistischen Monatshefte«, und auch Sohn Gustav neigte bis weit in seine Studentenjahre jenen streng rationalistischen, areligiösen Auffassungen des Monismus zu. »Das [die monistische Lehre, T. F.] entsprach meinem Vater, der ja areligiös, freireligiös war, und in die ich ja dann auch arg hineingezogen worden bin bis hin zum Monistenbund.«[42] Vater und Sohn Heinemann hingen offenbar dem besonders materialistischen bzw. »realistischen« Flügel der monistischen Bewegung an, die daneben auch Spielarten einer eher »idealistischen« oder pantheistischen Weltanschauung in der Tradition Baruch Spinozas oder ein vor allem ethisch gefasstes Christentum kannte.[43]

Auch als Student nahm Gustav Heinemann in Marburg und während der Semesterferien in Essen noch häufig an Veranstaltungen des Monistenbundes teil und zeigte sich von dem dort Gehörten oft sehr beeindruckt. So notierte er unter dem 22. April 1921 in seinem Tagebuch: »Abends im Monistenbund Vortrag von Prof. Verweyen-Bonn. Über ›Goethes Weltbild und der Einheitsgedanke‹. Nachher mit Prof. Verweyen bei Richters zusammen. Großartige Eindrücke und Anregungen.«

Im Verkehr mit der Familie Richter wiederholte offenbar Otto Heinemann ein Muster, das er schon als Jugendlicher praktiziert hatte: durch den Kontakt mit Nachbarn aus dem Bildungsbürgertum den eigenen Horizont zu erweitern. Hatte ihn einst im heimatlichen Eschwege die Familie des Sanitätsrats Dr. Höfling unter anderem mit anspruchsvoller Literatur bekannt gemacht, so profitierte Otto Heinemann nun – wie auch Sohn Gustav und die übrigen Familienmitglieder – in Essen vom Kunstsinn, der umfassenden Bildung und speziell von den philosophischen Kenntnissen des bildungsbürgerlichen Nachbarn Richter. Auf diese Weise vermochte ein bewusst gepflegter gesellschaftlicher Umgang teilweise zu ersetzen, was Otto Heinemann ein beengtes Elternhaus und mangelhafte Schulbildung weitgehend vorenthalten hatten.

Auch Sohn Gustav profitierte von dieser »Bildungsstrategie« des Vaters, wenngleich seine eigenen Ausgangsbedingungen in Bezug auf familiären Hintergrund und Schulbildung ungleich besser waren als die seines Vaters. Allerdings betrachtete Gustav Heinemann in späteren Jahren, nach seiner Wendung zum Christentum, gerade die Anregungen und Einflüsse des monistisch eingestellten Freigeistes Richter mit großer Distanz.

Die Familie Heinemann gehörte mithin zu jener seit Ende des 19. Jahrhunderts stark anwachsenden Gruppe der mittleren und leitenden Angestellten, Beamten und Vertreter freier Berufe, für die jüngst die Bezeichnung »neues Bürgertum« vorgeschlagen wurde.[44] Vom »alten Bürgertum«, d. h. von der egoistisch ihre ökonomischen und machtpolitischen Interessen verteidigenden »Bourgeoisie«, unterschied sich dieses »neue Bürgertum« nicht zuletzt durch eine tendenziell auf die Überwindung bestehender Standes- und Klassenschranken zielende Programmatik. Der »Bildung« kam dabei eine zentrale Rolle zu, indem sie sowohl als Vehikel des gesellschaftlichen Aufstiegs diente wie auch der intellektuellen (und emotionalen) Selbstvergewisserung durch Ausbildung eines spezifischen »Standesbewusstseins«, in dem der klassische Bildungskanon u.a. durch naturwissenschaftlich-technisches Wissen ergänzt wurde und bürgerliche Tugenden wie Sparsamkeit, Fleiß, Mäßigung, Strebsamkeit einen hohen Stellenwert einnahmen.[45]

Soziologisch bildete dieses »neue Bürgertum«, dem in Deutschland am Vorabend des Ersten Weltkriegs schätzungsweise zwei Millionen Personen angehörten, eine Art »Zwischenschicht« zwischen altem Adel und etablierter Groß-Bourgeoisie auf der einen Seite und der Masse der Arbeiter und kleinen Angestellten am anderen Ende der Gesellschaft.[46] Seine Angehörigen verfügten über ein überdurchschnittliches Einkommen, das einen vergleichsweise großzügigen Lebensstil im eigenen Haus oder einer komfortablen Wohnung, geschmackvoll-solide Möbel, gepflegte Kleidung, auch eine zweiwöchige Ferienreise an die See oder ins Gebirge ermöglichte. Man traf sich in Theater und Oper, erweiterte seinen Horizont in (populär-)wissenschaftlichen Lesezirkeln und Debattierklubs, wo neben philosophisch-weltanschaulichen Themen auch tagespolitische Streitfragen erörtert wurden.[47]

Auch der leitende Krupp-Angestellte Otto Heinemann pflegte diesen Lebensstil – in der Essener Oper, bei Vortragsabenden des Monisten-Bundes oder in lebhaften Gesprächsrunden im Haus des benachbarten Oberstudienrats Richter. Sohn Gustav wuchs somit schon ganz selbstverständlich in die Geisteswelt und Lebensweise des »neuen Bürgertums« hinein, in die sich sein Vater noch durch besonderen Fleiß und Aufstiegswillen hatte emporarbeiten müssen.

Die politischen Verhältnisse im wilhelminischen Deutschland empfand das aufstrebende Neu-Bürgertum als beengend und dem wirtschaftlichen und gesellschaftlichen Fortschritt hinderlich. Wenngleich es keine (parteipolitisch) festgefügte Gruppierung mit klarer Programmatik bildete, lassen sich seine Vorstellungen dahingehend umreißen, dass die machtpolitischen Verkrustungen im kaiserlichen Deutschland, mit denen überkommener Adel und das reiche Besitzbürgertum ihre Privilegien sicherten, durch Rückbesinnung auf die Ideale der Aufklärung, auf staatsbürgerliche Partizipation und möglichst freien Zugang zur Bildung aufgebrochen werden sollten. Vorstellungen von einer sozialistischen Ordnung im Sinne der Sozialdemokratie erteilte man allerdings eine strikte Absage. Es ging dem neuen Bürgertum nicht um »Gleichmacherei«, sondern um die Beseitigung überholter Privilegien, um sich in einer modernisierten Gesellschaft eine angemessene ökonomische und politische Position sichern zu können.

Zu den Wortführern bzw. »Sympathisanten« des »neuen Bürgertums« zählten um 1910 der Soziologe Max Weber, der Nationalökonom Lujo Brentano, der Publizist Friedrich Naumann, der Theologe Ernst Troeltsch sowie der Industrielle und Publizist Walther Rathenau. Ihre Schriften enthielten – bei aller Unterschiedlichkeit ihrer je eigenen wissenschaftlichen Ansätze und politischen Empfehlungen – Analysen und Stichworte, die sich bald in den Gesprächen und Diskussionen, den Vorträgen und der Publizistik des »neuen Bürgertums« wiederfanden.[48] Es scheint bezeichnend, dass Gustav Heinemann während seines Studiensemesters in München gerade von den Vorlesungen Max Webers und Lujo Brentanos stark beeindruckt war und auch die Schriften Friedrich Naumanns erheblichen Einfluss auf seine intellektuelle Entwicklung haben sollten.

Familiäre Prägungen Gustav Heinemanns

Gustav Heinemann war nach der Beschreibung seines Vaters »ein hübsches und besonders liebes Kerlchen«, das in der Familie nur »Tüpp« genannt wurde. Seine frühkindliche Entwicklung scheint ganz zur Freude der stolzen Eltern verlaufen zu sein. Auch Großvater Walter, der aus Barmen häufig nach Essen zu Besuch kam, fand an dem aufgeweckten Gustav offensichtlich großes Gefallen und beschäftigte sich ausgiebig mit ihm.[49] Auch das Schachspielen brachte er seinem Enkel Gustav bei, der das Spiel bald mit großem Eifer und einigem Geschick betrieb. Nicht zuletzt dieser Großvater Walter sorgte auch dafür, dass im Hause Heinemann die Politik ein stets präsentes Gesprächsthema bildete. Sobald Großvater Walter und Otto Heinemann beisammensaßen, wurde politisiert, wobei vor allem Kaiser Wilhelm II. Gegenstand beißender Kritik war. Sohn Gustav hörte aufmerksam zu. »Damals schon wurde mein politisches Interesse geweckt.«[50]

Im Alter von zwei Jahren erkrankte Sohn Gustav an einer schweren Diphterie, die er dank hingebungsvoller Pflege durch die Mutter ohne Komplikationen und gesundheitliche Spätfolgen überwand. In späteren Jahren laborierte er wiederholt an Magenerkrankungen, die sich jeweils über längere Zeit hinzogen.[51] Insgesamt aber war Gustav keineswegs ein kränkliches, sondern ausgesprochen lebhaftes Kind, mit zuweilen drolligen Einfällen. So kam der Fünfjährige auf die Idee, seinerseits etwas zum Haushaltsgeld beizutragen, nachdem er die Eltern über das Thema »Geld« wiederholt hatte sprechen hören. Zu diesem Zweck sammelte er im Haus und auf der Straße Streichhölzer zusammen und machte sich eines Tages mit einem kleinen Tischchen auf, um diese Streichhölzer auf der Rüttenscheider Hauptstraße an Passanten zu verkaufen. Dazu kam es aber nicht, weil er auf dem Weg dorthin von der Mutter abgefangen wurde. Diese von der Familie – und Heinemann selbst – gern kolportierte Geschichte sollte offenbar als früher Beleg für den Geschäftssinn von Gustav Heinemann verstanden werden.[52] Als etwa 14-Jähriger entwickelte Gustav Heinemann eine Leidenschaft für alte Bücher. »Schon als Schuljunge habe ich immer wieder in Buchantiquariaten gestöbert, um von meinem Taschengeld bibliophile Ausgaben zu Erstehen.«[53] Dieses Interesse behielt Heinemann auch in späteren Jahren. Als Student in München 1920 verbrachte er einmal einen ganzen Tag bei einer Bücher-Auktion und ersteigerte mehrere Bände.[54]

Zu Ostern 1906 wurde Gustav Heinemann an der Evangelischen Volksschule XVII in Essen-Rüttenscheid eingeschult. Doch scheint er von der Schule zunächst wenig begeistert gewesen zu sein. So berichtet sein Vater, dass der kleine Gustav in den ersten Monaten häufig auf dem Schulweg wieder umgekehrt und nach Hause gegangen ist. »Er musste eine Zeitlang in die Schule gebracht werden, bis er sich an regelmäßigen und pünktlichen Schulbesuch gewöhnt hatte.«[55] Nach einer anderen, von der Mutter überlieferten Familienanekdote äußerte der kleine Gustav seinen Unmut über die Schule einmal mit den Worten: »Wieder nix gelernt, nix als e und i schreiben.«[56]

Diese Abneigung gegen die wilhelminische Schule legte Gustav Heinemann auch später nicht ab. Nach eigener Aussage hat Heinemann die Schule wenig geprägt, denn abgesehen vom Erlernen kultureller Grundfertigkeiten – Lesen, Schreiben, Rechnen/Mathematik – und der bloßen Wissensvermittlung habe er weder in der Grundschule noch auf dem Gymnasium sonderlich viel »fürs Leben« gelernt. Von Persönlichkeitsbildung im Sinne einer Erziehung zur Mündigkeit und geistigen Selbstständigkeit konnte im wilhelminischen Schulsystem kurz nach der Wende zum 20. Jahrhundert kaum die Rede sein. Das Essener Goethe-Gymnasium in der Alfredstraße scheint da keine Ausnahme gewesen zu sein.

Und so fällt denn das rückschauende Urteil Heinemanns über seine Schulzeit denkbar schlecht aus: »Ich habe die Schule nicht gern gehabt.«[57] Und in aller Deutlichkeit: »Was ich geworden bin, bin ich trotz aller Schulbildung geworden. Gar nicht ausmalen kann ich mir, was aus mir geworden wäre, wenn man zu Hause ebenso mit mir verfahren wäre wie in der Schule.«[58]

Das aber tat man gerade nicht. Vielmehr bildete das Elternhaus ein Gegengewicht zum Erziehungsdrill der Schule, indem beide Elternteile auf ihre je eigene Art für eine emotional zugewandte, kommunikative und geistig anregende Atmosphäre sorgten und damit jene »geistige Freiheit und Unabhängigkeit« ermöglichten, auf die der erwachsene Heinemann sich stets viel zugute hielt. Dass diese Haltung nicht zuletzt das Produkt der freiheitlichen Erziehung durch seine Eltern war, erkannte noch der alte Heinemann in der Rückschau dankbar an. »Wenn ich an meine eigene Erziehung zurückdenke, so bin ich tief dankbar für die ungewöhnliche Freiheit, die mir … zu Hause gewährt worden ist. ›Junge, wenn Du die erste Fensterscheibe einschlägst, bekommst Du einen Taler!‹, hat mir mein Vater gesagt, als ich 4 oder 5 Jahre alt war. Dutzende solcher Einzelheiten fallen mir wieder ein, wenn ich … zurückdenke«, so resümierte bereits der 25-jährige Heinemann einmal seine Erziehung.[59] In diesem Zusammenhang erinnerte er sich später auch an einen Ausspruch seines Vaters, mit dem dieser ihm allzu großen Respekt vor Älteren oder vermeintlich »Höhergestellten« nehmen wollte: »Wenn ich mich scheute, irgendeine unnahbare Person aufzusuchen, so sagte er: ›Geh hin und sprich ganz ruhig mit ihm. Er ist ein Mensch wie du.‹«[60]

Die Schule durchlief Gustav Heinemann zwar eher lustlos und ohne besondere Glanzlichter zu setzen, aber auch ohne Schwierigkeiten. 1909 bestand er problemlos die Aufnahmeprüfung für das Gymnasium und besuchte fortan das Goethe-Gymnasium in der Alfredstraße. Ausweislich seiner Zeugnisse gehörte er stets zum »guten Durchschnitt« der Klasse; seine Versetzung war nie gefährdet. Die Eltern scheinen um die Schule übrigens nicht viel Aufhebens gemacht zu haben, da ihr Ehrgeiz offenbar nicht darauf abzielte, ihren Sohn im wilhelminischen Schulsystem besonders glänzen zu sehen. Von dieser Seite stand der Schüler Gustav unter keinem besonderen Erwartungs- und Leistungsdruck. »Ob ich gute oder schlechte Noten heimbrachte – es wurde alles mit leichter Hand kassiert. Gute Noten waren selbstverständlich und wurden nicht honoriert, schlechte aber auch nicht bestraft.«[61] Während der Grundschule scheint Gustav Heinemann sich mit dem Lesen zeitweise etwas schwer getan zu haben – Zeugnisbemerkung »G. muss fleißiger lesen« – offenbarte dafür aber früh eine Begabung für freie Rede und mündlichen Ausdruck, wofür er in den ersten Schuljahren stets die Note 1 erhielt.[62] Gesang war schon in der Volksschule nicht seine Sache, im Fach Musik stand meist eine Vier, zweimal sogar eine Fünf auf dem Zeugnis.

Auch auf dem Gymnasium war Heinemann ein eher unauffälliger Schüler. In den Sprachen – Französisch, Latein und Englisch – lagen die Noten meist bei 2 oder 3 (in Latein zweimal bei sehr gut und gut). Auch die Leistungen in Mathematik und Naturwissenschaften wurden überwiegend mit 2 oder 3 bewertet. In Geschichte stand mehrmals eine 1 auf dem Zeugnis.

Wie bedrückend und einengend Heinemann die Schule insgesamt empfunden haben muss, zeigen einige Sätze, mit denen er wenige Jahre nach dem Abitur den Untertanengeist in den deutschen Lehranstalten geißelte: »Unser heutiges Schulsystem ist darauf eingestellt, die junge Generation einzuexerzieren für eine hergebrachte, starre, rein äußerliche Ordnung unseres Lebens und ihre Seelen zu uniformieren, damit sie sich überall reibungslos einfügen, ohne großes Rückgrat, ohne eigenen Willen, schlechthin fungibel. Da erwachsen keine Persönlichkeiten, sondern – bestenfalls – ›artige Kinder‹ …«[63]

Ein ausgesprochen renitenter oder gar aufsässiger Schüler war Heinemann allerdings nicht, vielmehr scheint er manchen Unmut und Ärger über den Schulalltag eher in sich hineingefressen als offen ausgetragen zu haben, sodass er in »Betragen« auf dem Gymnasium stets die Note 1 oder 2 bekam.[64]

Auch die wenigen erhaltenen Schulaufsätze zeugen nicht von einem ausgeprägten intellektuellen Eigensinn oder von Widersetzlichkeit des jungen Heinemann, sondern entsprachen weitgehend den Erwartungen einer national-konservativ gesinnten Lehrerschaft, wie etwa ein Aufsatz vom Januar 1915 zum Thema: »Warum ist unser Hass auf England begründet?« Der 15-jährige Heinemann verbreitete sich darin ganz im – kriegerischen – Geist der Zeit: »Krieg – mobil, diese beiden Worte waren es, die am 1. August Deutschland wie durch einen Zauberschlag aufrüttelten und es von dem ungewissen Bangen der letzten Tage befreite. Jetzt endlich war man sich über die Sachlage klar: Ran an Russland und Frankreich! Hieß die Losung. England – nun, England blieb neutral, so dachte man. Sein Friedensgerede ließ kaum den Gedanken an sein Eingreifen aufkommen. Aber wie sehr hatte man sich getäuscht! … Recht und Wahrheit sollen die Welt regieren, nicht aber Hinterlist und Feigheit. ›England ist der Feind! Und wir sagen daher mit Recht: Wir lieben vereint, wir hassen vereint, wir haben alle nur einen Feind: England!‹« Letzteres ist ein Zitat aus dem seinerzeit sehr verbreiteten »Hassgesang gegen England« des Dichters und Publizisten Ernst Lissauer (1882–1937), der wegen seiner stark deutsch-national bzw. nationalistisch gefärbten Hervorbringungen zu Lebzeiten oft etwas abschätzig als »deutschester aller jüdischen Dichter« bezeichnet wurde. Heinemanns Lehrer Dr. Wegener war dieser Aufsatz ein »sehr gut« wert.

Der junge Heinemann musste sich dabei keineswegs verbiegen, um derart martialische Sätze zu formulieren bzw. zustimmend zu zitieren, denn auch nach späterem Bekunden war er damals stark »national gesinnt«, ganz so wie es der Vater in der Familie vermittelte. Dabei vertrug sich des Vaters Nationalismus problemlos mit einer freisinnig-liberalen Parteinahme und scharfer Kritik an der Person Kaiser Wilhelms II.[65] Bis ins Mannesalter stimmte Gustav Heinemann mit dieser Haltung seines Vaters weitgehend überein – Kritik an der Monarchie bzw. allen starren, auf Herkommen und Privilegien gegründeten Gesellschaftsverhältnissen und »Deutschland, Deutschland – (fast) über alles.«

Wie bei vielen seiner Altersgenossen schlug sich auch beim knapp 16-jährigen Heinemann die allgemeine Kriegsbegeisterung in der Produktion patriotischer Gedichte nieder. So wird in dem Gedicht »Tannenberg« der deutsche Sieg Ende August 1914 gefeiert, der jene »schmachvolle« Niederlage der Deutschordensritter von 1410 an gleicher Stelle wettgemacht habe.

»…
1914
Wieder gab es Zank und Streit
Wieder kamen raue Horden
Voller Missgunst, voller Neid
Unser Deutschland zu ermorden.

Wieder wars auf selbgem Feld,
Wo die Heere sich jetzt trafen.
Machtlos sind die Feind zerschellt
An den starken deutschen Waffen.

Mancher Feind erschlagen lag,
Unermesslich groß die Beute.
Also ward gerächt die Schmach
Jener tapfren Rittersleute.«[66]

In einem anderen Gedicht dieser »hurra-patriotischen« Phase wird der dringende Wunsch geäußert, endlich selbst zu den Waffen greifen zu dürfen. Unter dem Titel »Lass auch mich zum Mann geraten!« heißt es:

»Vater! Warum darf ich nicht?
Während meine Brüder streiten,
Tapfer Schmerz und Tod erleiden,
Tret ich vor dein Angesicht
Ohne Anteil an der Ehre
Unsrer mutgen deutschen Heere.

Vater! Warum bin ich hier?
Sie – in Schlacht- und Kampfestoben
Ich – von aller Not enthoben;
Ach, vor Scham zergeh ich schier.
Kaum lass ich mich hier noch halten,
Möchte auch den Feind zerspalten!«[67]

Nach diesen Zeilen zu urteilen unterschied sich der junge Heinemann in seiner Kriegsbegeisterung in keiner Weise von der Mehrheit seiner Altersgenossen und der deutschen Bevölkerung insgesamt. In diesem Fall also keine Spur von skeptischem Eigensinn, gar Renitenz. Zudem entsprach jener Nationalismus durchaus der im Hause Heinemann gepflegten Gesinnung, wo sich Liberalismus, Antimonarchismus und Nationalismus bestens vertrugen.

Ab der 10. Klasse (Untersekunda) verschlechterte sich der Notendurchschnitt Heinemanns in auffälliger Weise, was nicht zuletzt mit Orientierungsschwierigkeiten des Heranwachsenden zusammenhängen mochte, wie sie auch in persönlichen Aufzeichnungen aus dieser Zeit zum Ausdruck kamen. So heißt es in einem Gedicht des Sechzehnjährigen, geschrieben im September 1915:

»Führerlos treib ich dahin,
Kenne weder Zweck noch Ziel.
Niemand lenkt den flücht'gen Sinn
Zu des Lebens ernstem Ziel.
Auf und ab regt's um mich her
Wie ein wildes weites Meer.

Keiner Seel kann ich vertrauen,
Niemand reicht mir seine Hand,
niemand lässt mich wirklich schauen
das gelobte ferne Land.
Wie von Nebel rings verdunkelt
Bleibt es meinem Blick versteckt.

Forschend such ich nach der Wahrheit,
doch sind wohl die Wege richtig?
Tastend will ich durch zur Klarheit,
Was ist wahr und was ist nichtig?
Wie wird sel'ger inn'rer Frieden
Meinem kranken Herz beschieden?.
…«

Hier schrieb offenkundig ein Suchender in des Wortes tieferer Bedeutung. Wie sehr Heinemann in dieser Lebensphase mit sich und der Welt haderte und nach Sinn und Orientierung suchte, veranschaulicht auch ein anderes, im November 1915 niedergeschriebenes Gedicht mit dem Titel »Sehnsucht«:

»Leer, leer
Ist's um mich her.
Ein stetes Sehnen,
Ein banges Wähnen,

Ein leises Fragen,
Ein wehes Klagen
In allen Gedanken, bringt mich zum Wanken:
Es ist, als fehlte mir was.
…«

Auch das Verhältnis zum anderen Geschlecht wurde in Heinemanns dichterischen Versuchen behandelt.

»Ich liebe doch« (Nov. 1915)
»Und das Schicksal sandte Schlag auf Schlag,
Sandte Unruh, Schmerz und Wunden,
Sandte manchen trüben Tag,
Voller Gram so viele Stunden.
Kam dazwischen auch einmal
Mir ein Augenblick voll Glück:
Es war Trug. Denn größre Qual,
Größres Leid bleib stets zurück.

Dennoch harrt' ich unverzagt,
Blieb ermutigt, ja fast froh.
Staunend da das Schicksal fragt:
»Sag, mein Herz, was stärkt dich so?«
Sprach es leis' »Ich liebe doch,
Und die Hoffnung regt sich noch!«[68]

Ein anderes Gedicht des 16-jährigen Heinemann reflektiert die Hektik einer pulsierenden Industriestadt – fraglos seiner Heimatstadt Essen –, wobei ihn die sozialen Verwerfungen nicht unberührt lassen.

Großstadtleben (Juni 1915)
»Wogendes Leben,
Menschengewühl,
eiliges Hasten,
ohne Gefühl.

Rennen und laufen,
Geld ist die Zeit!
Köpfe an Köpfe
Stürmisch gereiht.

Räder und Bahnen,
Pferde und Wagen,
alles um schneller,
schneller zu jagen.

Keiner hat Rücksicht,
Zeit ist Gewinn;
Über den Nächsten
Schreitet man hin.
...
Bettelnd am Wege steht
Weinend ein Kind;
Doch für sein Elend
Ist jeder blind.

Achtlos vorüber
Woget das Meer.
Schwimmst du nicht oben
Geht's über dich her!«

Religiöse Themen tauchen in den Briefen und Aufzeichnungen des Gymnasiasten Heinemann nur selten auf, was bei der stark areligiösen Haltung des Vaters nicht verwunderlich ist. Umso auffallender der fast inbrünstige Ton eines Gedichts, das ebenfalls im »literarisch« sehr ergiebigen Jahr 1915 entstand.

»In dankbarer Stille
Folg' Zebaoth's Wille,
Der alles regiert
Und herrlich dich führt,
Des Hände dich wahren
Vor Not und Gefahren,
Der traulich dich leitet
Und stets dich begleitet
Auf jeglichen Wegen
Mit göttlichem Segen.«

Wenn die rund zwei Dutzend überlieferten Gedichte des jungen Heinemann auch keinen angehenden Dichter verraten, so zeigen sie doch einen Verfasser, der mit Worten umzugehen versteht. Hier äußert sich ein Heranwachsender, der mit – durchaus altersadäquaten – Identitäts- und Orientierungsproblemen zu kämpfen hat – vielleicht intensiver und reflektierter als viele seiner Altersgenossen –, und der auch ein Empfinden für die sozialen Probleme seiner Zeit besitzt. Jenes religiöse Gedicht »In dankbarer Stille ...« steht relativ einsam innerhalb dieser lyrischen Versuche und verweist auf einen Zug in Heinemanns Persönlichkeit, der erst in einem anderen Lebensabschnitt – dann aber umso stärker und nachhaltiger – hervortreten sollte. Heinemann selbst hat später recht harsch über diese Pubertätslyrik geurteilt, (die er gleichwohl für überliefernswert hielt). »Mit wenigen Ausnahmen sind alle ›Gedichte‹ völlig wertlos.«, notierte er auf dem entsprechenden Heft aus der Schulzeit.[69]

Auch an der dramatischen Form versuchte sich der junge Heinemann, um einige ihn umtreibende Themen und Gedanken zum Ausdruck zu bringen. So skizzierte der 16-Jährige ein soziales Rührstück (»Drama in einem Aufzuge«), in dem eine verschuldete Witwe tränenreich ihre Lage beklagt und die körperbehinderte Tochter dem Spott der Mitmenschen ausgesetzt ist.[70] Sein ausgeprägtes Interesse an mittelalterlicher Geschichte spiegelt ein zweiter Dramenversuch mit dem Titel »Konradin, der letzte Hohenstaufe«, der mit seinen fünf ausgearbeiteten Akten wenn nicht gerade von dramatischem Talent, so doch von Disziplin und Ausdauer des jungen Heinemann zeugt.[71] Freilich musste der Verfasser erst Bundespräsident werden, bis sein »Jugendwerk« 1971 in der Villa Hammerschmidt im Rahmen einer »Liebhaberveranstaltung« uraufgeführt wurde, und sich dabei nach Aussagen einiger Teilnehmer als durchaus spielbar erwies.[72]

Zum Lebensstil des leitenden Krupp-Angestellten Otto Heinemann gehörte bald auch die jährliche Urlaubsreise, welche die Familie vorzugsweise an die Nordsee führte. Über einen dieser Ferienaufenthalte auf der Insel Norderney im August 1911 verfasste der 12-jährige Gustav einen fein säuberlich geschriebenen Bericht. »Das Spielen am Strande ist wohl das Hauptvergnügen in den Seebädern. Hier werden kleine und große Burgen aus Sand, den Wellen zum Trotze, gebaut. ... Jede Burg wird nach ihrer Vollendung mit einer Fahne geschmückt.«[73]

Ein besonderes Erlebnis war für Gustav Heinemann eine mehrtägige Wanderung durch die Vogesen, die er im August 1913 allein mit seinem Vater unternahm. Ausgangspunkt war Straßburg, wo den Sohn vor allem die »alten französischen Häuser« beeindruckten. Offenbar sparte der Vater auf der Wanderung nicht mit Erläuterungen zu Land und Leuten, die in den nachträglichen Aufzeichnungen von Sohn Gustav ihren Niederschlag fanden. So schreibt dieser über ein Forsthaus am Wege: »Da das Gehalt recht klein ist, sind die Förster auf Land- und Viehwirtschaft angewiesen. Auch der Fremdenverkehr wirft einen kleinen Gewinn ab, doch die Preise (werden) von der Regierung festgesetzt.«[74] Vielleicht kann das ja als frühes Zeugnis für die volkswirtschaftlichen Interessen von Gustav Heinemann gelesen werden, der später Nationalökonomie und Jura studieren sollte.

Im selben Jahr 1913 wurde Gustav Heinemann konfirmiert. So distanziert Vater Otto dem christlichen Glauben und der Kirche gegenüberstand, scheint er doch gesellschaftlichen Konventionen mitunter den Vorrang vor privaten Überzeugungen gegeben zu haben, und zu diesen Konventionen gehörte im evangelisch dominierten Preußen auch die Konfirmation. Es mag sich bei Gustavs Konfirmation auch die Mutter Johanna durchgesetzt haben, die einen weit engeren Bezug zur Religion als ihr Mann behalten hatte. Ihr Vater, jener freisinnig-republikanische Dachdeckermeister Walter aus Barmen, hatte der Kirche zwar früh den Rücken gekehrt, war aber auch in Glaubensdingen sehr tolerant. Auf Gustav Heinemann selbst hat die Konfirmation wie auch der vorangegangene Konfirmandenunterricht nach eigener Aussage »keinen tieferen Eindruck gemacht«.[75]

Zu Beginn des Ersten Weltkriegs im August 1914 stand die Familie Heinemann wie selbstverständlich im nationalen Lager und war gleich der großen Mehrheit des deutschen Volkes von einem raschen Sieg »der deutschen Waffen« überzeugt. Das entsprach ja auch ganz der nationalen Gesinnung, wie sie im Hause Heinemann gepflegt wurde. »Ich war entsprechend der Erziehung … national gesinnt«, so Gustav Heinemann rückblickend.[76] Allerdings war Vater Otto Heinemann kaiserkritisch, ja antimonarchisch genug, um sich gegenüber der öffentlich verbreiteten Euphorie der ersten Kriegswochen – welche die Masse der Bevölkerung ja längst nicht so uneingeschränkt teilte, wie von der zeitgenössischen Publizistik und in der Forschung lange behauptet bzw. angenommen wurde[77] – eine gewisse Skepsis zu bewahren. So hielt Otto Heinemann beispielsweise die Verletzung der belgischen Neutralität für einen schweren Fehler. Seine Skepsis verstärkte sich im Laufe des Krieges aufgrund von Erfahrungen, die er im Rahmen seiner beruflichen Tätigkeit machte. Bei Krupp führte der akute Arbeitskräftemangel bereits nach wenigen Wochen zu einer Beeinträchtigung der Produktion, die ja eigentlich die Front verstärkt mit Waffen, Munition und Ausrüstung versorgen sollte. Seit Anfang 1915 bestand darum eine seiner Hauptaufgaben darin, Arbeitskräfte zu beschaffen, wozu Otto Heinemann bis nach Brüssel und Warschau fuhr. Zudem suchte Otto Heinemann das Gespräch mit Bekannten oder Soldaten auf Heimaturlaub, wodurch er – eigenem Bekunden nach – bereits ab Herbst 1914 über die sich verschlechternde Kriegslage informiert war. Die Hauptschuld an dieser allgemeinen Verschlechterung der Situation wie auch an der späteren Niederlage gab er der Reichs- und Militärführung, die im Kriege »lax und unverantwortlich schwächlich regiert« habe.[78]

Soldat im Ersten Weltkrieg

Mitte 1917 wurde es auch für den knapp 18-jährigen Gustav Heinemann ernst. Laut Gestellungsbefehl hatte er sich am 20. Juni in der Städtischen Turnhalle, Mühlenstraße, einzufinden, von wo aus es als Einjähriger nach Münster zum 22. Feldartillerie-Regiment ging. Wenige Tage zuvor hatte Heinemann zusammen mit den sechs Schulkameraden das Kriegsabitur abgelegt. Heinemann verließ die Schule »mit dem Gefühl einer herrlichen Erleichterung, zugleich aber mit einem Gefühl der Rache für die vielen Stunden der Missachtung und Unterdrückung«.[79]

Diese »Rachegelüste« entluden sich bei erster Gelegenheit mit einem derben Scherz auf Kosten von drei ehemaligen Lehrern, unter deren Ignoranz und autoritärer Strenge er besonders gelitten hatte. Als ihm kurz nach der Entlassung von der Schule ein Vetter, der auf dem Bezirkskommando als Schreiber Dienst tat, drei unausgefüllte Gestellungsbefehle zeigte, durchzuckte Heinemann eine Idee. Kurzentschlossen füllte er die Blanko-Formulare auf die Namen jener drei Lehrer aus und brachte sie zur Post. Am darauffolgenden Montag erschienen die drei »einberufenen« Lehrer dann auch brav im Essener Bezirkskommando, um ihren Militärdienst anzutreten. Dort wusste man natürlich von nichts, was zu einigem Durcheinander führte, welches das Personal bis hoch zum Kommandeur in Aufruhr brachte. Es dauerte einige Stunden bis der Hergang geklärt und bald darauf Heinemann als »Übeltäter« namhaft gemacht werden konnte. Erstaunlicherweise blieb dieser Streich für Heinemann gänzlich folgenlos, sieht man von einem Brief des Schuldirektors an den Vater Otto Heinemann ab, in dem er seine große »Enttäuschung« über Sohn Gustav zum Ausdruck brachte. Denn im Unterschied zu seinen Kameraden, welche die Schule nach den Worten des Rektors mit »großer Dankbarkeit« verlassen hätten, habe der Abiturient Gustav einen derart üblen Streich ausgeheckt. Aber Heinemanns Vater beließ es bei einer kurzen Standpauke und konnte sich sogar eines Schmunzelns über die gelungene Aktion nicht enthalten.[80]

Ein eher harmloser Abiturientenscherz alles in allem, der indes in seiner Mischung aus Schalk, langgehegtem Unmut über Drangsalierungen, Entschlossenheit und zielstrebiger Ausführung gewisse Aspekte von Heinemanns Persönlichkeit aufscheinen lassen, die auch bei späteren Entschlüssen und Handlungen zum Tragen kommen sollten.

Aus seiner Militärzeit allerdings ist von einem pfiffig-renitenten Heinemann nichts überliefert. Vom Tonfall seiner Briefe und Karten zu schließen, die der junge Heinemann aus der Kaserne an seine Familie schrieb, scheint er vielmehr am Soldatenleben durchaus Gefallen gefunden zu haben. »Am schönsten aber war es, wenn eine ganze Batterie ausritt, jedes der vier Geschütze mit sechs Pferden bespannt und von einem berittenen Unteroffizier begleitet. Da freut man sich doch, dass man auch Soldat ist!«, schreibt er eine Woche nach der Einberufung an seine Schwester Lore.[81] Seinen Eltern berichtet er: »Der erste richtige (Exerzier-)Tag ist um! So schön es auch war, man freut sich doch, wenn abends um ½ 8 endlich Ruhe ist. ... Nachmittags war ... Exercieren mit dem Karabiner – ich kann schon einen Engländer damit umlegen! ... Jetzt sind wir richtige Soldaten!«[82] Nach einem Monat beim Militär schreibt er an die Mutter, dass ihm das Kasernenleben »täglich besser« gefalle, zumal er abends immer in die Stadt – Münster – gehen könne. Auch folgende Mitteilung wird die Mutter mit Freude gelesen haben: »Ich habe bisher 2 Pfund zugenommen. Das tut sicher das gute und viele Essen.«[83] Allerdings hatte der junge Heinemann noch vor seiner Einberufung einen Eindruck von der grausamen Realität des Krieges bekommen, als er im Rahmen einer vormilitärischen Dienstverpflichtung dazu eingeteilt war, am Essener Hauptbahnhof Verwundete zu tragen, die in Lazarettzügen von der Front kamen.[84]

Ungeachtet derartiger Erlebnisse wurde der knapp 18-jährige Heinemann im Juni 1917 augenscheinlich mit jener jugendlich-naiven Begeisterung Soldat, welche die meisten seiner Altersgenossen aufgrund ihrer Erziehung und der ständig präsenten Kriegspropaganda an den Tag legten. Es passt ins Bild vom eifrigen Soldaten Heinemann, dass er gesteigerten Wert auf eine repräsentative Uniform legte, für die er vom Vater mit 100 Mark ausgestattet worden war. Um diese Uniform gab es zwar einige Querelen – u. a. weil Gustav Heinemann einen Teil des dafür vorgesehenen Geldes in der Kaserne verspielte und sich vorübergehend eine Uniform leihen musste –, doch bei seinem ersten Urlaub im Juli 1917 konnte er sich in Essen voller Stolz als frisch ernannter Mess- und Richtkanonier in schmucker Uniform präsentieren. »Sporenklirrend zieh ich hier durch die Stadt; alle wundern sich über mein gutes Aussehen. Gleich gehen Vater und ich ins Kasino«, berichtet er an seine gerade zur Kur weilende Mutter.[85] Bei vielen Rekruten hielt diese Kriegs- bzw. Militärbegeisterung gerade so lange an, bis die ersten Fronterlebnisse zu einem bösen, oft traumatischen Erwachen führten. Ein derartiges Trauma blieb Gustav Heinemann erspart, da seine angegriffene Gesundheit einen Fronteinsatz verhinderte.

Im Winter 1917/18, als die Verpflegung längst nicht mehr so reichlich war wie bei der Einberufung – »das waren ... furchtbar dürre Zeiten, nichts zu fressen« – zog er sich eine schwere Rippenfell- und Herzklappenentzündung zu.[86] Später kam eine Diphterieerkrankung hinzu. Mehrere Wochen verbrachte er im Lazarett in Münster und bei Osnabrück, wobei die Hauptbeschäftigung der Rekonvaleszenten in einer Art »Dauer-Skatspiel« bestand – »mehrere hundert Spiele in 24 Stunden«.[87] Diese »Skatexzesse« haben Heinemann den Spaß am Kartenspielen aber nicht verdorben. Vielmehr war er bis ins hohe Alter für einen »flotten Skat« immer zu haben, zu dem er mit dem Spruch »Wie wär's, Freunde der Volksmusik?« aufforderte.

Da Heinemann auch nach seiner Genesung auf Ärzte und Vorgesetzte einen schwächlichen Eindruck machte, wurde ihm im Frühjahr 1918 sogar ein zusätzlicher Erholungsurlaub gewährt, den er mit seiner Mutter im Allgäu verbrachte.[88] Bei der anschließenden Untersuchung stellte man erneut Herzschwäche fest, sodass Gustav Heinemann lediglich als »garnisonsverwendungsfähig Heimat« (gvH) eingestuft wurde. Vater Otto Heinemann gelang es nun mithilfe eines ihm bekannten Unteroffiziers, Gustavs Abordnung zu Krupp, und zwar ins dortige Revisionsbüro, zu erreichen. In diesem Büro war der junge Heinemann ab Juli 1918 vor allem mit Buchführung und der Lebensmittelbeschaffung für die Werksküchen befasst, aus denen auch die vielen tausend bei Krupp eingesetzten Fremdarbeiter und Kriegsgefangenen versorgt wurden. Anfang Oktober 1918 ergab eine erneute Untersuchung nunmehr das Ergebnis »garnisonsverwendungsfähig Feld« (gvF), sodass Heinemann damit rechnen musste, an die Front – allerdings zunächst in die Etappe – abkommandiert zu werden. »Aber dazu kam es dann nicht mehr, denn die Revolution befreite mich endgültig von jedem Militärdienst.«[89]

Gustav Heinemann hatte den Weltkrieg also körperlich und psychisch unversehrt überstanden, und zwar ohne die grausame Realität von Grabenkrieg, Materialschlacht und Massensterben direkt miterlebt zu haben. Er gehörte damit jener »Zwischengeneration« an, die zwar Uniform getragen, aber nicht selbst an Kämpfen teilgenommen hatte oder bei Kriegsende noch zu jung war, um eingezogen zu werden. Es sollte sich zeigen, dass diese nach Zehntausende zählende Gruppe junger Männer, die nicht mehr an der Front gestanden hatten, aber alt genug waren, um den Krieg und die – für die meisten so überraschende wie schmerzliche – Niederlage mit »heißem Herzen« erlebt zu haben, nach 1918 eine gesellschaftlich und politisch brisante Masse bildete. Denn für nicht wenige von Heinemanns Generationsgenossen, einige Jahre älter oder jünger als er selbst (Jahrgang 1899), bedeutete das fehlende Fronterlebnis eine psychische Hypothek mit oft dramatischen Auswirkungen auf ihren weiteren Lebensweg. So haben biographische Forschungen in generationsvergleichender Perspektive herausgearbeitet, dass für einen Teil dieser Jahrgänge die Frage Kriegsteilnahme oder nicht, d. h. konkret »Fronterlebnis« oder nicht, und ihre je individuelle Verarbeitung zu einer biographischen Wegscheide wurde.

Es spricht einiges dafür, dass die Art und Weise, wie dieser subjektive »Mangel« nach 1918/19 verarbeitet wurde, einen starken Einfluss auf die politischen Präferenzen, Berufswahl und späteren Karrieren hatte. So fällt beispielsweise ins Auge, dass sich das spätere Führungspersonal des »Reichssicherheitshauptamts« (RSHA), der Verwaltungszentrale des nationalsozialistischen Terrors, zu rund drei Vierteln aus den Jahrgängen 1900 und jünger zusammensetzte, die den Krieg an der Heimatfront sehr bewusst erlebt, aber nicht mehr selbst an der Front gekämpft hatten. »A widley known but less understood characteristic of fascist movements in post-1918 Europe was their reliance on males who did not serve in the first World War or served only a limited and usually bloodless tour of a few months.«[90] Die militärische Niederlage empfanden sie häufig als völlig unerwartete Enttäuschung, ja Kränkung. Es war eine Generation, der subjektiv die »männliche Bewährung« an der Front fehlte, was bei vielen womöglich in einem Akt der »Überkompensation« und des »nachholenden Heroismus« zur Hinwendung zu rechtsradikalen Gruppierungen führte, zu völkischen Bünden, Freikorps oder rechtsgerichteten Parteien. »The Freikorps ... offered young men the chance to act out their puerile masculine fantasies and play out their dreams of becoming nationalist soldiers.«[91] Früher oder später fanden sich wiederum viele dieser jungen Männer mit »Kriegs- bzw. Heroismus-Komplex« bei den Nationalsozialisten wieder und machten nach 1933 Karriere. Unter denen, die bis ins Führungscorps nationalsozialistischer Organisationen gelangten, stammten viele aus dem gehobenen Bürgertum und waren akademisch ausgebildet.[92]

1918/19 standen mithin viele junge Männer in einer psychischen Ausnahmesituation, in der – mehr oder minder bewusste – Entscheidungen über den künftigen Lebensweg und die gesellschaftliche Positionierung in der Weimarer Republik fielen. All das traf auch auf Gustav Heinemann zu, dessen Kriegserfahrungen sich nicht von denen so vieler seiner Altersgenossen unterschieden.

Auch für den knapp 20-jährigen Heinemann galt es also, in den chaotischen, spannungsgeladenen Monaten nach der militärischen Niederlage Deutschlands und Ausrufung der Republik Entscheidungen zu treffen – berufliche und politische. Und wie gesagt: Auch auf ihn traf eine ganze Reihe jener Faktoren zu, die bei nicht wenigen seiner Altersgenossen zur Hinwendung ins nationalistische, republikfeindliche Lager führten – pubertäre Kriegsbegeisterung und Nationalismus, der »verpasste« Fronteinsatz, Enttäuschung über die militärische Niederlage. Doch Heinemann focht das offenbar weit weniger an als viele Generationsgenossen, zumindest verarbeitete er es auf andere Weise und mit anderen Konsequenzen.

So scheint jenes fehlende »Fronterlebnis« für Gustav Heinemann keine sonderliche Belastung und darum auch nicht entscheidend gewesen zu sein. Vielmehr bot offenkundig das Zivilleben für Heinemann genug Möglichkeiten, sich in Berufswahl, wissenschaftlicher Arbeit, aber auch in der politischen Auseinandersetzung als so entschlussfreudig, beharrlich und durchsetzungsstark zu beweisen, dass es seinem männlichen Selbstbild genügte. Denn »etwas ausfechten« konnte man auch außerhalb des Schlachtfeldes. Nach eigener Aussage war es denn auch dieses »Ausfechten« eines Streitfalls – und zwar mit intellektuellen Mitteln –, was

Heinemann an der Rechtskunde und speziell an dem von ihm gewählten Beruf des Anwalts reizte.[93]

Noch Anfang 1919 sollte sich allerdings auch für den jungen Heinemann die Gelegenheit ergeben, mit der Waffe in der Hand für seine Überzeugungen einzustehen und somit einen Akt des »nachholenden Heroismus« zu vollziehen, nicht für »Kaiser und Reich«, sondern für die junge, von rechts und links gefährdete Republik. Wo viele Generationsgenossen sich in dieser »Schwellenzeit« nach rechts wandten und in Freikorpsverbänden und völkischen Bewegungen gegen die Republik kämpften, schlug Heinemann sich aus voller Überzeugung auf die Seite der Demokratie.

Bekenntnis zur Republik

Das Kriegsende und die November-Revolution 1918 erlebte Gustav Heinemann als dienstverpflichteter Soldat im Revisionsbüro bei Krupp in Essen. Den ersten direkten Kontakt mit der Revolution hatte er dabei ausgerechnet im Konzertsaal, wo Heinemann mit seiner Mutter am Abend des 8. November ein Konzert hörte. Mitten in der Aufführung stürmten revolutionäre Soldaten in den Zuhörerraum und durchkämmten die Reihen nach Offizieren, denen sie die Rangabzeichen herunterrissen. In wenigen Minuten war der Spuk vorbei und der unerschrockene Dirigent brachte das Konzert programmgemäß zu Ende.

Niederlage und politischer Umsturz erfüllten Gustav Heinemann mit zwiespältigen Gefühlen. Die militärische Niederlage des Deutschen Reiches empfand er durchaus als nationale Katastrophe und Demütigung, eine Empfindung, die durch die harten Bedingungen des Versailler Friedensvertrages dann noch verstärkt wurden. Insofern teilte er die »nationale Gesinnung« seines Vaters.

Hingegen trauerte er der gestürzten Hohenzollern-Monarchie mit dem herzlich verachteten Kaiser Wilhelm II. an der Spitze in keiner Weise nach. Hier dominierte die republikanische Tradition, wie sie vom Großvater Walter über Vater Otto und Sohn Gustav gepflegt wurde. »Ich bin der letzte, der Wilhelm II. wieder auf seinen Thron setzt«, so Gustav Heinemann im Januar 1919.[94] Zudem war der junge Heinemann davon überzeugt, dass die entscheidenden Gründe für die Niederlage im Versagen der militärischen und politischen Führung lagen. Irgendwelche Dolchstoß-Legenden, wonach die Heimat den kämpfenden Truppen in den Rücken gefallen sei, hat er stets verworfen. »Den vierjährigen wahnsinnigen Krieg will man vergessen machen, um den 9. November [1918] allein zum Tag alles Unheils zu stempeln. Alle Mittel sind recht, um diese Geschichtsfälschung zu stützen; ... die Kriegssünden der alten Machthaber haben ... zum notwendigen Umschwung geführt«, schreibt Heinemann im November 1919.[95]

Die »vaterländische Gesinnung« im Hause Heinemann während des Krieges zeigte sich auch darin, dass man in Erwartung eines siegreichen Ausganges des Krieges eifrig Kriegsanleihen gezeichnet hatte. Seit 1914 hatten in Deutschland 39,1 Millionen Bürger Kriegsanleihen im Wert von insgesamt 98,2 Milliarden RM gezeichnet. Militärische Niederlage und einsetzende Inflation machten diese binnen kurzem völlig wertlos.

Otto Heinemann und Sohn Gustav waren allerdings geschäftstüchtig genug, einen Teil der Kriegsanleihen gerade noch rechtzeitig zu Geld zu machen. Vier Wochen nach Kriegsende schrieb Gustav Heinemann an seinen Vater: »Betreffend der K.A. [Kriegsanleihe] habe ich gehört, dass die Reichsbank dieselbe zu 97 % annimmt. Nun finden aber in nächster Zeit große Versteigerungen von Militärpferden, Autos, Wagen u.s.w. statt, wobei die K.A. als bevorzugtes Zahlungsmittel zum Nennwert eingelöst wird. Wäre es da nicht möglich, die K.A. durch Vermittlung eines Käufers abzustoßen?« Vater Otto antwortete umgehend: »Ich sende Dir heute 2400 Mk K.A. mit dem Ersuchen, sie bei der Reichsbank zu verkaufen. ... Die Reichsbank kaufte die K.A. in den letzten Tag zu 97 [%], unter 96 gib sie nicht ab.«[96]

Das Verhältnis von Gustav Heinemann zu seinem Vater war von Respekt und teilweise auch von Bewunderung für die Lebensleistung des Vaters geprägt. Ein derart entspanntes Vater-Sohn-Verhältnis war indes um 1920 in Deutschland nicht selbstverständlich. Vielmehr führte in jener Übergangszeit vom Wilhelminismus zur »Moderne« der Weimarer Republik die Rebellion der Söhne gegen ihre autoritären Väter in zahlreichen bürgerlichen Familien zu schweren Konflikten, die bei den Heranwachsenden oft tiefe Verletzungen hinterließen. Auf dem Theater und in der Literatur bildete dieser Generationenkonflikt seinerzeit ein zentrales Motiv, etwa in Walter Hasenclevers Erfolgsstück »Der Sohn« (uraufgeführt 1916), in dem ein gedemütigter Sohn die Waffe gegen den tyrannischen Vater erhebt, auch in Arnolt Bronnens Einakter »Vatermord« (Uraufführung 1922), in Fritz von Unruhs Drama »Ein Geschlecht« (1920) oder in Franz Werfels 1920 erschienener Novelle »Nicht der Mörder, der Ermordete ist schuldig«.

Wie repräsentativ diese expressionistischen Texte auch immer gewesen sein mochten – auf die Verhältnisse in der Familie Heinemann jedenfalls passten sie nicht. Hier bestimmten nicht Generationenkonflikt und Revolte den Alltag, sondern es herrschte – nach allem, was man aus Briefen, Tagebüchern und Erinnerungen erschließen kann –, ein respektvoller Umgang, der dem Sohn Gustav viele Freiheiten ließ, etwa in der Wahl des Berufes. Dass dieser sich für das Studium der Nationalökonomie und Rechtswissenschaften entschied, und für seine spätere Dissertation ein Thema aus dem beruflichen Umfeld des Vaters wählte (»Die Spartätigkeit der Essener Kruppschen Werksangehörigen«), bestätigt vielleicht, wie sehr sich Gustav Heinemann der Welt und dem Wertesystem seines Vaters zugehörig fühlte. Es gab somit kaum Veranlassung zur Auflehnung.

Dieses vergleichsweise konfliktarme Vater-Sohn-Verhältnis hing nicht zuletzt mit dem Charakter beider Personen zusammen. Otto Heinemann war zwar zuweilen streng, aber kein gefühlskalter Tyrann und Sohn Gustav kein rebellischer Feuerkopf, der sein Lebensglück im Ausbruch aus familiären und gesellschaftlichen Zwängen gesucht hätte. Es hatte zum anderen auch damit zu tun, dass die Familie Heinemann nicht zu jenem machtfixierten »bourgeoisen« Bürgertum gehörte, das eine »Stütze der wilhelminischen Gesellschaft« darstellte, sondern sich als Teil des »neuen Wirtschaftsbürgertums« in der Tradition des freiheitlichen Citoyen-Bürgertums der 1848er Revolution verstand. Der Aufsteiger Otto Heinemann stellte für seinen Sohn eine Respektsperson dar, dessen politische Ansichten er weitgehend teilte, sodass Gustav Heinemann einen dramatischen Vater-Sohn-Konflikt gar nicht empfand.

Das schloss nicht aus, dass es zwischen Vater und Sohn auch tiefgreifende Meinungs- bzw. Überzeugungsunterschiede gab, vor allem in religiösen Angelegenheiten. Denn während Otto Heinemann seiner materialistischen Weltanschauung treu blieb, fand Sohn Gustav als 30-Jähriger zum christlichen Glauben, der fortan die Richtschnur seines Denkens und Handelns bildete. Doch auch bei diesem Thema bewährte sich die in der Familie Heinemann seit je geübte Zurückhaltung und Toleranz.

Die häusliche Erziehung hatte Gustav Heinemann offenkundig weder autoritätshörig noch rebellisch gemacht, ihm vielmehr ein gesundes Selbstbewusstsein vermittelt, verbunden mit der Bereitschaft, Leistung und »wahre« Autorität – wie etwa sein Vater sie repräsentierte – anzuerkennen. Auf derartige Respektspersonen traf Heinemann allerdings selten. Zu den wenigen, die dann allerdings große Bedeutung für Heinemann hatten, zählten später der Theologe Adolf Schlatter und der Essener Pfarrer Friedrich Graeber.

Festzuhalten bleibt, dass Gustav Heinemann in seiner Adoleszenzphase zwei Traumata nicht erlitten hatte, die für große Teile seiner Generation sehr bedeutsam, für manche sogar prägend waren. Zum einen hatte er das Massensterben in den Schützengräben des Ersten Weltkriegs nicht unmittelbar miterlebt – wie sein gleichaltriger Freund Wilhelm Röpke, der darüber zum erklärten Pazifisten wurde.

Heinemann musste sich auch nicht gegen einen übermächtigen Vater auflehnen. Es scheint also, dass der junge Heinemann mit vergleichsweise wenig lebensgeschichtlichen »Hypotheken« belastet war und Anfang der zwanziger Jahre seinen Weg darum unbeschwerter suchen konnte als mancher Generationsgenosse, der durch traumatische Kriegserlebnisse, den Kampf gegen ein autoritäres Elternhaus und/oder durch die Erfahrung wirtschaftlicher Not psychische Verletzungen davongetragen hatte.

Studium und Freundschaften

Beruflich und politisch traf Gustav Heinemann unmittelbar nach Ende des Weltkriegs zwei grundlegende Entscheidungen: für eine akademische Ausbildung und für die Republik. Mitte November 1918 schrieb er sich an der Universität Münster in Jura und Staatswissenschaften ein.

Sogleich beteiligte er sich auch am politischen Treiben in der westfälischen Universitätsstadt. »Das politische Leben wird auch hier täglich reger und beinahe täglich finden große Studentenversammlungen statt«, berichtet er Anfang Dezember 1918 an die Familie. Am 3. Dezember war er an der Gründung einer über die Universität hinausgreifenden Vereinigung beteiligt, »im neu-nationalen Sinne, (die) … alle bürgerlich denkenden nicht Zentrumsanhänger zusammenfassen« soll. Ihrem Selbstverständnis nach parteipolitisch und konfessionell ungebunden setzte sich die Gruppe im katholisch dominierten Münster zunächst mit den Anhängern der Zentrumspartei auseinander, wobei es vor allem um die vom Zentrum heftig bekämpften Regierungspläne zur Trennung von Staat und Kirche ging.[97]

Politisch stand Heinemann somit im bürgerlich-liberalen Lager und bekannte sich dabei voll und ganz zur jungen Republik und dem demokratisch-parlamentarischen System. »Wir müssen die Demokratie und die Republik aufnehmen in unser Fühlen und Denken; wir müssen Demokraten und Republikaner sein, oder wir werden nicht mehr sein«, lautete sein Credo.[98] Um die parlamentarische Demokratie gegen Angriffe zu verteidigen, war Heinemann auch bereit, zur Waffe zu greifen. Im Januar 1919 schloss Heinemann sich in Münster einer bewaffneten studentischen Bürgerwehr an, die mit Karabinern und Maschinengewehren an strategischen Punkten wie Bahnhof, Rathaus, Elektrizitätswerk Posten bezog. »Gegen uns kommt so leicht kein Spartakusvolk auf!«, berichtet er stolz an die Eltern.[99] Im März 1919 ist Heinemann in Münster sodann maßgeblich an der Aufstellung von studentischen Freiwilligenregimentern beteiligt, die in Absprache mit der Reichsregierung und der Militärführung an allen deutschen Universitäten gebildet werden sollen. »Alle Mann ans Werk! Das Ziel: die endgültige Niederwerfung der Spartakusaufstände. Ich habe mich auch als Kurier zur Verfügung gestellt«, berichtete Heinemann an seinen Vater über den Kampf gegen den kommunistischen Spartakus. Der Vater gibt allerdings zu bedenken, dass Sohn Gustav dadurch zwei Semester seines Studiums verpassen und gegenüber den Kommilitonen ins Hintertreffen geraten könnte.[100] Zu einem militärischen Einsatz dieses republiktreuen Studentenverbands ist es allerdings nicht gekommen. Gleichwohl zeigte sich der junge Heinemann entschlossen, die Republik auch mit Waffengewalt zu verteidigen.

Bei den Wahlen zur Nationalversammlung am 19. Januar 1919 hatte Heinemann erstmals Gelegenheit, seiner politischen Überzeugung auch mit dem Stimmzettel Ausdruck zu verleihen. Das aktive Wahlalter war von 25 Jahre auf 20 Jahre herabgesetzt worden. Erstmals durften in Deutschland auch Frauen abstimmen. Er wählte allerdings nicht die Deutsche Demokratische Partei (DDP), sondern die weiter rechts stehende Deutsche Volkspartei (DVP), für die, so Heinemann, ihre »stärkere Betonung des Nationalen und der Erhaltung der Privatwirtschaft« sprachen.[101] Neben dem Bekenntnis zu Demokratie und Privatwirtschaft spielte für den jungen Heinemann offensichtlich das nationale Element noch eine zentrale Rolle. Doch schon bald sah Heinemann nicht mehr in der nationalliberalen, in Teilen nur unter Vorbehalt »republikanisch« gesinnten DVP unter Gustav Stresemann, sondern in der linksliberalen, von Personen wie Friedrich Naumann, Hugo Preuß oder Max Weber repräsentierten DDP die zukunftsweisende Spielart des politischen Liberalismus in Deutschland. Folgerichtig schloss er sich Mitte 1919 der studentischen Vereinigung der DDP an.

Mit dem Ausgang der Wahlen zur Nationalversammlung zeigte sich Heinemann zufrieden, insbesondere damit, dass die sozialdemokratischen Kräfte nicht über die Mehrheit verfügten.[102] SPD und USPD kamen nur auf 185 Mandate und verfehlten somit zu ihrer großen Enttäuschung deutlich die Mehrheit. Radikale Veränderungen hin zu einer wie immer gearteten »sozialistischen Gesellschaft« waren in Deutschland damit zunächst vom Tisch. Es bildete sich stattdessen jene auf Kompromissen gegründete »Weimarer Koalition« heraus, die für demokratische und soziale Reformen stehen würde, nicht aber für revolutionäre Umbrüche – zur Beruhigung großer Teile des deutschen Bürgertums wie der Gesamtbevölkerung, und eben auch zur Genugtuung des demokratisch-republikanisch aber so gar nicht sozial-revolutionär gesinnten Heinemann. Zu dieser Koalition gehörte neben der SPD und dem katholischen Zentrum auch die Deutsche Demokratische Partei (DDP), eine aus der Fortschrittlichen Volkspartei hervorgegangene Vertreterin des Linksliberalismus.

Zum Sommersemester 1919 wechselte Heinemann an die Philipps-Universität Marburg, die im Fach Nationalökonomie einen guten Ruf genoss. Hier blieb er in den folgenden drei Jahren bis zum Abschluss seines Studiums – mit jeweils einsemestrigen Abstechern nach München und Göttingen. Seine beiden Hauptfächer waren Nationalökonomie und Jura, wobei er sich zunächst auf das volkswirtschaftliche Studium konzentrierte. Nebenbei besuchte Heinemann auch historische Vorlesungen, etwa über die Französische Revolution.

Heinemann stürzte sich in Marburg mit großem Eifer ins Studium, ungeachtet der teilweise widrigen Umstände. »Ich bin nun mit allem sehr zufrieden,« schreibt er Anfang Mai 1919 nach Hause. »Mein Stundenplan ist recht umfangreich. Ich habe 30 Stunden die Woche, darunter römisches Recht mit Übungen, ferner auch ein Lateinkurs. ... Die Universität ist viel schöner als in Münster, ... so altertümlich und ehrwürdig.«[103]

Als Heinemann nach Marburg kam, hatten sich allerdings die dortigen Studienbedingungen deutlich verschlechtert, da die Universität unmittelbar nach dem Krieg insbesondere wegen der zahlreichen Kriegsheimkehrer, die nunmehr ein Studium beginnen wollten, stark überlaufen war. Im Vergleich zum Sommersemester hatte sich die Studentenzahl im Wintersemester 1919/20 von 2 400 auf über 4 000 nahezu verdoppelt. Unter den Studenten lag die Zahl der Protestanten mit rund 80 Prozent weit über dem Reichsdurchschnitt aller Hochschulen, der Anteil der Juden mit rund einem Prozent etwas darunter. Der Anteil von Studentinnen betrug rund zehn Prozent.[104]

Heinemanns wichtigster Lehrer wurde der Marburger Nationalökonom Walter Troeltsch (1866–1933), ein Vetter des evangelischen Theologen und Philosophen Ernst Troeltsch. Als Vertreter der »Jüngeren Historischen Schule« befasste sich Walter Troeltsch insbesondere mit dem Problem der Arbeitslosigkeit, ihren Ursachen und volkswirtschaftlichen Auswirkungen. Bei Troeltsch verfasste Heinemann später auch seine Dissertation und hatte für zwei Semester eine Assistentenstelle inne.

Politische Aktivitäten in Marburg

Parallel zu seinem nationalökonomischen und juristischen Studium war Heinemann in Marburg auch politisch und hochschulpolitisch sehr aktiv. Er wurde Mitglied des demokratischen Studentenverbandes, als dessen Vertreter er zeitweise dem Allgemeinen Studentenausschuss (Asta) angehörte, und trat der Deutschen Demokratischen Partei bei.[105]

Meist gemeinsam mit seinem ein Jahr älteren Kommilitonen Ernst Lemmer organisierte Heinemann politische Diskussionsveranstaltungen, auf denen sie für die Festigung der Republik eintraten. Oder sie besuchten Versammlungen anderer Parteien, um für die Positionen der DDP zu werben. Zuweilen mit gutem Erfolg. So gelang es ihnen beispielsweise, im November 1919 eine Versammlung der rechtsliberalen Deutschen Volkspartei in Hachborn bei Marburg förmlich »umzudrehen«. Nachdem der DVP-Redner geendet hatte, »sprach zunächst Ernst, dann ich, beide unter großem Beifall. Nachdem [der DVP-Vertreter, T. F.] sein Schlusswort gesprochen hatte, führten wir die Versammlung weiter ... der Erfolg war ... ausgezeichnet.«[106] Wie eng diese Beziehung zweier politisch engagierter Kommilitonen bald wurde, bezeugt Lemmer in seinen Erinnerungen. Heinemann war in jener Zeit der »engste Freund, dessen politische Gedanken voll mit den meinen übereinstimmten ... In zahlreichen gefährlichen Situationen stand er in Marburg treu an meiner Seite, sodass ich ihn scherzhaft meinen ›Stabschef‹ zu nennen pflegte.«[107]

Eifriges Studium, studentische Hochschulpolitik und Parteiarbeit für die DDP – Heinemann muss in diesen Jahren über große Energie verfügt haben, um all diese Aktivitäten zu bewältigen. Zudem begann er zu jener Zeit mit seiner publizistischen Tätigkeit, indem er von politischen Veranstaltungen regelmäßig in der republiktreuen »Hessischen Landeszeitung« berichtete.

Neben Ernst Lemmer wurde Wilhelm Röpke in Marburg Heinemanns engster Freund, mit dem er politisch und weltanschaulich auf einer Wellenlänge lag. Heinemann, Röpke, Lemmer bildeten bald ein studentisches Dreigestirn, das in Marburg mehrmals für Aufsehen sorgte, indem es zusammen mit Gleichgesinnten für die Sache der Republik eintrat. Angesichts der Mehrheit national-konservativer bis reaktionärer Studenten und Dozenten, die nicht nur an der Marburger Alma Mater den Ton angaben, war das alles andere als ein leichtes Unterfangen. Alle drei sollten übrigens später – das heißt nach 1945 – auf je eigene Weise eine herausgehobene Rolle spielen: Heinemann als Mitstreiter, bald schärfster Widersacher Konrad Adenauers, eigensinniger Deutschlandpolitiker, SPD-Minister und erster sozialdemokratischer Präsident der Bundesrepublik Deutschland; Ernst Lemmer als führender Kopf der CDU in der SBZ, nach seiner erzwungenen Übersiedlung in den Westen u. a. als Minister für gesamtdeutsche Fragen. Schließlich Wilhelm Röpke, der als Wirtschaftswissenschaftler mit internationalem Ruf nach 1945 zu einem führenden Vertreter des Ordo-Liberalismus der Freiburger Schule um Walter Eucken wurde und wichtiger Anreger für das Konzept der »sozialen Marktwirtschaft« in der Bundesrepublik.[108]

Ernst Lemmer spielte in dem Trio anfangs eine gewisse Vorreiterrolle, ohne dass sich die durchaus selbstbewussten Röpke und Heinemann aber allzu viel von dem ein Jahr Älteren sagen ließen. An der Person Ernst Lemmers lässt sich im Übrigen das erwähnte Problem des »nachholenden Heroismus« verdeutlichen – bzw. die Immunität dagegen –, das zahlreiche Generationsgenossen von Lemmer und Heinemann ins rechte Lager gleiten ließ. Lemmer – Jahrgang 1898 – hatte das alles nicht nötig. Er hatte als Kriegsfreiwilliger an der Front gestanden und es bis zum Leutnant gebracht. »›Mut‹ hatte ich auf den blutgetränkten Schlachtfeldern hinreichend unter Beweis stellen müssen. Nach neuen Mutproben ... stand mir nicht der Sinn.« Das gab er auch zwei korporierten Studenten zu verstehen, die Lemmer, einen ihrer schärfsten politischen Gegner in Marburg, im Dezember 1919 zum Duell forderten, um ihm einen Denkzettel zu verpassen. Großzügig überließen sie Lemmer die Wahl der Waffen. Dieser wollte die Duellforderung nicht rundweg ablehnen – das hätte ja nach »kneifen« aussehen können – und so erklärte Lemmer mit fester Miene: »Also am Montag bei Sonnenaufgang, hundertfünfzig Meter ohne Deckung, dreimaliger Minenwechsel mit dem kleinen Minenwerfer.« Die Korporierten erstarrten und verließen wortlos die Wohnung, »unter dem tosenden Gelächter meiner Freunde«.[109] Diese Brüskierung machte Lemmer bei den rechtsgerichteten Studenten Marburgs natürlich nur noch verhasster.

Die republikanisch gesinnten Studenten um Heinemann, Lemmer und Röpke waren unter ihren Marburger Kommilitonen zwar stets in der Minderheit, bewiesen bei ihren Aktivitäten aber immer wieder große Unerschrockenheit. »Wir wenigen Demokraten und Sozialisten machen unser Bestes«, versicherte er dem Vater.[110] Derartige Unerschrockenheit war beispielsweise in der »Affäre Traeger/ Lemmer« vonnöten, welche im Wintersemester 1919/20 die Gemüter erhitzte und sogar das preußische Kultusministerium beschäftigte. Unter den mehrheitlich republikfeindlichen Professoren und Dozenten der Philipps-Universität zeichnete sich der Jurist Prof. Ludwig Traeger durch besondere Schärfe seiner Angriffe gegen das parlamentarische System und seine führenden Repräsentanten aus. So liebte er es, sich in seinen Vorlesungen etwa über den Zentrumspolitiker Matthias Erzberger – eine Zentralfigur der Republik und bei der Rechten als sogenannter »Erfüllungspolitiker« besonders verhasst – in folgender Weise zu äußern: »Herr Erzgaun … – Verzeihung, Herr Erzberger, – man kommt zu leicht in Versuchung, den ersteren Ausdruck zu gebrauchen.« Antisemitische Hetzparolen waren bei ihm an der Tagesordnung. »Die meisten sozialistischen Führer sind pathologische Individuen, vom Größenwahn befallene Subjekte, aus Galizien eingewanderte Juden. Namen wie Eisner, Landauer, Toller, Lewien und Leviné genügen.« Der grölende Beifall seiner überwiegend korporierten und schwarz-weiß-rot gesinnten Zuhörerschaft war ihm sicher.

Den republiktreuen Studenten – »deren es allerdings nicht allzu viele gab« (Lemmer)[111] – ging das entschieden zu weit. Ernst Lemmer nutzte die Gelegenheit, auf dem Berliner Parteitag der Demokratischen Partei im November 1919 über die Zustände an der Marburger Universität zu sprechen, wo reaktionäre Professoren ihrem Hass auf die Republik ungehindert freien Lauf lassen könnten. Dies wiederum führte bei rechtsgerichteten Studenten und Dozenten in Marburg zu einem Sturm der Entrüstung, die darin eine Schädigung des Ansehens ihrer Universität sahen und die Entfernung Lemmers von der Universität (»consilium abeundi«) wegen »unakademischen Verhaltens« forderten. Tatsächlich verfügte die Universitätsleitung die Entfernung Lemmers.[112] Demokratische Studentengruppen protestierten dagegen mit Erklärungen und Anschlägen am Schwarzen Brett, woran Heinemann sich intensiv beteiligte. So veröffentlichte er namens der Demokratischen Studentengruppe eine Entgegnung, in der die »demokratischen Studenten … schärfsten Protest dagegen (erheben), dass vom Lehrstuhl herunter die Autorität der Männer untergraben wird, die in der schwersten Not des Vaterlandes die Verantwortung der Regierung übernommen haben.«[113] Diese regierungs-, d. h. republiktreue Haltung trug Heinemann und seinen Mitstreitern von rechtsgerichteten Kommilitonen massive verbale Angriffe und Drohungen ein. Zudem wurde er viermal wegen seiner Parteinahme gegen Prof. Traeger vor die Universitätsleitung zitiert, die ihm »unwürdiges«, weil rufschädigendes Verhalten vorwarf, ohne dass es allerdings zu weiteren Konsequenzen kam.

Inzwischen hatten zahlreiche Zeitungen, darunter das liberale »Berliner Tageblatt« sowie der sozialdemokratische »Vorwärts« – beide von der Gruppe um Lemmer und Heinemann mit Informationen versorgt – und auch die rechtsgerichtete »Tägliche Rundschau« über den Konflikt berichtet. Schließlich sah sich der preußische Kultusminister Konrad Haenisch veranlasst, sich des Falls »Traeger – Lemmer« anzunehmen. Im Dezember 1919 hob Haenisch das Disziplinarurteil gegen Lemmer auf und verhalf damit den demokratischen Studenten in Marburg zu einem kleinen Sieg.[114] Laut Lemmer war die »Wirkung in Marburg … ungeheuer. Auf der einen Seite Jubel, auf der anderen Empörung, aber die inneren Spannungen wurden dadurch natürlich noch weiter verschärft.«[115] Allerdings wurde auch Prof. Traeger nicht belangt – von einem offiziellen »Verweis« abgesehen –, sodass er weiter gegen die Republik und führende Politiker hetzten konnte.[116]

Bei derartigen Auseinandersetzungen mit rechtsgerichteten Professoren und Studenten handelte es sich nicht einfach um akademische Wortgefechte und den Streit um Meinungen. Sie waren Teil eines erbitterten innenpolitischen Kampfes, bei dem es letztlich um nichts weniger ging als den Bestand der jungen Republik und Demokratie, wie den jungen Republikanern um Heinemann, Lemmer, Röpke nur allzu bewusst war. Darum auch die Entschiedenheit, mit der sie gegen Traeger auftraten. Denn während die reaktionären Altvorderen unter dem Beifall einer Mehrzahl ihrer studentischen Zuhörer gegen die Republik und ihre Repräsentanten hetzten, verbreiteten bewaffnete Freikorpsverbände in ganz Deutschland Angst und Schrecken und verübten rechte Verschwörergruppen Attentate. Der von Traeger wiederholt geschmähte Matthias Erzberger wurde im August 1921 ermordet. Ein anderer Repräsentant der Republik, Außenminister Walther Rathenau, fiel im Juni 1922 einem Attentat zum Opfer. »Wut und Empörung … Ich kann diese Tat nicht überwinden. Es zittert ja alles. Der Wahnsinn triumphiert«, notiert Heinemann im Tagebuch.[117]

Bewaffneter Einsatz für die Republik

Aber nicht nur von rechts war die Republik bedroht. Auch gegen linksradikale Gruppierungen unter Führung von USPD- und KPD-Leuten musste die Demokratie nach Überzeugung von Heinemann und seinen Mitstreitern verteidigt werden, notfalls mit der Waffe in der Hand. Schon im März 1920 trat dieser Ernstfall tatsächlich ein und stellte die demokratisch gesinnten Studenten Marburgs vor eine Bewährungsprobe, zuerst im Kampf gegen rechts – während des Kapp-Putsches –, dann gegen links in der Unruheregion Thüringen. In beiden Fällen war Heinemann aktiv beteiligt.

»Wir lassen uns die Republik nicht zerschlagen ...!« So lautete die erste Reaktion Heinemanns, als er am 13. März 1920 vom sogenannten »Kapp-Putsch« in Berlin erfuhr.[118]

In der Nacht zuvor hatte die Brigade Erhardt, eines der schlagkräftigsten und berüchtigtsten Freikorps, das Berliner Regierungsviertel besetzt und damit das Signal zum rechten Umsturz gegeben. Massive Unterstützung fanden die Putschisten bei den Truppen des Generals Walther von Lüttwitz, Kommandeur des Reichswehrkommandos I in der Reichshauptstadt. Das Haupt der Verschwörung, der ostpreußische Generallandschaftsdirektor Wolfgang Kapp, erklärte die gewählte Regierung unter Gustav Bauer (SPD) für abgesetzt und sich selbst zum Chef einer provisorischen Reichsregierung. Die meisten Reichsminister setzten sich in Richtung Dresden, von dort weiter nach Stuttgart ab. Als die Reichswehrführung sich mit wenigen Ausnahmen weigerte, militärisch gegen die Putschisten vorzugehen – wobei General Hans von Seeckt, der Chef des Truppenamtes, den legendären Ausspruch tat: »Truppe schießt nicht auf Truppe« – und auch Teile der Reichsverwaltung sowie Politiker rechtsgerichteter Parteien wie DNVP und DVP von der legitimen Regierung abzurücken begannen, schien die Sache der Republik schon fast verloren.[119]

In dieser Situation riefen die Freien Gewerkschaften zum politischen Generalstreik gegen Kapp-Lüttwitz auf, dem ersten in der Geschichte Deutschlands. Die Aktion wurde ein voller Erfolg. Tatsächlich gelang es der Arbeiterschaft, nahezu die gesamte Wirtschaft und das öffentliche Leben lahmzulegen. Innerhalb von drei Tagen brach der Umsturzversuch in sich zusammen. Die Anführer flohen ins Ausland, während die Brigade Erhardt bei ihrem Abzug aus Berlin noch ein Blutbad mit rund einem Dutzend Toten anrichtete.[120]

Dass der Putsch schlecht vorbereitet und dilettantisch ausgeführt wurde und die Putschisten auch mit der Intransigenz einer zwar nicht eben republikanisch gesinnten, aber auf »Korrektheit« bedachten Staatsbürokratie zu kämpfen hatten, änderte nichts an der Dramatik der Situation.[121] Zumal sich zeigte, wie wenig Verlass auf große Teile der Reichswehr war, wenn es galt, die Republik gegen Angriffe von rechts zu schützen.

Auch in Marburg sorgten die Berliner Ereignisse für Aufruhr. Republiktreue Universitätsangehörige, darunter Heinemann, Lemmer und Röpke, berieten umgehend über Gegenmaßnahmen, in die auch die örtlichen Gewerkschaften und gemäßigten Parteien bis hin zur USPD einbezogen werden sollten. Zu allererst musste verhindert werden, dass das Marburger Jägerbataillon zusammen mit rechtsgerichteten Korpsstudenten sich den Putschisten anschließen würde. Es wurde darum beschlossen, Abgesandte zum Oberpräsidenten Rudolf Schwander nach Kassel zu schicken, damit dieser Stillhaltebefehle für das Jägerbataillon erwirken und die Entwaffnung rechter Studentenkompanien anordnen solle, die den Kapp-Putsch unterstützen wollten. Heinemann meldete sich für diesen Auftrag und machte sich – versehen mit einem von den örtlichen Parteichefs von SPD, Zentrum und USPD unterzeichneten Passierschein – mit dem Zug auf den Weg nach Kassel.[122] Dort angekommen, gelang es ihm zunächst nicht, zum Oberpräsidenten vorzudringen. Nachdem er vergeblich bei mehreren Militärdienststellen sein Anliegen vorgebracht hatte, wurde er vielmehr als »verdächtiges Subjekt« erst einmal festgesetzt und verbrachte den Rest der Nacht unfreiwillig in einer Kaserne. Am frühen Morgen wieder entlassen, erreichte Heinemann ein Zusammentreffen mit dem republiktreuen Oberpräsidenten Schwander, der sofort zusagte, entsprechende Befehle zur Entwaffnung, zumindest Disziplinierung der rechten Studentenkorps zu veranlassen.[123] An der Unterredung nahm auch Ernst Lemmer teil, der inzwischen ebenfalls in Kassel eingetroffen war.

Da inzwischen in ganz Deutschland der Generalstreik gegen den Kapp-Putsch ausgerufen war, gestaltete sich die Rückreise nach Marburg am 15. März 1920 schwierig. Schließlich gelang es Heinemann und Lemmer, einen über Marburg nach Stuttgart, dem Ausweichort für die Nationalversammlung, fahrenden Sonderzug für Reichstagsabgeordnete zu besteigen, nachdem der SPD-Politiker Philipp Scheidemann, der im abgesperrten Kasseler Bahnhof auf diesen Sonderzug wartete, sich persönlich bei der Streikleitung für sie verwendet hatte. Und so fuhr der republiktreue Student Heinemann zurück nach Marburg im angeregten Gespräch mit Scheidemann und anderen SPD-Reichstagsabgeordneten über die politische Lage, wobei Scheidemann immer wieder heftig über das unrühmliche Verhalten von Reichswehrminister Gustav Noske geschimpft haben soll. »Dieser Noske, dieses Rindvieh.«[124] Der mitreisende Lemmer vertiefte sich auf der mehrstündigen Fahrt in ein Gespräch mit dem SPD-Abgeordneten Otto Hörsing, dem späteren Gründer des überparteilichen republiktreuen »Reichsbanners Schwarz-Rot-Gold«. Rückblickend hielt Lemmer diese Zugfahrt geradezu für die Geburtsstunde des Reichsbanners. »Wir erörterten die verschiedenen Möglichkeiten, wie die Republik künftig von den Bürgern selbst vor der Wiederholung eines Putsches geschützt werden könnte, und wir beschlossen, dass ... in Berlin eine Zusammenkunft von älteren und jüngeren Politikern stattfinden sollte. Aus dieser Zusammenkunft sollte später die Schutzorganisation der Republik, das Reichsbanner Schwarz-Rot-Gold, entstehen.«[125]

Am darauffolgenden Tag, dem 16. März, fand in Marburg erneut eine Protest-Kundgebung gegen den Kapp-Putsch statt, an der rund 1.500 Arbeiter und republiktreue Bürger teilnahmen, darunter auch Heinemann. »Wir wenigen republikan(ischen) Studenten ziehen mit und werden nicht wenig begafft«, notierte er im Tagebuch. Es waren in der Tat nur wenige Studenten, die sich in Deutschland 1920 zur Republik bekannten; die überwiegende Mehrheit des akademischen Nachwuchses stand rechts.

Am 17. März brach der Kapp-Putsch endgültig zusammen, gescheitert am Dilettantismus der Putschisten, vor allem aber am nahezu geschlossenen Widerstand der Arbeiterschaft, Gewerkschaften, großer Teile der Angestellten und Beamten sowie der zunächst abwartenden, dann zunehmend ablehnenden Haltung der Bürokratie und der Reichswehr.

Aber nicht in allen Teilen des Deutschen Reiches kehrte sofort wieder Ruhe ein. So mündete im Ruhrgebiet der politische Elan des Generalstreiks unmittelbar in eine revolutionäre Aufstandsbewegung, die den Bestand der Republik nunmehr von links akut in Frage stellte. Von Marburg aus beobachtete Gustav Heinemann die Ereignisse im Revier mit besonderer Aufmerksamkeit, wobei er sich natürlich Sorgen um das Ergehen seiner Eltern und Geschwister in Essen machte. »Im Industriegebiet muss es schrecklich aussehen. Allenthalben heftige Kämpfe. Wie mag es wohl zu Hause aussehen? Schrecklich. Nur nicht dran denken!«, heißt es unter dem 20. März im Tagebuch.

Im Ruhrgebiet drängten die von den Ergebnissen der Novemberrevolution enttäuschten Arbeiter unter Führung syndikalistischer Gruppen und linker USPD-Leute – die KPD beteiligte sich erst mit Verzögerung – nunmehr auf eine tatsächliche Umwälzung der politischen und ökonomischen Verhältnisse. Bis Ende März 1920 traten rund 330.000 Arbeiter, drei Viertel aller Beschäftigten des Reviers, in den Ausstand, um ihre Forderungen nach Sozialisierung und Rätedemokratie durchzusetzen. Inzwischen hatte sich auch eine rund 50.000 Mann starke »Rote Ruhrarmee« formiert, die innerhalb weniger Tage die militärische Kontrolle über das Ruhrgebiet gewann. Die politische Macht lag fortan in den Händen sogenannter »Vollzugsräte«, in denen USPD-Vertreter, linksradikale Syndikalisten und Kommunisten den Ton angaben.

Otto Heinemann machte noch während der Ereignisse schriftliche Aufzeichnungen, in denen er seine Abneigung gegen die Spartakisten nicht verbarg, aber auch dem Essener Bürgertum heftige Vorwürfe machte. »(Am 21.3.) traf am Gefängnis, Landgericht, Polizeipräsidium die Masse der Spartakisten gegen vier Uhr ein, durchweg sehr übel aussehende Gestalten, wie sie aus der Revolution von 1789 unter dem Namen Sansculotten bekannt geworden sind. Die Insassen der Gefängnisse wurden befreit, außer den politischen Gefangenen auch die Schwerverbrecher. Das ganze Gesindel zog durch die Andreasstraße; die Weiber sahen sehr übel aus. Als erstes ließen sie sich von den Spartakisten Zigaretten verabreichen. Die Stadt ist inzwischen wieder ruhig und in der Hand der Revolutionäre, die einen Vollzugsrat gebildet haben und die Herrschaft ausüben. … Es war von vornherein klar, dass das Vorgehen von Kapp und Lüttwitz den von den Spartakisten gewollten (Aufstand) auslösen würde. … Das Bürgertum hat sich dabei nicht mit Ruhm bedeckt. Im Grunde genommen hat man den Dingen den Lauf gelassen und nach Erledigung der Kappregierung vor den Spartakisten und Kommunisten das Feld geräumt.«[126]

Als am 24. März ein Kompromissangebot der Reichsregierung von den Aufständischen abgelehnt wurde (»Bielefelder Abkommen« mit weitgehenden sozialen und politischen Zugeständnissen), setzte die Reichswehrführung Anfang April Truppen in Marsch, darunter auch Freikorpsverbände, die vor wenigen Tagen noch aufseiten von Kapp und Lüttwitz gegen die Republik gezogen waren.[127] Sie trafen auf den erbitterten Widerstand der gut bewaffneten »Roten Ruhrarmee«. In verlustreichen, von beiden Seiten mit großer Rücksichtslosigkeit geführten Kämpfen wurde der Aufstand jedoch innerhalb weniger Tage niedergeschlagen.[128] Aufseiten der aufständischen Arbeiter gab es mehr als 1.000 Tote. Es kam zu Massenerschießungen von Aufständischen nach der Gefangennahme.

Auch in Thüringen flammten im Gefolge des gescheiterten Kapp-Putsches linksgerichtete Unruhen auf. Erneut fühlte Heinemann sich verpflichtet, die Republik zu verteidigen, diesmal gegen Angriffe von links und tatsächlich mit der Waffe in der Hand. Er verhehlte allerdings nicht, dass ihn dabei gewisse Skrupel beschlichen, die er bei seinem Einsatz gegen die Kapp-Lüttwitz-Putschisten nicht empfunden hatte. »Mir ist es nie so schwer gefallen, die mittlere Linie einhalten zu müssen, als eben jetzt,« notierte er unter dem 19. März im Tagebuch. »Gegen die irregeleiteten Arbeiter mag ich nicht kämpfen. Die bürgerliche Gesellschaft hat sich viel zu sehr an ihnen versündigt, um sie jetzt mit Berechtigung wie räudige Hunde totzuschlagen.« Dessen ungeachtet stellte er sich sofort zur Verfügung, als in Marburg auf Initiative seines Freundes Ernst Lemmer eine sogenannte »Volkskompagnie« aufgestellt wurde, der neben republikanischen Studenten auch einige junge Arbeiter und Bauern angehörten. Angeführt wurde die rund 100 Mann starke Truppe vom Marburger Theologieprofessor Heinrich Hermelinck, einem demokratisch gesinnten Hauptmann d. R. Ihre Angehörigen sahen sich als Gegengewicht zu den rechtskonservativen »schwarz-weiß-roten« Studenten-Bataillonen, die sich zeitgleich in Marburg formierten, um gegen die Thüringer Unruhen militärisch vorzugehen.[129] Die Angehörigen der Volkskompanie – darunter auch Studenten der jüdischen Verbindung »Hassia«, denen das rechtskonservative »Studentenkorps« die Aufnahme verweigert hatte – wurde feldmarschmäßig ausgerüstet und am 25. März 1920 per Eisenbahn nach Eisenach transportiert. Dort war die Lage allerdings völlig ruhig.[130] Wie überhaupt sich alle Berichte über eine angeblich in Thüringen bevorstehende bolschewistische Erhebung als stark übertrieben herausstellten.

Als einzige der aufgestellten Freiwilligenverbände führte die Volkskompanie eine schwarz-rot-goldene Fahne mit, »zum Zeichen, dass wir nur Republikaner sind und nicht Reichswehrtruppen im alten üblichen Sinne.«[131] Die anderen Studenten-Kompagnien zeigten dagegen ostentativ die schwarz-weiß-rote Fahne.[132]

Am 29. März lag die »Volkskompagnie« wieder in Eisenach, wo Heinemann mit einigen Kameraden die Wartburg besichtigte und sich von dem geschichtsträchtigen Ort, an dem Martin Luther die Bibel ins Deutsche übersetzt hatte, beeindrucken ließ. »Der Burgvogt führt uns in das Allerheiligste, in die sog. Reformationszimmer. Unermessliche Kostbarkeiten u. Erinnerungen sind dort angesammelt.«[133]

Zusammen mit Wilhelm Röpke hielt er in der folgenden Nacht auf dem Turm der Wartburg Wache – in der wildromantischen Stimmung einer kalten Mondnacht mit weitem Blick über das Land. »Aus dem Morgengrauen taucht langsam die Stadt auf. Kalt heult der Wind um die Burg. Ich stehe auf der Zugbrücke, das Gewehr unter dem Arm. Landsknecht!«, heißt es im Tagebuch.[134]

Es wird Heinemann in dieser Nacht auf der Wartburg neben romantischen Gefühlen manch anderes im Kopf herumgegangen sein. Denn zwei Tage zuvor war er mit einem Ereignis konfrontiert worden, das ihn enorm aufwühlte und das in ganz Deutschland für großes Aufsehen und Empörung sorgte. Als nämlich Heinemann mit einem von Lemmer geführten Spähtrupp am 26. März in das thüringische Städtchen Ruhla einzog, um etwaige Aufrührer zu entwaffnen, trafen sie dort zwar kaum Bewaffnete, dafür aber eine völlig verängstigte und misstrauische Bevölkerung. »Wir alle standen unter dem schmerzlichen Eindruck, hier nicht als deutsche Landsmänner, sondern wie der ärgste und grimmste auswärtige Feind empfangen zu werden.«[135] Den Grund dafür sollten Heinemann und seine Kameraden bald erfahren. Wenige Tage zuvor, am 25. März, waren im benachbarten Mechterstädt 15 Arbeiter bei einem Massaker ermordet worden, an dem rechtsgerichtete Marburger Studenten, darunter Mitglieder des Corps Hasso-Nassovia, unmittelbar beteiligt waren.

Zwar konnte die »Volkskompagnie« die Bewohner rasch von ihrer republiktreuen Haltung überzeugen und dadurch ihr Zutrauen gewinnen, doch war für

Heinemann und seine Kameraden die Sache damit noch längst nicht erledigt. Vielmehr bemühten sie sich ihrerseits um Aufklärung des Verbrechens und mussten zum anderen jeden Verdacht beseitigen, mit dem Massaker auch nur das Geringste zu tun zu haben. Ihre Nachforschungen ergaben, dass am 24. März im nahegelegenen Bad Thal mehrere Dutzend Mitglieder einer Arbeiterwehr verhaftet worden waren. 15 von ihnen sollten unter Bewachung eines rechtsgerichteten Marburger Studentenkorps nach Gotha verbracht und dort vor ein Kriegsgericht gestellt werden. Unter nie ganz geklärten Umständen wurden die 15 jungen Männer am Morgen des 25. März auf der Landstraße bei Mechterstädt erschossen, angeblich »auf der Flucht«. Doch sprach sehr viel dafür, dass es keinen Fluchtversuch gegeben hatte, die Arbeiter vielmehr Opfer eines Massakers durch die rechtsgerichteten Studenten geworden waren. So wiesen die meisten Opfer Schusswunden von vorn auf. Mit diesen Informationen begab sich Ernst Lemmer als Abgesandter der Marburger »Volkskompagnie« unverzüglich nach Berlin, um demokratische Politiker, darunter Walter Schücking, Ludwig Hasse (beide DDP) und Philipp Scheidemann (SPD), über die »Morde von Mechterstädt« in Kenntnis zu setzen. Auf Schückings Vermittlung kam sogar eine Unterredung mit Reichswehrminister Otto Gessler (DDP), dem Nachfolger Noskes, zustande, dem Lemmer von dem Blutbad in Mechterstädt berichtete.[136] Der Abgeordnete Hasse brachte noch am selben Tag die Ereignisse von Mechterstädt auch im Reichstag zur Sprache, worauf zahlreiche, zumeist republikanische Zeitungen ausführlich darüber berichteten.

Noch 1920 kam es zum Prozess gegen 14 Angehörige des beteiligten Marburger Studentenkorps, in dem auch Ernst Lemmer als Zeuge auftrat. Doch sowohl von einem Kriegs- als auch später von dem Kasseler Landgericht wurden die Angeklagten freigesprochen, da ihre Behauptung, die Arbeiter »auf der Flucht« erschossen zu haben, nicht habe widerlegt werden können. Die Freisprüche lösten in der republikanischen Öffentlichkeit einen Sturm der Entrüstung aus und wurden u.a. von Kurt Tucholsky und Carl von Ossietzky als erneuter Beleg dafür gesehen, dass die deutsche Justiz vor rechter Gewalt die Augen verschließe. Tucholsky schrieb: »Aber das ist keine Überraschung für uns Deutsche, die wir an zweierlei Justiz seit langer Zeit gewohnt sind. … Die deutsche Jugend auf den kleinen Universitäten ist zum großen Teil durch den Krieg verroht und entsittlicht. Verroht: Mord und Totschlag machen ihnen Spaß, und sie empfinden Mord und Totschlag nicht mehr als Delikte, wenn sie ›dienstlich‹ begangen werden … Unser Urteil steht fest. Wir wissen, wie man die Ereignisse auf der Chaussee [bei Mechterstädt] nennt: Mord, Mord, Mord.«[137]

Dass sowohl die Marburger Universitätsleitung als auch die große Mehrheit der Studentenschaft sich ausdrücklich mit den Angeklagten solidarisierten, zeigt, welch schweren Stand das Häuflein republikanischer Studenten nicht nur in Marburg während der Weimarer Republik hatte.

Nach rund zehntägigem Einsatz in Thüringen wurden die studentischen Freiwilligen-Verbände am 2. April 1920 von Eisenach aus nach Marburg zurückgeführt und demobilisiert, wobei es auf der Fahrt wiederholt zu Konfrontationen zwischen den rechten Studentenverbänden und der »Volkskompagnie« kam.

Unverhohlener Stolz spricht aus Heinemann, wenn er sich über seinen Einsatz bei der »Volkskompanie« äußert, in der er geradezu ein Modell für das Zusammenwirken unterschiedlicher Bevölkerungsgruppen in einer demokratischen Gesellschaft sah. »Es ist schade, dass unsere Truppe so schnell wieder verschwindet. Sie konnte in der Tat in vielen Dingen ein Vorbild sein. Das Verhältnis zwischen uns Studenten u. den Arbeitern, zwischen den Offizieren und Untergebenen war in jeder Hinsicht glänzend. ... Als erste rein republikanische Volkstruppe in Deutschland waren wir ein historisches Ereignis!«[138]

Wieder in Zivil widmete sich Heinemann zunächst intensiv dem Studium. Doch hatten die Ereignisse von Mechterstädt die Spannungen zwischen rechtsgerichteten und republikanischen Studenten inzwischen so weit verschärft, dass es in Marburg immer häufiger zu Zusammenstößen kam und Heinemann und seine Freunde sich um ihre leibliche Unversehrtheit zu sorgen begannen. Als gegen Ernst Lemmer sogar konkrete Anschlagspläne rechter Korpsstudenten bekannt wurden, ließ der Marburger Polizeichef dessen Wohnung Tag und Nacht überwachen.[139]

Ein Sommersemester in München

Gustav Heinemann, neben Lemmer einer der exponiertesten Vertreter der republikanischen Studenten in Marburg, entschloss sich deshalb, für das Sommersemester 1920 nach München auszuweichen.[140] Es war somit kein ganz freiwilliger Aufenthalt in der bayerischen Metropole; doch gefiel es Heinemann dort außerordentlich gut und er zog aus den vier Monaten im Süden Deutschlands vielfältigen Gewinn. »München! Herrliche Stadt!« schwärmt er im Tagebuch. »Hier hat der Reichtum vergangener Tage die Kunst großzügig auf die Straße getragen. ... Hier kann das Leben schön sein. Sorglos muss hier der Mensch sein und Geld haben!«[141] Viele Stunden verbrachte er im Maximilianeum und in der Pinakothek, wo es ihm die Gemälde von Peter Paul Rubens besonders angetan hatten. Abends sah er im Theater u.a. Shakespeares »Der Widerspenstigen Zähmung« und »Sommernachtstraum«, »Die Kameliendame« von Alexander Dumas, auch seichtere Boulevardstücke.

An der Münchner Universität hörte er u.a. bei Lujo Brentano, dem Mitbegründer des »Vereins für Socialgeschichte« und Kathedersozialisten, über Wirtschaftsgeschichte und bei Max Weber, der ihn mit seiner luziden Argumentationsführung besonders beeindruckte. »Die wunderbare Klarheit und Fülle der Gedanken, verbunden mit dem gewaltigen Ernst im Erkennen des Tragischen fesseln nicht nur, sie ergreifen.«[142] Webers plötzlicher Tod im Juni 1920 hat Heinemann darum als schweren Verlust für die Wissenschaft und den politischen Liberalismus in Deutschland empfunden. Neben Weber und Brentano – der mit dem Sommer-Semester 1920 übrigens seine Lehrtätigkeit aus Altersgründen beendete – waren für Heinemann lediglich noch die Veranstaltungen des Juristen Hans Nawiasky von Interesse. Der Rest hatte in seinen Augen ein erschreckend niedriges Niveau.[143]

Viel Zeit und Energie verwandte Heinemann in seinem Münchner Semester auf den Besuch zahlreicher Parteiversammlungen, an denen wegen des gerade tobenden Reichstagswahlkampfs kein Mangel herrschte.[144] Er war daran interessiert, sich einen Überblick über die Programmatik und Anhängerschaft des gesamten politischen Spektrums zu verschaffen, von der USPD und KPD auf der Linken – ein Auftritt von Georg Ledebour war so überfüllt, dass Heinemann nicht mehr hineinkam – über DDP, DVP bis zur Nationalsozialistischen Deutschen Arbeiterpartei. Als er am 19. Mai 1920 im Münchner Hofbräuhaus an einer Versammlung der NSDAP teilnimmt, und dabei auch zum ersten – und einzigen – Mal Adolf Hitler direkt erlebt, ist Heinemann fassungslos über die Primitivität dieser obskuren Gruppierung und ihrer Argumentation. »Ein trauriges Bild der Geistesverfassung u. politischen Unbildung unseres Volkes!«, notiert er ins Tagebuch. »Ein nahezu uferloser Antisemitismus. An allem u. jedem sind nur die Juden schuld. Rathenaus Wirtschaftsplan, die Friedensresolution des Reichstags stammen aus einer Großloge zu Paris. Marx hat die Arbeiterbewegung nur deshalb entfesselt, um die jüdische Weltherrschaft des Börsenkapitals zu bringen. … Solche Dinge nimmt eine Versammlung gläubig u. beifallfreudig hin!!« Doch schätzt Heinemann die politische Gefahr, die von der NSDAP ausgehen könnte, damals als gering ein. »Die Partei wird an der inneren Inkonsequenz ihres Programmes u. der unglaublich einseitigen … Einstellung scheitern.«[145]

Am darauffolgenden Tag ist Heinemann auf einer Versammlung der USPD im Löwenbräukeller. Auch hier vermisst er jede rationale Argumentation. »Klassenkampfhetze, Phrasen vom Himmel auf Erden u. den Wundern des Sozialismus. Keine Wahrheit u. Wirklichkeit.« Diese nüchterne, zur Mäßigung mahnende Rationalität findet er zwar am folgenden Abend in der Rede des DDP-Vorsitzenden Carl Petersen, doch schätzt er die Chancen der Demokratischen Partei eher skeptisch ein. »Der ganze Wahlkampf scheint sich nur um die Demokraten zu drehen; sie sollen an allem Schuld sein. Vom Zentrum hört man kein Wort, von den Sozialdemokraten nur wenige.«[146]

Mit gespannter Erwartung sah Heinemann dem Wahlergebnis vom 6. Juni 1920 entgegen, dem er eine Weichenstellung für die künftige politische Entwicklung beimaß: »Es geht um Deutschlands Schicksal. Aufstieg oder Niedergang? Versöhnung oder Klassenhass, Interessenkampf, Bürgerkrieg? ... Individualismus oder Sozialismus?«[147] Entsprechend enttäuscht, ja entsetzt war Heinemann über den Ausgang der ersten Reichstagswahl unter republikanischen Verhältnissen, da sie eine dramatische Schwächung der gemäßigten Parteien MSPD, DDP, Zentrum (»Weimarer Koalition«), auf der anderen Seite den sprunghaften Anstieg der Extreme von links und rechts erbrachte. »Das Chaos ist da. Das deutsche Volk hat ein Parlament, aber keine Mehrheit u. keine Regierung gewählt,« kommentierte er das neue Kräfteverhältnis.[148]

Tatsächlich mussten die Parteien der Mitte gegenüber den Wahlen zur Nationalversammlung anderthalb Jahre zuvor jeweils herbe Stimmenverluste hinnehmen. Die SPD fiel von 37,9 Prozent auf 21,7 Prozent, das Zentrum von 19,7 auf 13,6 Prozent. Besonders dramatisch waren die Einbußen bei Heinemanns eigener Partei, der DDP, die von 18,5 auf 8,2 Prozent mehr als halbiert wurde. Gewinner der Wahlen waren die rechtsnationalistische, in weiten Teilen antidemokratische DNVP (von 10,3 auf 15 Prozent) und auf der Linken die USPD, die ihren Stimmenanteil mehr als verdoppeln konnte und 17,8 Prozent erhielt. Angesichts dieser Kräfteverhältnisse befiel Heinemann ein tiefer Pessimismus, denn statt jenes »einheitlichen demokratischen Volksstaates«, den er als einzig konstruktives Ziel des politischen »Neuaufbaus unseres Vaterlandes« anstrebte,[149] sah er nur »Zerklüfftung, Hass u. Streit« kommen. »Da wird Politik zum Geschäft.«[150]

Nach den turbulenten Wahlkampfwochen, in denen Heinemann fast täglich an einer Parteiveranstaltung teilgenommen hatte, widmete er sich in München wieder verstärkt seinem Studium. Auch hielt ihn die immer wieder geäußerte Sorge um Deutschlands Zukunft nicht davon ab, im Sommer 1920 die nahen Naturschönheiten zu genießen. So unternahm er mehrtägige Gebirgswanderungen im Allgäu und zum Wendelstein, die ihn zuweilen die politische Misere vergessen ließen: »Welt wie bist du so schön!« notierte er im Anblick der Alpenkulisse am Königssee.[151] Aber auch die politische Arbeit kam in München neben Studium, Theater und Natur nicht zu kurz. So nahm er regelmäßig an den Tagungen der neu gegründeten »Naumann-Gesellschaft« teil, auf denen u. a. über die Grundlagen einer demokratischen Gesellschaftsordnung in Deutschland, beispielsweise ein erneuertes Parteiensystem, diskutiert wurde. Im August 1920 beendete Heinemann sein Münchner Zwischenspiel und kehrte nach Marburg zurück, wo sich die

Wellen inzwischen geglättet, d.h. die Anfeindungen und Übergriffe durch rechtsgerichtete Studenten nachgelassen hatten.

Mit neuem Schwung nahm Heinemann im Wintersemester 1920/21 sein Studium wieder auf und hielt umfangreiche Referate u.a. über die »Reichsabgabenordnung« und »Moderne Preisbildungstheorien«, die bei seinen Professoren, insbesondere Geheimrat Walter Troeltsch, wegen ihrer gründlichen Erarbeitung und klaren Gedankenführung meist großen Anklang fanden. Auch über die »Marx'sche Wert- und Mehrwertlehre« hielt er ein längeres Referat, bei dessen Ausarbeitung ihn das »kolossale Marxistische Ideengebäude« stark beeindruckte.[152]

Die »Marburger Stadtbrille«

Über allem Studieneifer und politischem Engagement kamen beim jungen Heinemann aber auch studentischer Übermut und Ulk nicht zu kurz. So gründete er im Winter 1920 zusammen mit den Freunden eine satirische Stadt-Zeitung. »Als wir an einem Abend ... vom Marburger Schloss auf die schlafende Stadt heruntersahen, warf einer die Frage auf, wie diese Bürger da unten einmal tüchtig munter gemacht werden könnten.«[153] Ergebnis dieser Augenblickslaune war die »Marburger Stadtbrille«, deren Verfertigung und Vertrieb Heinemann, Lemmer und Co. in den folgenden Wochen viel Zeit und Energie widmeten. Das Konzept bestand darin, über stadtbekannte Marburger Bürger irgendwelche Phantasiegeschichten zu verbreiten. Die erste, vierseitige Nummer erschien Ende Januar 1920. Als presserechtlich Verantwortliche firmierte eine Halbweltdame mit Lübecker Adresse, eine tatsächlich existierende Freundin des Mitherausgebers Henning Duderstadt. Dieser Duderstadt gehörte ebenfalls zum Marburger Freundeskreis um Lemmer und Heinemann. Laut Lemmer war er ein »verkrachter Fähnrich und Literat von der Sorte, wie sie das Romanische Café bevölkerten«, dabei aber »voll Humor (und) ein geistig ungemein regsamer Mensch«, dem jedoch Disziplin und Ausdauer fehlten, um seine zahlreichen Ideen und Projekte zu realisieren. Er verfasste unter dem Titel »Der Schrei nach dem Recht« eine aufsehenerregende Broschüre über die Morde der Marburger Studentenkompanie in Mechterstedt.[154] 1925 wurde er Redakteur beim sozialdemokratischen Parteiorgan »Vorwärts«, brach jedoch Anfang 1933 mit der SPD und schloss sich den Nationalsozialisten an.[155]

Verbreitet wurde die 30 Pfennig teure »Stadtbrille« im Straßenverkauf durch angeheuerte Jugendliche. Das Projekt wurde ein ungeahnter Erfolg mit 2.000 verkauften Exemplaren, obwohl der Humor der »Stadtbrille« aus heutiger Sicht etwas grobschlächtig anmutet. Aufgemacht wurde mit der Schlagzeile »Attentat auf Prof. Traeger«, eben jener Wortführer der antirepublikanischen Dozentenschaft, mit dem sich die Freunde um Lemmer und Heinemann kurz zuvor angelegt hatten. Des Weiteren vermeldete das Blatt einen plötzlichen Regierungswechsel in Berlin, der mehrere Universitätsdozenten, aber auch stadtbekannte Kellner und Hauswirte in hohe Staatsämter katapultiert habe. Nr. 2 der »Stadtbrille« brachte einen Bericht über die »Ausrufung der Rätediktatur in Marburg«, die allerdings nach wenigen Stunden vom Korps Hasso-Nassovia niedergeschlagen worden sei. In der Rubrik »Hochschulnachrichten« war etwa zu lesen, dass »auf den neuen Lehrstuhl für ›Freie Liebe und Ehe‹ Dr. Olpe versetzt (wurde). Er hält wöchentlich ein Praktikum mit beschränkter Teilnehmerzahl ab.« Im Inseratenteil suchten »Teutschgeborene Ariersöhne ... zur Vervollständigung ihrer Ausrüstung schwarz-weiß-rote Badehöschen.«[156]

Insgesamt pflegte die »Stadtbrille« – Unterzeile »Angehörige aller Parteien veräppelt euch« – einen eher harmlosen Humor, mit dem sie ein nicht viel höheres Satireniveau erreichte als eine bessere Bierzelt- oder Faschingspostille. Gleichwohl machte das Blättchen in Marburg einiges Aufsehen und bereitete seinen Machern ein diebisches Vergnügen, zumal sie ihre Anonymität dauerhaft wahren konnten. Nach zwei Nummern hatte sich der Spaß erledigt und man wandte sich wieder ernsthafteren Dingen – Studium und Politik – zu, nicht ohne den Erlös der Aktion zuvor »fröhlich zu versaufen«.[157]

Anfang 1921 entschied sich Heinemann, die Rechtswissenschaften vorübergehend hintanzustellen und zunächst den Abschluss in Nationalökonomie bei Prof. Troeltsch anzusteuern. Als Dissertationsthema wählte er »Die Spartätigkeit der Essener Kruppschen Werksangehörigen unter besonderer Berücksichtigung der Kruppschen Spareinrichtungen.« Bei der Erarbeitung konnte er u. a. auf Unterlagen des von seinem Vater geleiteten »Büros für Arbeiterangelegenheiten« zurückgreifen, was zunächst eine pragmatische Erleichterung war, sich später aber als nicht unproblematisch erwies. Denn dass Troeltsch die Arbeit lediglich mit »gut« bewertete, hat Heinemann schwer enttäuscht. Als Hauptgrund nahm er eben jene »erleichterte Materialbeschaffung« an, da Troeltsch mit seinen Thesen und Ergebnissen ganz einverstanden war, aber auf Fleiß besonderen Wert lege, wie Heinemann seinem Vater gegenüber behauptete.

In dieser Angelegenheit zeigte sich ein Charakterzug Heinemanns, der ihm manchmal Verdruss bereiten sollte. Stets war er bereit, für eine übernommene Aufgabe sich stark ins Zeug zu legen, war aber sehr empfindlich, wenn diese Anstrengung seiner Meinung nach nicht gebührend gewürdigt wurde. Gegenüber den Eltern gestand er freimütig, dass ihm durch die enttäuschende Benotung »der Spaß gründlich verdorben ist.«[158] Es sollte übrigens im Verhältnis zu dem – von Heinemann sonst hoch geschätzten – Prof. Troeltsch nicht die einzige derartige Trübung bleiben. Heinemanns Vater, so strebsam und ehrgeizig er auch war, riet ihm, die Sache nicht so tragisch zu nehmen. Gustav Heinemann bekämpfte seinen Ärger dann gleichsam mit verstärkter Vorbereitung auf die mündlichen Prüfungen, mit dem Erfolg, dass er das Rigorosum in Nationalökonomie am 21. Dezember 1921 mit Auszeichnung bestand.

Auch die (hochschul-)politische Arbeit nahm Heinemann nach seiner Rückkehr an die Universität Marburg wieder auf. Er besuchte zahlreiche Veranstaltungen der Demokratischen Partei, bei denen häufig prominente Vertreter der Partei, darunter Anton Erkelenz, Reichswehrminister Otto Gessler und Gertrud Bäumer auftraten. Anschließend schrieb er Berichte für die »Hessische Landeszeitung«. Weiterhin aktiv war er auch in der demokratischen Studentengruppe, wenngleich er eine wachsende Distanz zur DDP verspürte, deren Politik sich nach Heinemanns Eindruck zu stark an wirtschaftlichen Sonderinteressen orientiere und nicht am Wohl der Gesamtgesellschaft bzw. an der »Vergeistigung aller Lebenszusammenhänge«.[159]

Zudem wurde Heinemann im Juli 1921 als demokratischer Vertreter in den Allgemeinen Studentenausschuss (Asta) gewählt, sodass er sich in den folgenden Monaten zusätzlich mit Angelegenheiten der studentischen Selbstverwaltung zu befassen hatte. »So führe ich hier recht eigentlich ein Doppelleben: teils in der Wissenschaft, teils in der Politik. Das war in all meinen Marburger Semestern so … und das wird es nicht zuletzt sein, was mich stets gerne an diese Zeit zurückdenken lassen wird«, berichtet er Anfang 1922 den Eltern.[160]

Die Universität Marburg hatte in den zwanziger Jahren zwar den Ruf einer »Sommer«, wenn nicht gar »Bummel-Universität«, auf der man einige unbeschwerte Semester zubrachte, bevor es an einer anderen Hochschule ans richtige Arbeiten ging.[161] Das musste aber nicht heißen, dass alle Studierenden in Marburg diese Haltung einnahmen. Vielmehr spricht eigentlich alles dafür, dass Heinemann und seine engen Freunde – allen voran Wilhelm Röpke – ihr Studium in Marburg durchaus ernst nahmen, wenngleich ihre politischen Aktivitäten zuweilen etwas auf Kosten der Seminarvorbereitungen gehen mochten.

Auf das bewährte Zusammenwirken mit seinem Freund Ernst Lemmer musste Heinemann allerdings bald verzichten. Dieser hatte im Frühjahr 1920 – als Heinemann nach München ging – ebenfalls Marburg verlassen, um in Frankfurt a. M. sein Studium zu beenden und eine Volontärstelle bei der liberalen »Frankfurter Zeitung« anzutreten. Damit trennten sich die Wege von Heinemann und Lemmer, die in Marburg eine tiefe Freundschaft geschlossen hatten, die auf menschlicher Sympathie und auf gleichen politischen Überzeugungen fußte. In einem »Abschiedsbrief« äußerte Lemmer denn auch die Hoffnung, dass diese Freundschaft lebendig bleiben werde. »Wir stehen uns doch durch unser gemeinsames Kämpfen und Erleben zu nahe, um nicht stark an unserm beiderseitigen Schicksal lebhaft interessiert zu sein. Als Du mir … so plötzlich davonfuhrst und ich leider Dich nicht mehr an der Bahn sehen konnte, da empfand ich erst so richtig, was ich an meinem Gustav Heinemann gehabt habe. Und ich glaube, …dass wir unser ganzes Leben lang an unsere Marburger Studentenzeit zurückdenken werden.«[162] Ein Jahr später bekräftigte Lemmer dieses Freundschaftsversprechen: »Nach dem gemeinsamen Erleben jener Marburger Sturm- und Drang-Tage vergisst man einander nicht so leicht. Wie viel Idealismus, wie viel entsagungsvoller Opfergeist und welche Treue war [!] in unserer kleinen Kämpferschar lebendig! Tränen kommen mir ins Auge, lieber Gustav, wenn ich jener unvergesslichen Zeit gedenke. … Ich weiß also, dass Du bald wieder aktiv mitarbeiten kannst. Das ist sehr wertvoll, zumal wir kaum eine Kraft entbehren können und dann vor allem nicht den treuen Gustav Heinemann, der nicht mit veränderter Konjunktur die Couleur gewechselt hat.«[163] Tatsächlich blieben sich Heinemann und Lemmer zeitlebens freundschaftlich verbunden, ungeachtet ihrer unterschiedlichen politischen Entwicklung nach 1950, die Lemmer zu einem führenden CDU-Politiker machte, während Heinemann zu einem der schärfsten Kritiker der Adenauerschen Politik wurde.

Das Sommersemester 1921 war für Heinemann nicht nur wegen politischer Aktivitäten und intensiver Examensvorbereitungen eine sehr erfüllte Zeit. So vertiefte sich die Freundschaft mit Wilhelm Röpke, mit dem Heinemann nächtelang wissenschaftliche, politische wie auch philosophische Gespräche führte, wenn sie nicht zusammen mit Kommilitonen ausgedehnte Wanderungen durch die reizvolle Umgebung von Marburg machten. Bei diesen Wanderungen zu fünft oder sechst waren meist auch einige Kommilitoninnen mit von der Partie. Zu einer von ihnen, der 19-jährigen Medizinstudentin Anneliese Hahn, fühlte sich der junge Heinemann bald stark hingezogen. Schien es anfangs, dass diese Gefühle von der jungen Frau erwidert wurden – die Heinemann selbst im Tagebuch stets »Frl. Hahn« nennt, was ein bezeichnendes Licht auf den förmlichen Umgang in studentischen Kreisen jener Zeit wirft –, so litt er im Lauf des Sommers 1921 zunehmend unter der Zurückhaltung seiner »Dame«. Als Anneliese Hahn im August 1921 den Grund für ihre wachsende Distanz erklärte, nämlich die Liebesbeziehung zu einem anderen Kommilitonen, gab Heinemann sich weniger enttäuscht als erleichtert. Endlich habe er Klarheit, vertraute er dem Tagebuch an, als sei die Unsicherheit der vergangenen Wochen das eigentlich Quälende gewesen.[164]

Ob dies eher eine Schutzbehauptung zur Verdeckung enttäuschter Liebeshoffnungen war, muss dahingestellt bleiben. In ein allzu tiefes »Loch« ist der junge Heinemann jedenfalls nicht gefallen. Die stabile Freundschaft zu Röpke, die wissenschaftliche Arbeit und sein politisches Engagement haben das womöglich verhindert. Gleichwohl hinterließen die Liebeswirren des Sommers 1921 ihre Spuren im Denken und Fühlen Heinemanns. »Die Liebe ist die ärgste Erschütterung des

Monismus, denn sie ist unvernünftig und göttlich«, heißt es im Tagebuch unter dem 1.10.1921. Das rationalistische Weltbild des jungen Heinemann hatte Risse bekommen.

Nach erfolgreichem Abschluss im Fach Nationalökonomie im Dezember 1921 konzentrierte sich Heinemann in den folgenden Monaten ganz auf sein juristisches Studium. Dazu wechselte er zum Sommersemester 1922 nach Göttingen, wo er sich in weitgehender Isolierung auf das erste Staatsexamen vorbereitete. Nachdem in Marburg sein Hauptinteresse eindeutig der Nationalökonomie gegolten hatte, entdeckte Heinemann nun seine juristische Leidenschaft. »Meine Begeisterung für die Jurisprudenz wächst Tag für Tag!«, heißt es im Tagebuch. Doch diese Begeisterung galt weniger den Inhalten, d.h. konkreten Rechtsfällen mit ihren je unterschiedlichen Interessenabwägungen oder Reflexionen über Schuld und Strafe, als vielmehr »dem Konstruktiven, der kristallhellen Klarheit und unendlichen Feinheit und Geschlossenheit der Rechtsordnung.« Fast schämt Heinemann sich dieser Faszination durch das rein Formale der Rechtsordnung: »Ich weiß, dass das einseitig, vielleicht sogar entsetzlich ist.«[165] Die Art und Weise jedoch, wie der Jurist Heinemann später seine Profession ausüben sollte – ob als Rechtsanwalt, Justitiar oder (Rechts-)Politiker –, scheint zu belegen, dass er der Versuchung, das positive Recht vor allem als hochartifizielles Konstrukt weitgehend losgelöst von konkreten Inhalten zu betrachten, widerstanden hat. Als Praktiker ging es Heinemann dann doch stets um konkrete Menschen, um Interessenkonflikte und Machtverhältnisse, die es zu einem möglichst befriedigenden Ausgleich zu führen galt. Zur »großartigen, kunstvollen(n) Schönheit« des Rechtssystems – vergleichbar mit der Faszination eines Schachspiels – trat mehr und mehr die »Liebe zu der Aufgabe des Rechtsuchens und Rechtschaffens«, schrieb er später.[166] Das arbeitsreiche Sommersemester in Göttingen erwies sich als fruchtbar. Im Dezember 1922 bestand Heinemann das erste juristische Staatsexamen mit der Prädikats-Note »gut«.

Das intensive Jurastudium dieses Jahres hatte Heinemann – abgesehen von längeren Ferienaufenthalten in Essen – nur einmal für mehrere Tage unterbrochen, als er zu Pfingsten am »Demokratischen Reichsjugendtag« in Kassel teilnahm. Dieses Treffen junger Demokraten und Liberaler aus ganz Deutschland gestaltete sich zu einer politischen Manifestation, die den jungen Heinemann phasenweise in eine fast euphorische Stimmung versetzte. »Wenn ich heute an Cassel zurückdenke, so kann ich nicht anders sagen, als dass es eine erhebende Veranstaltung war«, notiert er noch unter dem frischen Eindruck des Treffens. »Alles war ... durchdrungen von einem jugendlich sieghaften Willen zu neuer Tat«, nämlich der Errichtung einer demokratischen Gesellschaftsordnung in Deutschland.[167] Tatsächlich scheint das Kasseler Treffen mit seinen rund 2.000 Teilnehmern ein eindrucksvolles Ereignis gewesen zu sein, nicht zuletzt durch mehrere Massenveranstaltungen – von der Eröffnungsfeier mit einer Aufführung von Goethes Revolutionsdrama »Egmont« über eine gemeinsame Wanderung auf den nahen Dörnberg – möglicherweise eine Reminiszenz an das Hambacher Fest von 1832 – bis zum Fackelzug durch die Innenstadt von Kassel. Heinemann konnte sich der allgemeinen Hochstimmung nicht entziehen. »Stolz trug ich (die schwarz-rot-goldene) Fahne ... und als wir an der Infanteriekaserne vorüberkamen, in der ich seinerzeit [im März 1920 für eine Nacht, T. F.] inhaftiert worden war, rief ich ein Hoch auf die Weimarer Verfassung!« »Eine riesige Menschenmenge hatte sich um uns versammelt: Cassel staunte.«[168] Insgesamt empfand Heinemann das Kasseler Treffen als den gelungenen Versuch, dem Bekenntnis zu Demokratie und Republik auch einmal eine massenwirksame und pathetische Form zu geben. Dies schien um so notwendiger als sich Mitte 1922 die politische Lage in Deutschland noch keineswegs stabilisiert hatte. Seit den Reichstagswahlen vom Juni 1920, bei denen die »Weimarer Koalition« aus den republiktreuen Parteien SPD, Zentrum und DDP ihre parlamentarische Mehrheit verloren hatte, regierte bereits das dritte Kabinett mit unsicherer Basis im Reichstag (Reichskanzler Joseph Wirth, Zentrum), die gigantischen Reparationsforderungen aufgrund des Versailler Vertrags in Höhe von 132 Mrd. Goldmark belasteten die Wirtschaft, die Inflation nahm allmählich bedrohliche Ausmaße an und der antirepublikanische Terror erreichte mit der Ermordung von Außenminister Walther Rathenau am 24. Juni 1922 einen neuen Höhepunkt.

Da war es schon ein Ereignis, wenn sich 2.000 junge Mitglieder der Demokratischen Partei DDP zu einem gemeinsamen Bekenntnis zu der weiterhin von links und rechts gefährdeten Republik zusammenfanden. Heinemann war stolz, dabei gewesen zu sein.

Für Heinemann war 1922 auch ein Jahr der Abschiede. Mit Bestehen des ersten juristischen Staatsexamens beendete er Ende 1922 sein Studium und stand vor beruflichen Weichenstellungen in einem politischen und ökonomischen Umfeld, das dem akademischen Nachwuchs nicht gerade rosige Karriereaussichten bot. Zuvor hatte er bereits sein hochschulpolitisches Engagement in der demokratischen Studentengruppe und dem Asta beendet, auch seine parteipolitischen Aktivitäten für die DDP sehr reduziert. Im Dezember 1922 folgte Wilhelm Röpke dem Ruf in eine Regierungskommission zur Vorbereitung der anstehenden Reparationsverhandlungen nach Berlin, sodass Heinemann auf den engen persönlichen Austausch mit Röpke fortan verzichten musste, wenngleich sie in regem Briefkontakt blieben. Und wie ein Jahr zuvor Ernst Lemmer bei seinem Weggang aus Marburg, versicherte auch Wilhelm Röpke den zurückbleibenden Heinemann seiner Freundschaft. »Lass uns, lieber Gustav, diese Freundestreue immer bewahren als ein heiliges Vermächtnis, das uns Marburg geschenkt hat.« In einem anderen Brief nennt Röpke ihn seinen »einzigen Freund im rechten Sinne.«[169]

Ringen um politische und weltanschauliche Positionen

Die Entschiedenheit, mit der Gustav Heinemann Anfang der zwanziger Jahre in Wort und Schrift für Republik und Demokratie eintrat – und wenn es Not tat sogar mit der Waffe in der Hand –, die Unermüdlichkeit seiner hochschul- und parteipolitischen Aktivitäten, sodann die Zielstrebigkeit, mit der er zugleich sein Studium vorantrieb und im Dezember 1922 erfolgreich zum Abschluss brachte, lassen ihn als gefestigte Persönlichkeit mit klaren Überzeugungen und Wertvorstellungen erscheinen. Doch zeigt dies nur die eine Seite seiner Persönlichkeit. Es gab in jenen Jahren auch einen anderen Heinemann – jenen Marburger Studenten, der heftig mit sich um politische Grundpositionen und philosophisch-weltanschauliche Fragen rang.

Die zahlreichen Tagebuch-Einträge, Briefe und Aufzeichnungen jener Jahre, in denen sich diese inneren Kämpfe niederschlugen, vermitteln den Eindruck einer tiefen Zerrissenheit. »Ganz Verschiedenes läuft noch in mir durcheinander«, notierte Heinemann im Juni 1922 mit Blick auf seine politisch-weltanschaulichen Positionen.[170] In der Tat erscheint als hervorstechendes Merkmal seines damaligen Denkens und Fühlens eine gewisse Ambivalenz – im Politischen von Individualität und Gemeinschaft, im Philosophischen zwischen Bekenntnis zum Rationalismus und dem Unbehagen an dessen Begrenztheit und emotionaler Kälte, und schließlich im Religiösen, wo die Selbst-Stilisierung als »Freigeist« einhergeht mit der Frage nach der Fundierung ethischer Normen und dem Empfinden eines »metaphysischen Unbehaustseins«.

Politik

»Warum bin ich eigentlich Demokrat?«, heißt es am 6. Juni 1922 im Tagebuch. Für den Vorsitzenden einer demokratischen Studentengruppe und Anhänger der Deutschen Demokratischen Partei (DDP) keine selbstverständliche Frage, die jedoch zeigt, wie sehr Heinemann darum bemüht war, sich über die Beweggründe seines Tun und Lassens, die Fundamente seiner Überzeugungen klar zu werden. Dass Monarchie und Klassenstaat mit der Katastrophe des Ersten Weltkriegs endgültig abgewirtschaftet hatten, stand für Heinemann seit 1918/19 außer Frage. »Es war kein Zufall, dass die westlichen Demokratien [1918] Sieger blieben, während

Russland, Österreich u. Deutschland in sich zerfielen. ... Der Obrigkeitsstaat brach zusammen, das deutsche Volk fiel auseinander.«, notierte Heinemann 1920.[171] In einem Zeitungsartikel schrieb er: »Dass die [unterprivilegierten Klassen] nicht ... den gebührenden Einfluss im Staat erlangen konnten, führte zum gewaltsamen Sturmlauf. Die Revolution brach die einseitige Macht, um sie allen zu geben. Das ist das Versöhnende in der Revolution: die Demokratie.«[172] Der Demokratie gehörte somit die Zukunft. »Wir müssen Demokraten und Republikaner sein, oder wir werden nicht mehr sein!«[173]

Von zentraler Bedeutung sind für ihn aber Status und Rolle des Individuums, das nicht im Namen irgendeiner »Gemeinschaftsideologie« unterdrückt werden dürfe, sondern sich voll entfalten müsse. Denn Heinemann ist »Individualist und Vitalist« genug – so seine Selbstcharakterisierung im Tagebuch[174] –, um eine tiefe Abneigung gegen eine Herrschaft der Massen und graue Gleichmacherei zu empfinden. Das alte System des Kaiserreichs, so Heinemann, hatte durch Klassen, nicht zuletzt Bildungsschranken die Entwicklung der Persönlichkeit verhindert. »Wenn Demokratie einen Sinn hat und etwas Besseres bedeuten soll, so wird es an ihr sein müssen, hier in diesem springenden Punkt ein Anderes zu gebären. Deshalb setze ich ihrem Ruf nach Gemeinschaft den Ruf nach Persönlichkeit entgegen.«[175] Als das »schönste Geschenk aber, was die demokratische Republik« bringen solle, sieht Heinemann denn auch »die Verwirklichung des Aufstiegs der Tüchtigen«.[176]

Nicht umsonst begeisterte sich der junge Heinemann für das Zeitalter der Renaissance, in der starke Persönlichkeiten aufgetreten waren und in Politik, Wissenschaft und Kultur Hervorragendes geleistet hatten. »Die italienische Renaissance übt eine ganz eigenartige ... Anziehung auf mich aus. ... Immer wieder begeistert mich der dort so wunderbar ausgeprägte Geist des Individualismus.«[177] An anderer Stelle heißt es: »Die Renaissance ist in ihrer extremen Ausschöpfung alles Seienden eine der großartigsten Konsequenzen der Abstreifung heteronomer Bindungen.« Und darum ging es ihm ja – um Selbstbestimmung, Autonomie, geistige (später auch materielle) Unabhängigkeit. Der moralischen Fragwürdigkeit so mancher »Renaissance-Menschen« ist sich Heinemann dabei durchaus bewusst, ohne sie jedoch rundweg zu verurteilen. »Es fällt uns heute schwer, die Unterdrückung der moralischen Maßstäbe zu verstehen.«[178]

Auf der anderen Seite kann sich Heinemann im direkten Kontakt mit den »Massen«, mit Arbeitern und kleinen Angestellten, einer gewissen Zurückhaltung bis zu Anflügen von Geringschätzung nicht immer erwehren. So hat er von Arbeitervertretern, denen er im Juni 1922 in Kassel am Rande einer Tagung über Betriebskrankenkassen begegnete, nicht den günstigsten Eindruck. »Sollte das ein Stück Demokratie sein? Dieses Hässliche, Leere, unermüdlich Verkleinernde ...?«

Über das Thema seiner Dissertation – »Die Spartätigkeit der Krupparbeiter« – notiert er: »Aber der Stoff entspricht so wenig wie nur möglich meinem Innersten, weil es sich nicht um Einzigartiges, sondern um Massenhaftes handelt.«[179] Dazu passen auch gelegentliche Anwandlungen von »Nietzscheanismus«, wenn Heinemann sich beispielsweise fragt: »Sind Demokratie und soziales Empfinden nicht Zeichen von Verweichlichung? Die Masse stürmt gegen das Individuum und will es zu sich herunterziehen. … Wir müssen entweder den felsenfesten Glauben an die bessere Gemeinschaft des Volkes haben oder aber den rücksichtslosen Mut zum Sklavenhalter.«[180]

Doch gewannen soziales Empfinden, Verantwortung und die Hoffnung auf eine gerechtere Gesellschaftsform – wie immer die aussehen sollte – bei Heinemann stets die Oberhand. Hatte er sich im Tagebuch eben noch über jene so »mittelmäßig« wirkenden Arbeitervertreter in Kassel mokiert, heißt es bereits im nächsten Absatz: »Ich sah Menschen, die Menschen werden wollen! Aus all dem Kleinlichen trat das Bewegende, Suchende, qualvoll Ringende hervor. – Da dachte ich anders. Da fühlte ich wieder Wertvolles. … Die Masse ist frei geworden und will endlich zu sich selbst kommen. … herrlich ist das! Denn menschlich soll alles werden!« Indes, ein Stück Skepsis bleibt. »Aber das Namenlose … sieht irgendwie so grau aus. Es bringt bei allem befreienden Aufatmen etwas Erstickendes mit. Muss man nicht untergehen, wenn man da hineinspringt? Soll ich nicht mehr ganz und gar Ich bleiben?«[181]

Zu fragen ist, ob es gerade diese beiden Pole sind, zwischen denen sich das politische Denken Gustav Heinemanns auch künftig bewegen sollte, mal dem einen Pol – der Gemeinschaft –, mal dem anderen – der Betonung des Individuums – stärker zugeneigt.

Heinemann sieht die Ursache für das noch wenig erbauliche, »graue« Erscheinungsbild der Massen denn auch nicht in diesen selbst, sondern in den politischen und sozialen Verhältnissen begründet, die eine kulturelle, geistige Höherentwicklung der breiten Bevölkerungsschichten bislang verhindert hatten. Nach einer Besichtigung der Kruppschen Werksanlagen in Essen notierte er: »Wenn ich … an die riesigen lärmerfüllten Hallen des Kraftfahrzeugbaues mit seinen Reihen zahlloser Drehbänke, Fräs- und Bohrmaschinen zurückdenke und an die Hunderte von Menschen, die dort selbst wie ein Rad in das Getriebe der Maschinen eingespannt sind, so erfasst mich ein Grauen vor dieser Erniedrigung des Menschen.«[182]

Und auch nach Feierabend erlebten die Arbeiter – Heinemann stellt es mit Erschrecken fest – zumeist Dumpfheit und Enge. »… wo ist der Frühling in der Großstadt? Auf staubigen, lärmenden Straßen zwischen steilen Häuserwänden? Auf engen Höfen oder vor den Fenstern dumpfer Mansarden? … Und die da wohnen, haben keinen Frühling im Herzen. ... Aber sollen sie ewig eingekerkert sein zwischen Häusern, Fabriken u. Zechen? Sie rütteln an ihren Fesseln.«[183]

Der demokratische Staat müsse die alten Klassenschranken überwinden und allen Bevölkerungsgruppen die politische, soziale und kulturelle Teilhabe ermöglichen. Insofern fühlte sich Heinemann »nach Links gedrängt.«[184] Als Zielvorstellung schwebte ihm ein »nicht geschichteter, klassenloser Kulturstaat vor«, dessen Prosperität aber auch davon abhinge, dass er die »Auslese der Besten« fördere. »Die Zukunft gehört ihm, denn die Arbeiterschaft, die Masse ist endgültig mitbestimmend ... in die Geschichte eingetreten.«[185] Diese gesellschaftlichen Vorstellungen Heinemanns basierten nach eigener Aussage auf dem »Wollen der Gerechtigkeit (und dem) Glauben an die Gleichwertigkeit aller Menschen, schließlich auch familiäre Überlieferungen.«[186]

Dass es zur Errichtung von Demokratie als Voraussetzung jenes »Kulturstaats« in Deutschland aber erst des katastrophalen Zusammenbruchs des alten Systems und einer Revolution bedurfte, lag nach Heinemanns Einschätzung nicht zuletzt am Versagen des deutschen Bürgertums nach 1871, da es »nicht fertigbrachte, den Konstitutionalismus zum Parlamentarismus umzugestalten – weil ihm der Wille zur Macht fehlte!« Die Arbeiterschaft dagegen besitze diesen »Willen zur Macht«, für Heinemann auch ein Grund, Anfang der zwanziger Jahre mit gewisser Zuversicht in die Zukunft zu schauen.[187]

Ein tragendes Element der parlamentarischen Demokratie sei ein funktionierendes Parteiensystem. Darum engagierte sich Heinemann ab 1920 in der Deutschen Demokratischen Partei (DDP), die zusammen mit SPD und Zentrum die verlässlichste Stütze der Weimarer Republik bildete, deren Stimmenanteil freilich immer weiter zurückging.

Doch schon nach wenigen Jahren verspürte er wachsendes Unbehagen über Parteipolitik, die viel zu sehr Augenblicksarbeit, ein »Kampf der Schlagwörter« bleibe, als dass sie tiefergehende Fragen behandeln und Lösungen anbieten könne. Allzu oft diene die Partei auch bloß dem Fortkommen ihrer Funktionäre und nicht dem Wohl der Gemeinschaft.[188] Heinemann zog daraus die Konsequenz, sich mit Abschluss seines Studiums mehr und mehr von der Parteiarbeit zurückzuziehen. In dieser Zeit notierte er auch: »Sich selbst folgen, nicht einer Partei! Parteiwechsel als Recht des Einzigen. Parteinehmen: ja, aber nicht von der Partei einnehmen lassen.«[189] Eine Maxime, an die sich Gustav Heinemann fortan getreulich halten sollte. Es scheint fast, als habe er 1922 damit sein (partei-)politisches Motto formuliert.

Weltbild/Religion

Fast noch intensiver als um seine politische Haltung rang Heinemann in den Jahren 1921/22 um geistig-weltanschauliche Positionen, wobei auch hier eine gewisse Ambivalenz erkennbar wird. »Ich fühle mich unglücklich und unbefriedigt ... in dem Trümmerfeld, das ich seit Jahr und Tag um mich herum getürmt habe. ... Ich wollte alles prüfen und alles zerrann. ... Wie ein Kind sitze ich nun inmitten eines ausgeschütteten Baukastens; die Steine liegen wirr durcheinander. Aber ich suche nach einem Grundriss, nach dem ich die Steine zu einem mit ganzer Kraft bejahten Gebäude aufeinandersetzen kann. Denn ich will heraus aus dem Nichts.«[190] So Heinemann im August 1921. Ein halbes Jahr später heißt es: »Bei meinem Durchdenken philosophischer Fragen komme ich jetzt zu dem Bewusstsein, dass ich in einer Sackgasse stecke.«[191]

Bei Heinemann mehrten sich die Zweifel an der Tragfähigkeit seines streng rationalistischen Weltbildes. Bisher hatte er versucht, alle Phänomene der menschlichen Existenz und der gesamten Welt rein verstandesmäßig zu erfassen, darin dem Beispiel seines Vaters folgend, der sich stets als Anhänger einer materialistischen Weltanschauung und der monistischen Lehre eines Ernst Haeckel bekannt hatte. Doch Fragen der Ethik, Emotionen und auch metaphysische, religiöse Phänomene ließen sich, so Heinemanns Erkenntnis, allein mit den Mitteln des Verstandes nicht klären. »Damit habe ich Schiffbruch gemacht«, bekannte der 23-jährige Heinemann gegenüber seinem Freund Röpke.[192]

Doch was an die Stelle des Rationalismus, des bloß Verstandesmäßigen treten solle, darüber war Heinemann sich keineswegs im Klaren. Eine Hinwendung zur Religion etwa, die ethische Normen aus Offenbarungswissen schöpft und somit verbindlich festlegen kann, blieb dem Studenten Heinemann weitgehend verschlossen. »Ich habe kein frommes Gefühl.«[193] In einem Brief an Röpke bekannte er: »(Viele Menschen) finden keinen neuen Himmel über sich. Zu diesen bin ich, wie ich glaube, jetzt endgültig gekommen. Warum? Das kann ich verstandesmäßig allein nicht begründen. Erziehung und persönliche Veranlagung ... mögen dabei eigentümlich durcheinanderfließen. ... Religiös im eben angedeuteten Sinne kann ich nicht sein; ich bin ›religiös unmusikalisch‹.«[194]

Doch woran sollen Denken und Fühlen letztendlich sich halten, wenn weder konsequenter Rationalismus noch religiöse Offenbarung als Fundament menschlicher Existenz dienen können? Es scheint, als habe Heinemann nicht von ungefähr in dieser Lebensphase so starkes Interesse an den »großen Menschen« der Renaissance gehegt. Auch er wollte eine Art »Renaissance-Mensch« werden, und kein »Spießbürger wie (die) allzu vielen anderen.« An anderer Stelle schreibt er: »Seitdem ich zu der Erkenntnis gekommen bin, dass Fragen der Weltanschauung, des Wertens und Sollens keine Angelegenheiten des Verstandes, sondern des Willens und der ganzen Struktur eines Menschen sind, fühle ich mich unendlich weitergebracht. Das Niederdrückende des ewig Zweifelnden und Verneinenden beginnt zu weichen …«[195]

Immer wieder macht Heinemann sich gleichsam selbst Mut. »Folge allein dir selbst! Erkenne dich als deine einzige Aufgabe! Du bist nur dir selbst (deinem Gewissen) verantwortlich.«[196] Das klingt alles durchaus nach Nietzsche, doch scheinen dessen Schriften nicht zu Heinemanns bevorzugter Lektüre gehört zu haben. Er hielt sich mehr an historische Darstellungen von »Renaissance-Menschen« und zeigte sich besonders von Jacob Burckhardts Arbeiten zur Renaissance beeindruckt.

Heinemann stellte aber auch klar, dass es bei aller Begeisterung für den »Renaissance-Menschen« nicht um Selbstverwirklichung um jeden Preis ging. »Habt den Mut der Größe und des Selbstgenügsamen!«[197]

Heinemanns persönliche Aufzeichnungen aus dieser Zeit der »Selbstfindung« zeigen aber auch, dass für ihn das Religiöse keineswegs ein für allemal abgetan war. Aus Anlass einer Aufführung von August Strindbergs Drama »Totentanz«, das Heinemann in Düsseldorf gesehen hatte, heißt es im Tagebuch: »Ein düsteres, niederdrückendes Seelengemälde. Es zeigt, wohin ein Leben ohne Glauben und Ziel … nur zu leicht führen kann.«[198] Nachdem er im August 1921 seit mehreren Jahren erstmals wieder einen Gottesdienst besucht hatte, notierte er: »Ich hörte der Predigt mit dem Gefühl zu, ein Außenstehender ohne jeden innerlichen Anteil zu sein; ein Mensch, den das alles gar nichts anginge. … Und doch musste ich mir immer wieder sagen, dass jeder hohe Glaube, ungeachtet seines Gegenstandes, als eine Quelle der Kraft von unschätzbarem Werte ist. – Wie ein ruheloser Wanderer verließ ich die Kirche; unstet und flüchtig muss ich weiter suchen und suchen.«[199]

Ab 1922 gibt es vermehrt Hinweise, dass Gustav Heinemann sich für die Religion stärker zu öffnen begann. So schrieb er in einem »Bekenntnisbrief« an die Studienfreundin Anneliese Hahn: »Wenn ich mich einstweilen religiös und politisch noch ziemlich in der Mitte halte, so geschieht es mehr aus bloßer Negation der Extreme. Ich weiß noch nicht endgültig, … wo ich hingehöre. Bin ich erst soweit, so werde ich mich auch vor Extremen nicht fürchten …«[200]

Von großer Bedeutung für Heinemanns »Selbstfindung« war zweifellos die Begegnung mit Hilda Ordemann, seiner späteren Frau, die er Ende 1922 kennenlernte. Die Bremer Bürgerstochter, unter deren schweizerischen Vorfahren es auch mehrere Pfarrer gab, studierte in Marburg Geschichte, Germanistik und Theologie. Religiöse Fragen spielten denn auch in den Briefen aus der Verlobungszeit schon eine prominente Rolle.[201]

Heinemanns Bemühen, politisch und weltanschaulich festen Boden unter den Füßen zu bekommen, war also mit Beendigung seines Studiums 1923 noch längst nicht zum Abschluss gekommen. Allerdings hatten sich nach rund zwei Jahren innerer Kämpfe einige Grundpositionen herauskristallisiert. Da war im Bereich des Politischen das Bekenntnis zu Demokratie und Parlamentarismus. Die demokratische Gesellschaft sollte jedoch nicht zur Vorherrschaft der »grauen Masse«, zur »Gleichmacherei« führen – wie er es der SPD und den Gewerkschaften unterstellte –, sondern durch Betonung des Leistungsprinzips immer auch eine »Auslese der Besten« (Heinemann) ermöglichen. Dem Individuum maß Heinemann stets einen hohen Stellenwert zu. Hinzu trat die Forderung nach sozialem Ausgleich, durch den ökonomische und Bildungs-Privilegien abgeschafft und soziale Härten, etwa infolge von Arbeitslosigkeit, Krankheit etc., gesellschaftlich abgemildert werden sollten. So unterstützte er beispielsweise das nach langwierigen Auseinandersetzungen im Februar 1920 verabschiedete »Betriebsrätegesetz«, das Arbeitern und Angestellten erstmals gewisse Mitbestimmungsrechte in sozialen und personellen Angelegenheiten zugestand. In einem Referat im Staatswissenschaftlichen Seminar der Universität Marburg begrüßte er ausdrücklich, dass damit aus »formaler Gleichberechtigung [Vertragsfreiheit] eine tatsächliche« wird; für die Arbeiter seien das »große Errungenschaften«. Und an seine aus bürgerlichem Milieu stammenden Kommilitonen appellierte er, »für diese Entwicklung Verständnis zu gewinnen.«[202] An der Ausarbeitung des Gesetzes war übrigens der Vater Otto Heinemann als Vertreter der deutschen Betriebskrankenkassen unmittelbar beteiligt.[203]

Jene Auslese bzw. freie Entfaltung der Leistungsfähigsten sollte also stets in sozialer Verantwortung geschehen und nicht nach der Überwindung alter Klassenschranken und Privilegien zur Errichtung neuer Standes- und Herrschaftsverhältnisse führen. Heinemanns Zielvorstellung war der, bereits erwähnte »nichtgeschichtete, klassenlose Kulturstaat«, dessen konkrete Ausgestaltung jedoch weitgehend unbestimmt blieb.

Mit seiner Ablehnung althergebrachter Privilegien und Herrschaftsverhältnisse mag zusammenhängen, dass Heinemann zu jener Zeit auch ein Gespür für die Forderungen der Frauenbewegung entwickelte. Eine eher ungewöhnliche Position im stark männlich geprägten Studentenmilieu Anfang der zwanziger Jahre. Nachdem er mit Begeisterung das Buch »Memoiren einer Sozialistin« (1911) von Lilly Braun gelesen hatte, notierte Heinemann: »Die Frauenbewegung dringt am tiefsten in das Grundsätzliche ein. In ihr wird recht eigentlich um ein Menschenrecht: um das Recht auf Eigenart gekämpft.«[204] Dieses »Recht auf Eigenart« sollte für die Privatperson wie auch für den Politiker Heinemann ein Schlüsselbegriff bleiben.

Zum Grundstock seiner politischen Positionen sollte fortan auch Heinemanns Skepsis und Distanz gegenüber politischen Parteien gehören, deren Notwendigkeit für die parlamentarische Demokratie er zwar nicht in Abrede stellte, denen er aber eine fatale Tendenz zur »Hinterzimmer-Politik«, dem Schielen auf kurzfristige Erfolge und Bevormundung ihrer Mitglieder unterstellte. Ende 1922 hatte Heinemann darum das Interesse an Parteipolitik – als Mitstreiter der DDP – weitgehend verloren.[205] Dass es in Gustav Heinemann zu jener Zeit innerlich gärte und er sich um eine Klärung seiner politischen und weltanschaulichen Positionen bemühte, blieb auch seiner Umgebung nicht verborgen. So schrieb Wilhelm Röpke im Juni 1922 an seinen Freund: »Übrigens habe ich den Eindruck, als hättest Du Dich im letzten Vierteljahr geistig außerordentlich entwickelt. Bist Du Dir selbst dessen bewusst?«[206]

Was Heinemanns Haltung zum deutschen Nationalstaat und dessen außenpolitische Stellung nach dem verlorenen Weltkrieg anging, unterschied er sich Anfang der zwanziger Jahre nicht sehr von der Mehrheit der Deutschen. Er empfand durchaus »national« und empörte sich so heftig über den Versailler Vertrag mit seinem Kriegsschuldparagraphen und drückenden Reparationslasten wie er sich andererseits über den deutschen Abstimmungssieg in Oberschlesien im März 1921 freute. »Oberschlesien ist unser geblieben! Ein deutscher Sieg von unendlicher Bedeutung.«[207] Die »nationale Gesinnung« (Heinemann) in seinem Elternhaus behielt er bei, ohne jedoch – wie etwa viele seiner Marburger Kommilitonen – je in irgendeine Form von Chauvinismus zu verfallen. Er wandte sich auch vehement gegen die »Dolchstoßlegende«, die seit Kriegsende bis weit in die Mitte der deutschen Gesellschaft Verbreitung fand. In einem Zeitungsartikel vom 27. November 1919 schrieb Heinemann: »Nicht sie [die Juden, d. Verf.] und andere ›Hetzer‹ haben die Revolution ›gemacht‹, sondern ... insbesondere die Kriegssünden der alten Machthaber haben schließlich zum notwendigen Umschwung geführt.«[208]

Der philosophisch-weltanschauliche Klärungsprozess war für Heinemann beim Übergang ins Berufsleben 1922/23 längst nicht so weit fortgeschritten wie die Positionsbestimmung auf politischem Feld. Weltanschaulich empfand er sich weiterhin vor allem als »Suchender«. Vom strikten Rationalismus hatte Heinemann sich zwar gelöst, doch wusste er auf Fragen »nach den letzten Dingen«, insgesamt auf metaphysische Probleme noch keine schlüssigen Antworten. Die Sphäre des Religiösen blieb ihm weiterhin fremd.

Allerdings wurden die Jahre nach Promotion und erstem juristischen Examen für Heinemann weniger zu einer weiteren Phase der weltanschaulichen Vergewisserung und politischen Arbeit als des beruflichen Fortkommens und des Familiären. Für den knapp 25-Jährigen galt es nunmehr, seine Aufmerksamkeit und Kraft dem Aufbau einer bürgerlichen Existenz auf solider beruflicher Grundlage und der Gründung einer Familie zuzuwenden.

III. Gründung einer bürgerlichen Existenz

Studienabschluss und Referendariat (1923–1926)

Die ersten Stationen seines Referendariats absolvierte Heinemann ab Januar 1923 an den Amtsgerichten von Kirchhain (Hessen) und Marburg. Gleichzeitig hatte er in Vertretung seines Freundes Wilhelm Röpke eine Assistentenstelle am Staatswissenschaftlichen Seminar der Universität Marburg. Heinemann hielt Übungen ab u.a. zu den Themen »Deutschlands Wirtschaftslage und Wirtschaftspolitik« und über »Elemente des Wirtschaftslebens anhand der Tagespresse«.[1] Es war Heinemanns erster Abstecher in die akademische Lehre, dem ab 1933 weitere folgen sollten.

Allerdings endete Heinemanns Marburger Gastspiel als Hochschuldozent mit einem Missklang. Denn Heinemann war – wie schon im Fall seiner Doktorarbeit – von der Bewertung seiner Lehrtätigkeit durch Prof. Troeltsch schwer enttäuscht. Diesmal aber fraß er den Ärger nicht in sich hinein, sondern entschloss sich zu einer harschen, fast theatralischen Reaktion. »Sehr geehrter Herr Geheimrat! Beiliegend sende ich Ihnen das Zeugnis zurück. ... (Es) besagt im Grunde nur, dass ich meine Aufgaben als Assistent nicht gerade missverstanden und dass ich mir ... während meiner zweisemestrigen Tätigkeit in Marburg nichts zu schulden kommen ließ. Eine solche Bescheinigung brauche ich nicht.«[2]

Erneut erwies sich Heinemann als überaus empfindlich, wenn es um die Bewertung bzw. Wertschätzung seiner Arbeit ging. Eine Formulierung wie »Seine Leistungen befriedigten in jeder Beziehung.« (Prof. Troeltsch in besagtem Zeugnis)[3] genügte ihm in keiner Weise, wurde vielmehr von Heinemann geradezu als Kränkung empfunden. Offenbar war ihm die Beurteilung durch Vorgesetzte und andere Autoritäten doch weit wichtiger als es seinem Selbstbild eines möglichst »souveränen Individuums« entsprach. Unverkennbar ist auch Heinemanns Selbsteinschätzung, durchaus Herausragendes leisten zu können – und das sollte man gefälligst auch anerkennen.

Unangenehm war der Vorfall auch für Wilhelm Röpke, da er in dieser Sache zwischen seinem Freund Heinemann und seinem Vorgesetzten und Förderer Prof. Troeltsch stand. In mehreren Briefen versuchte er, Heinemann zum Einlenken zu bewegen. »Troeltsch gestand mir neulich ..., dass Dein Brief ihn einfach niedergeschmettert und mit sehr bitteren Empfindungen erfüllt habe.« Das Zeugnis enthalte zwar »keine Superlative« – gerade die aber hatte Heinemann offenbar erwartet – »(jedoch) von persönlichem Übelwollen oder gar ›Geringschätzung‹ kann bei Troeltsch gar keine Rede sein … Ich wäre Dir, lieber Gustav, von Herzen dankbar, wenn Du irgendwie einlenken würdest.«[4] Schließlich empfand wohl auch Heinemann seine Reaktion als überzogen und entschuldigte sich bei Troeltsch dafür, »dass ich Ihnen mit meiner Handlungsweise Unrecht tat.«[5]

Das Jahr 1923, als Heinemann sein juristisches Referendariat begann, war nicht gerade eine günstige Zeit, die berufliche und gesellschaftliche Existenz auf eine stabile Basis zu stellen und Pläne für die Zukunft zu schmieden. Denn nach einer relativen Ruhephase im Jahr 1922 geriet Deutschland ab Januar 1923 politisch und wirtschaftlich erneut in schwere Turbulenzen. Am 11. Januar besetzten französische und belgische Truppen das Ruhrrevier, nachdem das Deutsche Reich seinen Lieferverpflichtungen aus dem Reparationsabkommen u. a. mit Telegrafenmasten und Kohle nicht nachgekommen war. Auch Heinemanns Heimatstadt Essen erlebte ihre »Franzosenzeit«, inklusive Einquartierung eines französischen Eisenbahners samt Ehefrau im Hause Heinemann.[6]

Die deutsche Regierung unter dem parteilosen Kanzler Wilhelm Cuno beantwortete den Einmarsch mit der Ausrufung des »passiven Widerstands« an der Ruhr, der von einer breiten Mehrheit der Reichstagsparteien mit Ausnahme der KPD und der NSDAP und auch von den Gewerkschaften unterstützt wurde. In nahezu sämtlichen Betrieben ruhte die Arbeit, der Eisenbahnverkehr war eingestellt, weshalb Frankreich keinerlei Reparationslieferungen mehr abziehen konnte. Diesem vordergründigen Erfolg standen die gewaltigen Kosten des passiven Widerstands entgegen, da die Reichsregierung rund 60 bis 100 Prozent der Lohnkosten übernahm. Infolgedessen stieg die Staatsverschuldung zwischen November 1922 und Juni 1923 von 840 Milliarden auf 22 Billionen Reichsmark, ein weiterer Grund dafür, dass die bereits galoppierende Inflation in eine Hyperinflation getrieben wurde. Der Wechselkurs der Reichsmark zum Dollar fiel im Mai 1923 auf 48.000 und im Juni auf 110.000 RM für 1 Dollar. Im Oktober war der Wert eines Dollars auf 25 Milliarden Mark hochgeschnellt. Der finanzielle Schaden des passiven Widerstands für das Reich belief sich schätzungsweise auf insgesamt 4 Milliarden Goldmark.[7] Als Frankreich Ende März 1923 damit begann, Kohlezechen, Hüttenbetriebe und Eisenbahnanlagen des Ruhrgebiets zu beschlagnahmen und in eigener Regie zu betreiben, verschärfte sich die Konfrontation. Es kam zu Sabotageakten, Demonstrationen und bewaffneten Zusammenstößen, bei denen insgesamt 132 Menschen getötet wurden. Einer der blutigsten Zwischenfälle ereignete sich Ende März 1923 auf dem Kruppschen Werksgelände in Essen, als streikende Arbeiter die Beschlagnahmung von Fahrzeugen zu verhindern suchten. Durch Schüsse französischer Soldaten wurden 13 Arbeiter getötet. Die Besatzungsmacht gab leitenden Krupp-Managern die Schuld an den Ereignissen und stellte sie vor ein Kriegsgericht, das sie zu hohen Haft- und Geldstrafen verurteilte.[8] Heinemanns Vater Otto befand sich nicht unter den Angeklagten, obwohl er als Leiter des »Büros für Arbeiterangelegenheiten« durchaus ins Visier der Franzosen hätte geraten können. Und so erkundigte sich auch Wilhelm Röpke besorgt bei seinem Freund Gustav Heinemann: »Ist Dein Vater jetzt außer Gefahr? … Die von Dir gegebene Beschreibung der Essener Ostertage hat mich tief erschüttert.«[9]

Angesichts der ungleichen Kräfteverhältnisse und der wirtschaftlichen Belastungen für das Reich war der passive Widerstand an der Ruhr von Anfang an zum Scheitern verurteilt. Doch erst der neue Reichskanzler Gustav Stresemann – er hatte im August 1923 den zermürbten Cuno als Regierungschef abgelöst und eine Große Koalition gebildet – entschloss sich am 26. September 1923 zum Abbruch des Ruhrkampfes. Fast schien es, als könne die junge Republik nun unter einem Kanzler Stresemann endlich eine gewisse Stabilität gewinnen. Das politische Spektrum seiner Großen Koalition reichte von der SPD, über Zentrum und DDP bis zur nationalliberalen DVP, wodurch Stresemann vorerst über eine parlamentarische Mehrheit verfügte.

Allerdings drohte im Herbst durch Aufstands- und Putschversuche von links und rechts erneut der Rückfall ins politische Chaos. In Sachsen und Thüringen waren es die Kommunisten, die sich auf dem Vormarsch wähnten, nachdem sie Mitte Oktober 1923 in Dresden und Weimar in eine Koalitionsregierung mit der SPD eingetreten waren. Zwar agierten die beiden Einheitsfrontregierungen unter einem SPD-Ministerpräsidenten weder in Sachsen noch in Thüringen außerhalb der Legalität, doch wuchs in Berlin – auch bei den Sozialdemokraten – die Sorge vor einem von Mitteldeutschland ausgehenden Umsturzversuch. Tatsächlich gingen die Ambitionen der Kommunisten über eine bloße Regierungsbeteiligung hinaus, angestachelt von der »Kommunistischen Internationale« (Komintern), die in Verkennung der wirklichen Verhältnisse in Deutschland eine vorrevolutionäre Situation ähnlich der des »roten Oktobers 1917« in Russland sah und einen kommunistischen Umsturz für möglich hielt. In der angespannten Lage verbot die Reichsregierung am 13. Oktober in Sachsen die paramilitärischen »Proletarischen Hundertschaften«, auf die sich ein bewaffneter Aufstand von links hätte stützen können. Protestaktionen von Teilen der Bevölkerung wurden durch Reichswehrtruppen unterdrückt, wobei es auch zu schweren Zwischenfällen kam. So eröffneten Soldaten am 27. Oktober im sächsischen Freiberg das Feuer auf eine linke Kundgebung und erschossen 23 Arbeiter. Zur Beendigung der Unruhen verfügte Reichspräsident Friedrich Ebert die Reichsexekution gegen Sachsen, in deren Vollzug die gewählte Regierung in Dresden abgesetzt wurde. Die Regierungsgewalt ging kurzfristig auf einen Reichskommissar über, bis am 31. Oktober 1923 der bisherige Wirtschaftsminister Alfred Fellisch eine sozialdemokratische Minderheitsregierung bildete.[10]

Wenige Tage später rückte die Reichswehr auch in Thüringen ein, wo die »Proletarischen Hundertschaften« ebenfalls aufgelöst und die Koalitionsregierung von SPD und KPD auf Druck von Reichsregierung und Präsident Ebert beendet wurde. Ministerpräsident August Fröhlich (SPD) blieb bis zu vorgezogenen Neuwahlen im Februar 1924 als Chef einer Minderheitsregierung im Amt.

Die Gefahr von rechts kam aus Bayern. Dort entzog sich der von Berlin eingesetzte rechtsgerichtete Generalstaatskommissar Gustav von Kahr im Herbst 1923 zunehmend der Befehlsgewalt der Reichsregierung. Zusammen mit Generalleutnant Otto von Lossow schmiedete er Pläne für eine rechtsnationale Diktatur zunächst in Bayern, später in ganz Deutschland. Einem ihrer Verbündeten, dem Chef der rechtsradikalen NSDAP, Adolf Hitler, ging jedoch alles nicht schnell genug. Am Abend des 8. November stürmte Hitler mit mehreren Gefolgsleuten eine Versammlung von Kahr-Anhängern im Münchner Bürgerbräu-Keller und verpflichtete Kahr und Lossow mit vorgehaltener Waffe, sich an der »nationalen Revolution« zu beteiligen. Am folgenden Tag, dem 9. November 1923, marschierten einige Dutzend Nationalsozialisten mit Hitler an der Spitze zur Münchner Feldherrnhalle, wo der Putsch-Versuch unter den Kugeln der bayerischen Landespolizei scheiterte. Kahr und Lossow hatten sich noch in der Nacht von dem Vorhaben distanziert. Hitler konnte zunächst fliehen, wurde aber zwei Tage später verhaftet.

Der gescheiterte Hitler-Putsch setzte einen Schlusspunkt hinter die von bürgerkriegsähnlichen Zuständen gekennzeichnete Anfangsphase der Weimarer Republik. Entscheidend zur Stabilisierung der Lage trug auch bei, dass es dem Rumpf-Kabinett Stresemann – die SPD hatte sich inzwischen zurückgezogen – mit der Einführung der Rentenmark am 15. November 1923 gelang, die Hyperinflation zu beenden. Der Kurs der Mark wurde bis zum 20. November auf 4,2 Billionen Mark pro Dollar stabilisiert, das Umtauschverhältnis auf eine Billion Papiermark gleich einer Rentenmark festgelegt, sodass der Wechselkurs Mark zu Dollar wieder den Stand von 1914 erreichte.

Die neue Währung basierte zunächst auf einer Grundschuld auf sämtliche deutschen Grundstücke und entsprechende Schuldverschreibungen, bevor im August 1924 die durch Goldreserven gedeckte neue Reichsmark eingeführt wurde.

Binnen Wochen trat eine Beruhigung der politischen und wirtschaftlichen Lage in Deutschland ein. Für die Weimarer Republik begann eine vergleichsweise stabile und prosperierende Phase. Diese »goldenen Zwanziger« währten allerdings nur wenige Jahre und fanden mit Ausbruch der Weltwirtschaftskrise 1929/30 ein jähes Ende.

Hatte sich Heinemann im Jahr 1920 noch direkt in die politischen Querelen eingemischt und die Republik gegen Angriffe von rechts und links sogar mit der Waffe in der Hand verteidigt, hielt er sich in der Krise von 1923 politisch weitgehend zurück und konzentrierte sich auf den Abschluss seiner juristischen Ausbildung. Nachdem er die ersten Stationen seines Referendariats hinter sich gebracht hatte, absolvierte er die weiteren Stationen (Staatsanwaltschaft, Landgericht und Anwaltspraxis) 1924/25 in seiner Heimatstadt Essen, wo er wieder im weitläufigen Haus seiner Eltern wohnen konnte. Es mag seinen Arbeitseifer befördert haben, dass sich die Voraussetzungen für eine berufliche Karriere als Jurist aufgrund der politischen und ökonomischen Stabilisierung Deutschlands ab 1924 deutlich verbesserten. Nicht zuletzt die Aussichten für junge Akademiker begannen sich aufzuhellen, die in stark gestiegener Zahl – es waren die ersten »Nachkriegsjahrgänge« – die Universitäten verließen und auf einen sich erholenden Arbeitsmarkt drängten.

Wenn Heinemann sich auch von der Politik weitgehend fernhielt, setzte er sich doch weiterhin für die Festigung der Demokratie ein – und sei es im Rahmen von Volkshochschulkursen. So hielt er im Winter 1924/25 an der Volkshochschule Essen einen Kurs über »Die Demokratie«, in dem er neben dem »Wesen der Demokratie« u.a. auch die Themen »Demokratie im Altertum« und »Führerauslese« behandelte.[11] Überhaupt schien Heinemann am Dozieren Gefallen gefunden zu haben, denn sporadisch bot er immer wieder Volkshochschulkurse an, etwa zum Thema »Hauptprobleme der theoretischen Volkswirtschaftslehre«. Noch im Januar/Februar 1933 hielt er an der Volkshochschule Essen eine Seminarreihe unter dem Titel »Krise und Konjunktur«, in der er u.a. die falsche Finanzpolitik der letzten Regierungen unter Brüning und von Papen für die damalige Wirtschaftskrise mitverantwortlich machte und zu deren Überwindung u.a. öffentliche Investitionen empfahl.[12]

Familiengründung und beruflicher Aufstieg

Im Juni 1926 bestand Heinemann sein Assessor-Examen mit der Gesamtnote »gut«, ein für Juristen überdurchschnittliches Ergebnis, das ihm u.a. beste Aussichten im höheren Staatsdienst eröffnet hätte. So wurde ihm umgehend eine Anstellung im preußischen Justizministerium angeboten.[13] Doch Gustav Heinemann lehnte ab, da er sich bereits anders entschieden hatte, nämlich für den Beruf des Rechtsanwalts und damit gegen den Staatsdienst. Auch eine Position als Richter oder Staatsanwalt sei für ihn nicht in Frage gekommen. »Überhaupt nicht Beamter. Ich tauge nicht zum Beamten,« so die rückblickende Selbstauskunft

Heinemanns, der er eine weitere folgen ließ: »Ich wollte selbstständig sein. Vorgesetzte habe ich nie gut vertragen können ... Frei sein und selbstständig sein.«[14]

Rechtsanwalt

Im August 1926 trat Gustav W. Heinemann als Sozius in die Anwaltspraxis von Justizrat Viktor Niemeyer ein, einer der angesehensten Rechtsanwälte in Essen. Aufgefallen war Heinemann dem Justizrat Niemeyer, als der junge Referendar 1925 in Essen als Pflichtverteidiger im Prozess gegen eine Hehlerbande eine gute Figur machte.[15] Aber auch die guten gesellschaftlichen Verbindungen, die Vater Otto Heinemann als leitender Krupp-Angestellter in Essen mittlerweile unterhielt, spielten beim Berufseinstieg Heinemanns eine gewisse Rolle, wie aus einem Brief der Mutter an Sohn Gustav hervorgeht. »Nun höre, mein Junge, was kommt! ... Herr Justizrat Niemeyer will Dich ... als Teilhaber aufnehmen, gestern hat Vater mit ihm Rücksprache genommen u. die beiden sind zu diesem Entschluss gekommen. ... Junge, freust Du Dich so wie ich denke, dann möchte ich jetzt Dein Gesicht sehen!«[16]

Die Rahmenbedingungen von Heinemanns erstem festen Arbeitsverhältnis waren ungewöhnlich attraktiv, nicht zuletzt, weil der frischgebackene Assessor bei den Vertragsverhandlungen recht selbstbewusst aufgetreten war. Als monatliches Fixum wurde zunächst ein Betrag von 800 RM, ab 1. Januar 1927 von 1.000 RM vereinbart. Ab 1. Januar 1928 waren als Einkommen für den Sozius Heinemann 20 Prozent des Jahresreingewinns der Kanzlei, mindestens aber 12.000 Mark pro Jahr vorgesehen.[17] Das entsprach damals nahezu dem Sechsfachen des durchschnittlichen Jahreseinkommens eines Angestellten.[18] Heinemann gehörte also aufgrund seiner akademischen Ausbildung und hoher Einsatzbereitschaft bereits am Beginn seiner beruflichen Laufbahn zur einkommensstarken Bevölkerungsschicht. Zudem war sein Seniorpartner, Justizrat Niemeyer (1863–1949), ein angesehener Vertreter des liberalen Essener Bürgertums, dessen wohlwollende Förderung die gesellschaftliche Reputation des jungen Anwalts Heinemann sicherlich stärken konnte. Heinemann sprach später stets mit großer Hochachtung von Niemeyer, der als Mitglied der Deutschen Demokratischen Partei (DDP) und langjähriger Stadtverordneter in Essen auch politisch meist auf einer Linie mit dem aufstrebenden Heinemann lag.

Die Entscheidung für den Beruf des Rechtsanwalts entsprach – wie gesagt – durchaus den Vorlieben und dem Selbstbild Heinemanns. Sie wurde auch von seinen engsten Freunden ausdrücklich begrüßt. Wilhelm Röpke beglückwünschte ihn dazu, dass er »die Selbständigkeit und die freien Gestaltungsmöglichkeiten des Anwaltsberufs … vorgezogen (habe). Wenn ich Jurist wäre, würde ich auch nichts anderes als Rechtsanwalt werden.« Auch Ernst Lemmer zeigte sich überzeugt, dass Heinemann in der Tätigkeit als Rechtsanwalt »innere Befriedigung« finden werde.[19] Von Heinemanns Freunden scheint übrigens Wilhelm Röpke ein besonderes Gespür für seine speziellen Fähigkeiten besessen zu haben, wenn er in jenem Gratulationsbrief schreibt: »… ein klein wenig wittere ich in Dir auch bereits den künftigen Politiker.«

Auch in einer weiteren Hinsicht klärten sich für Gustav Heinemann im Jahr 1926 die Verhältnisse. Im Oktober heiratete er in Essen die drei Jahre ältere Hilda Ordemann. Die Hochzeitsreise führte die Jungvermählten in die Schweiz, nach Locarno und Lugano.[20] Auch Gustav Heinemanns Eltern hatten einst ihre Flitterwochen in Locarno verbracht.

Kennengelernt hatte Gustav Heinemann seine spätere Frau Hilda im Dezember 1922 in Marburg, wo die Tochter eines wohlhabenden Bremer Getreidehändlers evangelische Theologie, Geschichte und Germanistik u. a. bei Rudolf Bultmann studierte. 1926 legte sie das Staatsexamen für das höhere Lehramt ab. Durch das Elternhaus war Hilda Ordemann stark christlich geprägt. Ihre Mutter entstammte einer schweizerischen Familie aus Bern, wo ihr Großvater als Pfarrer am Münster wirkte.[21] Zudem war man in Hildas Elternhaus sehr national gesinnt, verehrte Otto Fürst von Bismarck und Paul von Hindenburg und wählte die Deutsche Volkspartei (DVP). In ihrer Hindenburg-Verehrung ließ sich Hilda Heinemann lange nicht beirren. Dass Tochter Uta am gleichen Tag wie Hindenburg Geburtstag hatte, war ihr mehrfach eine Erwähnung wert. Den fünften Geburtstag von Uta am 2.10.1932 habe man laut Tagebuch »unter dem Zeichen von Hindenburgs 85. Geburtstags« gefeiert.[22]

Für Hildas Eltern scheint die damalige Religionsferne, das betont Freigeistige ihres zukünftigen Schwiegersohns nicht ganz unproblematisch gewesen sein. So musste Gustav Heinemann vor der Hochzeit den Schwiegereltern in spe ausdrücklich versichern, dass er seine künftige Ehefrau in keiner Weise an der Ausübung ihres Glaubens hindern werde.[23]

1926 war für Gustav Heinemann somit ein »Jahr der Klärung« und der Weichenstellungen. Mit dem Eintritt in die bestens eingeführte Kanzlei Niemeyer verschaffte Heinemann sich die Ausgangsposition für eine vielversprechende Karriere als Rechtsanwalt. Wenige Monate später folgte die Heirat mit Hilda Ordemann. Im Oktober 1927 wurde die erste Tochter, Uta, geboren. Heinemann hatte im Alter von 28 Jahren die Basis für eine bürgerliche Existenz geschaffen, wie sein Vater sie vorgelebt hatte, seinerzeit allerdings unter viel schlechteren Ausgangsbedingungen. Gustav Heinemann durfte hoffen, aufgrund seiner akademischen Ausbildung und besonderer Fähigkeiten eine noch eindrucksvollere Karriere zu machen als Otto Heinemann, der es aus ärmlichen Verhältnisses und trotz geringer Schulbildung zum leitenden Angestellten des Weltunternehmens Fried. Krupp gebracht hatte.

Von Politik übrigens war in jener Lebensphase Gustav Heinemanns Mitte der zwanziger Jahre kaum mehr die Rede. Zwar zeigt der Briefwechsel mit Wilhelm Röpke, dass Heinemann die politische Entwicklung in Deutschland weiterhin aufmerksam verfolgte und seine republikanische Haltung beibehielt. Von (partei-) politischer Betätigung hielt er sich aber fern, was zum einen mit der Beanspruchung durch Berufseinstieg und Familiengründung, zum anderen mit seiner Ernüchterung über Parteiquerelen innerhalb der DDP zusammenhängen mochte.

1926 war in Deutschland insgesamt ein gutes Jahr für den Berufseinstieg wie auch für die Gründung einer Familie und damit für die Verankerung in der bürgerlichen Gesellschaft. Die Weimarer Republik hatte sich nach den Jahren innerer Zerrissenheit und existenzbedrohender Angriffe von links und rechts politisch stabilisiert. Auch wirtschaftlich ging es seit Einführung der Rentenmark spürbar bergauf, wenngleich die Arbeitslosigkeit sich nur langsam verringerte. Außenpolitisch begann sich die Position des Deutschen Reiches ebenfalls zu festigen. Man erlebte die »Goldenen Zwanziger«, die vor dem Hintergrund ökonomischer Prosperität nicht zuletzt eine Blüte von Kunst und Kultur und in vielen Bereichen des gesellschaftlichen Lebens – vor allem in den Großstädten – die Überwindung beengender Traditionen und einen regelrechten »Vitalitätsschub« mit sich brachten. Dass es allerdings ein »Tanz auf dem Vulkan« war, dem die Weltwirtschaftskrise nach nur wenigen Jahren ab 1929 ein abruptes Ende bereiten sollte, ahnte 1926/27 noch niemand.

Die wirtschaftliche Erholung ab Anfang 1924 lässt sich an einigen Kennzahlen ablesen. So stieg das Volkseinkommen zwischen 1925 und 1928 von 57 Milliarden auf 71 Milliarden Mark. Im selben Zeitraum erhöhte sich das durchschnittliche Pro-Kopf-Einkommen von 903 auf 1105 Mark pro Jahr, ein Anstieg um rund 22 Prozent. Von 1924 bis 1928 wuchs die gesamte Industrieproduktion um mehr als 45 Prozent und übertraf 1927 erstmals wieder den Stand von 1913. Die Arbeitslosenquote sank von 28 Prozent Anfang 1923 auf 13,1 Prozent im Jahresdurchschnitt 1924. Im Folgejahr verminderte sie sich weiter auf 8,7 Prozent (600.000 Arbeitslose) und verharrte – abgesehen von einem kurzfristigen Anstieg auf rund 16 Prozent Ende 1926 – bis 1929 bei knapp 8 Prozent. Das hieß aber auch, dass trotz Hochkonjunktur in Deutschland etwa jeder zwölfte Erwerbsfähige arbeitslos blieb, wobei erstmals das Problem der Langzeitarbeitslosen in Erscheinung trat. Insofern war es alles andere als selbstverständlich, dass im Jahr 1926 ein junger Berufsanfänger wie Gustav Heinemann unmittelbar nach bestandenem Assessor-Examen eine gut dotierte Stelle ergatterte, zumal ab 1925 geburtenstarke Jahrgänge, darunter viele Kriegsteilnehmer, nach ihrer akademischen Ausbildung auf den Arbeitsmarkt drängten. 1926 suchten insgesamt 503.000 junge Deutsche einen Arbeitsplatz, 1927 waren es mehr als 460.000.[24]

Die berufliche und familiäre Zukunft stellte sich dem jungen Rechtsanwalt Gustav Heinemann Anfang 1927 in hellen Farben dar. Zwar wohnten die jungen Eheleute nach der Hochzeit noch im Rüttenscheider Elternhaus von Gustav Heinemann, doch keineswegs in beengten Verhältnissen, da das von Vater Otto 1902 errichtete Haus auf zwei Etagen über zahlreiche Wohnräume nebst einem ausgedehnten Garten verfügte. Im Oktober 1927 kam ihre erste Tochter, Uta, zur Welt, die rasch zu einem springlebendigen, zuweilen recht wilden Mädchen heranwuchs, das früh seinen eigenen Kopf hatte. »Damit haben wir manche Mühe und viel Geduld nötig, … sodass ich oft recht böse … sein muss«, notierte Hilda Heinemann im Tagebuch. Manchmal setzte es dann sogar Ohrfeigen.[25] Allerdings war der Umgang mit den Kindern im Hause Heinemann grundsätzlich sehr liebe- und verständnisvoll, wenngleich auf kindlichen Gehorsam durchaus Wert gelegt wurde.[26] Im Dezember 1928 wurde die Schwester Christa geboren. Ihr folgten im August 1933 Barbara und im März 1936 der einzige Sohn Peter.

Wechsel in die Montanindustrie

Unter den Zivilsachen, die Heinemann in der Kanzlei Niemeyer zu bearbeiten hatte, waren neben Honorarstreitigkeiten zwischen Ärzten und Krankenkassen sowie anderen, kleineren Streitfällen auch einige Zivilprozesse der Rheinischen Stahlwerke, die der junge Sozius allesamt zur vollen Zufriedenheit der Unternehmensleitung führte. Im Frühjahr 1928 bat darum der kaufmännische Direktor von Rheinstahl, Karl Mockewitz, Heinemann zu einer Unterredung und bot ihm – zu Heinemanns Überraschung – den Posten des Justitiars an. Nachdem sein Vater Otto Heinemann und auch Justizrat Niemeyer ihm dringend zugeraten hatten, trat Gustav Heinemann im Mai 1928 in die Rheinischen Stahlwerke ein.[27] Bereits zwei Monate später erhielt er Gesamtprokura. Das Anfangsgehalt betrug 1.000 RM im Monat, zuzüglich einer Tantieme von 750 RM pro Prozent Dividende des Stammkapitals, mindestens aber 3.000 RM im Jahr. Das Festgehalt stieg innerhalb von drei Jahren auf monatlich 1.500 RM. Heinemann hatte sich zudem vertraglich zusichern lassen, dass er in begrenztem Rahmen auch weiterhin für die Kanzlei Niemeyer tätig sein durfte.[28]

Die Rheinische Stahlwerke A.G. war seinerzeit eines der größten Montanunternehmen des Ruhrgebiets. Das 1870 in Paris von deutschen und französischen Gesellschaftern als reines Stahl- und Walzwerk gegründete Unternehmen

(Aciéries Rhénanes à Meiderich) wuchs rasant und erweiterte nach 1890 seine Aktivitäten auf die Roheisenproduktion. Der Firmensitz war 1872 von Paris nach Meiderich bei Duisburg verlegt worden. Zur Sicherung der dafür notwendigen Kohleversorgung erwarben die Rheinischen Stahlwerke ab 1900 mehrere Kohlezechen im Ruhrgebiet. 1919 bzw. 1922 übernahm Rheinstahl zudem das 1856 gegründete Montanunternehmen »Gewerkschaft Arenberg Fortsetzung« und die Arenberg'sche AG in Essen, die im mittleren Ruhrgebiet einige Steinkohlengruben besaßen. Mitte der zwanziger Jahre geriet Rheinstahl in finanzielle Schwierigkeiten, sodass sich der Vorstand entschloss, alle Erzgruben, Hüttenwerke und Verarbeitungsbetriebe an die neugegründeten Vereinigten Stahlwerke zu veräußern und das Geschäft ausschließlich auf den Kohlebergbau zu konzentrieren. Die Holding-Gesellschaft Rheinstahl hatte ihren Sitz in Essen.[29]

Zu Rheinstahl, das an den Vereinigten Stahlwerken mit 8,5 Prozent des Aktienkapitals beteiligt war, gehörten 1928 insgesamt acht Steinkohlezechen im mittleren Ruhrgebiet, darunter die Anlagen Brassert (Marl), Prosper (Bottrop), Fröhliche Morgensonne (Wattenscheid) einschließlich mehrerer Kokereien sowie die Braunkohlegrube Schallmauer bei Köln. Die Fördermenge der Rheinstahl-Zechen betrug 1928/29 rund 5.270.000 t Steinkohle und rund 587.000 t Braunkohle. Hinzu kamen 1.670.000 t Koks.[30] Darüber hinaus lieferten die Rheinischen Stahlwerke auch größere Mengen von Gas und Ammoniak, die bei der Herstellung von Kokskohle als Nebenprodukte anfielen. Enge Geschäftsbeziehungen bestanden zur I. G. Farbenindustrie AG, die sich vertraglich dazu verpflichtet hatte, ihren gesamten Kohlebedarf von den Rheinischen Stahlwerken zu beziehen. 1924 erwarb die I. G. Farben 35 Prozent des Aktienkapitals von Rheinstahl und erweiterte diese Beteiligung in den folgenden Jahren auf 45 Prozent, nach anderen Quellen auf mehr als 50 Prozent.[31] Der Vorstandsvorsitzende der I. G. Farben, Hermann Schmitz (ab 1935), war ab 1936 auch Vorsitzender des Aufsichtsrats der Rheinischen Stahlwerke.

An der Spitze der Rheinischen Stahlwerke stand seit 1910 Generaldirektor Jacob Haßlacher, ein Jurist und erfahrener Industrie-Manager, der u. a. bei der Gründung der Vereinigten Stahlwerke 1926 eine maßgebliche Rolle spielte.[32] Der Vorstand bestand zu jener Zeit aus drei Personen, neben Haßlacher waren das Karl Mockewitz und Hugo Reckmann, sowie zwei stellvertretende Vorstandsmitglieder. Der Vorstandsvorsitzende Haßlacher, Mitglied der Deutschnationalen Volkspartei, konnte mitunter sehr autoritär auftreten, galt insgesamt aber als korrekt gegenüber seinen Mitarbeitern. Als der Unternehmenspatriarch auch einmal im Gespräch mit dem neuen Justitiar Heinemann laut geworden war, soll dieser zurückgeschrien haben. Fortan soll ihr Arbeitsverhältnis bis zu Haßlachers Pensionierung 1936 weitgehend konfliktfrei gewesen sein.[33]

Wie es seinerzeit aussah in Essen, als Heinemann bei den Rheinischen Stahlwerken anfing, mag ein Blick von außen illustrieren, den Egon Erwin Kisch 1925 auf die Ruhrgebietsmetropole warf. »Die Gassen [der Innenstadt] sind so eng, dass die Elektrische oft nur eingleisig fahren kann, wogegen das Postamt und das Bürohaus ›Handelshof‹ respektable Ausmaße haben. … Schmal sind die Privathäuser, meist bloß eines, höchstens zweier Stockwerke teilhaftig geworden, gedunkelt von kohlenstaubhaltiger Luft … Niedrig ist auch das Münster, offen die Plätze, engbrüstig und bucklig und schlotternd die Straßen.« Sodann streift Kisch durch die westlichen Industriegebiete von Essen. »Immer dunkler tönt sich das Grau der Häuserwände, immer dunkler, und bald sind sie beinschwarz. Nackte, kahle, rußige Ziegelmauern unendlicher Fabriken und unendlicher Arbeitshöfe sind die Seitenkulissen der Straßen, das Balkengewirr eines Förderturmes und Schlote von ungeahnter Breite mit eisernen Wendeltreppen an der Außenseite und ein unmutiger Himmel sind ihr Hintergrund. … Die typische Fabrikvorstadt. … Man (sieht) Menschen, die von der Macht des Gussstahls zertrümmert und vom Atem der Kohle vergiftet sind.«[34]

1928 schilderte der Berliner Theaterkritiker und Publizist Alfred Kerr seine Eindrücke von der Ruhrmetropole. »Was Rauchiges liegt über dem Ort. … Alles zusammen: gigantisches, gepflastertes Fabrikdorf mit mehreren Hunderttausend Einwohnern. Gesamtwirkung: düster-zweckhaft. Machtvoll. … Die Bewohner sind nicht von überflüssiger Heiterkeit. Machen Wege nicht zu ihrem Spaß – sondern anscheinend immer zu irgendeinem sachlichen Ziel.«[35]

In dieser betriebsamen Industriestadt Essen – die südlich der Innenstadt jenseits von Fabriklärm und Kleinbürgerenge durchaus auch charmante, wohlsituierte Viertel besaß, von denen die zitierten Feuilletons nicht berichten – gedachte Gustav W. Heinemann sich also beruflich und gesellschaftlich zu etablieren. Die materielle Basis dazu war durch den Eintritt bei Rheinstahl gesichert. Äußerer Ausdruck für den erreichten Status war nicht zuletzt der Umzug von Gustav und Hilda Heinemann mit ihren damals noch zwei Kindern aus der elterlichen Wohnung in ein großzügiges Haus mit Garten in der Essener Semperstraße, eine gutbürgerliche Wohngegend südlich des Stadtzentrums. Das im Juni 1929 bezogene Haus befand sich im Besitz der Rheinischen Stahlwerke, die es ihrem leitenden Angestellten als Dienstwohnung zur Verfügung stellte. Zum Haushalt der Heinemanns gehörte nun auch ein Kindermädchen, die von den Kindern heiß geliebte Erna, und zeitweise eine weitere Küchen- bzw. Haushaltshilfe.[36]

Essen hatte damals 471.000 Einwohner (1925), von denen fast zwei Drittel vom industriellen Sektor abhingen (einschließlich Familienmitglieder). Die Erwerbsquote von Frauen lag 1925 bei 23,5 Prozent und damit über dem Durchschnitt des Deutschen Reiches.[37]

Als leitender Justitiar mit Gesamtprokura hatte Gustav Heinemann bei Rheinstahl bald eine zentrale Position inne, da ein Bergwerksunternehmen bei seinem operativen Geschäft mit zahlreichen juristischen Problemen konfrontiert ist. Diese betrafen u.a. den Erwerb bzw. die Veräußerung von Grundstücken und Liegenschaften, Abbaurechte, Steuerfragen, nicht zuletzt auch arbeitsrechtliche Vereinbarungen und Streitfälle sowie – ein Thema von besonderer Brisanz – die Haftungsfrage bei Bergschäden. Viele dieser Angelegenheiten gingen über den Schreibtisch von Heinemann, der regelmäßig direkt dem Vorstand zuarbeitete. Aus der Vielzahl von Heinemanns Aufgaben seien exemplarisch einige benannt, welche die Bandbreite seiner Tätigkeit bei Rheinstahl veranschaulichen.

Am 5. August 1929 schrieb Heinemann an das Vorstandsmitglied von Rheinstahl Karl Mockewitz.

»Über die vergangene Woche berichte ich kurz folgendes: ... 2) In der Verhandlung mit den Vereinigten Stahlwerken über die Schwedenerzabrechnung am 1. August sind so viel neue tatsächliche Momente aufgetreten, dass eine eingehende Rücksprache mit Herrn Dr. Haßlacher notwendig geworden ist. ...

3) Der Geschäftsanteil des Amtsgerichtsrats Daniel ist mittlerweile erworben und bereits bezahlt worden. ...

5) Über Moebus & Utrecht ist heute das Konkursverfahren eröffnet worden, nachdem es höchst widerwärtige Auseinandersetzungen und schärfste persönliche Angriffe gegen mich gegeben hat.

6) Das Patent wegen der Kohleaufbereitung ist ... am 31.7. dem Patentamt eingereicht worden.«[38]

Am 14. Januar 1929 richtete Heinemann ein Schreiben an die Reichsfinanzdirektion in München, in dem er eine seiner Ansicht nach überzogene Steuerforderung an Rheinstahl zurückwies, nachdem die Finanzbehörde für ihre Position insgesamt fünf unterschiedliche Begründungen gegeben hatte. Übrigens scheint in Tonfall und Argumentationsweise etwas von jenem Spaß spürbar, »Dinge auszufechten«, den Heinemann einmal als wichtigen Beweggrund für seine Wahl des Anwaltberufs gegeben hat.[39] »Ohne die Fülle des in diesen verschiedenen Theorien entwickelten Scharfsinns zu verkennen, sind dennoch der gesunde Menschenverstand und die durch § 4 RAbgO gebotene Auslegung der Steuergesetze nach ihrem Zweck und ihrer wirtschaftlichen Bedeutung dabei offensichtlich zu kurz gekommen. Für einen Kapitalzufluss von 15.527.688 RM soll Rheinstahl nach Ansicht des Finanzamtes 1.232.661 RM Gesellschaftssteuer zahlen. Das sind 7,3 % ... Die reguläre Gesellschaftssteuer beträgt indessen nur 4 %. Dieses Ergebnis zeigt zur Genüge, wie wenig die Überlegungen des Finanzamtes dem Zweck des Steuergesetzes gerecht werden.«[40] Der Ausgang des Streits ist nicht überliefert.

Auch mit arbeitsrechtlichen Fragen war Heinemann befasst. »Die im 4. Rundschreiben der Ruhrknappschaft aufgeworfene Frage der Pensionskasse für die bei den Hauptverwaltungen beschäftigten Putzfrauen habe ich geprüft. Die Pensionsversicherungspflicht lässt sich m. E. nur abwenden, wenn die Reinigung des Verwaltungsgebäudes einem Unternehmer übertragen wird, welcher die Putzfrauen auf eigene Rechnung beschäftigt ...« Heinemann schlägt also eine frühe Form des »Out-Sourcing« avant le lettre vor. Offensichtlich äußerte sich hier der wirtschaftsliberale Nationalökonom, weniger der künftige Sozialdemokrat.[41]

Neben seiner Arbeit bei Rheinstahl und der – stark reduzierten Anwaltstätigkeit – fand Heinemann auch noch Zeit, eine zweite, diesmal juristische Dissertation, anzufertigen. Im März 1929 wurde er in Münster mit einer Arbeit über »Verwaltungsrechte an fremden Vermögen« zum Dr. jur. promoviert.

Publizistische Tätigkeit und akademische Ambitionen

Bereits als Student in Marburg hatte Gustav Heinemann gelegentlich Artikel und Aufsätze veröffentlicht, die zumeist in der liberalen »Hessischen Landeszeitung« erschienen waren. Überwiegend waren das kurze Berichte über politische Versammlungen der Demokratischen Partei oder der SPD, mitunter aber auch Meinungsartikel zu allgemeinen politischen Fragen, in denen sich Heinemann vehement für die parlamentarische Demokratie und – als gelernter Nationalökonom – für ein liberales Wirtschaftssystem aussprach. Während seiner Referendarzeit 1924/25 wandte sich Heinemann verstärkt auch gesellschaftstheoretischen Themen zu und schrieb – oft unter dem Pseudonym »Walter Heine« – für Essener Zeitungen Artikel, u. a. über »Schillers Sozialphilosophie«, die geschichtsphilosophischen Entwürfe Johann Gottfried Herders und Oswald Spenglers oder über die zentrale Bedeutung der Rhetorik in der Demokratie (»Redner als Führer«, Westdeutsche Illustrierte Zeitung, 6.12.1924).[42]

Im Januar 1925 veröffentlichte er in der Essener Volkszeitung ein Loblied auf das 1899 eingeführte Bürgerliche Gesetzbuch BGB, in dem er einen Markstein bei der Ausgestaltung des deutschen Rechtssystems sah. »Damit dringt die phänomenologische Methode langsam auch in unser Rechtsleben ein ... Eine hohe Rechtskultur kann [aber] nicht Sache von Paragraphen, sondern nur von Juristen sein, die mehr noch als Rechtsdogmatiker ganze Menschen sind.«[43]

Besondere Beachtung verdient unter diesen Gelegenheitsarbeiten ein Artikel, den Heinemann 1925 über den deutschen Politiker und Aufklärungsschriftsteller Friedrich Karl von Moser (1723–1798) veröffentlichte. Im Rückblick auf Heinemanns eigene Laufbahn liest sich dieses Porträt nämlich wie das Idealbild einer öffentlich wirkenden Person, dem Heinemann selbst nachzueifern suchte. Zu Beginn seiner Skizze zitiert Heinemann Goethes anerkennendes Urteil über Moser. Dieser »wollte als Staats- und Geschäftsmann wirken ...; aber er wollte auch zugleich als Mensch und Bürger handeln und seiner sittlichen Würde so wenig als möglich vergeben.« Das wurde Moser in der deutschen Kleinstaaterei und Fürstenherrschaft des 18. Jahrhunderts aber nicht leicht gemacht, wie Heinemann betont. »Ein ruhiges Leben hat Moser ... nicht geführt; er gehörte allzeit zu denen, welchen der bequeme Weg des geringsten Widerstands fremd bleibt. Wo er sich in seiner Manneswürde und sittlichen Selbstachtung nicht geehrt sah, zog er die Folgerung und ging seinen eigenen Weg.« Auch die folgende Würdigung Mosers erscheint im Lichte der späteren Entwicklung von Gustav Heinemann fast wie ein vorweggenommenes Selbstporträt des Artikelschreibers. »Moser war ein überaus nüchtern denkender Mensch; aber er war voll lebensechter Religiosität, die all sein Tun und Denken durchdrang und das Pflichtbewusstsein in ihm weckte ... Arbeit am Gemeinwohl aus sittlich-pflichtbewusster Notwendigkeit – das ist die höchste Forderung, welche all seine Gedanken durchzieht.«[44] Man kann sich gut vorstellen, dass Heinemann in späteren Jahren sein eigenes »Tun und Denken« mit eben diesen Worten beschrieben hätte.

Auch in den folgenden Jahren blieb Heinemann ein fleißiger Aufsatzschreiber, doch veröffentlichte er ab 1927 fast nur noch Artikel zu zwei Spezialgebieten seiner beruflichen Tätigkeit: Kassenarztrecht und Bergrecht. Auf beiden Feldern wurde Heinemann bald zu einem ausgewiesenen Fachmann, dessen in klarer Diktion verfassten Aufsätze von den einschlägigen Fachzeitschriften regelmäßig veröffentlicht wurden. In fast monatlicher Folge erschienen nun Heinemanns Artikel über die »Bedeutung der Zulassung zur Kassenpraxis« (Die Betriebskrankenkasse, 2/1928), die »Reform des Kassenarztrechtes in Deutschland« (Internationale Zeitschrift für Sozialversicherung, 6/1928), über »Wegegebühren der Hebammen« (Die Krankenversicherung, 25.11.1931) oder über »Eingriffe in den gesunden Körper« (Die Betriebskrankenkasse, 1/1932). Die bergrechtlichen Aufsätze – Nebenprodukte seiner Tätigkeit bei den Rheinischen Stahlwerken – behandelten Themen wie »Wegeeinziehung durch Bergbehörden« (Reichsverwaltungsblatt, 3/1931), »Werksparkassen« (Deutsche Bergwerkszeitung, 5/1931) oder »Kartellpolizei und Ersatzgeschäft« (Kartell-Rundschau, 9/1932).[45]

Auch nach der nationalsozialistischen Machtergreifung 1933 setzte Heinemann seine regelmäßigen publizistischen Aktivitäten fort. Da es sich dabei um juristische Fachartikel zu sehr speziellen Themen handelte, fiel es ihm nicht schwer, politische Zugeständnisse an die braunen Machthaber in Wortwahl und Diktion zu vermeiden, ob er nun über »Die Verfassung der gewerblichen Wirtschaft« (Juristische Wochenschrift, 14/1935), den »Marktanteil als Wirtschaftsgut. Sind Kartellquoten vermögenssteuerpflichtig?« (Deutsche Bergwerkszeitung, 5/1935) oder die »Vertragsordnung für Kassenzahnärzte« (Die Betriebskrankenkasse, 19/1935) schrieb.

Allerdings zeigte Heinemann in Bezug auf den Ort seiner Veröffentlichungen mitunter eine etwas befremdliche Gleichgültigkeit. So publizierte er ab 1935 mehrere Artikel in der Zeitschrift der »Akademie für Deutsches Recht«, einer NS-Institution, die sich ausdrücklich der Herausbildung eines »deutschen«, d. h. von der nationalsozialistischen Ideologie geprägten Rechtssystems verschrieben hatte. Herausgeber war der Präsident der Akademie, Hans Frank, der spätere Generalgouverneur von Polen. Die Umschrift auf dem Titelblatt der Zeitschrift lautete »Durch Nationalsozialismus dem deutschen Volk das deutsche Recht«. Inhalt und Ton von Heinemanns Beiträgen waren gewohnt sachlich und frei von NS-Vokabular, doch mochte dem Essener Mitarbeiter angesichts der betont nationalsozialistischen Diktion zahlreicher Artikel derselben Zeitschriften-Nummer doch manchmal das Grausen gekommen sein. Entsprechende Äußerungen Heinemanns, etwa in Briefen oder Tagebüchern, sind jedoch nicht bekannt.

Neben seinen zahlreichen Fachartikeln veröffentlichte Heinemann in jenen Jahren auch drei umfangreiche juristische Handbücher, und zwar »Das Recht der Kassenzahnärzte und Kassendentisten« (Berlin 1935), »Der Bergschaden nach preußischem Recht« (Berlin 1941) und das »Handbuch des deutschen Bergwesen«, dessen erster Band »Bergrecht« 1938 herauskam. Den dritten Band zum »Steuerrecht« ließen die Herausgeber Heinemann und Pinkerneil 1944 folgen. Beide Publikationen wurden zu Standardwerken wie schon Heinemanns »Kassenarztrecht« von 1929, dessen 5. Auflage im Jahr 1969 erschien, aktualisiert von Heinemanns Sohn Peter.[46] Dass es sich bei den genannten Monographien um rein sachliche Darstellungen einer eher trockenen juristischen Materie ohne ideologische Phrasen handelt, ist nicht erstaunlich. Bemerkenswert scheint aber, dass auch in den Vorworten die NSDAP oder der »Führer« Adolf Hitler mit keinem Wort erwähnt werden.

Mochte das Publizieren juristischer Aufsätze auf Außenstehende zunächst wie eine Art Hobby von Heinemann gewirkt haben, so zeigte sich im Frühjahr 1933, dass dahinter möglicherweise etwas mehr steckte, nämlich der Wunsch nach einer Universitätslaufbahn. Mit Schreiben vom 19. Juni 1933 fragte Heinemann bei Professor Hans Carl Nipperdey von der Universität Köln an, ob für ihn die Möglichkeit einer Habilitation in den Fächern Bürgerliches Recht, Handelsrecht und Bergrecht bestehe. Angefügt war eine Veröffentlichungsliste Heinemanns, die insgesamt 39 Titel – Bücher und Zeitschriftenaufsätze – umfasste. Doch die juristische Fakultät lehnte ab, nicht wegen Zweifel an Heinemanns Qualifikation, wie sie ausdrücklich betonte, sondern aus »arbeitsmarktpolitischen« Gründen. Bei der Menge arbeitsuchender Juristen, so ließ sie Heinemann wissen, darunter viele

Hochqualifizierte, trage die Fakultät »Bedenken, einen auswärtigen Anwalt, der durch seinen Hauptberuf voll ausgefüllt ist, ... zu habilitieren.«[47] Quasi als Trostpflaster bot man Heinemann die Übernahme eines Lehrauftrags für Bergrecht an. Heinemann akzeptierte und las in den folgenden Jahren an der Universität Köln einmal wöchentlich zwei Stunden über Bergrecht. Seine juristischen Fachartikel unterzeichnete er fortan häufig mit »Dr. Heinemann, Rechtsanwalt und Univ.-Doz.«. Im November 1934 wurde der Lehrauftrag erweitert, sodass Heinemann bis 1939 auch Veranstaltungen zum Wirtschaftsrecht abhielt.

Nach langjähriger Dozentenpraxis bemühte sich Heinemann Anfang 1942 schließlich um eine Honorarprofessur in Köln. Diesmal machte ihm Professor Nipperdey ernsthafte Hoffnungen. »Was die Frage der Honorarprofessur angeht, so sind ... bei Ihnen die Voraussetzungen günstig, da Sie über eine größere literarische Produktion bis in die letzte Zeit verfügen. Ich glaube daher, dass die Fakultät ... dem Gedanken ganz wohlwollend gegenüberstehen wird.« Allerdings sei der Zeitpunkt nicht günstig und Nipperdey empfahl, in dieser Sache »den Kriegsschluss abzuwarten.«[48]

Über die Beweggründe Heinemanns, sich 1933 – und 1942 erneut – um eine Universitätslaufbahn, zumindest um die Habilitation zu bemühen, lässt sich nur spekulieren, da persönliche Aufzeichnungen oder spätere Äußerungen zu dieser Episode weitgehend fehlen bzw. noch nicht zugänglich sind. Möglicherweise sah Heinemann in dieser Lebensphase die Position eines Jura-Professors quasi als »Krönung« einer bürgerlichen Berufslaufbahn.

»Bildungsreise« nach Nordafrika

Ende der zwanziger Jahre hatte sich Heinemann eine weitgehend gesicherte bürgerliche Existenz aufgebaut. Als Justitiar und Prokurist bei Rheinstahl und Sozius einer angesehenen Anwaltskanzlei gehörte er zum gehobenen (Wirtschafts-)Bürgertum von Essen. Am kulturellen Leben der Stadt nahm er nach allem, was aus dieser Zeit bekannt ist, nur sporadisch teil. Es scheint, dass er in seiner knapp bemessenen Freizeit um 1930 lieber Fachartikel über Kassenarzt- oder Bergrecht verfasste, als in die Oper zu gehen.

Ehefrau Hilda besuchte mit den Kindern regelmäßig den evangelischen Gottesdienst und nahm am Gemeindeleben rege teil. Gustav Heinemann waren Religion, vor allem aber die Kirche weiterhin fremd. Er blieb zu Hause oder war anderweitig beschäftigt. Die dreijährige Tochter Uta soll dies einmal zu der Frage veranlasst haben, ob denn »nur Mütter zur Kirche gehen« würden.[49] Bei den Heinemanns jedenfalls war es um 1928 noch der Fall.

Zum Lebensstil Heinemanns gehörten mittlerweile auch regelmäßige Ferienreisen. Man verbrachte die Sommerferien an der See oder auch in den Schweizer Bergen. Im Frühjahr 1929 unternahm Gustav Heinemann aber auch – ohne Familie – eine dreiwöchige für die Zeit recht ungewöhnliche Bildungsreise, die ihn nach Nordafrika und bis in die Wüste Sahara führte. Die Hintergründe der Reise sind etwas unklar. Vermutlich hatte ein Arbeitskollege bei Rheinstahl ihn zu dem für die damalige Zeit doch recht exotischen Unternehmen überredet. Die kleine Reisegesellschaft fuhr über Genf nach Marseille und von dort per Schiff nach Algier, das damals in der französischen Kolonie Algerien lag.[50]

Für den 30-jährigen Justitiar aus dem Ruhrgebiet waren Nordafrika und seine Menschen eine fremde Welt, der er mit einer Mischung aus Neugierde und Faszination, aber auch mit Verunsicherung und Erschrecken begegnete. Zuweilen konnte er sich des Gefühls des Abgestoßenseins nicht erwehren. »Grauenerregend ist dieses Dorf in seinem Schmutz und seiner krankheitsstarrenden Bevölkerung«, schreibt Heinemann in einem Brief an seine Frau Hilda.[51] Etwaigen Anwandlungen westeuropäischen Hochmuts begegnete Heinemann jedoch mit Reflexionen über die große, jedes tiefere Verständnis erschwerende Distanz zu den Einheimischen und selbstkritischen Bemerkungen zu seiner Rolle als wohlhabender Tourist, der bei »glänzender Verpflegung in immer nur besten Hotels« logierte.[52] So bedauerte Heinemann ausdrücklich, »dass man trotz allen Fahrten und Besichtigungen immer nur an der Oberfläche bleibt und das eigentliche Leben dieses Volkes, seine Psyche und Gedankenwelt nur wenig kennenlernt. ... Man kommt sich vor wie ein Raffke auf der Weltreise (nur das der richtige Raffke seine ... Rolle am wenigsten empfindet)«.[53]

Auf das Abenteuer einer direkteren, damit auch ungeschützteren Begegnung mit den Einheimischen und ihrer Lebenswelt konnte – und wollte wohl auch – Heinemann sich indes nicht einlassen. Über einen Besuch in der Altstadt von Algier heißt es im Brief an seine Frau: »In engen, dunklen, schmutzigen Gassen lungert das denkbar zerlumpteste elendste und dreckigste Volk herum. ... Man kann dieses Viertel als Ausländer nur mit einem Führer betreten oder besser noch, wie wir es taten, unter Begleitung eines französischen Polizisten. So sind wir in die schlimmsten Höhlen eingedrungen, in Bordelle, Lasterhöhlen und Schwitzbäder. Die Einzelheiten kann ich nur mündlich berichten. Einfach unglaublich!«[54] Weitere Reisestationen waren die Überreste von Karthago in der Nähe von Tunis, die römische Ruinensiedlung Timgad und nicht zuletzt ein Abstecher im Autokonvoi in die Wüste und das Atlasgebirge, von dem er mit begeisterten Worten berichtete. Und was die soziale Realität, d. h. die Not großer Teile der Bevölkerung anging, so sah er sie – soweit er ihrer überhaupt ansichtig wurde – nicht zuletzt als Ausfluss politisch und ökonomisch bedingter Ungleichheit, ohne sich allerdings in seinen

Berichten weiter über den französischen Kolonialismus auszulassen. Nach einem Besuch im Villenviertel von Tunis notiert Heinemann: »Auch dort gibt es also den Kontrast zwischen dem schönsten Wohnviertel und den elendsten Gassen der Altstadt von Tunis! Tousjours le meme!«

Mochte Heinemann auch manches, was er in Nordafrika sah, irritieren – insgesamt war die »ganze Reise ... sehr schön und unendlich interessant. So viel habe ich noch nie in solch kurzer Zeit gesehen.«[55]

Hinwendung zum christlichen Glauben

Gustav Heinemann war ein Spätberufener. Erst im Alter von knapp 30 Jahren fand er zum christlichen Glauben, wobei es – nach allem, was man darüber weiß – bei ihm kein Erweckungserlebnis im paulinischen Sinne gab. Seine Wandlung vom Anhänger des Monismus und erklärten Agnostiker, dem alles Religiöse fremd und gleichgültig war, diese Wandlung zum bekennenden Christen erscheint vielmehr als Ergebnis eines allmählichen Prozesses. Letztlich bleibt seine Hinwendung zum Christentum im Dunkeln, eine Entwicklung, die sich im tiefsten Innern von Heinemann vollzog und über die er selbst sich nur selten und sehr zurückhaltend äußerte. Zweifellos aber war sein Bekenntnis zum christlichen Glauben um das Jahr 1929 von fundamentaler Bedeutung für seinen weiteren Lebensweg, nicht zuletzt für sein berufliches und später auch politisches Handeln und kann in seiner Bedeutung für die Person und ihr vielfältiges Wirken schwerlich überschätzt werden.

Wenn es zwar prinzipiell unmöglich – letztlich auch müßig – erscheint, nach »Ursachen« für Heinemanns Bekehrung zu forschen, so lassen sich doch einige Faktoren benennen, die zum Verständnis dieser so einschneidenden Entwicklung beitragen können. Heinemann selbst erwähnte in diesem Zusammenhang immer wieder die Begegnung mit Pfarrer Friedrich Wilhelm Graeber (1884–1953) von der Essener Altstadt-Gemeinde, zu der auch die Familie Heinemann gehörte. Pfarrer Graeber wusste insbesondere durch seine wortgewaltigen Predigten zu beeindrucken. »Der konnte predigen, dass die Fetzen flogen.«[56] Zudem war Heinemann von der zupackenden Amtsführung und dem sozialen Engagement des temperamentvollen Gemeindepfarrers beeindruckt. So errichtete Graeber, der einer rheinischen Pastoren-Dynastie entstammte, 1932 im Arbeiterstadtteil Essen-Bergeborbeck auf einem aufgelassenen Zechengelände den sogenannten Hoffnungskotten, einen landwirtschaftlichen Betrieb, in dem Arbeitslose sich unter dem Motto »Arbeit statt Almosen« u. a. handwerklich betätigen konnten.[57] Heinemann im Rückblick: »Graeber interpretierte das Evangelium so realistisch, dass es seinen Zuhörern nicht schwer wurde, ihre eigene Situation darin zu erkennen. Mich ergriff diese Nüchternheit, mit der der Mensch gesehen wird in der Bibel, diese totale Nüchternheit. Er ist für mich deshalb der Wegbereiter zum Verständnis des Evangeliums gewesen, weil er alle und jedes mit der Inanspruchnahme seiner Hörer für eigene Aktivität zu verbinden wusste.«[58]

Politisch vertrat Graeber eine stark nationalistisch gefärbte und obrigkeitsstaatliche Position. Mit Stolz erwähnte er immer wieder seine Zeit als Marine-Feldgeistlicher im Baltikum, wo er 1918 auch an Freikorpsaktionen teilgenommen hatte und dafür mit einem finnischen Orden ausgezeichnet worden war.[59] Innerkirchlich bekannte er sich dagegen zu einer gemeindebezogenen, presbyterianischen Organisationsform und setzte sich für entsprechende Reformen der Kirchen- und Gemeindeordnung ein. Dieser »Landsknecht Gottes« (Graeber über sich selbst) wurde 1929/30 für Heinemann quasi zu einer »Brücke« zum Glauben und in die Gemeindearbeit und blieb in den folgenden Jahren für ihn eine zentrale Bezugsperson.

Unmittelbar auf den Einfluss Graebers gehen auch zwei fundamentale Glaubenselemente zurück, auf die Heinemann später immer wieder Bezug nehmen sollte: »Gott bleibt im Regimente« und – in Heinemanns Worten – »Von Graeber habe ich gelernt, was es heißt: ›Wer nicht bekennt, bleibt einsam. Wer aber bekennt, findet den Bruder.‹«[60] Graebers Rolle als theologische Leitfigur bedeutete aber nicht, dass Heinemann auch dessen grobschlächtigen Nationalismus und obrigkeitliches Denken, dem auch antisemitische Töne nicht fremd waren, übernommen hätte.[61]

Einen entscheidenden Anteil daran, dass Heineman sich für den Glauben öffnete, hatte sicherlich auch seine Frau Hilda. Sie hatte nach der Hochzeit 1926 ihre christlichen Glaubensüberzeugungen nie verleugnet und regelmäßig am Gemeindeleben teilgenommen. Heinemann wurde also im engsten Familienumfeld mit protestantischem Geist vertraut und dadurch vielleicht für Anstöße von außen, wie sie der charismatische Graeber geben konnte, empfänglich gemacht.

Möglicherweise entfalteten im Zusammenhang mit Heinemanns Hinwendung zum Christentum auch jene Gespräche eine gewisse Nachwirkung, die er 1920/21 als Student in Marburg mit dem Theologen Martin Rade geführt hatte. Dabei hatte Rade ihn vor allem durch die Verbindung von weltoffenem Christentum mit einer demokratisch-republikanischen Haltung und sozialer Verantwortung beeindruckt. Auch gegen starre Kirchenhierarchien hatte sich Rade stets gewandt. Unter dem 8.3.1920 notierte Heinemann im Tagebuch: »Vortrag von Prof. Rade. Wundervoll gesprochen. Die evangelische Kirche muss eine Gemeinschaft sein, sie muss sozialer, nationaler u. internationaler sein. Sie muss eine große Einheit sein.«[62]

Wie gesagt – dies sind bestenfalls Anhaltspunkte für eine innere Entwicklung Heinemanns, an deren Ausgang sein unbedingtes Bekenntnis zum Christentum stand. Begründen oder erklären können sie die Entwicklung nicht, wie es denn in Glaubensdingen für den Einzelnen oft manches nicht zu begründen oder zu erklären gibt.

Mitgliedschaft im »Christlich-Sozialen Volksdienst«

Pfarrer Graeber war es auch, der Heinemann für die Mitarbeit im Christlich-Sozialen Volksdienst (CSVD) warb, einer protestantischen Splitterpartei, in der Graeber auf regionaler Ebene eine führende Rolle spielte. Der CSVD war 1929 aus dem Zusammenschluss des 1924 gegründeten Christlichen Volksdienstes mit den Christlich-Sozialen, einer Abspaltung von der weit nach rechts gerückten Deutschnationalen Volkspartei (DNVP) hervorgegangen. Er verstand sich als Sammlungsbewegung des politischen Protestantismus und war 1930 in mehreren Landtagen (u. a. in Württemberg, Baden, Rheinland, Westfalen und Sachsen) vertreten. Bei den Reichstagswahlen vom 14. September 1930 gewann der CSVD mit rund 2,5 Prozent der abgegebenen Stimmen (867.000 Stimmen) 14 Sitze, davon sieben Direktmandate.

Seine geistig-ideologischen Wurzeln hatte der CSVD insbesondere im deutschen Pietismus, was ihn eng mit den missionarischen und politischen Vorstellungen der Freikirchen verband. Politik wollte er als »Dienst am Volke« im evangelischen Geist verstanden wissen. Seine Hauptaufgabe sah der Christliche Volksdienst laut Parteiprogramm darin, »dass dem Willen Gottes im öffentlichen Leben Gehör und Gehorsam verschafft werde«.[63] Einen Schwerpunkt seiner praktischen Arbeit bildete die Sozialpolitik, wobei ein besonderes Anliegen des CSVD die gesellschaftliche und rechtliche Stärkung der Arbeiterschaft gegenüber den Unternehmern war. Jedoch wurde die auf Privateigentum basierende kapitalistische Wirtschaftsordnung dabei nie in Frage gestellt, was ein Zusammengehen des CSVD mit der SPD unmöglich machte, ganz abgesehen von der seinerzeit stark antikirchlichen Haltung der deutschen Sozialdemokratie. Im Unterschied zu großen Teilen der kirchlich organisierten Protestanten stand der CSVD dem parlamentarischen System der Weimarer Republik aber positiv gegenüber.[64]

Es mag diese Verbindung von demokratischer Verantwortung und sozialem Engagement in christlichem Geist und in der »Nachfolge Christi« gewesen sein, die Heinemann bewog, ab 1930 für diese Partei tätig zu werden. Allerdings hielten sich seine Aktivitäten in engen Grenzen. Es bestehen sogar Zweifel, ob Heinemann überhaupt eingetragenes Mitglied des CSVD war.[65]

Verschiedentlich hielt er auf Parteiveranstaltungen Vorträge, meist zu sozialpolitischen Fragen. So sprach Heinemann im Dezember 1930 – die Weltwirtschaftskrise spitzte sich weiter zu und führte in Deutschland zu sprunghaft steigenden Arbeitslosenzahlen – über »Brennende Fragen in der Sozialversicherung«. Er kritisierte u. a. die starke Belastung der Arbeitnehmer durch die Beiträge der Sozialversicherung und wandte sich gegen den großen Einfluss von Parteipolitikern auf das System der sozialen Absicherung.[66]

Wo der CSVD ab 1930 in Landtagen und im Reichstag vertreten war, setzte sich die Gruppierung für eine »konstruktive Politik« ein und unterstützte demgemäß auch die Regierung Brüning, obwohl diese seit September 1930 in Ermangelung einer parlamentarischen Mehrheit nur noch mit Notverordnungen regierte.[67] Sowohl in den Landtagen als auch im Reichstag arbeiteten die Fraktionen des CSVD dabei – zum Erstaunen vieler Beobachter – oft eng mit den Abgeordneten des katholischen Zentrums zusammen.[68]

Doch alle Hoffnungen der Parteiführung, dass aus dem CSVD eine Art evangelisches Pendant zum katholischen Zentrum werden könne, erwiesen sich als illusionär. Die Partei kam nie über eine Mitgliederzahl von knapp 35.000 hinaus. Zudem verlor die spezifisch christlich-soziale Programmatik des CSVD bei den Wählern mit Verschärfung der wirtschaftlichen und politischen Krise in Deutschland rapide an Attraktivität. Bei den Reichstagswahlen vom 31. Juli 1932 büßte der Volksdienst über 50 Prozent seines Stimmenpotenzials ein und kam nur noch auf knapp 1 Prozent bzw. drei Abgeordnetenmandate. Die Novemberwahlen 1932 brachten nur eine leichte Erholung. Auch auf kommunaler Ebene blieb der Christlich-Soziale Volksdienst – mit einigen Ausnahmen etwa im Südwesten des Reiches – eine Splitterpartei. In Essen kam er bei den Stadtverordnetenwahlen vom 17. November 1929 nicht über 3,2 Prozent (8.607 gültige Stimmen) hinaus. Bei den Kommunalwahlen vom 12. März 1933 erhielt der Volksdienst in Essen nur noch 4.329 Stimmen (1,3 Prozent).[69]

Die NSDAP hatte der republiktreue CSVD zwar immer als eine politische Gefahr für Deutschland und einen ihrer Hauptgegner betrachtet, nach der Ernennung Hitlers zum Reichskanzler am 30. Januar 1933 unterstützte die Parteispitze dennoch die innen- und vor allem die außenpolitischen Ziele der neuen Regierung. Dem Ermächtigungsgesetz vom 23. März 1933 gab die geschrumpfte CSVD-Fraktion vorbehaltlos ihre Zustimmung.

Gustav Heinemann hatte sich zu diesem Zeitpunkt bereits wieder vom CSVD entfernt. Bei den Reichstagswahlen vom 5. März 1933, die schon unter dem Terror der Nationalsozialisten stattfanden, wählte Heinemann denn auch nicht CSVD, sondern SPD, weil er die Sozialdemokraten damals als das einzig noch »mögliche Gegengewicht« gegen den Nationalsozialismus betrachtete.[70]

Im Juni 1933 beschloss die Leitung des CSVD die Auflösung der Partei. Die meisten Abgeordneten im Reichstag, in den Landtagen und Kommunalparlamenten schlossen sich den NSDAP-Fraktionen an. Allerdings traten auch zahlreiche ehemalige CSVD-Mitglieder im Kirchenkampf auf die Seite der Bekennenden Kirche.[71]

IV. In der Bekennenden Kirche – Heinemann im Dritten Reich

Dass mit der Machtergreifung der Nationalsozialisten im Jahr 1933 jeder Deutsche vor der Frage stand, wie er oder sie sich zu dem neuen Regime, dessen Methoden und Zielen (soweit sie bekannt und absehbar waren) stellen sollte, darüber war sich Gustav Heinemann früher und unmittelbarer als viele seiner Zeitgenossen im Klaren. Zunächst und vor allem war es der Versuch der Nationalsozialisten, auf die innere Verfassung der evangelischen Kirche Einfluss zu nehmen, der Heinemann quasi »automatisch« in Opposition zu den braunen Machthabern brachte.

Zudem erfuhr Heinemann im Frühjahr 1933 in seinem unmittelbaren persönlichen Umfeld, wie rücksichtslos die Nazis mit ihren Gegnern verfuhren, als nämlich Wilhelm Röpke, sein engster Freund aus Marburger Studententagen, im April 1933 von seinem Lehrstuhl an der Universität Marburg vertrieben wurde und es vorzog, mit Frau und zwei kleinen Kindern ins Exil in die Türkei zu gehen, wo dem bereits international renommierten Nationalökonomen in Istanbul eine Professur angeboten worden war.

Auch die Diskriminierung und einsetzende Verfolgung der Juden erlebte Heinemann bald sehr direkt mit. Nachdem der Boykott jüdischer Geschäfte am 1. April 1933 allen Deutschen erstmals in einer landesweiten Aktion vor Augen geführt hatte, dass die Nationalsozialisten ihren judenfeindlichen Worten auch Taten folgen ließen, war Heinemann wenig später Zeuge, als die jüdischen Anwälte aus dem Essener Anwaltsverein ausgeschlossen und damit in ihrer Berufsausübung stark behindert wurden. Zwar stimmte Heinemann in der Mitgliederversammlung am 2. Mai 1933 zusammen mit vier anderen gegen den Ausschluss der jüdischen Anwälte. Aber 43 Kollegen stimmten dafür, so dass der Essener Anwaltsverein fortan nur noch aus »arischen« Mitgliedern bestand.[1]

Heinemann entschied sich nach 1933 für eine Art »Doppelstrategie« – oppositionelle Haltung und Renitenz in Fragen der kirchlichen Unabhängigkeit und die energische Abwehr von staatlichen Eingriffen. Auf der anderen Seite praktizierte Heinemann aber auch »business as usual« als aufstrebender Industriemanager und Angehöriger des Essener Wirtschaftsbürgertums. Dieses Bemühen, auch unter dem NS-Regime eine bürgerlich Existenz zu wahren, schloss sogar die Mitgliedschaft in zwei untergeordneten NS-Organisationen ein – Reichsluftschutzbund (ab 1933) und »NS-Volkswohlfahrt« (seit 1936) – sowie im Berufsverband »Bund Nationalsozialistischer Deutscher Juristen« (BNSDJ; 1936 in »Nationalsozialistischer Rechtswahrerbund« (NSRB) umbenannt). Heinemann mochte die Mitgliedschaft im »NS-Rechtswahrerbund« als unausweichlich angesehen haben, wenn er nach 1933 weiterhin als Rechtsanwalt tätig sein wollte, um sich etwa für Pfarrer der Bekennenden Kirche einzusetzen. Doch scheint es eine ausdrückliche Pflichtmitgliedschaft für Rechtsanwälte im nationalsozialistischen Deutschland nicht gegeben zu haben. So blieb etwa Kurt Georg Kiesinger – von 1966 bis 1969 Kanzler der Großen Koalition, deren Kabinett Heinemann als Justizminister angehörte – dem NS-Rechtswahrerbund fern. Allerdings war Kiesinger schon im Februar 1933 der NSDAP beigetreten, ein Schritt, der für Heinemann undenkbar war.[2]

Mitglied der Bekennenden Kirche

Als Mitglied der evangelischen Kirche ging Heinemann im Sommer 1933 in konsequente Opposition zum NS-Regime, indem er sich innerhalb der Bekennenden Kirche gegen den Versuch einer »Gleichschaltung« der Kirche durch die regimetreuen »Deutschen Christen« zur Wehr setzte.

Gleichzeitig führte er seine bürgerliche Existenz als leitender Justiziar eines großen Bergwerksunternehmens fort, der seiner inzwischen fünfköpfigen Familie einen gehobenen Lebensstil sichern konnte und dem sich in der Industrie sehr gute Aufstiegschancen boten. Dass Heinemann aber in der Machtübernahme der Nationalsozialisten von Anfang an eine verhängnisvolle Entwicklung mit katastrophalen Folgen sah, unterliegt dabei keinem Zweifel. Bereits 1932, so erinnerte er sich später, warnte Heinemann einen Sohn von Friedrich Graeber, der ihm seine Sympathien für die Nazis offenbarte, »dass das … heraufziehende nationalsozialistische System in einer Katastrophe enden und dann die Verantwortung an diejenigen fallen würde, die es bis zuletzt ablehnen würden«. Schon kurz nach der Machtergreifung Hitlers äußerte sich Heinemann illusionslos über die politische Entwicklung. »Das nimmt ein böses Ende. Und dann wird es gut sein, wenn Leute da sind, die sich darin nicht verstrickt haben.«[3]

Zu Beginn der nationalsozialistischen Herrschaft Ende Januar 1933 war Gustav Heinemann seit rund drei Jahren aktives Mitglied der evangelisch-reformierten Gemeinde Essen-Altstadt. Er nahm regelmäßig an Gottesdiensten teil, besuchte Bibelkreise und unterstützte soziale Aktivitäten wie den von Pfarrer Graeber gegründeten »Hoffnungskotten« für Arbeitslose. In kirchlichen Gremien war Heinemann zu diesem Zeitpunkt noch nicht vertreten.

Im Frühjahr 1933 verspürte er indes immer dringlicher die Notwendigkeit, sich im heraufziehenden Kirchenkampf zwischen dem nationalsozialistischen Regime und den »Deutschen Christen« einerseits und oppositionellen Gruppen innerhalb des Protestantismus auf der anderen Seite klar zu positionieren. Die erste Gelegenheit dazu ergab sich bei den deutschlandweiten Kirchenwahlen vom 23. Juli 1933, bei denen Heinemann auf der Liste der Arbeitsgemeinschaft »Evangelium und Kirche« für das Presbyterium seiner Gemeinde kandidierte.

Hauptgegner Heinemanns und seiner um Pfarrer Graeber gescharten Glaubensbrüder und -schwestern waren die »Deutschen Christen«, eine 1932 auf Reichsebene gegründete »Glaubensbewegung« innerhalb des deutschen Protestantismus, die sich offen zum Nationalsozialismus bekannte und nach der Machtergreifung Hitlers starken Zulauf erhielt. Die neuen Machthaber wiederum wollten sich der »Deutschen Christen« bedienen, um die Evangelische Kirche organisatorisch und ideologisch bzw. theologisch »gleichzuschalten«. So sollte das »Führerprinzip« auch in der Evangelischen Kirche gelten, Volkstums- und Rassenideologie in die theologische Lehre übernommen und das als jüdisch angesehene Alte Testament weitgehend verworfen und die Stilisierung eines »heldischen Jesus« verbreitet werden. Des Weiteren setzten sich die »Deutschen Christen« für die Anwendung des »Arier-Paragraphen« auch bei Kirchenämtern ein und wandten sich gegen jede Form von Pazifismus und Internationalismus.

Diesen Positionen der Deutschen Christen (DC) standen Heinemann, Graeber und ihre Mitstreiter strikt ablehnend gegenüber. Eine zentralistische Reichskirche nach dem »Führerprinzip« kam für sie nicht in Frage, da ihrer Überzeugung nach einzig die presbytorial-synodale Kirchenordnung mit ihrem großen Gewicht auf der Gemeinde dem Geist des Evangeliums entsprach. Heinemann in einer Ansprache vor Gemeindemitgliedern: »(Der) evgl. reformierte Glaube (bedingt) eine bestimmte K(irchenordnung). Diese glaubensbedingte K(irchenordung) ist die presby. snynodale. … Diese Ordnung ist sowohl nach dem Glauben als auch nach dem Bekenntnis gefordert.« Immer wieder betonte Heinemann das quasidemokratische Prinzip dieses Kirchenaufbaus. »Presbyterial = durch Älteste sich selbst regierende Kirche / Synodal = durch Beauftragte der Gemeinden sich aufbauende Gesamtkirche.« Diese Auffassung von Kirche brachte er auf die griffige Formel: »Kein Bischof, kein König, keine Partei – Christus allein.«[4]

Auch im Streit, ob es neben der Heiligen Schrift noch andere Offenbarungsquellen etwa aus der deutschen Nationalgeschichte gebe, beharrt Heinemann entgegen der Haltung der DC auf dem alleinigen Primat der Schrift. Heinemann: »Evgl. Gaube beruht auf dem Wort. Die Kirche verkündet es zwar. Aber der Glaube entsteht immer nur aus dem Wort, sofern der hl. Geist es uns bezeugt.« Zusammenfasssend erklärt Heinemann: »Beide Fragen [Kirchenordnung, Offenbarungsquelle, d. Verf.] sind letztlich ein u. dieselbe Frage: Gilt Gotteswort oder gilt Menschenwille?«[5] Heinemanns Antwort war stets eindeutig: Für ihn galt allein das Wort Gottes.

Auch andere Positionen der Deutschen Christen, vor allem die teilweise Verwerfung des Alten Testaments wegen seines »jüdischen« Ursprungs, die Stilisierung eines »heldischen« Jesus, wie auch der aggressive Nationalismus und Rassismus widersprachen völlig Heinemanns theologischen und politischen Überzeugungen. Mit dieser »Glaubensbewegung« war ein gedeihliches Miteinander kaum denkbar.

Die Agitation der Deutschen Christen und die konkreten Maßnahmen des NS-Regimes zur stärkeren Kontrolle bzw. Gleichschaltung auch der Deutschen Evangelischen Kirche mussten Gustav Heinemann im Frühjahr 1933 geradezu unvermeidlich in eine Abwehrhaltung gegenüber diesen Bestrebungen bringen.

Denn nicht zuletzt hatten Deutsche Christen und das Regime der presbyterianisch-synodalen Tradition einer auf dem Prinzip »sola scriptura« gründenden evangelischen (Gemeinde-)Kirche den Kampf angesagt. Heinemann und seine Mitstreiter nahmen den Kampf an.

Bei den Kirchenwahlen vom 23. Juli 1933 – es war sein 34. Geburtstag – wurde Heinemann ins Presbyterium seiner Gemeinde Essen-Altstadt gewählt, in dem die »Freien Evangelischen Presbyterianer« um Graeber und Heinemann auf der einen Seite und die Deutschen Christen andererseits aufgrund einer vorherigen Absprache (Einheitsliste mit hälftiger Besetzung) über jeweils 14 Sitze verfügten. Eine heftige Auseinandersetzung um den künftigen Kurs der Gemeinde war damit vorgezeichnet. Die Gemeinde zählte seinerzeit rund 57.200 Mitglieder und hatte fünf Kirchen. Pfarrer Graeber predigte zumeist an der Pauluskirche.[6]

Gemessen am Gesamtergebnis der Kirchenwahlen war die Gleichzahl der Sitze in Essen-Altstadt ein bemerkenswerter Erfolg der DC-Gegner. Denn reichsweit erzielte die »SA Jesu Christi« (zeitweilige Selbstbezeichnung der Deutschen Christen) einen überwältigenden Sieg und konnte annähernd 70 Prozent aller abgegebenen Stimmen auf sich vereinigen. Die Deutschen Christen übernahmen die Leitung aller Kirchenprovinzen der Preußischen Union und fast sämtliche Landeskirchen mit Ausnahme von Bayern, Württemberg und Hannover.

Ganz überraschend kam der Erfolg der Deutschen Christen nicht. Vielmehr zeigte sich darin die ungebrochene Stärke eines deutschen Nationalprotestantismus, welcher der Weimarer Demokratie und der gesellschaftlichen Modernisierung seit je ablehnend gegenübergestanden und einem christlich geprägten Obrigkeitsstaat als Bollwerk gegen Atheismus und Kommunismus das Wort geredet hatte. Einflussreiche Theologen wie Paul Althaus und Friedrich Gogarten sowie Kirchenobere wie Bischof Otto Dibelius teilten zahlreiche völkisch-nationalistische Elemente der NS-Ideologie und begrüßten die Machtergreifung Hitlers als Akt der »nationalen Befreiung«. So legte beispielsweise die Kirchenleitung der altpreußischen Union Mitte April 1933 ein glühendes Bekenntnis zum neuen Staat ab und erklärte sich »freudig bereit zur Mitarbeit an der nationalen und sittlichen Erneuerung unseres Volkes.«[7] Zudem war vielen Protestanten auch antisemitisches bzw. »antijudaistisches« Gedankengut in der Tradition des wilhelminischen Hofpredigers Adolf Stoecker nicht fremd. Von den führenden Repräsentanten der Deutschen Evangelischen Kirche war in den folgen Monaten (und Jahren) denn auch kaum ein Wort des Protestes gegen die Rechtsbrüche und Terrormethoden zu hören, mit denen das nationalsozialistische Regime seine Macht festigte.[8]

Nach dem Willen der Nationalsozialisten sollte die aus 28 Landeskirchen bestehende Evangelische Kirche (»Deutscher Evangelischer Kirchenbund«, DEK) mithilfe der »Deutschen Christen« in eine zentralistische »Reichskirche« mit einem »Reichsbischof« an der Spitze umgewandelt und fortan dem »Führerprinzip« unterworfen werden. Gegen diese Gleichschaltungsversuche der Kirche regte sich ab Mai 1933 verhaltener Widerstand in Gestalt der »Jungreformatorischen Bewegung«, der neben bekennenden Nationalprotestanten wie Friedrich Gogarten und Walter Künneth auch Martin Niemöller, Hanns Lilje und Dietrich Bonhoeffer angehörten. Als gemäßigten Kandidaten für den künftigen »Reichsbischof« schlugen die »Jungreformatorischen« Pfarrer Friedrich von Bodelschwingh vor. Dieser wurde in einem rechtlich umstrittenen Verfahren auch tatsächlich am 27. Mai 1933 gewählt, musste aber aufgrund wachsenden Drucks vonseiten des Regimes bereits wenige Wochen später wieder zurücktreten.[9]

Die Mehrheit der evangelischen Kirchenführer folgte allerdings den Zentralisierungsbestrebungen mehr oder minder bereitwillig, zumal sie oft den eigenen unitaristischen Tendenzen entsprachen. Hinzu kam, dass der neue Reichskanzler Adolf Hitler in den ersten Monaten nach der Machtergreifung durch wiederholte Bekenntnisse zur »wichtigen« Rolle von Religion und Kirche im nationalsozialistischen Deutschland – ihre Rechte sollten unangetastet, ihr Einfluss auf Schule und Erziehung erhalten bleiben bzw. erweitert werden – bei vielen Protestanten Hoffnungen auf eine Stärkung ihrer gesellschaftlichen Position geweckt hatte.[10] So wurde auch die neue, stark zentralistische Kirchenverfassung am 11. Juli 1933 von den Vertretern der evangelischen Landeskirchen nahezu einmütig angenommen. Zum »Reichsbischof« wählte die »erste Nationalsynode« in Wittenberg Ende September 1933 den nationalsozialistisch gesinnten Königsberger Wehrkreispfarrer Ludwig Müller. Mit Rückendeckung des NS-Regimes betrieb dieser umgehend die Schaffung einer »Reichskirche« nach den Vorstellungen der Deutschen Christen. Bis zum Frühjahr 1934 schlossen sich u.a. die Landeskirchen von Preußen, Sachsen, Thüringen und Hannover an. Nur noch in Bayern und Württemberg verweigerten sich die Kirchenoberen diesem Schritt.

Doch an der Kirchenbasis, d. h. unter den Gemeindepfarrern, regte sich zunehmend Widerstand gegen eine evangelische »Reichskirche«. Die Schwerpunkte dieser Opposition lagen zunächst in reformierten, calvinistisch geprägten Regionen – etwa in der rheinischen Landeskirche, zu der auch Essen gehörte. Dort war sowohl die Tradition der »Gemeindekirche« als auch eines Widerstandsrechts stärker verwurzelt als bei den Lutheranern mit ihrem jahrhundertealten Konzept einer möglichst engen Verbindung von »Thron und Altar«.

Einen ersten organisatorischen Rahmen fand diese Ablehnung der Reichskirche und des »Reichsbischofamtes« im Ende September 1933 durch den Berlin-Dahlemer Pfarrer Martin Niemöller mit gegründeten »Pfarrernotbund«, dem im Frühjahr 1934 bereits 6.000 und damit rund ein Drittel aller evangelischen Geistlichen angehörten. Dabei war der national-konservative Niemöller – wie viele seiner Mitstreiter – zunächst alles andere als ein Gegner des NS-Regime, dessen außenpolitisches Agieren, beispielsweise den Austritt aus dem Völkerbund im Dezember 1933, er noch enthusiastisch begrüßte. Was allerdings das Eingreifen der braunen Machthaber in die Belange der Kirche anging, sah er Ende 1933 die Notwendigkeit, eine Grenzlinie zu ziehen.

Kirchenkampf in der Gemeinde Essen-Altstadt

Auch in Essen-Altstadt sahen viele Gemeindemitglieder im Herbst 1933 die Zeit für eine solche Grenzziehung gekommen, allen voran Pfarrer Graeber und seine Anhänger, darunter der neu gewählte Presbyter Heinemann. Den letzten Anstoß gab eine Kundgebung der »Deutschen Christen« im Berliner Sportpalast am 13. November 1933, auf der Gauobmann Reinhold Krause in schrillen Tönen u. a. die »Reinigung« des evangelischen Bekenntnisses von allem »Undeutschen«, vor allem von den »jüdischen Elementen« des Alten Testaments und die Stilisierung einer »heldischen Jesusgestalt« forderte. Der »Arierparagraph« sollte auch bei kirchlichen Ämtern strikt angewendet werden.

In weiten Teilen der evangelischen Kirche sorgten diese Äußerungen für Befremden, wenn nicht Empörung. Zwei Wochen nach der Sportpalast-Rede tagte das Presbyterium von Essen-Altstadt. Pfarrer Graeber gab dabei eine Resolution zu Protokoll, die scharfe Kritik an den Deutschen Christen übte. Alle Inhaber kirchlicher Ämter, die »bei der Sportpalast-Kundgebung in der öffentlichen Verteidigung des Bekenntnisses versagt haben«, sollten vom Reichsbischof entlassen werden. Im Presbyterium fand sich zwar eine Mehrheit für diese Resolution, doch verzichtete man auf eine förmliche Abstimmung, möglicherweise um eine tiefere Spaltung von Presbyterium und Gemeinde zu verhindern. Vielleicht wollten

Graeber und seine Mitstreiter auch eine schärfere Konfrontation vermeiden, weil sogar einige DC-Mitglieder im Presbyterium sich von den radikalen Positionen der Sportpalast-Kundgebung distanzierten.[11]

In dieser gespannten Lage entschloss sich Heinemann zu einem ungewöhnlichen Schritt, indem er am 29. November 1933 einen Brief direkt an Reichskanzler Adolf Hitler schickte, um gegen das Vorgehen der Deutschen Christen und deren verzerrte Darstellung der innerkirchlichen Konflikte zu protestieren.

»Sehr geehrter Herr Reichskanzler!

Wieder einmal versucht die ›Glaubensbewegung Deutscher Christen‹, hohe Regierungsstellen durch falsche Berichte über den wahren Zustand der evangelischen Kirche irrezuführen. ... Die ungeheuerlichen Angriffe des Berliner Gauobmannes Dr. Krause auf die Grundlagen des Christentums und der evangelischen Kirche haben eine gewaltige Erregung in den hiesigen Gemeinden hervorgerufen. ... Die Entfernung des Gauobmanns aus seinen Ämtern trifft nicht die wahrhaft Schuldigen. Diese sind vielmehr in der Reichsleitung der ›Deutschen Christen‹ zu suchen. 17 Pfarrer des Kirchenkreises Essen haben heute ihren Austritt aus der ›Glaubensbewegung Deutscher Christen‹ erklärt, weil sie ... überzeugt sind, dass diese Bewegung mit dieser Führung nicht mehr auf den rechten Weg zu bringen ist. ... Immer deutlicher wird es weiten Kreisen der Gemeinden mit ihren Pfarrern, dass die Kirchenpolitik der Reichsleitung der ›Deutschen Christen‹ und der von ihr einseitig beherrschten preußischen Kirchenbehörden ein Verderb für Staat und Kirche ist.«

Heinemann schloss sein Protestschreiben mit einer Passage, in der er nicht dem NS-Regime, sondern den »Deutschen Christen« und ihrer verfälschenden Berichterstattung die Hauptschuld am Streit innerhalb der evangelischen Kirche zuwies. »Es wird hohe Zeit, dass die eigentlichen Träger kirchlichen Lebens in unseren Gemeinden bei den amtlichen Stellen zu Gehör kommen, wenn der neue Staat nach der erhebenden Wahl und Volksentscheid [Scheinwahlen zum Reichstag und Volksentscheid zum Austritt Deutschlands aus dem Völkerbund am 12.11.1933, T. F.] nicht schwere Rückschläge in den Herzen treuester Anhänger erfahren soll.«[12] Ein gleichlautendes Schreiben schickte Heinemann auch an Reichspräsident Paul von Hindenburg, dessen Büro ihm mitteilte, dass sein Brief an das Reichsinnenministerium weitergeleitet worden sei. Eine Antwort blieb aus. Von Hitler oder seiner Umgebung ist keine Reaktion überliefert.

Welche Absicht Heinemann mit diesem Brief verfolgte, wird nicht ganz klar. Möglicherweise erhoffte er, dass die politische Führung dem Treiben der »Deutschen Christen« Einhalt gebieten würde, um eine faktische Spaltung der evangelischen Kirche zu verhindern. Die Formulierungen am Schluss des Briefes – »erhebende Wahl« in Bezug auf Reichstagswahl und Volksabstimmung im

Oktober 1933 – bezweckten wahrscheinlich, den Empfänger des Briefes für die Anliegen des Verfassers geneigter zu machen. Auf eine positive Einstellung von Heinemann selbst zum Regime kann aus dieser Wortwahl sicher nicht geschlossen werden.

Tatsächlich hatten die »Deutschen Christen« Ende 1933 den Höhepunkt ihres Einflusses schon überschritten. Im Kirchenkreis Essen verließen unter dem Eindruck jener »Sportpalast-Rede« 17 Pfarrer die Deutschen Christen, sodass sich dort von 54 Pastoren nur noch fünf zu dieser Gruppierung bekannten. In Heinemanns Gemeinde Essen-Altstadt blieb nur noch ein Pfarrer bei den Deutschen Christen, auch mehrere Presbyter kehrten ihnen den Rücken.

Die Schwächung der Deutschen Christen bedeutete aber keineswegs, dass der politische Druck auf die Gliederungen der Evangelischen Kirche nachgelassen hätte. Die Essener Altstadt-Gemeinde bekam das Ende 1933 in der Auseinandersetzung um den Jugendpfarrer Wilhelm Busch unmittelbar zu spüren. Als Nachfolger von Pfarrer Wilhelm Weigle (1862–1932), eines Pioniers der christlichen Jugendarbeit in Essen, stand Wilhelm Busch (1897–1966) seit 1929 dem Jugendpfarramt der Gemeinde vor. Mit attraktiven Freizeitangeboten und seinen anschaulichen, mit Witz und Anekdoten angereicherten Predigten verstand es Pfarrer Busch, eine wachsende Zahl von Jugendlichen zwischen 14 und 20 Jahren für die christliche Botschaft und das Gemeindeleben zu gewinnen. Räumlicher Mittelpunkt der Jugendarbeit war das 1912 nahe dem Hauptbahnhof errichtete »Weigle-Haus«.

Im Kirchenkampf stand der pietistisch geprägte Busch von Anfang an aufseiten der »Bekenner« und wehrte sich gegen nationalsozialistische Einflüsse auf die evangelische Jugendarbeit. Mit Empörung reagierte er darum im Dezember 1933 auf die Vereinbarung zwischen Reichsbischof Müller und dem Reichsjugendführer Baldur von Schirach zur Eingliederung des Evangelischen Jugendwerks mit seinen rund 800.000 Mitgliedern in die Hitler-Jugend. Er schickte ein Protest-Telegramm an Reichsbischof Müller, das umgehend Buschs Suspendierung am 25.12.1933 zur Folge hatte.[13]

Zwei Tage später fuhr eine Abordnung der Altstadt-Gemeinde nach Koblenz, um bei Generalsuperintendent Ernst Stoltenhoff Einspruch zu erheben. Dieser Delegation gehörte auch Gustav Heinemann an, der im Verlauf der Unterredung für eine entschiedene Abwehrhaltung gegenüber den Deutschen Christen und allen Eingriffsversuchen des Staates in die Angelegenheiten der evangelischen Kirche plädierte. In scharfen Worten griff Heinemann dabei die nachgiebige Haltung von Generalsuperintendant Stoltenhoff an. »Wenn Sie, Herr Generalsuperintendent, wirklich für das Jugendwerk eintreten wollen, so sollte es Ihnen nur äußerst lieb sein, wenn Sie durch starken Widerstand von uns unterstützt werden. Es ist falsch, dass Sie uns immer wieder in den Rücken fallen«, so Heinemann laut einem von ihm selbst angefertigten Gedächtnisprotokoll. In seinen Forderungen an die rheinische Kirchenleitung ging Heinemann dann noch weiter. Auf einen entsprechenden Einwand Stoltenhoffs antwortete er: »Lassen Sie es doch endlich, dieses sogenannte ›Schlimmere immer wieder abzuwenden‹. Wenn Sie für jeden Pfarrer oder jedes Gemeindemitglied, welches in Haft gesetzt wird, das Geläute der Kirchenglocken in der Rheinprovinz anordnen, ist uns besser geholfen.«[14] Bei dieser Forderung dürfte Heinemann nicht nur das Schicksal inhaftierter Pfarrer, sondern auch das seines Bekannten Prof. Bossert vor Augen gestanden haben, der wenige Tage zuvor unter dem Vorwurf antinationalsozialistischer Äußerungen verhaftet worden war. Heinemann übernahm die Verteidigung Bosserts, eines angesehenen Kinderarztes, der im Januar 1933 zu einer dreimonatigen Gefängnisstrafe verurteilt wurde.

Trotz fehlender Unterstützung durch Generalsuperintendent Stoltenhoff hielt das Presbyterium von Essen-Altstadt mehrheitlich am Widerstand gegen die Auflösung der evangelischen Jugend und die Suspendierung von Pfarrer Busch fest. Eine außerordentliche Presbyteriumssitzung am 2.1.1934 formulierte zwei entsprechende Protestschreiben an das Reichsinnenministerium und an Reichsbischof Müller. Ihre Ablehnung begründeten die Gemeindeältesten u. a. damit, dass durch die Eingliederung der evangelischen Jugend in die HJ die Gefahr bestehe, dass die Jugendlichen »im ›deutschgläubigen‹ und nicht im evangelischen Sinne beeinflusst würden«.[15]

Heinemann trat bei diesen Sitzungen – wie schon im so unbefriedigend verlaufenen Gespräch mit Generalsuperintendent Stoltenhoff – für eine harte Haltung ein. An seine Mutter schrieb er: »Auch war gestern Abend wiederum lange und äußerst heftige Auseinandersetzung im Presbyterium. Schrittweise wird da der Boden erobert, mit Graeber an der Spitze.«[16] Zwar verfügten Heinemann, Graeber und andere Verfechter der presbyterianisch-synodalen Kirchenordnung in Presbyterium und Gemeindevertretung über eine hart erkämpfte Mehrheit vor den Deutschen Christen, doch gegenüber der Kirchenleitung und den staatlichen Stellen waren sie im konkreten Fall machtlos. Im Februar 1934 mussten auch sie die Eingliederung der evangelischen Jugend in die HJ akzeptieren und das Jugendwerk sowie den Jugendverein der Gemeinde auflösen. Doch bedeutete das nicht das Ende einer unabhängigen Jugendarbeit in Essen. Vielmehr hielt Pfarrer Busch ab Frühjahr 1934 im Weiglehaus unter der Bezeichnung »Stadtmission« wieder regelmäßige Bibelstunden für Jungen ab. Im Oktober 1934 wurde ein derartiger »Jugenddienst« auch für Mädchen gegründet. Die »Umfirmierung« der Jugendarbeit in »Stadtmission« und »Jugenddienst« – und zwar ausdrücklich in Form loser Zusammenschlüsse ohne Vereinsstatus – erfolgte übrigens auf Anraten von Heinemann, der damit eine juristische Finte gefunden hatte, um staatliche Zwangsmaßnahmen teilweise zu umgehen.[17]

Einige Wochen zuvor hatte sich Heinemann in einer anderen Kirchenangelegenheit stark engagiert. Es ging dabei um den Erhalt der presbyterial-synodalen Kirchenverfassung der rheinischen Kirchenprovinz, die der deutsch-christlichen Kirchenführung und den staatlichen Stellen ein Dorn im Auge war, insbesondere wegen der darin enthaltenen Selbstbestimmungsrechte der Gemeinden. Dabei handelte es sich um Rechte, auf die Heinemann und Graeber bekanntlich besonderes Gewicht legten. So empfand es die Essener Kreissynode denn auch mehrheitlich als Zumutung, dem Bischof von Köln-Aachen, Heinrich Oberheid, einem DC-Vertreter, das Vertrauen auszusprechen, in dessen Ernennung sie vielmehr einen Angriff auf die traditionelle synodale Ordnung ihrer Kirchenprovinz sah. Eine Aufwertung des Bischofsamtes gemäß eines »Führerprinzips« auch in der evangelischen Kirche lehnten die Synodalen ab.

Am 19. Dezember 1933 fand zu diesem Streitfall in Essen-Altstadt eine Presbyteriumssitzung statt, auf der Pfarrer Graeber mit der ihm eigenen Schärfe hinsichtlich der »Richtlinien der neuen Kirchenführung« von der Gefahr einer »Vernichtung jeder presbyterial-synodalen Arbeit mit eigener schriftgebundener Verantwortung« sprach. Es gelang Graeber – assistiert vom Presbyter Heinemann – schließlich, einen Beschluss herbeizuführen, der weitgehend ihren Vorstellungen entsprach. »1. Das Presbyterium Essen-Altstadt fordert für die Neugestaltung der Kirche die Schaffung einer eindeutig presbyterial-synodalen Verfassung für Rheinland und Westfalen gemäß der heiligen Schrift, organisch gewachsen aus der Geschichte der Westprovinzen. 2. Presbyterium Essen-Altstadt verwirft jede Übertragung … gegenwärtiger politischer Prinzipien auf den Raum der Kirche … 3. (es) lehnt für Rheinland und Westfalen eine bischöfliche Verfassung in jeder Form … ab.«[18]

Der Hinweis auf die Geschichte der Essener Gemeinde, in der sich die »presbyteriale Gemeindeführung« stets bewährt habe, kam laut Protokoll von Heinemann, der die Entschließung denn auch als großen Erfolg betrachtete. »Presbyteriale Verfassung einstimmig!!!«, notierte er im Taschenkalender.[19] Damit war der Kampf um die innere Verfassung der evangelischen Kirche des Rheinlands zwar keineswegs entscheiden, doch für seinen Bereich, d. h. zunächst für die Gemeinde Essen-Altstadt, hatte Heinemann zusammen mit Pfarrer Graeber ein eindeutiges Bekenntnis für die presbyterial-synodale und strikt an der Schrift ausgerichtete Kirchenordnung erreicht.

»Freie Presbyterianergemeinde«

Im Januar 1934 verstärkte Reichsbischof Müller den Druck auf oppositionelle Kreise in der Kirche durch eine »Verordnung betr. die Wiederherstellung geordneter Zustände in der Ev. Kirche«. Dieser sogenannte »Maulkorberlass« vom 4. Januar 1934 drohte allen kirchlichen Amtsträgern mit der Entfernung aus dem Dienst, die das Kirchenregiment oder dessen Maßnahmen öffentlich kritisierten.[20] Doch ein Pfarrer Graeber ließ sich nicht den Mund verbieten, sondern rief in einem Rundschreiben vom 10.1.1934 die Essener Pfarrer zum Widerstand gegen die neuerlichen Angriffe der Kirchenleitung auf die synodale Verfassung auf. Am darauffolgenden Sonntag bekräftigte er seinen Protest durch eine Kanzelabkündigung. Darin hieß es u. a. in bekennerhafter Schärfe: »Gott ist mehr zu gehorchen als dem Reichsbischof. ... Eine Pfarrerschaft, die jetzt nicht widersteht, wird von Gott verworfen.«[21]

Bereits im April 1933 hatte Graeber deutliche Worte gesprochen zum Verhältnis zu Christen und weltlicher Macht. »Wahre Christen gehorchen nur Jesus. Und sonst keinem anderen Herrn. Nicht dem Mammon, nicht dem Teufel, nicht dem Fleisch, nicht der Welt ... auch nicht den ›wohlverstandenen Interessen des Staates‹. Und hier entstehen Zusammenstöße, unvermeidlich.«[22] Dieser Haltung blieb Graeber treu, und das Presbyterium von Essen-Altstadt Graeber stärkte ihm darin mehrheitlich den Rücken. Eine von DC-Mitgliedern am 13. Januar 1934 eingebrachte Resolution, welche Reichsbischof Müller das Vertrauen aussprach und den »Maulkorberlass« ausdrücklich lobte, wurde mit 14 zu 8 Stimmen bei zwei Enthaltungen abgelehnt.[23] Die Mehrzahl der Presbyter, darunter auch Heinemann, verwahrte sich vielmehr erneut gegen alle Versuche einer »Beschränkung der Evangeliumsverkündigung, wie sie die Verordnung des Reichsbischofs in sich schließe.« Diese sei »vom reformatorischen Standpunkt aus untragbar.«[24]

Während die Bekenntnis-Pfarrer ihren Protest gegen die Kirchenleitung zumeist theologisch begründeten, argumentierte Heinemann im Presbyterium häufig juristisch. So betonte er, dass »gerade die Verordnung des Reichsbischofs eine Verschärfung des Streits bringe, weil (sie) die zur friedlichen Beilegung geschaffene Schiedsstelle aufhebe«. Es zeigt sich hier bereits, wie Heinemann in die Rolle eines »juristischen Beraters« oppositioneller Kirchengruppen hineinwuchs, der in den folgenden Monaten und Jahren die Sache der Bekennenden Kirche im Rheinland, zuweilen auch darüber hinaus, nicht zuletzt als Jurist mit Rat und Tat unterstützte. Übrigens sorgte Heinemanns Vorwurf an Reichsbischof Müller, dieser habe quasi einen Rechtsbruch begangen, bei den Anhängern der Deutschen Christen im Presbyterium für helle Empörung. »Nach den Ausführungen von Dr. Heinemann verließen 9 Mitglieder des Presbyteriums die Sitzung.«[25]

Die Reaktion der Kirchenleitung auf den Protest von Pfarrer Graeber ließ nicht lange auf sich warten. Am 7. Februar 1934 wurde Graeber zusammen mit den Pfarrern Heinrich Held (Essen) und Joachim Beckmann (Düsseldorf) durch das Evangelische Konsistorium der Rheinprovinz vom Dienst suspendiert. Zwei Tage später trat das Presbyterium der Gemeinde Essen-Altstadt zusammen und sprach Pfarrer Graeber in offener Auflehnung gegen das Koblenzer Konsistorium das Vertrauen aus. In einem mit 20 gegen 6 Stimmen gefassten Beschluss wurde Graeber aufgefordert, »unerschrocken sein Amt in unserer Gemeinde, gehorsam gegen Gott wie bisher« weiterzuführen. »Das geistliche Ansehen Pfarrer Graebers steht nach wie vor unerschütterlich da.« Heinemann unterstützte Graeber in dem Verfahren auch da, wo dieser es auf eine direkte Konfrontation mit der Kirchenleitung ankommen ließ, indem er beispielsweise der Koblenzer Kirchenbehörde jede Legitimation absprach und sich dementsprechend einer Einvernahme durch das Konsistorium verweigerte.[26]

Soviel Unbotmäßigkeit aufseiten der Gemeinde-Vertretung blieb nicht ohne Folgen. Vor dem Hintergrund sich verhärtender Fronten im Kirchenkampf verfügte der Provinzialkirchenrat am 3. März 1934 die Auflösung des Presbyteriums der Gemeinde Essen-Altstadt, und zwar ausdrücklich wegen dessen Weigerung, die Suspendierung von Pfarrer Graeber anzuerkennen. Dessen Mitstreiter wollten sich jedoch nicht in die Knie zwingen lassen, auch Heinemann nicht. »Presb. aufgelöst … Austritt?«, lautet sein Kalendereintrag vom Tag der Verordnung. Tatsächlich hielt Heinemann in dieser Situation, in der autoritäre Tendenzen in der evangelischen Kirche mit Unterstützung bzw. auf Betreiben des NS-Regimes immer mehr um sich griffen, einen Bruch innerhalb der Kirchenorganisation für unvermeidlich. In diesem Sinne äußerte er sich auch vor der »größeren Gemeindevertretung« Essen-Altstadt am 6. März 1934. »Jetzt ist der Zeitpunkt da, wo wir auseinandergehen. Ich möchte einige Abschiedsworte an die DC [Deutschen Christen] richten und hoffen, dass sich unsere Trennung in einer würdigen Weise vollzieht.«[27]

Mit Blick auf das von Reichsbischof Müller veranlasste Gesetz vom 2. März 1934, welches die Synodalverfassung der Kirche per Gesetz weiter aushöhlte, indem es die altpreußischen Provinzialsynoden entmachtete und den Präses durch einen Bischof mit weitgehenden Machtbefugnissen ersetzte, erklärte Heinemann: »Dies Gesetz vollendet die Verunstaltung der evang. Kirche. Es macht sie zur Papstkirche. Das sich selbst ergänzende Kardinalskollegium der Bischöfe herrscht unumschränkt. Die Synoden sind nur eine Verschleierung. … Da auch die Kirchengerichte und die Verwaltung völlig in die Hand der Bischöfe gegeben sind, haben wir Bischofsdiktatur. … Die schwierigste Klärung steht aber noch aus: in den Bekenntnisfragen. Wir haben uns in den vergangenen Monaten gestritten, ob die Bibel die alleinige Offenbarungsquelle sei und bleibe, oder ob daneben noch eine zweite Offenbarungsquelle besteht, sei es die Geschichte (nationalsozialistische Erhebung), Rasse oder was sonst. [Wie von den DC behauptet, T. F.]. ... Jetzt wissen wir es ...: der Bischof der evang. Kirche hat [nach den neuen Bestimmungen, T. F.] Lehrgewalt. Jetzt ist der Weg in der evang. Kirche auch für Eingriffe in Bekenntnisfragen offen. ... Das ist der Punkt, ... an dem wir nunmehr auseinandergehen. Kommt das Schisma? ... Wir wissen es noch nicht. Jedenfalls wird jetzt ein wirklicher Widerstand einsetzen, nicht des großen Haufens, sondern der Entschlossenen.«

Sehr klar beschreibt Heinemann an dieser Stelle seine und Pfarrer Graebers innerkirchliche Position sowie die Frontlinie zu den Positionen der Deutschen Christen und jenen evangelischen Kirchenleitungen, die weitgehend im Sinne des nationalsozialistischen Regimes agierten. Dass es Heinemann in dem Konflikt vor allem um innerkirchliche Fragen und nicht um politische ging, verdeutlicht eine in versöhnlichem Ton gehaltene Passage gegen Schluss seiner Einlassungen. »So schmerzlich dies kirchlich ist, so braucht es uns als Staatsbürger nicht zu beunruhigen. Gerade weil wir im Staate so eng aneinander gerückt sind, und Schulter an Schulter stehen, wird es gut sein, wenn wir uns kirchlich reinlich scheiden. Dann kann der Graben, der sich hier [zwischen Presbyterianern und Deutschen Christen, T. F.] ... aufgetan hat, nicht gefährden, was uns dort not tut und in gleicher Weise am Herzen liegt.«

Ob diese Äußerung tatsächlich Heinemanns Sicht der von den Nationalsozialisten propagierten »Volksgemeinschaft« Anfang 1934 entspricht, oder ob sie eher taktischen Erwägungen diente, muss an dieser Stelle offenbleiben. Allerdings scheint Heinemann seinen Widerstand gegen innerkirchliche Entwicklungen, die seinen presbyterialen Vorstellungen zuwiderliefen, zu jenem Zeitpunkt nicht auch politisch verstanden zu haben. Jedenfalls schrieb er im Januar 1934 in diesem Sinne an seine Mutter. »Zu Graeber möchte ich heute nur sagen, dass sein u. unser Kampf nichts, aber auch gar nichts mit Opposition gegen die Regierung zu tun hat. Im Gegenteil.«[28] Möglicherweise wollte Heinemann seine Mutter mit dieser Klarstellung in erster Linie beruhigen. Mit Politik, mit politischer Opposition hätten seine Aktivitäten nichts zu tun, also auch nicht mit den damit verbundenen Gefahren. Vielleicht aber konnte Heinemann der sogenannten »nationalen Erhebung Deutschlands« Anfang 1934 tatsächlich noch etwas abgewinnen, wie sein Mentor Pfarrer Graeber, der aus seiner national-konservativen Einstellung nie einen Hehl gemacht hatte.

Als den eigentlichen Kern des Konflikts bezeichnete Heinemann damals, »dass wir uns nicht katholisch machen lassen wollen. Deshalb Kampf den Bischöfen in einer evangelischen Kirche.«[29] Im März 1934 verbreitete das – durch das Konsistorium offiziell aufgelöste – Presbyterium ein von Heinemann mitverfasstes Flugblatt, in dem es seine Sicht des »Falles Graeber« darstellte und das mit scharfen Angriffen gegen das Konsistorium verband. Die Suspendierung Graebers sei »gegen alles Rechtsempfinden« erfolgt, die Aufforderung der Kirchenleitung an das Presbyterium, sich von Graeber zu distanzieren »eine unerhörte Zumutung«. Des Weiteren bedeute die Auflösung des Presbyeriums eine »Vergewaltigung der rheinisch-westfälischen Kirchenordnung«. Mit seinem Vorgehen habe das Konsistorium einen »Weg des Unrechts und der Gewalt« beschritten, doch der Gewalt werde man sich als »mündiges Presbyterium« nicht beugen. Man werde alle Versuche abwehren, »die Kirche unserer Väter (zu) zerstören und der Willkür einer unevangelischen Bischofsgewalt« auszuliefern. Abschließend bekennt sich das Altstadt-Presbyterium zum entschlossenen »Kampf um die wahre, das heißt die allein auf dem Worte Gottes sich bauende Kirche.«[30]

Den Worten folgten bald Taten. Da die Pauluskirche den Presbyterianern um Pfarrer Graeber aufgrund seiner Suspendierung seit Februar 1934 verschlossen war, mietete Gustav Heinemann von der Stadt Essen im Börsenhaus (»Haus der Technik«) gegenüber dem Hauptbahnhof einen Saal, der mit einem Harmonium, einer Predigtkanzel und 800 – auf Raten gekauften – Stühlen ausgestattet wurde. In diesem improvisierten Gebetsraum hielt der offiziell vom Amt suspendierte Pfarrer Graeber Anfang März 1934 erstmals einen Gottesdienst ab.[31] Die monatlichen Kosten dieser »Freien Evangelischen Presbyterianer Gemeinde« – rund 1.500 RM für Miete, Pfarrer- und Diakonissengehalt, Drucksachen etc. – wurden aus Spenden bestritten.

Als »Kirchmeister« hatte Heinemann die Verwaltung dieser Spendengelder übernommen.[32] »Graeber hatte ja eine sehr handfeste Art zu kollektieren. Wenn es da beim sonntäglichen Gottesdienst am Schluss hieß: ›Ich sehe hier noch einige Leute auf unbezahlten Stühlen sitzen‹ dann wusste jeder, was die Glocke geschlagen hatte«, erinnerte sich Heinemann später an die Anfänge der »freien Presbyterianer«.[33] Ihre Entschlossenheit demonstrierte die »Dissidenten«-Gemeinde eindrucksvoll am 25. März 1934, als Graeber in dem nüchternen Börsensaal mehrere Dutzend Jungen und Mädchen konfirmierte.

Die Kirchenleitung verstärkte nun ihrerseits den Druck und leitete gegen Graeber ein »Verfahren auf Entziehung der Rechte des geistlichen Standes« ein, das u.a. die Räumung seiner Dienstwohnung beinhaltete. Mitte April 1934 entsandte die Koblenzer Kirchenleitung einen Konsistorialrat nach Essen, um die freien Presbyterianer um Pfarrer Graeber zur Raison zu bringen. Doch Graeber verweigerte sich einer Aussprache; an seiner Stelle führte Heinemann als sein juristischer Vertreter die Verhandlungen. Sehr wahrscheinlich mit Unterstützung Heinemanns hatte Graeber zuvor in einem mehrseitigen Schreiben zu den Vorwürfen Stellung bezogen und seine Position in programmatischer Klarheit umrissen. »Wir nennen uns Presbyterianer, ... weil wir eine (ihrer Pauluskirche beraubte) Gemeinde von Anhängern einer sich selber durch Presbyter-Älteste regierenden Kirche sind, die ... für eine gereinigte presbyterial-synodale Verfassung und nicht für eine bischöfliche Verfassung der rheinisch.-westf. Kirche kämpfen. ... Wir nennen uns evangelisch und nicht etwa reformiert oder lutherisch oder uniert ... Es geht uns um ein neues Bekennen und Leben vom Evangelium her. ... Wir nennen uns frei, weil wir nicht der Menschen Knechte sein wollen, weder in der Kirche noch sonst irgendwo, sondern die von Christus für den Dienst an den Brüdern frei gemachten!« Graeber beschließt seinen Verteidigungsbrief mit Bekennerpathos. »Da ich meines Ganges gewiss bin in Seinem Wort, so können mir die Menschen den Pfarrertitel und gewisse ... Rechte ... nehmen, das Amt eines evangelischen Predigers können sie mir nicht nehmen.«[34]

Seine Entschlossenheit brachte Pfarrer Graeber auch in einem selbst gedichteten Kirchenlied zum Ausdruck, wie er überhaupt seine Gemeinde häufig mit Kirchenliedern aus eigener Feder beglückte.

»Du wahrer Bischof deiner Kreuzgemein, Christ Kyrie!
Weck auf dein Volk, der Wolf bricht ein, Christ Kyrie.
Kyrie eleison, nimm dich deiner Herde selber an!

Dein Geist durch dein untrüglich Wort regiert, Christ Kyrie!
Nicht Menschenlehre uns verführt, Christ Kyrie!
Kyrie eleison, rett uns vor des falschen Priesters Fron!«
(entstanden im November 1933)[35]

Eine völlige Trennung von der evangelischen Kirche des Rheinlands war jedoch nicht das Ziel der Presbyterianer, wie auch Heinemann in seiner Stellungnahme gegenüber dem Vertreter des Konsistoriums betonte. »Die Freien Presbyterianer haben eine Trennung von der Landeskirche sich nicht zum Ziel gesetzt. Scheuen allerdings auch nicht vor dieser Konsequenz zurück ...« Heinemann weist auch darauf hin, dass die Presbyter-Gemeinde noch über keine »rechtliche Organisation« verfüge, verbindet das aber mit der unverhohlenen Warnung, dass jede »behördliche Maßnahme gegen den Angeschuldigten [Pfarrer Graeber, T. F.] ... der Bewegung weiteren Auftrieb gegeben« habe.[36]

Auch aus anderen Teilen der Stadt stießen Protestanten zur Freien Presbyterianergemeinde, sodass die 800 Plätze zu den Gottesdiensten meist besetzt waren. An den wöchentlichen Bibelstunden sollen um die 300 Personen teilgenommen haben. Über die Zusammensetzung der Gemeinde heißt es in einem Erinnerungsbericht, dass zu ihr »getaufte Juden, Halbjuden, viele studierte Leute, Anhänger aller Parteien, ... auch Pietisten, mehr Männer als Frauen«, dazu etliche Arbeiter gehört hätten.[37]

Inzwischen war Pfarrer Lemmer, ein Vertreter der Deutschen Christen, von den Kirchenbehörden zum kommissarischen Vorsteher der Gemeinde Essen-Altstadt ernannt worden. Dagegen erhob Heinemann geharnischten Protest. Im November 1934 schrieb er an Pfarrer Karl Lemmer: »Es ist nachgerade Zeit, dass in der evgl. Gemeinde Essen-Altstadt endlich wieder geordnete Zustände herbeigeführt werden. Die von Ihnen seit Monaten ausgeübte Tätigkeit als Kommissar habe ich von Anfang an als unrechtmäßig und gesetzwidrig angesehen.« Lemmer sei nie berechtigt gewesen, sich in die Angelegenheiten der Altstadt-Gemeinde einzumischen.«[38]

Über die theologischen Grundlagen der Presbyterianer-Gemeinde gab eine Schrift Auskunft, die Graeber im Frühjahr 1933 unter dem Titel »Freie Presbyterianer des Westens. Aufrufe – Leitsätze – Bekenntnisse« herausgebracht hatte. »Frei« ist die Gemeinde, weil sie allein abhängt von Jesus Christus. Das Wort »evangelisch« weist auf die Bindung an die Bibel hin; »Westen« auf die presbyterial-synodale Tradition der Westprovinzen der Altpreußischen Union.

Am Zustandekommen der kleinen Programmschrift war Heinemann wahrscheinlich beteiligt. Jedenfalls haben ihre Leitsätze und Kernbegriffe Heinemanns kirchliche Haltung in der Zeit des Kirchenkampfes geprägt. Dass die Bekennende Kirche sich nach ihrer Bildung im Mai 1934 nicht zur massenhaften Gründung unabhängiger Gemeinden nach dem Beispiel der Freien Presbyterianer entschließen konnte, hat Heinemann später sehr enttäuscht und war ein wesentlicher Grund dafür, dass er sich 1938 aus der aktiven Mitarbeit innerhalb der Bekennenden Kirche zurückzog.[39]

Die Entschlossenheit und Tatkraft von Pfarrer Graeber und seiner Anhänger, wie sie in der Gründung der »Freien Presbyterianer« zum Ausdruck kam, machten offenbar auch bei ihren Vorgesetzten im Koblenzer Konsistorium Eindruck. Das Disziplinarverfahren gegen Graeber wurde im Mai 1935 eingestellt, die Amtsenthebung aufgehoben.[40]

Allerdings blieb auch die Presbyterianergemeinde nicht frei von inneren Spannungen, die viel mit der oft schroffen und selbstherrlichen Art von Pfarrer Graeber zu tun hatten. So beklagte sich im November 1935 das Gemeindemitglied Hans Quitmann in einem Brief an Heinemann, dass es sich »noch viel zu sehr um eine ›Personalgemeinde‹ des Herrn Pfarrer Gräber (!)« handele, und dass dieser seine »Beschlüsse« auch dann durchzusetzen wisse, wenn »die Presb. Gemeinde ihm nicht oder nicht geschlossen zu folgen imstande« sei.[41] Es gab demnach in der Gemeinde auch autoritäre Tendenzen, die dem Anspruch einer »Freien Presbytergemeinde« eigentlich entgegenstanden. Wie Heinemann diese Alleingänge

Graebers beurteilte, wird aus den vorliegenden Dokumenten nicht recht deutlich. Wahrscheinlich hat er sie jedoch als nicht so gravierend empfunden wie andere Gemeindemitglieder, zumal er als enger Vertrauter des Pfarrers an dessen Entschlüssen selbst viel stärker beteiligt war. Allerdings verlor die Freie Presbyterianergemeinde ab Mitte 1935 an Zuspruch, was u. a. zu einer angespannten Finanzlage führte.

Auch mit den Räumlichkeiten gab es Probleme, da die Stadt Essen im Herbst 1936 den Mietvertrag für den Börsensaal kündigte. Einen neuen Versammlungsort fand die Presbyterianer-Gemeinde relativ rasch in der Marktkirche, aus der sie im August 1938 aber wieder auszog. Fortan spielte sich ihr Gemeindeleben in den »Nassen Gärten« ab, einem aufgelassenen Fabrikgebäude westlich der Essener Altstadt. Da Pfarrer Graeber gesundheitlich geschwächt war, übernahmen immer häufiger Laien die Gottesdienstgestaltung, unter ihnen auch Heinemann, der dafür oft »Lesepredigten« des Berliner Hilfspredigers Helmut Gollwitzer, eines aktiven Mitglieds der Bekennenden Kirche, verwendete.[42]

Streitfälle im Kirchenkreis Essen (1934/35)

Heinemanns Widerstand gegen Bestrebungen, die evangelische Kirche im Sinne der nationalsozialistischen Ideologie umzugestalten, erfolgte wesentlich auf drei Ebenen: in seiner Gemeinde Essen-Altstadt, wo er zusammen mit Pfarrer Graeber in seiner Abwehrhaltung bis zur Gründung einer eigenständigen »Presbyterianergemeinde« ging, auf lokaler Ebene als Mitglied der Essener Kreissynode sowie auf der Ebene der Rheinischen Kirchenprovinz u. a. als Teilnehmer an den Rheinischen Bekenntnissynoden und als Mitglied des Bruderrats. Auch auf Reichsebene war Heinemann am Kampf der Bekennenden Kirche beteiligt, wenngleich seine Kontakte zu führenden Mitgliedern der Bekennenden Kirche, etwa zu Martin Niemöller, eher sporadisch waren. Heinemann gehörte nicht zum »inneren Führungskreis« der Bekennenden Kirche.

Umso aktiver war Heinemann in seiner Gemeinde und im Kirchenkreis Essen. So kam es auf der Kreissynode am 27. September 1934 zu einer direkten Konfrontation Heinemanns mit dem Synodalassessor Karl Lemmer, der als Mitglied des sogenannten »Ordnungsblocks« formell zwischen den Deutschen Christen und der Bekennenden Kirche stand, jedoch eindeutige Sympathien für das NS-Regime und dessen Kirchenpolitik zeigte, und in den folgenden Jahren einer der Hauptgegner der Bekenntnis-Christen in Essen wurde.[43]

Einige Monate zuvor hatte Heinemann versucht, die Proteste gegen eine neue, dem NS-Regime genehme Kirchenordnung zu bündeln. Zu diesem Zweck organisierte er zusammen mit Pfarrer Johannes Path unter den Mitgliedern der Kreissynode eine Unterschriftenaktion für eine Eingabe an den Reichsinnenminister Wilhelm Frick. Sie war in einem ungewöhnlich scharfen Ton gehalten: »Die Verunstaltung unserer Evangelischen Kirche zu einer romanisierten Staatskirche durch das ›Gesetz‹ vom 2. März 1934 [Einsetzung von Bischöfen anstelle des Synodal-Präses, T. F.] wird von uns auf das Schärfste verurteilt und abgelehnt. Wir protestieren gegen den Rechtsbruch an der Verfassungsurkunde der Evangelischen Kirche der Altpreußischen Union und der Rheinisch-Westfälischen Kirchenordnung und legen hiermit Rechtsverwahrung ... ein.«

Nachdem eine Mehrheit der Kreissynodalen ihre Zustimmung bekundet hatte, wurde das Schreiben Ende März 1934 nach Berlin geschickt.[44] Eine Reaktion des Reichsinnenministers erfolgte nicht. Allerdings zeugt die Eingabe an Minister Frick von einer gewissen damaligen Naivität Heinemanns, was seine Vorstellungen von den realen politischen Gegebenheiten und Machtverhältnissen unter nationalsozialistischer Herrschaft betraf. Sich mit einem geharnischten Protest gegen einen »Rechtsbruch« direkt an den Minister zu wenden und bei diesem »Rechtsverwahrung« einzulegen, musste in einem System, das mit allen rechtsstaatlichen Prinzipien bereits gebrochen hatte, wirkungslos bleiben, wenn nicht ein derartiges Vorgehen vielmehr die staatlichen Repressionsorgane, d.h. die Gestapo, auf den Plan rief. Diese gewisse Blauäugigkeit war bereits bei jenem oben erwähnten Brief an Reichskanzler Adolf Hitler und Reichspräsident Hindenburg vom November 1933 erkennbar gewesen, in dem Heinemann gegen das Vorgehen der Deutschen Christen protestierte. Noch 1943 hielt Heinemann es für sinnvoll, sich direkt an einen der höchsten NS-Führer zu wenden, um Repressalien gegen einige Pfarrer der Bekennenden Kirche zu verhindern. Als nämlich in Düsseldorf ein Prozess gegen acht Pfarrer wegen der Abnahme illegaler theologischer Prüfungen drohte, schrieb Heinemann an Reichsmarschall Hermann Göring. »Nun soll ... ein weiterer Prozess dieser Art stattfinden, obwohl die zur Anklage zu bringenden Vorgänge seit über drei Jahren abgeschlossen sind. ... Dass hinter den Geistlichen [aus der BK, T. F.], um die es sich hier handelt, die große Mehrheit der kirchentreuen rheinischen Bevölkerung steht, ist eine Tatsache, die auch das Konsistorium in Düsseldorf immer wieder hat anerkennen müssen. ... Die Unterzeichneten appellieren an Sie, Herr Reichsmarschall, als Vorsitzenden des Reichsverteidigungsrates, und an Ihr Verständnis für die Sorgen der Rheinländer mit der dringenden Bitte, diesen Prozess zu verhindern.«[45]

Zwar fand der Prozess gegen die acht BK-Pfarrer tatsächlich nicht statt, doch ist es sehr unwahrscheinlich, dass dies eine Folge jenes Heinemann-Briefes an Göring war. Auch hier ist der Eindruck nicht abzuweisen, dass Heinemann eher unrealistische Vorstellungen vom nationalsozialistischen Herrschaftssystem hatte, wenn er etwa deren oberste Führer gegenüber rechtsstaatlichen Argumentationen überhaupt für zugänglich hielt. Festzuhalten bleibt aber auch, dass Heinemann sogar gegenüber obersten Vertretern des NS-Regimes klar und deutlich gegen Willkürmaßnahmen Einspruch erhob.

Pfarrer Graeber im Visier der Gestapo

Die Renitenz von Pfarrer Graeber gegenüber der evangelischen Kirchenleitung und seine strikte Gegnerschaft zu den Deutschen Christen führten dazu, dass er auch ins Visier der Gestapo geriet. Da seine Aktivitäten aber fast ausschließlich auf den innerkirchlichen Bereich und darin auf die Bewahrung synodaler Strukturen gerichtet waren, sah das NS-Regime zunächst keinen Grund zu schärferen Repressalien. Graeber blieb aber unter ständiger Beobachtung. Im Mai 1935 meldete die Gestapo-Stelle Düsseldorf an die Gestapo in Frankfurt a.M., wo Graeber auf einem Gemeindetag der Bekennenden Kirche auftreten sollte: »Pfarrer Graeber ist eifriger Kämpfer für die Bekenntnisfront, hat sich in der letzten Zeit allerdings ... etwas zurückgehalten. Redeverbot besteht gegen ihn nicht.« Vier Jahre später heißt es in einem Gestapo-Bericht: »Der Pfarrer Graeber ... ist als politisch durchaus unzuverlässig bekannt. ... Er versteht es aber stets, in allen seinen Handlungen die Grenze des Erlaubten wohl scharf zu streifen, aber niemals zu überschreiten.«[46]

Offenkundig wusste die Gestapo nie so recht, was sie von dem wortgewaltigen Kirchenmann halten und wie sie mit ihm umgehen sollte. Mitte 1940 meldete die Gestapo Düsseldorf an das Reichssicherheitshauptamt: »Die Haltung des G.[aeber] muss ... als sehr undurchsichtig bezeichnet werden. ... Wenn sich G. früher auch gegen den Marxismus und Kommunismus gewandt hat, so ist er in seiner heutigen Einstellung doch noch weit vom Nationalsozialismus entfernt. Nach der Machtübernahme ist er als eifriger Verfechter der BK ... mehrfach unliebsam hervorgetreten.« Seine »politische Zuverlässigkeit (werde) immer zweifelhaft bleiben.«[47] Die Repressalien gegen Pfarrer Graeber gingen aber über seinen Ausschluss aus der Reichsschriftumskammer im Januar 1941 nicht hinaus. Allerdings konnte er danach nicht mehr als Verleger und Herausgeber theologischer Schriften tätig sein.

Anders als bei Pfarrer Graeber existieren über Gustav Heinemann keine Gestapo-Akten, trotz seines engen persönlichen Verhältnisses zu Graeber und trotz der umfassenden – insbesondere juristischen – Hilfeleistungen Heinemanns für seinen geistlichen Mentor seit 1933. Heinemanns Name taucht auch in den Gestapo-Akten von Graeber nicht auf.

Erste Rheinische Bekenntnissynode (Februar 1934)

Um die Jahreswende 1933/34 hatte sich der Widerstand gegen das deutsch-christliche Kirchenregiment im Rheinland weiter formiert und erste eigenständige Organisationen herausgebildet. Gustav Heinemann war daran aktiv beteiligt. So tagte am 18./19. Februar 1934 in Barmen auf Einladung des Bruderrats die »1. Rheinische Bekenntnissynode«, eine der Keimzellen für die auf den Bekenntnissynoden in Barmen (Mai 1934) und Berlin-Dahlem (Oktober 1934) begründete »Bekennende Kirche«. Unter den Teilnehmern an dieser »1. Rheinischen Bekenntnissynode« war auch Heinemann. Pfarrer Graeber nutzte die Eröffnungspredigt zu einer offenen Kampfansage. »Ich überlasse nicht kampflos die Kirche meiner Väter ... den Tyrannen in Berlin oder Koblenz, auch wenn sie der Staat stützt. Und wer zum Kampf zu feige ist, der gehe ins Mauseloch, der hat nichts bei einer wahren Kirche zu suchen.«[48] Heinemann war das offenbar aus dem Herzen gesprochen, denn als einer von sechs Ältesten (Laien) und 20 Pfarrern ließ er sich in den rheinischen Bruderrat wählen und intensivierte damit sein Engagement im Kirchenkampf. Dabei machte er sich insbesondere durch seinen juristischen Sachverstand bald unentbehrlich. Ab Mai 1934 war er innerhalb der »Freien Evangelischen Synode im Rheinland« (Bekenntnissynode) »zuständig für Rechtsfragen« und betreute das »Amt für Verfassung und Ordnung der Kirche«.[49]

Dass die sich verschärfende Auseinandersetzung auf eine Kirchenspaltung hinauslaufen könnte und er vor dieser Konsequenz auch nicht zurückschrecken würde, hatte Heinemann in einem Brief an einen Mitstreiter verdeutlicht. »Kein Zweifel: das Ende dieser Entwicklung – wenn sie auf die Spitze getrieben wird – wird das Schisma sein. Die rheinische Freikirche, welche durch Jahrhunderte hindurch den zähen Kampf gegen antievangelische Obrigkeiten geführt hat, wird wieder auferstehen.«[50]

Und tatsächlich hatte ja das Konsistorium mit der Amtsenthebung von Pfarrer Graeber und der kurz darauf erfolgten Auflösungsverfügung über das gewählte, mehrheitlich hinter Graeber stehende Presbyterium der Gemeinde Essen-Altstadt den Konflikt weiter verschärft. Am 21.2.1934, unmittelbar nach der Suspendierung Graebers, trat der kurz zuvor unter Beteiligung von Heinemann gebildete Bruderrat in Düsseldorf zusammen, um über Gegenmaßnahmen zu beraten. Heinemann führte Protokoll. Man wurde sich rasch einig, dass ein Zurückweichen der »Bekenntnis-Gruppen« nicht in Frage komme, man vielmehr den Streit zuspitzen müsse. Entscheidend sei, »die Kirchenbehörde fortlaufend zu neuen Disziplinierungen zu zwingen, damit auf jeden Fall ihre letzte Einstellung offenbar werde. Es darf auf keinen Fall der Eindruck aufkommen, dass man sich auch im Rheinland die Mütze über den Kopf ziehen lasse.«[51] Offenbar sollte durch Eskalation des Streits die Gegenseite – das Konsistorium – gezwungen werden, ihr »wahres Gesicht«, nämlich das eines Erfüllungsgehilfen nationalsozialistischer Kirchenpolitik, zu offenbaren, und zugleich dadurch auch die eigenen Reihen fester geschlossen werden.

Der Bruderrat sprach sich zudem dafür aus, den innerkirchlichen Widerstand auf eine breitere Basis zu stellen und dafür engen Kontakt mit anderen oppositionellen Gruppierungen, etwa mit dem von Martin Niemöller gegründeten Pfarrernotbund, zu suchen.

Zu Heinemanns Glaubenshaltung

Fragt man nach den spezifischen religiösen Einstellungen Gustav W. Heinemanns, so ist neben dem presbyterianisch geprägten und praxisnahen (»tätigen«) Christentum, wie es Pfarrer Friedrich Graeber vertrat, vor allem der evangelische Theologe Adolf Schlatter zu nennen, der für Heinemanns Glaubenshaltung besondere Bedeutung hatte. Insbesondere in den dreißiger und vierziger Jahren beschäftigte sich Heinemann intensiv mit Schlatters Texten, darin offenbar einer Empfehlung von Pfarrer Graeber folgend, der auf Schlatters Lehre große Stücke hielt und mehrere seiner Schriften in dem von ihm betriebenen »Freizeiten-Verlag« herausbrachte.

Heinemann war von Schlatters Theologie so angetan, dass er häufig aus dessen Traktaten im Familienkreis vorlas, wie sich seine Tochter Barbara lebhaft erinnert.[52] Von der Intensität der Beschäftigung mit Schlatters Werk zeugen auch die sehr ausführlichen Exzerpte, die Heinemann von dessen Hauptwerken anfertigte.[53] Insgesamt wird man Adolf Schlatters Werk als einen wichtigen, wenn nicht den wichtigsten Bezugspunkt Heinemanns in theologischer Hinsicht bezeichnen können, wobei allerdings der (fach-)theologische Ehrgeiz Heinemanns sich in engen Grenzen hielt. Es war ihm nicht um akademische Auseinandersetzungen und eine möglichst fundierte Positionierung seines Glaubens zu tun, vielmehr scheint Heinemann bei Schlatter eine Glaubenslehre gefunden zu haben, die seinen eigenen theologischen Auffassungen sehr entsprach. Insofern kann ein Blick auf Schlatters theologische Lehren die spezifische Glaubensrichtung von Gustav Heinemann etwas erhellen.

Der schweizerische Theologe Adolf Schlatter (1852–1938) war einer der vielseitigsten Theologen seiner Zeit, machte sich aber vor allem als Neutestamentler einen Namen. In seiner Kindheit und Jugend kam der Sproß einer frommem St. Gallener Familie eng mit der reformierten Kirche und dem Pietismus in Berührung, durch seinen Vater auch mit freikirchlichem Gedankengut. Nach dem Theologiestudium in Basel und Tübingen übernahm er Pfarrstellen u.a. in Kilchberg bei Zürich und Keßwil. Seine akademische Laufbahn führte Schlatter über Bern und Greifswald (1888–1893) nach Berlin, wo er von 1893 bis 1898 den Lehrstuhl für systematische Theologie bekleidete. 1898 folgte er einem Ruf an die Universität Tübingen, wo er bis zu seiner Emeritierung blieb und in den zwanziger Jahren den Höhepunkt seiner akademischen und publizistischen Wirksamkeit erreichte.[54]

Bereits in seiner ersten größeren Arbeit, der 1885 erschienenen Darstellung »Der Glaube im Neuen Testament« finden sich zentrale Elemente der Schlatterschen Theologie. Es kam ihm in seinen exegetischen und dogmatischen Arbeiten insbesondere darauf an, eine Art »beobachtende Theologie« zu etablieren, welche ihren Wahrheitsanspruch nicht auf dogmatische Setzungen, sondern nach historischer Methode in den Erfahrungen der Heilsgeschichte und den Gegebenheiten der Schöpfung (Natur alles Seienden) zu begründen sucht. Die Wahrheit der Schrift könne, so Schlatters Überzeugung, in der beobachtbaren Wirklichkeit wahrgenommen bzw. bestätigt werden. »Gottes Schaffen und Geben erreicht den Lebens- und Bewusstseinsstand des Menschen in seiner konkreten, also geschichtlich bestimmten Gestalt, begründet ihn und macht sich an ihm und durch ihn offenbar. Nicht jenseits des Menschen, darum auch nicht jenseits der Geschichte, sondern in dieser und durch diese tut Gott in Gnade und Gericht sein Werk.«[55] In diesem Sinne rief er auch seinen Tübinger Studenten zu: »Wartet ihr noch auf irgendein mystisches Erlebnis? ... Öffnet die Augen: Gottes reiche Gaben liegen vor euch.«[56] Dabei betont Schlatter immer wieder, dass der Glaube, in dem »Jesus Christus den Menschen erfasst«, sich darin zeige, dass er den Menschen zu einem Tätigen mache. In diesem Zusammenhang spielt auch das Motiv der göttlichen Gabe eine zentrale Rolle. Schlatter sieht den Menschen vor allem als Empfangenden, der aber nicht in dieser Passivität verharren, sondern durch die Nutzung dieser Gaben zu einem Tätigen wird. »Die Gnade sucht und schafft sich den Empfänger und versetzt uns deshalb in Passivität; sie macht uns aber ernsthaft zu ihren Empfängern, sodass sie uns gilt, uns begabt und in die Lebendigkeit versetzt. Es gibt darum kein Empfangen der göttlichen Gabe ohne die von ihr in uns begründete Aktivität ...«[57]

Mit seinem Werk grenzte er sich nicht zuletzt von der »liberalen Theologie« des 19. Jahrhunderts ab, deren Vertreter – darunter David Friedrich Strauß (1808–1874), Albrecht Ritschl (1822–1889) und Adolf von Harnack (1851–1939) – in

Anknüpfung an Aufklärung und philosophischen Idealismus die historisch-kritische Methode bei der Erforschung der biblischen Texte und Dogmengeschichte begründeten. Kritiker sahen in der stark rationalistisch argumentierenden »liberalen Theologie« die Gefahr, dass zentrale Elemente der christlichen Lehre, etwa der Offenbarungscharakter der Schrift, die Bedeutung der göttlichen Gnade und die Rechtfertigung aus dem Glauben tendenziell preisgegeben würden. Für Schlatter und andere Gegner der liberalen Theologie ging auch die wissenschaftlich-kritische Erforschung des historischen Jesus in die Irre, da eine Betrachtung Jesu »im Regenwetter theologischer Bedenklichkeiten u. Zweifel« das konstitutive Vertrauen und die Liebe der Christen zu Jesu in Frage stelle.[58] Schlatter war es demgegenüber um eine Theologie zu tun, die eindeutig christozentrisch war und die Bibel vorbehaltlos in den Mittelpunkt der Offenbarung stellte. Es entsprach durchaus der theologischen und sozial-ethischen Lehre Schlatters, dass er sich ab Mitte der zwanziger Jahre auch für den »Christlich-Sozialen Volksdienst« engagierte, jener evangelischen Parteigruppierung, die sich zur Wahrung christlicher Werte, zur parlamentarischen Demokratie sowie zu sozialen Hilfeleistungen für Arbeitslose und andere Bedürftige bekannte und der auch Gustav Heinemann seit 1931 angehörte.[59]

Wahrscheinlich hat Heinemann zu jener Zeit auch eine Schrift Schlatters mit dem Titel »Was fordert die Lage unseres Volkes von unserer evangelischen Christenheit?« gelesen, in welcher der Tübinger Theologe sich eindringlich für das politische und gesellschaftliche Engagement der evangelischen Christen aussprach. Auch diese Schrift Schlatters war in dem von Friedrich Graeber geleiteten »Freizeiten-Verlag« erschienen.[60] In dem Text leitet Schlatter die Forderung nach politischem Handeln direkt aus dem Gebetsauftrag des Christen ab. »Das Evangelium gibt uns das Gebetsrecht und damit auch die Gebetspflicht für unser Volk.« Weil aber jedes echte Gebet »ein Kind der Liebe sei« dürfe der Christ es nicht beim Gebet belassen, sondern müsse tätig werden und »Zeit und Kraft willig für die Arbeit zur Verfügung (stellen), die für unser Volk geschehen muss.«[61]

Dem jüngst bekehrten Heinemann war das aus dem Herzen gesprochen, hatte ihn doch an Pfarrer Graeber nicht zuletzt dessen »tätiges, zupackendes Christentum« beeindruckt. Im Werk Adolf Schlatters fand Heinemann nun eine theologische Herleitung für diese Forderung nach praktischem Engagement, einschließlich der aktiven Teilnahme am politischen Leben. Für Heinemann war dieses Tätigwerden natürlich nichts Neues, da er sich in seiner Studentenzeit bereits aktiv für demokratische Verhältnisse eingesetzt hatte. Damals freilich hing er noch einem sehr diesseitigen und religionsfernen Weltbild an, während sein jetziges Engagement auf religiösen Überzeugungen gegründet war, ohne dass sich aber die Richtung seines Einsatzes geändert hätte. Nach wie vor ging es Heinemann um die Verteidigung und Stärkung demokratischer Prinzipien sowie um sozialen Ausgleich und Gerechtigkeit, wie immer die im Einzelnen konkret aussehen mochte. Dass allerdings der Christlich-Soziale Volksdienst für politisches Wirken eine zu kleine Plattform bot, mochte Heinemann bald selbst gemerkt und nicht zuletzt deshalb sein Engagement für den CSVD begrenzt haben.

Dass die Schriften Schlatters bisweilen einen Zug zum Traktathaften hatten, mag Heinemann nicht gestört haben. Vielleicht kam es sogar einem Bedürfnis nach konkreter Glaubensanleitung entgegen, wozu auch der spätere Eindruck seiner Tochter Barbara Wichelhaus passt, wonach ihr Vater »eine eher konventionelle Religiosität (hatte). Er glaubte noch, was die Theologen sagten«.[62]

Tatsächlich tauchen in den Äußerungen Heinemanns zu Fragen von Religion und Kirche immer wieder Gedanken auf, die einen engen Bezug zum Werk von Adolf Schlatter haben. So heißt es etwa in theologischen Aufzeichnungen, die Heinemann um das Jahr 1938 machte: »Nun braucht niemand zurückzustehen, ob reich, gesund, gebildet oder nicht. Was hätte je einer, das er nicht empfangen hat? Stets ist das ganze Leben gefordert u. als Opfer wohlgefällig.« Wobei ganz im Schlatterschen Sinne das Motiv der »empfangenen Gabe« eng mit dem Aspekt der »Gemeinde« verbunden wird. »Gott hat uns Gemeinde gegeben. … Dank dieser Gabe ist die Gemeinde im Besonderen das Feld unseres Gottesdienstes. … Deshalb als Gemeinde zusammenbleiben, unsere Erkenntnisse vertreten, unsere Kräfte betätigen.«[63]

Unverkennbar hatte sich das geistige Interesse Heinemanns nach 1929 hin zu theologischen Fragen verschoben – weg von politischen, soziologischen und wirtschaftlichen Problemen, mit denen er sich um das Jahr 1925 intensiv beschäftigt hatte. Damals hatte er noch Max Webers Arbeiten über »Die protestantische Ethik und der Geist des Kapitalismus«, über »Konfuzianismus und Taoismus«, Hermann Onckens Biographie des liberalen Parteiführers Rudolf von Bennigsen und Karl Marx' »Kapital« gelesen, an dem ihn vor allem die Abschnitte zur Geldtheorie interessierten.[64]

Motive der Schlatterschen Theologie finden sich auch in einem Briefwechsel über Glaubensfragen, den Heinemann 1935 mit Wilhelm Röpke, dem 1933 in die Türkei emigrierten Freund, führte. Mitte 1935 hatte Heinemann eine Dienstreise nach Belgien zu einem persönlichen Treffen mit Röpke in Brüssel genutzt, das jedoch für beide enttäuschend verlief, da sich dabei eine starke Entfremdung zwischen dem Emigranten Röpke und Heinemann offenbarte.

Monate später versuchten sie sich über die Abkühlung ihres Verhältnisses Rechenschaft abzulegen. Unumwunden stellt Röpke in seinem Brief vom Oktober 1935 fest, »dass wir nicht mehr ganz dieselbe Sprache sprechen. Die Enttäuschung darüber hat mich umso schmerzlicher getroffen, als es der erste Fall innerer Entfremdung zwischen mir und einem meiner deutschen Freunde ist.« Zunächst führt Röpke als Grund für diese Entfremdung die radikale Hinwendung Heinemanns zum protestantischen Glauben an, um in einem zweiten Schritt die allzu nachgiebige Haltung großer Teile des Protestantismus gegenüber dem nationalsozialistischen Staat anzuprangern. »Ich habe Dir in Deiner atheistisch-mechanistischen Phase ebenso wenig folgen können, wie es mir späterhin möglich gewesen ist, an Deinem religiös-protestantischen Erleben inneren Anteil zu nehmen.« Das sei jedoch innerste Angelegenheit jedes einzelnen und brauche der Freundschaft nicht im Wege zu stehen. Anstoß aber nimmt Röpke an der vermeintlichen Tendenz in Heinemanns Denken, dass eine »ausschließlich-dogmatische Beschäftigung … (mit) dem metaphysisch-religiösen Beziehungspunkt« dazu führt, »dass das Sittlich-politisch-Kulturelle« – will heißen die politischen und gesellschaftlichen Zustände – »als etwas Indifferentes« erscheint. Als protestantischer Eiferer zeige Heinemann die Tendenz, politische Verhältnisse gering zu achten und aus den Augen zu verlieren. Er habe den Eindruck, so Röpke weiter, »dass Dein dogmatischer Eifer in einem nur zu protestantischen Missverhältnis zu Deiner mangelnden Entschiedenheit in Fragen politischer Sittlichkeit steht.« Dieser Vorwurf wurde nicht milder dadurch, dass Röpke den damaligen Konflikt der protestantischen Kirche bzw. Bekennenden Kirche mit dem NS-Regime rundheraus als bloße »Reibereien« bezeichnete, die eben nicht »einem wirklich tiefen Wesensgegensatz entspringen.« Die katholische Kirche zeige da eine ganz andere Haltung. »Hier liegt ein wirklicher unüberbrückbarer Wesensgegensatz vor, der in dem großartigen universellen Charakter der katholischen Kirche begründet liegt.«[65] Das waren herbe Vorwürfe, die Heinemanns ganze damalige Existenzweise – geistig-religiös wie beruflich und gesellschaftlich – in ein kritisches Licht setzten.

Gustav Heinemann antworte darauf in einem Bekenntnisbrief vom Dezember 1935. Gleich zu Beginn wendet er sich rigoros gegen Röpkes Selbstbezeichnung als »undogmatischer Christ« und stellt ihr sein eigenes, kompromissloses Bekenntnis zu Jesus Christus gegenüber. »›Undogmatisches‹ Christentum (ist) eine Selbsttäuschung. Entweder wird Christus geglaubt als der für uns Menschen gestorbene und auferstandene Sohn Gottes oder er wird es nicht. Entweder wird die Heilige Schrift angesehen als Bericht über die von Gott den Menschen gegebene Offenbarung seines Willens oder sie wird es nicht. Wer und wo immer an diesen Kernstücken etwas abstreift, um sich (die) Dinge ›undogmatischer‹ = menschlicher, d. h. weniger ärgerlich und unverbindlicher zu machen, sollte sich nicht Christ nennen. Denn das ist nun einmal der grundlegende Unterschied zwischen Christentum und sonstigen Religionen, dass das Christ-Sein eine völlige Unterwerfung unter etwas bedeutet, das wir nicht gemacht, gedacht oder erfunden haben, sondern was uns gegeben ist. Und es kann deshalb nur die Frage sein, ob wir es annehmen oder nicht.« Entscheidend sei auch, »zurückzufinden zur Schrift als der alleinigen Quelle der Offenbarung.«

Nach diesen theologischen Bekenntnissen wendet sich Heinemann den Vorhaltungen Röpkes in Bezug auf Politik und »politische Ethik« zu. Für Heinemann liegen auch hier »die Dinge im radikalen Entweder-Oder. Entweder lasse ich mein Leben bestimmen durch meinen Glauben an Christus oder ich tue es nicht. Glaube an Christus ist nur dann vorhanden und gesund, wenn er eine lebensbestimmende Macht ist.« So sind für den Protestanten Heinemann denn auch die Bereiche von Politik und Gesellschaft gänzlich bestimmt durch das Christentum, weil und insofern »das Christentum entweder eine alles bestimmende Macht ist oder gar nichts ist …« Diese rigorose – fast etwas fundamentalistisch wirkende – Haltung mag Zweifler bzw. »undogmatische Christen« wie Wilhelm Röpke befremdet haben, weil – so Heinemann selbst – »es (uns) ärgerlich ist, dass wir nicht unsere eigenen Herren sein sollen.« Zugleich betont Heinemann aber die befreiende Wirkung dieser Glaubensüberzeugung, denn es liege »eine unerhörte Freiheit in der Bindung an Gottes größte Gabe, – an Christus. … Das ist die Freiheit, die es ermöglicht, Gott mehr zu gehorchen als den Menschen. Das ist die Freiheit, in der die Bekennende Kirche in Deutschland inmitten aller Anfechtung steht.«[66]

Auf der einen Seite gab diese Glaubensüberzeugung Heinemann die Kraft und innere Freiheit, den Zumutungen und Drangsalierungen durch NS-Staat und/oder Deutsche Christen zu widerstehen. Auf der anderen Seite relativierte sie aber auch die Bedeutung von derlei Weltlichem wie Politik und Gesellschaft, sodass Heinemann und Röpke im Grunde aneinander vorbeiredeten bzw. unvereinbare Positionen vertraten. Bei Röpke steht im Zentrum der Aufruf zu einem sittlich-ethisch begründeten Engagement, ja Kampf gegen die Feinde der Zivilisation; bei Heinemann die Gewissheit des Glaubens und die innere Freiheit, »Gott mehr zu gehorchen als den Menschen«.

Trotz der eingetretenen Entfremdung in religiösen und politischen Fragen hielten Heinemann und Röpke weiterhin brieflichen Kontakt, auch nach Röpkes Übersiedelung von Istanbul nach Genf, wo er seit Oktober 1937 am »Hochschulinstitut für Internationale Studien« arbeitete.[67] Übrigens wurde Heinemann durch diesen Briefwechsel unmittelbarer Zeuge, wie seinerzeit in Genf theoretische Grundlagen für das Konzept der sozialen Marktwirtschaft geschaffen wurden, das nach 1948 in den Westzonen und der Bundesrepublik Deutschland einen zentralen Faktor für wirtschaftlichen Aufschwung und gesellschaftliche Stabilität bildete. Unterstützt von der Rockefeller-Stiftung entwarfen Wilhelm Röpke und sein Kollege Ludwig von Mises am Genfer See die Grundzüge eines künftigen Wirtschaftssystems jenseits staatlichen Protektionismus' und den Auswüchsen eines ungezügelten Marktgeschehens nach dem Laissez-Faire-Prinzip. Die von ihnen erarbeiteten Thesen und Konzepte fanden später zu großen Teilen Eingang in die Überlegungen von Ludwig Erhard und Alfred Müller-Armack, den sogenannten »Vätern der sozialen Marktwirtschaft«. Dass man in Genf Ende der dreißiger Jahre an etwas Zukunftsweisendem arbeitete, davon war Wilhelm Röpke – der sowieso nicht zu übertriebener Bescheidenheit neigte – überzeugt. Im Oktober 1938 schrieb er an Gustav Heinemann: »… ich habe das bestimmte Gefühl, dass wir heute wieder einmal an dem Punkte angelangt sind, wo sich die Welt von morgen an wenigen Schreibtischen entscheidet. Das klingt sehr vermessen, hat aber einen sehr guten geistesgeschichtlichen Sinn … Man wird noch von uns hören, denke ich.«[68]

Barmer Bekenntnissynode

Als die »Erste Bekenntnissynode« am 29. Mai 1934 zusammentrat, gehörte der Essener Presbyter Gustav Heinemann zu den insgesamt 139 Kirchenvertretern, die aus ganz Deutschland nach Barmen gekommen waren, um ein sichtbares Zeichen gegen die nationalsozialistische Einflussnahme auf evangelische Theologie und Kirche zu setzen. Zu den Teilnehmern zählten u. a. die Bischöfe von Stuttgart und München, Theophil Wurm und Hans Meiser, Pastor Martin Niemöller aus Berlin, der Gründer des Pfarrernotbundes, der Theologe Karl Barth, Präses Karl Koch und auch Pfarrer Graeber. Die in Barmen verabschiedete »Theologische Erklärung zur gegenwärtigen Lage« (»Barmer Erklärung«) wurde quasi zum Gründungsdokument der Bekennenden Kirche und leitete eine neue Etappe im evangelischen Kirchenkampf ein. Anzumerken ist, dass damit faktisch erstmals seit der Reformation sich Vertreter aller drei protestantischen Bekenntnisse – Lutheraner, Reformierte und Unierte – auf eine gemeinsame theologische Erklärung einigen konnten. Die sechs Thesen der Barmer Erklärung stammten in der Hauptsache aus der Feder des Schweizer Theologen Karl Barth, des bedeutendsten Vertreters der »dialektischen Theologie«, der seit 1930 an der Universität Bonn lehrte.

Mit der Barmer Erklärung vergewisserte sich die im Entstehen begriffene Bekennende Kirche ihrer Glaubensgrundsätze und wehrte sich gegen alle Versuche, diese Grundlagen des evangelischen Glaubens – u. a. die Bibel als alleinige Offenbarungsquelle – in ideologischer und politischer Absicht zu verwässern oder ganz aufzulösen. So heißt es in These 1: »Jesus Christus, wie er uns in der Heiligen Schrift bezeugt wird, ist das eine Wort Gottes, das wir zu hören, dem wir im Leben und im Sterben zu vertrauen und zu gehorchen haben. Wir verwerfen die falsche Lehre, als könne und müsse die Kirche als Quelle ihrer Verkündigung außer und neben diesem einen Worte Gottes auch noch andere Ereignisse und Mächte, Gestalten und Wahrheiten als Gottes Offenbarung anerkennen.«

In der These 2 werden die Machtansprüche weltlicher Instanzen abgewehrt. »Wir verwerfen die falsche Lehre, als gebe es Bereiche unseres Lebens, in denen wir nicht Jesus Christus, sondern anderen Herren zu eigen wären, Bereiche, in denen wir nicht der Rechtfertigung und Heiligung durch ihn bedürften.«

These 3 verwahrt sich gegen die willfährige Anpassung von Teilen der Kirche an wechselnde politisch-ideologische Machtverhältnisse. »Wir verwerfen die falsche Lehre, als dürfe die Kirche die Gestalt ihrer Botschaft und ihrer Ordnung ihrem Belieben oder dem Wechsel der jeweils herrschenden weltanschaulichen und politischen Überzeugungen überlassen.«

These 5 anerkennt ausdrücklich die Aufgabe des Staates, »in einer noch nicht erlösten Welt ... nach dem Maß menschlicher Einsicht und menschlichen Vermögens unter Androhung und Ausübung von Gewalt für Recht und Frieden zu sorgen.« Verworfen wird jedoch jede anmaßende, d.h. totalitäre Machtausübung des Staates. »Wir verwerfen die falsche Lehre, als solle und könne der Staat ... die einzige und totale Ordnung menschlichen Lebens werden und auch die Bestimmung der Kirche erfüllen.«

Die abschließende 6. These wendet sich gegen die Absicht von Teilen der Kirche »das Wort und Werk des Herrn in den Dienst irgendwelcher eigenmächtig gewählter Wünsche, Zwecke und Pläne (zu) stellen.«[69]

Wenngleich Heinemann an der Formulierung der Thesen – nach allem, was man weiß – nicht unmittelbar beteiligt war, entsprachen sie doch ganz seinem eigenen Verständnis von Glauben und Kirche. Für wie bedeutsam er die Barmer Erklärung hielt, zeigt sich auch daran, dass er deren Text stets auf einem Zettel bei sich trug.[70] Nach Kräften unterstützte Heinemann fortan die Bekennende Kirche in ihrem Kampf gegen Deutsch-Christen und gegen Drangsalierungen durch das Regime. Immer wieder kritisierte Heinemann dabei die allzu große Kompromissbereitschaft weiter Teil der Evangelischen Kirche gegenüber dem nationalsozialistischen Staat. »Nach Kräften« – das hieß für den Presbyter Heinemann nicht zuletzt Unterstützung der Bekennenden Kirche als juristischer Berater und Beistand auf lokaler und überregionaler Ebene.

Für Heinemann brachte die Barmer Bekenntnissynode zudem die erste persönliche Begegnung mit Karl Barth, ohne dass sich zwischen ihnen schon damals ein intensiverer Austausch über theologische oder politische Fragen ergeben hätte. Dazu war dem Theologie-Professor Barth möglicherweise der für Heinemann und Pfarrer Graeber zentrale Stellenwert der »Presbyterianergemeinde« und ihr enger Bezug zur Theologie Adolf Schlatters etwas fremd. Eine nähere persönliche Beziehung zwischen Heinemann und Barth entwickelte sich erst in den fünfziger Jahren.[71]

Prozess gegen Dr. Bossert

Im Januar 1934 hielt Heinemann erstmals seit vielen Jahren wieder in einem Strafprozess ein Plädoyer, nachdem er sich seit 1928/29 als – nebenberuflicher – Rechtsanwalt nahezu ausschließlich mit Streitfällen im Kassenarztrecht befasst hatte. Es war ein politisch brisanter Prozess vor dem Essener Schwurgericht, in dem es u. a. um »heimtückische Angriffe« auf die neue Staatsordnung nach § 3 Abs. 1 der Verordnung vom 21.3.1933 ging. Angeklagt war der angesehene Chefarzt der Städtischen Klinik Prof. Otto Bossert – seit kurzem auch Hausarzt der Familie Heinemann – wegen Verleumdung des Essener NSDAP-Kreisleiters Freytag. Bossert hatte gegenüber einer Krankenschwester das Gerücht weiter erzählt, der Kreisleiter sei wegen Unterschlagung ins KZ eingeliefert worden. Die Anklage machte daraus einen Angriff auf »das Ansehen der Partei« und bewirkte Ende 1933 die kurzzeitige Verhaftung von Bossert.[72] Mitangeklagt war der Chefarzt der Städtischen Hautklinik, Prof. Alois Memmesheimer.

Der Tatbestand selbst war unstrittig. Bossert hatte tatsächlich jenes Gerücht weitergetragen, bestritt aber vehement die von der Anklage unterstellte verleumderische Absicht gegenüber der Person des Kreisleiters bzw. der nationalsozialistischen Führung insgesamt. In diesem Sinne plädierten auch die beiden Anwälte Niemeyer und dessen Sozius Heinemann. Dabei verfolgte Heinemann die Strategie, insbesondere die nationale Gesinnung Bosserts herauszustellen, dem nichts ferner liege als die neue NS-Führung zu verleumden, der vielmehr »am Tage der Machtübernahme durch die nationale Regierung mit Tränen der freudigsten Begeisterung seinem Gefühl Ausdruck gegeben hat«. Heinemann erkennt auch durchaus an, »dass der politische Führer in seiner politischen Ehre nicht gekränkt werden darf, dass die Partei ihre Autorität sicherstellen muss.«[73] Auch der Angeklagte Bossert habe all dies nie in Zweifel gezogen.

Das Gericht war denn auch bereit, Otto Bossert ehrliche Sympathien für die Nationalsozialisten zuzugestehen, verurteilte ihn aber dennoch zu drei Monaten Gefängnis. Ein umgehend eingereichtes Gnadengesuch, in dem Heinemann erneut auf die vom Gericht ausdrücklich »bestätigte nationalsozialistische Gesinnung« und die beruflichen Verdienste von Prof. Bossert hinwies, konnte nicht verhindern, dass dieser Mitte März 1934 seine Gefängnisstrafe antreten musste.[74] Wenige Tage später versuchte Heinemann sogar, durch persönliche Vorsprache beim Reichsjustizministerium in Berlin – wo er wahrscheinlich wegen einer Rheinstahl-Angelegenheit gerade zu tun hatte – für Bossert etwas zu erreichen. Ob dessen Entlassung bereits nach einem Drittel der Haftstrafe tatsächlich auf Heinemanns Intervention zurückging, muss offenbleiben.[75]

Sowohl in seinem Plädoyer als auch im Gnadengesuch für Bossert argumentierte Heinemann innerhalb der bereits stark nationalsozialistisch geprägten Staats- und Rechtsordnung. So zog er auch den rechtsstaatlichen Charakter des Verfahrens nicht in Zweifel. Im Interesse des Angeklagten war ein derartiges Vorgehen zweifellos angeraten. Im vertrauten Kreis jedoch sprach Heinemann offen aus, dass er den Prozess gegen Bossert nicht zuletzt als juristischen Willkürakt zur Durchsetzung von Macht- und Karriereinteressen betrachtete. So schrieb er im Januar 1934 an seine Mutter: »Der Kampf geht weiter. Das Niederträchtige liegt darin, dass man ihn [Bossert, T. F.] aus seiner Stelle im Krankenhaus herausdrücken will, um einen anderen hereinzubringen, der es besser mit den Parteigewaltigen kann.«[76] Tatsächlich verlor Bossert nach Einleitung eines Disziplinarverfahrens im Frühjahr 1934 seine Chefarztposition in der Städtischen Kinderklinik, durfte allerdings weiter als Arzt tätig sein.

Im »Fall Bossert« arbeitete Heinemann wieder einmal direkt mit Justizrat Niemeyer, seinem Chef und juristischen Mentor zu Anfang seiner Anwaltslaufbahn, zusammen. Zwar lag der Schwerpunkt seiner beruflichen Tätigkeit seit 1928 eindeutig bei den Rheinischen Stahlwerken, doch hatte Heinemann die Verbindung zur Kanzlei Niemeyer nie aufgegeben. Insbesondere nach 1933 sollte die Anwaltspraxis, der Heinemann weiterhin als Sozius angehörte, vor allem Justizrat Viktor Niemeyer in Person, ihm juristischen und menschlichen Rückhalt bieten.

Der erfolgreiche Rechtsanwalt Viktor Niemeyer (1867–1949) war seit Jahrzehnten ein einflussreicher Vertreter des liberalen Essener Bürgertums. Nach dem Ersten Weltkrieg wurde er Mitglied der Deutschen Demokratischen Partei, für die er bis 1929 im Essener Stadtparlament saß. Den aufkommenden Nationalsozialismus lehnte Niemeyer strikt ab. »Ich bin entsetzt … über die unsagbare Dummheit und Rohheit des nationalsozialistischen Mobs«, notierte er im März 1932 im Tagebuch. Knapp ein Jahr nach Hitlers Machtergreifung schrieb er: »Das Jahr 1933 war das schwerste … und sorgenvollste meines, unseres bisherigen Lebens. … Ein neues Deutschland ist erstiegen … Uns hat es ausgeschlossen.« Aus diesen Worten spricht sowohl die Verbitterung über die Zerstörung von Demokratie und Rechtsstaatlichkeit wie auch die Sorge um seine Frau, die nach nationalsozialistischer Sichtweise »Halbjüdin« war.[77] Der Kontakt Heinemanns zu Niemeyer wurde noch dadurch intensiviert, dass dieser um das Jahr 1933 zur evangelischen Frömmigkeit zurückfand und sich wie Heinemann von den kraftvollen Predigten eines Friedrich Graeber beeindrucken ließ.

Nach 1933 vertrat die Kanzlei Niemeyer immer wieder Angehörige der Bekennenden Kirche in Konfliktfällen mit staatlichen Behörden. In mehreren Fällen, an denen Heinemann – aus beruflichen oder anderen Gründen – nicht selbst beteiligt war, übernahm ein anderer Sozius, Dr. Max-Heinz Mondrzik, die anwaltliche Vertretung von bedrängten Pfarrern. Auch Niemeyers langjährige Sekretärin Margarete Meyer war eine erklärte Gegnerin des NS-Regimes, sodass die Anwaltspraxis Niemeyer insgesamt als Ort wenn nicht des offenen Widerstands so doch einer bürgerlich-rechtsstaatlich motivierten Widersetzlichkeit gegen die Herrschaftspraxis der Nationalsozialisten gelten kann.[78] Für Gustav Heinemann wiederum war sie neben der evangelischen Kirchengemeinde ein gesellschaftlicher Raum, in dem nach 1933 offene Worte – und gelegentlich auch Taten – gegen das NS-Regime möglich waren.

Auch an der Universität Köln, wo er von 1933 bis 1939 einen Lehrauftrag für Wirtschafts- und Bergrecht hatte, fand Heinemann Gelegenheit, relativ frei über die politischen Zustände zu sprechen. Er lernte dort den Anglisten und Historiker Herbert Schoeffler kennen, dessen religionssoziologische Untersuchungen u.a. über die Reformation und die Rolle der Staatsgewalt Heinemann besonders interessierten. Sie bestärkten ihn darin, dass im Interesse kirchlich-religiöser Freiheit eine möglichst strikte Trennung zwischen Kirche und Staat anzustreben sei. Ebenfalls stimmten beide in ihrer Ablehnung des nationalsozialistischen Regimes weitgehend überein, sodass sie auf gemeinsamen Fahrten nach Köln offene Gespräche führen konnten. Durch mehrere Artikel, die Schoeffler u.a. in der NS-Zeitschrift »Das Reich« veröffentlichte, erregte er zunehmend das Missfallen lokaler NS-Größen. Ein launiger Artikel über den Kölner Humor gab schließlich den Anlass, Schoeffler von seinem Kölner Lehrstuhl zu entfernen. Allerdings konnte er auf Fürsprache des Preußischen Kultusministeriums seine Lehrtätigkeit in Göttingen fortsetzten.

Es war zwar keine intensive Freundschaft, die Heinemann ab 1934 mit dem NS-kritischen Schoeffler verband, aber doch eine weitere Möglichkeit, im offenen Gespräch sich der Gegnerschaft zum Nationalsozialismus zu versichern. Auch der Anglist Schoeffler war kein Vertreter des aktiven Widerstands, sondern jemand, der versuchte seine bürgerliche (Gelehrten-)Existenz nach 1933 fortzuführen, ohne seine geistige Unabhängigkeit aufzugeben und ohne den NS-Machthabern allzu große Zugeständnisse zu machen.[79]

Heinemanns Abkehr von der Bekennenden Kirche

Nachdem er sich jahrelang im evangelischen Kirchenkampf engagiert hatte, indem er nicht zuletzt mit seinem juristischen Sachverstand bedrängte Pfarrer und Gemeinden unterstützt hatte, erklärte Gustav Heinemann im August 1938 überraschend seinen Rückzug von allen Ämtern in der Bekennenden Kirche. Es war offenbar ein reiflich überlegter Schritt, dessen Gründe Heinemann in einem ausführlichen Schreiben an den Rheinischen Bruderrat darlegte. Darin übte er grundsätzliche Kritik am Verhalten und Vorgehen der Bekennenden Kirche im Abwehrkampf gegen das NS-Regime. »Meine am 17. August 1938 ausgesprochene Bitte um Entlassung aus den Ämtern der BK. steht unter der Frage, ob wir die Verteidigung der evgl. Kirche seit 1933 recht geführt haben oder nicht. Ich bin der Überzeugung, dass das nicht der Fall ist …«[80] Vor allem zwei Entwicklungen kritisierte Heinemann: 1. den »Rückfall in einen neuen Konfessionalismus« innerhalb der Bekennenden Kirche, also jene Betonung der theologischen Unterschiede von Lutheranern, Reformierten und Unierten, die seit »Barmen 1934« eigentlich überwunden schienen, sowie 2. einen Mangel an Entschlossenheit und Konsequenz der Bekennenden Kirche im Kampf gegen das kirchenfeindliche NS-Regime.

Leider, so Heinemann in Bezug auf den erneut ausgebrochenen Konfessionsstreit, »kommen Lutheraner und Reformierte nicht über die alten Gräben hinweg. … man kann sich immer nur vorstellen, dass der andere genau das denken müsse, was man selber denkt. Solche Uniformität des Denkens zur Voraussetzung der kirchlichen Einheit zu machen, ist völlig unbiblisch.« Heinemann plädiert dagegen – sich auch hier u. a. auf den Theologen Adolf Schlatter berufend – für eine evangelische Kirche, in der unterschiedliche Bekenntnisse gleichberechtigt neben- und miteinander bestehen, weil nicht länger das Trennende, sondern vielmehr das Gemeinsame in den Vordergrund gestellt wird. Denn »Lutheraner und Reformierte (können) weder voneinander noch vom Unierten sagen …: Ihr habt einen anderen Heiland, und ihr habt einen anderen Heilsweg! … Beiden evangelischen Konfessionen ist vielmehr die Einsicht der Unierten geschenkt worden, heute voneinander zu sagen: ›Wir glauben, durch die Gnade des Herrn Jesu Christi selig zu werden, gleicherweise wie auch sie.‹(ApostG.15,11) Sie sind darum genau so eine Kirche, wie Judenchristen und griechische Christen eine Kirche waren. … In Wahrheit besteht eine evangelische Kirche aus Gemeinden eines völlig unterschiedlichen Gepräges, so unterschiedlich heute wie ehedem, als sieben verschiedene Sendschreiben an sieben Gemeinden der gleichen Landschaft und Geschichte ergingen.« Solcherart »Mannigfaltigkeit« in der kirchlichen Einheit forderte Heinemann auch für die gegenwärtige Kirche. In der Bekennenden Kirche fände dieser Einheitsgedanke aber immer weniger Resonanz. »Wann endlich lassen wir ab von der Tyrannei des uniformen Denkens …?«, so Heinemanns bittere Frage an die Führung der Bekennenden Kirche. Er selber hatte die Hoffnung offenbar aufgegeben, durch persönlichen Einsatz zur Überwindung dieses »Konfessionalismus« beitragen zu können.

Weitgehend resigniert hatte er auch in der Frage des Kampfwillens der Bekennenden Kirche. Hier sah Heinemann anstelle von Mut und Entschlossenheit allzu viel Taktik und Zaghaftigkeit gegenüber dem Gegner im Kirchenkampf. »Es geht alles nach dem alten Schema weiter! Man bildet sich ein, dass man Krieg führe, weil man protestiert, antichambriert, Rechtsansprüche feierlich aufrecht erhält, Synoden oder Sitzungen abhält und umherreist und hat in Wahrheit noch nicht mobil gemacht.« Heinemann selbst hatte zwar als juristischer Berater der Bekennenden Kirche »Rechtsansprüche aufrechterhalten« und war dafür auch viel »herumgereist«, doch das genügte ihm Ende 1938 augenscheinlich nicht mehr. Es waren endlich Taten gefordert.

Wieder einmal trat bei Heinemann ein durchaus kämpferisches Temperament zutage, wenn es galt, eine als richtig erkannte Sache gegen Widersacher zu verteidigen. Man fühlt sich an den Studenten Heinemann erinnert, der 1920 als Freiwilliger in der »Marburger Volkskompanie « gegen die Feinde der Republik zu Felde zog. Auch im Kampf gegen das kirchenfeindliche NS-Regime und die »Deutschen Christen« verlangte Heinemann nun mehr Entschlossenheit und Phantasie in der Wahl der Kampfmethoden. Beides lasse die Bekennende Kirche aber »mit einer geradezu erschütternden Starrheit« vermissen. Statt weiter auf Kompromisse und punktuelle Erfolge zu setzen, müsse die Bekennende Kirche den Tatsachen ins Auge sehen und auf weitere Konfrontation setzen.

Konkret hieß das für Heinemann, mit Entschlossenheit unabhängige »Personalgemeinden« außerhalb des vom Regime und den Deutschen Christen zunehmend bedrängten Kirchenverbandes zu bilden. »Gegenüber der Tatsache eines fremden und rechtlich unangreifbar gewordenen Regimentes in der Kirche sowie gegenüber der Tatsache fremder und nicht los zu werdender Hausgenossen [gemeint sind die Deutschen Christen, T. F.] kann nur ... eine Verselbständigung gegenüber dem Gewalthaber und eine Scheidung von den fremden Hausgenossen« weiterhelfen, bis hin zur »Bereitschaft, nötigenfalls sogar das Haus ganz zu verlassen.« Dazu brauche es aber einen »entschlossene(n) und zielbewusste(n) Wille(n), solche Gemeinden ... wo immer es geht, dringlich anzuregen, zu fördern und zu bewahren.« Denn nichts »wäre tötlicher für den Gegner, als dass er im Rheinland und Altpreußen einigen Hundert Gemeinden gegenüber stünde, die ihr Fähigkeit und Bereitwilligkeit zum Ausweichen in außerkirchliche Predigtstätten oder Hausgottesdienste mit eigener Pfarrversorgung neben der Kirchensteuer deutlich machen.« Die Bekennende Kirche aber »hat nichts getan, um in solcher Richtung eine Initiative zu entwickeln.«

Heinemann zählt anschließend auf, was alles hätte geschehen müssen, um den Kirchenkampf wirkungsvoll führen zu können: die Schaffung von »Personalgemeinden« um einen wahrhaft unabhängigen Pfarrer, die eigenständige Verwendung der Kollekten, ein organisierter »Kirchenaustritt« von wohlhabenden Gemeindemitgliedern mit höherem Kirchensteuer-Aufkommen, die – mittels eines nicht näher bezeichneten juristischen »Tricks« – faktisch Kirchenmitglieder bleiben, ihre Steuern aber an die BK zahlen sollten. Insbesondere habe die Bekennende Kirche »nichts getan, um beizeiten außerkirchliche Räume für gottesdienstliche Zwecke zu sichern oder die Gemeindemitglieder beizeiten an Hausgottesdienste zu gewöhnen.« Heinemann empfahl dabei ein flexibles Vorgehen, um die gegnerische Seite umso wirkungsvoller treffen zu können. Entscheidend sei, »dass wir dem beharrlich lauernden Vorgehen des Gegners eine … Auflockerung unserer Front entgegensetzen und überall dort eine unabhängige und zu allem bereite Gemeinde anregen und fördern, wo immer es … gehen wird.« Diese »Guerilla-Taktik« erinnerte an die Bildung jener »freien Presbyterianergemeinde« um den suspendierten Pfarrer Graeber 1934 in Essen, an der Heinemann maßgeblich beteiligt war. In der Bekennenden Kirche indes fand Heinemann 1938 für ein derartiges »Rebellentum«, das den Erhalt einer bekenntnismäßigen Kirche ganz von der Gemeinde her dachte, nach seinem Eindruck keine Unterstützung.

Auch die Herausbildung autoritärer Leitungsstrukturen in der Bekennenden Kirche, nicht zuletzt in den rheinischen Bruderräten, verbunden mit dem Hang, bestimmte theologische Auffassungen zu dekretieren, lief Heinemanns Verständnis von kirchlicher Gemeinschaft und theologischer Vielfalt zuwider. »Es beherrschen die theologischen Syndizi in einem unglückseligen Maße das Feld. Man normiert und deduziert, wo ein schlichtes Sehen besser wäre. … Diese Art des Denkens ist fast immer obendrein tyrannisch. Sie ist schuldig daran, dass auch die BK in beträchtlichem Maße einem Führerprinzip anheim gefallen ist.« Die Niederlegung aller seiner Ämter war für ihn die logische Konsequenz aus diesen Entwicklungen.

Heinemanns Amtsverzicht bedeute aber nicht, dass er sich von den Grundsätzen der Bekennenden Kirche entfernt hätte. Er stand nach wie vor hinter der »Barmer Erklärung« und trat auch nie aus der Bekennenden Kirche aus, deren widerständiges Wirken unter dem NS-Regime er für absolut notwendig erachtete und auch weiterhin als juristischer Berater unterstützte. Zudem erscheinen einige seiner Vorwürfe an die BK im Rückblick etwas überzogen. Auf eine eingehende Erörterung des Wirkens und der inneren Entwicklung der BK muss hier allerdings verzichtet werden. Wie Superintendent Heinrich Held 1945 bestätigte, stand Heinemann auch nach 1938 »jederzeit für Rechtsfragen bei Konflikten mit staatlichen, polizeilichen oder parteiamtlichen Stellen zur Verfügung und war an der Finanzierung der Ausgaben der Bekennenden Kirche für Pfarrerbesoldung und dergleichen durch Aufbringung privater Mittel beteiligt. … Seine Wohnung stand ständig zur Abhaltung verbotener Zusammenkünfte sowie zur Anfertigung und Aufbewahrung verbotener Schriften und zur Verbergung von Personen gegen den Zugriff seitens staatlicher Stellen zur Verfügung.«[81] Allerdings sah Heinemann ab 1937 die Bekennende Kirche auf einem teilweise falschen Weg und für sich selbst in ihren Reihen keine ausreichenden Gestaltungsmöglichkeiten mehr.[82] Eine schriftliche Antwort auf sein Schreiben hat Heinemann nicht erhalten. Die rheinische BK hielt es offenbar nicht für nötig, sich mit der zum Teil harschen Kritik des Laienmitglieds Heinemann näher zu befassen.[83]

Streit um Eidesleistung

Zur Entfremdung zwischen Heinemann und der Bekennenden Kirche hatte sicherlich auch der seit Monaten schwelende Streit um die Eidesleistung der evangelischen Pfarrer beigetragen. Der dem NS-Regime nahestehende Evangelische Oberkirchenrat Friedrich Werner, Verwaltungschef der preußischen Kirche, hatte im April 1938 in der nationalistisch aufgeheizten Atmosphäre nach dem Anschluss Österreichs eine Verordnung erlassen, derzufolge alle evangelischen Pfarrer einen Treueid auf den »Führer Adolf Hitler« leisten sollten. Heinemann sprach sich u. a. in mehreren Vorträgen strikt gegen einen derartigen Eid aus, mit dem nichts anderes als die Unterwerfung aller Pfarrer unter eine von den Deutschen Christen geführte Kirchenbehörde erreicht werden solle. Dem müssten sich die bekenntnistreuen Christen geschlossen widersetzen. »Die Obrigkeit überschreitet ihre Befugnisse gegen die Kirche. … Kampfzeit ist nicht Eideszeit.«[84]

Auf der Sitzung des Rheinischen Bruderrates am 28. Mai 1938 bekräftigte Heinemann seine Ablehnung des Eides, den er als ein »Kampfmittel« der regimenahen Kirchenoberen »gegen uns« ansah. Zudem lasse die Eidesformel jegliche Gegenleistung vermissen, denn während nun auch die Pfarrer Hitler die Treue schwören sollten, verpflichte sich der »Führer« zu nichts.

Zu Heinemanns Enttäuschung war aber die Haltung der Bekennenden Kirche in der Eidesfrage keineswegs so konsequent, wie er es von ihr erwartete. Mitte Juli 1938 empfahl die Leitung der BK sogar die Ableistung des Eides, nachdem die Kirchenleitung versichert hatte, dass die Priorität des Gehorsams gegen Gott vor der Bindung an Menschen von dem geforderten Eid nicht berührt werde. Heinemann beharrte jedoch auf seiner Ablehnung – wie übrigens auch der Theologe Karl Barth, der die Bekennende Kirche durch dieses wankelmütige Verhalten stark diskreditiert sah. Ende Juli 1938 war der Eid auch Thema im Bruderrat der Essener Altstadt-Gemeinde, wo sich ebenfalls die Abwehrfront aufzulösen begann. Heinemann notierte: »Bruderrat Altstadt. Hannig und Boettcher verteidigen den Eid. Graeber und ich dagegen.«[85]

Schließlich warnte Heinemann in einem Schreiben vom 18. August 1938 an den Präses der rheinischen Bekennenden Kirche, Paul Humburg, erneut eindringlich vor der Eidesleistung, da sie darauf angelegt sei, »das derzeitige Kirchenregiment zu festigen. … Es sollte … alles daran gesetzt werden, dass nicht alle bis zum letzten Mann in die Katastrophe hineingezogen werden.«[86] Bis dahin hatten in Essen von 55 Pfarrern 29 den Eid geleistet, d. h. rund die Hälfte blieb auch ungeachtet der anderslautenden Empfehlung der BK-Leitung bei ihrer Ablehnung. Auf regionaler und Reichsebene sah das Verhältnis für die Gegner des Eides weniger günstig aus. Die Eides-Gegner gerieten ins Hintertreffen. Ende August hatten von 744 rheinischen Pfarrern über 550 den Eid geleistet, im gesamten Reich waren es rund 90 Prozent der evangelischen Pfarrer.

Offenkundig war diese nachgiebige Haltung der Bekennenden Kirche in der Frage des Eides jener Tropfen, der für Heinemann das Fass zum Überlaufen brachte. Denn einen Tag vor jenem Protestschreiben an Präses Humburg, am 17. August 1938, hatte er um seine Entlassung aus allen Ämtern der Bekennenden Kirche gebeten.

Vorsitzender des CVJM in Essen

Heinemanns Rückzug von seinen Ämtern in der Bekennenden Kirche bedeutete aber keineswegs das Ende seines kirchlichen Engagements während der nationalsozialistischen Herrschaft. Vielmehr konzentrierte er sich fortan ganz auf die Gemeindearbeit und seine Tätigkeit beim Essener CVJM, dessen Vorsitz er im April 1937 übernommen hatte. Heinemann tat das mit umso größerem Einsatz, als er von je her überzeugt war, dass die Gemeinde und auch christliche Einrichtungen wie der »Christliche Verein Junger Männer« das eigentliche Fundament der evangelischen Kirche bilden sollten. »Zur Grundlage der evangelischen Kirche gehört die Gemeinde, d. h. der Kreis der Hörer und Täter des Wortes, d. h. eben auch der sogen. Laien,« wie Heinemann in seiner Antrittsrede als CVJM-Vorsitzender herausstellte.[87]

Der CVJM Essen hatte im Frühjahr 1937, als Heinemann den Vorsitz übernahm, knapp 300 Mitglieder, die überwiegende Mehrheit über 21 Jahre alt. Neben der intensiven Bibelarbeit gab es zahlreiche andere Aktivitäten, die von einem hauptamtlichen Mitarbeiter organisiert wurden. Orchester und Posaunenchor traten häufig in Krankenhäusern und auch Gefängnissen auf. Das Haus des CVJM in der Essener Hoffnungstraße 9 verfügte u. a. über ein Lese- und ein Billardzimmer, eine umfangreiche Bibliothek sowie einen Versammlungsraum, in dem die Bibelstunden und Vorträge zu unterschiedlichen Themen stattfanden. Zu den vereinseigenen Einrichtungen gehörten außerdem eine »alkoholfreie Gaststätte«, ein Hospiz mit 30 Betten sowie die »Bernsmühle«, ein Freizeitheim in Essen-Werden mit Spiel- und Sportmöglichkeiten. Finanzielle Unterstützung erhielt der CVJM regelmäßig von Teilen des Essener Bürgertums und der Industrie. Die Essener Gruppierung gehörte zum CVJM-Westbund, der sich 1934 auf die Seite der Bekennenden Kirche gestellt hatte, während er zum Reichsverband der CVJM wegen dessen Nähe zum staatlich gelenkten Kirchenregiment Abstand hielt.[88]

Gustav Heinemann wurde am 25. März 1937 vom Leitungsausschuss einstimmig zum neuen Vorsitzenden des Essener CVJM gewählt. Das war einigermaßen erstaunlich, denn Heinemann war erst drei Wochen zuvor Mitglied des Vereins geworden. Aber offensichtlich entsprach er ziemlich genau den Anforderungen, die der CVJM an die neue Führungsperson stellte, welche »durch Ansehen und Stellung Einfluss in der Öffentlichkeit« haben« und »als Jünger Jesu bewährt ist … und den Mitgliedern als Vorbild dienen« solle.[89] Als stellvertretendes Vorstandsmitglied der Rheinischen Stahlwerke und bekannter Rechtsanwalt gehörte Heinemann zum angesehen Stadtbürgertum und in der Bekennenden Kirche hatte er sich wiederholt als unerschrockener Streiter für eine bekenntnisgemäße evangelische Kirche erwiesen. Von Heinemann durfte also erwartet werden, dass er sich auch für den Essener CVJM im Kampf gegen die Einfluss- und Repressionsversuche seitens des NS-Staates und der regimetreuen Deutschen Christen wirkungsvoll einsetzen würde.

Heinemann selbst erklärte in seiner Antrittsrede, dass er das Wirken eines Vereins wie des CVJM unter den Bedingungen eines kirchenfeindlichen Regimes für »nötiger denn je« erachte. Der »offene Kampf gegen das Christentum« mache es notwendig, dass dem jungen Mann in Deutschland »im CVJM ein Gebilde zur Verfügung steht, welches ihm Stütze und Rückhalt leiht und eine Zuflucht gegenüber dem Zwiespalt, der unsere Jugend bedroht.« Heinemann sah den Verein nicht zuletzt als ein Instrument im Kirchenkampf, um den »Ansturm des organisierten Anti-Christentums« abzuwehren. Zugleich betonte er die Überkonfessionalität des CVJM, der prinzipiell alle Glaubensrichtungen innerhalb der evangelischen Kirche umfassen solle. »Der Allianzgedanke des CVJM greift … bewusst über den Rahmen der einzelnen Kirchengemeinschaft hinaus. Er sammelt und verbindet alles, was im weiten Sinn zur Kirche Jesu Christi gehört.« Bekanntlich war dies – die Überwindung des Konfessionenstreits – ein Kernelement in Heinemanns Vorstellung von einer erneuerten evangelischen Kirche.

In den folgenden Jahren wurde der Essener CVJM neben der Gemeindearbeit zum wichtigsten kirchlichen Betätigungsfeld von Gustav Heinemann. Er vertrat den Verein nach außen, hielt selber auch Bibelstunden und Andachten ab, sprach vor den Mitgliedern u. a. über »Kaiser Konstantin und das Christentum«. Während des Krieges war es ihm ein besonderes Anliegen, zu den CVJM-Mitgliedern an der Front brieflichen Kontakt zu halten.[90]

Tatsächlich gelang es Heinemann und seinen Mitstreitern, den CVJM vor Übergriffen der Staatsgewalt weitgehend zu schützen. Auch eine besonders prekäre Situation im Jahr 1938 wurde gemeistert, als ein Mitarbeiter des CVJM gegenüber der Ortsgruppenleitung der NSDAP schwere Anschuldigungen gegen mehrere Vorstandsmitglieder erhob, die angeblich ständig antinationalsozialistische Äußerungen von sich gaben. Anfang Juni 1938 wurden daraufhin Heinemann und ein weiteres Vorstandsmitglied zum NSDAP-Ortsgruppenleiter von Essen-Mitte, Heinrich Pietsch, bestellt. Es gelang Heinemann bei dieser Einvernahme, den Vorgang als »üble Denunziation« aus Rache wegen einer voraufgegangenen arbeitsrechtlichen Auseinandersetzung darzustellen und so den Ortsgruppenleiter von einer weiteren Verfolgung der Angelegenheit abzuhalten.[91]

Wenngleich diese Denunziation für den CVJM glimpflich ausging, war Heinemann sich der ständigen Gefährdung christlicher Einrichtungen im NS-Staat stets bewusst. Im Mai 1939 wurden sogar Vorkehrungen getroffen, um im Fall eines Verbots die CVJM-Aktivitäten im Rahmen häuslicher Bibelkreise fortzuführen. Heinemann beschrieb später den dabei angewandten »Trick« so: Es wurde »eine niemals stattgefundene aber umso umfänglicher protokollierte Auseinandersetzung unter den TM [Tätigen Mitgliedern, T.F.] des CVJM (inszeniert), die mit dem Ausschluss der zuverlässigsten TMer aus dem CVJM endete. Diese TMer sollten im Voraus in häuslichen Bibelkreisen Auffangstellen für eine Weiterarbeit des CVJM aufbauen und gegen den Vorwurf einer Fortführung des CVJM dadurch abgesichert werden, dass man gerade sie wegen ihrer Konflikte im … CVJM ausgeschlossen hatte.« Die Anwendung dieser juristischen Winkelzüge wurde jedoch nicht notwendig. »Der Essener CVJM hat bis Kriegsende seine Arbeit fortgesetzt, schließlich nur noch in Kellerräumen wegen der Zerstörung oberhalb. Jeder CVJMler, der auf Urlaub von der Front nach Essen kam, fand an den alten, regelmäßigen Tagen die Bibelstunde am Werke und konnte auch seine eigenen Erlebnisse berichten.«[92]

Das war keineswegs selbstverständlich, denn nach 1938 war der CVJM bereits in zahlreichen Städten von den Nationalsozialisten verboten worden. Sein Fortbestehen verdankte der Essener Verein nicht zuletzt seinem Vorsitzenden Heinemann, der es offenbar verstand, mit Raffinesse und einer gewissen Geschmeidigkeit die lokalen Parteistellen von einem Verbot abzuhalten. Dass der NSDAP der Christliche Verein Junger Männer ein Dorn im Auge war, haben Essener NS-Funktionäre wiederholt deutlich ausgesprochen, etwa anlässlich einer Vorladung für den Stellvertreter Heinemanns im CVJM-Vorsitz, Heinrich Dammerboer, beim stellvertretenden NSDAP-Kreisleiter im Mai 1941. Dort bekam Dammerboer zu hören, »dass er ein Gegner unserer Partei und Vorsitzender im Christlichen Verein Junger Männer (sei), der gegen unseren Willen noch Jugendarbeit treibt.«

Die Partei halte diese religiösen Vereine für überflüssig. »Die Jugend wird von der HJ erzogen und die älteren von den Gliederungen der Partei. Alle anderen Organisationen müssen verschwinden.«[93] Das waren keine leeren Drohungen, wie die CVJM-Verbote in Berlin, Hamburg, Leipzig, Chemnitz, Merseburg, Oldenburg, Oberhausen oder Remscheid zeigten.[94]

Als Beispiele für Heinemanns taktisch kluges Vorgehen bei der Sicherung des Essener CVJM seien zwei weitere Vorgänge erwähnt. Auf der Jahreshauptversammlung des Vereins im Januar 1940 veranlasste er eine Satzungsänderung, wonach Zweck des Vereins nicht mehr »christliche Geselligkeit und Freundschaft«, sondern die Pflege »christlicher Gemeinschaft« (§ 3) sei. Dadurch war der Essener CVJM als rein religiöse Vereinigung beschrieben, wie sie im Rahmen der NS-Vorschriften allein noch erlaubt war. In einem Schreiben an die Essener Polizei wies Heinemann ausdrücklich darauf hin: »Zu der Frage nach der politischen Einstellung des Vereins ... erkläre ich, dass der Verein von jeher in strikter Befolgung seiner Satzung (§ 3) sich jeglicher politischer Betätigung und Einstellung enthalten hat. Nach der Machtübernahme hat der Verein in Beachtung der gegebenen Richtlinien die Gleichschaltung vollzogen, indem er insbesondere die Arbeit an Jugendlichen eingestellt hat. Auch wird ... keinerlei sportliche Betätigung und dergl. mehr betrieben. Der Verein beschränkt sich streng auf die in § 3 angegebenen satzungsmäßigen Zwecke.«

Als Heinemann von der Polizei nach der Zahl der NSDAP-Mitglieder im Essener CVJM gefragt wurde, antwortete er ausweichend. Es lägen ihm darüber keine Unterlagen vor, und eine Befragung sei sehr schwierig und zeitraubend, »weil ein großer Teil der Mitglieder als Soldaten im Feld steht.« Diese Begründung für die Nichtbeantwortung einer verfänglichen Anfrage mussten Polizei und NSDAP wohl oder übel akzeptieren. Es ließ sich nicht feststellen, ob Heinemann die geforderten Unterlagen später nachlieferte.[95]

Insgesamt verhielt sich Heinemann als Vorsitzender des Essener CVJM, einer dem Regime missliebigen Vereinigung, gegenüber Behörden und NSDAP oft taktisch und flexibel, was die Anwendung juristischer Tricks mit einschloss. Inhaltliche Zugeständnisse, hinsichtlich Arbeit und Ausrichtung des Vereins, machte er nicht. Auf diese Weise trug Heinemann wesentlich zum Fortbestand des Essener CVJM bei, dem Anfang 1944 rund 190 junge Männer angehörten, von denen annähernd die Hälfte an der Front stand.

Gemeindeleben in den »Nassen Gärten«

Wenn Heinemann der Bekennenden Kirche vorwarf, das »Ausweichen in außerkirchliche Predigtstätten« als taktisches Mittel im Kirchenkampf geradezu sträflich zu vernachlässigen, so gab er selbst ein praktisches Beispiel für diese von ihm empfohlene Methode der Auseinandersetzung. Anfang August 1938 zog er nämlich mit jener 1934 um Pfarrer Graeber gebildeten »Freien Presbyterianer-Gemeinde« aus ihrem vorübergehenden Domizil Marktkirche in die »Nassen Gärten«, ein leer stehendes Lagergebäude in einem Essener Industrieviertel. Der notdürftig hergerichtete Gottesdienstraum bot Platz für 200 Personen. In den folgenden Jahren wurden die »Nassen Gärten« neben der Arbeit im CVJM zu einer wichtigen Wirkungsstätte Heinemanns. Regelmäßig hielt er dort Laiengottesdienste, wobei er sich für seine Predigten häufig auf »Lesepredigten« von Helmut Gollwitzer stützte. Der »Hilfsprediger« Gollwitzer, mit dem Heinemann später, d. h. ab Mitte der fünfziger Jahre, eine enge Freundschaft verbinden sollte, vertrat damals den inhaftierten Pfarrer Niemöller in dessen Gemeinde in Berlin-Dahlem.

Heinemann hielt auch eigenständig Bibel-Kreise ab und sprach in zahlreichen Vorträgen zu theologischen und kirchengeschichtlichen Themen, in denen es nie an Bezugnahmen zur aktuellen Lage der Evangelischen Kirche fehlte. So referierte Heinemann u. a. über »Kirchengeschichte unter (Kaiser) Constantin und heutiger Kirchenstreit« (März 1940), »Unser Kampf gegen die nationalsozialistische Kirchengesetzgebung« (Dez. 1940) und über das Thema »Nationalsozialismus und Christentum« (Dez. 1941).[96]

Insgesamt boten die »Nassen Gärten« bis Kriegsende das eindrückliche Beispiel einer von staatlichen Eingriffen wie auch von der Bevormundung durch das Kirchenregiment weitgehend unabhängigen Gemeinde.[97]

Laienpredigten hielt Gustav Heinemann gelegentlich auch im Essener Untersuchungsgefängnis. Im Dezember 1940 predigte er den Häftlingen über die Weihnachtsgeschichte nach Lukas, deren Heilsbotschaft auch und gerade ihnen in ihrer bedrückten Situation gelte. Heinemann hielt zudem engeren Kontakt zu einem Gefängnisseelsorger, dessen Arbeit er u. a. durch finanzielle Zuwendungen unterstützte. Dass Heinemann sich später als Bundesjustizminister für eine tiefgreifende Reform des Justizvollzugsrechts stark machte, hat sicherlich auch etwas mit dem direkten Einblick in die Lage von Häftlingen zu tun, den Heineman in diesen Jahren bekam (wenngleich die Gefängnissituation unter den Nationalsozialisten ungleich bedrückender war als in der Nachkriegszeit).[98]

Vorstand des Vereins »Jugendhaus«

Im Rahmen seiner praktischen Gemeindearbeit fand Heinemann ein weiteres Betätigungsfeld, als er im November 1937 zum Vorsitzenden des Essener Vereins »Jugendhaus« gewählt wurde. Der Verein war Träger des »Weigle-Hauses«, eines in der Nähe des Hauptbahnhofs gelegenen Zentrums der evangelischen Jugendarbeit in Essen. Dieses vor dem Zugriff nationalsozialistischer Stellen zu schützen, war eine der zentralen Herausforderungen des Vereins. Jugendpfarrer Wilhelm Busch, der langjährige Leiter des »Weigle-Hauses«, war 1934 von den Nationalsozialisten amtsenthoben und vorübergehend inhaftiert worden.

Auch in dieser Position war Heinemann wieder einmal besonders als Jurist gefragt. So gelang es ihm beispielsweise Anfang 1939 nicht ohne juristische Finesse, beim Essener Finanzamt einen teilweisen Erlass der Grundsteuer für das Weigle-Haus zu erwirken. Der Träger-Verein und das Jugendzentrum wurden dadurch finanziell erheblich entlastet, eine wichtige Voraussetzung für deren Fortbestehen auch während des Krieges.[99]

Dem besseren Schutz des Weiglehauses vor Zugriff durch das NS-Regime diente auch der Verkauf der Grundstücke an die Kirchengemeinde Essen-Altstadt, an der Heinemann 1941/42 federführend beteiligt war. Dazu musste u.a. das Einverständnis der Fried. Krupp AG als einer der Hauptgläubiger für die darauf lastenden Hypotheken erreicht werden, was Heinemann nicht zuletzt aufgrund seiner guten Verbindungen als leitender Industrie-Manager rasch gelang.

Das Weiglehaus blieb unter der Aufsicht Heinemanns bis zum Ende der NS-Herrschaft – und darüber hinaus – ein zentraler Ort der evangelischen Jugendarbeit in Essen. Den Vorsitz des Trägervereins behielt Heinemann bis in die sechziger Jahre bei.[100]

Illegale Verbreitung der »Grünen Blätter«

Erfolgte Heinemanns Einsatz für den CVJM, das »Weiglehaus« und die Gemeinde quasi auf »offener Bühne« – zwar in ständiger Auseinandersetzung mit dem »antichristlichen« NS-Staat und den regimenahen Kirchenleitungen –, so war Heinemann nach 1933 durchaus auch an konspirativen Aktionen beteiligt, die den Fortbestand einer von NS-staatlichen Einflüssen möglichst freien evangelischen Kirche und ihrer Einrichtungen sichern sollten. Insbesondere wirkte Heinemann an der illegalen Herstellung und Verbreitung der »Grünen Blätter« mit, eines für den Zusammenhalt oppositioneller Kirchenkreise wichtigen Nachrichtenblattes.

Nachdem im November 1934 der Bekennenden Kirche jegliche Berichterstattung über den Kirchenkampf verboten worden war, verfiel der Essener Pfarrer Heinrich Held darauf, ein »Mitteilungsblatt für Vereinsmitglieder« herauszugeben, das formalrechtlich von dem Verbot nicht betroffen war. Dennoch musste man im Geheimen vorgehen. Die wegen ihrer Farbe so genannten »Grünen Blätter« erschienen mit einem Umfang von ca. zwölf bis 20 Seiten in einer Auflage von oft mehreren Tausend Stück und berichteten etwa im Zweiwochenrhythmus über aktuelle Entwicklungen im Kirchenkampf. Die Texte stammten überwiegend von Pfarrer Heinrich Held. Hergestellt wurden die »Grünen Blätter« zumeist nachts auf einem Vervielfältigungsapparat, der in Heinemanns Keller aufgestellt war. Für die Verbreitung der »Grünen Blätter« wurde ein ausgeklügeltes System ersonnen, nach dem sie meist per Auto von Essen aus in benachbarte Städte gebracht und von dort auf dem Postweg in ganz Deutschland verschickt wurden, um die Herkunft der Druckschrift zu verschleiern.

Mit jener illegalen Druckerei bei den Heinemanns verband sich auch ein etwas grotesk-delikater Aspekt, da in diesem Keller zuweilen auch Treffen einer Gruppe des »Bundes deutscher Mädel« (BDM) stattfanden, dem die beiden ältesten Heinemann-Töchter angehörten. Gustav und Hilda Heinemann hatte es nach längerem Zögern für richtig erachtet, dass ihre Töchter dieser NS-Jugendorganisation beitraten, wahrscheinlich vor allem, um ihnen größere Schwierigkeiten in der Schule zu ersparen, zumal ihr Vater sich als Mitglied der Bekennenden Kirche eindeutig gegen das NS-Regime stellte. Die BDM-Mitgliedschaft der Töchter gehörte somit wohl zu jenen Zugeständnissen Heinemanns an die herrschenden Verhältnisse, die er zur Sicherung seiner Existenz als angesehener Bürger und Mitglied der Bekennenden Kirche für unvermeidlich hielt, wie beispielsweise auch seine Mitgliedschaft im NS-Reichswahrerbund. Die illegale Keller-Druckerei war also ausgerechnet als BDM-Treff »getarnt«.

Der Geheimen Staatspolizei gelang es über all die Jahre trotz intensiver Bemühungen nicht, die Herkunft der »Grünen Blätter« zu ermitteln. Zwar gab es mehrfach Haussuchungen und Verhöre von Beteiligten, u.a. auch bei Heinrich Held, denen eine Mitwirkung jedoch nicht nachgewiesen werden konnte. Auf Gustav Heinemann als einen der Hauptbeteiligten fiel dabei, soweit die erhaltenen Gestapo-Akten darüber Auskunft geben, nie ein Verdacht.[101]

Jüdische Mitbürger fanden bei Heinemann während der NS-Herrschaft vielfach Anteilnahme und Unterstützung. So suchte er unmittelbar nach der Reichspogromnacht vom 9. November 1938 zwei jüdische Lehrerinnen auf, um nach ihrem Befinden zu sehen. Beide Frauen waren als Getaufte Mitglieder der Freien Presbyterianer-Gemeinde, was sie aber wie auch andere jüdische oder halbjüdische Gemeindemitglieder ab 1938 immer weniger vor den rasseideologisch motivierten Verfolgungen durch die Nationalsozialisten schützte. Als 1943/44 große Gruppen Essener Juden deportiert wurden, war Heinemann aktiv an der Versorgung untergetauchter Juden mit Lebensmitteln beteiligt. In einem konkreten Fall fanden im September 1944 rund zehn Essener Juden im Pfarrhaus-Keller von Pfarrer Boettcher Zuflucht, die u. a. von Heinemann, der mit Boettcher seit Jahren eng zusammenwirkte, mit Lebensmitteln bzw. Lebensmittelkarten versorgt wurden. Einige Jahre nach Kriegsende schrieb Heinemann darüber an den Vorsteher der jüdischen Gemeinde. Er habe »in den bösen Jahren manchem Ihrer Gemeindeglieder, insbesondere auch solchen, die zum Schluss der Nazizeit unterirdisch und illegal hier in Essen gelebt haben, mannigfach geholfen«.[102]

Überblickt man die Jahre 1933 bis 1945, so wird deutlich, dass Gustav Heinemann auch nach dem Rückzug aus der Bekennenden Kirche im August 1938 seine kirchlichen Aktivitäten mit großem Einsatz fortsetzte. Allerdings verlegte er den Schwerpunkt seiner kirchlichen Tätigkeit nunmehr ganz auf die Ebene der praktischen (Gemeinde-)Arbeit, vor allem in der freien Presbyterianer-Gemeinde in den »Nassen Gärten«, im evangelischen Weiglehaus und im Essener CVJM. Als juristischer Berater blieb er auch nach seinem Ausscheiden der Bekennenden Kirche verbunden.

Sein persönlicher Beitrag zur kirchlichen Opposition unter den Nationalsozialisten bestand ab 1938 in erster Linie darin, das bekenntnismäßige Gemeindeleben und die evangelische Jugend bzw. Männerarbeit auf lokaler Ebene aufrecht zu erhalten. Dabei galt es immer wieder, Übergriffe des NS-Regimes und der deutschchristlichen Kirchenleitung abzuwehren, was in vielen Fällen mit Beharrlichkeit und juristischen Finessen gelang. Hinzu kamen die konspirative Mitarbeit an der illegalen Bekenntnis-Zeitschrift »Grüne Blätter« und die persönliche Hinwendung und der Einsatz für jüdische Mitbürger.

Insgesamt war es vor allem ein »abwehrender Widerstand« gegen die kirchenfeindliche Politik der Nationalsozialisten, den Heinemann vom Beginn des Kirchenkampfes 1933/34 bis zum Untergang des NS-Regimes leistete. Sowohl seine juristischen Kenntnisse als auch die Stellung als leitender Industrie-Manager und gutsituierter Bürger kamen ihm dabei immer wieder zustatten.

V. Karriere bei den Rheinischen Stahlwerken (1935–1945)

Heinemanns Aktivitäten in und für die Bekennende Kirche, die ihn ab Sommer 1933 in strikte Opposition zur nationalsozialistischen Kirchenpolitik und zum NS-Regime insgesamt brachten, erforderten viel Bekennermut, Einfallsreichtum und Kraft. Vom hohen Zeitaufwand zu schweigen, der noch vergrößert wurde durch sein Engagement im Essener CVJM (Christlicher Verein Junger Männer), dessen Vorsitz er im April 1937 übernahm.

Das alles hinderte Gustav Heinemann aber nicht daran, weiterhin seiner Arbeit als leitender Justitiar bei den Rheinischen Stahlwerken nachzugehen, und zwar mit so hohem Einsatz, dass er dort rasch Karriere machte. Im August 1936 wurde er schließlich als stellvertretendes Mitglied in den fünfköpfigen Vorstand von Rheinstahl berufen und nahm fortan an sämtlichen Vorstandssitzungen teil. Sein Monatsgehalt erhöhte sich von 1.020 RM auf 1.500 RM, zuzüglich einer Jahrestantieme in Höhe von 1.500 RM je Prozent Dividende vom Stammkapital (mindestens fünf Prozent).[1]

Vorstandsvorsitzender der Rheinischen Stahlwerke war seit 1936 Karl Mockewitz, nachdem der langjährige Firmenpatriarch Jakob Haßlacher in den Ruhestand getreten war. Daneben gehörten dem Vorstand noch Hugo Reckmann und Rudolf Rixfähren als ordentliche Mitglieder und neben Heinemann noch ein weiteres stellvertretendes Mitglied an. Als bedeutendes Bergbau-Unternehmen spielten die Rheinischen Stahlwerke in der Energieversorgung des Deutschen Reiches sowie nicht zuletzt in der Rüstungs- und ab 1939 auch in der Kriegswirtschaft fraglos eine wichtige Rolle. Der direkte politische Einfluss auf die Unternehmensführung hielt sich trotzdem in Grenzen. So gehörte bei Rheinstahl keines der Vorstandsmitglieder der NSDAP an. Das Vorstandsmitglied Rixfähren war zwar 1933 in die NSDAP eingetreten; seine Mitgliedschaft wurde aber 1937 annulliert, da einer seiner Großväter angeblich Jude war. Rixfähren verblieb im Vorstand.[2]

Heinemanns Aufgabenbereiche bei Rheinstahl

Als stellvertretendes Vorstandsmitglied war Heinemann ab August 1936 bei nahezu allen Sitzungen des Leitungsgremiums von Rheinstahl anwesend und somit an den Entscheidungen der Holding unmittelbar beteiligt. Dabei war er in erster Linie für die juristischen Aspekte der Unternehmensaktivitäten zuständig, die von den komplexen Beziehungen zum Kohlensyndikat, Verträge über Grundstückserwerbungen oder -verkäufe, über den besonders wichtigen Bereich der Haftung bzw. des Haftungsausschlusses bei Bergschäden[3] und Steuerstreitigkeiten bis zu arbeitsrechtlichen Fragen reichten. Auch die Erarbeitung des jährlichen Geschäftsberichts zählte zeitweise zu Heinemanns Aufgaben. Da zu »seinen Obliegenheiten (auch) die Bearbeitung der mit unserem Auslandsgeschäft zusammenhängenden Rechts- und Steuerangelegenheiten« gehörte, erhielt Heinemann 1937 auf Antrag von Rheinstahl einen unbefristeten Auslandspass, der ihm mehrere Reisen, vor allem in die Niederlande, erlaubte.[4] Die Rheinischen Stahlwerke waren zu jener Zeit das sechstgrößte Bergbauunternehmen des Ruhrgebiets mit rund 15.600 Beschäftigten und einer Jahres-Fördermenge von rund 5,92 Millionen Tonnen (Stand 1938). Mit 9.810 Belegschaftsangehörigen war die zu Rheinstahl gehörende Schachtanlage Prosper in Bottrop die nach Mitarbeiterzahl größte Zeche des Ruhrbergbaus.[5]

In Heinemanns Arbeitsgebiet bei Rheinstahl fielen auch die komplexen Rechtsbeziehungen zum Rheinisch-Westfälischen Kohlen-Syndikat (RWKS), dem das Essener Bergbau-Unternehmen angehörte. Bei dem 1893 gegründeten Kohlen-Syndikat handelte es sich um ein Vertriebskartell, in dem sich führende Bergbauunternehmen des Ruhrreviers zusammengeschlossen hatten, um einen »ungesunden Wettbewerb« (§ 1 des Syndikatsvertrags) innerhalb des Ruhrbergbaus zu vermeiden. Zu diesem Zweck wurden die jeweiligen Förder- und Absatzmengen der beteiligten Zechen wie auch die Preise verbindlich festgelegt, wobei die Beteiligungsziffern, d. h. Fördermengen der einzelnen Kohlengruben jedes Jahr neu ausgehandelt wurden. Lag der tatsächliche Kohleabsatz nach Jahresfrist über den festgelegten Mengen, hatten die begünstigten Zechen gemäß § 27 des Syndikatsvertrags eine Abgabe zu entrichten, während Unternehmen, denen weniger als festgelegt abgenommen wurde, eine Ausgleichszahlung beanspruchen konnten.[6] Auf diese Weise kontrollierte das RWKS um 1935 mehr als 80 Prozent des gesamten deutschen Steinkohleabsatzes.

Was so klar und eindeutig klang, gab im Detail zwischen den Syndikatsmitgliedern immer wieder Anlass zu Streitigkeiten, bei denen dann der juristische Sachverstand und die Findigkeit eines Heinemann besonders gefordert waren, um die Interesse der Rheinischen Stahlwerke zu vertreten. In den allermeisten Fällen tat er das zur vollen Zufriedenheit der Unternehmensführung. Als Beispiel für die vielfältigen Auseinandersetzungen innerhalb des Kartells sei ein Schreiben Heinemanns an den Rheinstahl-Vorstand vom 20. Februar 1930 zitiert. »Das Syndikat will eine Bestrafung von Rheinpreußen einmal darauf setzen, dass Rheinpreußen ohne Genehmigung des Syndikats Kohlenfelder an ein Nichtsyndikatsmitglied veräußert hat, sowie ferner darauf, dass es einem Nichtsyndikatsmitglied einen Teil seiner Bergwerksanlagen zur Benutzung zur Verfügung gestellt hat. … Gegen eine Bestrafung von Rheinpreußen wegen der Zurverfügungstellung von Bergwerksanlagen an das Nichtsyndikatsmitglied Rheinland kann m. E. nichts Entscheidendes eingewendet werden. Diesen Straftatbestand halte ich für so offensichtlich, dass das Syndikat sich auf ihn konzentrieren kann.«[7] An der Neufassung des Syndikatsvertrags 1930 war Heinemann bereits direkt beteiligt.[8]

Mit seiner Praxis der Preis- und Förderabsprachen machte sich das Rheinisch-Westfälische Kohlensyndikat natürlich nicht nur Freunde.[9] Vielmehr war es in der Vergangenheit wiederholt zu heftigen Konflikten u. a. mit Endabnehmern aus der verarbeitenden Industrie wie auch mit staatlichen Stellen gekommen. So hatte das RWKS beispielsweise beim Konjunktureinbruch von 1901/02 durch Absenkung der Förderquoten eine künstliche »Kohlennot« geschaffen, wodurch die Preise zum Schaden zahlreicher Fertigungsbetriebe, darunter viele Mittelständler, hochgehalten wurden und zudem zahlreiche Bergleute ihre Arbeit verloren. Der preußische Staat versuchte daraufhin, durch verdeckte Transaktionen einen staatlichen Bergbausektor aufzubauen, was aber nach Bekanntwerden dieser Pläne am nahezu geschlossenen Widerstand der Ruhrindustrie und ihrer Hausbanken scheiterte.[10]

Derartige Machtkämpfe zwischen Staat und Kohlenkartell standen Ende der zwanziger Jahre nicht mehr auf der Tagesordnung. Das RWKS hatte seine Marktmacht weitgehend gesichert, womit es im Übrigen in der deutschen Wirtschaft nicht allein stand. Auch andere Rohstoff- bzw. Halbzeugbranchen wie Eisenherstellung, Zement oder chemische Grundstoffe waren zu jener Zeit zu 70 bis 80 Prozent kartelliert. 1930 gab es in Deutschland mehr als 2.100 Industriekartelle.[11]

Man mag sich fragen, wie Heinemanns Tätigkeit für Rheinstahl und das Rheinisch-Westfälische Kohlensyndikat sich mit seinen entschieden wirtschaftsliberalen, das freie Spiel der Kräfte favorisierenden Vorstellungen von Marktwirtschaft vertrug, die er mit seinem antimonopolistisch argumentierenden Freund Wilhelm Röpke teilte. Klare Äußerungen Heinemanns zu dieser Frage sind nicht überliefert. Allerdings ist nachvollziehbar, dass sich ein leitender Angestellter und Justitiar nicht ständig über die Geschäftspraxis seines Arbeitgebers grämte (solange sie nicht kriminell war), zumal die Kartellbildung seinerzeit in fast allen Industriestaaten durchaus an der Tagesordnung war.

Beim Rheinisch-Westfälischen Kohlensyndikat wurde man bald auf den Rheinstahl-Justitiar Dr. Heinemann aufmerksam, der sich im komplizierten Geflecht von juristischen Bestimmungen und Firmenbeziehungen innerhalb des Syndikats bestens auskannte und die Interessen seines Arbeitsgebers stets sehr geschickt zu vertreten wusste. So einen konnte man gut gebrauchen, und tatsächlich bot Generaldirektor Albert Janus im Februar 1936 dem 37-jährigen

Heinemann einen Vorstandsposten beim Rheinisch-Westfälischen Kohlensyndikat an. Für Heinemann hätte das einen großen Karrieresprung bedeutet und ihn in eines der Spitzengremien der westdeutschen Montanindustrie geführt. Das Gespräch verlief sehr erfreulich, und Heinemanns Eintritt in den Vorstand des RWKS schien beschlossene Sache.

Heinemann hielt es allerdings für angebracht, die Syndikatsleitung auch über seine Einstellung zu kirchlichen Angelegenheiten ins Bild zu setzen. Am 11. Februar 1936 schrieb er darum an Generaldirektor Janus: »In Fortführung unseres Gesprächs über meinen Eintritt in den Vorstand des Kohlensysndikats möchte ich zu Ihrer Unterrichtung über meine kirchliche Betätigung Folgendes sagen: ... Ich verfechte eine auf Bibel und Bekenntnis gegründete Evangelische Reichskirche, bin aber ein Gegner jedes Staatskirchentums. ... Die Übertragung des politischen Führerprinzips in die Kirche lehne ich mit der gesamten Bekennenden Kirche ab. ... Ich bin mit der Bekennenden Kirche ein Gegner jeder an politischen Zielen oder an weltanschaulichen Meinungen orientierten Verkündigung und weiß mich ... verpflichtet, diese Überzeugungen ... rückhaltlos zu vertreten, selbstverständlich – was Zeit und Kraft angeht – im Rahmen meines neuen Berufes. ... Ich hoffe, dass auch im Rahmen meiner Arbeit im Syndikat ... Raum genug bleibt für eine solche, auch für unser Volk dringend notwendige Betätigung christlicher Überzeugung und kirchlicher Erfordernisse.« So viel christliches Engagement war dem Kohlensyndikat jedoch nicht geheuer. Nach einer erneuten Unterredung mit Heinemann teilte Janus mit, »dass der Personalausschuss unseres Aufsichtsrats mit Rücksicht auf Ihre Stellungnahmen im Kirchenstreit zu der Entscheidung gekommen ist, auf einen Eintritt in unseren Vorstand verzichten zu müssen.«[12]

Der große Karrieresprung blieb Heinemann wegen seiner kompromisslosen Haltung im Kirchenkampf also versagt, doch hielt sich seine Enttäuschung darüber wahrscheinlich in Grenzen, weil die Rheinischen Stahlwerke – ungeachtet seines Engagements für die Bekennende Kirche – bald neue Aufstiegschancen boten. Im August 1936 wurde Heinemann, wie bereits erwähnt, als stellvertretendes Mitglied in den Vorstand berufen, was die hohe Wertschätzung beweist, die Heinemanns Arbeit bei der Rheinstahl-Führung genoss. Generaldirektor Mockewitz setzte sich sogar persönlich beim Aufsichtsrat für eine Gehaltserhöhung ein – mit ausdrücklichem Hinweis darauf, dass Heinemann beim Kohlensyndikat 40 000 RM im Jahr verdient hätte. Der Justitiar Dr. Heinemann war in jenen Jahren offenbar eine von den Spitzen der Montanindustrie heftig umworbene Person.[13]

Seine Einkünfte erlaubten Heinemann seit Anfang der dreißiger Jahre einen mehr als gutbürgerlichen Lebensstil, dessen Annehmlichkeiten er bei aller persönlichen Bescheidenheit etwa in seiner Kleidung durchaus zu schätzen wusste. Die vier Kinder wuchsen in einem großzügigen Haus mit Garten auf. Bei der

Hausarbeit und Kinderbetreuung gingen Frau Hilda Heinemann meist ein oder zwei Kindermädchen und Haushaltshilfen zur Hand. Urlaubsreisen unternahm das Ehepaar Heinemann – mit und ohne Kinder – in den dreißiger Jahren u. a. nach Finnland, einige Male nach Italien, in die Schweiz und an die jugoslawische Adria-Küste. Dienstreisen führten Heinemann als Rheinstahl-Vorstand u. a. nach Frankreich, Belgien, in die Niederlande, nach Schweden, Dänemark, in die Tschechoslowakei und nach Estland.[14]

Ab Mitte 1938 wurde bei Rheinstahl das Problem unzureichender Fördermengen und mangelnder Kapazitäten zu einem beherrschenden Thema der Vorstandssitzungen. Auch Heinemann musste sich immer wieder damit befassen. So berichtete er im Juli 1938 in Vorbereitung einer Vorstandssitzung an Generaldirektor Mockewitz: »Mit unseren Betrieben sieht es wenig erfreulich aus. Wir liegen um zwei bis vier Punkte unter dem Syndikatsdurchschnitt. Arenberg fördert saumäßig.« Wenige Tage später verweist Heinemann erneut auf die Dringlichkeit des Problems: »Im Übrigen wäre mitzuteilen, dass es mit unsrer Förderung nach wie vor schlecht bestellt ist. … Im Syndikat liegen wir dauernd erheblich zurück. Auch unsere Kokskohlenbestände werden knapp. Außerdem bereitet ein verschärfter Wagenmangel erhöhte Schwierigkeiten.« Dass insbesondere die Materialknappheit eine unmittelbare Folge der nationalsozialistischen Rüstungspolitik war, darüber war man sich auch bei Rheinstahl im Klaren. Heinemann an Mockewitz: »Wie ich bereits in Berlin hörte, sollen die Eisenkontingente des Bergbaus im Hinblick auf die bekannten derzeitigen besonderen Rüstungsmaßnahmen gekürzt werden. … Die Kürzung der Kontingente beträgt 25 % mit Wirkung ab 1. Juli ds. Js. Das bringt uns natürlich wieder arg in die Klemme.«[15]

Das Ruhrgebiet war das wichtigste deutsche Steinkohlenrevier, vor Oberschlesien und dem Saarland. 1939 förderten bzw. produzierten dort 124 Zechenanlagen mit einer Gesamtbelegschaft von rund 329 000 Mann mehr als 130 Millionen Tonnen Steinkohle und 34 Millionen Tonnen Koks.[16]

Im Rahmen des 1936 beschlossenen Vierjahrplanes verlangte die NS-Führung von den deutschen Bergbauunternehmen eine enorme Steigerung der Fördermengen. Rheinstahl-Chef Mockewitz ließ darum keine Gelegenheit aus, seine Vorstandskollegen auf den Ernst der Lage hinzuweisen, »in die wir durch die unzureichende Förderung infolge der dauernden Störungen und die … immer weiter absinkende Leistung gekommen sind«, wobei eine »gewisse Steigerung der Förderung (nur) unter äußerster Anspannung aller Betriebe« noch möglich sei.[17] Tatsächlich gerieten die Rheinstahl-Zechen, auf denen Ende 1938 insgesamt 15.670 Arbeiter und Angestellte beschäftigt waren, im Vergleich zu andern Bergbau-Unternehmen an der Ruhr deutlich ins Hintertreffen.

Zudem verschlechterte sich auch die rein betriebswirtschaftliche Lage von Rheinstahl, wie Generaldirektor Mockewitz im Januar 1938 dem Vorstand darlegte. Die Rentabilität des Unternehmens sei stark eingeschränkt, »insbesondere wegen zusätzlicher Belastungen durch staatliche Eingriffe«, – darunter die Bezahlung der Feiertage, Reform der Knappschaftsversicherung –, und die auf Kohle und Koks ausgedehnte Exportförderungsabgabe. Dadurch hätten sich die Selbstkosten um drei Millionen RM erhöht, was strikte Sparsamkeit und deutlich höhere Fördermengen erforderte. »Mit Leistungszahlen, wie wir sie zur Zeit aufzuweisen haben, können wir auf die Dauer nicht bestehen.«[18]

Ausländereinsatz und Zwangsarbeit im Ruhrbergbau

Mit dem deutschen Überfall auf Polen und dem Ausbruch des Zweiten Weltkriegs im September 1939 verstärkte sich der Druck des NS-Staates auf den Steinkohlenbergbau, immer größere Kohlenmengen zu fördern. Die Kohle, seit Mitte des 19. Jahrhunderts der mit Abstand wichtigste Energielieferant der deutschen Volkswirtschaft, wurde nunmehr auch zum Motor der nationalsozialistischen Kriegswirtschaft. Stein- und Braunkohle deckten rund zwei Drittel des deutschen Energiebedarfs und lieferten auch den Grundstoff für die Herstellung zahlreicher synthetischer Stoffe, denen im Rahmen der nationalsozialistischen Autarkiebestrebungen wachsende Bedeutung zukam. Insbesondere war das stark auf die Schiene ausgerichtete zivile und militärische Transportwesen auf die ständige Zufuhr von Kohle angewiesen. Zudem stellte die Kohle für das notorisch devisenschwache Deutsche Reich ein wichtiges Exportgut dar.

Was die NS-Führung vom Ruhrbergbau verlangte, machte der Leiter der Bezirksgruppe Ruhr in einem Rundschreiben an die Bergewerksdirektoren vom Juli 1942 – nicht zum ersten Mal – unmissverständlich klar. »Eine Steigerung der Förderung [von 380.000 t pro Tag auf 450.000 t, T. F.] in allerkürzester Zeit ist höchstes kriegsentscheidendes Gebot.« Ohne den Einsatz ausländischer Arbeiter und Zwangsarbeiter sei das nicht zu bewerkstelligen. Darum müsse »mit allen Mitteln … versucht werden, diese Arbeitskräfte so rasch wie möglich auf Leistung zu bringen.«[19]

Während das NS-Regime vom Ruhrbergbau nach Kriegsbeginn immer größere Fördermengen einforderte, verschärfte sich bei den Schachtanlagen der Mangel an Arbeitskräften, nicht zuletzt wegen der Einberufung zahlreicher Bergleute zur Wehrmacht. In der Vorstandssitzung vom 28. März 1940 wies Rheinstahl-Chef Mockewitz eindringlich auf dieses Dilemma hin. Es seien »20.000 Arbeiter zusätzlich nötig, um die tägliche Förderung des Reviers auf 450.000 t zu bringen … Es (ist) nötig, dass weitere Einziehungen zur Wehrmacht möglichst unterbleiben. Die Einziehung der Jungjahrgänge wird aber kaum zu vermeiden sein.«[20]

Auf welche Weise dieser Zwangslage bei Rheinstahl wie im gesamten Ruhrbergbau begegnet werden sollte, wurde auf der Vorstandssitzung vom 21. Mai 1940 in Anwesenheit von Heinemann eingehend besprochen. »Die Zuweisung von 20 polnischen Kriegsgefangenen ist in Aussicht gestellt. ... Die Zuteilung ist außerordentlich erwünscht, damit eine zweite Abraumschicht eingelegt werden kann.« Der im Protokoll folgende Satz zeigt, welche (düsteren) Kontinuitätslinien sich dabei u.a. ergaben: »Die aus dem [Ersten, T.F.] Weltkrieg noch vorhandene Kriegsgefangenenbaracke wird zur Aufnahme der Gefangenen wieder hergerichtet.«[21]

Ausländereinsatz und Zwangsarbeit waren also das Instrument, womit im Ruhrbergbau – wie in der gesamten deutschen Wirtschaft – das Problem eines immer größeren Arbeitskräftemangels bei ständig steigenden Produktionsanforderungen im Rahmen der Kriegswirtschaft gelöst werden sollte. Allerdings ging die Initiative dazu nicht von den Bergbaubetrieben selbst, sondern vom Reichswirtschaftsministerium und dem von Hermann Göring eingesetzten Reichskohlenkommissar Paul Walter aus.

Bei den Unternehmensleitungen bestanden anfangs sogar Vorbehalte gegen den Einsatz von ausländischen Arbeitskräften. Sie gründeten zum einen darauf, dass man den Aufwand des »Anlegens« [Einarbeiten, T.F.] größerer Gruppen scheute, zumal nicht nur Bergwerksdirektoren 1940 angesichts der Erfolge der Wehrmacht in den »Blitzkriegen« mit einer kurzen Kriegsdauer rechneten. Hinzu kam, dass die Zechenleitungen um einen reibungslosen Betriebsablauf und die Sicherheit fürchteten, wenn »bergfremde« Arbeitskräfte in großer Zahl zum Einsatz kamen.[22]

Insofern war es eher untypisch für die Haltung des Ruhrbergbaus zum Einsatz ausländischer Arbeitskräfte, dass bereits im Frühjahr 1940 im Vorstand eines Zechenunternehmens derart positiv über die Zuweisung von Kriegsgefangenen gesprochen wurde wie bei Rheinstahl über die erwähnten »20 polnischen Kriegsgefangenen«. Möglicherweise war man im Rheinstahl-Vorstand zu diesem Zeitpunkt auch davon ausgegangen, dass der Ausländereinsatz zur Deckung akuter Engpässe zeitlich begrenzt bleiben würde.

Mit wachsendem Druck der NS-Behörden und längerer Dauer des Krieges wichen allerdings die Bedenken der Unternehmensführungen, sodass seit Anfang 1941 auch im Ruhrbergbau der Einsatz von ausländischen Arbeitern zur Routine wurde. Vollends der sogenannte »Russeneinsatz«, d.h. die Heranziehung von sowjetischen Kriegsgefangenen zur Zwangsarbeit ab Sommer 1942, stieß bei den Betriebsleitungen – soweit in den Akten erkennbar – auf keinerlei Bedenken mehr.[23]

Insgesamt waren während des Zweiten Weltkriegs im Ruhrbergbau rund 350.000 ausländische Arbeitskräfte eingesetzt, die – nach ihrer Herkunft in unterschiedlicher Ausprägung – den Status von Zwangsarbeitern hatten. Ende 1942 bestand rund ein Viertel der bergmännischen Belegschaften aus ausländischen Arbeitern. Bis Sommer 1944 stieg dieser Anteil auf rund 42 Prozent.[24] Dabei sind drei Hauptgruppen zu unterscheiden: 1. angeworbene zivile Arbeiter aus verbündeten oder neutralen Staat (vor allem Italiener und Kroaten; nur bis 1942), 2. zivile Arbeitskräfte aus besetzten Staaten, 3. Kriegsgefangene. KZ-Häftlinge wurden im Ruhrbergbau im Unterschied zu anderen deutschen Industriebetrieben nicht eingesetzt.

Während in der ersten Gruppe der Arbeitseinsatz noch überwiegend auf freiwilliger vertraglicher Basis erfolgte, hatte der Einsatz von Ausländern aus besetzten Ländern eindeutig den Charakter von Zwangsarbeit, wobei die Lebens- und Arbeitsumstände von sogenannten »Ostarbeitern« – vor allem Polen, Ukrainer, russische Zivilisten – zumeist deutlich schlechter waren als die von Franzosen, Belgiern oder Italienern.

Die Organisation des Ausländereinsatzes lag vor allem in den Händen der Bezirksgruppe Steinkohlenbergbau Ruhr, die seit 1939 als Instrument der Wirtschaftssteuerung durch das Regime direkt der Wirtschaftsgruppe Bergbau innerhalb der Reichsgruppe Industrie beim Reichswirtschaftsministerium unterstand. Die Mitgliedschaft in der Bezirksgruppe war für alle Bergbauunternehmen verpflichtend. Konkret hieß das, dass die Bezirksgruppe Ruhr den »Bedarf« an ausländischen Arbeitskräften ermittelte, an die zuständigen Stellen (Arbeitsämter, Wehrmacht) weitergab und auch bei der Verteilung der zugewiesenen Ausländer an ihre Mitgliedsunternehmen das entscheidende Wort hatte.

Vor dem Hintergrund dieser Organisations- und Machtstrukturen ist die Frage nach den Entscheidungsspielräumen der einzelnen Bergwerksunternehmen und Zechenleitungen hinsichtlich Ausländereinsatz bzw. Zwangsarbeit nicht ganz einfach zu klären. Da die Zuteilung zentral über die Bezirksgruppe Ruhr erfolgte, hatten die Unternehmen nur begrenzten Einfluss auf den Umfang des Ausländereinsatzes wie auch darauf, welche Gruppen von Zwangsarbeitern – ob »Ostarbeiter«, Kriegsgefangene o.a. – ihnen zugewiesen wurden. Doch konnten sich die Unternehmen innerhalb dieses Rahmens beispielsweise eher fordernd oder eher defensiv verhalten, indem sie etwa die Bereitstellung von Unterkünften vorantrieben oder verzögerten. Schließlich hatten die einzelnen Zechen großen Einfluss darauf, wie viele Zwangsarbeiter aus dem gesamten der Holding zugewiesenen Kontingent jeweils auf sie entfielen.[25]

Nachdem in einer ersten Phase die angeworbenen, d.h. mehr oder minder freiwillig ins Revier gekommenen Arbeitskräfte in der Mehrheit waren, nahm die Ausländerbeschäftigung ab Ende 1941 mehr und mehr den Charakter von Zwangsarbeit an, vor allem aufgrund des verstärkten Einsatzes von »Ostarbeitern«

und sowjetischen Kriegsgefangenen. Allerdings waren zuvor schon »freiwillige« Arbeiter aus Polen oder der Ukraine gegenüber deutschen Bergleuten deutlich schlechter gestellt, was Arbeitsschutz, Unterbringung, Entlohnung oder Freizeitregelungen anging.

Mit zunehmender Kriegsdauer verschlechterten sich die Lebens- und Arbeitsbedingungen der ausländischen Arbeitskräfte bzw. Zwangsarbeiter dramatisch, sodass seit Mitte 1942 die Zwangsarbeit im Ruhrbergbau mit erheblichen Gefahren für Leib und Leben der Betroffenen verbunden war. Das galt vor allem für sowjetische Kriegsgefangene – sie bildeten ab Mitte 1943 die größte Gruppe der Zwangsarbeiter –, weniger stark für »Ostarbeiter«, italienische Militärinternierte und andere ost- oder westeuropäische Arbeitskräfte. Diese unmittelbare Bedrohung der physischen Existenz resultierte aus einer ganzen Reihe negativer Faktoren, insbesondere der mangelhaften Ernährung, schlechten hygienischen Verhältnissen in den Barackenlagern und der daraus folgenden Krankheitsgefährdung, aus unzureichender medizinischer Versorgung, den Gefahren der Untertagearbeit sowie der Repression durch deutsche Vorarbeiter und Wachleute.[26]

Auch den Gefahren des Luftkrieges waren die Zwangsarbeiter oft nahezu schutzlos ausgesetzt, da sie Luftschutzeinrichtungen für Deutsche nicht benutzen durften und ihre Unterkünfte zumeist aus primitiven Holzbaracken bestanden. Erst ab Mitte 1943 wurden gemauerte Baracken errichtet.

Während die Ernährungslage für die ausländischen Arbeiter im Ruhrbergbau bis Ende 1941 noch relativ günstig war, verschlechterte sich die Situation mit Beginn des »Russeneinsatzes« im Frühjahr 1942 rapide. Den sowjetischen Kriegsgefangenen im Untertageeinsatz wurden Tagesrationen von höchsten 2.500 bis 2.800 Kalorien zugeteilt, nur wenig mehr als die Hälfte des Mindestbedarfs eines Untertagearbeiters. Chronische Unterernährung war somit das Hauptproblem, unter dem Zwangsarbeiter zu leiden hatten, und auch die wichtigste Ursache für Krankheiten und Todesfälle. Für andere Zwangsarbeitergruppen sah die Ernährungslage nicht viel günstiger aus, wenngleich die sowjetischen Kriegsgefangenen in jeglicher Hinsicht – medizinische Versorgung, Unterbringung etc. – auf der untersten Stufe standen.

Vielfach kamen sowjetische Kriegsgefangene völlig unterernährt und mit Hungerödemen auf den Schachtanlagen an, wo sie erst einmal – auf niedrigstem Niveau – »hochgepäppelt« werden mussten, bevor an einen Arbeitseinsatz überhaupt zu denken war.[27] Das traf in vollem Umfang auch für die den Rheinischen Stahlwerken zugewiesenen Zwangsarbeiter zu, wie der Vorstand im September 1942 ausdrücklich feststellte. »Die auf [der Zeche] Arenberg eingesetzten 380 russischen Arbeitskräfte haben sich im allgemeinen als willig gezeigt, sind aber zur Zeit noch stark entkräftet, sodass erst mit der Zeit mit besserer Leistung gerechnet werden kann.«[28]

Mangelnde Hygiene in den »Russenlagern«, Unterernährung und eine meist unzureichende medizinische Versorgung führten zu zahlreichen Erkrankungen. Immer wieder kam es zum Ausbruch von Typhus und Ruhr. Rund 20 Prozent der sowjetischen Kriegsgefangenen litten an offener bzw. verkapselter Tuberkulose.

Auch hinsichtlich der Krankenversorgung waren »Ostarbeiter« und sowjetische Kriegsgefangene schlechter gestellt als andere Gruppen ausländischer Arbeiter. So waren sie nicht knappschaftsversichert und wurden nur in Ausnahmefällen in Knappschaftskrankenhäusern aufgenommen. Ihre medizinische Betreuung lag überwiegend in den Händen sogenannter »Heildiener« und ausländischer Ärzte, denen es jedoch ständig an Medikamenten und Verbandszeug mangelte. Nach dem Willen der Bezirksgruppe Ruhr sollte sich die Versorgung der »Ostarbeiter« darauf beschränken, »in bescheidenster, aber ordnungsgemäßer Weise die Erhaltung der augenblicklichen Arbeitskraft zu sichern.«[29]

Überproportional häufig waren Ausländer und Zwangsarbeiter von Arbeitsunfällen betroffen. Bei Ostarbeitern und sowjetischen Kriegsgefangenen lag die Zahl der Unfälle etwa doppelt so hoch, bei schweren und tödlich verlaufenen Unfällen zweitweise um ein Vielfaches höher als bei deutschen Bergleuten. Hauptursachen für das gesteigerte Unfallrisiko der Zwangsarbeiter waren schlechte Ernährung, fehlende bergmännische Erfahrung, Verständigungsprobleme, nicht zuletzt mangelhafte Ausrüstung und Kleidung. So standen für sowjetische Kriegsgefangene lediglich rutschige Holzschuhe zur Verfügung. Zudem waren für ausländische Arbeiter die Arbeitsschutzbestimmungen immer weiter gelockert worden.

Eine besondere Gefahr für Leib und Leben der Zwangsarbeiter ging vom Terror des NS-Systems und gewaltsamen Übergriffen durch deutsche Belegschaftsangehörige aus. Fluchtversuche, tatsächliche oder vermeintliche Arbeitsverweigerung oder »Bummelei« zogen zumeist scharfe Repressionen nach sich. Die Gestapo unterhielt im rheinisch-westfälischen Raum spezielle »Arbeitserziehungslager«, in die unbotmäßige Zwangsarbeiter für mehrere Wochen eingewiesen werden konnten, wobei Zechenleitungen und Gestapo oft eng kooperierten. Immer wieder kam es auch zu gewaltsamen Übergriffen und Misshandlungen durch Deutsche, wobei nicht in erster Linie Rassenhass, sondern eine sinkende Hemmschwelle bei den deutschen Bergleuten dazu führten, dass sie Unzufriedenheit, Ärger und Konflikte mit Gewalt »abreagierten«. Mit Erlass des OKW vom Januar 1944 wurde die Misshandlung von Kriegsgefangenen zwar grundsätzlich untersagt, es wurden jedoch zahlreiche Ausnahmefälle genannt – insbesondere »Notwehr« –, die gewaltsame Übergriffe gegen Ausländer weiterhin zuließen.

Von den rund 133.000 im Ruhrbergbau eingesetzten Kriegsgefangenen waren nach einer Aufstellung der Wehrmacht bis Januar 1944 mehr als 6.500 verstorben, was einem Anteil von fast fünf Prozent entspricht. Angesichts der skizzierten

Lebens- und Arbeitsbedingungen mag dies als relativ niedrige Todesrate erscheinen. Es ist aber zu berücksichtigen, dass in die Statistik auch französische und belgische Kriegsgefangene eingingen. Unter den Russen war die Todesrate wahrscheinlich wesentlich höher. Zudem weist die Statistik 28.000 Kriegsgefangene aus, die infolge von Krankheit oder Unfällen aus dem Bergbau ausschieden und an die Kriegsgefangenen-Mannschaftssammellager zurücküberwiesen wurden. Vermutlich ist dort ein größerer Teil von ihnen verstorben, nachdem sie aus der Bergbau-Statistik herausgefallen waren.[30]

Zwangsarbeit bei den Rheinischen Stahlwerken

Bereits im Mai 1940, also vergleichsweise früh, hatten sich die Rheinischen Stahlwerke aktiv um die Zuweisung von Zwangsarbeitern bemüht. Tatsächlich wurden daraufhin von der Bezirksgruppe Ruhr 20 polnische Kriegsgefangene überstellt, deren Arbeitsleistung von der Leitung der Braunkohlengrube »Schallmauer« als »befriedigend« eingestuft wurde.[31] Im November 1940 meldete der Rheinstahl-Vorstand auf Anfrage der Bezirksgruppe Ruhr den Bedarf an genau umrissenen Kontingenten von Arbeitskräften, und zwar »für Arenberg 100 ungelernte Holländer, 18–31 Jahre alt, für [die Schachtanlage] Brassert 50 ungelernte Holländer, 18–31 Jahre alt«, wobei es sich höchstwahrscheinlich um angeworbene Arbeitskräfte handelte.[32]

Hatte Rheinstahl sich zunächst offensiver als andere Bergbau-Unternehmen um ausländische Arbeitskräfte bemüht, so verhielt man sich im Fall der sowjetischen Kriegsgefangenen eher defensiv und lehnte im August 1941 die Zuweisung russischer Kriegsgefangener sogar ausdrücklich ab. Als sich aber im Januar 1942 abzeichnete, dass erneut einige Hundert deutsche Beschäftigte zur Wehrmacht eingezogen würden, beschloss der Vorstand »als Ersatz … russische Kriegsgefangene (anzufordern), für die ein Lager errichtet wird.« Zu diesem Zeitpunkt waren bereits 1.125 deutsche Betriebsangehörige zur Wehrmacht oder zum Reichsarbeitsdienst eingezogen.[33] Fortan bestanden auch bei den Rheinischen Stahlwerken keinerlei Bedenken mehr gegen den Einsatz von sowjetischen Kriegsgefangenen. Diese machten bald den größten Teil der ausländischen Arbeiter auf den Rheinstahl-Zechen aus.

Waren im Dezember 1941 bei Rheinstahl 1.013 Ausländer beschäftigt, so stieg deren Zahl in den folgenden Jahren kontinuierlich an. Im Dezember 1942 gab es auf den Schachtanlagen von Rheinstahl insgesamt 2.254 ausländische Arbeitskräfte, davon 1.374 sowjetische Kriegsgefangene. Das entsprach 14,3 Prozent der Gesamtbelegschaft. Dieser Anteil erhöhte sich in den folgenden Jahren auf knapp 20 Prozent, lag damit aber unter dem Wert des gesamten Ruhrbergbaus, wo der durchschnittliche Ausländeranteil (Kriegsgefangene und ausländische Zivilarbeiter) bis zu 35 Prozent betrug (Stand Juli 1944 lt. Aufstelllung der Gauwirtschaftskammer Westfalen Süd). Bis März 1943 stieg die Zahl der ausländischen Arbeiter auf den Rheinstahl-Schachtanlagen auf 2.728 (davon 1.913 sowjetische Kriegsgefangene) und erreichte im März 1944 mit mehr als 3.400 (davon 2.896 sowjetische Kriegsgefangene, 282 Ostarbeiter und 111 Ostarbeiterinnen) ihren höchsten Stand, bei einer Gesamtbelegschaft von 17.022 Beschäftigten.[34]

Innerhalb des Unternehmens stellten einzelne Zechen auch gezielte Forderungen nach Überlassung von Zwangsarbeitern. So beantragte beispielsweise die Leitung der Schachtanlage Prosper im Oktober 1943 beim Vorstand die »zusätzliche Überweisung von 50 russischen Kriegsgefangenen«, da kurz zuvor mehrere deutsche Handwerker eingezogen worden waren.[35]

Besonders begehrt bei den Betriebsführungen waren qualifizierte Kriegsgefangene. Es kam darum häufiger vor, dass Ausländer mit Spezialkenntnissen an auswärtige Unternehmen überstellt wurden. So erklärte sich Rheinstahl im September 1944 auf Anfrage bereit, einen russischen Kriegsgefangenen, einen gelernten Küfer, an eine Dortmunder Brauerei »in Marsch zu setzten«.[36]

Untergebracht wurden die ausländischen Arbeiter und Kriegsgefangenen überwiegend in unternehmenseigenen Barackenlagern, die Rheinstahl auf eigene Kosten errichten und ausstatten ließ. Dementsprechend ist die Errichtung und Finanzierung von Barackenlagern ein immer wiederkehrendes Thema auf den Vorstandssitzungen. Am 13.8.1941 beschloss der Vorstand die »Errichtung von 3 Barackenlagern für je 300 Arbeiter« und genehmigte dafür einen Kredit von 500.000 RM. Im September 1942 wurden für den Aufbau eines weiteren Barackenlagers »sowie der dazu gehörenden Einrichtungsgegenstände für russische Kriegsgefangene« 200.000 RM freigegeben, im Januar 1944 zur Errichtung einer Waschkaue ebenfalls für sowjetische Kriegsgefangene auf der Zeche Prosper 63.000 RM.[37]

Zwangsarbeit und »Russeneinsatz« waren betriebswirtschaftlich für die Bergbau-Unternehmen auch ein nicht unerheblicher Kostenfaktor, da sie festgelegte Löhne zahlen mussten. Im Fall der Kriegsgefangenen erfolgten die Zahlungen an die Zahlmeisterei des Kriegsgefangenen-Sammelmannschaftslagers. Die Zwangsbeschäftigten selbst erhielten lediglich ein geringes Taschengeld, zumeist in Form von »Lagergeld«, das sich zwischen 1 RM pro Tag (für polnische Zivilarbeiter) und 0,20 RM (für sowjetische Kriegsgefangene) bewegte. Durch Leistungsprämien konnte dieses Entgelt um bis zu 1 RM pro Tag erhöht werden.

Die Unternehmen zahlten für die ausländischen Arbeiter Tageslöhne von bis zu 5,35 RM, was gemäß den Vorgaben der zuständigen NS-Stellen 60 bis 80 Prozent des Tariflohnes deutscher Arbeiter entsprach. Für Kriegsgefangene mussten die Zechen diesen Betrag nach Abzug einer Pauschale für Unterkunft und Verpflegung – im Durchschnitt 1–2,10 RM – an die Wehrmacht abführen.

Ab April 1943 verfügte das Reichsarbeitsministerium eine Senkung der von den Zechen abzuführenden Entgelte. Seitdem mussten die Betriebe pro sowjetischen Kriegsgefangenen nur noch 1 RM an das Sammelmannschaftslager und 0,30 RM direkt an die Reichsfinanzbehörden zahlen. Bei den Rheinischen Stahlwerken zeigte man sich mit der Neuregelung wegen der Kostenersparnis zufrieden. Das Protokoll der Vorstandssitzung vom 7.5.1943 vermerkt dazu: »Ab 1. April [1943] kostet der sowjetrussische Kriegsgefangene täglich 3,10 RM gegen bisher RM 4,38. Die Gesamtersparnis wird demnach rund RM 50.000 monatlich betragen.«[38]

Zweifellos handelte es sich beim Einsatz von ausländischen Arbeitern, insbesondere von »Ostarbeitern« und sowjetischen Kriegsgefangenen, um ausbeuterische Zwangsarbeit. Umstritten ist allerdings die Frage, ob und in welchem Maße die einzelnen Unternehmen aus der Zwangsarbeit unmittelbaren Gewinn gezogen haben, da den offensichtlichen »Einsparungen« bei der Entlohnung auch organisatorische und logistische Mehraufwendungen (Verwaltung, Gebäude, Anlernmaßnahmen etc.) gegenüberstanden. Aktuelle Forschungen halten es sogar für eher unwahrscheinlich, dass die Bergbauunternehmen des Ruhrreviers streng betriebswirtschaftlich gerechnet überhaupt »Übergewinne aus der Zwangsarbeit« zogen.[39] Ausländereinsatz und Zwangsarbeit waren politisch gewollt und sollten die Förderkapazitäten der Zechen unter Kriegsbedingungen sichern und erhöhen. Die Frage der Kosten, nicht zuletzt natürlich jener »Kosten«, welche die Zwangsarbeiter physisch und psychisch zu tragen hatten, spielten im Verlauf des Krieges immer weniger eine Rolle. Es ging einzig und allein um die Steigerung der Kohleförderung, häufig unter der Maxime »koste, was es wolle«.

Zusammenfassend lässt sich feststellen, dass die Rheinischen Stahlwerke im System von NS-Kriegswirtschaft und Zwangsarbeit verglichen mit anderen Unternehmen des Ruhrbergbaus keine Sonderstellung eingenommen haben, weder positiv noch negativ. Nach dem gesichteten Quellenmaterial zu schließen verhielten sie sich ab 1940 nicht anders als andere Bergbauunternehmen des Reviers, von der anfänglichen Skepsis gegenüber dem Ausländereinsatz, der zeitweiligen Ablehnung von »angebotenen« Kriegsgefangenen bis zur widerspruchslosen Annahme, später sogar aktiven Anforderung von Kriegsgefangenen-Kontingenten ab Mitte 1942.

Auch unter einem weiteren Aspekt agierten die Rheinischen Stahlwerke offenbar als »ganz normales Unternehmen« im Rahmen der nationalsozialistischen Kriegswirtschaft und Eroberungspolitik. Im Juli 1942 beschloss der Vorstand die Entsendung von zunächst 22 Angestellten, darunter ein Bergwerksdirektor, zwei »Betriebsführer« und mehrere Steiger in das von der Wehrmacht besetzte Donezkgebiet in der Ukraine, wo sie für Rheinstahl eine Steinkohlegrube in Besitz nehmen sollten. Aus den Unterlagen geht nicht eindeutig hervor, in welcher Rechtsform das geschah. Vermutlich wurde die ukrainische Schachtanlage als sogenannter »Patenbetrieb« in treuhänderische Verwaltung übernommen. Nach der Wiederinbetriebnahme der zweitweise stillgelegten Grube stiegen die Fördermengen jedenfalls steil an, sodass Rheinstahl bereits im Oktober 1942 ein eigenes Vertriebsbüro vor Ort einrichtete.[40]

Insgesamt scheinen sich die Rheinischen Stahlwerke im Zweifel und im Rahmen der politisch eingeräumten Entscheidungsspielräume eher zugunsten der Fremd- und Zwangsarbeiter engagiert zu haben, als ihre Arbeitskraft besonders rücksichtslos auszubeuten. So wurden beispielsweise Barackenlager mit Luftschutzeinrichtungen ausgestattet, was nicht im gesamten Ruhrbergbau der Fall war. In welchem Umfang dies geschah, ist aus den Akten nicht klar zu ersehen. Die Versorgung der Zwangsarbeiter mit muttersprachlichen Zeitungen war mehrmals Thema bei Vorstandssitzungen. Auf der anderen Seite forderte die Rheinstahl-Führung im Dezember 1939 ein rigoroses Vorgehen gegen »Bummelantentum« sowohl von deutschen als auch ausländischen Arbeitern. »Diesen Leuten muss die richtige Arbeitsauffassung in einer anderen Form beigebracht werden, denn nach unserer Überzeugung ist der Schritt zu weit gefährlicheren Handlungsweisen, und zwar der zur Sabotage … nur ein ganz kurzer.« Im März 1943 erneuerte Rheinstahl die Klage über die »charakterlosen, faulen Gesellen«, vor allem unter den »Fremdarbeitern«. »Ihretwegen muss ein gewaltiger Überwachungsapparat aufgezogen werden, ihnen sind alle Mittel recht, uns das Leben schwer zu machen.«[41]

Insgesamt sollen in den Lagern der Rheinischen Stahlwerke, nicht zuletzt in denen für sowjetische Kriegsgefangene, vergleichsweise erträgliche hygienische Bedingungen geherrscht haben und auch die medizinische Versorgung soll relativ gut gewesen sein. In einem Wehrmachtsbericht über die Besichtigung eines Kriegsgefangenenlagers der Zeche Prosper II durch einen Oberstabsarzt vom 19. Januar 1943 heißt es: »Die Kriegsgefangenen [Russen, d. Verf.] machen durchweg einen guten und gesunden Eindruck … Die Küche wird ordentlich geführt, das besichtigte Mittag- und Abendessen war von guter Qualität.« Moniert wird allerdings die Überbelegung der Baracken. »Die Unterkunft der Kr. Gef. [Kriegsgefangenen] besteht aus einer Reihe RAD-Baracken und 1 Pferdestallbaracke. … Die Belegung der einzelnen Räume ist so stark, dass fast kein Bewegungs- und Sitzraum vorhanden ist. Das Lager sollte zunächst mit 500 Kr. Gef. belegt werden, die Belegzahl beträgt jetzt bereits 538. Um den Kr. Gef. genügend Raum zu geben, ist noch eine weitere Baracke aufzustellen.« Über ein anderes Kriegsgefangenenlager von Rheinstahl auf der Zeche Prosper III in Bottrop berichtete Oberstabsarzt Dr. Schreiber einige Tage später. »Das Lager macht einen sauberen und ordentlichen Eindruck. Die Belegung der einzelnen Stuben ist gut. Abort, Waschküche mit

Waschofen und Waschanlage ist gut … Küche und Essen wurden geprüft, es war gut und reichlich.«[42] Beide Berichte gingen in Kopie auch den Vorstandsmitgliedern von Rheinstahl zu. Sie schilderten die Verhältnisse allerdings aus »Täterperspektive« und lieferten sicherlich ein geschöntes Bild, ebenso wie mehrere Berichte von Lagerärzten aus der unmittelbaren Nachkriegszeit, die vor allem der Entlastung ihrer Verfasser dienen sollten und daher von nur eingeschränktem Aussagewert sind.

So berichtete der frühere Lagerarzt Dr. Overbeck im September 1946: »Das Lager Bottrop, Schubertstraße, war während des Krieges sowohl von Ostarbeitern (200–250) als auch von kriegsgefangenen Russen belegt. … Das Lager Schubertstraße galt als ein Musterlager. Die Behandlung und Verpflegung sowohl der Ostarbeiter als auch der Kriegsgefangenen war stets eine zufriedenstellende. In all den Jahren hat sich die Direktion der Rheinischen Stahlwerke (Herr Assessor Reckmann) stets persönlich um das Lager gekümmert. … Bis zur Aufhebung des Lagers im Jahre 1945 war der Gesundheitszustand sowohl der Ostarbeiter als auch der Gefangenen ein guter. Schlechte Behandlung der Gefangenen ist in all den Jahren von der Direktion nicht geduldet worden und ist daher auch nicht vorgekommen. … Als im März 1945 die Amerikaner einzogen, wurde ich auch weiterhin mit der ärztlichen Leitung des Lagers beauftragt. Sicherlich wäre das nicht geschehen, wenn nicht die Direktion in all den Jahren für die Gefangenen in jeder Weise gesorgt hätte.«[43]

Der frühere Lagerarzt Dr. Krings sagte aus: »Im August 1942 übertrug mir Herr Generaldirektor Reckmann die ärztliche Betreuung des Lagers Bottrop-Ebel, wo 300 Kriegsgefangene aus Sewastopol untergebracht waren. Die Leute litten bei ihrer Ankunft fast zu 50 % an Hungerödemen, die aber Dank den Bemühungen der Direktion um eine gute und ausreichende Ernährung sehr schnell verschwanden. Im Lager selbst sind Hungerödeme niemals aufgetreten … Am 1. Januar 1943 (wurde) ich … mit der ärztlichen Leitung des Lagers Prosper II beauftragt … Dieses Lager war nach den modernsten Gesichtspunkten eingerichtet, vor allen Dingen im Hinblick auf Ökonomiebaracken und Lazarett. Herr Generaldirektor Reckmann und weitere Herren der Direktion waren häufige Gäste des Lagers, um sich persönlich über die Unterbringung und Ernährung der Kriegsgefangenen zu orientieren.«[44]

Diesen positiv gefärbten Aussagen standen andere Berichte gegenüber, in denen etwa von Racheakten ehemaliger Zwangsarbeiter gegenüber Rheinstahl-Angestellten die Rede ist. So wurde im Mai 1945 ein früherer Lagerverwalter von mehreren Polen verprügelt, sicher nicht, weil er ihnen das Zwangsarbeiterdasein besonders erleichtert hätte.[45]

Eine Rolle beim vergleichsweise positiven Verhalten von Rheinstahl beim Thema »Zwangsarbeit« mag gespielt haben, dass keines der Vorstandsmitglieder

Mitglied der NSDAP war. Dass sämtliche Angehörige des Vorstands von Rheinstahl auch die Entnazifizierungsverfahren problemlos durchliefen, kann allerdings nur als schwaches Indiz für eine »korrekte« Unternehmensführung während der nationalsozialistischen Herrschaft betrachtet werden. Dafür urteilten die Spruchkammern bekanntlich in der Summe allzu großzügig.

Angesichts der sich abzeichnenden Niederlage des nationalsozialistischen Deutschland gingen Rheinstahl und einzelne Zechenleitungen im Frühjahr 1945 zunehmend auf Distanz zum NS-Regime, bis hin zur offenen Befehlsverweigerung. So weigerte sich beispielsweise die Leitung der Marler Zeche Brassert, der Anweisung zur Sprengung der Schachtanlage im Rahmen von Hitlers berüchtigtem »Nero-Befehl« vom 19. März 1945 Folge zu leisten. Daraufhin wurde der Werksleiter am 30. März 1945 von der Gestapo verhaftet. Am folgenden Tag besetzten US-amerikanische Truppen das Zechengelände.[46] Auch Vorstandsmitglied Heinemann zeigte sich empört über den Befehl zur Sprengung der Ruhrgebietszechen, zumindest im Tagebuch; ob auch gegenüber seinen Vorstandskollegen muss offen bleiben. »Als Werksleitungen können wir nur den Standpunkt vertreten, alles möglichst weitgehend zu erhalten. Der Trümmerhaufen in Deutschland ist nachgerade groß genug.«[47]

Heinemann im Vorstand der Rheinischen Stahlwerke

Wie verhielt sich nun Gustav Heinemann als Mitglied der Rheinstahl-Führung unter den Bedingungen der Kriegswirtschaft? Das schließt die Frage ein, welche Rolle er beim Thema Ausländereinsatz und Zwangsarbeit spielte, die ab 1940 bei den Rheinischen Stahlwerken – wie gezeigt – in gleicher Weise praktiziert wurde wie im gesamten Ruhrbergbau. Wich Heinemanns Position bei diesem Thema in signifikanter Weise von dem anderer Führungspersonen bei Rheinstahl ab?

Vor einer genaueren Erörterung dieser Frage ist dreierlei festzuhalten: Heinemanns Arbeit als Justitiar und stellvertretendes Vorstandsmitglied umfasste ein breites Spektrum, das vor allem die vertrags- haftungs- und arbeitsrechtlichen Aspekte der Firmentätigkeit beinhaltete. Auch die Erstellung des Geschäftsberichts gehörte zu seinen Aufgaben. Als stellvertretendes Vorstandsmitglied war Heinemann seit 1936 bei nahezu allen Sitzungen dieses fünf- bzw. sechsköpfigen Führungsgremiums und an dessen Beschlüssen beteiligt. Das schloss auch die Entscheidungen zur Anforderung von russischen Kriegsgefangenen ein, zur Errichtung von Lager-Baracken, zur Versorgung der ausländischen Arbeiter mit muttersprachlichen Zeitungen etc. Formaljuristisch war er für alle Entscheidungen des Rheinstahl-Vorstands daher mit verantwortlich. Drittens wird eine bündige Einschätzung der Rolle und des Verhaltens von Heinemann durch die Art der überlieferten Quellen und deren Lückenhaftigkeit erschwert. Was die Vorstandsentscheidungen betrifft, so handelt es sich um Ergebnisprotokolle, welche Diskussionen und eventuell abweichende Äußerungen nicht vermerken.

Die amtlichen Schriftstücke Heinemanns aus dieser Zeit sind betont sachlich in Darstellung und Tonfall und lassen eine spezifische Haltung etwa zur Rolle von Rheinstahl als wichtiger Energielieferant für die Kriegswirtschaft oder zum Thema Zwangsarbeit nicht erkennen. Allerdings sorgte Heinemann dafür, dass der Ausländereinsatz unter juristischen Gesichtspunkten stets »korrekt« ablief, etwa im Hinblick auf Versicherungs- und Lohnsteuerfragen. »Unseres Erachtens kann den Anwerbestellen für ausländische Arbeiter sehr wohl zugemutet werden, die Unterlagen für die Lohnsteuer der ausländischen Arbeiter zu liefern. Dies ist bereits in den Vorjahren geschehen, soweit es sich um kroatische Arbeiter handelte«, schrieb Heinemann im März 1944 an die Bezirksgruppe Steinkohlenbergbau Ruhr und schloss mit »Glück auf und Heil Hitler!«[48]

Es fehlen allerdings weitgehend persönliche Äußerungen in Tagebüchern oder Briefen zum »Rheinstahl-Komplex«, in denen Heinemann seine Tätigkeit als Industrie-Manager während des Krieges reflektiert hätte. Tagebücher aus der Zeit befinden sich im Besitz der Familie und sind noch nicht allgemein zugänglich.

Vorwegnehmend lässt sich sagen, dass Heinemann seine Aufgaben bei Rheinstahl offenbar stets mit der ihm eigenen Korrektheit erledigt hat. Den Einsatz von ausländischen Arbeitern und Kriegsgefangenen scheint er ebenso hingenommen zu haben wie die Tatsache, dass Rheinstahl als Montanunternehmen eine wichtige Rolle in der nationalsozialistischen Kriegswirtschaft spielte. Dabei war es Heinemann offenbar durchaus bewusst, dass es sich beim Einsatz von Zwangsarbeitern um eine verwerfliche, zumindest moralisch äußerst fragwürdige Praxis handelte. Im Dezember 1943 notierte er beim Anblick einer Kolonne von Zwangsarbeitern: »Sklavenmarkt vor dem Arenberghaus, Ostarbeiter aus Luisenschule«. Die erwähnte Luisenschule fungierte zu jener Zeit als Zwangsarbeitslager. Da das Gebäude in unmittelbarer Nähe der Rheinstahl-Hauptverwaltung lag, war Heinemann auf dem Weg zur Arbeit unmittelbar mit dem Einsatz von Zwangsarbeitern konfrontiert.[49]

Als das Reichsfinanzministerium Ende 1943 eine Änderung der Gewinnabführungsbestimmungen plante, war Justitiar Heinemann gefordert, weil daraus finanzielle Nachteile für die Bergbauunternehmen zu befürchten waren. Er sprach sich darum in mehreren Schreiben an die Bezirksgruppe Steinkohlenbergbau Ruhr gegen eine Neuregelung aus. »Da unsere bergbaulichen Betriebe in ihrer Gesamtheit schwerlich als besonders rentabel angesehen werden können, schon weil wir zwei sehr schlecht abschließende Schachtanlagen im Bochumer Revier haben, muss ich aus diesen Feststellungen schließen, das die beabsichtigte Neuregelung für den Bergbau insgesamt ungünstig sein wird, sodass eine Verbesserung der vorgesehenen Sätze angestrebt werden müsste. Für unseren besonderen Fall haben wir natürlich ein großes Interesse daran, dass die Gewinnabführung keinesfalls das Schachtelprivileg beeinträchtigt. Wenn das auch keine reine Bergbauangelegenheit ist, so ist es doch ein allgemeines Interesse der gewerblichen Wirtschaft überhaupt, sodass ich bitte, auch diesen Gesichtspunkt bei Ihren Erörterungen nicht außer Acht zu lassen.«[50] In dieser Sache entwickelte sich ein lebhafter Briefwechsel, doch hatten die Interventionen Heinemanns letztlich keinen Erfolg. Die für Rheinstahl nachteilige Regelung der Gewinnabführung wurde ohne größere Abstriche umgesetzt.

Im September 1942 musste sich Heinemann mit patentrechtlichen Fragen beschäftigen. Konkret ging es um die Frage, welche Erfindungen von Betriebsangehörigen das Unternehmen für sich beanspruchen konnte, weil sie in das »Arbeitsgebiet« der Mitarbeiter fielen, und welche dem Beschäftigten patentrechtlich selbst zugerechnet werden mussten. Heinemann plädierte für eine im Sinne der »Gefolgschaftsmitglieder« großzügige Regelung. »Die mir … überreichten Richtlinien des Hauptamtes für Technik der NSDAP zur Behandlung von Gefolgschaftserfindungen habe ich mir … noch einmal angesehen. Ich möchte nicht verfehlen, auf folgendes hinzuweisen: … Für mein Empfinden ist es ein wesentlicher Unterschied, ob ein Betrieb die Gegenstände, auf die sich die Erfindung bezieht, selber produziert und absetzt oder nur benutzt. Im ersteren Fall berührt die Erfindung zweifellos das ›Arbeitsgebiet‹ des Betriebes, im letzteren Falle dagegen kaum.« Verbesserungen an Maschinen seien darum in der Regel den Bergarbeitern selbst zuzurechnen.[51]

Auch als Experte für Bergschäden war Heinemann immer wieder gefragt. Im Januar 1945 erreichte ihn beispielsweise eine Anfrage der Oberschlesien GmbH der Reichswerke »Hermann Göring« in Kattowitz, wie bei einem Enteignungsverfahren bzw. erzwungener Veräußerung der Verkäufer mit dem Bergschadensverzicht zu verfahren sei. Hintergrund war, dass die Reichsbahn von den Reichswerken den Verkauf eines Geländes zur eigenen Nutzung erzwingen und den Bergschadensverzicht löschen lassen wollte. Heinemann antwortete, dass »der von mir in meinem Buch ›Der Bergschaden nach Preußischem Recht‹ vertretene Standpunkt, wonach ein dinglich gesicherter Bergschadenverzicht von einem Enteignungsverfahren unberührt bleibt, bisher noch nicht zu einer höchstrichterlichen Entscheidung gelangt ist. Meine Ausführungen bringen zu diesem Problem bewusst neue Gedankengänge und sollen dazu dienen, dem Bergbau gerade auch gegenüber den öffentlichen Verkehrsanstalten zu einer besseren Rechtsposition zu verhelfen.«[52]

In welcher technokratisch-verharmlosenden Diktion sich offizielle Stellen über das Thema »Ausländereinsatz und Zwangsarbeit« zuweilen äußerten, mag ein Schreiben der Bezirksgruppe Steinkohlenbergbau Ruhr der Wirtschaftsgruppe Bergbau verdeutlichen, das Heinemann im März 1944 erreichte. »Die Kriegsverhältnisse haben zur Folge gehabt, dass in steigendem Umfange immer größere Massen von fremdländischen Arbeitern in Deutschland eingesetzt werden, die aus wirtschaftlichen Gründen und zur leichteren Überwachung in der Regel in geschlossenen Lagern untergebracht werden. Ihr Lohn ist einkommensteuerpflichtig und wird in der Form der Lohnsteuer erhoben …«[53]

Wenn Heinemann in den Protokollen der Vorstandssitzungen namentlich erwähnt wurde, betraf dies zumeist den Geschäftsbericht und – wie nicht anders zu erwarten – rechtliche Fragen. Als es beispielsweise Ende 1941 zu einem Streit mit dem Hauptanteilseigner von Rheinstahl, der I. G. Farben, kam, wurde Heinemann mit zwei weiteren Vorstandsmitgliedern zu einer Krisensitzung mit dem Vorstandsvorsitzenden der I. G. Farben, Hermann Schmitz, nach Berlin entsandt.

Ein strittiger Rückversicherungsvertrag machte im Januar 1943 die Bildung eines Arbeitsausschuss nötig. Im Protokoll heißt es: »(Ihm) gehören [der Vorstandsvorsitzende] Herr Mockewitz und als Rechtsberater Herr Dr. Heinemann an.« In der Sitzung vom 2.11.1943 beantragte Heinemann das »Anlegen eines Vertragsregisters, um bessere Übersicht zu haben. Wird beschlossen.«[54]

Dass Heinemanns Position bei Rheinstahl während des Krieges zunehmend an Gewicht gewann, zeigt u. a. die Begründung, mit welcher der Vorstand sich beim Wehrbezirkskommando Essen im Januar 1945 »auf das nachdrücklichste« gegen seine drohende Einberufung zur Wehrmacht sperrte. »… (wir) können … den Wehrpflichtigen [Heinemann] auch schon deshalb nicht entbehren, weil er nach dem Ausfall von 4 Unterschriftsträgern in seiner Eigenschaft als stellvertretendes Mitglied der Vorstandes … nur noch der einzige Unterschriftsträger ist, der zusammen mit dem Vorsitzer [!] des Vorstandes unsere Gesellschaft gesetzlich vertreten kann.«[55]

Bei Heinemann gingen auch Berichte über »besondere Vorkommnisse«, darunter auch tatsächliche oder vermeintliche Sabotageakte ein, die er an seine Vorstandskollegen weiterleitete. Im Juli 1939 berichtete er an Mockewitz über einen Sabotageakt auf der Zeche Brassert. »Ein Schlepper hat zugestandenermaßen absichtlich einen Förderwagen in einen Aufbruch hineingestürzt und dadurch Sachschaden angerichtet. Der Bergrevierbeamte hat die Angelegenheit der Geheimen Staatspolizei übergeben. Eine Förderstörung besteht nicht mehr.«[56]

Betrachtet man die von Heinemann bearbeiteten Vorgänge im Überblick, so spiegeln sie den normalen Geschäftsbetrieb eines westdeutschen Montanunternehmens unter den Bedingungen der Kriegswirtschaft bzw. die in diesem Rahmen anfallenden spezifischen Aufgaben eines leitenden Justitiars wider. Dazu gehörten die Themen Fördermengen und Materialmangel, aber auch Rechtsstreitigkeiten sowie nach 1940 verstärkt Fragen im Zusammenhang mit der Beschäftigung ausländischer Arbeiter und Zwangsarbeiter. Aus dem vorliegenden Material – Vorstandsprotokolle, Akten der Rechtsabteilung u. a. – ergibt sich der Eindruck, dass Heinemann seine Aufgaben bei Rheinstahl auch während des Zweiten Weltkriegs nach betont sachlichen Gesichtspunkten erledigte. Zumindest in den offiziellen Texten legte er dabei weder besonderen Eifer im Sinne möglichst hoher Förderleistungen, aber auch keine außergewöhnlichen Bedenken oder Skrupel etwa beim Thema Zwangsarbeiter an den Tag.

Nicht zuletzt auf Grund des Zuschnitts seines Arbeitsbereichs als leitender Industriemanager kam Heinemanns Opposition gegen das nationalsozialistische Regime hier nicht zum Tragen. Sein Widerspruch und Opponieren gegen das NS-Regime manifestierten sich von Beginn an vor allem im Kampf um die Eigenständigkeit der evangelischen Kirche. Auf diesem Fald scheute Heinemann keine Konflikte mit dem NS-Regime und beteiligte sich im Einzelfall an konspirativen Handlungen wie beispielsweise der Herstellung und Verbreitung der »Grünen Blätter«, eines illegalen Mitteilungsblattes der Bekennenden Kirche im Rheinland. In der Wirtschaft hingegen scheint Heinemann den Erfordernissen seines Tätigkeitsbereichs weitgehend widerspruchslos entsprochen zu haben. Auch die Beschäftigung von Zwangsarbeitern scheint er als ein derartiges »Erfordernis« gesehen zu haben. Für ein ausgeprägtes Unrechtsbewusstsein bei diesem Thema ergeben sich aus den einschlägigen offiziellen Dokumenten keine Anhaltspunkte. Einige private Äußerungen lassen – soweit zugänglich – aber auch hier auf wachsende Skrupel schließen.

Widerstand oder Anpassung: Konflikt mit Wilhelm Röpke (1939)

Heinemanns durchaus prekäres Verhältnis von Opposition und Anpassung wurde im Sommer 1939 durch einen Konflikt mit dem engen Freund Wilhelm Röpke empfindlich gestört. Der 1933 in die Türkei emigrierte Röpke stellte nämlich in seinen Briefen an Heinemann dieses »Gleichgewicht« und damit Heinemanns Existenzweise im nationalsozialistischen Deutschland rundweg in Frage.

Röpke missbilligte zunehmend Heinemanns Haltung gegenüber den politischen Zuständen in Deutschland, die er als nicht entschieden genug erachtete. Auslöser des Konflikts war die harsche Kritik Röpkes an der Rolle von Ernst Lemmer – des »Dritten im Bunde« aus gemeinsamen Studientagen in Marburg – im nationalsozialistischen Deutschland. Konkret stieß sich Röpke daran, dass Lemmer weiterhin als Journalist – wenn auch vornehmlich für ausländische Zeitungen – arbeitete und dabei nach Röpkes Eindruck viel zu defensiv über die Verhältnisse unter dem

NS-Regime berichtete. Als Heinemann im Sommer 1939 zusammen mit Ernst Lemmer den gemeinsamen Studienfreund in Genf besuchen wollte, weigerte sich Röpke, mit Lemmer zusammen zu treffen. In einem Brief an Hilda Heinemann (!) ließ er seiner Empörung über Lemmer freien Lauf. »Ich glaube tatsächlich nicht, dass ich Lemmer bei mir empfangen könnte. Die Fronten sind zu klar und unerbittlich geworden, als dass ein Fraternisieren mit jemandem länger möglich ist, der sich selbst zum willigen Werkzeug der satanischen Maschinerie hat machen lassen. Man muss nicht nur selbst wissen, wo man steht, sondern muss das auch von seinen Freunden verlangen ... Ich verstehe, dass Sie selbst [der Brief ist an Hilda Heinemann gerichtet, T. F.] in Deutschland mit anderen Maßstäben ... zu messen gewöhnt worden sind, aber ich hoffe, dass Sie und Gustav es ebenso verstehen, wenn wir draußen auf strengeren Maßstäben bestehen müssen.«[57] Das waren deutliche Worte, mit denen Röpke zunächst und vor allem Ernst Lemmers Verhalten – so wie Röpke es sah – verurteilte. Aber griff er mit der Erwähnung von »strengen Maßstäben« nicht alle in Deutschland Gebliebenen an und stellte er nicht zuletzt Heinemanns Konzept eines »Sowohl–als auch« in Frage? Heinemann jedenfalls fasste es so auf und zeigte sich schwer getroffen, ja beleidigt.

Erst nach mehrwöchigem Schweigen schickte er Röpke einen Antwortbrief. Darin beklagte er vor allem dessen »unübertroffene Selbstsicherheit in der Beurteilung oder gar Verurteilung von Menschen u. Situationen. ... Mehr kann ich dazu heute nicht sagen, zumal es mir nicht darum zu tun ist, Deinen an den Gestaden des See's [seit 1937 lebte Röpke in Genf, T. F.] geborenen ›strengen Maßstäbe‹ einige andeutende Worte entgegenzusetzen ...«[58]

Als Röpke jedoch auf seiner Position beharrte, schrieb Heinemann umgehend einen langen Brief nach Genf, in dem er seine Sicht der Frage, wie und ob überhaupt man im Jahr 1939 in Deutschland noch mit Anstand leben könne, darlegte. »Es geht hier überhaupt nicht darum, welche Auffassung die richtige sein würde, sondern es geht darum, dass ich Dir nicht die Kompetenz zugestehen kann, über das, was irgendeiner von uns tut ... zu Gericht zu sitzen. Das kann überhaupt nur von jemandem geschehen, der voll und ganz unter denjenigen Bedingungen lebt u. arbeitet ..., die für den anderen Teil bestehen. Ich behaupte nicht, dass Dir und Deiner Familie ein leichter Weg bereitet sei. Sicherlich aber ist es ein völlig anderer Weg, als die Wege sind, die Du mit Deinen ›strengen Maßstäben‹ messen willst. ... Ihr mögt von Eurer Sicht der Dinge meinetwegen 100prozentig überzeugt sein. Dennoch ist es ... unpsychologisch, sie uns einfach über den Kopf stülpen zu wollen. Dass in D.[eutschland] Vieles im Argen liegt, weiß auch unsereiner. Aber ich bin beinahe geneigt zu fragen, was geht das jemanden an, der diesen Raum verlassen hat? ... Wir haben in unserem Briefwechsel vor 2–3 Jahren an einem ähnlichen Punkt gestanden, als Du davon sprachst, was die evangl. Kirche in D.[eutschland] hätte tun sollen u. tun müssen. Auch damals antwortete ich Dir, dass die Versäumnisse u. Schwächen der Kirche unsere Sorge sei, da wir diese Kirche tragen u. uns in Deutschland zu ihr bekennen.«[59]

Es lief darauf hinaus, dass Heinemann dem im Exil lebenden Röpke überhaupt die Berechtigung absprach, über das Tun und Lassen der »Zurückgebliebenen« – ob Lemmer oder Heinemann – zu urteilen. Man spürt allerdings in dem Briefwechsel deutlich, dass Heinemann durch Röpke unter starken Rechtfertigungsdruck gesetzt war. Schlagende Begründungen für seine Haltung, die auch Röpke hätten überzeugen können, brachte Heinemann jedoch nicht vor, vielmehr benutzte er jenes auch nach 1945 oftmals vorgebrachte Argument, dass die Emigranten gar nicht beurteilen könnten, was es bedeutete, im nationalsozialistischen Deutschland zu leben und zu arbeiten. Wie schwer Heinemann die Vorwürfe Röpkes trafen, mag aus der verhaltenen Wut ersichtlich sein, die ihn nicht davor zurückschrecken ließ, auf das vermeintlich angenehme Leben des Emigranten »an den Gestaden des (Genfer) See's« hinzuweisen.

Noch unter einem anderen Aspekt gibt jener Konflikt mit Röpke Einblicke in Heinemanns (politische) Gemütslage im Jahr 1939. Mit harschen Worten rechnete er gegenüber Röpke mit dem »liberalen Bürgertum« ab, dem er politisches Versagen auf ganzer Linie und damit ein hohes Maß Mitschuld an den Zuständen im nationalsozialistischen Deutschland vorwirft. »Wie kommt es denn, dass viel kläglicher als jede … andere Gruppe sich in Deutschland notorisch jene benommen haben, die sich liberales Bürgertum nannten? … Ich kann leider nicht anders sagen, als dass sehr vieles von dem, was Du [Röpke] Nazismus zu nennen geneigt bist, ohne eine Pleite des Liberalismus nicht wohl zu denken wäre. … Am schwersten wiegen dabei für mein Empfinden die Hohlheit u. die Nützlichkeitsgesinnung, die der Liberalismus in den Menschen angerichtet hat. Nur in leere Gefäße konnte sich ›Nazismus‹ ergießen, und nur dort, wo man nicht mehr aus dem lebt, was wahr ist u. verpflichtet, sondern was nützlich ist, konnte so ›gleichgeschaltet‹ werden wie in D.[eutschland]. … Pilatus macht sich immer u. überall zum gefügigen Handlanger dessen, der die Macht hat. Lies einmal Joh. 18 u. 19 nach. Diese alte Geschichte sagt Entscheidendes zu unserer Situation in Deutschland wie anderwärts.« [Evangelium nach Johannes; Joh. 18 und 19; Jesu Kreuzigung und Auferstehung, T. F.][60]

Heinemann zeigte sich 1939 offenbar von der politischen Rolle jenes liberalen Bürgertums schwer enttäuscht, dem er sich ideologisch wie materiell seit seiner Studentenzeit eng verbunden gefühlt hatte. Nach seiner Überzeugung verfügte es nicht über genügend ideelle und politische Substanz, um der nationalsozialistischen Bewegung wirkungsvoll entgegenzutreten. Es blieb zwar unausgesprochen, aber sehr wahrscheinlich meinte Heinemann die Gleichgültigkeit, mit der große

Teile des deutschen Bürgertums dem Verfall der Weimarer Republik zugesehen hatten und ihre Bereitwilligkeit, sich nach der nationalsozialistischen Machtergreifung den neuen Verhältnissen »anzupassen«. Seine Antwort auf dieses Versagen bestand u. a. darin, dass er sein christliches Bekenntnis noch stärker betonte. Abspalten musste Heinemann bei dieser »Abrechnung mit dem Bürgertum« indes, dass er als Mitglied der Wirtschaftselite des Deutschen Reiches selbst diesem Bürgertum angehörte.

Wenngleich nicht ganz frei von inneren Widersprüchen, scheint die Kritik am Bürgertum unmittelbar vor Beginn des Zweiten Weltkriegs einen Wendepunkt in der Haltung Heinemanns zu bürgerlicher »Art und Gesinnung« zu bezeichnen. Wenn er künftig vom Bürgertum sprach – auch und nicht zuletzt als Bundespräsident –, sollte es sich um ein verändertes, nachgerade geläutertes Bürgertum handeln, das die Ursachen seines Versagens erkannt und sich für neue (soziale) Fragen geöffnet hatte.

Der brieflich ausgetragene Streit mit Röpke endete schließlich doch noch versöhnlich, indem beide sich versicherten, dass ihre Positionen – insbesondere die Verurteilung der Nazi-Herrschaft – nicht gar so weit auseinanderlagen. Röpke an Heinemann: »Nachdem mich Dein erster Brief ganz niedergeworfen hatte, bin ich herzlich froh, dass Du die gewiss nicht geringe Selbstüberwindung aufgebracht hast, das andere Ende der Freundschaft in diesem Sturm festzuhalten.«[61] Die jahrelange Freundschaft zwischen Heinemann und Röpke war dadurch gerettet, ohne allerdings je wieder die Intensität früherer Jahre zu erreichen.

Kriegsende in Essen

Das Kriegsende erlebte Gustav Heinemann in Essen – allein, d. h. ohne Frau Hilda und die vier Kinder, die im November 1944 vor dem Bombenkrieg ins sauerländische Winterberg entflohen waren, wo die Heinemanns seit Jahrzehnten ein kleines Haus besaßen. So blieben Hilda Heinemann und den Kindern auch die Schrecken des Großangriffs vom 11. März 1945 erspart, der 897 Todesopfer forderte und fast die gesamte Innenstadt von Essen in Schutt und Asche legte. Von Westen her kam die Front nun immer näher. Amerikaner und Briten bereiteten den Übergang über den Rhein vor, um ins Ruhrgebiet und weiter nach Norddeutschland vorzustoßen. An seine Tochter Uta, die seit Ende 1944 in Marburg im Haus des Theologen Rudolf Bultmann wohnte, schrieb Heinemann Anfang März 1945: »Es wird nun immer ernster u. furchtbarer. ... Der Kanonendonner rückt immer näher u. lauter an uns heran.«[62]

So sehr ihn die Schrecken der Bombennächte, die Sorge um seine Familie und die Angst vor der näher rückenden Front belasteten – Trost fand Heinemann im Glauben. »Fast ununterbrochen schüttert (!) hier die Erde von schweren Schlägen des Artilleriekampfes ... und ein Alarm jagt den anderen. ... So steigt die Flut höher und höher und droht, uns bald zu verschlingen, so wie sie die vielen Menschen im Osten erfasst hat. Das macht trübe Gedanken. – Umso schöner war es, dass ich heute morgen ... in Werden einen Gottesdienst zu halten hatte. ... Ich las eine Predigt von Gollwitzer vor aus dem Heft ›Wir dürfen hören‹ ... u. zwar über das Vater-unser (Lukas 11,1–4).«[63]

Über den Ausgang des Krieges machte sich Heinemann nun keinerlei Illusionen mehr. »Der Zusammenbruch steht unmittelbar bevor«, heißt es am 4. April 1945 im Tagebuch.[64] Wenige Tage zuvor hatten US-amerikanische und britische Truppen den Rhein bei Wesel überschritten und zum Angriff auf das Ruhrgebiet angesetzt. Während Essen unter schwerem Artilleriefeuer lag (»das Haus bebte ununterbrochen«), schrieb Heinemann am 24. März ins Tagebuch: »Nun wird der letzte Sturm über uns hereinbrechen. Eine unheimliche Spannung erfasst uns alle.«

Soweit Luftangriffe und die näher rückende Front es zuließen, suchte Heinemann stundenweise sein Büro in der Rheinstahlzentrale am Bismarckplatz auf und nahm intensiv am Gemeindeleben teil. Gottesdienstbesuche, Bibelstunde wie auch häusliche Andachten mit Freunden und Nachbarn halfen Heinemann, die Belastungen und Schrecken der letzten Kriegswochen auszuhalten, wobei ihn die Ereignisse zunehmend an apokalyptische Visionen gemahnten. »Es ist wie in der Offenbarung, wo der Lobpreis der ewigen Gemeinde alle Schrecknisse der Endzeit begleitet u. durchzieht.« (Tagebuch, 1. April 1945, Ostersonntag)

Heinemann sah die Schrecken des Bombenkrieges durchaus als ein Strafgericht Gottes. Er warf sich vor, nicht früh genug die Menschen wachgerüttelt zu haben. Nach dem verheerenden Luftangriff vom 11. März 1945 schreibt er an seine Mutter. »Dass Gottes Zorn furchtbar sein kann. Das merken wir jetzt. ... Schon oft habe ich in diesen Kriegsjahren bedauert, dass ich kein Horn blasen kann[.] Ich wollte mich dann wohl in stiller Abendstunde, wenn die Menschen in aller Unruhe auf den nächsten Alarm lauern, an die Straße setzen u. einen Choral oder ein Psalmlied blasen. O Land, Land, Land höre des Herrn Wort! Es gebietet den Menschen an allen Enden Buße zu tun! Auf das es wieder hell werde auf dieser Erde und bei uns!«[65] Es waren möglicherweise diese schreckensvollen Wochen Anfang 1945, in denen Heinemann den Entschluss fasste, in Zukunft lieber früher als später jenes »Horn zu blasen«, um die Menschen von einem Irrweg abzubringen. Das Bekennerhafte, das Heinemann nach 1949 auch in politischen Dingen immer wieder an den Tag legte, mag nicht zuletzt in dem Selbstvorwurf wurzeln, während des Krieges nicht früh und nicht kräftig genug ins »Horn geblasen« zu haben.

Etwas unklar bleibt in diesem Zusammenhang allerdings, worin genau für Heinemann die Versündigung der Deutschen bestand. Wahrscheinlich sah er sie vor allem in der verbreiteten Missachtung von Gottes Wort. Der von den Nationalsozialisten ausgelöste Krieg und die Verbrechen des NS-Regimes werden erst später, nach Kriegsende, als Schuldenlast der Deutschen ausdrücklich genannt. Bis Ende 1944 hatte Heinemann das Kriegsgeschehen, insbesondere an der Ostfront, eher mit den Empfindungen eines national gesinnten Deutschen verfolgt, den das Näherrücken der Front um den Bestand des Reiches bangen ließ. Als sich die Niederlage immer deutlicher abzeichnete, sah Heinemann eine »Unsumme an Arbeit, Aufopferung u. Einsatz gegen jahrelangen Bombenterror … zunichte« gemacht.[66] So formulierte einer, der die militärische Niederlage Deutschlands eigentlich nicht zuallererst als Befreiung empfand, sondern als nationale Demütigung.

Vor allem aber quälte Heinemann angesichts der näher rückenden Front die Sorge um Frau und Kinder in Winterberg, zu denen die direkte Verbindung inzwischen abgerissen war. »Die Nachrichten über Winterberg lauten immer beunruhigender: Eine Panzerabteilung wurde dort vernichtet.« (3.4.1945) »Ich denke viel an Winterberg. Wie es dort wohl ergangen sein mag!« (15.4.1945)

Unterdessen kam die Front immer näher. Vom Brückenkopf Remagen aus stießen amerikanische Verbände südlich des Ruhrgebiets ins Sauerland vor, während britische und amerikanische Truppen ab dem 24. März von Wesel aus das nördliche Ruhrgebiet umfassten. Mit dem Zusammentreffen beider Armeekorps am 3. April 1945 bei Lippstadt war der »Ruhrkessel« geschlossen. Den dort kämpfenden Wehrmachtsverbänden fehlte es an Waffen, Munition und Treibstoff sowie an jeglicher Luftunterstützung. Angesichts dieser aussichtslosen Lage leisteten die deutschen Soldaten kaum noch Widerstand und ergaben sich oft kampflos den alliierten Truppen – froh, den Krieg lebend überstanden zu haben.

Am 1. April hatten amerikanische Verbände den Essener Vorort Karnap erreicht. Fünf Tage darauf überschritten sie unter massivem Artillerieeinsatz den Rhein-Herne-Kanal und stießen über Altenessen nach Dellwig und Essen-Kray vor. Zwei Tage zuvor hatte der stellvertretende NSDAP-Gauleiter Fritz Schleßmann noch die völlige Räumung von Essen angeordnet, was aber von der Bevölkerung wie auch von der städtischen Verwaltung unter Oberbürgermeister Just Dillgardt weitgehend ignoriert wurde. (Heinemann bezeichnete den Räumungsbefehl im Tagebuch als »Idiotie«.) Unter dem 31. März berichtet Heinemann voller Empörung von der »ungeheuerlichen Absicht« des Essener Polizeipräsidenten, »etwa 15.000 Ausländer in die Zechen zu verbringen u. dort umkommen zu lassen!

Diese Wahnsinnsidee wird vom Bergbau strikt abgelehnt. ... Solche Verbrecher regieren uns!«

Am Vormittag des 11. April 1945 wurde Essen offiziell übergeben und vollständig von US-amerikanischen Truppen besetzt. Lediglich in Werden und Kettwig leisteten deutsche Verbände noch einige Tage Widerstand. Nach zwölf Jahren nationalsozialistischer Herrschaft und sechs Jahren Krieg bot die einstige Ruhrmetropole ein Bild der Zerstörung. Das Stadtgebiet war zu 60 Prozent zerstört, im Zentrum der Altstadt und des Geschäftsviertels sogar zu 90 Prozent. Von den einst 185.300 Wohnungen waren 64.000 völlig zerstört und rund 36.000 stark beschädigt. Insgesamt hatte die Stadt zwischen Mai 1940 und März 1945 nicht weniger als 272 Luftangriffe erlebt, davon 15 Großangriffe, darunter die verheerenden Angriffe vom 5. und 13. März sowie 25./26. Juli 1943 und jener vom 11. März 1945, der mit 1.100 Flugzeugen und einer Bombenlast von mehr als 8.000 Tonnen der schwerste des ganzen Krieges war.

Die Bevölkerung war von insgesamt 1.162 Fliegeralarmen in die Keller und Bunker getrieben worden. Im Innenstadtbereich waren Straßen und Plätze aufgrund der Trümmermassen weitgehend unpassierbar geworden. Durch den Luftkrieg waren in Essen mehr als 6.800 Zivilpersonen ums Leben gekommen, darunter 1.356 Zwangsarbeiter und Kriegsgefangene. Rund 17.500 Essener hatten als Wehrmachtsangehörige an der Front ihr Leben verloren.[67] Von den rund 4.300 Juden, die 1939 in Essen lebten, wurden mehr als 2.500 von den Nationalsozialisten ermordet.

Bei Kriegsende war Essen eine stark entvölkerte Stadt. Von ursprünglich rund 667.000 Einwohnern (Mitte 1939) lebten aufgrund von Evakuierungen, Flucht vor dem Bombenkrieg, Einberufungen in die Wehrmacht sowie Betriebsverlagerungen im Mai 1945 lediglich noch 285.000 Menschen in Essen. Allerdings stieg die Einwohnerzahl bis Ende 1945 wieder auf rund 478.000, was die Versorgungsprobleme verschärfte. Zusätzlich lebten in Essen bei Kriegsende rund 15.700 Kriegsgefangene, 11.200 osteuropäische Zwangsarbeiter und 12.300 Zwangs- und Zivilarbeiter aus anderen Staaten, die auf ihre Rückkehr in die Heimat warteten.[68]

In die große Erleichterung und Freude über das Kriegsende mischten sich bei Heinemann in jenen Tagen auch ambivalente Gefühle. Vor allem war er natürlich froh und erleichtert über das Ende der nationalsozialistischen Herrschaft und das Ende des Krieges. »Die Ruhe ist unsagbar. ... Kein Fliegeralarm ist mehr zu erwarten! Eine jahrelange Spannung fällt von uns ab, – kaum, dass man es fassen kann.« Es bedrückten ihn – als durchaus national gesinnten Mann – aber auch der völlige Zusammenbruch des Deutschen Reiches und die Ungewissheiten der Zukunft. Am 10. April 1945 sah Heinemann die ersten US-amerikanischen Panzer. »Ja, sie kommen, sie sind da, es ist zu Ende mit uns. Wie eine Lähmung steigt es in mir auf. Nur nicht denken jetzt!« (Tagebuch, 10. April 1945)

Eine gewisse Ambivalenz kommt auch im Eintrag vom 16. April zum Ausdruck, in dem Heinemann das Ende der NS-Herrschaft und den Beginn einer neuen Epoche begrüßt. »So wird denn nun ein neues Buch unseres deutschen Lebens aufgeschlagen: das Buch der Arbeit an Wiederaufbau u. Neuordnung unseres so furchtbar zusammengeschlagenen Vaterlandes in einem von fremder Macht regierten Gehäuse völlig unbekannter Art u. Gestaltung.«

Den Abend des Kriegsendes in Essen (11. April) verbringt Heinemann in seinem Haus mit zwei Nachbarn, die wie er aktive Mitglieder der evangelischen Gemeinde sind. »Herr Noth spielt Choräle auf dem Klavier. Nach einer Weile rückt Herr Riesack mit seiner Geige an ... Schließlich hole ich das Gesangbuch hervor, sodass gar ein Trio Gott zu Lob u. Ehren seine Lieder erklingen lässt.«[69]

Christlicher Glaube und Gottvertrauen, die Sorge um seine Familie sowie disziplinierte Pflichterfüllung als Rheinstahl-Direktor bestimmen in den dramatischen Tagen des Kriegsendes das Fühlen, Denken und Handeln Heinemanns. Empört und wütend ist Heinemann über die Fortführung des Krieges durch die NS-Führung in und um die Reichshauptstadt. Am 17. April notiert er: »Was soll der Wahnsinn dieses Kriegs noch? Es ist doch nur noch ein Verbrechen, ihn fortzuführen. Hitler aber erlässt noch einen Tagesbefehl an die Ostfront: Berlin bleibt deutsch ... Nur ein Geisteskranker kann so etwas heute noch sagen.«

Unmittelbar nach Kriegsende galt es für Heinemann wie für alle Bewohner von Essen zunächst einmal, sich unter den neuen Verhältnissen einer völlig zerstörten Stadt unter Besatzungsherrschaft einzurichten. Die städtische Infrastruktur war größenteils zerstört. Wochenlang gab es nur stundenweise Strom, jeder Weg durch die von Trümmern übersäten Straßen war ein mühe- und gefahrvolles Abenteuer. Lebensmittel wurden knapp. »Die Lebensmittelnot ist schon sehr fühlbar«, heißt es am 12. April im Tagebuch.

Dabei waren Heinemann und seine Familie noch vergleichsweise glimpflich davongekommen, insbesondere weil das Haus in der Schinkelstraße 34 nur leichtere Bombenschäden aufwies. Dankbar machte er sich bewusst, »welch eine gnädige Führung Gottes über unserem Heim gewaltet hat.« (Tagebuch, 15.4.1945)

Viel Zeit verbrachte Heinemann in jenen Tagen im Garten mit dem Anbau von Kartoffeln und Gemüse. Dabei ging ihm meist das französische Hausmädchen Fernande zur Hand, die allerdings bereits in freudiger Erwartung ihrer Rückkehr in die Heimat war und Ende April mit zwei Landsleuten in Richtung Frankreich aufbrach, nicht ohne sich von Heinemann, in dessen Haushalt sie zwei Jahre lang als freiwillige Ausländerin gearbeitet hatte, herzlich zu verabschieden.

Neuordnung der Evangelischen Kirche in Essen

In den ersten Wochen und Monaten nach Kriegsende galt Heinemanns Aktivität – neben der Sorge für die Familie und seiner Arbeit bei Rheinstahl – vor allem der Neuordnung der evangelischen Kirche in Essen. Bereits vier Tage nach Einmarsch der Amerikaner befestigte er an seinem Haus ein Schild mit der Aufschrift »Büro der Bekennenden Kirche/Office of the Confession Church« und »Büro des christlichen Vereins Junger Männer, CVJM«, womit er dokumentierte, dass er sich durchaus als eine Zentralfigur bei der Erneuerung der Kirche, zumindest auf regionaler Ebene, sah. Bereits am 25. April kamen Pfarrer des Kirchenkreises Essen im Ernst-Moritz-Arndt-Haus zusammen, um über die Neuordnung der evangelischen Kirche zu beraten. Die meisten Teilnehmer waren Mitglieder der Bekennenden Kirche, aber auch mehrere »Neutrale« nahmen teil, die sich nach 1933 weder zu den »Deutschen Christen« (DC) noch zur Bekenntnisgemeinde bekannt hatten. DC-Vertreter waren nicht geladen. Als einziger Laie nahm Gustav Heinemann teil.

Zur Debatte standen zwei Konzepte der Neuordnung. Das erste sah die sofortige Übernahme des Kirchenregiments durch die Bekenntnissynode im Sinne der Dahlemer Beschlüsse (1936) vor. Der zweite Vorschlag zielte darauf ab, dass die alte Kreissynode von 1933, in der nicht nur Bekenntnischristen vertreten waren, die Erneuerung in die Hand nehmen solle. Dieses Vorgehen wurde nach längerer Diskussion beschlossen. Auch Heinemann hatte sich dafür ausgesprochen, da nach seiner Überzeugung nur so auch jene »neutralen« Pfarrer und Gemeindemitglieder in den Erneuerungsprozess eingebunden werden konnten. Ein Konflikt aufgrund allzu großer »Prinzipienfestigkeit« – nicht zuletzt aufseiten der Bekennenden Kirche – müsse vermieden werden, ebenso wie das andernfalls unvermeidliche »Hineinregieren« der Besatzungsmacht als »Schiedsrichter«. Denn für Heinemann war klar, dass die evangelische Kirche »sich jetzt von sich aus reinigen u. ordnen (muss), so wie es der endlich erreichten Staatsfreiheit entspricht.« Kompromisse seien dabei notwendig, denn »wer ohne den Staat zurecht kommen will oder muss, kann nur durch Verständigung zum Ziel gelangen. Das werden wir nun hoffentlich auch lernen u. unsere Prinzipienreiterei verlieren, die nur mit dem Vater Staat als ultima ratio so blühen konnte.«[70] Das bezog sich zwar auf den konkreten Fall der kirchlichen Erneuerung nach 1945, kann aber auch als eine Art Motto für Heinemanns politisches Denken und Handeln in den folgenden Jahren gelesen werden: Interessenausgleich durch Kompromiss verbunden mit gesundem, selbstbewusstbürgerlichem Misstrauen gegenüber allzu großem Einfluss des Staates.

Tatsächlich verlief die kirchliche Neuformierung in Essen und wenig später im gesamten Rheinland erstaunlich rasch. Nun zahlte sich aus, dass innerhalb der

Bruderräte vor allem in der Endphase des Krieges über die Art und Weise eines Neuanfangs eingehend gesprochen worden war. Hinzu kam, dass es vonseiten der DC-Kirchenleitung angesichts des völligen Zusammenbruchs des nationalsozialistischen Regimes, dem sie sich ab 1933 angedient hatten, kaum Widerstand gab. Lediglich in Essen-Kupferdreh versuchten ein DC-Pfarrer, Karl Dungs, und Teile der Gemeinde sich gegen die Erneuerung zu stemmen.[71]

Bereits am 13. Mai 1945 wurde Pfarrer Heinrich Held, eine Zentralfigur der Bekennenden Kirche in Essen und enger Vertrauter Heinemanns, auf der ersten Kreissynode nach Kriegsende zum neuen Superintendenten von Essen gewählt. Gleichzeitig wurden mehrere Vertreter der Deutschen Christen, insbesondere Pfarrer Dungs, von der Synode ausgeschlossen. Auch Heinemann stimmte für diese personellen Konsequenzen aus dem jahrelangen Kirchenkampf. Damit war die Grundlage für die Erneuerung der evangelischen Kirche gelegt. An dieser Erneuerung wollte Heinemann sich aktiv beteiligen, soweit ihm seine wieder voll aufgenommene Arbeit bei Rheinstahl und die Bewältigung des Alltags dazu Zeit und Kraft ließen.

Ein zentraler Punkt der Kirchenerneuerung war die Wiederherstellung der presbyterialen Verfassung, für die Pfarrer Graeber und Heinemann zusammen mit ihren Mitstreitern sich so vehement eingesetzt hatten. Im Juli 1945 verbreitete der neugewählte Superintendent Held eine offizielle Anweisung der evangelischen Kirchenleitung zur »Wiederherstellung der Presbyterien sowie zur Neuwahl der Abgeordneten der Kreissynode … und der Kreissynodalvorstände.« Zur Begründung hieß es, dass die »Kirchenwahlen von 1933 hinsichtlich ihres Urhebers wie ihrer Durchführung kirchlich unrechtmäßig« waren.[72]

Bei der anschließenden Neubesetzung der Kirchengremien gehörte Heinemann zu denjenigen, die als konsequente Gegner der NS-Kirchenpolitik in ihren Ämtern bestätigt wurden. Somit gehörte er weiterhin bzw. erneut dem Presbyterium der Altstadt-Gemeinde, der Kreissynode und als weltlicher Abgeordneter auch der Provinzialsynode an.[73]

VI. Heinemann als Kommunalpolitiker (1945–1949)

Über seine Zukunftspläne hatte sich Heinemann Mitte April 1945 im Tagebuch ziemlich unmissverständlich geäußert. »... ich denke nicht daran, etwas anderes anzufassen, als was mit Gemeinde u. Kirche zusammenhängt.« Angesichts der schweren Kriegszerstörungen und der gewaltigen Aufgaben des Wiederaufbaus wollte Heinemann also seine Kräfte allein der fünfköpfigen Familie, dem Beruf und der kirchlichen Arbeit widmen. Unter den Bedingungen der »Zusammenbruchsgesellschaft« war das allein schon eine Mammutaufgabe. Von politischen Ambitionen, in welcher Form und auf welcher Ebene auch immer, war keine Rede. Und wenn es entsprechende Anfragen gab, lehnte Heinemann sie zunächst entschieden ab. »Überall werden Persönlichkeiten gesucht, die ohne nationalsozialistische Vorbelastung sind. Da ich in dieser Beziehung sehr ›groß‹ dastehe, will man mich von vielen Seiten einspannen.«[1]

Politiker wider Willen

Bekanntlich kam es anders. Ab Februar 1946 war Gustav Heinemann Bürgermeister, seit Oktober 1946 erster gewählter Oberbürgermeister von Essen nach dem Krieg. Zuvor hatte er schon maßgeblich an der Gründung der »Christlich-Demokratischen Partei« in Essen mitgewirkt, die sich wenig später der CDU im Rheinland anschloss. 1947/48 amtierte er zudem als nordrhein-westfälischer Justizminister.

Ein bestimmter Grund oder konkreter Anlass für Heinemanns Sinneswandel, sich entgegen seiner ursprünglichen Pläne nun doch auch politisch zu engagieren, lässt sich nicht mehr feststellen. Wahrscheinlich hatte es dieses *einen* Grundes auch gar nicht bedurft. Zu zahlreich waren im Sommer 1945 offenbar die Anfragen und Bitten von Freunden, Bekannten und offiziellen Stellen an das Mitglied der Bekennenden Kirche »ohne nationalsozialistische Vorbelastung«, als dass Heinemann sich dem auf Dauer hätte entziehen können. Zudem entsprach es ja durchaus Heinemanns »Temperament«, sich in öffentliche Angelegenheiten einzumischen, wie er als Student im Kreis demokratischer Studenten oder als Mitglied des Christlichen Volksdienstes und Mitarbeiter bei den sozialen Projekten von Pfarrer Graeber um 1930 bewiesen hatte.

Wie er allerdings die enorme Arbeitsbelastung durch die Leitungsfunktion bei Rheinstahl, als Familienvater, als aktives Mitglied seiner Kirchengemeinde und nun auch noch als führender Kommunalpolitiker bewältigen würde, war eine andere Frage. Als erstes musste wohl die Familie zurückstehen. »Ein Privatleben habe ich schon lange nicht mehr«, klagte Heinemann denn auch einmal im Essener Stadtrat.[2]

Dennoch schaffte es Heinemann, auch am Familienleben noch relativ rege teilzunehmen. So berichtet Sohn Peter, dass Gustav Heinemann zwar auch zu Hause meist bis spät abends arbeitete. Dabei ließ er jedoch die Tür zum Arbeitszimmer weit offen stehen, und beteiligte sich durch Zwischenrufe ins Nebenzimmer am abendlichen Familiengespräch.[3]

Heinemanns Eintritt in die Politik erfolgte im Juni 1945 mit seiner Berufung in den sogenannten »Stadtbürgerausschuss« (Beirat) durch den britischen Stadtkommandanten Oberstleutnant Downe. Dieser 13-köpfige Ausschuss, dessen Zusammensetzung sich auf Anordnung der Briten an den lokalen Wahlergebnissen vor 1933 orientierte (so stellten die CDU fünf Mitglieder, SPD und KPD je drei und die Liberalen (LDP) ein Mitglied; hinzu kam ein Krupp-Direktor), sollte den von den Briten am 20. Mai 1945 ernannten Oberbürgermeister Hugo Rosendahl beim Aufbau funktionierender Verwaltungsstrukturen in Essen unterstützen. Die KPD protestierte vergeblich gegen die Zusammensetzung des Beirats, in der sie ihre zentrale Rolle im Widerstand gegen Hitler nicht ausreichend gewürdigt sah.[4]

Neben Heinemann als stellvertretendem Mitglied gehörten dem Ausschuss unter anderen auch der christliche Gewerkschafter Heinrich Strunk, der Sozialdemokrat Wilhelm Nieswandt und der Kommunist Heinz Renner an. Sämtliche Ausschuss-Mitglieder waren als Gegner des NS-Regimes bekannt oder hatten sogar – wie Heinz Renner – aktiven Widerstand geleistet und dafür im Gefängnis gesessen. Heinemann war sicherlich wegen seiner Mitgliedschaft in der Bekennenden Kirche auf die Liste gelangt. Möglicherweise hatte auch sein juristischer Mentor und langjähriger Sozius, der liberale Justizrat Viktor Niemeyer – auch er Mitglied des »Bürgerausschusses« – Heinemanns Name ins Spiel gebracht. Wie auch immer – bereits Mitte Juni 1945 konnte und wollte Heinemann sich der Aufforderung zu politischer Betätigung nicht länger versagen.[5]

In einer bemerkenswerten Parallelität der Ereignisse – von der beide Protagonisten natürlich nichts wussten –, ging etwa zur selben Zeit auch Ernst Lemmer, Heinemanns Freund aus Studententagen, mehr oder weniger freiwillig in die Kommunalpolitik, wobei es im Fall von Heinemann sicherlich nicht so drastisch ablief wie bei Lemmer, der 1945 in Kleinmachnow bei Berlin, also in der sowjetischen Besatzungszone, lebte. Dort erschien wenige Tage nach der deutschen Kapitulation ein sowjetischer Offizier an Lemmers Wohnungstür, fragte mit Blick auf einen Zettel voller Namen »Du Lemmer?« und sagte, nachdem dieser bestätigend genickt hatte, kurz und knapp: »Gutt, Du Bürgermeister.«[6] Auch der frühere DDP-Abgeordnete Lemmer war also auf eine Liste von nicht NS-belasteten Personen geraten, aus der die Besatzungsmacht ihr erstes Personal für den Wiederaufbau der kommunalen Verwaltung rekrutierte. Für Lemmer bedeutete das ebenso wie für seinen fernen Freund Heinemann den (Wieder-)Einstieg in die Politik.

Der Gestaltungsrahmen für deutsche Politiker blieb in den folgenden Monaten und Jahren freilich eng begrenzt. Macht und Entscheidungsbefugnisse lagen bei den Besatzungsbehörden, die allerdings ein Interesse daran hatten, beim Wiederaufbau des zerstörten Landes fachlich kompetente Deutsche mit ausgewiesener demokratischer Gesinnung in verantwortliche Positionen einzubinden. Eine demokratische Legitimation erlangten diese von Deutschen besetzten kommunalen Gremien und Institutionen erst mit den Kommunalwahlen im Oktober 1946.

Die ersten Weichenstellungen in Essen erfolgten noch unter US-amerikanischer Besatzung. Am 20. Mai 1945 wurde Dr. Hugo Rosendahl zum Oberbürgermeister ernannt, ein früherer Zentrumspolitiker und Oberbürgermeister von Koblenz, der seit seiner Zwangspensionierung im Jahr 1933 in Essen-Bredeney als Rechtsanwalt lebte. Er trat an die Stelle von Stadtrat Dr. Dieter Russel, der ungeachtet seiner NSDAP-Mitgliedschaft von den Besatzungsbehörden nach der Verhaftung des NS-Oberbürgermeisters Just Dillgardt für eine vierwöchige Übergangszeit an die Spitze der Stadtverwaltung gesetzt worden war.

Vorgeschlagen hatte Rosendahl der frühere Zentrumspolitiker und christliche Gewerkschafter Heinrich Strunk, der sich in jenen Wochen und Monaten mit besonderem Elan für den Aufbau demokratischer Strukturen in Essen einsetzte und bereits erste Schritte zur Neugründung einer christlich-demokratischen Sammlungspartei unternommen hatte, für die er später auch Gustav Heinemann gewinnen konnte. Die SPD hatte vergeblich versucht, dem britischen Stadtkommandanten Oberst Edson D. Raff einen eigenen Kandidaten schmackhaft zu machen.[7]

Nur eine Episode blieben die Versuche von mehreren Antifa- oder Ortsausschüssen, sich in Essen auf Stadtteilebene aktiv am Neuaufbau von Verwaltungsstrukturen »von unten« zu beteiligen. Nicht zuletzt wegen des hohen Anteils von Kommunisten in diesen Gruppen unterbanden die Amerikaner rasch derartige Bestrebungen. Die Mitwirkung der Deutschen am politischen Neuaufbau sollte sich zunächst auf Beiräte zur Unterstützung von Ortsbürgermeistern und Stadtteilverwaltungen beschränken. Auf Stadtebene übernahm jener »Bürgerausschuss« diese Funktion, der am 29. Juni 1945 erstmals zusammentrat. Der Ausschuss hatte zwar keine Entscheidungsbefugnisse, konnte aber durch begründete Vorschläge auch direkten Einfluss auf die Lösung zentraler Probleme wie Ernährungslage, Wohnungsnot und Wiederaufbau nehmen.

Mitte Juni 1945 lösten die Briten die Amerikaner als Besatzungsmacht ab, da Essen wie das ganze Ruhrgebiet nach alliierter Vereinbarung zur britischen Besatzungszone gehörte. Neuer Stadtkommandant wurde Oberstleutnant Downe.

Besatzungsbehörden und deutsche Kommunalpolitiker standen vor gewaltigen, fast unlösbar scheinenden Aufgaben. Vordringlich waren die Beseitigung der Trümmer und die zumindest notdürftige Wiederherstellung der großenteils zerstörten Infrastruktur (Wasser, Strom, Gas etc.). Im August 1945 erließ Oberbürgermeister Rosendahl die Weisung, dass alle Männer zwischen 14 und 60 Jahren und Frauen von 16 bis 50 Jahre bei der Trümmerbeseitigung helfen mussten. Wegen des Fehlens von schwerem Gerät gingen die Aufräumarbeiten jedoch sehr langsam voran. Immer prekärer wurde die Versorgung mit Lebensmitteln, nicht zuletzt weil die meisten Transportwege (Straßen, Schiene, Kanäle) noch blockiert waren und Fahrzeuge fehlten. Zudem herrschte ein gewaltiger Mangel an Wohnraum.

Verschärft wurden diese Probleme durch den starken Anstieg der Einwohnerzahl, da nach Kriegsende zahlreiche wegen des Bombenkriegs Evakuierte und auch ehemalige Wehrmachtssoldaten nach Essen zurückkehrten. Hinzu kamen ab Ende 1945 mehrere Tausend Flüchtlinge und Vertriebene aus den deutschen Ostgebieten. Von April 1945, als nur noch rund 285.000 Menschen in der zerstörten Stadt lebten, wuchs die Einwohnerzahl bis Ende 1945 wieder auf knapp 400.000 Personen. Zur Linderung der schlimmsten Not rief die Stadtverwaltung unter Oberbürgermeister Rosendahl im Herbst 1945 die »Essener Nothilfe« ins Leben, die u. a. ausländische Lebensmittelspenden an Schüler verteilte, Kleidungsstücke ausgab und im Hinblick auf den bevorstehenden Winter Wärmehallen einrichtete.

Einen besonderen Unruhefaktor bildeten in der unmittelbaren Nachkriegszeit die rund 35.000 ehemaligen Zwangsarbeiter und Kriegsgefangenen, die nach ihrer Befreiung versorgt und betreut sein wollten, was die Besatzungsbehörden jedoch zeitweise zu überfordern schien. Am allerwenigsten kümmerten sich die deutschen Unternehmen um ihre ehemaligen Zwangsarbeiter. Übrigens äußerte sich auch Heinemann zum Thema »Ostarbeiter« damals eher larmoyant, indem er Übergriffe und Plünderungen von Zwangsarbeitern beklagte, ohne auf die Verantwortung auch seines Unternehmens, der Rheinischen Stahlwerke, weiter einzugehen. »... ist es eine Verantwortungslosigkeit [der früheren NS-Führung von Essen, T. F.] sondergleichen gewesen, die Polizei aus Essen herauszunehmen u. damit in den Tagen des Übergangs die deutsche Bevölkerung u. die lebenswichtigen Vorratslager den nach jahrelanger Bedrückung zu jeder Ausschreitung fähigen Ausländermassen preiszugeben. Unerhörte Dinge haben sich daraus ergeben.«[8]

Tatsächlich kam es in den ersten Wochen nach Kriegsende zu zahlreichen Gewaltakten von ehemaligen Kriegsgefangenen und Zwangsarbeitern, nunmehr als »displaced persons« (DP) bezeichnet. Hunderte Geschäfte und Wohnungen wurden geplündert, mehrere am Stadtrand gelegene Bauernhöfe auf der Suche nach Lebensmitteln überfallen. Wiederholt wurden Passanten auf offener Straße ausgeraubt. Vereinzelt nahmen DP auch blutige Rache an früheren Peinigern.

Als die Unzufriedenheit und auch Aggressivität der Ausländer zu eskalieren begann, drohte der US-amerikanische Stadtkommandant General Ridgway Anfang Mai 1945 sogar damit, die Stadt zur Plünderung freizugeben, wenn nicht umgehend Abhilfe geschaffen würde. Daraufhin wurde für mehrere Wochen ein Großteil der Lebensmittellieferungen den ehemaligen Zwangsarbeitern und Kriegsgefangenen zugeteilt. Die deutsche Bevölkerung musste sich weiter einschränken und auf ihre Vorräte zurückgreifen.

Um der Lage Herr zu werden, drängten Amerikaner und Briten auf eine Entwaffnung aller DPs und errichteten Mitte 1945 in früheren Wehrmachtskasernen in Essen-Kray sogar ein bewachtes Sammellager für rund 10.000 Displaced Persons. Zudem bemühten sie sich um eine möglichst rasche »Repatriierung« der ehemaligen Zwangsarbeiter und Kriegsgefangenen. Bis August 1945 war ein Großteil der sowjetischen DPs zurückgeführt worden. Die meisten anderen Ausländer hatten Essen bis Jahresende verlassen.[9]

Entnazifizierung

Ein zentrales Anliegen der britischen Besatzungsbehörden war die Entfernung politisch belasteter Personen aus verantwortlichen Positionen. Diese »Entnazifizierung« bildete eines von vier Hauptzielen, auf die sich die Siegermächte auf der Potsdamer Konferenz (17.7–2.8.1945) geeinigt hatten: Demilitarisierung, Denazifizierung, Demokratisierung und Demontage.

Bei der Entnazifizierung im Ruhrgebiet spielte Gustav Heinemann bald eine aktive Rolle. Wie schon in den beratenden »Stadtbürgerausschuss« wurde Heinemann von den britischen Besatzungsbehörden auch in einen der zahlreichen Entnazifizierungsausschüsse berufen. Denn anders als etwa die Amerikaner beteiligten die Briten in ihrer Zone auch Deutsche an der Abwicklung der Entnazifizierungsverfahren.

Heinemanns Ausschuss hatte die spezielle Aufgabe, alle außertariflichen (leitenden) Angestellten des Ruhrbergbaus auf ihr Verhalten während der nationalsozialistischen Herrschaft zu überprüfen. Er bestand aus einem Oberlandesgerichtspräsidenten als Vorsitzendem, zwei Bergwerksdirektoren – darunter Heinemann – und vier Gewerkschaftern. Der Ausschuss ließ keine übergroße Strenge walten. Nicht zuletzt Heinemann bemühte sich nach eigener Aussage um eine differenzierte Beurteilung der jeweiligen Person und ihres Verhaltens nach 1933. Zudem hatte er mit vielen der nun vor ihm sitzenden Angestellten und Bergwerks-Direktoren persönlich zu tun gehabt und sie dabei auch »in ihren menschlichen Eigenschaften erlebt«. Das erleichterte vielleicht eine gewisse Nachsichtigkeit. Hinzu kam, dass Heinemann sehr bald an der starren Schematik und »Primitivität« des Entnazifizierungsverfahrens Anstoß nahm. In einer Rede vor dem Düsseldorfer Landtag sprach er im Dezember 1947 von einer »papiernen Revolution des Fragebogens (statt) … einer gründlichen Abrechnung« und beklagte, dass die Träger des Dritten Reiches bislang »ungeheuer glimpflich« davongekommen seien.[10] Wo aber durch Fragebogen und Spruchkammerverfahren schwere Verfehlungen und Verbrechen aus nationalsozialistischer Gesinnung zutage kamen, scheute Heinemann vor der Einstufung als »Belasteter« und entsprechenden Sanktionen nicht zurück.[11]

In dieser Zeit wurde Heinemann auch immer wieder um sogenannte »Persilscheine« gebeten, mit denen er bestätigen sollte, dass dieser oder jener mit den Nazis eigentlich nie etwas im Sinn hatte, seine Parteimitgliedschaft nur formal gewesen sei oder was derlei Beteuerungen und Ausflüchte mehr waren. Als bekannter Nazi-Gegner, den die Besatzungsbehörden rasch mit verantwortlichen Aufgaben betraut hatten, war Heinemann für derlei Hilfsgesuche ein begehrter Anlaufpunkt. Nach seiner Wahl zum Oberbürgermeister sollte die Flut entsprechender Anfragen noch einmal anschwellen.

In diesem Zusammenhang bescheinigte Heinemann beispielsweise einem Direktor bei Mannesmann, der 1933 in die NSDAP beigetreten war, dass er »in mannigfachen privaten Gesprächen und bei beruflichen Begegnungen … stets einen grundsätzlichen Abstand von den Ideologien und Praktiken der NSDAP erkennen ließ.« Auch über den Essener Bankier Dr. Gotthard von Falkenhausen, mit dem er als Kuratoriumsmitglied des Evangelischen Krankenhauses Huyssenstift häufig zu tun hatte, schrieb Heinemann, dieser habe »trotz seiner Parteimitgliedschaft den Nationalsozialismus sowohl als Weltanschauung wie auch als politisches System stets eindeutig abgelehnt.« Für Karl-Gustav B. setzte sich Heinemann ungeachtet dessen vergleichsweise frühen Parteieintritt im Jahr 1932 ein, da dieser »aber sehr aktiver Unterstützer der BK (Bekennenden Kirche) in Essen« war und darum »nicht als ›Nazi‹ angesehen« werden dürfe.[12]

Ganz wirkungslos scheinen Heinemanns »Erklärungen« nicht gewesen zu sein, wenngleich deren tatsächlicher Einfluss auf die Spruchkammerentscheidungen sich kaum feststellen lässt. Zumindest erreichten Heinemann in den folgenden Jahren zahlreiche Dankesbriefe. »Dass mein Antrag auf Rehabilitierung zu einem so überraschend schnellen Erfolg geführt hat, habe ich sicherlich zum großen Teil Ihnen zu verdanken. Ich möchte Ihnen daher nochmals ganz besonders danken.«

Nach überstandenem Entnazifizierungsverfahren schrieb Heinemanns Vorstandskollege bei Rheinstahl, Rudolf Rixfähren: »Ich nehme an, dass Sie schon … gehört haben, dass … ich zu den ›Entlasteten‹ gehöre. … Dank für Ihre Hilfe, denn dass Sie geholfen haben … hat bei uns allen festgestanden!«[13]

So kritisch Heinemann die Entnazifizierungspraxis auch sah, lehnte er es doch ab, »Gefälligkeitserklärungen« abzugeben. »Ich habe nicht für jeden einen Persilschein geschrieben. Ich habe mich über manche so geärgert, dass ich sagte, nun seht zu, wie ihr jetzt durchkommt.«[14]

Ob er bei dieser Äußerung auch an den Kölner Jura-Professor Hans Carl Nipperdey dachte, muss offen bleiben. Heinemann verdankte Nipperdey u. a. seinen langjährigen Lehrauftrag an der Universität Köln und hatte sich 1933 bei ihm habilitieren wollen, allerdings damals eine Absage erhalten. Nach dem Krieg war auch Professor Nipperdey unter denen, die sich an Heinemann mit der Bitte um einen »Persilschein« wandten, dessen gewünschten Inhalt Nipperdey gleich mitlieferte. Heinemann möge bezeugen, »dass wir seit 1933 häufig politische Unterhaltungen hatten, in denen Sie mich als einen sehr scharfen und unerbittlichen Gegner des Systems des Nazismus kennen lernten. … Vielleicht verweisen Sie am Schluss auf Ihre eigene Tätigkeit in der Bekenntniskirche.« Dieses ziemlich offensiv vorgebrachte Ansinnen setzte Heinemann in Verlegenheit. Weder hatte er Nipperdey, den er als Juristen durchaus hoch schätzte, als jenen »unerbittlichen Gegner des NS-Systems« erlebt, noch war ihm entgangen, dass Professor Nipperdey nach 1933 aktiv an der Angleichung bestehender Rechtsnormen an die NS-Ideologie beteiligt war, insbesondere im Arbeitsrecht. Heinemann zog es darum vor zu schweigen. Nachdem Nipperdey seine Bitte jedoch mehrmals wiederholt hatte – »Ich wäre Ihnen sehr dankbar, wenn Sie mir jetzt möglichst rasch eine … entschieden gehaltene Erklärung über meine politische Gesamtpersönlichkeit zukommen ließen, die für mich gerade im Hinblick auf Ihre führende Stellung im öffentlichen Leben von besonderer Bedeutung ist« – schrieb Heinemann an Nipperdey einen distanzierten Brief, in dem er die Abfassung der gewünschten Erklärung von einem vorherigen Gespräch abhängig machte. Unklar bleibt, ob dieses Gespräch auch zustande kam. Nipperdeys Nachkriegskarriere jedenfalls wies nach kurzzeitiger Entlassung durch die britische Militärregierung bald wieder – ob mit oder ohne Heinemanns »Persilschein« – steil nach oben, bis ins Bundesarbeitsgericht.[15]

Bei der anstehenden Entnazifizierung lag ein Hauptaugenmerk der Militärbehörden auf der »Säuberung« der städtischen Verwaltung. Nicht zuletzt aus Mangel an geeigneten Offizieren überließen Amerikaner und Briten diese Aufgabe zunächst den städtischen Leitungsgremien selbst. In Essen erfolgte die Entnazifizierung der Verwaltung in mehreren Schüben. Anfang Mai 1945 schlug die deutsche Verwaltungsspitze vor, alle Mitarbeiter, die vor dem 30. Mai 1930 der

NSDAP beigetreten waren, zu entlassen und diejenigen, die zwischen diesem Stichtag und dem 30. Januar 1933 NSDAP-Mitglied wurden, zu suspendieren. Im Rahmen dieser »Reiteraktion« wurden mit Zustimmung der US-Militärbehörden 163 Entlassungen und 288 Suspendierungen ausgesprochen. Die anschließende »Amtsleiteraktion« lag in der Regie eines eigens gebildeten Bürgerausschusses, der bis Dezember 1945 die Entlassung von fünfzehn und die Suspendierung von dreizehn Amtsleitern verfügte. Bei der anschließenden Neubesetzung konnte die – noch in der Gründungsphase befindliche – CDU zahlreiche Leitungsstellen mit eigenen Leuten besetzen und somit ihre kommunalpolitische Position schon vor ihrer offiziellen Gründung festigen. Ende 1945 war in Essen lediglich ein Dezernentenposten mit einem Sozialdemokraten besetzt.[16]

Nachdem die britische Besatzungsmacht im September 1945 die Entnazifizierung in eigene Regie übernommen hatte, übergab sie die Verfahren nach wenigen Monaten wieder an deutsche Ausschüsse, behielt sich aber die letztinstanzlichen Entscheidungen vor. Der Ausschuss für die Stadtverwaltung bestand aus sieben Personen, von denen drei die SPD stellte, jeweils zwei die CDU und die KPD. Nach den ersten Kommunalwahlen vom Oktober 1946 verschob sich die Zusammensetzung entsprechend dem Wahlergebnis zugunsten der CDU, die nunmehr drei Mitglieder entsandte. Zwei kamen von der SPD, nur noch einer von der KPD; ein Mitglied dieses für den Aufbau demokratischer Strukturen besonders wichtigen Entnazifizierungsausschusses war parteilos.[17]

Insgesamt wurden im Verlauf der Entnazifizierung aus der Essener Verwaltung bis Anfang 1948 knapp über 900 Beschäftigte entlassen, was rund 33 Prozent der Beamten und zehn Prozent der Angestellten entsprach, die im April 1945, unmittelbar bei Kriegsende, in der Stadtverwaltung tätig waren.[18]

Auch Heinemann selbst hatte sich einem Entnazifizierungsverfahren zu stellen, d. h. zunächst einmal jenen (heftig umstrittenen) Fragebogen auszufüllen, der die Grundlage für die Entnazifizierung der deutschen Gesellschaft bildete. Wie nicht anders zu erwarten, wurde Heinemann als »unbelastet« (Stufe V) eingestuft. Er war seit 1933 Mitglied der »Bekennenden Kirche« gewesen und konnte bei der Frage, ob es »je berufliche Beschränkung« gegeben habe, auf das Scheitern seines Aufstiegs an die Spitze des Kohlensyndikats im Jahr 1936 verweisen, als er auf seine Aktivitäten in der Bekennenden Kirche nicht hatte verzichten wollen. Die Mitgliedschaften im NS-Rechtswahrerbund (»ohne Amt«) und im NSV (»1936–45, ohne Amt«) fielen demgegenüber nicht ins Gewicht. Als Zeugen für seine konsequent anti-nationalsozialistische Haltung führte Heinemann die Essener BK-Pfarrer Heinrich Held und Johannes Böttcher an, sowie den befreundeten Kinderarzt Prof. Otto Bossert, den er 1934 in einem Verfahren wegen angeblicher regimekritischer Äußerungen verteidigt hatte.[19]

Gründungsmitglied der CDU

Auch an der Gründung einer christlich-demokratischen Parteigliederung in Essen war Gustav Heinemann zur Jahreswende 1945/46 maßgeblich beteiligt. Vom ursprünglichen Vorsatz, nach Kriegsende seine Kräfte auf Familie, Beruf und die Erneuerung der Evangelischen Kirche zu konzentrieren, war nun endgültig keine Rede mehr. 1946 stand Heinemann mit mehr als nur einem Bein in der Politik.

Die Initiative zur Parteigründung war nicht von Heinemann selbst, sondern von dem christlichen Gewerkschafter Heinrich Strunk ausgegangen, der Heinemann im Juni 1945 brieflich zur Mitwirkung einlud. Der gelernte Feinmechaniker Strunk, Jahrgang 1883, hatte in den zwanziger Jahren auf lokaler Ebene führende Positionen im christlichen Gewerkschaftsbund bekleidet und für die Zentrumspartei im Essener Stadtrat gesessen. Nach 1933 schlug er sich zunächst als Handelsvertreter durch und leitete ab 1939 die katholische Kirchensteuerstelle in Essen. Nach dem gescheiterten Hitler-Attentat vom 20. Juli 1944 wurde Strunk verhaftet, nach einigen Wochen unter strengen Auflagen aber wieder freigelassen, da ihm – der tatsächlich zum weiteren Verschwörerkreis gehört hatte – eine konkrete Beteiligung nicht nachgewiesen werden konnte.

Unmittelbar nach Kriegsende rief Strunk alte Freunde zusammen, um über den demokratischen Neuaufbau und die Wieder- bzw. Neugründung einer christlich geprägten Partei zu beraten. Statt der Wiederbelebung des katholischen Zentrums favorisierten Strunk und seine Mitstreiter jedoch bald die Gründung einer überkonfessionellen christlichen und sozial orientierten Partei für breite Schichten des Volkes.[20] Hatten die ersten Gesprächsrunden sich zunächst auf frühere Zentrumsmitglieder und christliche Gewerkschafter beschränkt, so strebte vor allem Strunk bald eine breitere Basis an und wandte sich u.a. auch an ehemalige Mitglieder des evangelisch geprägten Christlich-Sozialen Volksdienstes. So gelangte auch Gustav Heinemann auf eine rund 50 Personen umfassende Liste Essener Bürger, die Strunk und sein Mitstreiter Josef Aust Ende April 1945, also noch vor der Kapitulation des nationalsozialistischen Deutschland, zusammenstellte. Heinemann passte als Evangelischer, als stadtbekanntes Mitglied der Bekennenden Kirche und als Vorstand eines großen Unternehmens ausgezeichnet in Strunks Konzept einer überkonfessionellen und sozial möglichst breit gefächerten Gruppierung.

Unter schwierigen Bedingungen – nicht zuletzt musste das Versammlungsverbot der britischen Besatzungsmacht umgangen werden – tagte dieser »Fünfzigerkreis« im Keller des Essener Kolpinghauses. Ende Juli 1945 kam es zu einer entscheidenden Sitzung, auf der nach heftigen Diskussionen endgültig die Gründung einer christlich-demokratischen Partei anstelle eines wiederbelebten Zentrums beschlossen wurde. Gustav Heinemann griff bei dieser Zusammenkunft erstmals aktiv in den Diskussionsprozess ein und befürwortete mit Nachdruck das Projekt einer überkonfessionellen christlichen Partei. »Gern und freudig wolle er mittun.« Es habe ihn auch beeindruckt, dass die Christlich-demokratische Partei in Essen erst nach hartem Ringen um die beste Lösung entstanden und dabei das alte Zentrum nicht »sang- und klanglos« beiseitegeschoben wurde.[21] Diesen Ausführungen schlossen sich auch zwei Freunde Heinemanns an, Pfarrer Johannes Böttcher und der Bankier Gotthard Freiherr von Falkenhausen, die er zur »Gründungs«-Versammlung der Essener CDU mitgebracht hatte.

Ausschlaggebend für Heinemanns Engagement für eine christlich-demokratische Sammlungspartei war seine Überzeugung, dass beim demokratischen Neuaufbau nach der Katastrophe des Nationalsozialismus einer vom Geist des Christentums getragenen Partei eine entscheidende Rolle zukommen werde. Zur Bündelung möglichst vieler Kräfte müssten dabei konfessionelle Gegensätze hintangestellt und soziale Schranken überwunden werden. Es sei geboten, »die politischen Kräfte aus dem christlichen Teil unseres Volkes soweit wie eben möglich in einer großen Partei zusammenzufassen, damit die Stimme des christlichen Gewissens Gewicht bekommt in den Entscheidungen unserer Zeit.«[22] Eine Zersplitterung der demokratischen Kräfte, auch und vor allem der christlich-demokratischen, dürfe es nicht mehr geben, denn sie sei mitverantwortlich gewesen für die Schwäche und das Scheitern der Weimarer Republik. Diese zu gründende »Christlich Demokratische Union« sah Heinemann in der Tradition sowohl der alten Zentrumspartei als auch des Christlichen Volksdienstes, dem er vor 1933 selbst einige Jahre angehört hatte.

Heinemann war sich im Klaren darüber, dass in der im Entstehen begriffenen CDU das katholische Element ein deutliches Übergewicht haben würde. Immer wieder betonte er jedoch, dass konfessionelle Gegensätze im Interesse einer starken Union überbrückt werden müssten. »Wer ... in Regierungen und Parlamenten Männer und Frauen am Werke sehen will, die aus christlicher Verantwortung handeln, kann es nicht in Absonderung der Evangelischen von den Katholischen ... verwirklichen, sondern nur in politischer Gemeinschaft. Das ist ganz schlicht und einfach der Sinn der Union.«[23] Das hieß aber nicht, dass theologische Unterschiede einfach verwischt würden. Allerdings – so Heinemanns Überzeugung: »Politisch kann man sehr wohl zusammengehen, auch wenn man religiös differiert. ... (Denn) was uns eint, sind gemeinsame soziale Auffassungen. ... Gemeinsam ist die Forderung nach politischer Verantwortung aus christlicher Bindung.«[24]

Was im Übrigen politische Erfahrung und Gestaltungskraft anging, so war Heinemann bereit, den Katholiken einen gewissen »Vorsprung« zuzubilligen. Während nämlich die Katholiken nicht zuletzt infolge des Kulturkampfes unter

Bismarck gezwungenermaßen aktiv wurden, hätten die deutschen Protestanten allzu lange im Zeichen des evangelischen »Staatskirchentums« politische Abstinenz geübt. »Der protestantische Volksteil steht in dieser Hinsicht zurück. Er hat erst unter den Erlebnissen des Dritten Reiches gelernt, dass es auch für ihn eine politische Verantwortung aus christlicher Haltung gibt.«[25] Hier spricht auch der Presbyterianer Heinemann, der die evangelische »Staatskirchen-Tradition« in Deutschland, die jahrhundertealte Nähe von »Thron und Altar« seit je als einen Irrweg betrachtete.

Eine Mitarbeit in der SPD kam für Heinemann zu jener Zeit nicht in Betracht. Von den Sozialdemokraten trennten ihn vor allem deren Ablehnung der wettbewerbsorientierten Marktwirtschaft und ihre traditionell »feindselige Haltung gegen Kirche und Christentum«. Heinemann: »Es gehört für mein Empfinden zu den betrüblichsten Erscheinungen unserer Zeit, dass die Sozialdemokratie in ihrer ... Führung immer noch im Banne sogenannter Aufklärung und materialistischer Geschichtsauffassung verharrt.«[26] Für ihn war »die geistige Rückständigkeit in der SPD ... noch nicht überwunden ..., sodass christliche Kräfte dort keine politische Heimat finden.«[27] Und Befürworter der Marktwirtschaft eben auch nicht. »Ich bin eh und je ein Vertreter der Marktwirtschaft ... gewesen. Von daher hatte ich gegenüber der SPD eine starke Hemmung.«[28]

Aber auch die Liberalen waren für Heinemann, der vor 1933 einige Jahre der DDP nahegestanden bzw. angehört hatte, nach 1945 keine parteipolitische Option, ohne dass er sich über die Gründe so dezidiert geäußert hätte wie im Fall der SPD. Vielleicht waren für ihn in der sich neu bildenden FDP zu starke DVP-, gar DNVP-Traditionen vertreten, d. h. großindustrielle Interessen und national-konservative bzw. nationalliberale Gesinnungen, als dass er sich eine Mitarbeit hätte vorstellen können. Zudem hatte er ja bereits 1939 gegenüber seinem Freund Röpke das völlige Versagen des politischen Liberalismus in Deutschland konstatiert und diesem eine Mitschuld am Aufstieg des Nationalsozialismus gegeben.[29]

Sein parteipolitisches Engagement für die entstehende CDU betrieb Heinemann ab Sommer 1945 mit großem Elan. Binnen kurzem gehörte er in Essen zum engeren Führungszirkel der zunächst noch als »Christlich-Demokratische Partei« (C. D. P.) firmierenden Partei, und war an den organisatorischen Vorbereitungen der Parteigründung unmittelbar beteiligt. Bevor jedoch die CDU Essen offiziell gegründet werden konnte, musste die britische Besatzungsmacht ihr Einverständnis geben. Am 15. September 1945 erlaubten die Briten per Verordnung die Wieder- bzw. Neugründung von Parteien. Umgehend schickten Heinrich Strunk und seine Mitstreiter an den Stadtkommandanten einen Antrag auf Registrierung einer »Christlich-Demokratischen Partei Essen«. Die neue Partei solle »alle Kräfte umfassen, die auf dem Boden der christlichen Weltanschauung stehen«. Unterschrieben war der Antrag von sechs Personen, darunter Gustav Heinemann.[30] Auf Landesebene hatte sich die CDU des Rheinlands bereits im November 1945 gegründet.

Im Januar 1946 kam endlich die ungeduldig erwartete Genehmigung der Briten, sodass die Gründungsversammlung der »Christlich Demokratischen Union Essen« am 27. Januar 1946 im Saal des Steeler Stadtgartens stattfinden konnte. Der von Heinemann mit ausgearbeitete Satzungsentwurf wurde einstimmig angenommen. Zum Vorsitzenden der CDU Essen wählte die Gründungsversammlung Heinrich Strunk. Gustav Heinemann wurde Mitglied des zehnköpfigen »vorläufigen Parteivorstands«.

Im Vorfeld der Parteigründung war es in Essen noch zu einem heftigen Richtungsstreit gekommen, bei dem sich Heinrich Strunk, der machtbewusste Vertreter des christlichen Gewerkschaftsflügels, und Wilhelm-Helmut van Almsick, ein katholischer Rechtsanwalt mit großbürgerlich-liberalem Hintergrund gegenüberstanden. Letzterer versuchte mithilfe des rheinischen Landesvorstands der CDU, die Wahl Strunks zum Essener Kreisvorsitzenden zu hintertreiben. Im Januar 1946 schaltete sich Heinemann in diesen Streit als Vermittler ein und konnte in einem vertraulichen Gespräch mit van Almsick die Wogen glätten, mit dem Ergebnis, dass Strunk seine Position behaupten und die Linie der Essener CDU in den folgenden Jahren wesentlich mitbestimmen konnte. Heinemann war in dem Streit zwar als Vermittler aufgetreten, hatte aber aus seiner Loyalität zu Strunk, dem er offenbar große Führungsqualitäten zuschrieb, keinen Hehl gemacht. Anders als van Almsick und andere Befürworter eines mehr bürgerlich-wirtschaftsliberalen Kurses der CDU nahm er auch an Strunks Verwurzelung in den christlichen Gewerkschaften keinen Anstoß.[31]

Zeitgleich mit den Essener Entwicklungen gründeten sich in Deutschland an mehreren Orten und zunächst unabhängig voneinander Parteigruppierungen mit christlich-demokratischer und sozialer Ausrichtung. Meist spielten dabei ehemalige Vertreter des linken Zentrumsflügels und christliche Gewerkschafter eine maßgebliche Rolle, so in Berlin, wo Andreas Hermes, Jakob Kaiser und Josef Ersing bereits im Juni 1945 die »Christlich-Demokratische Union Deutschlands« aus der Taufe hoben. Ein zweites überregionales Kraftzentrum der christdemokratischen Sammlung bildete sich in Köln heraus, wo unter Führung von Leo Schwering, Johannes Albers und einiger Dominikanerpatres eine CDU entstand, deren »Kölner Leitsätze« stark von der katholischen Soziallehre geprägt waren und Elemente eines »christlichen Sozialismus« enthielten. Die Essener CDU orientierte sich organisatorisch wie programmatisch an der rheinischen CDU, in der Konrad Adenauer bald eine dominierende Position besaß. Als Adenauer im Februar 1946 den Parteivorsitz übernahm, bedeutete das nicht zuletzt eine Schwächung des

Gewerkschaftsflügels der Union und die schrittweise Abkehr von jeder Art eines »christlichen Sozialismus.«

Es war nicht zuletzt der Kölner Bankier Robert Pferdmenges, der sich hinter den Kulissen vehement für den früheren Kölner Oberbürgermeister als neuen Parteichef anstelle von Schwering einsetzte, an dem ihn insbesondere die Nähe zu den Gewerkschaften störte. Auch an Heinemann schrieb Pferdmenges im Januar 1946 einen vertraulichen Brief, in dem er um Heinemanns Unterstützung für Adenauer als Parteivorsitzender bat, wobei Pferdmenges »gewisse Bedenken ... gegen die Person Dr. Adenauer« nicht unerwähnt ließ. »Man wirft ihm vor, er sei zu autokratisch«. Aber – so Pferdmenges – »Wer hat keine Fehler?«

Aus den vorliegenden Dokumenten geht nicht hervor, ob Heinemann sich für Pferdmenges Plan gewinnen ließ und Adenauers Aufstieg zum CDU-Vorsitzenden unterstützte. Jedenfalls aber war in dem Schreiben bereits eine der Hauptursachen für die späteren Spannungen zwischen Heinemann und Adenauer deutlich benannt.[32]

Oberbürgermeister in Essen (1946 bis 1949)

Nachdem die Briten zur Jahreswende 1945/46 die Wieder- bzw. Neugründung von Parteien zugelassen hatten, unternahmen sie weitere Schritte, um die Deutschen stärker am politischen Neuaufbau zu beteiligen. Als führendes Mitglied der Essener CDU war Gustav Heinemann in den folgenden Monaten und Jahren daran in verschiedenen Funktionen unmittelbar beteiligt. Mit seinen Kräften musste Heinemann nun noch strenger haushalten, seit er zusätzlich zu seinem kirchlichen Engagement in die Kommunalpolitik eingetreten war, zumal auch die berufliche Belastung zugenommen hatte. Im Juli 1945 war Heinemann als Vollmitglied in den dreiköpfigen Vorstand der Rheinischen Stahlwerke berufen worden, bei monatlichen Bezügen von 3.500 RM plus 7.000 RM pro Prozent der jeweiligen Dividende als Jahresprämie. Die Umstände dieses beruflichen Aufstiegs waren allerdings tragisch, denn der langjährige Vorstandsvorsitzende Karl Mockewitz war einige Wochen zuvor in seinem Essener Haus von Plünderern ermordet worden.[33]

Beim Aufbau demokratischer Strukturen spielte Heinemann in Essen, bald auch auf Landesebene seit Anfang 1946 nun mehr eine zentrale Rolle.

Im Februar 1946 trat in Essen wie in anderen Städten der britischen Zone an die Stelle des aufgelösten »Bürgerausschusses« ein »Ernannter Rat« aus 60 Mitgliedern, quasi als Vorform einer gewählten Stadtvertretung. Die Zusammensetzung des Gremiums, dem auch Heinemann angehörte, orientierte sich am Ergebnis der letzten freien Kommunalwahl vom November 1929, wobei die Zahl der CDU-Vertreter nach dem damaligen Stimmenanteil des Zentrums als deren »Vorgänger«-Partei bemessen war. Somit stellten die CDU 23 Ratsmitglieder, die SPD und KPD je 17. Das ebenfalls wiedergegründete, aber ganz im Schatten der CDU stehende Zentrum entsandte zwei und die FDP einen Vertreter.

Gleichzeitig führte die britische Besatzungsmacht eine neue Gemeindeordnung nach englischem Vorbild ein, die u. a. in Abkehr von der bislang gültigen Rheinischen Städteordnung mit ihrem dominierenden Oberbürgermeister dem Rat eine hervorgehobene Stellung mit umfassenden Befugnissen einräumte. Im Sinne einer demokratischen Gewaltenteilung sollten Stadtrat und Oberbürgermeister künftig die Verwaltung mit dem Oberstadtdirektor an der Spitze kontrollieren. Die neue Gemeindeverfassung mit festgeschriebener Gewaltenteilung wurde am 21. März 1946 vom »Ernannten Rat« gebilligt.

Allerdings verfügte die kommunale Selbstverwaltung Anfang 1946 in der Praxis erst über geringe Befugnisse und agierte an der kurzen Leine der britischen Besatzungsbehörden. Stadtrat und Oberbürgermeister wurden ernannt; lediglich Bürgermeister und Stadtdirektor vom Rat gewählt.[34] Von den Briten vor die Wahl gestellt, zog es der bisherige Oberbürgermeister Rosendahl denn auch vor, den Posten des besoldeten Oberstadtdirektors zu übernehmen. Zum neuen Oberbürgermeister ernannten die Briten sodann den Kommunisten Heinz Renner, insbesondere wegen »seiner praktisch zupackenden Einstellung«, wie es in einer Erklärung des Stadtkommandanten Kennedy hieß. In seiner KPD-Mitgliedschaft sahen die Briten keinen Hinderungsgrund. »Soweit die Militärregierung in Frage kommt, spielt seine politische Ansicht dabei keine Rolle. Wenn Ihnen die Ernennung von Herrn Renner nicht passt, können Sie das bei den Wahlen … ändern.«[35] In der Tat erwies sich Heinz Renner, der als kommunistischer Widerstandskämpfer unter den Nationalsozialisten mehrere Jahre lang inhaftiert war, als ein tatkräftiger, dabei bemerkenswert sachbezogen und überparteilich agierender Oberbürgermeister, dem alle Parteien großen Respekt zollten. Renner war übrigens seinerzeit nicht der einzige kommunistische Oberbürgermeister an Rhein und Ruhr. Auch in Wanne-Eickel, Wattenscheid und Solingen hatten die Briten KPD-Mitglieder zu Oberbürgermeistern ernannt.

Am 6. Februar 1946 kam der Ernannte Rat im Rathaus von Essen-Kray zu seiner konstituierenden Sitzung zusammen. Der neu berufene Oberbürgermeister Renner umriss in seiner Antrittsrede die wichtigsten Aufgaben der kommenden Monate und Jahre. »Unsere Vaterstadt Essen, die am stärksten durch den Krieg gelitten hat und trotzdem heute die volkreichste Stadt des Ruhrgebietes ist, galt bei allen Völkern als die Waffenschmiede des deutschen Imperialismus. Durch unser Wirken soll sie … zum Symbol des Aufbauwillens und der ehrlichen Friedensbereitschaft des deutschen Volkes werden. … Unsere gemeinsamen Anstrengungen müssen in erster Linie dem Wiederaufbau unserer … zerstörten Stadt dienen. Wir wollen gesunde und helle Wohnungen für die werktätige Bevölkerung bauen.« Als weitere zentrale Aufgaben nannte er die Sicherung der Lebensmittelversorgung, eine konsequente Entnazifizierung und die Schaffung demokratischer Strukturen in Politik und Verwaltung. Das alles lag in etwa auf der Linie aller Aufbau-Erklärungen in den Westzonen und fand darum ebenso die breite Zustimmung aller Parteien wie Renners Forderung, möglichst viele Industriearbeitsplätze in Essen zu erhalten.[36]

Zu den ersten Beschlüssen des »Ernannten Rates« gehörte die Einsetzung eines ehrenamtlichen Bürgermeisters. Die Wahl fiel auf Gustav Heinemann. Dass das Votum einstimmig ausfiel, spricht für das hohe Ansehen, das sich Heinemann in den vergangen Monaten als Mitglied des Bürgerausschusses wie auch als eine treibende Kraft bei der Erneuerung der evangelischen Kirche im Rheinland erworben hatte.

Als weitere Etappe beim Aufbau demokratischer Strukturen setzte die britische Besatzungsmacht in ihrer Zone für den 13. Oktober 1946 Kommunalwahlen an. Im Vorfeld dieser ersten freien Wahlen seit 1932 fanden in Essen mehrere Großkundgebungen mit den führenden Politikern der einzelnen Parteien statt. Den Anfang machte am 20. Juli 1946 die KPD. Vor mehreren Zehntausend Teilnehmern, die zum Teil mit Bussen und Sonderzügen nach Essen gekommen waren, sprachen auf dem Burgplatz neben Oberbürgermeister Renner auch die beiden Vorsitzenden der jüngst in der sowjetischen Zone durch Zusammenschluss von SPD und KPD gebildeten Sozialistischen Einheitspartei Deutschlands (SED), Otto Grotewohl und Wilhelm Pieck. Unter anderem forderten sie Sozialdemokraten und Kommunisten in den Westzonen dazu auf, sich ebenfalls zusammenzuschließen, um die Schlagkraft der Arbeiterbewegung zu erhöhen. Allerdings erteilte der SPD-Vorsitzende in den Westzonen, Kurt Schumacher, auf einer Massenkundgebung an selber Stelle am 11. August derlei Plänen eine entschiedene Absage. Er warb vielmehr für eine starke SPD, die möglichst unabhängig sowohl von den Westalliierten als auch und vor allem vom Einfluss der Sowjetunion ihre politischen Vorstellungen umsetzen wolle, die u. a. umfassende Sozialisierungen beinhalteten.

Auch Konrad Adenauer, der führende Kopf der CDU in der britischen Zone, kam während des Wahlkampfs nach Essen. Am 24. August stand er zusammen mit Bürgermeister Heinemann und anderen Granden der Essener CDU vor einem Massenpublikum auf dem Burgplatz. Nach scharfen Angriffen auf KPD und SPD ließ er seine Rede doch versöhnlich ausklingen. Seine Zuhörer rief er auf, »nicht zu verzagen, sondern hart zu arbeiten und aufzubauen und an eine friedliche Zukunft Deutschlands zu glauben. Die mustergültige Zusammenarbeit aller Parteien in Essen möge dafür beispielhaft sein.«[37]

Aus den Kommunalwahlen ging die CDU, die ihren Wahlkampf unter das Motto »Der Christ wählt CDU« gestellt hatte, mit 38,9 Prozent der abgegebenen Stimmen als Siegerin hervor. Die SPD wurde zweitstärkste Kraft und erhielt 34,2 Prozent. KPD und Zentrum konnten 12,1 bzw. 11,2 Prozent auf sich vereinigen, auf die FDP entfielen 3,6 Prozent. Mehr als 78 Prozent der Wahlberechtigten hatten ihre Stimme abgegeben, der höchste Wert bei einer Kommunalwahl in Essen seit 1919. Die große Mehrheit der Essener Bevölkerung hatte also die Chance eines demokratischen Neuanfangs ergriffen. Bei den unterlegenen Parteien gab es allerdings einigen Unmut, da die CDU aufgrund des neuen, von der britischen Besatzungsmacht durchgesetzten Wahlrechts – einer Kombination aus Mehrheits- und Verhältniswahl – im Stadtrat über die absolute Mehrheit der Sitze verfügte. Die Christdemokraten erhielten 30 der 54 Stadtratsmandate, die SPD 19, KPD und Zentrum jeweils zwei Mandate. Die FDP war mit einem Abgeordneten vertreten.

Auf der konstituierenden Sitzung des ersten frei gewählten Stadtrats am 30. Oktober 1946 wurde Gustav Heinemann mit den Stimmen der CDU zum Oberbürgermeister gewählt. Alle anderen Fraktionen verweigerten ihm die Zustimmung (Enthaltung von SPD, Zentrum und FDP, Abwesenheit der KPD-Vertreter), ein Zeichen dafür, dass der starke Konsenswille der ersten Nachkriegsmonate nunmehr der Auseinandersetzung um Inhalte und Richtung kommunaler Politik gewichen war. Die SPD zeigte sich über die Sitzverteilung besonders enttäuscht und verzichtete darauf, das Amt des Bürgermeisters zu besetzen, das ihr nach einer Vereinbarung zwischen den Parteien als zweitstärkster Fraktion eigentlich zustand. Darum wurde mit Josef Aust ebenfalls ein CDU-Mann Bürgermeister und Stellvertreter von Oberbürgermeister Heinemann. Zudem verfügte die CDU in zahlreichen Ausschüssen über die Mehrheit, nicht zuletzt im besonders einflussreichen Hauptausschuss.

Die Nominierung Heinemanns für das Amt des Oberbürgermeisters erfolgte auf Betreiben des Kreisvorsitzenden Strunk und seines Vertrauten Hans Toussaint. Denn in ihm sahen sie den Anspruch der Essener CDU als einer überkonfessionellen christlichen »Volkspartei« mit sozialer Orientierung besonders gut verkörpert.

Gustav Heinemann empfand das neue Amt als »eine schwere Last«, wie er in seiner Antrittsrede als Oberbürgermeister betonte. Das war keine rhetorische Formel, sondern entsprang einer nüchternen Einschätzung der Fülle der anstehenden Aufgaben und Probleme. War er doch von nun an in herausgehobener Stelle für das Wohl und Wehe von mehr als 520.000 Menschen mitverantwortlich, deren Stadt in Trümmern lag, deren Ernährung immer schwieriger wurde und deren Arbeitsstätten durch Kriegseinwirkungen weitgehend zerstört bzw. von Demontage bedroht waren. »Unser Volk verfällt mehr und mehr der Verzweiflung und Lethargie … Eineinhalb Jahre nach Abschluss des Krieges sind wir mehr in die Enge getrieben als zuvor.« Heinemann versäumte aber nicht, die eigentlichen Ursachen für die elende Lage der Deutschen zu benennen. »Ein frevelhafter Krieg ist von uns bis zur wahren Selbstvernichtung … geführt worden. Dass es einmal zu solchem Ende kommen würde, war die tiefe Sorge der Männer und Frauen, die den Nationalsozialismus von Anfang an zutiefst ablehnten. Wir wünschten eine Befreiung von diesem System, aber wir bangten auch um den furchtbaren Preis, den diese Befreiung durch einen bis zur Selbstvernichtung geführten Krieg kosten würde. Nun zahlen wir diesen Preis und wir dürfen den wahren Zusammenhang der Dinge nicht aus den Augen verlieren.« Nun stünden diejenigen, welche das NS-System stets abgelehnt hätten, in einer besonderen Verantwortung für den Wiederaufbau und die Erneuerung Deutschlands. Als stärkste Kräfte der Ablehnung und des Widerstands gegen die Nazis benannte Heinemann »die Teile der christlichen Kirchen, die durch allen Terror hindurch zu ihrem gottgegebenen Auftrag standen, und die Teile der Arbeiterschaft, die aus gewerkschaftlicher oder politischer Schulung oder aus gesundem Instinkt den Versuchungen des Nationalsozialismus verschlossen blieben.« Mit Genugtuung stellte er fest, dass diese »Kräfte … zu einem guten Teil auch in diesem ersten frei gewählten Gemeinderat vertreten« sind.

Mit persönlichen Worten bedankte er sich auch bei seinem Vorgänger, dem Kommunisten Heinz Renner, der das Amt »in schwerer Zeit mutvoll und tatkräftig verwaltet« habe. »Sie wissen, Herr Renner, dass ich bei aller persönlichen Abweichung, die zwischen uns besteht, mit Ihnen gut habe zusammenarbeiten können, und dass ich vor allem vor Ihrer menschlichen Art große Hochachtung habe. … Ich hoffe, dass wir uns auch weiterhin in dem gleichen achtungsvollen Sinne noch oft begegnen werden.«

Abschließend hielt Heinemann als neuer Oberbürgermeister ein Plädoyer für eine demokratische Streitkultur, um als Politiker beim Aufbau demokratischer Strukturen mit gutem Beispiel voranzugehen. »Es wird zu Meinungsverschiedenheiten kommen, die wir nicht in jedem Falle beheben können. Das ist auch kein Fehler. Wir sind ja politische Menschen … Es darf aber in keinem Falle eine politische Differenz jemals dazu führen, dass der gute Kontakt von einem Lager zum andern abreißt, … dass (Zank und Streit entstehen) und wir damit die Demokratie in Verruf bringen.«[38]

Mit dieser Antrittsrede als Oberbürgermeister hatte Gustav Heinemann gewissermaßen sein politisches Credo formuliert, das in den folgenden Jahrzehnten sein Denken und Handeln bestimmen sollte. Die von ihm geforderte Toleranz und zwischenmenschliche Gemeinsamkeit trotz politischer Differenzen fiel Heinemann umso leichter als er der religiösen Sphäre einen weit höheren Stellenwert beimaß als jeder Politik. »Ich bin noch mit keinem Menschen um einer anderen politischen

Überzeugung willen innerlich auseinandergekommen. Ich empfinde im Politischen gar keine metaphysische Leidenschaft, vielmehr rein sachlich. Denn nichts ist vordergründiger als alles menschliche Politisieren inmitten der Weltpolitik Gottes«, schrieb er im November 1946 an seinen langjährigen Sozius Justizrat Niemeyer.[39]

Heinemann übertrieb nicht, als er zu Beginn seiner Amtszeit als Oberbürgermeister die Lage in düstersten Farben malte. »Unser Volk hungert, unser Volk friert, unser Volk ist weithin obdach- und heimatlos. Krankheit und Entkräftung raffen die Menschen dahin.« Ende 1946 war die einstige Industriemetropole Essen noch weitgehend ein Trümmerfeld. Die Ernährungslage verschlechterte sich von Woche zu Woche und auch die Wohnungsnot war weiterhin drückend, zumal die Einwohnerzahl trotz einer seit Oktober 1945 bestehenden Zuzugssperre durch Rückkehrer, Flüchtlinge und illegale Zuwanderer von 370.00 im Sommer 1945 auf über 520.000 gestiegen war. Öffentliche Einrichtungen, Schulen, Theater, Museen konnten ihre Aufgaben zumeist nur unter äußerst beengten und dürftigen Bedingungen zu erfüllen suchen. Hinzu kam die drohende Demontage der Kruppschen Industrieanlagen, wodurch die Stadt ihre industrielle Basis verlieren würde. Dieses »Krupp-Problem« lastete schwer auf der Stadt und ihren Einwohnern, nicht zuletzt weil es anhaltend hohe Arbeitslosenzahlen verursachte. Es sollte auch Oberbürgermeister Heinemann während seiner gesamten Amtszeit bis 1949 immer wieder beschäftigen.

Die Hauptsorge von Oberbürgermeister Heinemann bestand zunächst darin, das Überleben der Essener Bevölkerung zu sichern, der es an dem Nötigsten – Lebensmittel, Behausung, Kleidung – fehlte. Wie sollte zum Beispiel die Trümmerbeseitigung vorankommen, wenn es den Arbeitern an festem Schuhwerk mangelte? Anfang Februar 1947 erhielt Heinemann ein Schreiben des britischen Militärkommandanten Major Bartlett: »Certain representatives of the City administration workers came to this HQ this morning and made certain requests. These were that the bread situation should be improved that they should receive a greater allotment of footwear …«

Nach Rücksprache mit dem zuständigen Stadtrat schrieb OB Heinemann an den Vertreter der städtischen Arbeiter und Angestellten. »Ich habe prüfen lassen, inwieweit [bei der Zuteilung von Arbeitsschuhen, T. F.] eine Verbesserung zu erzielen ist. Leider ist die Zuteilung von Monat zu Monat geringer geworden. Auch das Kontingent für den Monat Februar ist wieder um ein Drittel niedriger als im Vormonat. … Vielleicht lässt sich erreichen, dass die unter dem Mangel an Arbeitsschuhen am meisten leidenden Tiefbauarbeiter … unter Zurückstellung der Wünsche der anderen städt. Betriebe bevorzugt werden.«[40] Viel mehr als »Umverteilung« bzw. Verwaltung des Mangels war im Jahr 1947 bei den meisten Versorgungsgütern nicht möglich.

Unverhoffte Lieferungen, wie die von Säuglings- und Kinderkleidung durch ein Krefelder Unternehmen, blieben die große Ausnahme und wurden entsprechend gewürdigt. Heinemann bedankte sich persönlich »für die mir übersandte Säuglingsausstattung. Die Kinderwäsche, die zwei besonders notdürftigen Familien zugedacht wurde, hat große Freude und Dankbarkeit ausgelöst.«[41]

Aus zahllosen derartiger Klagen und daraufhin erfolgenden – oft genug vergeblichen – Initiativen bestand zum großen Teil der Arbeitsalltag des Oberbürgermeisters Heinemann.

Ernährungskrise

Das existentielle Hauptproblem blieb für lange Zeit die Beschaffung von Lebensmitteln. Im außergewöhnlich strengen Winter 1946/47 spitzte sich die Ernährungslage dramatisch zu. Offiziell standen den Essenern Anfang 1947 Lebensmittelzuteilungen von 1.750 Kalorien pro Kopf und Tag zu. Doch tatsächlich erhielten sogenannte »Normalverbraucher« nur noch rund 1.100 Kalorien pro Tag, was kaum der Hälfte des Tagesbedarfs eines Erwachsenen (rund 2.500 Kalorien) entsprach. Zudem gelangten von den für Essen ursprünglich für einen Zeitraum von dreizehn Monaten (April 1946 bis Mai 1947) vorgesehenen 10.800 Tonnen holländischem Gemüse lediglich ein kleiner Teil in die Stadt.[42]

Im Juli 1946 hatte der noch amtierende Oberbürgermeister Renner den Leiter des Zentralamtes für Ernährung und Landwirtschaft in der britischen Zone, Hans Schlange-Schöningen, persönlich in Hamburg aufgesucht und dringend um Hilfe gebeten. Die Essener Stadtväter protestierten bei dieser Gelegenheit insbesondere gegen die Benachteiligung der »Bergarbeiterstadt Essen gegenüber anderen Großstädten in benachbarten Provinzen« und verlangten u. a., dass »die Verpflegung der Bergarbeiter und sonstigen Schwerarbeiter fortab nicht, wie bisher, aus Beständen, die für die übrige Bevölkerung bestimmt (sind), gesichert« werde.[43] Derlei »Bittgänge« und Protestaktionen waren nahezu das einzige Mittel der Stadtoberen, sich um eine Verbesserung der Versorgung zu bemühen. Denn die »Stadtverwaltung und … der Oberbürgermeister haben bekanntlich keinerlei Einfluss auf die Erfassung und Heranbringung von Lebensmittel[n]. Unsere Aufgabe besteht ausschließlich darin, die uns zur Verfügung gestellten Lebensmittel zu verteilen«, wie OB Renner klarstellte.[44] Allerdings blieb die Reise nach Hamburg ohne greifbaren Erfolg. Wenige Tage nach Rückkehr der städtischen Abordnung fand darum im Waldtheater von Essen-Kray eine große Protestkundgebung statt, bei der Bürgermeister Heinemann erneut auf die besondere Notlage der Essener Bevölkerung hinwies.[45]

Im Laufe des strengen Winters 1946/47 verschlimmerte sich die Versorgungslage weiter. Die per Lebensmittelmarken zugeteilten Rationen wurden immer kleiner und selbst diese »Hungerrationen« gelangten kaum mehr vollständig zur Verteilung. Die Schlangen vor den Lebensmittelgeschäften und Bäckereien wurden immer länger. »In Essen kann man als Reisender nicht ein einziges Stück Brot bekommen, ohne sich ab drei Uhr morgens in der Brotschlange anzustellen«, so die Beobachtung eines amerikanischen Zivilisten.[46] Zu Zehnttausenden machten sich die Essener darum zu Fuß, mit dem Fahrrad oder in völlig überfüllten Zügen auf »Hamsterfahrten« vor allem ins Münsterland, um bei den Bauern im Tausch gegen Wertsachen Kartoffeln, Eier, Fett etc. zu ergattern. Wer es sich irgend leisten konnte, versuchte außerdem auf dem Schwarzmarkt, die immer kleiner werdenden Lebensmittelrationen aufzubessern.

Größere Schwarzmärkte gab es am Essener Hauptbahnhof und in der Akazienallee. Sie wurden von den Behörden durch wiederholte Razzien bekämpft, wiewohl den Stadtoberen – auch Oberbürgermeister Heinemann – bewusst war, dass in Zeiten des existenzbedrohenden Mangels der illegale Handel für viele Menschen eine überlebenssichernde Funktion hatte. Dass bei Preisen von 240 RM für ein Kilogramm Butter – das entsprach ungefähr dem Monatslohn eines Facharbeiters – und 80 RM für ein Kilogramm Fleisch wirtschaftlich Privilegierte auf dem Schwarzmarkt weit besser wegkamen als die Masse der Bevölkerung und auf der anderen Seite Vermögensverschiebungen zugunsten krimineller »Schieber« stattfanden, schien dabei unvermeidlich. Wie jede Stadtverwaltung in Deutschland musste auch die Essener abwägen zwischen der Bekämpfung von Schiebertum und Kriminalität und der Duldung von halb- bzw. illegalem Schwarzhandel, der immerhin zahlreiche Mangelwaren zur Verfügung stellte. Auch der Jurist Heinemann bekannte sich ausdrücklich zu einem differenzierten Vorgehen. Es käme darauf an, »die unlauteren Elemente … zu treffen. … Dass aber auch eine um die Ernährung ihrer Kinder besorgte Mutter strafbar sein soll, wenn sie sich aus Not im geringen Umfange Lebensmittel beschafft, widerstreitet dem Gerechtigkeitsgefühl.«[47]

Mitte Januar 1947 schickte der Essener Stadtrat einen dramatischen Appell an die britische Militärverwaltung und die Landesregierung in Düsseldorf, der in einigen Passagen deutlich die Handschrift von OB Heinemann erkennen lässt: »Nackter Hunger, Wohnungselend, Kälte und Regen zehren die letzten physischen Kräfte der Bevölkerung auf. Hoffnungslosigkeit, Verzweiflung und Kriminalität werden immer größer. Wichtigste Betriebe und Behörden können nicht mehr arbeiten. Unsere eigenen Möglichkeiten der Hilfe sind nahezu erschöpft. Wir wissen, dass unser Elend durch den vom nationalsozialistischen Regime bis zur Selbstvernichtung fortgeführten Krieg verursacht und durch mannigfache Fehler im Neuaufbau vertieft worden ist, an denen auch die Militärregierung ihren erheblichen Anteil trägt.« Die Essener Bevölkerung sei gewillt, sich selbst »aus dem Elend herauszuarbeiten«, müsse aber die fundamentalsten Voraussetzungen dafür erhalten. Der Rat forderte darum, »die zeitweilige restlose Einstelllung des Kohlen- und Stromexportes ..., weiter eine Bevorratung mit Lebensmitteln, um die immer wiederkehrenden Stockungen in den Zufuhren zu überbrücken.« Auch Treibstoff müsse in ausreichender Menge geliefert werden, »damit wir die uns zugeteilten wenigen Verbrauchsgüter überhaupt heranschaffen können.«[48]

Wenige Tage nach diesem Notruf reiste Oberbürgermeister Heinemann zusammen mit mehreren Ratsmitgliedern und Vertretern von Essener Betrieben nach Düsseldorf, um persönlich von Ministerpräsident Rudolf Amelunxen und dem britischen Zivil-Gouverneur William Asbury Hilfe für die notleidende Essener Bevölkerung zu erwirken. Doch ohne Erfolg.

Bei allen derartigen Aktionen der Stadtführung ging es insbesondere um die Abänderung jenes Schlüsselsystems, nach dem die Versorgungsgüter in der britischen Zone verteilt wurden, und bei dem die Stadt Essen sich stets benachteiligt fühlte. Mühsam erkämpfte Besserstellungen im Schlüsselsystem mussten immer wieder verteidigt werden. »Das Thema der Schlüsselzahlen ist während der ganzen Zeit nicht zur Ruhe gekommen und beschäftigt uns heute noch, weil die von uns erreichte Einstufung uns nun wieder ... streitig gemacht wird«, so Oberbürgermeister Heinemann in einem Rechenschaftsbericht vom September 1948.[49]

Als die Lage immer verzweifelter wurde, zogen am 3. Februar 1947 mehr als 15.000 Essener Arbeiter und Angestellte in einem »Hungermarsch« vor das »Glückauf-Haus«, dem Sitz der britischen Militärverwaltung. Ähnliche Aktionen fanden in den folgenden Tagen auch in anderen Städten des Ruhrgebiets statt. Am 3. April traten im gesamten Ruhrgebiet über 300.000 Bergarbeiter in einen eintägigen Streik, um gegen die katastrophale Lebensmittelversorgung zu protestieren.

Oberbürgermeister Heinemann und der Rat der Stadt wiederholten Ende April 1947 ihren dramatischen Hilferuf: »Ein Tiefstand der allgemeinen Versorgungslage (ist) eingetreten ..., der zu den schlimmsten Befürchtungen Anlass gibt. Die Zahl der ... Tuberkulosekranken steigt unaufhaltsam. Von den aufgerufenen Rationen für Normalverbraucher wurden in Essen in der 2. Woche [der Zuteilungsperiode, d. Verf.] nur 1 183 ... in der 4. Woche sogar nur 741 Kalorien geliefert. ... Ein Aufruf von Fleisch, Fett und Kartoffeln kann in der kommenden Woche überhaupt nicht erfolgen.« Die Erklärung endete mit der resignierten Feststellung: »Möglichkeiten für eine Abhilfe sind dem Rat der Stadt Essen nicht gegeben.«[50]

Für Wut und Empörung sorgte unter der Essener Bevölkerung auch, dass zahlreiche Geschäftsleute den Mangel zu unsauberen Geschäften nutzten. So waren eine Zeitlang sogenannte »Koppelgeschäfte« verbreitet, bei denen die Kunden genötigt wurden, zusätzlich zur gewünschten Waren eine oft höherpreisige Ware abzunehmen, die gerade am Lager war, obwohl der Kunde überhaupt keine Verwendung dafür hatte. Auf entsprechende Beschwerden versprach Oberbürgermeister Heinemann »mit allen mir zu Gebote stehenden Mitteln für Sauberkeit zu sorgen« und ersuchte um »genaue Bezeichnung der Schuldigen sowie – namentlich in den mitgeteilten Fällen von Koppelgeschäften und Schwarzverkäufen – die Benennung von Personen, die … bereit sind als Zeugen aufzutreten.« Allerdings gelang es Stadtverwaltung und Polizei erst mit Überwindung der größten Not ab Ende 1947, derartige Machenschaften wirkungsvoll zu bekämpfen.[51]

Aber auch in der Stadtverwaltung selbst und nicht zuletzt in der Essener Polizei gab es wiederholt Fälle von Misswirtschaft, Korruption und Amtsmissbrauch, gegen die Heinemann vorgehen musste. Dabei stützte er sich hauptsächlich auf das Rechnungsprüfungsamt als der einzigen Dienststelle, die dem Oberbürgermeister direkt unterstellt war. Insbesondere in den Ernährungs- Wirtschafts- und Straßenverkehrsämtern gab es immer wieder Unregelmäßigkeiten und es »hat da ja manches Aufräumen stattgefunden«, wie Heinemann 1948 im Rückblick auf seine erste Amtszeit berichtete. Als besonders problematisch erwies sich ausgerechnet die Essener Polizei, bei deren Neuaufbau nach 1945 »einige sehr erhebliche Fehlgriffe … in der oberen personellen Besetzung« geschehen waren. Diese betrafen sowohl die NS-Vergangenheit von Polizeioberen als auch zahlreiche Fälle von Korruption und Bereicherung im Dienst. Ab Juni 1948 amtierte ein neuer Polizeipräsident und Heinemann war nun zuversichtlich, »dass die Dinge jetzt einen guten Weg gehen.«[52]

Der katastrophale Lebensmittelmangel der Jahre 1946/47 hätte ohne die Hilfsmaßnahmen internationaler Organisationen noch weit mehr Opfer gefordert. Care-Pakete und Schulspeisungen bewahrten zahlreiche Essener Familien vor dem Schlimmsten. So wurden 1946 im Rahmen einer »Kleinkinderspeisung« des Schwedischen Roten Kreuzes im Essener Stadtgebiet mehr als 1, 7 Millionen Portionen ausgegeben. Eine zusätzliche Schulspeisung umfasste im Jahr 1947 rund drei Millionen Mahlzeiten für Essener Schulkinder.

Erst ab Ende 1947 trat eine allmähliche Verbesserung der Lage ein, wenngleich es auch über das Jahr 1948 hinaus immer wieder zu Stockungen bei der Lebensmittelversorgung kam. Die Währungsreform vom 20. Juni 1948 hatte dann zwar den erhofften Effekt, dass lang entbehrte Lebensmittel und Konsumgüter in ausreichender Menge in den Geschäften lagen. Doch führten zum Teil horrende Preissteigerungen dazu, dass viele Essener sich das erweiterte Warenangebot kaum leisten konnten. Wiederholt kam es darum in Essen zu Protestaktionen gegen Einzelhändler, denen die Hortung von Waren und Wucherpreise vorgeworfen wurde. Essen geriet damals in den Ruf, die teuerste Stadt des Ruhrgebiets zu sein.[53]

Trümmerbeseitigung und Wiederaufbau

Ebenso dringlich wie die Lebensmittelversorgung war die Beseitigung der 12,2 Millionen Kubikmeter Trümmer, die der Krieg in Essen hinterlassen hatte.[54] Von den einst 198.000 Wohnungen (Stand 1942) waren 79.300 völlig zerstört und 81.000 mittelschwer beschädigt. 31.200 wiesen leichte Schäden auf und lediglich 6.700 waren gar nicht beschädigt.[55] Über 700 des 1.090 Kilometer umfassenden Straßennetzes auf Essener Stadtgebiet waren bei Kriegsende nicht mehr befahrbar. Auch das Netz an Versorgungsleitungen (Wasser, Kanalisation, Strom, Gasversorgung, Telefon) war zum größten Teil zerstört. Kirchen und Schulen lagen zu rund 70 Prozent in Trümmern oder waren stark beschädigt.[56]

Damit war Essen die am stärksten zerstörte Stadt des Ruhrgebiets und eine der am schwersten getroffenen Großstädte ganz Deutschlands. Während beim Versorgungs- und Straßennetz die Instandsetzungsarbeiten vergleichsweise zügig vorankamen – wie auch die britische Militärverwaltung bestätigte: »... there is no question but that they [die städtischen Arbeiter, T. F.] have done extremely good work in clearing up rubble in the City, in repairing the roads, water pipes etc.«[57] – blieb die Wohnungsnot über Jahre ein ungelöstes Problem. Trotz Instandsetzung von annähernd 30.000 Wohnungen bis Herbst 1948 hielt die »fürchterliche Wohnungsnot« (Heinemann) an, nicht zuletzt weil die Einwohnerzahl von Essen durch Kriegsheimkehrer, den Zuzug von mehr als 20.000 Vertriebenen und neu angeworbenen Bergarbeitern von 521.000 (Oktober 1946) auf 561.000 gestiegen war. Ablesbar war die Misere am Anstieg der Personenzahl pro Wohnraum. 1939 betrug die statistische Personenzahl pro Wohnraum 1,05, im August 1946 schon 1,25 und im März 1948 waren es 1,41 Personen.[58]

Verschärft wurde das Problem auch durch die Requirierung ganzer Wohnblocks durch die Besatzungsmacht. Häufig wandten sich Betroffene direkt an den Oberbürgermeister. »... die Nachrichten von der beabsichtigten weiteren Inanspruchnahme von Wohnhäusern für die Besatzungstruppen hat ... unter den Einwohnern unseres Siedlungsblocks eine unbeschreibliche Angst ... ausgelöst. Solange die Instandsetzung zerstörter Wohnungen nicht in größerem Umfange möglich ist, werden bei weiteren Eingriffen viele nicht mehr an die gute Absicht der Besatzungsmacht glauben wollen.« Mehrfach versuchte Heinemann zu intervenieren, nicht selten sogar mit Erfolg, da den Briten offensichtlich an einer Verschlechterung ihres Ansehens in der Bevölkerung nicht gelegen war. »... arrangements have been made ... to house the persons which will be removed from requisitioned houses; the hardship to the people in the locality will, therefore, be limited as much as possible«, schrieb Oberst Cowgill in jener Angelegenheit an den OB Heinemann.[59]

Häufig wurde der verfügbare Wohnraum auch dadurch verknappt, dass Geschäftsleute ein oder mehrere Zimmer fälschlicherweise als Büros deklarierten, um sie der Wohnraumbewirtschaftung zu entziehen. Die Meldung derartiger Machenschaften verband ein Essener Bürger im November 1946 übrigens mit folgendem Appell an den neu gewählten Oberbürgermeister Heinemann: »Die Augen aller Essener sind auf Sie und die C. D. U. gerichtet, wie Sie die Kommunalpolitik meistern und die Missstände beseitigen werden. Ich möchte Ihnen zurufen: ›Werden Sie hart.‹ Nehmen Sie keine Rücksicht auf keinen. Nur dann werden Sie Herr der Lage werden.«[60]

Von 181 Volksschulen in Essen waren 52 völlig zerstört und ebenso viele stark beschädigt. Drei Jahre nach Kriegsende waren 83 Volksschulen wieder hergestellt, von ursprünglich 1.726 Klassenzimmern wieder 987 benutzbar. Bei den Gymnasien und Oberrealschulen lagen die Verhältniszahlen ähnlich. Hauptproblem bei der Instandsetzung – nicht nur der Schulen – war der Mangel an Baumaterial. Einem Gymnasiallehrer, der im Dezember 1946 dringend um Reparaturarbeiten an seiner Schule bat, schrieb Oberbürgermeister Heinemann: »In der Angelegenheit der Wiederinstandsetzung der Schulgebäude ist seitens der Schulverwaltung bereits alles nur mögliche unternommen. … Leider war es dem Aufbauministerium nicht möglich, dem vorliegenden Antrag zu entsprechen, weil die erforderlichen Baustoffe nur in ganz geringem Maße verfügbar sind.«[61] Nicht nur an Baumaterial herrschte über Jahre permanenter Mangel, es fehlte auch ständig an LKW, Baumaschinen und Treibstoff, wodurch die Aufräum- und Instandsetzungsarbeiten stark behindert wurden. Sowohl in der Bevölkerung als auch bei den Stadtoberen verfestigte sich vor diesem Hintergrund der Eindruck einer dauernden Benachteiligung von Essen gegenüber anderen Städten.

Dieses Gefühl hing nicht zuletzt mit den außergewöhnlich schweren Kriegszerstörungen in Essen zusammen, sodass Zuteilungen von Lebensmitteln und Material als unzureichend empfunden wurden, wenn sie in absoluten Mengen gleich groß wie die für vergleichbare Städte waren. Diese Benachteiligung wurde zu einem Dauerthema der Essener Kommunalpolitik. So wandte sich Oberbürgermeister Heinemann im November 1948 zum wiederholten Male direkt an die britische Militärverwaltung in Düsseldorf und erinnerte daran, »mit welchen großen Vorbelastungen … aus den Kriegsschäden wir zu kämpfen haben.« Zudem sei die Stadt Essen »in der Vergangenheit bei der Zuteilung von Baumaterialien, Kraftwagen, Treibstoff und Reifen gerade im Vergleich zu Düsseldorf überaus schlecht bedacht worden. Neuerdings geht es uns bei den Finanzzuweisungen ähnlich.«[62]

Trotz aller Probleme und Widrigkeiten machten Trümmerbeseitigung und Instandsetzung bis zur Währungsreform 1948 beachtliche Fortschritte. In einem Rückblick auf seine erste Amtszeit als Oberbürgermeister konnte Heinemann im

September 1948 u.a. darauf verweisen, dass von 700 Kilometer unpassierbarer Straßen wieder 650 befahrbar gemacht, das Wasserrohrnetz zu 97,5 Prozent und die Kanalisation zu rund 80 Prozent wieder hergestellt waren. Von einst 111 Kilometer Straßenbahnnetz waren wieder 75 Kilometer in Betrieb genommen.

Von größeren Gebäuden im Innenstadtbereich waren im Herbst 1948 u.a. die Münsterkirche, das Glückauf-Haus, das alte Rathaus, die Hauptpost, das Sparkassengebäude und die Bergschule wieder hergestellt. Hingegen waren an den städtischen Krankenhäusern wie auch an den Theaterbauten die Kriegsschäden noch längst nicht beseitigt. Auch das Folkwang-Museum befand sich weiterhin in einem Ausweichquartier in Essen-Kettwig.[63]

Seit Frühjahr 1948 verbesserte sich zwar die Situation in Bezug auf Baumaterial, Maschinen und Treibstoff. Doch nun, so Heinemann in seiner Lagebeschreibung vom September 1948, »bereitet uns die Währungsreform und die dadurch bedingte Finanzlage der Stadt Essen eine neue große Not und Hemmung im Fortschreiten der allgemeinen Wiederaufbauarbeit.«[64]

Das »Krupp-Problem«: Protest gegen Demontagen

Ein weiteres beherrschendes Thema dieser Zeit war in Essen – neben Ernährung und Trümmerbeseitigung – das sogenannte »Krupp-Problem«. Es ging dabei um die für die Stadt existentielle Frage, was aus den im Krieg teilweise zerstörten Kruppschen Fabriken werden sollte. Jahrelang hing über der Stadt Essen das Damoklesschwert einer nahezu vollständigen Demontage, was den Verlust ihrer ökonomischen Basis bedeutet hätte. Es war darum eine der größten Herausforderungen für Oberbürgermeister Heinemann und die gesamte Stadtverwaltung, in Verhandlungen mit der britischen Besatzungsmacht eine für Essen und seine Bevölkerung möglichst günstige Regelung zu erreichen, wobei den deutschen Vertretern naturgemäß nur wenig Druckmittel zur Verfügung standen. Hier war somit ein besonders hohes Maß an politischem Geschick und Hartnäckigkeit gefordert.

Über das Ausmaß der Probleme in der zerstörten Stadt Essen und die nur langsamen Fortschritte beim Wiederaufbau äußerte sich Heinemann einmal ganz ungeschützt mit einem Stoßseufzer gegenüber seiner Mutter. »In Essen wie in Düsseldorf geht es ununterbrochen um erhebliche Dinge, sei es Krupp oder Ernährung oder Korruption oder Bodenreform oder Entnazifizierung usw. Die Ergebnisse sind spärlich u. manchmal bedrückend. Was wollen wir machen? Wir haben etwas auf uns geladen, was in Generationen nicht zu bewältigen sein wird.«[65]

Dass die Firma Krupp überhaupt so stark im Fokus der britischen Besatzungs- und Demontagepolitik stand, hatte viel mit dem – von der NS-Propaganda kräftig geschürten – Mythos von der »Waffenschmiede des Reiches« zu tun. So hing beim Besuch Benito Mussolinis in Essen 1937 gegenüber dem Hauptbahnhof ein riesiges Transparent mit der Aufschrift »Willkommen in der Waffenschmiede des Reiches«. In der britischen Öffentlichkeit bestand nach dem Krieg darum ein gewisser Erwartungsdruck, mit »Krupp«, dem Inbegriff deutscher Rüstungsproduktion, abzurechnen. Wie stark in dieser Haltung auch irrationale Momente mitschwangen, zeigt sich darin, dass die industriell gewichtigeren Vereinigten Stahlwerke in der öffentlichen Diskussion in Großbritannien kaum auftauchten.Tatsächlich hatten die Krupp-Werke ab 1935 einen großen Beitrag zur deutschen Rüstungs- und Kriegsproduktion geleistet, doch lag der Anteil der zivilen Produkte auch während des Krieges noch bei mehr als einem Drittel.

Die Firma Fried. Krupp wurde von den Briten am 16. November 1945 durch »Allgemeine Anordnung Nr. 3« offiziell beschlagnahmt, das Firmenvermögen unter die treuhänderische Aufsicht von Oberst E. L. Douglas Fowles gestellt. Nachfolger von Fowles wurde im November 1946 Harold Lupton. Die Einrichtung dieser speziellen »Krupp Control« war eine außergewöhnliche Maßnahme und dokumentiert den Stellenwert, den die Briten den Krupp-Werken in ihrer Besatzungspolitik zumaßen. Ab Mai 1948 unterstand Krupp dann vollständig der North German Iron and Steel Control Commission (NGISC).[66]

Anfang September 1945 war die Krupp-Gussstahlfabrik, ein Kernstück des Unternehmens, formell geschlossen, zugleich 600 leitende Angestellte und 50 führende Manager verhaftet worden. Dies geschah gemäß dem Potsdamer Abkommen vom 2. August 1945, in dem die vier Siegermächte als Hauptziele ihrer Besatzungspolitik u. a. die »Demilitarisierung« Deutschlands festschrieben, was die vollständige Demontage bzw. Zerstörung der gesamten deutschen Rüstungsindustrie einschloss. In § 11 Teil B des Potsdamer Protokolls hieß es dazu: »Mit dem Ziel der Vernichtung des deutschen Kriegspotenzials ist die Produktion von Waffen, Kriegsausrüstung und Kriegsmitteln, ebenso die Herstellung aller Typen von Flugzeugen und Seeschiffen zu verbieten und zu unterbinden. ... Die Produktionskapazität, entbehrlich für die Industrie, welche erlaubt sein wird, ist ... entweder zu entfernen oder ... zu vernichten.«

Damit war für die Essener Krupp-Werke eine kurze »Phase der Schonung« beendet, in der US-amerikanische und später britische Besatzungsstellen die teilweise Weiterführung der Produktion ausdrücklich gebilligt hatten. Als »Rüstungsschmiede der Nation« standen die Krupp-Werke allerdings von Anfang an im Zentrum der britischen Besatzungs- bzw. Demontagepolitik. Die Deutschen, d. h. vor allem die Essener Stadtverwaltung, setzten in den folgenden Monaten und Jahres alles daran, damit die britischen Demontagemaßnahmen nicht zu einem völligen Verlust der industriellen Basis der Stadt führten.

Die Frage der Demontage wurde damit zu einem Schlüsselthema der Essener Nachkriegsgeschichte, denn keine deutsche Stadt war mit einem einzigen Unternehmen so stark verflochten wie Essen mit der Fried. Krupp AG. Der Konzern war traditionell der mit Abstand größte Arbeitgeber in Essen. 1939 hatte das Unternehmen rund 66.000 Beschäftigte, nahezu jede dritte Familie in Essen und naher Umgebung bezog ihren Lebensunterhalt direkt von Krupp. Hinzu kamen zahlreiche Einzelhändler und kleine Dienstleistungsbetriebe, deren Umsatz mittelbar von Krupp abhing.

Im Zentrum des »Krupp-Problems« stand die Zukunft der Gussstahlfabrik. Es ging um die Frage, in welchem Ausmaß die Fabrikanlagen demontiert bzw. zerstört oder aber auf dem weitläufigen Werksgelände eine Umstellung auf zivile Produktion ermöglicht werden sollte.

Oberbürgermeister Heinemann verfolgte bezüglich des »Krupp-Problems« vor allem drei Ziele: 1. die Wiederaufnahme der zivilen Produktion in möglichst großem Rahmen, 2. die Begrenzung der Demontagen und 3. eine rasche Entscheidung der Briten, d. h. die Vorlage eines verbindlichen »Liquidationsplans« für das Krupp-Gelände, um die quälende Ungewissheit über die wirtschaftlichen Perspektiven der Stadt zu beenden. Die in Gesprächen und Schriftwechseln geführten Auseinandersetzungen zogen sich über die gesamte Amtszeit Heinemanns als Oberbürgermeister hin, d. h. bis ins Jahr 1949. Strittig war nicht zuletzt, welche Teilbereiche der Gussstahl-Fabrik als Rüstungsbetriebe anzusehen und damit zu demontieren seien und welche der Friedensproduktion dienten.

Im Dezember 1946 fasste die Essener Stadtführung ihre Anliegen – der Ausdruck »Forderungen« wurde tunlichst vermieden – in einem Schreiben an die britische Militärverwaltung in Düsseldorf zusammen. »Die Stadt Essen versucht seit mehr als einem Jahr …, andere Industriezweige auf dem Gelände und in den noch erhaltenen Hallen von Krupp anzusiedeln. Diese Versuche sind aber bisher fast sämtlich daran gescheitert, dass keine Klarheit darüber besteht, welche Hallen und Anlagen der ehemaligen Kruppschen Gußstahlfabrik abmontiert oder zerstört werden sollen und welche verbleiben werden. … Zusammenfassend geht … das Anliegen der Essener Stadtverwaltung dahin, 1. Positive Grundlagen für die Ansiedlung neuer Industrien im Bereich des Krupp-Geländes zu schaffen, 2. ein kleines neues Stahlwerk in Essen zuzulassen, 3. einen Gesamtplan für den Wiederaufbau der Stadt Essen unter Einbeziehung des Krupp-Geländes zu ermöglichen.«[67]

Der Punkt 2 – Errichtung eines neuen Stahlwerks – war aufgenommen worden, weil die vier Siegermächte über das Hüttenwerk in Essen-Borbeck, seinerzeit eines der modernsten Europas, anders als im Fall der Gussstahl-Fabrik schon eine Entscheidung gefällt hatten. Ab Februar 1946 wurde das Stahlwerk innerhalb von drei Jahren vollständig demontiert und als Reparationsleistung in die Sowjetunion verbracht.

Dieser Maßnahme lag eine Bestimmung des Potsdamer Abkommens zugrunde, der zufolge die Sowjetunion Reparationen nicht nur aus ihrer eigenen Zone, sondern auch zu 25 Prozent aus den Westzonen, vor allem aus dem Ruhrgebiet, entnehmen durfte. Die Demontage des Hüttenwerks Borbeck entsprach auch einem Industrieplan der Alliierten vom März 1946, der die Rohstahlproduktion in Deutschland auf 5,8 Millionen Tonnen jährlich begrenzte, rund 40 Prozent des Produktionsniveaus von 1936.

Ende April 1947 legte Heinemann der britischen Militärregierung einen konkreten Plan für die Neuansiedlung von Betrieben auf dem Krupp-Gelände vor, um die Essener Wirtschaft wieder in Gang zu setzen. Es handelte sich fast ausschließlich um Klein- und Mittelbetriebe, die nur kleinere Gebäude benötigen würden. Zum wiederholten Male betonte der Oberbürgermeister dabei, dass die »für die Fertigung von Kriegsgeräten typischen Werkstätten wie Maschinenhallen für Geschützfertigung, große Schmiedepressen usw.« nicht Teil dieser Planungen waren. »Unter diesen Umständen halte ich den von der Stadt Essen vorgesehenen Plan der 42 Gebäude für vertretbar (und) würde Ihnen dankbar sein, wenn Sie ihm Ihre Unterstützung leihen würden.«[68]

Zu diesem Zeitpunkt stießen Neuansiedlungspläne bei den Briten jedoch noch weitgehend auf verschlossene Ohren. Das britische Kontrollgremium legte vielmehr am 19. Juni 1947 einen ersten Demontageplan für das Gelände der Gussstahlfabrik vor, der u.a. den Abbruch von 19 Werkhallen vorsah.[69] Bevölkerung und Stadtführung sahen dadurch die wirtschaftliche Zukunft der Stadt ernsthaft gefährdet, zumal es bei diesen Demontagen wahrscheinlich nicht bleiben würde. Enttäuscht wurden auch bestimmte Hoffnungen, die in Essen mit der Bildung der Bi-Zone durch Zusammenlegung der britischen und US-amerikanischen Zone am 1. Januar 1947 aufgekommen waren und auf ein deutliches Abrücken der Briten von ihrem Demontagekurs gesetzt hatten.

Mitte Juli 1947 brachte Oberbürgermeister Heinemann einen Entschließungsantrag ein, der vom Stadtrat einstimmig angenommen wurde. Darin wurde ausdrücklich anerkannt, dass »die reinen Rüstungswerke zerstört werden müssen«. Zugleich wolle die Stadt aber »den Fortbestand aller der Betriebsstätten mit Nachdruck verteidigen, die die Grundlage für eine notwendige Friedensfertigung bieten.« Sollten die Demontagen im geplanten – oder einem noch größeren Umfang – vorgenommen werden, würden sich »Rat und Parteien der Stadt Essen … nicht imstande sehen, … das Leben ihrer Bewohner weiter sicherzustellen.«[70]

Der britische Gouverneur für Nordrhein-Westfalen, William Asbury, reagierte darauf mit einer Erklärung vom 9. September 1947, in der er u.a. klarstellte, dass die Briten keineswegs beabsichtigten, »die Kruppwerke für irgendwelche friedlichen Zwecke unbrauchbar« zu machen. Vielmehr sei vorgesehen, auf dem Krupp-Gelände u.a. die Lokomotiven-Fabrik (Reparatur-Werkstätten) und die Hartmetall-Fabrik (WIDIA) wieder zu »reaktivieren«. Allerdings würden die Briten auf der Zerstörung von allen Anlagen bestehen, die »ein Kriegspotenzial darstellen«. Wenn auch die geplanten Demontagen über das hinausgingen, was die deutsche Seite zu akzeptieren bereit war, so bestritt Asbury entschieden, dass dadurch Essen seine industrielle Basis verlieren würde. Auch die von den Stadtvätern oft beschworene »Krupp-Lücke« auf dem Arbeitsmarkt, d.h. einen rasanten Anstieg der Arbeitslosenzahlen, stellte der britische Gouverneur in Abrede.[71] Es sollte sich zeigen, dass er damit nicht ganz unrecht hatte. Zumindest erwiesen sich die Auswirkungen der Demontagen auf den Essener Arbeitsmarkt als nicht so gravierend, wie von der Stadtführung befürchtet. Nicht zuletzt Kleingewerbe und Handel expandierten nach der Währungsreform vom Juni 1948 und stellten eine wachsende Zahl von Arbeitsplätzen bereit.

Inzwischen hatte die Stadt Essen den Versuch unternommen, die Auseinandersetzung um das Krupp-Gelände auf eine völkerrechtliche Ebene zu bringen und zu diesem Zweck drei juristische Gutachten bei den Universitäten Bonn und Münster sowie einem dritten Völkerrechtler in Auftrag gegeben. Alle drei Gutachten kamen zu dem Ergebnis, dass »die angekündigte Zerstörung von Betrieben der Friedensfertigung völkerrechtlich unzulässig« sei, wie Oberbürgermeister Heinemann in seiner Vorbemerkung zur Druckfassung hervorhob.[72]

Die britische Besatzungsmacht ließ sich von den Rechtsgutachten allerdings nicht beeindrucken. Immerhin schickte General Robertson, Militärgouverneur der britischen Zone, an Oberbürgermeister Heinemann eine recht ausführliche Erwiderung, in der er u.a. die Berufung auf die Haager Landkriegsordnung strikt zurückwies. »Für die augenblickliche Besetzung Deutschlands gibt es keinen Präzedenzfall und eine solche Situation wurde von den Verfassern der Haager Konvention niemals ins Auge gefasst.« Für die Oberbefehlshaber der vier Besatzungszonen gäbe es darum derzeit »keine Begrenzung ihrer Vollmachten mit Ausnahme derjenigen, die sie sich selbst setzen.« In diesem Zusammenhang betonte Robertson noch einmal die britische Entschlossenheit, alle rüstungstechnisch nutzbaren Anlagen des Krupp-Konzerns zu beseitigen.[73]

Für Heinemann war diese nahezu unumschränkte Macht der Besatzungsmächte ein unhaltbarer Zustand, der seinem staats- und völkerrechtlichen Empfinden widersprach. Und so äußerte er immer wieder die Hoffnung, dass »diese entscheidende Frage … recht bald durch ein Besatzungsstatut gelöst werden (könne), wenn wir schon nicht alsbald zu einem Friedensvertrag kommen.«[74]

Allerdings vergaß Heinemann bei aller Kritik an der britischen Besatzungspolitik, bei aller Klage über die anhaltende Not der Bevölkerung doch nie die wirklichen Ursachen für diese bitteren Zustände. Nach seinem Eindruck waren aber allzu viele Deutsche geneigt, diese Zusammenhänge zu vergessen, die er darum immer wieder in Erinnerung rief. Es gälte, »den wahren Zusammenhang zwischen Ursache und Wirkung … klarzustellen, damit den demokratischen Kräften nicht ein gleiches Schicksal bereitet wird wie denen, die nach 1918 die Verantwortung übernahmen.« Und dieser Ursache-Wirkung-Zusammenhang bestand allein darin, dass »an uns wahr gemacht worden (ist), was Goebbels in einer seiner letzten Verlautbarungen von sich gab: ›Wenn das nationalsozialistische Regime von der Bühne wird abtreten müssen, dann schlagen wir die Tür hinter uns zu, sodass noch ein letztes Entsetzen durch die ganze Welt gehen wird.‹ Dieses Entsetzen ist unsere eigene schauerliche Not, ist die Verwüstung unserer Städte und Dörfer, unsere Sorge um die Kriegsgefangenen, unsere Trauer um verlorenes Land.«[75]

Im September 1947 erreichte Oberbürgermeister Heinemann durch hartnäckiges Bemühen ein persönliches Treffen mit dem Leiter der Deutschland-Abteilung im britischen Außenministerium, Lord Francis A. Pakenham. An der Unterredung in Düsseldorf nahmen von britischer Seite auch der Zivil-Gouverneur von Nordrhein-Westfalen, William Asbury, der Essener Stadtkommandant Oberst Cowgill und der Controler der Krupp-Werke, Harold Lupton, teil. Wichtigstes Thema war die Zukunft von Krupp. Heinemann beklagte eingangs die anhaltende Ungewissheit über Beginn und Ausmaß der Demontagen, um sodann eigene Vorschläge zum »Krupp-Problem« vorzubringen. »Dass Krupp als Unternehmen aufhören soll, wissen wir. Das entspricht auch unseren Absichten. Dass seine Betriebe, soweit sie Rüstungsbetriebe sind, beseitigt werden sollen, wissen wir ebenfalls. Auch das entspricht unseren Absichten. Was wir heute nicht wissen, ist … welche Betriebe endgültig verbleiben. Und was für die Essener Bevölkerung positiv an die Stelle der zu zerstörenden Betriebe treten soll.«[76] Heinemann schlug anschließend vor, auf dem Krupp-Gelände neue Unternehmen anzusiedeln, die in den erhaltenen oder wieder hergestellten Gebäuden zivile Produkte fertigen sollten. Es lägen der Stadt Essen bereits einige Anfragen vor, vor allem aus der eisenverarbeitenden und elektrotechnischen Industrie. Um aber ein tragfähiges Konzept für das Krupp-Gelände erarbeiten und mit interessierten Firmen verhandeln zu können, fehle es an einem kompetenten Ansprechpartner. In diesem Zusammenhang brachte Heinemann die Berufung eines »sachverständigen Bevollmächtigten« ins Spiel, den die Militärregierung mit Entscheidungskompetenzen ausstatten sollte.

Heinemann sprach auch von der Notwendigkeit eines »Strukturwandels« in der Essener Industrie, da der Bergbau seine – neben der Stahlbranche – dominierende Stellung mittelfristig nicht werde halten können. Die Stadt setze darum verstärkt auf mittelständische verarbeitende Unternehmen, zumal ehemalige Eisenarbeiter wie die »Kruppianer« traditionell eine Abneigung dagegen hätten, in den Bergbau zu wechseln.

Um seiner Forderung nach baldiger Lösung des »Krupp-Problems« Nachdruck zu geben, verwies Heinemann sodann auf die explosive Stimmung in der Essener Bevölkerung. »Ich glaube, dass der Essener Stadtkommandant … bestätigen kann, wie kritisch die psychologische Situation in Essen ist. Die Unruhen, die wir im vergangenen Frühjahr [1947] in Essen in Gestalt von Demonstrationen und Streiks erlebt haben, stehen wiederum vor uns. Ich fürchte, dass sie nicht so glimpflich abgehen, zumal dann nicht, wenn in aller Not auch noch Zerstörungsmaßnahmen durchgeführt werden.«[77]

Das klang fast wie eine Drohung, von der sich die Briten aber nicht beeindrucken ließen. Ein verbindlicher Plan für Demontage bzw. Wiedernutzung der Kruppschen Fabriken ließ weiter auf sich warten, was nicht zuletzt daran lag, dass man weder in London noch bei den britischen Besatzungsstellen in Berlin und Düsseldorf zu einer einheitliche Linie fand.

Dennoch fielen einige Argumente und Vorschläge Heinemanns aus der Unterredung mit Pakenham auf fruchtbaren Boden. So kann jener von Heinemann vorgeschlagene »sachverständige Bevollmächtigte« für Ansiedlungsprojekte als Vorstufe für die 1949 realisierte »Industrieförderungsgesellschaft mbh« (IFG) gesehen werden. Zudem wirkte sich die Entwicklung der weltpolitischen Lage, d.h. die Verschärfung der Konfrontation zwischen der Sowjetunion und den Westalliierten, in gewisser Weise günstig für die Stadt Essen und ihr lastendes »Krupp-Problem« aus. Im beginnenden kalten Krieg wurde der Westen Deutschlands für die Westalliierten als Verbündeter immer interessanter, dessen wirtschaftliche Kraft eher gestärkt als durch Demontagen weiter geschwächt werden sollte. So erhielten die drei Westzonen Deutschlands ab 1948 im Rahmen des »Marshallplans« umfangreiche Hilfen für den wirtschaftlichen Wiederaufbau, während auf der anderen Seite die Demontagen weitergingen. Auch die Briten hielten grundsätzlich an ihren Demontageplänen für die Kruppsche Gussstahlfabrik fest, wenngleich die Interessen der deutschen Seite ab 1948 allmählich stärkeres Gehör fanden.

Trotz der anhaltenden Unsicherheit über die Zukunft des Krupp-Geländes entwickelte die Stadt Essen quasi unter der Hand eigene Initiativen zur Wiederbelebung der Industrie. Besonders aktiv war dabei das Essener Industrieamt unter der Leitung von Heinrich Reisner, der zahlreiche Kontakte zu ansiedlungswilligen Unternehmen in allen vier Besatzungszonen knüpfte. Im September 1947 teilte Reisner Oberbürgermeister Heinemann vertraulich mit: »Wir haben in aller Stille eine hübsche, kleine Fabrik für Feinmechanik der bergbaulichen Messgeräte …

fördern dürfen. Die Firma wird in das Hauptverwaltungsgebäude Krupp ziehen und ist in guter Entwicklung. Es handelt sich um eine in Essen neuartige Fabrikation. Wir werden in der ersten Zeit wenig Tamtam davon machen …«[78]

Im März 1948 übersandte Reisners Industrieamt an Heinemann eine Liste mit rund 75 Firmen, die konkrete Ansiedlungsabsichten hatten. Die meisten waren Maschinenbau- und metallverarbeitende Betriebe, hinzu kamen Unternehmen der Elektrotechnikbranche, der Feinmechanik, Chemie und Keramik. Viele Unternehmen hatten ihren Hauptsitz in Berlin, andere in Hamburg, Dresden, Eberswalde oder Köthen. Der mit Abstand größte Ansiedlungskandidat war die AEG, um die sich das Industrieamt besonders bemühte. »Besonders wichtig wäre …, dass wir die AEG nach Essen bekämen, zumal da benachbarte Orte, wie Dortmund, Bochum und Mülheim, … planmäßig damit umgehen, Facharbeiter aus Essen täglich mit Omnibussen herauszuholen, um mit unseren Arbeitskräften ihre eigene Wirtschaft aufzubauen.« Diese Äußerung wirft ein Schlaglicht auf die Konkurrenz der Ruhrgebietsstädte beim Wiederaufbau, welche sich ebenso bei der Zuteilung von Lebensmitteln und Baumaterialien deutlich zeigte.

Mit dem voraussichtlichen Ertrag seiner Ansiedlungsbemühungen war Reisner überaus zufrieden. Es »könnten etwa 30 bis 40.000 Arbeiter wieder eine Beschäftigung bekommen. Bei einem mittleren Instandsetzungswert von etwa 100 bis 150 RM pro qm … würde man bei einem Kapital von 10 bis 15 Millionen RM einen sehr ansehnlichen Teil der Kruppschen Hallen für eine Friedensproduktion verwendbar machen können.« Doch auch der notorisch optimistische Chef des Essener Industrieamts musste einräumen, dass ohne eine Grundsatzentscheidung der Briten diese Planungen weitgehend in der Luft hingen, »weil viele Firmen deswegen zurückbleiben.«[79]

Aber diese Entscheidung ließ weiter auf sich warten und so kam der Wiederaufbau im Ruhrgebiet, insbesondere aber in Essen, nur sehr langsam voran. Um ihren Wünschen und Forderungen an die Besatzungsmächte mehr Nachdruck zu verleihen, riefen die Oberbürgermeister mehrerer Ruhrgebietsstädte zu einer Großkundgebung unter dem Motto »Die Ruhr ruft Europa« am 11. April 1948 nach Essen. Oberbürgermeister Heinemann prangerte in seiner Rede die Demontagepolitik der Briten an. »Wir können es nicht fassen, was sich hier um die Demontage des Kruppschen Hüttenwerkes in Essen abspielt … 35.000 Tonnen Mauerwerk sind niederzulegen, um an seine eigentlichen Teile heranzukommen, über 6.000 Güterwagen sollen seine Bestandteile davonfahren. Das Zerschneiden seiner Ausrüstung frisst monatlich 250.000 kW Strom … 20 Millionen kostet die Demontage, die Gutschrift auf dem Reparationskonto beträgt 9,5 Millionen Mark, obwohl das Hüttenwerk über 100 Millionen gekostet hat. Das Bitterste ist, dass das Hüttenwerk anderwärts [d. h. in der Sowjetunion, T. F.] nicht wieder zur

Produktion gebracht werden kann.«[80] Während auf der einen Seite solcherart zerstörerisch vorgegangen werde, verzögerten die Briten, so Heinemann weiter, den industriellen Wiederaufbau durch das ständige Hinausschieben einer Entscheidung zum Krupp-Gelände.

Dienten derartige Massenveranstaltungen dazu, »Druck von unten« auf die Besatzungsmächte auszuüben – wie weit sich diese davon beeindrucken ließen, muss dahingestellt bleiben, wenngleich den Briten die Stimmung der Bevölkerung durchaus nicht gleichgültig war –, so bemühte sich Heinemann weiterhin auch um direkte Kontakte zu den alliierten Entscheidungsträgern. Am 5. August 1948 schrieb er an den amerikanischen Militärgouverneur für Deutschland Lucius D. Clay, um endlich eine Beschleunigung der Krupp-Angelegenheit zu erreichen, erhielt aber nur eine hinhaltende Antwort.[81] Zwei Monate später kam es in Düsseldorf sogar zu einer persönlichen Unterredung mit General Clay und dem britischen Militärgouverneur Robertson, die relativ positiv verlief. Insbesondere erhielt Heinemann die Zusicherung, dass jene drei Betriebe, die auf dem Krupp-Gelände mit britischem »Permit« wieder produzierten – Landmaschinenfabrik, Schwerbeschädigten-Werkstatt und ein Baubetrieb – »bis zur endgültigen Entscheidung durch den Gesamtplan« die Arbeit fortführen durften.[82]

Inzwischen war im Nürnberger Krupp-Prozess das Urteil gesprochen worden, wodurch auch in die seit nunmehr drei Jahren sich hinziehende Krupp-Angelegenheit Bewegung kam. Am 31. Juli 1948 wurden Alfried Krupp von Bohlen und Halbach, der Sohn des verhandlungsunfähigen Firmenchefs Gustav Krupp von Bohlen und Halbach, und zehn Krupp-Direktoren von einem US-amerikanischen Militärgericht wegen des Einsatzes von Kriegsgefangenen und KZ-Häftlingen als Sklavenarbeiter und »Plünderungen« in den besetzten Gebieten zu Haftstrafen zwischen zwölf (Alfried Krupp) und drei Jahren verurteilt. Zudem verfügte das Gericht die Einziehung des gesamten Krupp-Vermögens. Vor dem Hintergrund des sich verschärfenden kalten Krieges sahen die Westalliierten jedoch bald von einer konsequenten Umsetzung der Urteile ab. Im Januar 1951 – ein halbes Jahr nach Ausbruch des Korea-Krieges – verfügte der US-amerikanische Hohe Kommissar John McCloy die Begnadigung aller Verurteilten und hob zugleich die Beschlagnahme des Krupp-Vermögens auf.

Am 30. November 1948 schließlich wurde der Liquidationsplan für das Krupp-Gelände von der britischen Besatzungsmacht veröffentlicht. So sehr allerdings Bevölkerung und Stadtführung auf Bekanntgabe dieses Planes gedrängt hatten, damit die Wiedernutzung des Krupp-Geländes endlich beginnen könne, so enttäuscht war man in Essen über das große Ausmaß der vorgesehenen Demontagen bzw. Zerstörungen. Insgesamt sollten 73 stark beschädigte Gebäude zerstört werden (Gruppe B). Für 127 – überwiegend kleinere – Gebäude (Gruppe A) erlaubten die Briten die Wiederherstellung, um sie »als friedensmäßige Industrieanlagen« zu nutzen. »Industrieanlagen, die in Essen errichtet werden, müssen so gestaltet werden, dass die Wiederaufnahme der Rüstungsproduktion für immer ausgeschlossen ist.«[83] Für die 22 Anlagen der Gruppe C wurde eine Entscheidung bis zur Klärung ihres Stellenwerts als »rüstungsrelevant« oder nicht aufgeschoben. An dieser Klärung sollten deutsche Stellen im Rahmen eines englisch-deutschen Ausschusses beteiligt sein. Die Zerstörungs- und Demontagepläne betrafen rund 30 Prozent der Anlagen, nachdem durch Kriegseinwirkung bereits rund 45 Prozent der Gussstahlfabrik zerstört worden waren. Der traditionellen Stahlbasis der Essener Wirtschaft schien damit buchstäblich der Boden entzogen.[84]

Heinemann und der Stadtrat bemühten sich in den folgenden Monaten darum, Abmilderungen der Demontagepläne zu erreichen, insbesondere durch die Einstufung möglichst vieler Gebäude der Gruppe C als »friedensmäßig« sowie die Umgruppierung einzelner Gebäude, um besonders wichtige Anlagen im Austausch gegen verzichtbare doch noch zu erhalten. Unterstützung fand die Stadt Essen nicht nur bei der Düsseldorfer Landesregierung, sondern auch beim britischen Militärgouverneur General Alec Bishop.[85] Tatsächlich gelang es den deutschen Vertretern im englisch-deutschen Ausschuss – darunter auch OB Heinemann – in zähen Verhandlungen, über die ursprünglich festgelegten 127 hinaus weitere rund 25 Gebäude vor der Zerstörung zu bewahren.[86]

Nunmehr konnte auch jene »Industrieförderungsgesellschaft mbh« (IFG) ihre Tätigkeit aufnehmen, die nicht zuletzt auf eine Anregung von Oberbürgermeister Heinemann aus dem Jahr 1947 zurückging. Ab November 1949 widmete sich die IFG der »Verwertung von Grundstücken auf dem Gelände der früheren Kruppschen Gussstahlfabrik … durch Ansiedlung neuer, ›rüstungsfremder‹ Betriebe«, so der satzungsmäßige Geschäftszweck der Gesellschaft, an der das Land Nordrhein-Westfalen und die Stadt Essen je zur Hälfte beteiligt waren. Dabei arbeitete sie eng mit dem Essener Industrieamt zusammen.

Tatsächlich gelang es der Industrieförderungsgesellschaft nach ersten Anlaufschwierigkeiten in den sieben Jahren ihres Bestehens, das Gelände der ehemaligen Krupp-Gussstahlfabrik zu einem wichtigen Produktionsstandort zu entwickeln. Insgesamt erreichte sie die Neuansiedlung von rund 534 Betrieben mit rund 10.000 Arbeitsplätzen. Damit einher ging ein erkennbarer Strukturwandel innerhalb der Essener Wirtschaft, da die meisten angesiedelten Unternehmen zur Textil-, Elektro- und Chemiebranche gehörten. Hinzu kamen Klein- und Mittelbetriebe der Glas- und Holzindustrie, der Feinmechanik sowie der Papier- und Druckindustrie.[87] Die Zeit von Kohle und Stahl war in Essen zwar noch längst nicht vorbei, doch die Entwicklung hin zu mehr verarbeitender Industrie, zu mehr Handel und Dienstleistungen war eingeleitet. Als Oberbürgermeister war Heinemann, der ja selbst aus der einst beherrschenden Montanindustrie kam, in den Jahren 1946 bis 1949 an diesem Prozess maßgeblich beteiligt.

Kommunalwahl 1948

Wenn Gustav Heinemann sich von den Kommunalwahlen vom 17. Oktober 1948 eine breite Anerkennung für seine in den vergangenen zwei Jahren geleistete Arbeit als Oberbürgermeister erhofft hatte, wurde er gründlich enttäuscht. Die CDU verlor in Essen im Vergleich zur Wahl 1946 mehr als 8 Prozentpunkte und wurde mit einem Stimmenanteil von 30,7 Prozent lediglich zweitstärkste Kraft hinter der SPD, die leicht auf 35,1 Prozent zulegen konnte. Verluste erlitt auch die KPD (10, 4 Prozent, minus 1, 7 Prozentpunkte), während FDP und Zentrum Stimmengewinne erzielten (Zentrum 15,4 Prozent, plus 4,2; FDP 4,5 Prozent, plus 0,9 Prozentpunkte). Die Wahlbeteiligung lag in Essen mit lediglich 60 Prozent fast 20 Prozentpunkte unter der von 1946 und damit auch deutlich unter dem Landesdurchschnitt von 69 Prozent.[88]

Ein großer Teil der Essener Bevölkerung hatte mit diesem Votum seiner Enttäuschung über die Kommunalpolitik allgemein und die Politik der CDU im Besonderen Ausdruck verliehen. Überraschen konnte das nicht, denn die Situation der Stadt und ihrer Bevölkerung war Ende 1948 weiterhin prekär. Zwar hatte sich die Ernährungs- und Versorgungslage seit Anfang 1948 spürbar verbessert und auch beim Wiederaufbau waren sichtbare Fortschritte zu verzeichnen. Doch die Stadt Essen steckte in einer akuten Finanznot, da öffentliche Finanzreserven durch die Währungsreform fast völlig zunichte gemacht waren. Hinzu kam, dass die Gewerbesteuer als kommunale Haupteinnahmequelle weiterhin nur äußerst spärlich floss. Darum kam 1948 der Wiederaufbau, insbesondere die Wiederherstellung von Wohnungen, nur sehr schleppend voran, allerdings nicht mehr aus Mangel an Baumaterial und Maschinen, sondern nunmehr wegen fehlender Finanzmittel.

Heinemann verwies in diesem Zusammenhang häufig auf die Auswirkungen der Währungsreform, die zwar viele Probleme gelöst, aber einige auch verschärft hatte. »… bis zur Währungsreform (haben wir) immer wieder unter einem Materialmangel gelitten. Jetzt wäre Material zu haben, wir kommen aber in große Schwierigkeiten infolge des Geldmangels.«[89]

Am 8. November 1948 stellte sich Oberbürgermeister Gustav Heinemann im Rat der Stadt zur Wiederwahl. Er fand aber keine Mehrheit mehr, da zwischen CDU und Zentrum auf der einen Seite und SPD und KPD ein Patt-Verhältnis entstanden war. In mehreren Wahlgängen entfielen auf Heinemann und seinen Gegenkandidaten Wilhelm Nieswandt (SPD) jeweils 25 Stimmen. Heinemann wollte in dieser verfahrenen Situation keinesfalls den Eindruck erwecken, er klebe an seinem Amt, bestand aber darauf, dass die Stadt eine Führungsperson an ihrer Spitze brauche. Darum lehnte er auch den Vorschlag der KPD, dass der Hauptausschuss vorläufig die Funktion des Oberbürgermeisters übernehmen solle, strikt ab. Da keine der beiden Seiten (CDU/FDP und SPD/KPD) von ihrer Position abrückte, steckte man in einer Sackgasse.

In dieser Situation bemühte sich Heinemann, eine weitere Verhärtung der Fronten zu vermeiden. »Ich bin über den Verlauf dieser Gemeinderatssitzung tief traurig. Ich glaube, dass die Demokratie eine Niederlage erleidet, wenn wir so amtieren. Ich bin auch deshalb traurig, weil die Auseinandersetzung sich scheinbar ... zu einem Streit um meine Person entwickelt. Ich habe mich vor 2 Jahren nicht ins Amt gedrängt. Ich habe einen Beruf, der mich ausfüllt, und ich habe vielfältige Aufgaben, denen mein ganzes Interesse gilt und denen ich mich gerne im vollsten Maße zuwenden möchte.« Er wolle und könne das Amt aber nicht aufgeben, solange es keinen parlamentarisch bestätigten Nachfolger gebe.[90]

Um Heinemanns Person ging es tatsächlich nicht bei dem Konflikt um die Besetzung des Oberbürgermeisterpostens. Sowohl SPD-Vertreter wie auch der Kommunist Heinz Renner bescheinigten Heinemann persönliche Integrität und eine weitgehend überparteiliche Amtsführung. Auch der FDP-Stadtverordnete Viktor Niemeyer erntete nur Zustimmung, als er Heinemann bescheinigte, dass dieser »sein Amt mit einer geradezu mustergültigen Überparteilichkeit ausgeübt« habe.[91]

Eine Überwindung der Abstimmungsblockade im Stadtparlament war dennoch nicht in Sicht, und so blieb Heinemann als geschäftsführender Oberbürgermeister im Amt. Nach dem neuerlichen Scheitern einer Oberbürgermeisterwahl im März 1949 befasste sich auch der Düsseldorfer Landtag mit den Essener Querelen und machte schließlich durch eine Novelle zur Gemeindeverfassung den Weg frei für eine Direktwahl des Stadtoberhaupts im Dezember 1949.

Gustav Heinemann kandidierte aber nicht mehr, da er im September 1949 ins erste Kabinett Adenauer eingetreten war. Zu seinem Nachfolger als Essener Oberbürgermeister wurde mit großer Mehrheit (68 Prozent) Hans Toussaint (CDU) gewählt. Auf den SPD-Kandidaten Wilhelm Nieswandt entfielen 31,7 Prozent der abgegebenen Stimmen, bei einer Wahlbeteiligung von lediglich 40,7 Prozent.

Abschied von der Kommunalpolitik

Heinemann fiel der Abschied aus Essen nicht leicht. Nach eigener Aussage folgte er bei seinem Wechsel in die Bundespolitik mehr den Bitten seiner Partei als eigenen Wünschen und Ambitionen. »Lassen Sie mich in aller Offenheit sagen, dass mir der Abschied aus Essen … überaus schwerfällt. Ich habe 49 Jahre meines Lebens in Essen verbracht, mit Unterbrechungen durch meine Ausbildungszeit. Mein ganzes Berufsleben und mein Wirken in der Öffentlichkeit, soweit es hat stattfinden können, haben sich hier in Essen abgespielt, und ich darf sagen, dass ich hier verwurzelt bin. Es war nicht meine Absicht, mich irgendwie in die Bonner Entwicklung hineinziehen zu lassen … Ich darf Ihnen versichern, dass auch in meinem neuen Wirkungskreis mein Herz der kommunalen Selbstverwaltung gehören wird … Dass dabei der Stadt Essen nach wie vor mein Herz gehört, das ist eine Selbstverständlichkeit.«[92]

Heinemanns politische Grundüberzeugungen nach 1945

In diesen ersten Nachkriegsjahren nahm Heinemann immer wieder Gelegenheit, seine persönlichen Vorstellungen von der politischen Neuordnung Deutschlands und seine zugrundliegenden Überzeugungen darzulegen. Deren Kernpunkte waren parlamentarische Demokratie, Rechtsstaatlichkeit und freie Marktwirtschaft. Im Mittelpunkt aller Politik müsse die individuelle Persönlichkeit stehen, der die Gesellschaft größtmögliche Entfaltungs- und Wahlmöglichkeiten gewähren solle, solange diese nicht auf Kosten anderer Persönlichkeiten gehen. »Es geht um die Überwindung jeder totalitären Geisteshaltung!«[93]

Parlamentarische Demokratie

In Fragen der konkreten Ausgestaltung der parlamentarischen Demokratie machte Heinemann häufig Anleihen beim angelsächsischen Modell. So trat er vehement für das Mehrheitswahlrecht (»Persönlichkeitswahl«) ein, das weit besser als das Verhältniswahlrecht es dem einzelnen Politiker erlaube, »nur aus Gewissensentscheidung (zu) handeln«, d. h. »von Fall zu Fall das Richtige, Gerechte, … Gute, Fortschrittliche zu tun, ohne Rücksicht, ob und welcher Partei es dient«.[94] »Parteien-Herrschaft« lehnte Heinemann ebenso ab wie einen zu starken Einfluss wirtschaftlicher Interessenverbände und Gewerkschaften auf Staat und Gesellschaft. In diesem Zusammenhang griff er vor allem die SPD immer wieder scharf an, die mit ihrer Praxis des »Fraktionszwangs« die Gewissen ihrer Politiker kommandiere und sich damit auf dem »Weg zur Parteidiktatur« befinde.

Überhaupt vertrat Heinemann einen sehr pragmatischen Politikansatz, in dem Parteien eine weit geringere Rolle spielen sollten, als es sich 1947/48 abzuzeichnen begann. Denn die Menschen wollten, nach Heinemanns Überzeugung jedenfalls, »nicht zuerst Parteiprogramme und Ideologien«, sondern »Einzelpersonen, in klarer persönlicher Verantwortung«, die »aktuelle Tagesfragen nach Maßgabe der Umstände so gut wie möglich« lösen könnten. An diesem Gegensatz – hie unabhängige »Persönlichkeit«, dort Parteien und Parteifunktionäre – würde sich nach Heinemanns Einschätzung letztlich Erfolg oder Misserfolg des demokratischen Neuanfangs in Deutschland entscheiden. »Wenn wir diesen tiefsten Willen des Volkes nicht erkennen, ... wird der Weg in die Demokratie abermals ein Irrweg werden.«[95] Nicht zuletzt zeichnete Heinemann damit auch ein Selbstbild als Politiker, der immer eine unabhängige Persönlichkeit, nie »Partei-Funktionär« sein wollte. Dass dieser Anspruch in der rauen Wirklichkeit der Politik zu Konflikten führen würde, musste Heinemann innerhalb der CDU und vor allem in seinem Verhältnis zu Konrad Adenauer sehr bald erfahren.

Wenn sich Heinemann in den kommenden Jahren auch mit dem westdeutschen Verhältniswahlrecht abfinden konnte, zumal es Elemente der Persönlichkeitswahl enthielt, so blieb er doch stets ein Gegner von hierarchischen Entscheidungsstrukturen und disziplinarischen Zwängen für Mandatsträger, was ihn in jeder Partei zu einem manchmal nicht einfachen Mitstreiter machte.

Marktwirtschaft

Auch in seinen wirtschaftspolitischen Vorstellungen lehnte Heinemann jeglichen »Kollektivismus« ab und vertrat das Konzept einer freien Marktwirtschaft, die den wirtschaftlichen Subjekten – seien es Verbraucher, Unternehmer, Selbstständige – möglichst weite Entscheidungs- und Entfaltungsräume bieten sollte. Denn es gehe »um höchste Erzeugungssteigerung (und) eine Bedarfsdeckung ..., bei der der Verbraucher am besten und billigsten fährt.«[96] Ihm stand dabei der »autonome Verbraucher« vor Augen, den der selbstständige Erzeuger im Wettbewerb mit andern Erzeugern bedient, wobei nach guter wirtschaftsliberaler Lehre der »Preis als Kompass« dient.[97] Allen planwirtschaftlichen Überlegungen erteilte Heinemann eine Absage, da sie nur zu »höchster Bürokratisierung« und zu einer »Zwangswirtschaft« führten, in der die Menschen weiterhin bloße »Normalverbraucher« und Zuteilungsempfänger blieben.

Hier zog Heinemann wiederum eine scharfe Trennungslinie zur SPD, deren noch stark sozialistisch orientierte Wirtschaftskonzepte nach seiner Überzeugung auf eine »Zwangswirtschaft« hinausliefen, wie er überhaupt den westdeutschen Sozialdemokraten seinerzeit ein in hohem Maße antifreiheitliches, autoritäres Denken vorwarf. »Wer Gewissen kommandiert« – eine Anspielung auf den von Heinemann strikt abgelehnten, bei der SPD angeblich herrschenden »Fraktionszwang« – »wird stets auch Wirtschaft kommandieren.«[98]

Doch auch Heinemann musste anerkennen, dass das marktwirtschaftliche System, wie es sich in der ersten Hälfte des 20. Jahrhunderts in Deutschland herausgebildet hatte, modifiziert werden musste. Eine »neue« bzw. »soziale Marktwirtschaft« müsse geschaffen werden, um die »Entartungen« des alten Systems zu überwinden. Zu diesen Fehlentwicklungen zählte er insbesondere die teilweise Aufhebung des Wettbewerbs durch Kartelle und Syndikate sowie die verhängnisvolle Ballung von wirtschaftlicher und politischer Macht in wenigen Händen, wobei Heinemann nicht zuletzt an die antidemokratischen Aktivitäten mächtiger Ruhrindustrieller in der Endphase der Weimarer Republik dachte.

Daher vertrat Heinemann das Konzept einer »sozialen Marktwirtschaft«, das im Sinne des wirtschaftlichen Liberalismus freien Wettbewerb, selbstverantwortliches Unternehmertum und freie Preisgestaltung als Grundvoraussetzungen einer funktionierenden Marktwirtschaft garantieren, kapitalistische Auswüchse jedoch – Monopolbildung, Lohndrückerei, Massenarbeitslosigkeit etc. – durch einen staatlich vorgegebenen Ordnungsrahmen verhindern sollte. Heinemann auf einer Wahlkundgebung im April 1947: »Was ernstlich in Frage kommen kann, ist nur ein dritter Weg dergestalt, dass grundsätzlich, d. h. soweit wie möglich, die Marktwirtschaft wiederhergestellt wird. … Das Wesentliche hierbei ist die Konkurrenz als Ansporn für die Erzeuger und Händler. … Der wiederherzustellende Leistungswettbewerb wird aber im Unterschied zur Vergangenheit an unabänderliche Regeln zu binden sein. Diese Regeln hat der Staat als öffentliche Ordnung festzusetzen und zu gewährleisten.«[99]

Für den Bereich der Montanindustrie schloss sich Heinemann sogar der Forderung nach umfassenden Sozialisierungen an, wie sie in den ersten Nachkriegsjahren auch in der CDU erhoben wurden. »Im Bergbau und der Großindustrie wollen wir eine gemeinwirtschaftliche Ordnung herbeiführen, die dem Arbeitnehmer Mitwirkung und Beteiligung als gleichwertige Persönlichkeit gewährleistet und eine Wiederkehr kapitalistischer Macht ausschließt.«[100] Mit diesem Konzept eines »eingehegten« Kapitalismus befand sich Heinemann in weitgehender Übereinstimmung mit jenem »Ahlener Programm«, das der Zonenausschuss der CDU für die britische Zone unter Leitung von Konrad Adenauer im Februar 1947 beschlossen hatte. Unter der Überschrift »Kapitalismus und Marxismus überwinden« hieß es darin, dass das deutsche Volk eine »gemeinwirtschaftliche Ordnung, ... eine Wirtschafts- und Sozialverfassung erhalten (solle), die dem Recht und der Würde des Menschen entspricht.« Denn die »Zeit der unumschränkten Herrschaft des privaten Kapitalismus« sei vorbei. Kartellgesetze, Vergesellschaftungen in der Montanindutrie, Mitbestimmungsrechte für Arbeitnehmer und auch gewisse Planungs- und Lenkungsmechanismen sollen dafür sorgen, dass nicht mehr das »kapitalistische Gewinn- und Machtstreben, sondern nur das Wohlergehen unseres Volkes« Ziel und Zweck der Wirtschaft sein werden.

Die Beschränkung wirtschaftlicher Macht etwa im Bereich der Montanindustrie hielt Heinemann nach den negativen Erfahrungen der Weimarer Republik zwar für unumgänglich. Er wandte sich aber gegen die etwa von der SPD geforderte Überführung der Schwerindustrie in Staatsbesitz. Als Sprecher der CDU-Fraktion lehnte er darum im Düsseldorfer Landtag 1948 ein von der SPD eingebrachtes Bergbau-Sozialisierungsgesetz entscheiden ab. Nach Vorstellungen der SPD solle »das gesamte Eigentum am Steinkohlen- und Braunkohlenbergbau von Nordrhein-Westfalen in eine Hand kommen ..., nämlich in die der sogenannten ›Selbstverwaltung Kohle‹ als neu zu schaffender juristischer Person. Das halten wir nur für eine Machtkonzentration allergrößten Stiles und unseligsten Gedenkens.« Den »Staat als Unternehmer« lehnte Heinemann ab. »... der Staat ist bisher schon unser Polizist, unser Schulmeister, unser Richter und was weiß ich sonst noch alles. Nun soll er auch noch irgendwie unser Industrieller, unser Kohlenlieferant ... unser Bankier ... sein. Auch das kann nicht akzeptiert werden. Auch der demokratische Staat soll keine Wirtschaftsmacht haben ...«[101] Heinemann forderte dagegen, »das Fernziel der Aufgliederung in sogenannte selbständige Unternehmungen in einer ... viel einfacheren und viel weniger störenden Weise« anzustreben, d.h. durch Anknüpfung an die »bestehenden Einheiten« und in einem schrittweisen Prozess der Entflechtung und gesellschaftlichen Mitsprache in den Bergbau-Unternehmen.

Unverkennbar sprach hier der Vertreter eines marktwirtschaftlichen Kurses, dem die unternehmerische Freiheit, die Initiative des Einzelnen stets ein besonderes Anliegen war und der den Staat aus prinzipiellen Erwägungen für einen schlechten Unternehmer hielt. Der Staat solle sich darauf beschränken, Auswüchse ökonomischer Macht zu bekämpfen. Denn dass auch ökonomische Machtballung mit zur Machtübernahme des Nationalsozialismus geführt hatte, wie Heinemann aus dem Plenum zugerufen wurde, »das weiß ich und das leugne ich gar keinen Augenblick. Aber das zu verändern, sollte man vernünftigerweise Schritt für Schritt tun und nicht mit einer solch abrupten Totalveränderung«, wie sie das Sozialisierungsgesetz der SPD herbeiführen würde.[102]

Gleichwohl bekannte sich Heinemann immer wieder zu den Grundsätzen des »Ahlener Programms«, weil es »wahrhaft zeitgemäß, fortschrittlich und sozial ist.

Ein Programm, das aus der furchtbaren Erfahrung der letzten Jahre zugleich darauf bedacht ist, keiner neuen Diktatur Vorschub zu leisten. Dieses … Programm will wirklich der Person auch inmitten der Großstadt und inmitten der Großbetriebe wieder Spielraum verschaffen und die private Wirtschaftsmacht durch Auflockerung und Machtverteilung brechen.«[103]

Allerdings vollzog die CDU – nicht zuletzt auf Betreiben Adenauers – bereits Mitte 1949 eine programmatische Wende. In den »Düsseldorfer Leitsätzen« vom Juli 1949 war von »christlichem Sozialismus« und Sozialisation keine Rede mehr. Vielmehr vertrat die CDU nunmehr konsequent das Modell der »sozialen Marktwirtschaft« Ludwig Erhards mit eindeutiger Betonung marktwirtschaftlicher Grundsätze. »Die ›soziale Marktwirtschaft‹ steht im scharfen Gegensatz zum System der Planwirtschaft …« Gleichzeitig stehe sie aber auch »im Gegensatz zur sogenannten ›freien Wirtschaft‹ liberalistischer Prägung«, die in der Vergangenheit immer wieder zu Auswüchsen geführt habe.

Eine dezidierte Stellungnahme zu diesem Kurswechsel der CDU ist von Heinemann nicht überliefert. Die Abkehr vom Topos des »christlichen Sozialismus«, mithin von einer entschieden sozialen Ausrichtung der Politik, mag er bedauert haben. Dagegen entsprach die Betonung marktwirtschaftlicher Grundsätze sowohl wie die Abgrenzung gegenüber einem ungehemmten »Wirtschaftsliberalismus« durchaus seinen eigenen Vorstellungen einer vernünftigen Wirtschaftsordnung. Insofern fand Erhards Modell der »sozialen Marktwirtschaft« insgesamt Heinemanns Zustimmung.

Darin wusste er sich auch mit seinem Freund Wilhelm Röpke einig, der schon im schweizerischen Exil damit begonnen hatte, die theoretischen Grundlagen einer gleichermaßen wettbewerbsorientierten wie dem Gemeinwohl verpflichteten Wirtschaftsform zu schaffen und der nach dem Krieg neben Alfred Müller-Armack und Walter Eucken zu einem der wichtigsten Stichwortgeber für Erhards Wirtschaftspolitik wurde. Insofern scheint es überzogen, in den »Düsseldorfer Leitsätzen« einen wesentlichen Grund für Heinemanns späteren Bruch mit der CDU zu sehen.[104]

Rechtsstaat

Heinemann war Jurist genug, um dem Rechtsstaat eine herausragende Bedeutung für den Bestand einer freiheitlich-demokratischen und humanen Gesellschaft zuzuweisen. Bei Übernahme des Justizministeriums in Düsseldorf 1947 nannte er denn auch die Schaffung einer politisch unabhängigen Justiz als seine zentrale Aufgabe. »Es muss gleiches Recht für alle gelten. … Ich werde deshalb jedes unbefugte Eingreifen in gerichtliche Verfahren sehr entschieden abweisen.«[105] Immer wieder erinnerte Heinemann mahnend an die Pervertierung des Rechts durch die Nationalsozialisten, die an Stelle rechtsstaatlicher Verhältnisse die Herrschaft von Gewalt und Willkür gesetzt hatten.

Ein weiteres Element war und blieb von zentraler Bedeutung für Heinemanns Politikverständnis, ja insgesamt für sein Bild einer bürgerlichen Existenz. Es war das Prinzip der Selbstverantwortung, das später mit dem etwas sperrigen Begriff »Subsidiarität« belegt wurde. Insofern war es auch kein Lippenbekenntnis, sondern entsprach seiner inneren Überzeugung, wenn Heinemann sich im September 1949 mit großem Bedauern von der Essener Kommunalpolitik verabschiedete, um als Innenminister in die Bundespolitik zu wechseln. Sein »Herz (werde) der kommunalen Selbstverwaltung gehören«.[106] Als er ein Jahr zuvor den umgekehrten Weg – d.h. von der Landes- zurück in die Kommunalpolitik – gegangen war, hatte er das im Landtag mit einem geradezu flammenden Bekenntnis zur Kommunalpolitik begründet. »... dass ich der Selbstverantwortung verfallen bin, mögen Sie daraus entnehmen, dass ich aus dem [Justiz-]Ministerium wieder herabgestiegen bin zur Parterreakrobatik der Kommunalpolitik. Da ist wirklich Selbstverwaltung ..., weil die Dinge aus den Beteiligten herauswachsen, die es angeht und die die Verantwortung tragen.«[107]

Dieses Prinzip vertrat Heinemann auch für das kirchliche Leben. Als überzeugter Anhänger einer synodal verfassten Kirche sah er in der durch gewählte Presbyter sich selbst verwaltenden Gemeinde die Basis der evangelischen Kirche. Dass die Menschen ihre Angelegenheiten am besten selbst regeln sollten und zwar dort, wo sie auftreten, an der Basis – im kirchlichen wie im weltlichen Bereich –, gehörte zu den Grundüberzeugungen des Politikers wie des Kirchenmannes Heinemann. Als er dann aber in die Lage kam, selber Politik von »höherer Warte« aus, nämlich als Bundestagsabgeordneter, Justizminister, später sogar als Bundespräsident, zu betreiben, musste das kein Widerspruch zu dieser Grundüberzeugung darstellen, sondern vielmehr eine Herausforderung, auch in diesen herausgehobenen Ämtern nie den Bezug zu den Dingen an der gesellschaftlichen Basis zu verlieren.

Eindringlich stellte Heinemann zudem die Frage nach der geistigen (metaphysischen) Fundierung des Rechtsstaats und der bürgerlichen Gesellschaft insgesamt. Für ihn gab es darauf eine klare Antwort. »Wenn Sie mich fragen, wo diese Fundierung ... zu finden (ist), so kann ich darauf nur mit einem persönlichen Bekenntnis antworten, und dieses Bekenntnis lautet: Fundamentum juris est verbum Dei, d.h. das Fundament des Rechtes ist Gottes Wort.«[108] »Von hier aus gesehen gibt es überhaupt kein besonderes Problem der poli[tischen] Ethik«, schrieb er einmal an seinen Freund Röpke.[109]

In diesem Zusammenhang schrieb er der presbyterial-synodalen Kirche, wie er sie in seiner Essener Gemeinde kennengelernt hatte, eine geradezu »Demokratie stiftende« Kraft zu, was er am Beispiel Englands und der USA zu verdeutlichen versuchte. In England nämlich hätten sich nach der »Reformation von oben« durch König Heinrich VIII. alsbald die »staatsfreien presbyterial-synodal verfassten Kirchen« etabliert, »die in innerer Distanz zum Staat und zur Staatskirche schließlich in Verteidigung ihrer religiösen Freiheit die politische Demokratie und die Gewaltenteilung im Staat erzwingen. So ist die Wurzel der Demokratie in England eine religiöse, mit dem Erfolg, dass jede demokratische Bewegung unter den Einfluss freikirchlicher Kräfte tritt ...« Denn ein »Land mit vielen Glaubensrichtungen, wie England, treibt zwangsläufig zu einer demokratischen und gemeindemäßigen Ordnung der Dinge. Die Vereinigten Staaten von Amerika böten »vollends das Musterbeispiel demokratischer Ordnung des öffentlichen Lebens aus religiöser Wurzel.« Dieses Modell – sozusagen eine »Demokratie aus dem Geiste der Presbyterianer-Gemeinde« – müsse endlich auch für Deutschland fruchtbar gemacht werden, wo vier Jahrhunderte lutherischen Staatskirchentums mitverantwortlich seien für die Verfestigung obrigkeitsstaatlicher Strukturen. »Ein Land mit nur einer und noch dazu als Staatskirche verfassten Konfession bleibt ... auf autokratischen Bahnen. Unsere eigene Geschichte ist Beleg dafür.«[110] Heinemann betonte dabei jedoch stets seine Forderung, dass »die christliche Botschaft zur freien Entscheidung jedes einzelnen gestellt« und damit die Trennung von Staat und Kirche gewährleistet bleibt.[111]

Justizminister in Nordrhein-Westfalen (1947/48)

Mit seiner Kandidatur bei den ersten Landtagswahlen in Nordrhein-Westfalen am 20. April 1947 erweiterte Heinemann seinen politischen Wirkungskreis über die Stadt Essen hinaus auf die Landesebene. Zwar verlor die CDU verglichen mit den Kommunalwahlen vom Oktober 1946 in Essen wie auch im Land erheblich an Stimmen, doch konnte Heinemann seinen im (gutbürgerlichen) Essener Süden gelegenen Wahlkreis direkt für sich gewinnen. Auch sein Parteifreund Hans Toussaint errang ein Direktmandat, während die fünf anderen Essener Wahlkreise an SPD-Kandidaten fielen.

Dass Heinemann in der ersten gewählten Regierung von Nordrhein-Westfalen gleich Justizminister wurde, entsprang aber keineswegs seinem persönlichen Ehrgeiz, sondern einer politischen »Verlegenheit«, in die der gewählte Ministerpräsident Karl Arnold (CDU) bei der Regierungsbildung geraten war. Ursprünglich wollte Arnold nämlich Artur Sträter als Justizminister, der dieses Amt bereits in der ernannten Landesregierung bekleidet hatte. Doch die Briten verweigerten Sträters

Ernennung, weil er über kein Landtagsmandat verfügte. In dieser misslichen Lage ließ sich Heinemann von Arnold, der ihm persönlich wie auch politisch nahestand, zur Übernahme des Amtes überreden, unter der Bedingung allerdings, dass er es so bald als möglich wieder abgeben könne. Politische Ambitionen, die über das Amt des Essener Oberbürgermeisters – es war kraftraubend genug – hinausgingen, hegte Heinemann zu diesem Zeitpunkt nach eigenem Bekunden nicht. Wieder einmal war er zur Übernahme eines politischen Amtes quasi »genötigt« worden. An seine Mutter schrieb er kurz nach seiner Ernennung zum Justizminister: »Sicherlich ist die Arbeit hier sehr interessant, aber ich möchte doch lieber ausschließlich in den Essener Bereich zurückkehren und nicht in der Politik untergehen.«[112] Auch schien Heinemann es zu bedauern, dass er nach seiner Ernennung zum Düsseldorfer Justizminister seinen Vorstandsposten bei Rheinstahl ruhen lassen musste. Seine volle Tätigkeit als Industriemanager nahm er erst im August 1948 wieder auf.[113]

Im Düsseldorfer Kabinett, dem neben fünf CDU- und drei SPD-Ministern auch ein Zentrumsmitglied und zwei KPD-Vertreter als Minister angehörten, traf Heinemann übrigens wieder mit dem Kommunisten und früheren Oberbürgermeister von Essen, Heinz Renner, zusammen, der das Verkehrsressort leitete und mit dem Heinemann seinerzeit sehr gut zusammengearbeitet hatte.

Als Justizminister sah Heinemann seine wichtigste Aufgabe darin, eine unabhängige Justiz zu schaffen, die frei von jeglicher Einflussnahme durch politische, wirtschaftliche oder sonstige Gruppierungen agieren konnte. Dazu bedurfte es gewaltiger organisatorischer, personeller und materieller Aufbauarbeiten. »Insbesondere ist die Personenbesetzung von Gerichten und Staatsanwaltschaften noch nicht wieder ausreichend, weder zahlenmäßig noch qualitativ.« Hinter dieser Feststellung Heinemanns verbarg sich das gewaltige Problem, dass das Justizpersonal größtenteils überaltert und/oder vor 1945 den Nationalsozialisten – mehr oder weniger überzeugt, mehr oder weniger willfährig – gedient und an der Pervertierung des Rechts mitgewirkt hatte.

Aber auch Heinemann konnte nicht verhindern, dass zahlreiche Richter und Staatsanwälte trotz NS-Vergangenheit in Amt und Würden blieben, einfach weil es zu wenig unbelastete Juristen gab, weil juristischer Nachwuchs noch weitgehend fehlte und weil die Beziehungsgeflechte der Altgedienten so gut funktionierten, dass eine Vielzahl von ihnen die Karriere nahezu bruchlos fortsetzen konnten.

Überhaupt waren Heinemanns Gestaltungsmöglichkeiten als Landes-Justizminister begrenzt. Sowohl in Fragen der Gesetzgebung als auch bei der Personalpolitik lagen wichtige Entscheidungsbefugnisse beim Zentral-Justizamt für die britische Zone in Hamburg. Das 1946 gebildete Zentral-Justizamt war die höchste deutsche Justizstelle der britischen Zone und fungierte als Vermittlungsstelle zwischen der deutschen Justiz und der britischen Militärregierung.

Zu den wichtigsten Initiativen Heinemanns in seiner kurzen Zeit als Düsseldorfer Justizminister zählt das Entnazifizierungsgesetz, das er im Dezember 1947 im Landtag einbrachte. Das Gesetz war notwendig geworden, da die britische Besatzungsmacht im Oktober 1947 ihre Mitwirkung an den Entnazifizierungsverfahren beendet und die volle Verantwortung in deutsche Hände übergeben hatte. Bei der Begründung seines Gesetzentwurfs sparte Heinemann nicht mit Kritik am bisherigen Entnazifizierungsverfahren, weil dabei die allermeisten Träger des NS-Regimes und Verantwortlichen für dessen Verbrechen »nicht in einer ganz anderen Weise zur Rechenschaft gezogen worden sind, als es geschehen ist.« Auf der anderen Seite sei die Entnazifizierung »hinsichtlich des Personenkreises viel zu breit angelegt« worden, und habe durch ihr starres Kategorisierungssystem zu einer Vielzahl unbefriedigender Entscheidungen geführt, sowohl zu milde als auch zu streng.[114] Zudem mussten die örtlichen Unterschiede in der Entnazifizierungspraxis einem Juristen wie Heinemann ein Dorn im Auge sein, widersprachen sie doch eklatant dem Grundsatz »gleiches Recht für alle.«

Das neue Gesetz konnte aber in der Praxis auch nicht alle von Heinemann beklagten Missstände beseitigen, etwa das Problem der Wiedereinstellung bereits entlassener öffentlicher Bediensteter nach einem milden Spruchkammerentscheid. Hier hatte Heinemann für ein eher großzügiges Vorgehen plädiert.

Als die Briten ein Landtagsmandat nicht mehr zur Bedingung eines Ministeramts machten, trat Heinemann wie angekündigt im Mai 1948 als Justizminister zurück. Zuvor hatte er den Ministerpräsidenten Arnold mehrmals aufgefordert, seinen »wiederholt erklärten Wunsch auf Entlassung … nunmehr wirklich ernst zu nehmen.«[115] Arnold versuchte zwar, ihn im Kabinett zu halten, doch diesmal ließ sich Heinemann nicht umstimmen. »Ich bestand … auf Ablösung, weil ich zu Hause auf dem Rathaus in Essen und bei Rheinstahl genug zu tun hatte.«[116] Sein Amt als Essener Oberbürgermeister hatte er nach der Ernennung zum Justizminister beibehalten.

Heinemanns Ausscheiden aus dem Kabinett Arnold geschah also ganz offensichtlich auf eigenen Wunsch, und nicht, wie oft vermutet, infolge einer Intervention von Adenauer. Dieser hatte zwar hinter den Kulissen wiederholt auf eine Ablösung Heinemanns gedrungen – vordergründig aus Sorge über dessen Arbeitsbelastung (»Er kann nicht gleichzeitig Minister, Oberbürgermeister, Direktor einer Bergwerksgesellschaft und Mitglied des Bruderrates der bekennenden Kirche sein.«), tatsächlich wohl aber, um seinen Gefolgsmann Sträter ins Kabinett zu hieven. Faktisch war Adenauers Eingreifen aber unerheblich, da Heinemann ja »von selbst ging«, und es kann deshalb für die Spannungen zwischen den beiden Politikern nicht ausschlaggebend gewesen sein, zumal Heinemann von Adenauers Intervention auch später nichts erfuhr.[117]

VII. Innenminister im ersten Kabinett Adenauer

Ende 1948 sah es so aus, als würde Heinemann mit Rücksicht auf die Familie und seinen Vorstandsposten bei Rheinstahl seinen Vorsatz, das gesellschaftliche Engagement auf die Kommunalpolitik und die evangelische Kirche zu beschränken, tatsächlich durchhalten. Er lehnte 1948 sowohl eine Mitwirkung an der Ausarbeitung des Grundgesetzes im Parlamentarischen Rat, als auch eine ihm von Adenauer angetragene Kandidatur bei der ersten Bundestagswahl im August 1949 ab. Adenauer hatte dabei ausdrücklich mit Heinemanns hohem Ansehen in evangelischen Kreisen und dessen Anziehungskraft für evangelische Wählerschichten argumentiert.[1] Doch Heinemann sagte ab. »Im Hinblick sowohl auf meine beruflichen Aufgaben als auch auf meine verschiedenen Ämter in der evangelischen Kirche ... kann ich außer dem Essener Rathaus nicht auch noch ein Mandat im Bundestag versehen.«[2] »Ich wollte nicht in die hohe Politik ...«, so Heinemann später über seine damalige »Lebensplanung«.[3]

Doch es kam anders. Im September 1949 – ein Jahr nach seinem selbst gewählten Rückzug in die Essener Kommunalpolitik – trat Heinemann als Innenminister ins erste Bundeskabinett unter Kanzler Adenauer ein und vollzog doch noch den Schritt in die »hohe Politik«. Was waren die Gründe für diesen Sinneswandel? Zum einen lag Heinemann eine angemessene Vertretung evangelischer Positionen in der CDU und in einer künftigen Regierung sehr am Herzen, wenngleich er jene »evangelische Galionsfigur in der CDU« eigentlich nicht selbst abgeben wollte, für die ihn Adenauer offensichtlich ausersehen hatte. Wenige Tage nach der für die CDU siegreichen Bundestagswahl schrieb Heinemann an den designierten Bundeskanzler Adenauer, dass er ihm »den dringlichen Wunsch evangelischer Parteifreunde auf eine gute konfessionelle Ausgewogenheit [bei der Regierungsbildung, T. F.] nahe bringen möchte.«[4] Was fast wie ein Bewerbungsschreiben klang – und manchmal auch so interpretiert wurde –, entsprang ausweislich einiger zeitgleicher Äußerungen von Heinemann keineswegs eigenen politischen Ambitionen, sondern der allgemeinen Sorge des mittlerweile zum Präses der EKD Gewählten, dass der politische Katholizismus im Kabinett Adenauer ein zu großes Übergewicht haben könnte.[5]

Es waren vielmehr Essener Parteifreunde und einige evangelische Bundestagsabgeordnete wie Hermann Ehlers, Eugen Gerstenmaier und Gerd Bucerius, die Heinemann zum Eintritt ins Kabinett Adenauer drängten. Letztere schlugen dem designierten Kanzler in einer Fraktionssitzung am 14.9.1949 vor, Heinemann zum Innenminister zu machen, da dieser eine Persönlichkeit sei, »die vor der ganzen evangelischen Öffentlichkeit als Repräsentant der evangelischen Kirche dasteht und ... die Verkörperung des Gedankens der Union« darstelle.[6] Adenauer ließ Heinemann dieses Angebot durch einen »reitenden Boten« in Gestalt des Bundestagsabgeordneten Johann Kunze-Bethel in Essen überbringen. Insbesondere rheinische CDU-Parteifreunde und Vertraute in der evangelischen Kirche drängten Heinemann dazu, das Angebot anzunehmen. Später begründete Heinemann seine Zusage für Bonn auch damit, er habe am »Neuaufbau unseres Lebens« auch auf hoher Ebene aktiv teilnehmen wollen, um diesen Neuaufbau nicht »nur durch fremde Militärregierungen gestalten und vollziehen zu lassen.«[7] Wieder einmal handelte Heinemann nach dem gut bürgerlichen Grundsatz, dass man sich in seine eigenen Angelegenheiten einzumischen habe – diesmal eben (reichlich unverhofft) als Innenminister. Und wieder einmal hatte sich Heinemann zu einem politischen Amt nicht gedrängt, sondern war gebeten worden, wie seinerzeit als Oberbürgermeister von Essen und Justizminister in Nordrhein-Westfalen.

Adenauer selbst war von einem künftigen Innenminister Heinemann aber keineswegs begeistert, befand sich vielmehr in einem taktischen Zwiespalt. Einerseits wollte er durch einen Minister Heinemann den evangelischen Bevölkerungsteil stärker an die CDU binden – und bestärkte darum Heinemann, seine kirchlichen Ämter beizubehalten –, auf der anderen Seite zweifelte er offen an dessen Eignung für den Posten, auf dem er lieber seinen Vertrauten Robert Lehr gesehen hätte. So wies Adenauer in der Fraktion darauf hin, dass Heinemann keine »besondere Kenntnis auf dem Verwaltungsgebiet« habe, die für einen Innenminister aber unbedingt erforderlich sei. Auch die Arbeitsbelastung durch dessen kirchliche Ämter sprächen gegen Heinemann als Innenminister.[8]

Das Unbehagen Adenauers bei dem Gedanken, zusammen mit Heinemann am Kabinettstisch zu sitzen, kam auch in einer persönlichen Unterredung zum Ausdruck, die Heinemann am 15.9., unmittelbar nach Adenauers Wahl zum Bundeskanzler, mit diesem hatte. Dabei warf Adenauer ihm unvermittelt vor, Heinemann habe ihn – Adenauer – einmal gegenüber Parteifreunden als »Schuft« bezeichnet. Adenauer: »Wenn Sie so über mich denken, können wir natürlich nicht zusammenspielen.«[9] Nachdem Heinemann das als Missverständnis bezeichnet hatte, kamen eine Reihe von Meinungsunterschieden offen zur Sprache, darunter die Frage von Sozialisationen in den »Grundstoffindustrien« (die Heinemann sich vorstellen konnte), der betrieblichen Mitbestimmung – hier war Heinemann für stärkere Zugeständnisse an die Gewerkschaften als Adenauer – und die Frage einer »Förderung der Ostzone«, die Heinemann für durchaus geboten hielt, »sowohl in moralischer Hinsicht als auch durch sehr reale Dinge«.

Auf Adenauers Bemerkung, Heinemanns freundschaftliche Verbundenheit mit Karl Arnold stimme ihn bedenklich, antwortete Heinemann, dass er nach wie vor persönlich mit Arnold, einem Exponenten des Arbeitnehmerflügels der CDU, befreundet sei, politisch aber ganz die »kleine Koalition« mit FDP und Deutscher Partei (DP) befürworte. Allerdings gedenke er – Heinemann – nicht, seine guten Beziehungen zu Politikern anderer Couleur, etwa Werner Jacobi (SPD) und Heinz Renner (KPD), abzubrechen. Mit Blick auf sozialpolitische Fragen – »Mitbestimmungsrecht, Eigentumsfrage an den Grundstoffindustrien und dergleichen« – wollte Heinemann Meinungsverschiedenheiten sowohl mit den Koalitionsparteien als auch mit Adenauer für die Zukunft nicht ausschließen.[10]

Es gab also eine ganze Reihe von Reibungspunkten zwischen beiden Politikern. Allerdings wurde der spätere Hauptstreitpunkt, die Frage der Wiederbewaffnung, nicht erwähnt. Trotz starker Bedenken Adenauers – die er meist in die Sorge um Heinemanns Arbeitsbelastung einkleidete – votierte die CDU/CSU am 19. September mit großer Mehrheit für Heinemann als Innenminister. Ob dies tatsächlich als eine Niederlage Adenauers zu werten ist, wie es etwa dessen Vertrauer Herbert Blankenhorn nahelegte, mag dahingestellt sein.[11] Zweifellos aber war Adenauer in Bezug auf einen Innenminister Heinemann von vornherein skeptisch, so sehr er dessen Ausstrahlung in evangelische Wählergruppen für die CDU zu nutzen gedachte. Heinemann selbst machte sich über die Motive Adenauers auch nie Illusionen. »Ich war ihm als Person oder als Fachmann für das Innenministerium nicht so wichtig wie als Stimmenfänger für den evangelischen Teil. ... Er wollte damit ... den evangelischen Wählerteil richtig einkaufen.«[12]

Das Amt des Essener Oberbürgermeisters legte Heinemann ebenso nieder wie den Vorstandsposten bei Rheinstahl – nicht ganz leichten Herzens, da ihm dort bereits der Vorstandsvorsitz in Aussicht gestellt war –, behielt aber ungeachtet der hohen Arbeitsbelastung in Bonn die wichtigsten seiner kirchlichen Ämter bei, insbesondere das des Präses der Synode der EKD. Übrigens bestärkte Heinemanns Frau Hilda ihren Mann ausdrücklich darin, dass er »die Tür in Bonn durchschreiten müsse, auf die ich in keiner Weise zugeschritten sei, wenn sie mir von anderer Seite aufgemacht werde ...«[13]

Dass Heinemann seine Zukunft nicht unbedingt als Minister unter einem Kanzler Adenauer sah – nicht zuletzt wegen der von Beginn an unübersehbaren

Differenzen mit dem CDU-Patriarchen – lässt sich mehrfach belegen. So schrieb er an seine Schwägerin Gertrud Staewen, er sitze »locker genug im Sattel, um heruntersteigen zu können; denn der Ehrgeiz packt mich nicht.« Und von den Rheinischen Stahlwerken ließ er sich ausdrücklich ein Rückkehrrecht in den Vorstand zusichern, woran sich die Unternehmensführung später freilich zu Heinemanns großer Empörung nicht mehr gebunden fühlte.[14]

Ungeachtet derartiger Vorbehalte und Rückversicherungen machte sich Gustav Heinemann mit großem Elan an die Arbeit. Dabei musste er nahezu bei null anfangen, denn das Bonner Innenministerium war zunächst »nichts als eine leere Kaserne ohne Menschen und Möbel. Es war in jeder Beziehung von Grund auf zu organisieren.«[15] Der Personalbestand musste innerhalb weniger Monate von rund 40 auf 220 Mitarbeiter erweitert und der ganze Zuschnitt des Ministeriums festgelegt werden, wobei sich wiederholt Kompetenzstreitigkeiten mit anderen Ministerien, etwa dem Arbeits- oder Landwirtschaftsministerium, ergaben. Inhaltliche Schwerpunkte setzte Heinemann in dieser Aufbauphase u. a. bei der Bekämpfung von »undemokratischen Elementen« unter den öffentlich Bediensteten und der Stärkung der Kommunen gegenüber Bund und Ländern. Ein erklärtes Anliegen war ihm auch die Verlegung einiger Bundesbehörden nach West-Berlin, um den Zusammenhalt mit der Bundesrepublik, aber auch zwischen Ost- und Westdeutschland zu stärken.[16]

In jener Bonner Kaserne befanden sich anfangs neben dem Innen- auch das Justiz- und das Arbeitsministerium. Mit Justizminister Thomas Dehler von der FDP entwickelte Heinemann bald eine engere Freundschaft – wieder einmal über Parteigrenzen hinweg. »Bei den späten Abenden, die es ja immer … wurden, haben Dehler und ich uns näher angefreundet, indem wir zu mitternächtlicher Stunde anfingen zu bechern.«[17]

Das Innenministerium brachte unter Heinemanns Leitung ab Oktober 1949 eine Vielzahl von Gesetzen auf den Weg, die der konkreten Ausgestaltung eines freiheitlich-demokratischen Gemeinwesens, nicht zuletzt der Aufrechterhaltung von Sicherheit und Ordnung dienten. So legte Heinemann dem Kabinett u. a. Gesetzentwürfe zur Errichtung eines Bundeskriminalamts, zur Abhaltung von »öffentlichen Veranstaltungen und Aufzügen« oder zur Einführung eines Personalausweises vor. Dabei trat Innenminister Heinemann häufig für relativ strikte Vorschriften und Abgrenzungen ein, wenn er beispielsweise den Personalausweis mit einem Fingerabdruck als »einzige nicht fälschbare Unterschrift der durch den Ausweis nachgewiesenen Person« versehen wollte, was nach Einspruch des Bundesrates aber verworfen wurde.[18]

Angesichts sich häufender Störungen und Gewalttätigkeiten bei politischen Veranstaltungen trat Heinemann auch für ein relativ strenges Versammlungsgesetz ein, um ein Kernelement der Demokratie vor Missbrauch zu schützen. Er hätte es zwar lieber gesehen, wenn sich »für öffentliche Versammlungen ein guter Stil aus gesunder staatsbürgerlicher Haltung in freier Weise entwickeln würde«. Da aber »die Spannungen in unserem Volke und die intolerante Verbissenheit mancher Parteianhänger ... teilweise so groß (sind), dass sie mit freundlichen Worten ... allein nicht gebändigt werden können«, erschien ihm eine »gesetzliche Festlegung von Ordnungsgrundsätzen leider unerlässlich.«[19]

Dem Schutz der parlamentarischen Demokratie vor Angriffen von rechts- bzw. linksextremer Seite sollte auch ein Erlass gegen »Politische Betätigung von Angehörigen des öffentlichen Dienstes gegen die demokratische Staatsordnung« dienen, der u.a. gegen die rechtsextreme Sozialistische Reichspartei oder kommunistische Tarnorganisationen gerichtet war. Der Erlass kann durchaus als ein Vorläufer jenes »Radikalenerlasses« von 1972 angesehen werden, der dem späteren Bundespräsidenten Heinemann einige Bauchschmerzen verursachte.[20] Der Innenminister Heinemann war also keineswegs blauäugig und allzu nachsichtig, wenn es um den Schutz der Demokratie vor radikalen Gruppierungen ging.

Zur Frage der Personalpolitik in Regierungsstellen und Behörden – eines Bereichs, dem er erklärtermaßen besondere Aufmerksamkeit widmete[21] – vertrat Innenminister Heinemann eine deutlich restriktivere Haltung als die meisten seiner Ministerkollegen und auch Kanzler Adenauer, indem er dafür plädierte, in den obersten Bundesbehörden die leitenden Posten (Abteilungsleiter, Ministerialdirektoren u.a.) nicht mit ehemaligen NSDAP-Mitgliedern zu besetzten, »es sei denn, dass es sich um Beamte handelt, die den Bestrebungen des Dritten Reiches nachweislich Widerstand entgegengesetzt haben.« Die Bundesregierung folgte jedoch in dieser Frage bald weit »großzügigeren« Grundsätzen, sodass auch frühere NSDAP-Mitglieder glänzende Karriereaussichten in Ministerien und Verwaltung hatten.[22]

Übrigens konnte Heinemann den früheren Industrie-Manager auch in seinem Amt als Innenminister zuweilen nicht verleugnen, so etwa, als er im Januar 1950 während einer Kabinettssitzung »wirtschaftliche Bedenken« gegen Lohnerhöhungen im Bergbau vortrug, da »diesen die Tendenz einer Ausweitung innewohne«. Er befand sich damit auf gleicher Linie mit Kanzler Adenauer.[23]

Die virulenten Spannungen zwischen Bundeskanzler Adenauer und Innenminister Heinemann entzündeten sich erstmals im Januar 1950, und zwar an Äußerungen von Pastor Martin Niemöller, eines führenden Kopfes des westdeutschen Protestantismus (hessischer Kirchenpräsident, Leiter des Kirchlichen Außenamtes der EKD, Mitglied des Weltrates der Kirchen), der seiner Ablehnung der Adenauerschen Westorientierung immer wieder scharfen, oft auch polemischen Ausdruck gab. Im Dezember 1949 hatte Niemöller gegenüber einer US-amerikanischen Journalistin sinngemäß die Gründung der Bundesrepublik als einen politischen Irrweg und das Kabinett Adenauer faktisch als Produkt äußerer Einflussnahme bezeichnet. »Die derzeitige westdeutsche Regierung ward empfangen im Vatikan und geboren in Washington. Die Fortdauer des westdeutschen Staates bedeutet den Tod des kontinentalen Protestantismus.«[24]

Zwar teilte Heinemann durchaus nicht immer die politischen Ansichten des protestantischen Hitzkopfes Niemöller, doch stand er ihm nahe genug, um in der Öffentlichkeit – und auch von Adenauer – als ein enger Vertrauter Niemöllers wahrgenommen zu werden. Von seinem Innenminister erwartete der Bundeskanzler darum eine eindeutige Abgrenzung von Niemöllers Äußerungen, die Heinemann in der gewünschten Deutlichkeit allerdings ablehnte. Vielmehr warb er in einer Fraktionssitzung der CDU/CSU um »menschliches Verständnis« für Niemöller, dessen Aussagen er – Heinemann – zwar inhaltlich nicht billige, zu dem er als einem herausragenden Mann der Kirche aber weiterhin stehe.[25]

Adenauer wandte sich nun seinerseits brieflich an Niemöller mit der Bitte um Klarstellung. Niemöller beharrte in seiner Antwort an den Bundeskanzler vom 25. Januar 1950 auf den inkriminierten Äußerungen und verbat sich »Belehrungen … darüber, dass dieses sogenannte ›Interview‹ bei den Hohen Kommissaren ›etwas peinliches Aufsehen erregt‹« habe, wie Adenauer behauptet hatte.[26] Am 21. März 1950 kam es ungeachtet der scharfen Tonlage doch noch zu einer Aussprache zwischen Niemöller und CDU-Vertretern in Königswinter, nach der Adenauer die Angelegenheit für erledigt erklärte. Gleichwohl empfand Adenauer die Haltung Heinemanns in der Niemöller-Kontroverse als grob illoyal, was die Vorbehalte des Kanzlers gegen seinen Innenminister ein erstes Mal bestätigte.

Zu einer neuerlichen Belastung des Verhältnisses zwischen Adenauer und Heinemann kam es im April 1950 im Zusammenhang mit einer Tagung der evangelischen Synode in Berlin-Weißensee, also im Ostteil der Stadt. Als Präses der Synode der EKD hatte Heinemann zu der Tagung Vertreter sowohl des West-Berliner Senats als auch des Ost-Berliner Magistrats eingeladen, was Adenauer als politische Instinktlosigkeit bzw. Affront gegen seine strikte Abgrenzungspolitik gegenüber dem SED-Regime empfand. Auch seine Kabinettskollegen waren über Heinemanns Vorgehen wenig erbaut. Am 14. April schrieb Adenauer an Heinemann, er »lege Wert darauf, festzustellen, dass die Bundesregierung sich von dieser Einladung völlig distanziert.« Ausdrücklich warnte er Heinemann davor, dass die Einladung »irgendwie … mit dem Amt des Bundesministers in Verbindung gebracht« werden könnte und dadurch »Schwierigkeiten entstehen, die hätten vermieden werden können.«[27] In der Kabinettsitzung vom 21. April 1950 – zwei Tage vor Beginn der Synode – wurde Heinemann von seinen Ministerkollegen bedrängt, von einer Teilnahme an der geplanten Abendveranstaltung in Berlin-

Weißensee abzusehen, um nicht gemeinsam mit »offiziellen Vertretern der Ostzone« in Erscheinung zu treten. Heinemann lehnte das ab, da es »schon rein technisch nicht zu realisieren« sei.[28]

In dieser Situation bot Heinemann erstmals seinen Rücktritt an, weil er »einen Ausweg aus der vom Herrn Bundeskanzler befürchteten Kollision nur in einem Ausscheiden aus der Bundesregierung« sah, wie er einige Monate später in einer Aktennotiz festhielt.[29] Noch aber scheute Adenauer offenbar den Bruch mit Heinemann, auf dessen Einfluss innerhalb des deutschen Protestantismus er nicht verzichten wollte, und ließ die Sache auf sich beruhen. Doch das beiderseitige Misstrauen hatte sich durch diesen Vorfall weiter vertieft. Zudem musste Heinemann erkennen, dass er im Kabinett zunehmend isoliert war, da lediglich Jakob Kaiser, der Minister für gesamtdeutsche Fragen, in Streitfällen mit Kanzler Adenauer zu ihm stand. Große Wertschätzung genoss Heinemann zwar auch bei Justizminister Dehler (FDP), der seine Sympathien meist jedoch einer gewissen »Kabinettsraison« unterordnete. (Wofür Dehler einige Jahre später in aller Öffentlichkeit Abbitte leistete, als er im Januar 1958 im Bundestag ausrief: »Ich bin in der Regierung geblieben. Ich schäme mich, ja! Ich beneide den Heinemann wegen seines Mutes.«[30])

Kaum drei Wochen später kam es beim Thema »Europarat« zu einem erneuten Zusammenstoß zwischen Heinemann und Adenauer, wobei sowohl inhaltliche Positionen als auch Fragen des Führungsstils von Bundeskanzler Adenauer eine Rolle spielten. Seit Ende 1949 betrieb Adenauer den Beitritt der Bundesrepublik zum neu gegründeten Europarat, den er als wichtiges Element seiner Politik der Westintegration betrachtete. Zunächst aber mussten einige Hindernisse beseitigt werden, darunter das französische Ansinnen, neben der Bundesrepublik auch das Saarland in den Europarat aufzunehmen – wodurch eine Verlängerung der Saar-Abspaltung zu befürchten war – und das Verlangen der Westalliierten, Bonn solle um Mitgliedschaft im Europarat förmlich ersuchen, mithin als »Bittsteller« auftreten, wo die Statuten eigentlich eine »Einladung« an potenzielle Neumitglieder vorsahen. Dem Kanzler gelang es durch intensive Briefwechsel und Gespräche schließlich, diese Probleme zu beseitigen bzw. in ihrer Bedeutung zu relativieren, sodass er dem Kabinett am 9. Mai 1950 eine Beschlussvorlage über den Beitritt Westdeutschlands zum Europarat präsentierte. Dabei zählte er noch einmal die aus seiner Sicht großen Vorteile einer Mitgliedschaft im Europarat auf. Angesichts der Aggressivität der Sowjetunion sei ein dauerhafter Frieden nur erreichbar, wenn »Europa als dritte Macht sich stabilisiert«. Durch eine engere Anlehnung an den Westen würden die deutschen Grenzen sicherer und auch eine Lockerung des Besatzungsstatuts rücke mit dem Beitritt zum Europarat näher.[31]

Lediglich die Minister Kaiser und Heinemann widersprachen dieser optimistischen Einschätzung des Bundeskanzlers. Jakob Kaiser hielt diesen Schritt vielmehr für brandgefährlich, da er unausweichlich eine sowjetische Reaktion provozieren und die »Explosionsgefahr« in Europa erhöhen würde. »Unser Schritt kann den Krieg auslösen, den wir vermeiden wollen.« Zudem würde die Teilung Deutschlands weiter vertieft. Heinemann schloss sich diesen Einwänden Kaisers an. Für ihn war entscheidend, dass durch einen Beitritt zum Europarat unweigerlich der Weg zur Wiederaufrüstung eingeschlagen würde, dass »wir mit jetzigem Ja in Konsequenzen der Aufrüstung hineingehen.« Dabei betonte Heinemann aber ausdrücklich, dass er mit seiner ablehnenden Haltung »kein Nein zu Europa als Staatenbund, kein Nein zum Westen« ausspreche.[32] Da Adenauer aber in dieser wichtigen außenpolitischen Frage auf ein einhelliges Votum seiner Minister Wert legte, unterbrach er die Kabinettssitzung. In einem mehrstündigen Gespräch in kleiner Runde wurde eine Formulierung gefunden, welche die Regierungsposition offener darstellte als der ursprüngliche Text und der auch die Minister Heinemann und Kaiser ihre Zustimmung gaben.

Zu Heinemanns großem Ärger war der offiziell bekanntgegebene Beschlusstext aber im Sinne einer klaren Festlegung auf den Beitritt zum Europarat abgeändert worden. Statt der von Heinemann selbst vorgeschlagenen und so auch beschlossenen Formulierung »Der Zusammenschluss Europas unter Einbeziehung der Bundesrepublik Deutschland <u>wird als notwendiger Weg</u> zur Erhaltung des Friedens und zur Wiederherstellung der deutschen Einheit <u>angesehen</u>« hieß es nunmehr: »Der Zusammenschluss Europas unter Einbeziehung der Bundesrepublik Deutschland <u>ist</u> ein notwendiger Weg ...« (Herv. nicht im Orig., T. F.) Heinemann protestierte umgehend bei Adenauer gegen dessen eigenmächtiges Vorgehen in einer Sache, die für Heinemann keineswegs marginal war. »Die Formulierung, dass die Einbeziehung der Bundesrepublik Deutschland in den Zusammenschluss Europas als notwendiger Weg zur Erhaltung des Friedens ... ›angesehen wird‹, nämlich von der Mehrheit des Kabinetts, war für mich ... die Brücke zu der gemeinsamen Erklärung vom 9. Mai. Wenn irgendein Kabinettsbeschluss in seinem Wortlaut genau erwogen worden war und nachträglich nicht geändert werden durfte, so war es sicherlich dieser Beschluss vom 9. Mai, um den nicht weniger als 4 ½ Stunden gerungen wurde, wie noch niemals zuvor um einen Beschluss.«[33]

Nicht allein, dass die veränderte Formulierung entgegen den ausdrücklichen Wünschen von Heinemann und Kaiser den Beitritt der Bundesrepublik vom Europarat quasi als beschlossene Sache darstellte. Heinemann musste das Vorgehen des Kanzlers ohne Rücksprache mit ihm auch als Vertrauensbruch wie als Ausdruck der Geringschätzung seiner Person empfinden. Adenauer selbst war da wieder einmal »nicht so pingelig«, wenn es nur galt, seine Pläne durchzusetzen. Mit Heinemann und Adenauer stießen offensichtlich nicht nur oft unterschiedliche politische Positionen, sondern auch ganz unterschiedliche intellektuelle Temperamente aufeinander.

Zwei Wochen nach Heinemanns schriftlichem Einspruch rechtfertigte Adenauer sein Vorgehen – in einer so nonchalanten Weise freilich, dass Heinemanns Zorn eher gesteigert als abgemildert wurde. »Die Änderung ist aus stilistischen Gründen notwendig gewesen. Aus Mangel an Zeit war es leider nicht möglich, sie im Kabinett nochmals zur Sprache zu bringen.« Dass es aber keineswegs um Stil und Zeitmangel ging, machte Adenauer in seinem Schlusssatz deutlich: »Ihr Einspruch lässt die Deutung zu, dass Sie den Beitritt der Bundesrepublik zum Europarat nicht wünschen.«[34] Offenkundig sah Adenauer in Gustav Heinemann zu diesem Zeitpunkt bereits einen lästigen Hemmschuh für seine – Adenauers – Pläne.

Tatsächlich traten an der Causa Europarat die unterschiedlichen (deutschland-)politischen Vorstellungen von Adenauer und Heinemann deutlich zutage. Während Adenauer konsequent die Westintegration der Bundesrepublik betrieb, lehnte Heinemann diesen Kurs ab, weil ihm der Preis dafür – Vertiefung der Spaltung, drohende Wiederbewaffnung – viel zu hoch erschien. Das habe nichts mit Parteinahme für die Sowjets zu tun, wie er immer wieder betonte. Und auch deutschen Neutralitätsbestrebungen erteilte er eine klare Absage. »Ich sehe … keine Chance, dass man die d(eutsche) Neutralität achten wird«, erklärte er im Mai 1950 gegenüber Adenauer und seinen Ministerkollegen.[35] Heinemann plädierte vielmehr dafür, die politische Situation in Deutschland und Europa so weit wie möglich offenzuhalten, um keine sich irgend bietende Möglichkeit zur Überwindung der deutschen Teilung wie auch der militärischen Konfrontation zwischen den Machtblöcken von vornherein auszuschließen.

Anfang Juli 1950 gab es am Rande einer Kabinettssitzung noch einmal eine kurze Aussprache über den umstrittenen Vorgang, ohne dass die strittigen Punkte zwischen Heinemann und Adenauer ausgeräumt werden konnten. Der Kabinettsbeschluss blieb in seiner von Adenauer abgeänderten Form bestehen. Am 15. Juni 1950 stimmte der Bundestag gegen das geschlossene Votum der SPD dem Beitritt der Bundesrepublik zum Europarat zu.

Streit um die Wiederbewaffnung

Drei Monate später, im Oktober 1950, kam es über der Frage der Wiederbewaffnung zum endgültigen Bruch zwischen Heinemann und Adenauer. Und wie schon beim Konflikt um den Beitritt zum Europarat ging es auch in diesem Fall sowohl um Inhalte – deutscher Wehrbeitrag ja oder nein – als auch um den autoritären Führungsstil des Bundeskanzlers.

Angesichts verschärfter Spannungen zwischen Ost und West, die im Juni 1950 durch den Ausbruch des Koreakriegs eine weitere Eskalationsstufe erreichten, gewann das Problem der Sicherung Westdeutschlands vor einem militärischen Angriff der Sowjetunion immer größere Brisanz. Die Frage, wie der »Gefahr aus dem Osten« wirkungsvoll begegnet werden könne, wurde zu einem beherrschenden Thema in der westdeutschen Öffentlichkeit.

Der Riss ging bald auch mitten durch die Regierung, da Innenminister Heinemann und Bundeskanzler Adenauer in dieser Kernfrage gegensätzliche Positionen vertraten. Während Adenauer ganz auf militärische Stärke setzte, lehnte Heinemann eine Wiederaufrüstung der Bundesrepublik ab, wollte vielmehr »mit Geduld und Mut«[36] die Situation offenhalten, um alle Dialog- und Verständigungsmöglichkeiten mit der Sowjetunion auszuloten.

Adenauer hatte bei einer Besprechung mit den drei Hohen Kommissaren am 17. August 1950 auf dem Petersberg bei Bonn ein überaus düsteres Bild der politischen Lage gezeichnet und die Gefahr eines baldigen kommunistischen Angriffs auf Westdeutschland beschworen. Er verwies dabei besonders auf die militärische Überlegenheit der Sowjetunion in Ost- und Mitteleuropa und die von der ostzonalen Regierung eingeleitete Umwandlung der Volkspolizei zu einer ostdeutschen Armee. Die westlichen Hochkommissare teilten im wesentlichen Adenauers Einschätzung, zumal der Einmarsch kommunistischer Truppen nach Südkorea im Juni 1950 die aggressiven Absichten der Sowjetunion und ihrer Vasallen offenbart habe. Auch Adenauers Forderung nach Stärkung der westdeutschen Abwehrkraft sowohl mental – etwa durch erhöhte Militärpräsenz der Westmächte – als auch konkret durch Stärkung der Waffenfähigkeit der Bundesrepublik, stimmten sie weitgehend zu. Adenauer: »Die Bundesrepublik müsse in die Lage versetzt werden, eine Macht aufzubauen, die bis zum Frühjahr [1951, T. F.] fähig sei, einem etwaigen Angriff der Volkspolizei wirksamen Widerstand zu leisten. Natürlich seien hierzu Waffen erforderlich. Selbstverständlich sei es besser, dass die Alliierten selbst den Schutz des westdeutschen Gebietes an der Elbegrenze übernehmen. Er zweifle aber daran, ob dies möglich sei.« Eigentlich, so Adenauer auf eine entsprechende Frage des französischen Hochkommissar François-Poncet, würde er »gern an einer echten Aufrüstung Deutschlands vorbeikommen und er habe die Hoffnung, dass die Aufstellung der von ihm geplanten Freiwilligenverbände ein ausreichendes Gegengewicht gegen die russischen Absichten bilde.« Als der amerikanische Hochkommissar John McCloy ihn abschließend auf Winston Churchills Vorschlag einer europäischen Armee ansprach und fragte, ob Adenauer die »Stellung eines deutschen Kontingents innerhalb dieser europäischen Armee für möglich« halte, antwortete der Kanzler: »Er stimme dem Plan einer europäischen

Armee zu und sei durchaus für die Stellung eines deutschen Kontingents dieser Armee.«[37]

Unter dem Datum vom 29. August 1950 übermittelte Adenauer sodann dem US-Hochkommissar McCloy ein »Memorandum über die Sicherung des Bundesgebietes nach innen und außen.« Adenauer hatte das Schreiben im Hinblick auf die bevorstehende Außenministerkonferenz der Westalliierten in New York verfasst und es dem amerikanischen Hochkommissar am Morgen des 30. August unmittelbar vor dessen Abreise ans Flugzeug bringen lassen. Es waren der Inhalt dieses Dokuments sowie die Umstände seines Zustandekommens, die den letzten Anstoß für das endgültige Zerwürfnis zwischen Heinemann und Adenauer gaben.

Zu Beginn seines Memorandum wiederholte Adenauer seine düstere Analyse der Sicherheitslage in Europa, wie er sie bereits im Gespräch mit den drei westlichen Hochkommissaren am 17. August vorgebracht hatte. Das Bedrohungspotenzial durch die zahlenmäßig weit überlegenen sowjetischen Streitkräfte und damit die Kriegsgefahr schätzte er als dramatisch hoch ein. »Die Mobilmachungsausrüstung (Munition, Betriebsstoff, Fahrzeuge, Marschverpflegung usw.) ist in den Händen der Truppe, die innerhalb 24 Stunden in Marsch gesetzt werden kann.« Die ostzonale Volkspolizei werde binnen kurzem rund 150.000 Mann umfassen. »Die Nachrichten über die Zielsetzung, die vonseiten der Sowjet- und der Ostzonenregierung diesen Truppen gegeben wird, lauten einheitlich dahin, dass ihre in naher Zukunft zu lösenden Aufgaben darin bestehen sollen, Westdeutschland von seinen alliierten Gewalthabern zu befreien, die ›kollaborationistische Regierung‹ der Bundesrepublik zu beseitigen und Westdeutschland mit der Ostzone zu einem satellitenartigen Staatsgebilde zu vereinigen.«

Nachdem er nochmals die faktische Schwäche der Bundesrepublik geschildert hatte – »Die Bundesregierung verfügt, wenn man von den schwachen Kräften des Zollgrenzdienstes absieht, über keine Kräfte.« – kam Adenauer auf den entscheidenden Punkt. »Der Bundeskanzler hat ... wiederholt seine Bereitschaft erklärt, im Falle der Bildung einer internationalen westeuropäischen Armee einen Beitrag in Form eines deutschen Kontingents zu leisten.«[38]

Die westdeutsche Öffentlichkeit erfuhr von diesem Memorandum am 31. August durch die Presse. Und auch das Kabinett war in das Vorgehen nicht eingeweiht, obwohl das Memorandum die offizielle Haltung der Bundesregierung in Sicherheitsfragen darstellen sollte und Adenauer eine Aussprache darüber für die Kabinettssitzung gerade für diesen 31. August anberaumt hatte. Entsprechend groß war Heinemanns Empörung, als er am Morgen des 31. August in der Zeitung von der Übergabe des Schreibens las. Zum einen war er mit zentralen Aussagen des Memorandums nicht einverstanden und zum anderen hielt er es für völlig inakzeptabel, dass Adenauer in dieser eminent wichtigen Angelegenheit über die Köpfe der Regierungsmitglieder hinweg entschieden und gehandelt hatte.

Zu Beginn der Kabinettssitzung stellte Heinemann den Bundeskanzler deshalb zur Rede, worauf Adenauer sein Handeln mit großer Terminnot begründete, »weil Herr McCloy den Wunsch geäußert habe, es vor seiner Abreise nach Washington zu erhalten«. Tatsächliche oder vermeintliche Zeitnot hatte also dazu geführt, dass die Bundesregierung in einer zentralen Frage der deutschen Politik vom Bundeskanzler einfach übergangen wurde. Dabei waren, so Heinemann in einer Notiz, »die seit dem Koreakrieg … in ein neues Stadium getretenen Sicherheitsfragen im Kabinett überhaupt noch nicht abschließend behandelt worden«.[39] Für Heinemann war damit das Maß voll, da Adenauer mit seinem eigenmächtigen Handeln – und das nicht zum ersten Mal – allen Regeln demokratischer Meinungsbildungs- und Entscheidungsprozesse widersprach. Heinemann erklärte seinen Rücktritt vom Amt des Innenministers, weil er nicht bereit sei, »mich in bedeutungsvollsten Fragen, bei denen ich als Kabinettsmitglied und als in Polizeisachen zuständiger Ressortminister beteiligt bin, vor vollendete Tatsachen stellen zu lassen.«[40]

Ein Vieraugen-Gespräch zwischen Adenauer und Heinemann am 11. September führte zu keiner Annäherung. Der Bruch schien unvermeidlich, wenngleich Adenauer noch zögerte, den Rücktritt seines Innenministers anzunehmen. Er ließ zunächst bei einflussreichen Protestanten in der CDU-Fraktion sowie Vertretern der evangelischen Kirche und sogar beim amerikanischen Hochkommissar McCloy sondieren, welche Unterstützung Heinemann bei den jeweiligen Gruppen habe und wie sich die Entlassung Heinemanns auf das konfessionelle Gefüge von Regierung und Partei auswirken würde. Ernsthaft scheint Adenauer eine weitere Zusammenarbeit mit Heinemann aber seit Anfang September 1950 nicht mehr erwogen zu haben.[41]

Der Konflikt zwischen Adenauer und Heinemann wurde Anfang Oktober durch einen offenen Brief von Martin Niemöller an Adenauer zusätzlich angeheizt. In aggressivem Tonfall warf der streitbare Kirchenpräsident dem Bundeskanzler vor, durch sein Angebot eines westdeutschen Wehrbeitrags das Volk quasi hintergangen zu haben, und kündigte entschiedenen Widerstand der evangelischen Kirchen gegen eine Remilitarisierung an.[42] Der Angegriffene verlangte von Innenminister Heinemann, dessen Nähe zu Niemöller dem Kanzler seit je suspekt gewesen war, eine klare Distanzierung. Heinemann lehnte ab, wenngleich er längst nicht jede Position Niemöllers teilte. Er lasse sich nicht in irgendeinen Gegensatz zu Herrn Niemöller bringen.[43] Als zusätzlichen Affront fasste es Adenauer auf, dass Heinemann wenige Tage später bei einer kirchlichen Veranstaltung in Frankfurt zusammen mit Niemöller auftreten würde. »Das missfiel dem Kanzler sehr.

Ich sagte ihm aber, dass ich die Rede nicht absagen werde.«[44] Der Graben zwischen Heinemann und Adenauer war unüberbrückbar geworden.

Am 9. Oktober übergab Heinemann Bundeskanzler Adenauer persönlich ein Schreiben, in dem er die Gründe für seinen Rücktritt noch einmal ausführlich darlegte und seine Deutschland- und sicherheitspolitischen Positionen skizzierte. Einleitend wehrte Heinemann sich ausdrücklich gegen die Unterstellung pazifistischer Tendenzen. »Ich stehe keineswegs auf dem Standpunkt, dass wir fatalistisch abzuwarten hätten, was über uns verhängt wird, wenn ich zum Ausdruck bringe, dass es nicht unsere Sache ist, eine deutsche Beteiligung an militärischen Maßnahmen nachzusuchen oder anzubieten. Ich bin vielmehr der Meinung, dass gerade uns Deutschen eine besonders aktive Funktion für die Erhaltung des Friedens zukommt.« Es sei doch überhaupt »Sache der Westmächte, uns gegen Angriffe von außen zu schützen.«[45] Diesen Schutz hätten die Westmächte durch das Garantieversprechen vom 19. September auch zugesagt.

Gegen den Ruf eines Pazifisten setzte sich Heinemann übrigens immer wieder zur Wehr. Als beispielsweise der CDU-Politiker Eugen Gerstenmaier bei einem Treffen evangelischer Bundestagsabgeordneter der CDU/CSU im September 1950 mit Blick auf Heinemann etwas gönnerhaft »echtes Verständnis« für all diejenigen bekundete, die für einen »vorbehaltlose(n) Verzicht auf Gewalt« einträten, warf Heinemann ärgerlich ein: »Diese These vertritt niemand.«[46] Einen Monat nach seinem Ausscheiden als Innenminister schrieb er in einem Zeitungsartikel über seine ablehnende Haltung zur Wiederbewaffnung: »Ich meine, dass es sehr unecht zugeht, wenn … die Frage nach Gottes Willen in unserer Lage als eine so störende oder ›weltfremde‹ empfunden wird. Ich vermag diese Frage wahrlich nicht verbindlich zu beantworten, kann aber auch nicht unterlassen, sie zu erheben und als einen Auftrag zu brüderlicher Klärung vor uns hinzustellen. Sie hat nicht das geringste mit unrealistischem Pazifismus zu tun.«[47]

Heinemann vertrat dagegen das Konzept eines »realistischen Pazifismus«, mit dem er sich auf den reformierten schweizerischen Theologen Emil Brunner bezog, der 1932 geschrieben hatte, die Völker fingen an »zu merken …, dass der Krieg sich zu überleben begonnen hat …, dass der nichtkriegerische Ausgleich als Alternative nur noch den Selbstmord der Völker hat.« Das galt für Heinemann um so stärker, als sich das Vernichtungspotenzial moderner Waffen seither vervielfacht hatte. »Der Krieg, der vor uns steht, ist der Krieg der Atombomben, Bakterien und Chemikalien. … Der Krieg löst keine Probleme mehr. Er hat sich … selbst überholt und hat keine ethische Rechtfertigung mehr.« Eindringlich fragte Heinemann: »Sollte nicht gerade unser Volk nach allem, was es mit der Waffe angerichtet hat, und angesichts seiner Zerteilung auf die beiden feindlichen Lager der großen atomgerüsteten Weltmächte anfangen, mit aller Folgerichtigkeit, den Weg anzutreten, den Brunner 1932 aufzeigte?«[48]

Im zitierten Schreiben an Adenauer vom 9. Oktober 1950 stellte Heinemann des Weiteren klar, dass er auch nicht grundsätzlich gegen einen militärischen Beitrag der Bundesrepublik innerhalb einer westeuropäischen Verteidigungsgemeinschaft sei, beharrte aber darauf, diese Entscheidung offenzuhalten. »Es wird auf die Umstände ankommen, die dieser Einbeziehung zu gegebener Zeit zugrunde liegen werden.«[49] Er verhehlte allerdings nicht, dass er »nur mit größten Bedenken zu einer positiven Entscheidung kommen könnte.« Für diese Bedenken nannte Heinemann sowohl innen- als auch außenpolitische Gründe.

Unter innenpolitischem Blickwinkel sei die Aufstellung deutscher Truppenkontingente »eine schwere Belastung unserer jungen Demokratie.« Denn Gesellschaft und Staatsapparat seien noch so wenig gefestigt, dass das Militär »nahezu unvermeidlich wieder eine eigene politische Willensbildung entfalten« werde, soll heißen einen »Staat im Staate« unseligen Angedenkens aus der Weimarer Republik bilden werde. Heinemann trieb die Schreckensvision noch weiter. Weil auch das demokratische Staatsbewusstsein bei den Westdeutschen noch wenig ausgebildet sei, sei es geradezu unvermeidlich, dass durch die Wiederbewaffnung »die antidemokratischen Neigungen gestärkt und die Remilitarisierung die Renazifizierung nach sich ziehen wird.«

Durch einen westdeutschen Militärbeitrag sah Heinemann die Kriegsgefahr dramatisch wachsen, vor allem weil sie »auf den Russen provozierend wirken würde, sodass er gerade dadurch zum Losschlagen veranlasst werden könnte.« Es sei deshalb unbedingt nötig, sich auch in die Lage des Gegners hineinzuversetzen, seine Ängste und berechtigten Sicherheitsinteressen zu berücksichtigen, um eine Eskalation der Spannungen zu vermeiden. Konkret zählte Heinemann mehrere Aspekte auf, die es zu bedenken gelte. – »Russland fühlt sich durch den im Atlantikpakt dominierenden Willen der USA bedroht, den es als einen Willen zum Kriege empfindet. – Eine Einbeziehung der Bundesrepublik in die westliche Verteidigungsgemeinschaft kann in Russland eine Schockwirkung auslösen, da man weiß, dass das deutsche Volk von den kontinentalen westeuropäischen das am meisten antikommunistische Volk ist.« (Auch Heinemann war entschiedener »Antikommunist« bzw. Gegner jeder Diktatur und dirigistischen Zwangswirtschaft, gestand aber der sowjetischen Staatsmacht wie der sowjetischen Bevölkerung spezifische Sicherheitsinteressen zu.) »Das Wiedererstehen des deutschen Soldaten wird die Furcht der Russen vor dem furor teutonicus wachrufen, den sie von 1940 [1941] bis 1945 am eigenen Leibe erlebt und nicht vergessen haben.«[50] Dies alles könnte, so Heinemann schlussfolgernd, dazu führen, dass die Sowjetunion einen Ausweg aus der Bedrohung in einem militärischen Schlag suchen könnte.

Auf der anderen Seite sah Heinemann als Folge einer westdeutschen Wiederbewaffnung auch im Westen eine wachsende Neigung, »sich die russische Gefahr durch eine Präventivaktion vom Halse zu schaffen.« Westdeutsche Soldaten – Heinemann nennt sie »deutsches Kanonenfutter« – könnten »für den Westen eine Versuchung werden, zumal dann, wenn deutsche Revanchegedanken … belebend hinzukommen …«[51]

Dabei war Heinemann alles andere als ein »Verzichtspolitiker«. So hatte er in Bezug auf Gebiete östlich von Oder und Neiße Zielvorstellungen, die sich von denen der meisten Deutschen und auch Adenauers nicht (oder kaum) unterschieden: die Ansprüche auf diese Gebiete müssten gewahrt bleiben. Befragt, wie er zur Oder-Neiße-Grenze stehe, sagte Heinemann im März 1952 – schon nicht mehr Bundesminister – auf einer Pressekonferenz: »Ich habe sie nicht anerkannt.«[52] Hierbei aber auf die militärische Karte zu setzen, d.h. westdeutsche Truppen aufzustellen, erschien ihm aus den genannten Gründen völlig kontraproduktiv. Die Fronten würden dadurch nur verhärtet, die deutsche Teilung vertieft und die Kriegsgefahr würde dramatisch steigen. Nicht auf militärische Stärke müsste die Bundesrepublik setzen, sondern auf Dialog. »Unser deutsches Ziel muss sein, dass sich zwischen den … Weltmächten ein Gespräch über Deutschland und die friedliche Wiederherstellung unserer Einheit und Freiheit, sei es durch die von uns geforderten gesamtdeutschen Wahlen, oder sei es auf einer UNO-Basis, ergibt. … Es kommt darauf an, dass die Chance für eine friedliche Lösung nicht verlorengeht. Unsere Beteiligung an der Aufrüstung würde das Aufkommen einer solchen Chance kaum mehr offen lassen.« So Heinemann in einem Schreiben an Adenauer auf dem Höhepunkt seines Konfliktes mit dem Kanzler.[53]

Während Heinemann im Verhältnis zur Sowjetunion also für Dialog und Geduld eintrat, beharrte Bundeskanzler Adenauer auf einer Position der Stärke. Nach seiner Überzeugung könne »der Frieden nur dadurch erhalten werden …, dass man durch Aufbau und Bereitstellung einer entsprechenden Streitmacht dem allein als Angreifer in Betracht kommenden Staate, Sowjetrussland, vor Augen führt, dass ein Bruch des Friedens auch für ihn selbst ein sehr großes Risiko bedeutet.«[54] Dies entsprach Adenauers manichäischen Weltbild, in dem die Welt in einem Kampf zwischen Gut und Böse, zwischen christlichem Abendland und dem »Geist der Finsternis« – dem Kommunismus – befangen war. »In unserer Zeit wird es sich entscheiden, ob Freiheit, Menschenwürde, christlich-abendländisches Denken der Menschheit erhalten bleibt oder ob der Geist der Finsternis und der Sklaverei, ob der antichristliche Geist für eine lange, lange Zeit seine Geisel über die … Menschheit schwingen wird. … Auf der einen Seite steht Sowjet-Russland mit seinen Trabanten- und Satellitenstaaten …, überall in der Welt das Feuer schürend, Religion und Christentum, europäische Sitten und Kultur, Freiheit und

Würde der Person vernichtend. Auf der anderen Seite stehen die Westalliierten, stehen die Atlantikpaktstaaten unter Führung der Vereinigten Staaten, bereit und entschlossen, alles zu tun für den Frieden, aber nur für einen Frieden in Freiheit und Würde, bereit, ihre Rüstung aufs äußerste zu verstärken, um auf diese Weise den von Sowjet-Russland drohenden Angriff zu verhindern.« So Adenauer am 20. Oktober 1950, zehn Tage nach dem Bruch mit Heinemann, auf dem CDU-Parteitag in Goslar.[55]

Die gewichtigsten Gründe für Heinemanns Ablehnung der Wiederbewaffnung wurzelten in seinen christlichen Überzeugungen. Diese Gründe benannte Heinemann am Schluss seines Schreibens an Bundeskanzler Adenauer mit besonderem Nachdruck. »Wenn das Wort von der Politik aus christlicher Verantwortung unter uns nicht eine Phrase sein soll, dann werden wir gerade in dieser entscheidenden Frage bedenken müssen, was in unserer Situation Gottes Wille ist: Wir sind in zwei blutige Kriege und zwei nationale Katastrophen hineingeraten, weil wir allzu sehr bereit waren, unser Vertrauen auf die Kraft der Waffen zu setzen. Gott hat uns gezeigt, dass diese Rechnung eine Fehlrechnung ist.«[56] In einer persönlichen Aussprache mit Adenauer hatte Heinemann es noch deutlicher ausgedrückt. »Gott habe uns zweimal die Waffen aus der Hand genommen. Wir dürften sie nicht ein drittes Mal in die Hand nehmen.«[57]

Diesem fatalen »Vertrauen auf die Waffen«, dem die (West-)Deutschen erneut zu erliegen drohten, setzte Heinemann »Geduld und Mut« aus christlicher Überzeugung entgegen – und die Hoffnung, dass Gott einen Ausweg zum Guten weisen werde, von dem sich die Menschen noch gar keine Vorstellung machen könnten. »Haben wir, wenn wir jetzt schon wieder zu den Waffen greifen wollen, gelernt, dass Gott uns die Geduld und den Mut beibringen will, in gefahrvollster Situation im Vertrauen auf seine Hilfe die von uns nicht vorher zu sehenden Möglichkeiten seines Weltregimentes real in Rechnung zu stellen?«[58]

In seinem Brief an Adenauer vom 9. Oktober 1950 verschärfte Heinemann den Ton seiner theologischen Argumentation sogar noch, indem er den Befürwortern eines westdeutschen Wehrbeitrags geradezu Unglauben vorhält. Er könne sich nämlich »des Gedankens nicht erwehren, dass der Ruf nach einer deutschen Remilitarisierung … Ausdruck einer ungläubigen Angst ist …«[59] Von diesem Vorwurf mochte Adenauer sich besonders getroffen fühlen, da er sich ja durchaus als gläubiger Christ verstand – und so auch in der Öffentlichkeit gesehen werden wollte. Darum verlas Adenauer auf jener Kabinettssitzung, zu deren Beginn er die Entlassung Heinemanns bekanntgab, auch eben jene Passage im vollen Wortlaut, um zu demonstrieren, wie unüberbrückbar der Gegensatz zwischen ihm und Heinemann mittlerweile sei.[60]

Am 10. Oktober 1950 ersuchte Adenauer Bundespräsident Heuss offiziell um die Entlassung von Innenminister Heinemann. Zuvor war es im Kabinett noch zu einem regelrechten Scherbengericht gegen Heinemann gekommen, bei dem der Bundeskanzler schwere Vorwürfe nicht nur in Bezug auf den Streit um die Wiederbewaffnung, sondern auch wegen Heinemanns sonstiger Amtsführung erhob. »Die Art und Weise, wie Herr Heinemann gewisse Teile seines Ministeriums geführt hat, ist unmöglich. Herr Heinemann hat in der ganzen Frage des Verfassungsschutzes in seinem Ministerium versagt. Er hat in der Frage der Bundespolizei oder in der Frage Polizei und Länder … sich völlig passiv verhalten.«[61] Das konnte Heinemann natürlich nicht auf sich sitzen lassen, wenngleich es sich um eher kleinliche Invektiven des Kanzlers und nicht den Kern des Streits handelte. Kühl wies er die Vorwürfe zurück und stellte seinerseits noch einmal die letzten Etappen seiner Auseinandersetzung mit Adenauer um einen westdeutschen Wehrbeitrag dar. Mit einer gewissen Enttäuschung musste Heinemann dabei feststellen, dass auch Minister Kaiser ihn nicht unterstützte. Dann ging man auseinander.

Heinemanns Rücktritt als Innenminister sorgte in der westdeutschen Öffentlichkeit für erhebliches Aufsehen. Nicht wenige Zeitungen kommentierten Heinemanns Haltung positiv. So würdigte etwa die »Rheinische Zeitung« Heinemanns Hoffnung, »etwas von dem Hass abbauen zu können, der die Völker vergiftet. … Man mag solche Vorstellungen für utopisch halten – dass sie jemand ungeeignet machen könnten, … Innenminister zu sein, glauben wir nicht.« Sogar der konservative Münchner Merkur pflichtete Heinemann in einem seiner zentralen Argumente gegen den Kurs Adenauers bei: »Wir wissen alle, dass den Deutschen in der Sowjetzone schaden kann, was zu gleicher Zeit für uns im Westen von Nutzen ist.«[62]

Es waren allerdings eher Einzelstimmen, die Heinemann im Konflikt mit dem Bundeskanzler den Rücken stärkten. Zahlreiche Blätter stellten sich ausdrücklich hinter Adenauer, beispielsweise der Berliner »Tagesspiegel«: »Man kann mit Russland nur verhandeln, wenn man gleich stark ist.« Über kurz oder lang werde sich »Russland dem Anspruch unseres von der Stärke der freien Welt getragenen Rechtes beugen müssen.« Die Frankfurter Allgemeine Zeitung schrieb auf dem Höhepunkt des Streits: »Der Niemöller-Kreis, zu dem Heinemann als prominenter Vertreter gehört, glaubt, die christliche Jugend müsse sich dem, was man dort den Willen Gottes nennt, widerstandslos fügen und auch bolschewistischen Terror als Schickung des Himmels hinnehmen. Das ist allenfalls kirchlich, aber nicht politisch gedacht. Ein praktischer Staatsmann kann damit nichts anfangen.«[63]

In diesem Zusammenhang wurde Heinemann vielfach vorgehalten, er betreibe im Grunde eine Theologisierung der Politik. Auch Adenauer bediente sich zuweilen dieses Arguments, um die Positionen Heinemanns in den Ruch eines eifernden »Dunkelmännertums« zu bringen und damit als »unpolitisch« zu diskreditieren. Heinemann verwahrte sich gegen solcherlei Unterstellungen und Fehldeutungen. Vielmehr lehnte er ausdrücklich jeden Versuch ab, »das Evangelium zu einer politischen Heilslehre oder zu einer Weltanschauung zu machen« und hielt es »für einen verhängnisvollen Irrtum, die Gesellschaft ›verchristlichen‹ zu wollen«.[64] Es ging Heinemann vielmehr um eine »Politik aus christlicher Gewissensbildung«, in der die jeweilige Lösung eines Problems eben nicht von vornherein qua biblischer Offenbarung vorlag, sondern in einem rationalen Diskurs gefunden werden musste. Dass dieser Diskurs möglichst offen und herrschaftsfrei geführt werden sollte, gehörte für ihn zu den Kernelementen der Demokratie.[65] Die Geheimniskrämerei und autoritäre Führung eines Bundeskanzlers Adenauer gehörten – so Heinemanns Überzeugung – nicht dazu.

Insgesamt überwogen in der westdeutschen Presse aber die Befürworter des von Adenauer eingeschlagenen Kurses. Lediglich bei einigen wenigen Publizisten genoss Heinemann für seine Opposition gegen den Bundeskanzler wachsende Sympathien. Allerdings stand die westdeutsche Bevölkerung Ende 1950 der deutschen Wiederbewaffnung noch skeptisch gegenüber. Nach Meinungsumfragen lehnten im November 1950 – ein halbes Jahr nach Ausbruch des Koreakrieges – noch 45 Prozent der Befragten eine Europa-Armee mit deutschem Beitrag ab. Für Adenauer und die ihn unterstützenden Parteien und Presseorgane blieb also noch ein gutes Stück Arbeit, um die Mehrheit der Westdeutschen von der Notwendigkeit eines Wehrbeitrags zu überzeugen.

Heinemann dagegen wurde in der Folgezeit zu einer Art Kristallisationspunkt für jenen – alles andere als homogenen – Teil der westdeutschen Bevölkerung, den beim Gedanken an Wiederaufrüstung und immer engere Westbindung der Bundesrepublik ein gewisses Unbehagen beschlich. Nicht zuletzt in Teilen der akademischen Jugend genoss Heinemann bald hohes Ansehen. Für manche Studenten, etwa für den jungen Jürgen Habermas, war er Anfang der fünfziger Jahre überhaupt einer der ganz wenigen vertrauenswürdigen westdeutschen Politiker.[66] Auch die SPD äußerte offene Sympathien für den Adenauer-Gegner Heinemann, dessen Argumente gegen Wiederaufrüstung und vorbehaltlose Westbindung sich nach den Worten ihres stellvertretenden Fraktionsvorsitzenden Erich Ollenhauer weitgehend mit denen der SPD deckten.[67]

Derlei Bekundungen mochten dem in der CDU zunehmend isolierten Heinemann wohltun. Dennoch kam eine Annäherung an die Sozialdemokratie für ihn zum damaligen Zeitpunkt nicht in Betracht, da die programmatischen Unterschiede insbesondere in der Wirtschaftspolitik und vor allem in religiösen und kirchenpolitischen Fragen noch unüberbrückbar schienen. Bei den evangelischen CDU-Politikern in Regierung und Bundestag hatte Heinemann im Herbst 1950 allerdings auch keinen Rückhalt mehr. Sogar Hermann Ehlers und Jakob Kaiser versagten ihm bei aller persönlichen Verbundenheit in der Auseinandersetzung mit Adenauer letztlich ihre Unterstützung. Von der rheinischen CDU und dem Essener Kreisverband zu schweigen, die in zum Teil schroffer Weise zu Heinemann auf Distanz gingen.

Aber auch in der Evangelischen Kirche selbst war die Unterstützung für Heinemanns Positionen weniger ausgeprägt als er sich erhofft haben mochte. Eine Mehrheit der evangelischen Amtsträger teilte weitgehend Adenauers Weltsicht, wonach die Bundesrepublik einer Aggression aus dem Osten nur durch militärische Stärke und möglichst enge Anlehnung an den Westen begegnen könne. Insbesondere die Lutheraner beriefen sich in dieser Diskussion häufig auf Luthers »Zwei-Reiche-Lehre« und erklärten, dass sich die Kirche auf die Verkündigung des Wortes Gottes zu konzentrieren habe. Die weltliche Macht habe die Aufgabe, Recht und Gesetz sowie das Gemeinwesen zu schützen. Propst Hans Asmussen stand für einen Großteil seiner Amtsbrüder, wenn er von der Pflicht der westlichen Regierungen sprach, »das Leben und die Freiheit Westeuropas zu schützen. Auf welche Weise dies geschehen soll, habe ich als Mann der Kirche nicht zu beurteilen. Wohl aber habe ich als Teil meiner christlichen Verkündigung zu bezeugen, dass die Obrigkeit ihre Pflicht versäumt, wenn sie nicht jedes rechtlich mögliche Zwangsmittel einsetzt, um den widerrechtlichen Zwang, der vom Osten ausgeht, von unseren Grenzen fernzuhalten.«[68]

Auch in den seinerzeit noch recht zahlreichen evangelischen Publikationen überwog die Kritik an Heinemann. Während der evangelische Pressedienst Heinemann als einen »Pazifisten vom Schlage Gandhis« bezeichnete und ihm damit politische Naivität bescheinigte, machte die Wochenzeitung »Christ und Welt« wenig Unterschiede zwischen Heinemann und den »radikalen« Positionen Martin Niemöllers, dem sie Blindheit und »Passivität« gegenüber den Aggressionsgefahren aus dem Osten vorhielt. Das vom hannoverschen Landesbischof Hanns Lilje herausgegebene Sonntagsblatt ermöglichte es Heinemann zwar »aus Gründen der Ritterlichkeit«, seine Haltung in einem Artikel darzulegen, konterkarierte dessen Ausführungen aber gleichzeitig im Leitartikel unter der Überschrift »Greift der Deutsche zur Waffe? Ja! Aber nur gleichberechtigt für Europa!«.[69]

Entschiedener Zuspruch für Heinemann kam hingegen u. a. vom Bruderrat der Bekennenden Kirche und vom westdeutschen Jungmännerbund, der Heinemann ausdrücklich »für sein mannhaftes und richtungweisendes Eintreten in der Frage der Wiederaufrüstung« dankte. Der Bruderrat stellte sich demonstrativ hinter Heinemann, indem er seinerseits die »ernste Frage« stellte, »ob ein deutscher Mann heute in dieser Lage mit gutem Gewissen eine Kriegswaffe in die Hand nehmen darf«.[70]

Unterstützung erfuhr Heinemann auch von dem Theologen Karl Barth, dessen Stimme innerhalb der evangelischen Kirche nach wie vor großes Gewicht hatte. In einem offenen Brief stellte Barth sich »in aller Bestimmtheit auf die Seite von Niemöller und Heinemann.« Er sprach sich gegen »eine Remilitarisierung des deutschen bzw. westdeutschen Volkes« aus, wobei er eine differenzierte Diskussion über eine angebliche Bedrohung aus dem Osten und die angemessene Reaktion darauf forderte. »Man sollte diese Frage weder mit dem allgemeinen Problem des Pazifismus verwirren, noch sonst mit der sonstigen westlichen Abwehrbereitschaft. Die Logik kann durchaus nicht verlangen, dass, wer den Pazifismus ablehnt und die westliche Abwehrbereitschaft bejaht, darum auch der Aufstellung einer neuen deutschen Armee im Rahmen eines künftigen Westheeres zustimmen müsse.«[71]

Da Heinemann den schweizerischen Theologen und geistigen Vater der Bekennenden Kirche hoch schätzte – bei aller Distanz zu dessen »dialektischer Theologie« –, fühlte er sich durch Barths Zustimmung in seiner Position sehr bestärkt.[72] Doch Karl Barth repräsentierte nicht die Mehrheitsmeinung innerhalb der evangelischen Kirchen. Besonders drastisch formulierte der württembergische Landesbischof Theophil Wurm seine Kritik an Barth (und damit indirekt auch an Heinemann und Niemöller), dem er vorwarf, »in fast perverser Weise (die) moskowitische Gefahr« zu unterschätzen.[73]

Insgesamt also überwog in der EKD, insbesondere bei ihren Amtsträgern, eine ablehnende Haltung gegenüber Heinemanns rüstungskritischen Positionen. Ende 1950 setzte denn auch ein Entfremdungsprozess zwischen Heinemann und maßgeblichen Kreisen der Evangelischen Kirche ein, der Heinemann zunehmend in eine Außenseiterrolle brachte.

Dass für seinen Bruch mit Adenauer neben den sachlichen auch persönliche Gründe verantwortlich waren, hatte Heinemann mehrmals anklingen lassen. Es ging ihm nicht nur der autoritäre Führungsstil des Kanzlers gegen den Strich, sondern auch dessen Umgang mit Menschen, in dem Heinemann zuweilen etwas geradezu Menschenverachtendes zu spüren meinte. »Ich halte seine Politik für falsch und seine Menschenverachtung für verhängnisvoll. Was das Letztere anbelangt, so mag ihn seine Lebenserfahrung gelehrt haben, dass nahezu alle Menschen im weitesten Sinne gekauft oder erpresst werden können. Eine solche Erfahrung aber mit soviel Meisterschaft zu bestätigen, ist im Rahmen einer christlichen Partei noch verderblicher, als es ohnehin ist.«[74] In Heinemanns Papieren findet sich eine Notiz aus späteren Jahren, die das ganze Ausmaß der Gegnerschaft zu Adenauer verdeutlicht. »Adenauer – jahrelang über Leichen gegangen.«[75]

Heinemann erhielt nach seinem Bruch mit Adenauer auch zahlreiche Zuschriften von Weggefährten und Kollegen. So schrieb ihm Justizminister Thomas Dehler noch am Abend seines Rücktritts: »Es ist mir ein Bedürfnis, Ihnen nochmals zu sagen, wie sehr ich die Entwicklung der Dinge bedauere. Ich hoffe sehr, dass die Bande, die in unserer gemeinsamen Arbeit geknüpft worden sind, nicht zerreißen und dass unsere Wege sich bald wieder vereinen.«[76]

Ein junger, Heinemann bislang unbekannter Rechtsreferendar – Diether Posser – dankte Heinemann ausdrücklich dafür, »was Sie in Bonn – vor allem in der Negation – für uns getan haben, und ich habe sicherlich stellvertretend für viele junge Deutsche gehandelt. In einer Zeit, in der die robusten Gewissen das Feld beherrschen, war Ihr aus Gewissensgründen erfolgter Rücktritt für viele Mahnung und Trost. Es ist in der neueren Geschichte unseres Volkes ein ganz ungewöhnlicher und beglückender Vorgang, dass ein Politiker alle Entscheidungen coram Deo trifft: unmittelbar vor Gott ...«[77]

Auch sein Jugendfreund Wilhelm Röpke meldete sich nach längerem Schweigen wieder einmal bei Heinemann: »Jemand, der nicht nur zu seiner Meinung steht, sondern sie auch so tief und so ernst begründet wie Du, ist eine so seltene Erscheinung in unserer heillosen Zeit, dass er Respekt verlangen kann.«[78] Diesen Respekt zollte ihm tatsächlich eine nicht geringe Zahl der Westdeutschen. Durch seinen Rücktritt war Gustav Heinemann quasi über Nacht zu einem der profiliertesten Gegner von Bundeskanzler Adenauer geworden und zu einer Symbolfigur im Kampf gegen die westdeutsche Wiederbewaffnung.

Doch Heinemann dachte zunächst nicht daran, sein gewachsenes Ansehen sogleich in politisches Kapital umzumünzen. Seine Pläne zielten vielmehr in eine ganz andere Richtung – zurück in die Wirtschaft, d. h. in den Vorstand der Rheinischen Stahlwerke in Essen. Dabei fehlte es nicht an Stimmen, die Heinemann dazu drängten, seine politische Arbeit fortzuführen, am besten im Rahmen einer neuen Partei. So schlug Martin Niemöller seinem Mitstreiter die Gründung einer neuen bürgerlichen Partei vor, die »sich weder konfessionell noch christlich abstempelt«.[79] Vonseiten einiger CDU-Politiker wurde die Wiederbelebung des »Christlich-sozialen Volksdienstes« ins Spiel gebracht, dem Heinemann um 1930 angehört hatte.[80] Und »Spiegel«-Herausgeber Rudolf Augstein dachte wohl nicht zuletzt an Heinemann, wenn er im März 1951 schrieb: »Es gilt also, eine politische Partei zu schaffen, die dem Kommunismus wie jeder anderen Form der Staatsversklavung schärfsten Kampf ansagt, das Recht der Deutschen proklamiert, außenpolitisch und handelspolitisch mit den benachbarten Sowjets zu verhandeln, ... eine Wiedervereinigung Deutschlands für vordringlicher hält als den Anschluss Westdeutschlands an Westeuropa im Rahmen des Atlantikpaktes.«[81]

Heinemann indes erteilte all diesen gut gemeinten Vorschlägen eine klare Absage, da er die Gründung einer neuen Partei für »weithin unrealistisch« hielt. »Gegen eine jetzt zu entscheidende Aufrüstung nützt keine Partei, welche erst bei späteren Wahlen die Gelegenheit zur Mitbeteiligung an der Entscheidung finden wird.« Überhaupt war Heinemann der Meinung, dass der Versuch, neue politische Anstöße zu geben, »weniger durch eine neue Partei (als) durch eine wachsende allgemeine Bemühung um die Achtung vor der persönlichen Entscheidung und größere staatsbürgerliche Lebendigkeit … zu fördern wäre.«[82] An anderer Stelle drückte er es so aus: »Wir werden unser Volk nur dann demokratisch machen, wenn wir Demokratie riskieren.«[83] Diese Äußerungen weisen voraus auf Heinemanns Bemühungen, auch außerhalb von Parteien und Parlamenten für seine politischen Vorstellungen zu streiten, etwa in der »Notgemeinschaft für den Frieden Europas«. Heinemann sah nämlich in dieser Frühform einer »außerparlamentarischen Opposition« ein belebendes Element für die Demokratie und sollte später als Bundespräsident damit kokettieren, früher selbst einmal Mitglied einer »außerparlamentarischen Opposition« gewesen zu sein.

Es war übrigens der Ratsvorsitzende der EKD, Bischof Otto Dibelius, der ihm nach seinem Rücktritt dringend zu politischer Abstinenz riet und dabei erstaunliche politische Weitsicht bewies. In einem Brief vom Januar 1951 prophezeite Dibelius, Heinemanns politisches Wirken müsse »entweder bei einer Splitterpartei oder beim Übergang in eine neue Partei enden. … Von meiner kirchlichen Verantwortung aus … würde (ich) mir für unsere Kirche wünschen, dass Sie unter Ihre öffentliche politische Arbeit einen Schlussstrich zögen und wieder in die Ausgangsstellung zurückkehrten, von der aus Sie an die Spitze der Synode getreten sind.«[84]

Allerdings schien Heinemann nach seinem Rücktritt als Innenminister auch gar nicht geneigt, sich gleich wieder in politische Aktivitäten zu stürzen. Vielmehr konzentrierte er seine Aufmerksamkeit Ende 1950 vor allem auf die Arbeit in der Evangelischen Kirche und in der Wirtschaft. Denn tatsächlich war er als – wenn auch beurlaubtes – Vorstandsmitglied von Rheinstahl immer auch ein »Mann der Wirtschaft« geblieben.

Verhinderte Rückkehr in die Wirtschaft

Nach seinem Rücktritt als Innenminister musste Heinemann nicht lange überlegen, wie es beruflich weitergehen sollte, hatte er sich doch vor seinem Eintritt in die Bundesregierung ausdrücklich die Rückkehr in den Vorstand der Rheinischen Stahlwerke zusichern lassen, dem er seit 1945 als Vollmitglied angehörte (als stellvertretendes Mitglied seit 1936). Darüber war zwischen der Unternehmensleitung und Heinemann am 23.9.1949 eine schriftliche Vereinbarung getroffen worden, in der es hieß: »Da … wir … großen Wert darauf legen, dass Sie nach der Entlassung aus dem Ministeramt Ihre Tätigkeit wieder bei uns aufnehmen, räumen wir Ihnen hiermit das Recht ein, wieder in Ihr Amt als Vorstandsmitglied einzutreten. ... Diese Zusage gilt für die Dauer von 4 ½ Jahren ab 1. Oktober d. J.«[85] Das war eigentlich eine eindeutige Abmachung, und Heinemann wollte nach seinem Ausscheiden aus der Bundesregierung umgehend von ihr Gebrauch machen. Das Thema »Politik« schien für ihn erst einmal erledigt, zumal er sich berechtigte Hoffnungen machte, bald den Vorstandsvorsitz von Rheinstahl übernehmen zu können.

Doch »nach Tische« – d. h. nach Heinemanns Konflikt mit Adenauer – »las man's anders«, jedenfalls beim Aufsichtsgremium von Rheinstahl, dem Heinemann offenkundig zu »rebellisch« geworden war. Mit aller Macht sträubte sich der Aufsichtsrat, namentlich Ernst von Waldthausen, gegen eine Rückkehr Heinemanns auf seinen Posten und stellte die Gültigkeit der seinerzeit mit ihm getroffenen Abmachung rundweg in Frage. Zu jener Zeit gab es zwar aufgrund alliierter Bestimmungen juristisch keinen Aufsichtsrat bei den Rheinischen Stahlwerken. Kontrolliert wurde das Unternehmen von einem von der britischen Militärregierung eingesetzten Generaldirektor. Faktisch hatten die früheren Aufsichtsratsmitglieder jedoch weiterhin starken Einfluss auf die Unternehmensführung, insbesondere auf die personelle Zusammensetzung der Leitungsgremien.

Die Gründe für die Zurückweisung Heinemanns legte von Waldthausen in einem Memorandum vor der entscheidenden Sitzung am 12. Januar 1951 unumwunden dar. »Wenn Herr Heinemann sein Amt als Bundesinnenminister auch ... auf Wunsch industrieller Kreise antrat und man annehmen musste, dass er auch politisch auf der Linie der Regierung und der Industrie lag, so ergab sich doch im Jahre 1950, dass seine Äußerungen sich nicht mit dieser Auffassung deckten.« Angekreidet wurde Heinemann u. a. ein Zeitungsartikel, in dem er sich nach Meinung der Industrievertreter viel zu positiv über die Mitbestimmung und die Rolle der Gewerkschaften, insbesondere in den Aufsichtsräten geäußert habe. Noch schwerer wog allerdings Heinemanns Zerwürfnis mit Adenauer und seine scharfe Kritik an dessen deutschland- und wehrpolitischem Kurs. Im Bestreben, Heinemanns Rückkehr zu verhindern, scheute Aufsichtsrat Waldthausen auch vor konspirativen Mitteln nicht zurück. »Um mir über den wirklichen Inhalt seiner überall wiederholten Rede ein Bild zu machen, habe ich seine Versammlung in Mülheim besucht und mir ausführliche Notizen gemacht. Die Rede war natürlich außerordentlich geschickt, aber in ihren Auswirkungen und Formulierungen gefährlich.« Anschließend zitierte Waldthausen aus seiner Mitschrift dieser Heinemann-Rede. »... müssten sie als evangelische Christen den totalen Krieg, der zu erwarten wäre, als totale Bosheit im christlichen Sinne betrachten. ... Gott habe sich gegen den Antibolschewismus von 1933 gewandt, wird daher von uns heute nicht etwas ganz anderes gefordert? Dazu lese man Jesaias Kapitel 30 vom ›Stillesein und Hoffen‹. ... Wer sei nun unrealistisch? Doch der, der das Regiment Gottes über die Welt vergäße. So stünde heute christlicher Realismus gegen die Überschätzung von Panzern und Divisionen.«[86] Waldthausen fährt in seinem Memorandum fort: »Bezeichnend war, dass am Ausgang des Versammlungslokals Leute der KPD Flugblätter ... verteilten, woraus hervorgeht, dass sie genau wussten, dass sie bei dieser Gelegenheit auf empfängliche Gemüter stoßen würden.« Aus all dem zieht der Aufsichtsratsvorsitzende die Schlussfolgerung, dass »Rheinstahl als Wirtschaftsunternehmen ... (es) sich nicht leisten (kann), an prominenter Stelle eines Vorstandsmitglieds eine Persönlichkeit zu haben, die politisch so eigene Wege geht wie Dr. Heinemann und die damit Rheinstahl vor der Öffentlichkeit belasten müsste.«[87] In seiner Sitzung am 12. Januar 1951 lehnte der Aufsichtsrat der Rheinischen Stahlwerke entsprechend dieser Einschätzung Heinemanns Rückkehr in den Vorstand ab.

Gustav Heinemann bekam nun zu spüren, was es hieß, bei führenden Männern der westdeutschen Wirtschaft »persona non grata« zu sein. Das unerfreuliche Gerangel um die Gültigkeit der Rückkehrzusage zog sich über mehrere Wochen hin, wobei Rheinstahl bald ausgesprochen sophistisch argumentierte. »Die Zusage war begrenzt auf 4½ Jahre, d. h. bis nach den nächsten Bundestagswahlen. ... Es ergibt sich also daraus, dass ein anomaler Bruch mit dem Bundeskanzler ... nicht in der Zusage einkalkuliert war. Infolgedessen fällt die Verpflichtung von Rheinstahl fort, nachdem Heinemann nicht nur den Bruch mit dem noch regierenden Bundeskanzler, sondern auch mit der gesamten Bundesregierung vollzogen hat und in schärfste Opposition getreten ist.« Worum es aber letztlich ging in dem Streitfall, offenbart in aller Deutlichkeit die Schlusspassage des Aufsichtsrats-Memorandums: »Rheinstahl kann sich ... nicht gestatten, durch Einstellung eines solchen Vorstandsmitglieds sich politisch zu belasten, da gerade auch in den kommenden Jahren ein vertrauensvolles Zusammenarbeiten zwischen Industrie und Regierung dringendstes Erfordernis ist.«[88] Und da diese Regierung auf absehbare Zeit von einem Kanzler Adenauer geführt werden würde, war für einen erklärten Adenauer-Gegner wie Heinemann im Vorstand der Rheinischen Stahlwerke natürlich – so die Logik des Aufsichtsgremiums – kein Platz. Zusagen hin oder her.

Heinemanns frühere Vorstandskollegen Werner Söhngen und Hugo Reckmann übrigens hatten – ebenso wie die Vertreter der Arbeitnehmer – gegen seine Rückkehr nichts einzuwenden, konnten sich aber gegen die Mehrheit des Aufsichtsrats nicht durchsetzen.[89]

Heinemann wurde des enervierenden Streits schließlich müde und gab den Wunsch nach Fortsetzung seiner Karriere als Industrie-Manager im Frühjahr 1951 auf – nicht ohne zuvor eine für ihn sehr vorteilhafte finanzielle Regelung ausgehandelt zu haben. Im März 1951 (erneuert im November 1951) schloss er mit den Rheinischen Stahlwerken eine Vereinbarung, wonach er dem Unternehmen fortan als freier Mitarbeiter zur Verfügung stehen werde, vor allem mit der Erstellung von Rechtsgutachten. Für diese Tätigkeit – die sich später in sehr bescheidenem Rahmen bewegte – erhielt Heinemann ein monatliches Entgelt in Höhe von 1.875 DM, das in den folgenden Jahren entsprechend der Vorstandsvergütung erhöht wurde und ab Januar 1961 pro Monat 3.093,75 DM betrug. Auch entsprechende Pensionsansprüche Heinemanns waren Teil der Vereinbarung.[90]

Ende 1951 befand sich Gustav Heinemann somit in einer politisch, beruflich und auch gesellschaftlich prekären Situation. Sein Bruch mit Adenauer wurde ihm von einstigen Weggefährten und Kollegen übel angerechnet und auch große Teile der Essener Gesellschaft rückten von ihm ab. »Der Heinemann, der ist ja jetzt völlig gescheitert. Niemand nimmt (mehr) ein Stück Brot von ihm«, so wurde nunmehr über den einstigen Oberbürgermeister geredet.[91]

Nicht nur in der Bundes-CDU, sondern auch bei seinen Parteifreunden auf Landes- und Kommunalebene bekam Heinemann, der seinen Standpunkt weiterhin innerhalb und nicht außerhalb der CDU vertreten wollte, eine immer schroffere Ablehnung zu spüren. So verlor er bei den Wahlen zum erweiterten Landesvorstand der rheinischen CDU Anfang Dezember 1950 mit dem drittschlechtesten Ergebnis (25 Stimmen) seinen bisherigen Sitz. Und als er in einem Artikel des CDU-Informationsdienstes vom 23. Dezember 1950 einer »erschütternden Unkenntnis« und politischer »Unzulänglichkeiten« geziehen wurde, bat Heinemann den Essener CDU-Kreisvorsitzenden vergeblich um Schutz vor derlei ehrabschneidenden Angriffen. Sein eigener Kreisverband forderte Heinemann aber vielmehr auf, sich künftig aus der Debatte um Wiederbewaffnung und Deutschlandpolitik herauszuhalten. Der nächste Affront erfolgte im Februar 1951, als Heinemann in einem Artikel der Tageszeitung »Die Welt« als bolschewistisch beeinflusst und »der KPD erlegen« bezeichnet wurde, und die Essener CDU sich trotz ausdrücklicher Bitte Heinemanns weigerte, ihm beizuspringen.[92]

Allmählich musste Heinemann klar werden, dass er in der CDU nach seinem Bruch mit Adenauer über keinerlei Rückhalt mehr verfügte – von einigen persönlichen Beziehungen abgesehen. Dennoch sah er sich zum damaligen Zeitpunkt – im Frühjahr 1951 – zu einem Parteiaustritt noch nicht veranlasst. Vielmehr wurde er auf kommunaler Ebene erneut aktiv und nahm ab Januar 1951 wieder an den Sitzungen des Essener Stadtrats teil, dem er nach wie vor angehörte.

Unterdessen bekam nun sogar seine Familie die wachsende Ablehnung Heinemanns in der Essener Gesellschaft zu spüren. Beispielsweise der 15-jährige Sohn Peter, dessen Aufnahme in einen örtlichen Tennisverein offenkundig hintertrieben wurde und sich deshalb um mehrere Monate verzögerte.[93]

Zumindest aber war die finanzielle Basis von Heinemanns Existenz durch die Vereinbarung mit Rheinstahl gesichert, und zwar auf vergleichsweise hohem »gutbürgerlichem« Niveau. Auch konnte die Familie in dem großzügigen Haus in der Schinkelstraße 34 wohnen bleiben, für das aber nunmehr Miete zu zahlen war, da es nicht länger als Dienstwohnung eines Vorstandsmitglieds galt.

So kränkend die allgemeine Ablehnung für Heinemann war – um eine berufliche Alternative zur Industrie oder einem politischen Amt war er nicht verlegen. Wozu war er Jurist und hatte mehrere Jahre als erfolgreicher Rechtsanwalt praktiziert? Und so gründete Heinemann im November 1951 gemeinsam mit dem knapp 30-jährigen Diether Posser in Essen, An der Reichsbank 14, eine eigene Anwaltskanzlei.[94] Doch es kamen nur wenige Mandanten, nicht zuletzt, weil Heinemann von einem Teil der Essener Gesellschaft regelrecht »geschnitten« wurde, wobei es auch an boshafter Nachrede nicht fehlte: »Der übernimmt jetzt die übelsten Prozesse, die ein anständiger Rechtsanwalt nicht übernehmen würde,« hieß es in Essener bürgerlichen Kreisen[95] Es war – so Heinemann selbst – eine »kleine- Leute-Praxis, weil weder die alte Firma noch sonstige Industriegesellschaften, den Weg zu mir finden …«[96] Erfreulicherweise hatte Heinemann aber gerade seine Zulassung als Notar erhalten, was in jener »kümmerlichen« Anfangsphase (Heinemann) der Anwaltspraxis zumindest einen Grundstock an Einnahmen einbrachte.

Wie stark – und wie lange – Heinemann tatsächlich unter dieser gesellschaftlichen Ächtung litt, kommt in einem Brief zum Ausdruck, den er im Mai 1954 an Helmut Gollwitzer, den engsten Freund der späten Jahre, schrieb. »Die schäbige Behandlung durch ehemalige und jetzige Freunde [hat] einen nun nicht mehr erträglichen Höhepunkt erreicht. … Schon im Augenblick meines Ausscheidens aus Bonn setzte prompt die Abkehr derer ein, die nur mit einer Ministerbekanntschaft sich selber hatten wichtig tun wollen. … Dann erlebte ich, dass die Bergbaugesellschaft, bei der ich 21 Jahre arbeitete, zuletzt als ordentliches Vorstandsmitglied …, ihre Zusage auf Rückkehr … brach. Die Stadt Essen, für die ich mich von 1946 bis 1949 als Oberbürgermeister in elendster Zeit der Hungersnot, der Demontagen, der Trümmerbeseitigung u. s. w. abgeplagt habe, denkt nicht daran, mich noch zu irgendwelchen kommunalen Veranstaltungen einzuladen. … Dr. Adenauer erklärte hier in Essen in einer Wahlveranstaltung vor dem 6. September v. J. [Bundestagswahl, T. F.]: ›Wenn ich von Dr. Heinemann als Ihrem Mitbürger spreche, hoffe ich Ihnen nicht zu nahezutreten‹.«[97]

Auch vom Verhalten der EKD-Führung war Heinemann schwer enttäuscht. »Sie veranstalten am 13. Mai [1954] im Essener Kaiserhof eine Verabschiedung des Generalssekretärs des Kirchentages Ehlers. … Mich einzuladen, der ich keine 100 m vom Kaiserhof entfernt mein Büro habe … hielt man für inopportun, weil man mich den übrigen Gästen nicht vorzeigen mag. … Hier ist es mir zum ersten Mal ekelhaft geworden, ekelhaft um deswillen, weil dieses Erlebnis tief in den Kreis derer hineingreift, die die Bruderschaft in Christo proklamieren und Kirchentag machen. Das stecke ich nicht so in die Tasche wie das Benehmen von Bergbau, Stadtverwaltung und christlichen Demokraten.«[98]

Wenngleich Gustav Heinemann im Jahr 1951 vielen Zeitgenossen als ein »Gescheiterter« galt – und er selbst unter der gesellschaftlichen Ausgrenzung durch CDU-Leute und frühere Industrie-Kollegen ausweislich jenes Briefs an Gollwitzer durchaus litt – so verfügte er auch in dieser Krisensituation doch über eine bemerkenswerte Ruhe und Souveränität, und das in zweierlei Hinsicht.

Zum einen half ihm seine Glaubenszuversicht, allen äußeren Widrigkeiten relativ gelassen zu begegnen. »Abhängigkeit von Gott bedeutet Unabhängigkeit von allem, was geringer als Gott ist«, notierte Heinemann einmal, was ja nichts anderes hieß, als dass alle Querelen in Politik, Beruf, Gesellschaft ihn als gläubigen Protestanten im Innersten letztlich nicht beeinträchtigen konnten.[99] Auch die von Heinemann häufig zitierte Liedzeile »Gott sitzt im Regimente« (Paul Gerhardt) verweist auf eine innere Festigkeit, die sich von den Wechselfällen und Zumutungen der weltlichen Angelegenheiten nicht aus der Bahn werfen ließ. Anfeindungen und politische Misserfolge, an denen es in den fünfziger Jahren ja nicht fehlte, als mehrere Projekte – darunter »Notgemeinschaft«, GVP – scheiterten, hinterließen zwar ihre Spuren, konnten Heinemann ab nicht darin beirren, seinen Weg weiterzugehen. »Wer da sagt, dass er sich gegenüber den bestimmenden Kräften des Zeitgeschehens ohnmächtig fühle, dem ist zu antworten, dass einer mit Gott immer noch Majorität ist. Was wir ausrichten werden, hängt nicht davon ab, welche Kräfte gegen uns stehen, sondern davon, wie viel oder wenig wir gehorsam sind.« So Heinemann im Juli 1951 vor evangelischen Laien.[100]

Zu dieser inneren Unabhängigkeit durch den Glauben kam bei Gustav Heinemann auch eine materielle Unabhängigkeit, da nach der schnöden Zurückweisung seitens der Rheinischen Stahlwerke die erstrittene Abfindungsregelung seine bürgerliche Existenz finanziell weitgehend absicherte.

Honoratioren-Klub »Zylinder«

Glaubensgewissheit und eine wirtschaftlich gesicherte Existenz änderten aber nichts daran, dass Heinemann die gesellschaftliche Isolierung und Ablehnung nach seinem Bruch mit Adenauer psychisch stark belastete. Umso mehr wusste er den Rückhalt im Essener Honoratioren-Klub »Zylinder« zu schätzen, dem Gustav Heinemann seit Februar 1946 angehörte. Eingeführt hatte ihn dort wahrscheinlich der Kinderarzt Prof. Otto Bossert, den Heinemann 1934 in einem Prozess wegen angeblich Hitler-kritischer Äußerungen verteidigt hatte und mit dem er seither befreundet war. Prof. Bossert war auch der Hausarzt für die Kinder Heinemanns und hatte Ende der dreißiger Jahre einmal dem dreijährigen Sohn Peter durch eine gerade noch rechtzeitig vorgenommene Bluttransfusion das Leben gerettet.[101]

Gegründet wurde der »Zylinder« im November 1924 auf Initiative jenes Dr. Bossert (1887–1968), der nach seinem Studium in Breslau in Essen eine Stelle bekommen hatte und sich um geistige Anregungen im Kreis von Gleichgesinnten bemühte. Die informelle Gruppe bestand beim Eintritt Heinemanns aus rund 15 Mitgliedern des gehobenen Essener Bürgertums, darunter mehrere Mediziner, führende Wirtschaftsleute, Künstler und Journalisten. Das »Einzugsgebiet« des Clubs war auf Essen und die nähere Umgebung begrenzt.

Man traf sich einmal im Monat Freitag abends reihum im Privathaus eines Mitglieds, um dem Vortrag eines »Zylinder«-Freundes zu einem Thema aus Natur- und Geisteswissenschaft, Wirtschaft oder Politik, zuweilen auch einem Reisebericht, zu lauschen und bei Imbiss und Bier darüber zu diskutieren. Es war eine reine Männerrunde, zu der die Ehefrauen nur bei besonderen Anlässen zugelassen waren. Zusammen mit Heinemann gehörten dem »Zylinder« in den fünfziger und sechziger Jahren u. a. Fritz Gummert an, Vorstandsmitglied bei der Ruhrgas AG, der Vorstandsvorsitzende der Thyssen AG, Dieter Spethman, der stellv. Hauptgeschäftsführer der Essener Industrie- und Handelskammer, August Wegener, sowie der Herausgeber und Chefredakteur der »Westdeutschen Allgemeinen Zeitung«, Erich Brost und dessen Nachfolger als Chefredakteur Siegfried Maruhn. Der Name »Zylinder« war übrigens nicht von der vornehmen Kopfbedeckung abgeleitet – wiewohl bei den Zusammenkünften Abendgarderobe üblich war –, sondern von der geometrischen Figur, die mathematisch als »Kreis von Parallelen« beschrieben werden kann, was die Gründer für eine passende Kennzeichnung ihrer Gruppe hielten.

Neue Mitglieder wurden auf Vorschlag eines »Altvorderen« kooptiert, wenn sie vom geistigen Zuschnitt und gesellschaftlicher Position her zu passen schienen. Dieser »Geist« des Zylinder-Klubs war im weitesten Sinne bürgerlich-liberal und dem humanistischen Bildungsideal verpflichtet. Was die politischen Einstellungen betraf, fanden sich im »Zylinder« nach 1945 sowohl Sympathisanten der CDU, FDP-Anhänger als auch Parteigänger der SPD wie der WAZ-Chefredakteur Erich Brost. Heinemann führte seit 1951 politisch ja eine etwas schwebende Existenz, was ihm in dem auf geistige Unabhängigkeit haltenden Zylinder-Kreis aber eher zusätzliches Ansehen verschafft haben dürfte.

Die besprochenen Themen umfassten ein überaus breites Spektrum, das die Arbeitsgebiete und Interessen der einzelnen Mitglieder widerspiegelte. Sie reichten von der »Bedeutung der Psychosomatik in der heutigen Medizin« über den »Wiederaufbau der Rheinbrücken« und »Segen und Gefahren der Kernenergie« (1959) bis zu Reflexionen über die »Weltmacht Nordamerika«, »Politik und Moral«, die »Lage Berlins« (1951) und Vorträgen über die »Vier Kardinaltugenden« oder die »Vorsokratiker«.

Gustav Heinemann selbst führte sich im September 1946 ein mit einem Vortrag über »Tod und Leben«. Insgesamt hielt Heinemann im »Zylinder«-Kreis in den drei Jahrzehnten seiner Mitgliedschaft 20 Vorträge, darunter über das »Wesen der Politik« (1952), »Gestalt und Wandlung der SPD« (1953), »Politische Justiz« (1956), »Was geht in der Evangelischen Kirche vor?« (1966) und »Unruhige Jugend« (1968).[102] Die Aufzählung zeigt, dass Heinemann im »Zylinder« häufig über Themen referierte, die ihn zum jeweiligen Zeitpunkt besonders beschäftigten, sei es das Erscheinungsbild der SPD im Jahr 1953, politische Justiz – 1956, als er selbst vom KPD-Verbot betroffene Mandanten verteidigte – oder die rebellierende Jugend im Jahr 1968.[103]

Die Frage nach dem Charakter des Essener Zylinder-Kreises ist nicht ganz leicht zu beantworten, zumal das vorhandene Material wenig Einblick in dessen Binnenstruktur, etwa in die Interaktion einzelner Mitglieder, gewährt. Sicherlich war es kein »Klüngel-Verein« (nach dem rheinischen Motto »Man kennt sich, man hilft sich.«), auch keine Pressure-Group, deren Mitglieder sich gegenseitig lukrative Aufträge zuschanzten oder wirtschaftlichen und politischen Einfluss sicherten. Aber es handelte sich auch nicht um einen bloßen Debattierclub, wo man sich in gemütlicher Runde über Gott und die Welt unterhielt. Es scheint vor allem eine bildungsbürgerliche Veranstaltung gewesen zu sein, die dem intellektuellen Austausch und gegenseitiger Anregung dienen sollte. Dass man dabei mit führenden Vertretern der regionalen Wirtschaft und Publizistik zusammenkam, die mit dem einen und anderen Tipp und Kontaktvermittlung hilfreich sein konnten, mag nicht der Hauptzweck, aber doch ein willkommener Nebeneffekt des »Zylinder« gewesen sein. Das galt wahrscheinlich auch für Heinemann, wenngleich es übertrieben wäre, die überwiegend wohlwollende Berichterstattung der Westdeutschen Allgemeinen Zeitung (WAZ) – jahrzehntelang das einflussreichste Presseorgan des Ruhrgebiets – über Heinemanns politische Aktivitäten, ob bei der GVP oder später als SPD-Politiker und Bundespräsident, damit zu klären, dass Heinemann mit den Herausgebern und Chefredakteuren des Blattes – den Zylinder-Freunden Erich Brost (Mitglied seit 1954) und Siegfried Maruhn (1968 beigetreten) – sehr gut bekannt war.

Gewisse Ähnlichkeiten hatte der »Zylinder« mit den Vereinigungen der Rotarier und dem Lions-Club. Doch fehlte ihm im Vergleich zu den 1905 (Rotarier) bzw. 1917 in den USA gegründeten Gruppierungen der Aspekt des Karitativen, überhaupt der Wille zur Außenwirkung.

Eine Episode aus dem Jahr 1946 zeigt, dass Zylinder-Mitglieder im Einzelfall sehr wohl auf konkrete »Freundschaftsdienste« setzten. So wandte sich Oberstudiendirektor Otto Dürr, Zylinder-Mitglied seit den dreißiger Jahren, der 1933 förderndes Mitglied der SS geworden und 1937 der NSDAP beigetreten war, im Dezember 1946 an Heinemann – damals CDU-Bürgermeister von Essen und seit kurzem ebenfalls Mitglied im »Zylinder« – mit der Bitte um eine ihn – Dürr – politisch entlastende Erklärung, vulgo »Persilschein«. Doch für solcherart »Korpsgeist« war Heinemann nicht zu haben. In sehr reserviertem Ton beschied er den »Zylinder«-Bekannten, dass er die erbetene Erklärung nicht abgeben könne. »Eigene Beobachtungen oder Begegnungen mit Ihnen in dem Sinne, dass Sie nur nomineller PG gewesen seien, habe ich nicht erlebt. Auf Auskünfte anderer Personen [Dürr hatte andere Zylinder-Mitglieder als Zeugen genannt, d. Verf.] kann ich derartige Erklärungen nicht abgeben.«[104]

Es ist schwer festzustellen, inwieweit Heinemann von seinen Kontakten im »Zylinder«-Kreis in konkreten Fällen profitiert hat. Offenbar aber passte der Essener Honoratiorenclub zu Heinemanns Vorstellung von bürgerlichem Lebensstil und damit zum Selbstbild eines unabhängigen Bürgers, der sich im Austausch mit anderen Bürgern intellektuelle Anregungen holt. Zudem war es eine Möglichkeit, sich in der Essener Gesellschaft auch jenseits von politischen und beruflichen Zusammenhängen zu platzieren. Wie wichtig das sein konnte, erfuhr Heinemann 1950/51 nach dem Bruch mit Adenauer und dem Quasi-Rauswurf bei seinem früheren Arbeitgeber Rheinstahl überaus deutlich.[105]

VIII. Ein Mann der Kirche
Heinemanns Aktivitäten in der Evangelischen Kirche Deutschlands (1945–1961)

Gustav Heinemann war seit seinem 30. Lebensjahr immer auch ein Mann der Kirche. Der christliche Glaube bildete die Basis seines Denkens und Handelns, und zwar mit einer Unbeirrbarkeit und Konsequenz, wie sie Spätberufenen nicht selten zu eigen ist. Ab 1934 Mitglied der Bekennenden Kirche beteiligte sich Heinemann nach dem Ende des Zweiten Weltkriegs intensiv an der Erneuerung des kirchlichen Lebens in Essen. Innerhalb weniger Monate wurde er einer der führenden Köpfe der Evangelischen Kirche in Deutschland. Heinemann hat sich dabei in die verschiedenen Ämter nicht gedrängt, war vielmehr über diese »Blitzkarriere« selbst überrascht. »Mitglied des Rates [der Evangelischen Kirche] bin ich geworden in Treysa im Sommer 1945. … Da war ich gar nicht dabei. Ich las das eines Tages in der Zeitung.«[1] Tatsächlich war Heinemann damals ohne sein Wissen in die Kirchenleitung der im Neuaufbau befindlichen Evangelischen Kirche gewählt worden. Dies geschah auf Betreiben des Essener Superintendenten Heinrich Held, der Heinemann aus der Zeit des Kirchenkampfes der Bekennenden Kirche gegen die Deutschen Christen und das NS-Regime gut kannte.

Im hessischen Treysa trafen Ende August 1945 Vertreter der 27 evangelischen Landeskirchen aus allen vier Besatzungszonen zusammen, um den organisatorischen Neuaufbau der Evangelischen Kirche voranzutreiben. Trotz erheblicher Spannungen zwischen Lutheranern, Unierten und Reformierten einigte man sich schließlich auf einen zwölfköpfigen Kirchenrat aus Repräsentanten aller drei Richtungen mit dem Stuttgarter Landesbischof Theophil Wurm als Ratsvorsitzendem. Der in Abwesenheit gewählte Heinemann war einer von lediglich zwei Laien in dem Gremium.

Es war wie so oft bei Heinemann – er wurde »gerufen«. Von sich aus hatte er nichts unternommen, um in das oberste Leitungsgremium der EKD zu gelangen. Ähnlich war sein Einstieg in die Essener Kommunalpolitik 1946 verlaufen, ebenso 1949 der Schritt in die Bundespolitik als Innenminister im ersten Kabinett Adenauer. Aber auch das gehörte zum »Muster« seiner unterschiedlichen Karrieren: Wenn er einmal »gerufen« wurde, widmete er sich seinen neuen Aufgaben mit ganzer Kraft und entwickelte innerhalb kurzer Zeit den Ehrgeiz, seine Gestaltungs- und Entscheidungsmöglichkeiten zu erweitern. So hielt er es auch in der EKD, wo er bald eine beachtliche »Karriere« machte.

Stuttgarter Schuldbekenntnis

Auf der Ratstagung der EKD in Stuttgart am 18./19. Oktober 1945 in Stuttgart spielte Heinemann schon eine aktive Rolle. Zu der Ratstagung waren auch führende Vertreter des Ökumenischen Rates der Kirchen mit Willem Visser t'Hooft an der Spitze angereist. Es ging in Stuttgart somit auch um die Frage, ob die im Neuaufbau befindliche EKD in die internationale Gemeinschaft der Kirchen aufgenommen werden könne, wofür eine rückhaltlose Aufarbeitung der sehr ambivalenten Haltung der Kirche im Dritten Reich als unabdingbare Voraussetzung galt. Nach eingehenden Gesprächen kam eine auf Entwürfen von Martin Niemöller, Otto Dibelius und Hans Christian Asmussen basierende Erklärung zustande, in der die Evangelische Kirche Deutschlands sich zur Mitschuld an den Verbrechen des Nationalsozialismus bekannte. In der Erklärung heißt es u.a.: »Der Rat der Evangelischen Kirche in Deutschland begrüßt bei seiner Sitzung am 18./19. Oktober 1945 in Stuttgart Vertreter des Ökumenischen Rates der Kirchen. Wir sind für diesen Besuch umso dankbarer, als wir uns mit unserem Volk nicht nur in einer großen Gemeinschaft der Leiden wissen, sondern auch in einer Solidarität der Schuld. Mit großem Schmerz sagen wir: Durch uns ist unendliches Leid über viele Völker und Länder gebracht worden. Was wir unseren Gemeinden oft bezeugt haben, das sprechen wir jetzt im Namen der ganzen Kirche aus: Wohl haben wir lange Jahre hindurch im Namen Jesu Christi gegen den Geist gekämpft, der im nationalsozialistischen Gewaltregiment seinen furchtbaren Ausdruck gefunden hat; aber wir klagen uns an, dass wir nicht mutiger bekannt, nicht treuer gebetet, nicht fröhlicher geglaubt und nicht brennender geliebt haben.«[2]

Zu den elf Unterzeichnern gehörte auch Heinemann. In der deutschen Öffentlichkeit allerdings, nicht zuletzt bei zahlreichen evangelischen Christen, stieß das »Stuttgarter Schuldbekenntnis« auf teilweise empörte Ablehnung. Sowohl Kirchenoberen als auch vielen Gemeindemitgliedern ging das Eingeständnis von Schuld und Mitverantwortung an den nationalsozialistischen Verbrechen viel zu weit. Vielfach wurden im Gegenzug die Leiden der deutschen Bevölkerung durch Krieg und Vertreibung angeführt. Von den 27 Landeskirchen der EKD stellten sich nur vier – Baden, Hannover, Rheinland und Westfalen – ausdrücklich hinter die Erklärung.[3]

Heinemann jedoch betrachtete das Stuttgarter Schuldbekenntnis als unverzichtbare Voraussetzung für die Erneuerung der Evangelischen Kirche in Deutschland. Entsprechend vehement vertrat er in den Folgejahren dessen Kernaussagen, mit denen er auch sein ganz persönliches Verhalten während der nationalsozialistischen Herrschaft angemessen gekennzeichnet fand. In zahlreichen Reden und Artikeln kam Heinemann darum immer wieder auf die Stuttgarter Erklärung zurück und betonte, welch fundamentale Bedeutung das Schuldbekenntnis hatte.

»Liebe Freunde, nach meiner Überzeugung wird Gott uns keinen Weg in eine neue Freiheit schenken, wenn wir nicht in voller Bereitschaft durch die Tür dieser Erklärung hindurchgehen, ein jeder auf seine Weise.«[4] An anderer Stelle formulierte Heinemann es so: »Was würde geschehen, wenn jeder von uns sich für die Tragödie der vergangenen Jahre voll verantwortlich fühlte, – nicht nur für das, was er getan hat, sondern auch für das, was er unterlassen hat? Wenn wir alle, als einzelne u. als Volk, die Kraft zu diesem neuen Wege finden, dann tun wir das, was alle Menschen u. Völker tun sollten. Das wird der Funke sein, der alle entzündet.«[5]

Doch bald musste Heinemann feststellen, dass die von ihm erhoffte reinigende und erneuernde Wirkung weitgehend ausblieb. »Unser Volk hat uns diese Erklärung nicht abgenommen«, beklagte er 1950 in einem Vortrag. »Der Mann, der sie besonders vor unserem Volke vertrat, Martin Niemöller, erfuhr darüber viel Anfeindung. Unsere Kirchen zeigten ... ebenfalls manche Ablehnung oder Verständnislosigkeit. So wurde uns das in Hybris und Katastrophe, in Gericht und Gnade Erlebte aufs Ganze gesehen nicht ein Anlass zur Umkehr und neuer Besinnung.«[6] Statt der erhofften Besinnung und »Revolutionierung der Herzen« (Heinemann im Jahr 1948)[7] sah Heinemann in seiner Kirche vielerorts einen Rückfall in Konfessionalismus sowie allzu große Staatsnähe und in der bundesdeutschen Gesellschaft die Tendenz zur Verdrängung deutscher Schuld. 1965 fragte Heinemann in einer Betrachtung über »Zwanzig Jahre nach der Stuttgarter Erklärung«: »Werden wir uns noch einmal auf das besinnen, was wir uns 1945 vorstellten, als ein neuer Anfang gefordert war?«[8] Heinemann selbst war jedenfalls entschlossen, für seine Person an Inhalt und Geist der Stuttgarter Erklärung festzuhalten.

Der 1945 in Treysa gebildete Rat der Evangelischen Kirche – mit Heinemann als »unverhofftem« Mitglied – war lediglich ein »vorläufiger Rat«, da sich die Evangelische Kirche noch im organisatorischen Neuaufbau befand. Auf der verfassungsgebenden Kirchenversammlung, die vom 9. bis 13. Juli 1948 in Eisenach stattfand, sollte der EKD nunmehr ein gemeinsamer Rahmen gegeben werden. Heinemann wurde zum Präsidenten der Versammlung gewählt, wobei seine juristische Vorbildung eine wichtige Rolle gespielt haben dürfte. Er erfüllte diese Funktion mit großer Souveränität. Gleichwohl gestaltete sich der Versammlungsverlauf sehr schwierig, was an den traditionellen Spannungen zwischen den großen protestantischen Konfessionen lag. Für Heinemann war es »betrüblich zu hören, wie sehr die Vorbehalte, die Einschränkungen, das Wenn und Aber betont wurden von allen denen, die da sprachen. Am Ende des ersten Tages wusste kein Mensch, wie das irgendwo zu einem Schnittpunkt würde führen können.«[9] Auch der lutherische Landesbischof Wurm beklagte den anhaltenden Zwist: »Nun haben wir ... nichts als halbe Zusagen, Vorbehalte und Einschränkungen gehört. Soll das so weitergehen? Liegt denn ein Bann auf uns, dass wir nicht zueinander kommen?«

Jedermann müsse, so Wurm weiter, nun wirklich Farbe bekennen, ob man »nur eine Arbeitsgemeinschaft will, oder ob wir uns verstehen als Kirche.«[10]

Dieser auch von Wurm kritisierte »Konfessionalismus«, d. h. die Betonung der Unterschiede zwischen den protestantischen Bekenntnissen, war Heinemann seit je ein Ärgernis. Bereits 1938 hatte er seinen Rückzug aus der Bekennenden Kirche nicht zuletzt mit dem Wiederaufbrechen konfessioneller Rivalitäten begründet. Allerdings wurden auch in Eisenach Heinemanns Vorstellungen protestantischer Gemeinschaft nur zum Teil umgesetzt. Die dort nach langwierigen Gesprächen gefundene »Grundordnung« sprach lediglich von einem »Bund«, zu dem die lutherischen, reformierten und unierten Kirchen zusammentreten. Die 27 Landeskirchen behielten weitgehende Selbstständigkeit. Doch war die »Dachorganisation« Evangelische Kirche in Deutschland (EKD) befugt, in Bezug auf Staat, Gesellschaft und Ökumene gemeinschaftliche Aufgaben zu übernehmen. Im Art. 19 der Grundordnung hieß es dazu: »Die EKD vertritt die gesamtkirchlichen Anliegen gegenüber allen Inhabern öffentlicher Gewalt.« Heineman fragte sich: »Ist das nun nur ein Bund oder ist das eine Kirche, was man hier beschlossen hat?« Er war aber optimistisch, was die Einheit der deutschen Protestanten anging. »Dennoch glaube ich sagen zu dürfen, dass der Schwerpunkt darauf liegt, das wir eine Kirche sind.« Die weitere Entwicklung sollte ihm insofern Recht geben, als die EKD im Laufe der Jahre immer mehr Aufgaben übernahm, ohne dass einzelne Landeskirchen heftigen Widerspruch dagegen erhoben.[11]

Der »Aufstieg« Heinemanns innerhalb der EKD setzte sich fort. Auf der ersten Synode der EKD, die im Januar 1949 in Bethel stattfand, wurde er zum Präses der Synode der EKD gewählt. Offenbar war seine Rolle auf der Kirchenkonferenz von Eisenach noch in guter Erinnerung – »Kurz und bündig, das hatten sie ja offenbar schätzen gelernt« (Heinemann).[12] Aber auch sein beharrliches Eintreten für einen Ausgleich zwischen den protestantischen Bekenntnissen mag ihn in den Augen vieler Synodalen für das Amt des Präses empfohlen haben. Dass Heinemann damit dem parlamentarischen Organ kirchlicher Selbstverwaltung vorsaß, entsprach durchaus seiner gemeindezentrierten Auffassung von Kirche.

In seiner kirchlichen Leitungsfunktion entfaltete Heinemann in den Folgejahren vielfältige Aktivitäten, die er auch als Bundesinnenminister 1949/50 beibehielt, soweit es Zeit und Kraft zuließen. Adenauer hatte ihn ja auch ausdrücklich gebeten, sein Amt als Präses beizubehalten, weil er auf Heinemanns enge Verbindungen nicht zuletzt aus Machtkalkül großen Wert legte. Auch der EKD-Ratsvorsitzende Otto Dibelius erhob auf Befragen von Heinemann keine Bedenken gegen dessen Doppelmandat in Regierung und Kirche.[13]

Für Heinemann bedeutete es viel, dass die EKD, der auch alle Landeskirchen in der sowjetischen Besatzungszone bzw. der DDR angehörten, eines der letzen

Verbindungsglieder im geteilten Deutschland darstellte. Er hatte darum keinerlei Bedenken, begrüßte es vielmehr im Hinblick auf den Zusammenhalt der Deutschen, wenn kirchliche Veranstaltungen in Ostdeutschland stattfanden. Adenauer sah das anders und so kam es – wie erwähnt – im April 1950 zu einem heftigen Konflikt zwischen dem Kanzler und seinem Innenminister, als Heinemann in seiner Eigenschaft als Präses der EKD zur Synode nach Berlin-Weißensee, also in den Ostteil der Stadt, fuhr.

Moskau-Reise 1954

Auch mit seinen direkten Kontakten in die Sowjetunion erntete der Präses Heinemann heftige Kritik, sowohl von CDU-Politikern als auch innerhalb der Evangelischen Kirche. Seit seinem Bruch mit Adenauer hatte er immer wieder die mangelnde Gesprächbereitschaft, ja »Gesprächsverweigerung« der westdeutschen Regierung gegenüber Moskau angeprangert und für die Vertiefung der deutschen Spaltung mitverantwortlich gemacht. Insofern war es nur konsequent, dass Heinemann einer Einladung des orthodoxen Patriarchen von Mosaku zu einem Besuch in der Sowjetunion, die den EKD-Präses im Frühjahr 1954 erreichte, ohne langes Zögern folgte. Und so reiste Heinemann Mitte Juni 1954 an der Spitze einer kleinen EKD-Delegation in die Sowjetunion.

Dort gaben sich seine Gastgeber – neben dem Patriarchen Alexeij auch Vertreter stattlicher Stellen, darunter der Minister für Kirchenfragen Georgij G. Karpow[14] – alle Mühe, die Lebensverhältnisse in der UdSSR in möglichst günstigem Licht erscheinen zu lassen. Nicht ganz erfolglos, wie etwa Heinemanns Briefe an die Familie vermuten lassen. So schreibt er aus Moskau über sein gedrängtes Besuchsprogramm: »Fabriken, Farmen, Bibliotheken, Universität. ... Es ist unvorstellbar, was bei solchem Anlass aufgetischt wird.« Besonders beeindruckt ist Heinemann von der Moskauer Universität. »400 Laboratorien, allein für Chemiker, von dem sonstigen abgesehen, – eine phantastische Universität«. Eine Aufführung des Balletts »Aschenbrödel« im Bolschoi-Theater kommentiert er mit den Worten: »So etwas an Ballettkunst ist schlechterdings einmalig. ... Ein Erlebnis sondergleichen.«[15] Die persönlichen Begegnungen mit Sowjet-Bürgern hinterlassen bei Heinemann einen durchweg positiven Eindruck. Die »sowjetische Bevölkerung, soweit wir mit ihr in Gottesdiensten, Betrieben und Wohnungen zusammenkamen, [hat] eine uneingeschränkte große Freundlichkeit, ja Herzlichkeit uns gegenüber erwies(en) und uns vielfältig ... gute Wünsche an das deutsche Volk mit auf den Weg« gegeben.[16] Dass es sich dabei höchstwahrscheinlich zumeist um inszenierte Begegnungen mit ausgewählten Sowjetbürgern handelte und Heinemann nur einen bestimmten Ausschnitt der Sowjetgesellschaft zu sehen bekam, war ihm vermutlich bewusst.

In einem Bericht über seine UdSSR-Reise äußerte sich Heinemann auch relativ positiv über die Lage der orthodoxen Kirche. Diese sei jedenfalls nicht so desolat wie im Westen stets behauptet, wenngleich nicht zu verkennen sei, dass die Kirche in der Sowjetunion starken Beschränkungen unterworfen sei. So dürfe sie weder Religionsunterricht erteilen, noch karitative Arbeit leisten. Sie sei Kirche in »abträglicher Umgebung«. »Geblieben ist ihr der Gottesdienst. Darin aber lebt sie in der ganzen Kraft ihrer – uns freilich fremden – Art orthodoxer Frömmigkeit. … Viele ihrer Gottesdienste sind … übervoll von Menschen jeden Alters.« Heinemann sieht aber auch, dass die ohnehin geringen Freiräume der Kirche mit einer starken Anpassung an das Regime erkauft sind. »Die Loyalität der Orthodoxen Kirche gegenüber dem Sowjetsystem ist unverkennbar. An die Stelle des Zaren ist für sie nach den Jahren der Bitternis der sowjetische Staat getreten.«[17]

In dem zitierten Reisebericht stellte Heinemann einleitend seine Beweggründe heraus, die Einladung nach Moskau und Leningrad auch entgegen dem Rat mehrerer führender EKD-Vertreter anzunehmen. »Von einer Reise in die Sowjetunion wird mancher nicht gerne etwas hören wollen. Leidvolle Erinnerungen mögen im Wege stehen. Aber ich meine, dass wir die Kraft zu einer neuen Begegnung auch mit unseren östlichen Nachbarn aufbringen müssen, wenn wir ohne Krieg mit und neben ihnen bestehen wollen. Wir sind es gewesen, die sie mit Krieg überzogen und ihre Gegenschläge gegen uns auslösten. Wechselseitig müssen wir uns aus den Erinnerungen der vergangenen Jahre heraushelfen. Dazu war die Reise gemeint …«[18]

Es ging Heinemann bei seinem dreiwöchigen Besuch der Sowjetunion im Juni/Juli 1954 aber nicht allein um atmosphärische Verbesserungen, d. h. um das Anknüpfen eines Gesprächsfadens auf kirchlicher Ebene, der vielleicht dabei helfen könnte, die politische Erstarrung zwischen Bonn und Moskau aufzubrechen. Er reiste auch mit einem ganz konkreten Anliegen in die Sowjetunion, nämlich das Schicksal der dort noch verbliebenen deutschen Kriegsgefangenen zu klären und eventuell sogar deren Entlassung voranzubringen. Allerdings hatten seine Bemühungen in dieser Richtung keinen greifbaren Erfolg, sieht man davon ab, dass es Heinemann überhaupt gelang, Gesprächstermine mit höhergestellten Politikern zu bekommen. »Meine Unterredung mit dem Stellvertretenden Außenminister Sorin ergab hinsichtlich der verurteilten Krigesgefangenen eine … abweisende Haltung insofern, als er erklärte, dass es sich nach dortiger Überzeugung nur um wirkliche Kriegsverbrecher handele.« Heinemann machte den Vorschlag, die »noch verbleibenden Fälle mit einer deutschen Kommission« durchzusprechen. »Auch das fand leider keine positive Beurteilung.« Ebenso ernüchternd verlief ein Gespräch Heinemanns mit Vertretern des russischen Roten Kreuzes. »Auf das Problem der verurteilten Kriegsgefangenen wollte man sich nicht ansprechen lassen, weil man nicht zuständig sei.« Wenigstens um die von Heinemann angesprochenen »Fälle von Zivilinternierten, getrennten Familien, festgehaltenen Spezialarbeitern« wollte das russische Roten Kreuz sich kümmern, ohne jedoch konkrete Zusagen machen zu können.

Für Heinemann waren seine weitgehend erfolglosen Bemühungen um deutsche Kriegsgefangene und Zivilinternierte nicht zuletzt ein Beleg dafür, wie dringend notwendig der Aufbau formeller Kontakte in die Sowjetunion sei, ungeachtet aller politische Gegensätze. »Diese … Unterredungen in Moskau ergaben, wie betrüblich es ist, dass nicht ständig irgendeine offizielle deutsche Repräsentanz in Moskau da ist, um wenigstens dem menschlichen Leid nachzugehen, das so vielfältig aus dem Kriege nachwirkt. Es sind manche offene Türen und manche bereitwillige Menschen da, denen aber einfach die Anrede durch einen deutschen Partner fehlt«, so Heinemann in einem Brief an Bischof Theodor Heckel vom Evangelischen Hilfswerk für Internierte und Kriegsgefangene.[19] An das Nachrichtenmagazin »Der Spiegel«, das kritisch über seine Moskau-Reise berichtet hatte, schrieb Heinemann: »Wenngleich man mir – als Privatmann – keine Zusagen auf Entlassungen mitgab, so glaube ich doch, dass die Gespräche auflockernd gewirkt haben. … Ich empfinde es geradezu als eine Ungeheuerlichkeit, dass nicht wenigstens das [Deutsche] Rote Kreuz, unbekümmert um den politischen Streit, längst einen Vertreter drüben hat.«[20]

Zum Zeitpunkt dieses Briefes – September 1954 – konnte noch niemand ahnen, dass genau ein Jahr darauf Heinemanns politischer Intimfeind Adenauer mit der Sowjetunion diplomatische Beziehungen aufnehmen und die letzten rund 10.000 deutschen Kriegsgefangenen »heimholen« sollte. Was Heinemann vergeblich gefordert hatte – »eine offizielle deutsche Repräsentanz in Moskau« –, konnte Adenauer sodann als ganz persönlichen Erfolg verbuchen. Für Heinemann hingegen bedeutete die Moskau-Reise von 1954 eine neuerliche Zunahme der politischen Anfeindungen und – was ihn persönlich stärker belastete als Kritik aus Kreisen der CDU – eine weitere Entfremdung von führenden Repräsentanten der Evangelischen Kirche, insbesondere von der Gruppe um Bischof Otto Dibelius, die anders als Heinemann Bundeskanzler Adenauer in seiner konfrontativen Haltung gegenüber dem Osten unterstützte.

Allerdings machte es Heinemann seinen Gegnern innerhalb der Evangelischen Kirche mitunter auch recht leicht, ihm eine unzulässige Verquickung von kirchlichem Amt und politischen Aktivitäten vorzuwerfen. Als Heinemann beispielsweise im August 1954 als Präses der EKD an der Weltkirchenkonferenz (2. Vollversammlung des Weltrats der Kirchen) in Evanston/Illinois teilnahm, nutzte er seinen USA-Aufenthalt auch dazu, in Washington seine deutschlandpolitischen Vorstellungen mehreren hochrangigen Politikern, darunter der Leiter der Deutschland-Abteilung im State Departement und zwei Senatoren – Ralph Flanders von den regierenden Republikanern und der Demokrat Edwin C. Johnson – persönlich darzulegen. Ausgerechnet der Republikaner Flanders soll sich laut »Der Spiegel« dabei für das Konzept eines entmilitarisierten wiedervereinigten Deutschland außerhalb der Nato aufgeschlossen gezeigt haben, ohne dass dies auf den ganz anderen Kurs der US-Regierung aber Einfluss gehabt hätte. Heinemann bestätigte mit der Initiative in Washington einmal mehr seinen Ruf, bei jeder sich bietenden Gelegenheit die Frage der Wiedervereinigung Deutschlands aufs Tapet zu bringen – im Gegensatz zu seinem politischen Antipoden Adenauer, wie der »Spiegel« mokant bemerkte.[21]

Übrigens hatte es von Seiten der US-Behörden offenbar längere Zeit Bedenken gegeben, Heinemann überhaupt die Einreise in die USA zu erlauben. Jedenfalls musste er auf die Erteilung des Visums mehrere Monate warten und es »bedurfte verschiedener Interventionen, u. a. durch Herrn Dr. Visser't Hooft«, wie Heinemann an den Weltkirchenrat schrieb, um sich für seine sehr kurzfristige Teilnahmezusage zu entschuldigen.[22] Seine vorherige Russland-Reise wird diese Bedenken der US-Behörden nicht gerade geschmälert haben, wenngleich sie ihm schließlich doch noch die Einreise erlaubten. Zudem hatte der notorische »Kommunisten- und Sympathisantenjäger« Senator Joseph McCarthy den Zenit seines Einflusses auf die US-amerikanische Gesellschaft bereits überschritten.

Abwahl als Präses der EKD

Wie mehrfach erwähnt erregte Heinemann auch innerhalb der evangelischen Kirche mit seinen Aktivitäten und Positionen immer wieder Anstoß. Denn längst nicht alle Kirchenoberen teilten etwa Heinemanns vehemente Kritik an der Wiederbewaffnung der Bundesrepublik oder seine Forderung, mit der Sowjetunion in einen politischen Dialog einzutreten, in dem auch deren Sicherheitsinteressen gebührend Rechnung getragen werden sollte.

Dass Heinemann seit dem Bruch mit Adenauer und seinem parteipolitischen Alleingang als GVP-Vorsitzender in der EKD zunehmend an Rückhalt verlor, zeigte sich ganz offen auf der Synode von Espelkamp im März 1955. Führende EKD-Amtsträger, allen voran der konservative und strikt antikommunistische Ratsvorsitzende Otto Dibelius, wollten eine Wiederwahl Heinemann als Präses der Synode verhindern, da ihnen seine politischen Positionen und Aktivitäten zu radikal geworden waren. Erst zwei Monate zuvor, im Januar 1955, hatte Heinemann u. a. an der Seite von Gewerkschaftern und SPD-Politikern in der Frankfurter Paulskirche gegen Adenauers Wiederbewaffnungspläne und seine Politik der Westintegration protestiert. In einem Vier-Augen-Gespräch legte Dibelius dem amtierenden Präses Heinemann zu Beginn der Synode nahe, auf eine erneute Kandidatur zu verzichten. Dazu war Heinemann aber nur bereit, wenn an seiner Stelle ein Kandidat aus der DDR zur Wahl gestellt würde. Als aber stattdessen der Freiburger Theologieprofessor Constantin von Dietze sich um das Präsesamt bewarb, entschloss sich Heinemann zu einer Kampfkandidatur. In einer leidenschaftlichen Erklärung warf Heinemann seinen Gegnern in der EKD vor, ihm aus parteipolitischen Rücksichten nun den Stuhl vor die Tür zu setzen und dabei auch noch mit zweierlei Maß zu messen. Denn bei seiner ersten Wahl 1949 hatte die EKD noch ausdrücklich begrüßt, dass mit Heinemann ein profilierter Parteipolitiker in dieses Amt gelangte. Für den Aufrüstungsgegner und Adenauer-Kritiker solle das nicht mehr gelten. »Darf nun solche Verkoppelung nicht mehr sein, wenn die politische Betätigung in die Opposition führt? … Dann wäre alles Gerede unter uns von politischer Betätigung aus persönlicher Entscheidung eines an Gott gebundenen Gewissens unglaubwürdig. Dann wäre ebenfalls alles Gerede unter uns von der Unverbrüchlichkeit der kirchlichen Gemeinschaft trotz politischer Meinungsverschiedenheiten unglaubwürdig.« Den Vorwurf, in seiner politischen Haltung zu »prononciert« zu sein, konterte Heinemann mit der polemischen Mahnung, »dass wir uns wahrhaftig nicht zu einem harmlosen Mitläufertum erziehen sollten!«[23] Unter den Synodalen hatte Heinemann zumindest noch so viele Unterstützer, darunter Gollwitzer und Niemöller, dass eine Stichwahl nötig wurde, in der er mit 40 gegen 77 Stimmen Constantin von Dietze unterlag.[24] Doch ganz wollte die EKD-Führung nicht auf Heinemanns Mitarbeit verzichten. Und so wurde Heinemann auch von den meisten seiner innerkirchlichen Gegner nach seiner Abwahl als Präses als eines von elf Mitgliedern in den Rat der EKD gewählt.[25]

Heinemann war in der EKD vor allem aufgrund seines politischen Engagements in eine Minderheitenposition geraten. Sein Versuch, ein herausgehobenes Kirchenamt und politische Aktivität zu verbinden, war gescheitert. Er musste erkennen, dass sein politisches Engagement als entschiedener Gegner von Adenauers Wiederbewaffnungsplänen ihn innerhalb weniger Jahre zum zweiten Mal ein Amt gekostet hatte, dass er mit Leidenschaft weiter hätte ausfüllen wollen. Jetzt war es das Präsesamt der EKD; fünf Jahre zuvor – 1950 – war es der Vorstandsposten bei Rheinstahl, der ihm trotz klarer Zusagen verweigert wurde. Offenkundig war 1955 ein konsequenter Adenauer-Gegner vom Schlage Heinemann der evangelischen Kirchenleitung ebenso suspekt wie seinerzeit den Spitzen der westdeutschen Montanindustrie. Salopp gesagt: Man wollte ihn »loswerden«.

Innerhalb weniger Jahre war Heinemann an Grenzen gestoßen, zuerst in der Wirtschaft, nun in der Kirche. In beiden Fällen ergriff ihn darüber eine gewisse Verbitterung. Doch als Gescheiterter mochte sich Heinemann auch nach diesen Niederlagen nicht fühlen. Dem stand vor allem sein tiefes Gottvertrauen entgegen. »Ist Gott für uns, wer kann wider uns sein?« (Röm. 8) lautet ein von Heinemann häufig zitiertes Bibelwort. Mitte der fünfziger Jahre notierte Heinemann einmal: »Abhängigkeit von Gott bedeutet Unabhängigkeit von allem, was geringer als Gott ist.«[26]

IX. Gegen Wiederbewaffnung und einseitige Westbindung

»Notgemeinschaft für den Frieden Europas«

So gern Gustav Heinemann nach seinem Ausflug in die Bundespolitik 1951 in die Wirtschaft zurückgekehrt wäre, so wenig war er nach dem Scheitern dieses Vorhabens um eine Alternative verlegen. Zum einen war es die Anwaltspraxis, zum anderen die Fortsetzung seines Kampfes gegen die Wiederbewaffnung. Mit den »Schicksalsfragen« Wiederbewaffnung und Deutschlandpolitik hatte er »seine« Themen gefunden, die in den folgenden Jahren sein politisches Sinnen und Trachten bestimmen sollten. Wobei die Strukturen, in denen dieser Kampf gegen die Aufrüstung stattfinden sollte, erst noch gefunden werden mussten.

Politik stand für Heinemann auch nach seinem Ausscheiden aus der Bundespolitik im Mittelpunkt, sodass die Essener Kanzleiräume bald ein politisches »Leitungsbüro« mit angeschlossener Anwaltspraxis darstellten. Auf die eher bescheidenen Einkünfte der Kanzlei kam es nicht so sehr an, da der Lebensunterhalt der Familie Heinemann durch das finanzielle Arrangement mit den Rheinischen Stahlwerken weitgehend gesichert war. Dennoch erscheint Heinemanns Wiedereinstieg in die Politik nach dem Bruch mit Adenauer und der Absage bei Rheinstahl im Rückblick reibungsloser und folgerichtiger als er in Wirklichkeit verlief.

Denn Heinemann war zwar ein engagierter Politiker wie er als Essener Oberbürgermeister, Justizminister von Nordrhein-Westfalen und Bundesinnenminister unter Beweis gestellt hatte. Doch mindestens ebenso sehr war er ein »Mann der Wirtschaft«, für den es nach dem gescheiterten Ausflug in die Bundespolitik 1949/50 keineswegs ausgemacht war, in der »großen Politik« zu bleiben. Seine Karriereplanung sah 1951 eigentlich ganz anders aus, hatte er doch fest damit gerechnet, wieder in den Vorstand der Rheinischen Stahlwerke eintreten zu können. Rheinstahl allerdings wollte ihn nicht mehr. Er galt – wie erwähnt – als unsicherer Kantonist, dessen politische Quertreibereien den führenden Männern der westdeutschen Montanindustrie ein Dorn im Auge waren. Man setzte ihm den Stuhl vor die Tür. Insofern war Heinemanns weitere Karriere als Politiker – in der Gesamtdeutschen Volkspartei GVP, ab 1957 in der SPD – zumindest anfangs nicht das Ergebnis seiner freien Entscheidung, sondern wurde ihm von außen mehr oder minder aufgenötigt.

Der Rauswurf bei Rheinstahl hatte wenigstens den positiven Effekt, dass die von Heinemann erstrittene finanzielle Regelung ihm fortan wirtschaftliche Unabhängigkeit verschaffte. Mit finanziellen Argumenten war Heinemann fortan weder zu locken noch unter Druck zu setzten. Zudem übte jedweder Luxus auf Heinemann nie einen Reiz aus. Eine bürgerliche Saturiertheit scheint ihm stets genügt haben. Sie war schwer genug zu erreichen und zu sichern. Festzuhalten bleibt, dass Heinemann Anfang der fünfziger Jahre – im Alter von 52 Jahren – eine Persönlichkeit war, die sich geistige und politische Unabhängigkeit auch im ganz konkreten Sinne »leisten« konnte.

Ungeachtet seiner politischen und gesellschaftlichen Ächtung durch die Christdemokraten und ihr nahestehender Kreise – bzw. gerade wegen dieser Anfeindungen – war Heinemann Anfang der fünfziger Jahre ein überaus begehrter Vortragsredner. Aus der ganzen Bundesrepublik erreichten ihn Einladungen, seine politischen und religiösen Einstellung darzustellen. Und so »tingelte« Heinemann durch westdeutsche Gemeindesäle, Turnhallen und Vereinslokale, wobei er vor allem mit der Politik Adenauers hart ins Gericht ging. Auch zur Entwicklung der Evangelischen Kirche und den gesellschaftlichen Aufgaben der Christen hielt er in jener Zeit zahlreiche Vorträge.

Dabei schlug Heinemann seine Zuhörer weniger durch brillante Formulierungskünste in Bann. Vielmehr wusste er mit seiner ruhigen, nur wenig modulierten, aber eindringlichen Redeweise und klaren Gedankenführung zu überzeugen. Als Redner entfaltete Heinemann in jener Zeit ein eigentümliches Charisma, das weniger auf rhetorischen Effekten als auf gedanklicher Schärfe und einer glaubhaft verkörperten Beharrungskraft basierte. Seine Auftritte hatten stets etwas Bekennerhaftes, das einen Großteil seiner Zuhörer nachhaltig beeindruckte, wobei diese Zuhörerschaft wohlgemerkt nur eine Minderheit der westdeutschen Bevölkerung repräsentierte, denn die Masse der Westdeutschen stand unbeirrt hinter Heinemanns Hauptgegner Adenauer, wie nicht zuletzt die Wahlergebnisse dieser Jahre zeigten.

Heinemann war sich klar darüber, dass noch so ausgedehnte Vortragsreisen nicht genügten, um Bundeskanzler Adenauer und seinen Wiederbewaffnungsplänen wirkungsvoll entgegenzutreten. Und so war er seit Ende 1950 intensiv auf der Suche nach einer politischen Plattform, die den Widerstand gegen Adenauers wehr- und deutschlandpolitischen Kurs bündeln und ihm eine organisatorische Struktur geben könnte. Unterstützung fand er bei Pfarrer Martin Niemöller, der im Dezember 1950 ein Treffen in seiner Wiesbadener Wohnung mit bürgerlich-konservativen Wiederbewaffnungsgegnern vermittelte, darunter Ulrich Noack, damals noch CSU-Mitglied, und der frühere Landwirtschaftsminister von Niedersachsen, Günther Gereke, der 1950 wegen seiner Kontakte zur SED-Führung aus der CDU ausgeschlossen worden war und die Deutsche Soziale Partei gegründet hatte. Niemöller war es auch, der Heinemann in dieser Zeit die Gründung einer eigenen Partei vorschlug: »Unser Volk hier im Westen braucht eine sammelnde bürgerliche Partei, die sich weder konfessionell noch ›christlich‹ abstempelt, die aber gleichwohl ... wissen müsste, was sie will.«[1]

Resultat dieser Wiesbadener Zusammenkunft war ein »Ruf zum Frieden«, in dem es u. a. hieß: »Setzt alles daran, dass durch eine Verständigung über die deutsche Frage und durch den beiderseitigen Verzicht auf jegliche Aufstellung bewaffneter Verbände in West- und Ostdeutschland dem deutschen Volk Einheit und Frieden wiedergegeben und dadurch nach Möglichkeit auch die allgemeine Befriedung unter den Westmächten gefördert wird.«[2] Alle Fragen der Wiederbewaffnung sollten vor einer Entscheidung der Regierung in West wie Ost zum Gegenstand einer freien und geheimen Volksabstimmung gemacht werden. Heinemann war es vor allem darum zu tun, mit dem »Ruf zum Frieden« ein breites Presseecho und über dieses eine Diskussion innerhalb der Parteien zu erzielen. Doch die Aktion geriet zum völligen Misserfolg, insbesondere weil es nicht gelang, wirklich prominente Politiker und Kirchenleute zur Unterschrift zu bewegen. So lehnte beispielsweise Hans Lilje, der Landesbischof von Hannover, eine Unterzeichnung strikt ab.

Als auch noch Günther Gereke im Januar 1951 die Presse vorzeitig von der Sache informierte, zog Heinemann aus Verärgerung über so viel Unzuverlässigkeit und Übereifer seine Unterschrift wieder zurück. Zudem war ihm klar geworden, dass die Intentionen der Beteiligten doch weit auseinandergingen. Auch mochte das Spektrum der Erstunterzeichner, das von rechtskonservativen Neutralisten bis zu einigen Linksradikalen reichte, ihm denn doch zu weit gespannt sein – im Unterschied zu Niemöller, dem diese Gemengelage offenbar durchaus zusagte.[3] Damit war ein erster Versuch Heinemanns, so etwas wie eine »Sammlungsbewegung« gegen die Wiederbewaffnung ins Leben zu rufen und damit mehr politische Gestaltungskraft zu gewinnen, gescheitert.

In diesem Zusammenhang war auch ein Problem zutage getreten, das Heinemanns politisches Wirken in den folgenden Jahren mehrfach belasten sollte und an dem er selbst nicht ganz unschuldig war – womöglich aufgrund einer gewissen Blauäugigkeit gegenüber Personen und ihren Absichten wie auch gegenüber den Mechanismen von Politik und Medienöffentlichkeit. Dieses Problem bestand darin, dass sich ihm in der ersten Hälfte der fünfziger Jahre immer wieder auch Mitstreiter zugesellten, deren politische Überzeugungen eher obskur oder deren Zielvorstellungen genau besehen weit von denen Heinemanns entfernt lagen. Waren es beim »Ruf zum Frieden« der sehr karrierebewusste Noack und der Wirrkopf Gereke, der 1952 in die DDR übersiedelte und in die Führungsriege der

Ost-CDU aufstieg – Heinemann bezeichnete beide in einem Brief an Niemöller später als »ungute Zeitgenossen«[4] –, die Heinemanns Pläne konterkarierten, so brachte ihm nach 1953 die Verbindung mit dem »Bund der Deutschen« wegen dessen enger Beziehungen nach Ost-Berlin großen Ärger ein. In der Wahl von Bündnispartnern hatte Heinemann in dieser Phase seiner politischen Arbeit nicht immer eine glückliche Hand.

Mehr Glück hatte Heinemann mit den Leuten im Umkreis der »Stätte der Begegnung«, einem 1949 gegründeten überparteilichen Gesprächsforum zu aktuellen politischen Fragen, deren Mitglieder insbesondere in der Kritik an der Politik Adenauers übereinstimmten. Im Hinblick auf die Ost-West-Konfrontation traten sie dafür ein, »Feinde in Gegner zu [verwandeln] ... und diese als Partner auf den Kampfplatz einer ritterlichen Auseinandersetzung zu zwingen.«[5] Bei einer Tagung in Bielefeld im September 1951 traf Heinemann auf mehrere Aufrüstungsgegner, die seine politischen Positionen und Vorstellungen von praktischer Arbeit weitgehend teilten, darunter die linkskatholische Zentrumsabgeordnete Helene Wessel und der Industrieberater Adolf Scheu. Mit ihnen zusammen gründete Heinemann am 21. November 1951 in Räumen des Düsseldorfer Landtages die »Notgemeinschaft für den Frieden Europas«. Die Aktivitäten der Aufrüstungsgegner sollten mit der »Notgemeinschaft« zwar gestrafft werden, doch war dabei nicht an die Gründung einer Partei gedacht. Nach Heinemanns Worten handelte es sich vielmehr um eine »Vereinigung von Einzelpersönlichkeiten«, deren einzige Gemeinsamkeit die Ablehnung der Wiederbewaffnung war.[6]

Zu den Gründungsmitgliedern gehörten neben den Genannten auch der Sozialdemokrat Otto Koch (Ministerialdirektor im Düsseldorfer Kultusministerium), Ludwig Stummel, ein Admiral a. D., der evangelische Theologe Oskar Hammelsbeck, der Essener Unternehmer Friedrich Karrenberg sowie der junge Diether Posser, Sozius in Heinemanns Anwaltskanzlei.[7] Zwei Drittel waren Protestanten, einer politischen Partei gehörten nur drei Gründungsmitglieder an, Heinemann (CDU), Koch (SPD) und Helene Wessel (Zentrum). Adolf Scheu hatte sich übrigens wie auch Heinemann Ende der zwanziger Jahre dem Christlich-Sozialen Volksdienst angeschlossen, ohne dass sie sich damals begegnet wären.

Die »Notgemeinschaft« wurde Anfang Januar 1952 als Verein eingetragen, dessen Mitgliederzahl auf den Vorstand (Heinemann, Wessel, Scheu, Stummel) und die sechs anderen Gründungsmitglieder begrenzt wurde. Einzelpersonen konnten sich als Förderer der »Notgemeinschaft« anschließen. Auf diese Weise war sichergestellt, dass Heinemann und seine Mitstreiter weitgehend die Kontrolle über den Verein behielten, was angesichts seines überparteilichen Charakters und der unterschiedlichen Sympathisanten- und Adressatengruppen auch ratsam erschien. Besonders Heinemann legte Wert darauf, dass die »Notgemeinschaft« eben keine Vorform einer Partei, sondern eine »Sammlungsbewegung quer durch alle Parteien (und) Organisationen« darstellte. »Aus allen Erörterungen über Parteigründungen hält sich die Notgemeinschaft heraus…« Es müsse »jetzt alles beieinander gehalten werden, was in dem Minimum übereinstimmt, welches in der Petition der Notgemeinschaft ausgedrückt wird.«[8] Dieses Minimum bestand in der strikten Ablehnung der Aufrüstung, da sie die Kriegsgefahr erhöhe und den »Eisernen Vorhang dichter schließen und 18 Millionen Deutsche … den Gegenmaßnahmen des Sowjetsystems preisgeben wird«.[9]

Dementsprechend wurden in der Notgemeinschaft zahlreiche Streitfragen etwa zu wirtschafts- und sozialpolitischen Konzepten von vornherein ausgeklammert, weil – so Heinemann – »darüber der weite Spannungsbogen von Freunden der Notgemeinschaft zerbricht«. Denn es gab in ihren Reihen »ebenso sozialistische Planwirtschaftler wie liberale Marktwirtschaftler« – wie Heinemann ja selbst einer war –, die lediglich ihre strikte Ablehnung der westdeutschen Aufrüstung einte.[10]

Die Gegenposition der Notgemeinschaft zur Politik Adenauers formulierte Heinemann folgendermaßen. Für den Bundeskanzler stelle die Wiederbewaffnung den »Hebel für die Erlangung westdeutscher Souveränität« dar. Doch sei dieser Weg in dreifacher Hinsicht verhängnisvoll. Erstens werde die Bundesrepublik zwar scheinbar souverän, doch viele Bindungen und Abhängigkeiten von den Westmächten blieben in veränderter Form bestehen. Zweitens werde sich dadurch die deutsche Spaltung vertiefen und die Kriegsgefahr steigen, und schließlich werde die deutsche Frage aufgrund dieser Scheinlösung von der internationalen Bühne verschwinden und die Spaltung auf unabsehbare Zeit zementiert.[11]

Den Unterschied zu Adenauers Deutschlandpolitik stellte Heinemann auf der Gründungsversammlung der Notgemeinschaft sehr plastisch dar. »Wenn ich nach Dresden oder Rostock oder Berlin will, steige ich nicht in einen Zug nach Paris oder Rom ein. Wenn gegenwärtig kein Zug nach Berlin fährt, so muss ich halt warten. Es ist gar nichts gewonnen, wenn ich in entgegengesetzter Richtung abfahre, nur um zu fahren.« Man müsse sich also auch nach Osten wenden, wolle man die Chance zur Wiedervereinigung nicht verspielen. Denn diese sei, so Heinemanns Überzeugung, nur unter Einbeziehung der Sowjetunion, insbesondere unter Berücksichtigung ihrer berechtigten Sicherheitsinteressen, auf friedlichem Weg zu erreichen. Wobei der Gründer der »Notgemeinschaft« auch bei dieser Gelegenheit betonte, dass Deutschland »kein Opfer des Bolschewismus« werden dürfe. Abschließend brachte Heinemann das Programm der »Notgemeinschaft« auf die Formel: »Nicht Frieden um jeden Preis! Aber auch: Krieg um keinen Preis.«[12]

Heinemanns deutschlandpolitische Positionen

Neben dem Kampf gegen die Wiederbewaffnung war die Überwindung der deutschen Teilung zentrales Thema und Ziel Heinemanns, wobei beide Themen völlig gleichgewichtig und stets aufeinander bezogen waren. Diesen Zusammenhang machte Heinemann immer wieder deutlich, beispielsweise im Oktober 1951 bei einem Treffen mit Wiederbewaffnungsgegnern unterschiedlichster Couleur. »Wir wollen Einheit u. Frieden. … Mit … Verneinung der [Aufrüstung, T. F.] bejahen wir alsbaldige Einheit.« Es gäbe zwischen Friedenspolitik und dem Streben nach Wiedervereinigung keine Trennung oder zeitliche Reihenfolge. Beides müsse stets zusammengedacht werden. Wie wenig dieser Ansatz Heinemanns mit Pazifismus zu tun hatte, verdeutlicht seine anschließende Bemerkung: »Noch ist Widerstand gegen Rüstung geboten. Was morgen sein wird, wird zu prüfen sein. Kein grundsätzlicher Pazifismus.«[13]

Mit seinem Beharren auf der deutschen Einheit als zentraler Aufgabe der Politik zeigt sich Heinemann in den fünfziger Jahren als geradezu kämpferischer Patriot mit ausgeprägtem Nationalbewusstsein. Diese nationalbewusste Seite seines Denkens hatte sich offenbar aus Jugendtagen erhalten, ohne dass sie je in Nationalismus umgeschlagen wäre. Die Gleichberechtigung der Völker und Nationen stand für Heinemann immer außer Frage, aber eben auch die Gleichberechtigung des deutschen Volkes, nicht zuletzt in seinem Anspruch auf nationale Einheit. Dass sich die verfeindeten Supermächte USA und Sowjetunion quasi auf deutschem Boden verteidigten – die USA in der Bundesrepublik, die Sowjetunion in der DDR – war für Heinemann auf Dauer nicht akzeptabel, wenngleich er die jeweiligen Sicherheitsinteressen der Siegermächte angesichts der deutschen Schuld anerkannte.

Heinemanns Strategie zur Wiedererlangung der deutschen Einheit bestand im Kern in einer »Ausklammerung Deutschlands«[14] aus den Blocksystemen, d. h. faktisch im Versuch, die deutsche Frage aus der Ost-West-Konfrontation herauszulösen. Dabei gestand er sowohl den Westmächten als auch der Sowjetunion durchaus ihre je eigenen Sicherheitsinteressen zu, wollte aber verhindern, dass das geteilte Deutschland zum wichtigsten Kampfplatz für die Austragung dieser Interessen, d. h. dass Deutschland »stückweise in den Aufmarsch der Weltmächte gegeneinander einbezogen« würde.[15] Heinemann wandte sich gegen die konsequente Westbindung der Bundesrepublik, wie Bundeskanzler Adenauer sie betrieb, weil sie nach seiner Überzeugung die Blockbildung weiter verhärten und damit die deutsche Teilung vertiefen würde.

Dabei betonte er aber stets die Zugehörigkeit Deutschlands zum Westen aufgrund seiner politischen und kulturellen Werte und Traditionen. »Wir alle (gehören) nach Tradition zum Westen«.[16] Insofern kritisierte Heinemann als entschiedener Vertreter von Demokratie, Rechtsstaatlichkeit und Marktwirtschaft die Westintegration auch nicht generell, sondern er widersetzte sich einer »Vereinnahmung« der Bundesrepublik durch das westliche Lager, die mit der Wiederbewaffnung und der Funktionalisierung Westdeutschlands zum hochgerüsteten Vorposten gegen die Sowjetunion einherginge.

Nach Heinemanns Einschätzung gab es 1951 auf weltpolitischer Bühne durchaus Anzeichen, welche die »Ausklammerung« Deutschlands als realistische Option erscheinen ließen. So wurde den Ratsmitgliedern der EKD, darunter auch Heinemann, während einer Tagung im Februar 1951 in Berlin von »unterrichteter ostdeutscher Seite« mitgeteilt, in Moskau würde man eine Neutralisierung Gesamtdeutschlands in Verbindung mit einer Entmilitarisierung und freien Wahlen ernsthaft in Erwägung ziehen. Zudem berichteten westdeutsche Zeitungen über angebliche Vorschläge der Sowjetunion an die Westmächte, über eine Neutralisierung eines entmilitarisierten Gesamtdeutschlands unter Vier-Mächte-Garantie verhandeln zu wollen.[17] Da auch die britische Labour-Regierung Erklärungen herausgab, wonach die Wiederbewaffnung Westdeutschlands noch keinesfalls ausgemachte Sache sei, schienen derartige Überlegungen eine reale Grundlage zu haben.

Für Heinemann bot darum die im März 1951 in Paris eröffnete vorbereitende Vier-Mächte-Konferenz »eine Chance für uns ..., aus der Einbeziehung der beiden Hälften unseres Volkes in den Aufmarsch der Weltmächte gegeneinander herauszukommen.« Wer aber diese Chance bestreite, so Heinemann mit Blick auf Adenauer, verfolge eine quasi eindimensionale Politik mit starren, ideologisch motivierten Zielvorgaben. »So überzeugend oder gar gefahrlos ist der andere Weg einer Eingliederung Westdeutschlands in eine westeuropäische oder atlantische Verteidigungsgemeinschaft bei entsprechender Eingliederung Ostdeutschlands in die entgegengesetzte russische Mächtegruppierung nun wahrhaftig ganz und gar nicht, dass schon jeder Versuch, uns vor einer noch stärkeren Zerreißung zu bewahren und das Schlachtfeld eines Zusammenpralles zu werden, von vornherein ›mit ganzer Kraft ...‹ von uns selber abgewehrt werden müsste. Derartiges kann man nur dann sagen, wenn die Eingliederung Westdeutschlands in ein französisch-italienisch bestimmtes Westeuropa, aus welchen Gründen auch immer, ein Ziel an sich ist.«[18]

Tatsächlich waren Anfang 1951 im Hinblick auf die deutsche Frage die Dinge wieder in Bewegung geraten. So bereitete man in Moskau seit Februar 1951 auf diplomatischer Ebene deutschlandpolitische Initiativen vor, welche im Rahmen eines Friedensvertrages die Möglichkeit der Entmilitarisierung und Neutralisierung von ganz Deutschland und freie Wahlen einschlossen. Dass es sich dabei um ernsthafte

oben: *Gustav Heinemann mit seinem Vater im Jahr 1900*

unten: *Gustav Heinemann (r.) mit Spielkameraden in Essen, um 1908*

Der 6-Jährige mit seinem Großvater Gustav Walter (mit Hut), Mutter Johanna (r.) und Vater Otto (l.)

Mit Mutter und Schwester Lore, ca. 1910

Soldat Heinemann zu Besuch bei der Familie in Essen, 1917

Richtkanonier Heinemann Anfang 1918. Wegen einer Erkrankung kam er nicht an die Front.

Heinemann (r.) als Student in Marburg, wo er sich in einer demokratischen Studentengruppe engagierte.

Als erfolgreicher Anwalt und Justitiar der Rheinischen Stahlwerke, 1933. Der Eindruck täuscht: Heinemann besaß nie einen Führerschein.

Erntedankfest im Essener »Hoffnungskotten«, einer von Pastor Graeber gegründeten Sozialeinrichtung, in der Heinemann tatkräftig mitwirkte. (Aufnahme 1930)

Ausflug der Freien Presbyterianer nach Velbert, 1935. (Heinemann in der oberen Reihe 2.v.l.)

Mit Tochter Barbara, ca. 1934

Das Ehepaar Heinemann mit den Kindern Uta (r.), Christa (m.), Barbara (l.) und Peter, 1937

Heinemann (3. v.l.) als Vorstandsmitglied der Rheinischen Stahlwerke nach einer Grubenfahrt auf der Zeche Centrum-Morgensonne, 1937

Selbstbewusst mit Zigarette: Heinemann Ende der 1930er Jahre

Nach den überstandenen Schrecken des Krieges: Familie Heinemann mit Bekannten in Essen 1945/46

Trümmerbeseitigung in Essen 1946. Oberbürgermeister Heinemann (l.) packt auch selbst mit an.

Heinemann (obere Reihe, 3. v.r.) als CDU-Justizminister von Nordrhein-Westfalen, 1947. In der Mitte (unten) Ministerpräsident Karl Arnold. 2. v. r. der spätere Bundespräsident Heinrich Lübke, damaliger Landwirtschaftsminister.

Der engagierte Protestant Heinemann (r.) 1948 in der Schweiz mit Vertretern der »Moralischen Aufrüstung«, einer christlichen Erweckungsbewegung, die sich u. a. der internationalen Versöhnung verschrieben hat.

Heinemann (oben, 2. v. r.) 1950 als Mitglied im Essener Honoratioren-Klub »Zylinder«. In der lockeren Vereinigung fand Heinemann nach seinem Bruch mit Adenauer gesellschaftlichen Rückhalt.

Der Essener Pastor Friedrich Graeber, theologische Vaterfigur von Heinemann (1950).

Heinemann und Helene Wessel um 1953. Mit der engagierten Katholikin gründete er die »Notgemeinschaft für den Frieden Europas« und die GVP.

Mit dem Essener Jugendpfarrer Wilhelm Busch, einem engen Mitstreiter in der Zeit der Bekennenden Kirche (Aufnahme von 1951).

Nach seinem Bruch mit Kanzler Adenauer 1950 und dem »Rauswurf« bei den Rheinischen Stahlwerken gründete Heinemann in Essen eine Anwaltspraxis. (Aufnahme ca. 1952)

Zwei spätere Bundespräsidenten als Mitglieder der GVP. Heinemann und Johannes Rau (m.) 1953 am Rande einer Parteiversammlung.

Im August 1956 auf dem Evangelischen Kirchentag in Frankfurt a.M., an dem auch mehrere tausend Gläubige aus der DDR teilnahmen.

Mit Pastor Martin Niemöller (m.) verband Heinemann eine lange Freundschaft, wenngleich er mit dem politisch oft hitzigen Niemöller längst nicht immer einer Meinung war. Links der Vorsitzende der Ost-CDU Otto Nuschke. (Aufnahme von 1956)

Tagung des Rates der Evangelischen Kirche in Deutschland, 1961. V.l. Heinemann, Moritz Mitzenheim, Hanns Lilje, Otto Dibelius, Martin Haus.

Hilda und Gustav Heinemann im Jahr 1965

Bundesjustizminister Heinemann 1968 in seinem Haus in Essen.

1968 besuchten Gustav und Hilda Heinemann Israel, wo sie auch mit dem früheren Ministerpräsidenten David Ben Gurion (3. v.l.) zusammentrafen.

Bundespräsident Heinemann 1969 mit dem Ehepaar Carl und Alice Zuckmayer aus Anlass einer Ordensverleihung an den berühmten Dramatiker.

Diether Posser (r.) war seit 1951 einer der engsten Mitarbeiter von Gustav Heinemann. (Aufnahme von 1969)

Mit Brigitte und Helmut Gollwitzer 1969 im Schwarzwald. Der streitbare Theologe war einer von Heinemanns engsten Freunden.

Ein gelöster Heinemann nach seiner Wahl zum Bundespräsidenten am 5. März 1969 in Berlin. Für ihn war es durchaus ein Stück »Machtwechsel«.

Mit dem (West-)Berliner Bischof Kurt Scharf (r.) verband Heinemann die Vorstellung eines engagierten Christentums (Aufnahme von 1970).

Erhard Eppler (r.), war seit Anfang der 1950er Jahre einer der engsten Mitstreiter. Nicht zuletzt auf Epplers Anraten hatte Heinemann 1957 den Weg in die SPD gefunden. (Aufnahme von 1970)

links: *Im Garten der Villa Hammerschmidt, dem Bonner Amtssitz des Bundespräsidenten. Bei seinen zahlreichen Berlin-Aufenthalten residierte Bundespräsident Heinemann im Schloss Bellevue.*

Der Jugend zugewandt: Bundespräsident Heinemann mit Frau Hilda 1970 zu Besuch in einer Schule in West-Berlin.

Der Bundespräsident 1971 vor einer Ehrenformation der Bundeswehr. Wenngleich für Heinemann »der Frieden der Ernstfall« war, sah er doch die Notwendigkeit einer wirksamen Landesverteidigung.

Zeitlebens für Bürgermut und soziale Verantwortung aus christlicher Überzeugung: Bundespräsident Gustav W. Heinemann beim Abschied aus dem Amt im Juni 1974.

Erwägungen und nicht um bloße Täuschungsmanöver handelte, erscheint nach neuesten Forschungen plausibel.[19] Insofern zeigt sich an diesem Beispiel im Nachhinein, dass diejenigen Zeitgenossen, die wie Heinemann auf eine gewisse rational gesteuerte Dialogfähigkeit und -bereitschaft der sowjetischen Führung hofften, nicht völlig in »Wolkenkuckucksheim« schwebten, wenngleich von den Details und strategischen Zielsetzungen dieser Initiativen – zu denen auch die sogenannten Stalin-Noten vom Frühjahr 1952 zu rechnen sind – naturgemäß nichts an die Öffentlichkeit drang.

Doch bei aller Aufgeschlossenheit für neue Sichtweisen und Entwicklungen ließ Heinemann sich nicht gern vereinnahmen. So war er zwar bereit, das Angebot freier Wahlen, das DDR-Ministerpräsident Otto Grotewohl im November 1950 der Bundesregierung gemacht hatte, zunächst einmal ernst zu nehmen und kritisierte Bundeskanzler Adenauer für dessen verzögerte Antwort, die zudem mit ihren »überzogenen« Vorbedingungen einer harschen Absage gleichkam. Als aber der Vorsitzende der Ost-CDU Otto Nuschke im März 1951 behauptete, Heinemann und Niemöller seien »tief von der Tatsache beeindruckt gewesen«, dass die Gründung der DDR »in völliger Freiheit und Souveränität« erfolgt sei, verwahrte sich Heinemann vehement dagegen. »Ich habe eine solche Erklärung niemals abgegeben und bedauere daher meine Inanspruchnahme für die Beurteilung eines Tatbestandes, den ich in Wahrheit wesentlich anders sehe.«[20] Gerade als jemand, der den Dialog auch mit dem politischen Gegner im Osten forderte und für neue Wege aus den Zwangslagen des Kalten Krieges eintrat, musste Heinemann in der emotionsgeladenen politischen Atmosphäre der fünfziger Jahre auf Abgrenzung gegenüber fragwürdigen »Bundesgenossen« bedacht sein. Nicht immer gelang ihm das so klar und deutlich wie im Falle des DDR-Politikers Nuschke, der Heinemann kurzerhand zu einem Sympathisanten der DDR machen wollte. Zwei Jahre später lieferte etwa Heinemanns Zusammenarbeit mit dem weitgehend von der SED finanzierten »Bund der Deutschen« seinen innenpolitischen Gegnern willkommene Wahlkampfmunition.

Wenn er auch keinerlei Sympathien für das gesellschaftliche System der DDR hegte, bemühte sich Heinemann umso intensiver um die Aufrechterhaltung persönlicher und institutioneller Beziehungen zwischen der Bundesrepublik und der DDR, um die »Reste eines gesamtdeutschen Lebens« zu bewahren.[21] Die evangelische Kirche bot für diese »Politik der kleinen Schritte« (J. Müller) eine günstige Basis, da sie die einzig verbliebene gesamtdeutsche Institution war. Und so nutzte Heinemann sein Amt als Präses der EKD zu wiederholten Reisen in die DDR und zahlreichen Kontakten mit evangelischen Christen.[22] Auf anderer Ebene plädierte er auch für die Teilnahme westdeutscher Jugendlicher an den Weltfestspielen der DDR im Juli 1951. Dass es ihm dabei um den Zusammenhalt der Nation und nicht um die Aufweichung ideologischer Unterschiede ging – wie ihm seine Gegner unterstellten – betonte er immer wieder. Verstand er doch diese Kontakte nicht zuletzt als »Reste eines gesamtdeutschen Lebens ... und ständige Stärkung der moralischen Widerstandskraft von Menschen hinter dem eisernen Vorhang. Wir alle haben ein Interesse daran, dass Ost-Deutschland nicht auch völlig im roten Meer untergeht, sondern dass Kontakte verbleiben.«[23]

Vom Konzept der »Ausklammerung« war es eigentlich nur ein kleiner Schritt zur Forderung nach deutscher Neutralität. Doch Heinemann hegte große Vorbehalte gegen den Gedanken einer Neutralisierung Deutschlands, für die es sowohl an Tradition wie an einer machtpolitischen Basis fehle. Seine Haltung möge nicht »aufgepumpt werden mit dem großen (Begriff): deutsche Neutralität. Neutralität muss etwas Grundsätzliches sein, das muss durch die Jahrhunderte ... glaubhaft werden, so wie es bei der Schweiz der Fall ist. Neutralität, heute ausgedrückt, ist nur irgendwie eine Verlegenheitsangelegenheit, die ... weder glaubwürdig noch geschichtlich fundiert ist, noch irgendwie realistisch ausbalanciert ist. Das ist nicht das, was ich meine«, so Heinemanns Einschätzung vor Rüstungsgegnern im September 1951. Auch einer »Brückenfunktion« Deutschlands zwischen Ost und West, wie sie der ihm nahestehende Jakob Kaiser zeitweise vertrat, erteilte er eine Absage: »... ausgerechnet wir Kümmerlinge in diesem zusammengeschlagenen Nachkriegsdeutschland.«[24] Ebenso hielt Heinemann eine deutsche Gleichgewichts- oder auch Schaukelpolitik etwa im Sinne Bismarcks vor dem Hintergrund der tatsächlichen Machtverhältnisse in Europa und der Welt für abwegig.[25]

Was für Deutschland angesichts seiner Schwäche wie auch seiner historischen Schuld insbesondere gegenüber der Sowjetunion und Polen versucht werden sollte, war ein »Sich-Heraushalten« aus dem Ost-West-Gerangel um Macht und Einfluss. Heinemann konnte sich Deutschland durchaus als »ungebundenen Faktor« vorstellen wie etwa Finnland, Schweden oder Irland. »Solche ungebundenen Faktoren, die ... isolierend, dämpfend wirken würden, wären schon ungeheuer viel in dieser mit Zündstoff so überladenen Welt.« Nach Heinemanns Vorstellung würde die Überwindung der Teilung durch »Ausklammerung« aus dem Ost-West-Konflikt zugleich zur Entschärfung dieses Konflikts beitragen, indem sie den »Zündstoff Deutschlandfrage« beseitigte. Auch bei dieser Gelegenheit betont Heinemann, dass dabei die Interessen der anderen Seite – des Ostens aber auch des Westens – zu berücksichtigen seien. »Die deutsche Frage ist heute nicht isoliert lösbar. Der Osten will dagegen gesichert sein, dass Westdeutschland oder Gesamtdeutschland in die Waagschale des Westens fällt. Der Westen will dagegen gesichert sein, dass Deutschland in die Waagschale des Ostens fällt. ... das alles müssen wir irgendwie respektieren.«[26] Mit diesen – mitunter etwas wolkig anmutenden – Konzepten näherte sich Heinemann Anfang der fünfziger Jahre zwar den Positionen der westdeutschen »Neutralisten« an, beharrte jedoch durch die Betonung der »feinen Unterschiede« auf deutlicher Abgrenzung von strikt neutralistischen Gruppierungen wie dem »Nauheimer Kreis« um Ulrich Noack oder Wolf Schenkes nationalistischer »Dritten Front«. Einen »Dritten Weg« zwischen Ost und West suchte Heinemann denn auch nur in sicherheitspolitischen, nicht in gesellschaftlichen Fragen. Dazu identifizierte er sich zu stark mit den politischen und moralischen Werten des Westens. »Wir sind nach Geschichte und Lebensvorstellung antitotalitär.«[27] Dass ihm gleichwohl von zahlreichen Zeitgenossen – und auch von Teilen der Historiographie – allzu große Nähe zu den Kommunisten vorgeworfen wurde, steht auf einem anderen Blatt.

Heinemann blieb sich der Komplexität der Probleme stets bewusst und beanspruchte darum auch nicht, über Patentrezepte zu verfügen. Vielmehr suchte er »tastend nach … Chancen« und setzte »die größere Hoffnung auf neue Entwicklungen.« Eine Haltung, die nicht zuletzt von der Glaubenszuversicht Heinemanns getragen wurde. Die Welt hat nämlich »an Wandel der politischen Situation schon viel Erstaunliches geleistet und zudem sollten wir, die wir christliches Abendland sein wollen, wissen, dass immer noch Gott im Weltregimente sitzt.«[28] Vielleicht bestand der Kern von Heinemanns Positionen in den fünfziger Jahren gerade in der Forderung, in deutschland- wie in rüstungspolitischen Fragen keine vorschnellen, d. h. die misslichen Zustände zementierenden Entscheidungen zu treffen, vielmehr die Situation offenzuhalten für die Möglichkeit eines »erstaunlichen Wandels«, in dem für den Christen Heinemann das Wirken Gottes erkennbar sein würde. Während Adenauer immer betonte, dass Moskau nur die Sprache der Stärke verstehe, bestand Heinemann darauf, dass auch die Sowjetunion durchaus legitime Sicherheitsinteressen habe und zu rationaler Politik fähig sei. Es gelte also, der Sowjetunion nicht aus einer Position der Stärke zu begegnen, sondern mit der Moskauer Führung auf der Ebene gegenseitiger Interessenanerkennung und rationaler Argumentation in einen Dialog zu treten.[29]

Suche nach Bündnispartnern

Bei den großen Parteien Westdeutschlands stieß die »Notgemeinschaft« von vornherein auf Ablehnung, was im Fall der Koalitionspartner CDU/CSU und FDP nicht verwunderlich war. Die FDP erklärte im Mai 1952 eine Mitarbeit in der Notgemeinschaft für unvereinbar mit der Parteizugehörigkeit, ebenso die CDU, deren Führung die Notgemeinschaft sogleich in die Nähe linksextremer Gruppierungen rückte. Darum konnte es auch nicht überraschen, dass der CDU-Politiker Ernst Lemmer die Einladung zur Gründungsversammlung ablehnte, angeblich aus Termingründen. Heinemann war vielleicht doch etwas enttäuscht, dass sein enger Freund aus Marburger Studienzeiten sich auch zu keinerlei Sympathiebekundung entschließen konnte.[30] Hingegen fand sich der Theologe Helmut Gollwitzer, den Heinemann Mitte der dreißiger Jahre als Mitglied der Bekennenden Kirche kennengelernt hatte, zur Mitarbeit bereit, während Walter Dirks, seinerzeit der führende Kopf des Linkskatholizismus in Westdeutschland, von dessen Mitwirkung sich die Notgemeinschaft eine breite Öffentlichkeitswirkung erhoffte, abseits bleib. Ihm wiederum war die »Notgemeinschaft« zu stark bürgerlich geprägt.[31]

Aber auch die Sozialdemokraten, obwohl Gegner der Adenauerschen Wiederbewaffnungspläne, versagten sich einer Zusammenarbeit. Vielmehr untersagte die SPD ihren Mitgliedern ausdrücklich jegliche Unterstützung der Notgemeinschaft, die sie von kommunistischer Seite beeinflusst, wenn nicht gar unterwandert glaubte. Heinemann hatte sich sogar persönlich an SPD-Chef Kurt Schumacher mit der Bitte um Unterstützung gewandt, aber eine deutliche Absage erhalten. Schumacher hielt es für ausgeschlossen, dass sich die Notgemeinschaft im praktischen Kampf für ihre Ziele von den Kommunisten würde klar genug abgrenzen können.[32]

Zwar hatten Heinemann und Wessel versucht, durch die Begrenzung der Mitgliederzahl auf zehn Personen »von vornherein der Gefahr jedweder Infiltration vorzubeugen«. Damit konnten sie jedoch weder ihre vehementen Gegner von der CDU, noch die sympathisierenden Skeptiker in den Reihen der SPD überzeugen. Und so scheiterten denn alle Versuche, Sozialdemokraten für eine Zusammenarbeit mit der Notgemeinschaft zu gewinnen, wie sein Mitstreiter Werner Koch im November 1951 an Heinemann berichtete. »Bei allen Leuten der SPD scheint das Ressentiment gegen die feindlichen Brüder [die Kommunisten, T. F.] stärker zu sein als die Vernunft und gute Tradition.«[33]

Auch vom stellvertretenden SPD-Vorsitzenden Ollenhauer erhielt Heinemann auf die Bitte um Unterstützung bei der »breiten Mobilisierung öffentlicher Meinung« eine Absage, wiederum mit der Begründung, dass die Notgemeinschaft Gefahr laufe, den Kommunisten in die Hände zu spielen. Bei Heinemann wuchsen die Zweifel, ob die SPD überhaupt noch entschlossenen Widerstand gegen die Wiederbewaffnung leisten wolle. An Niemöller schrieb er: »Von … Ollenhauer liest man aufrüstungsfreundliche Äußerungen in der Presse. … Der Eindruck, dass es der SPD in Wahrheit von Anfang an nicht um Widerstand gegen westdeutsche Aufrüstung, sondern um Machtergreifung in der Bundesrepublik gegangen sei, ist ja nachgerade stark genug.«[34]

Diese Zurückweisung verstärkten die bei Heinemann ohnehin vorhandenen Vorbehalte gegenüber den Sozialdemokraten. Dabei waren es vor allem drei Punkte, die zum damaligen Zeitpunkt – Anfang 1952 – einem engeren Zusammengehen mit der SPD entgegenstanden: deren traditionell atheistisch-kirchenfeindliche Haltung, die für bekennende Christen – so Heinemanns Eindruck – keinen Raum ließ; zweitens die ideologische Befangenheit in Traditionen des Klassenkampfes und planwirtschaftlicher Konzepte sowie drittens, dass die SPD-Führung um Kurt Schumacher den Konflikt Wiederaufrüstung versus Wiedervereinigung nicht so zugespitzt betrachtete wie Heinemann selbst.

Was den Verdacht einer kommunistischen Einflussnahme betraf, den sowohl die SPD als auch – sehr viel entschiedener und in polemischer Absicht – Unionsparteien und FDP gegenüber der »Notgemeinschaft« erhoben, so wurde er von ihren Führungspersonen sehr ernst genommen, da in den fünfziger Jahren in der Bundesrepublik kaum etwas politisch mehr diskreditierend wirkte als eben dieser Verdacht. Die Leitung der Notgemeinschaft bestand denn auch auf einer strikten Abgrenzung gegenüber kommunistischen Gruppen. Dennoch bot die Mischung aus zum Teil pazifistischen, nationalkonservativen und allgemein gesellschaftskritischen Äußerungen im Umfeld der Notgemeinschaft immer wieder Angriffsflächen. Insbesondere Gustav Heinemann sah sich in den folgenden Jahren wiederholt dem Vorwurf ausgesetzt, die Trennlinie zu kommunistischen bzw. kommunistisch beeinflussten Gruppierungen nicht scharf genug zu ziehen. Auch für die von Heinemann im November 1952 gegründete Gesamtdeutsche Volkspartei wurde dieses Thema zu einer Dauerbelastung.

Neben Adolf Scheu war die frühere Zentrumspolitikerin Helene Wessel seit Gründung der »Notgemeinschaft« eine der wichtigsten Mitstreiterinnen Heinemanns. Ab 1951 traten sie so oft gemeinsam in Erscheinung, dass Helene Wessel von der Presse zuweilen schon als »weiblicher Heinemann« tituliert wurde, um die Übereinstimmung beider Politiker auszudrücken.[35] Eine starke Übertreibung, denn tatsächlich waren ihre politischen Positionen keineswegs immer deckungsgleich. Dass Helene Wessel zudem eine überzeugte Katholikin war, stellte allerdings für den nicht weniger überzeugten Protestanten Heinemann – durchaus zur Überraschung einiger Vertrauter – kein Hindernis für eine enge Zusammenarbeit auf politischer Ebene dar. Die Gemeinsamkeiten – von der Ablehnung der Adenauerschen Wiederbewaffnungspolitik bis zum sozialen Engagement aus christlicher Verantwortung – waren groß genug, diesen konfessionellen Unterschied auszugleichen, auf den Heinemann gleichwohl großen Wert legte. »Ich selbst bejahe die politische Zusammenarbeit bei unerschütterlicher Bewusstheit des kirchlich-theologischen Gegensatzes.«[36]

Aktivitäten der Notgemeinschaft

In ihrer praktischen Arbeit hielten Heinemann und seine Mitstreiter vor allem drei Aktionsformen für geeignet, um im außerparlamentarischen Raum politische Wirkung zu erzielen: 1. Volksabstimmungen, 2. die massenhafte Verbreitung von Aufrufen und 3. direkte Petitionen an den Bundestag.

Ihren ersten »Aufruf an das deutsche Volk« veröffentlichte die Notgemeinschaft noch im Dezember 1951, wobei Inhalt und Diktion deutlich die Handschrift Heinemanns verrieten. Die Kernaussagen lauteten: »Krieg löst heute nicht mehr die Streitfragen der Völker. Für uns würde Krieg der Untergang sein. ... Das deutsche Volk hat mit wenigen Ausnahmen eine instinktive Abneigung gegen die Wiederbewaffnung. Dieser Instinkt ist richtig. ... Westdeutsche Aufrüstung bannt nicht die Kriegsgefahr, sondern vergrößert sie. Die Aufrüstung verschärft die internationalen Spannungen. Die Sowjetunion hat 20 Millionen Deutsche als Pfand in der Hand. Sie will eine westdeutsche Aufrüstung nicht untätig hinnehmen. Westdeutschlands Aufrüstung wird die deutsche Einheit nicht herstellen, sondern den Eisernen Vorhang dichter schließen.« Zudem würde eine westdeutsche Aufrüstung die Spaltung Europas vertiefen und den »Zusammenschluss seiner Völker« verhindern. Statt auf Wiederbewaffnung solle man darum auf internationale Verhandlungen setzten. »Die Bundesregierung hat bisher nicht bewiesen, dass durch Verhandlungen eine friedliche Wiedervereinigung Deutschlands zu einem Staatswesen des Rechts, der persönlichen Sicherheit und der Menschenwürde ausgeschlossen ist. Die Notgemeinschaft fordert daher: Jede Möglichkeit einer annehmbaren Verständigung muss wahrgenommen werden.« Die westdeutsche Bevölkerung und das Parlament wurden aufgefordert, sich aus all diesen Gründen gegen eine »unzeitgemäße Aufrüstung« auszusprechen.[37]

Das Adjektiv »unzeitgemäß« zeigt dabei, dass die Notgemeinschaft keine strikt pazifistische Haltung vertrat, vielmehr die Aufstellung von Streitkräften nicht grundsätzlich ausschloss, sondern von den weltpolitischen Umständen abhängig machte. Wie derartige Konstellationen, die eine Aufrüstung eventuell rechtfertigen würden, allerdings aussehen könnten, blieb in den Verlautbarungen der Notgemeinschaft offen. Wenige Jahre nach Kriegsende jedenfalls verbot sich für Heinemann, Wessel und andere noch jeder Gedanke an ein deutsches Militär.

Der von der Notgemeinschaft mit hohen Erwartungen verbundene »Aufruf« wurde allerdings ein krasser Fehlschlag. Weder fanden sich ausreichend und vor allem prominente Unterstützer, noch gab es das erhoffte Presseecho. Wenn überhaupt, druckten die westdeutschen Zeitungen den »Aufruf« nur in kurzen Auszügen. Die wenigen Unterstützer kamen zumeist aus dem Umfeld kleiner regierungskritischer, oft christlich-konservativer und pazifistischer Gruppierungen oder waren politische Einzelgänger, die in ihren Parteien (FDP, CDU, SPD) keinerlei Rückhalt hatten. Auch die erhoffte Zustimmung vonseiten der Gewerkschaften blieb weitgehend aus.[38] Und so blieb dieser erste »Aufruf« auch der einzige, den die Notgemeinschaft an die westdeutsche Öffentlichkeit richtete.

Mehr Wirkung erhofften sich die Aktivisten um Heinemann und Wessel von einer Massenpetition, auf die sie ab Februar 1952 alle Kräfte konzentrierten. Mit dieser Petition wandte sich die Notgemeinschaft nun direkt an die Abgeordneten des Bundestages, deren Abstimmungsverhalten bei Fragen der Wiederbewaffnung sie beeinflussen wollte. Darin hieß es: »Wir sind überzeugt, dass eine westdeutsche Aufrüstung nicht der Sicherung des Friedens dient, sondern die Kriegsgefahr erhöht. … Wir glauben nicht daran, dass westdeutsche Aufrüstung zur friedlichen Befreiung der Sowjetzone und Wiederherstellung der deutschen Einheit führt. Aufrüstung wird vielmehr den Eisernen Vorhang dichter schließen und 18 Millionen Deutsche … den Gegenmaßnahmen der Sowjetunion preisgeben. … Wir fordern den Bundestag deshalb auf, die geplante Aufrüstung abzulehnen und die Bundesregierung zu veranlassen, eine Politik friedlicher und glaubhafter Bemühungen um die Wiedervereinigung Deutschlands unter einer gesamtdeutschen Regierung zu führen.«[39] Entgegen den Vorwürfen und Unterstellungen vonseiten der Bundesregierung und der ihr nahestehenden Presse enthielt die Petition auch deutliche Kritik an den Zuständen in der DDR. Als politische Ziele der Notgemeinschaft wurde neben der »Erhaltung des Friedens« und »Wiedervereinigung Deutschlands« auch die »Befreiung der DDR (Ostzone) vom Totalitarismus« genannt.[40]

Heinemann schätzte die Erfolgsaussichten der (Massen-)Petition ziemlich hoch ein, da sie sich plebiszitärer Instrumente bediente, anders als jener nahezu ungehört verhallte »Aufruf«, von dem sie sich inhaltlich kaum unterschied. »Wir machen buchstäblich das Bundesgebiet rebellisch«, wurde ein energiegeladener Heinemann in jenen Wochen von der Presse zitiert.[41] Das erwies sich jedoch als völlig illusionär. Bis September 1952 kamen im gesamten Bundesgebiet nur 148.000 Unterschriften zusammen, sodass die Notgemeinschaft auf eine Weiterleitung der Petition an den Bundestag verzichtete. Für das Scheitern der Aktion machte Heinemann vor allem ein Demokratiedefizit bei der Mehrheit der Deutschen verantwortlich, denn vielen habe einfach der Mut gefehlt zu unterschreiben.[42]

Inzwischen hatten die Westmächte und die Regierung Adenauer mit der Unterzeichnung des Deutschlandvertrages und des EVG-Vertrages am 26./27. Mai 1952, die u. a. die (Teil-)Souveränität der Bundesrepublik verbunden mit einem späteren Wehrbeitrag im Rahmen der »Europäischen Verteidigungsgemeinschaft (EVG) beinhalteten, Tatsachen geschaffen, die Adenauer seinen deutschlandpolitischen Zielen ein gutes Stück näherbrachten. Die Notgemeinschaft erschien nun immer deutlicher als eine eskapistische Randerscheinung in der politischen Landschaft der Bundesrepublik.

Es mag im Nachhinein als blauäugig erscheinen, sich von Aufrufen und Petitionen irgendwelchen Einfluss auf so entscheidende Fragen wie die Westorientierung und Wiederbewaffnung der Bundesrepublik zu erwarten. Der Misserfolg derartiger Aktionen der Notgemeinschaft sprach ja auch eine deutliche Sprache. Allerdings bildete das Vertrauen auf die »Kraft des Wortes« und die Wirkung nüchterner Argumente seit jeher ein Kernelement von Heinemanns Politikverständnis. Dabei mag auch Heinemanns Protestantismus eine Rolle gespielt haben, bei dem das Element der Schriftgläubigkeit, d. h. der enge Bezug auf die Bibel (»sola scriptura«) ein zentrales Element bildet. Zudem könnte der Erfolg, den Heinemann seit seinem Bruch mit Adenauer als unermüdlicher Vortragsreisender hatte, ihn in der Hoffnung bestärkt haben, mit guten Argumenten eine Mehrheit der Bevölkerung von seinen deutschlandpolitischen Vorstellungen, insbesondere von der Ablehnung der Wiederbewaffnung, überzeugen zu können.

Vonseiten der Unionsparteien und der FDP war die Notgemeinschaft einer Mischung aus schweren Anfeindungen und herablassendem Spott ausgesetzt. So ließ es sich der aufstrebende CSU-Politiker Franz Josef Strauß in einer außenpolitischen Debatte des Bundestags Anfang Februar 1952 nicht nehmen, Heinemann und Helene Wessel im Bundestag als »Reiseteam peripatetischer Politiker« zu verhöhnen. Der FDP-Abgeordnete August Euler malte das Gespenst einer »Bolschewisierung« der Bundesrepublik an die Wand, wenn die Notgemeinschaft an Einfluss gewönne. »Sie spielen – Frau Wessel, Herr Heinemann, Herr Noack und wie sie alle heißen – das Spiel der Sowjets, ... ob sie das wollen oder nicht.« Da war es noch harmlos, wenn der CDU-Pressedienst Heinemann als einen politischen »Tragikomiker« bezeichnete.[43]

Volle Veranstaltungssäle, persönlicher Zuspruch und eine Vielzahl aufmunternder Zuschriften mochten Heinemann und Wessel über die Zustimmung der westdeutschen Bevölkerung insgesamt zu ihren Positionen zeitweise in Illusionen wiegen. Dass sie aber nicht nur bei Parteipolitikern, sondern auch in großen Teilen der Bevölkerung auf zum Teil wütende Ablehnung stießen, mussten sie beispielsweise Mitte März 1952 bei einem Auftritt in West-Berlin erfahren. Ihre Reden wurden von Sprechchören und Pfiffen gestört (»In Moskau steht ein Sessel für Frau Helene Wessel!«). Nach Abschluss der Veranstaltung kam es zu Tumulten und Helene Wessel musste von der Polizei vor rund 200 wütenden Demonstranten geschützt werden.[44]

Im Oktober 1952 unternahm die Notgemeinschaft einen weiteren Versuch der Einflussnahme durch das gedruckte Wort, d. h. durch die – angeblich oder tatsächlich – besseren Argumente. Mit ihrer »Deutschland-Denkschrift« wandte sie sich direkt an den Bundestag, die DDR-Volkskammer sowie an die Hohen Kommissare und den Chef der sowjetischen Kontrollkommission für Deutschland. Im Wesentlichen wiederholte die Denkschrift jene Positionen, die bereits in der gescheiterten Petition ausgebreitet worden waren. Ausdrücklich positiv äußerte sie sich zu den Stalin-Noten des Jahres 1952, in denen sie einen ernstzunehmenden Ansatz für Verhandlungen sah, die zu einem wiedervereinigten Deutschland führen könnten.

Heinemann selbst sprach später von einer »historischen Schuld« Adenauers (und der Westmächte), die sowjetischen Noten vom 10. März und 9. April 1952 rundweg abgelehnt und nicht die darin steckenden Möglichkeiten ausgelotet zu haben. »(Ich) gebe Dr. Adenauer und der CDU eine historische Schuld an dem Versäumnis, 1952 eine Chance der Wiedervereinigung aus der Illusion wachsenden westlichen Übergewichtes ausgeschlagen zu haben.« Damit hätten sie eine reale Chance zur Überwindung der deutschen Teilung und zur Entspannung der Ost-West-Konfrontation aus ideologischen Gründen leichtfertig vertan.[45]

In jenen »Stalin-Noten« hatte die sowjetische Führung den drei Westmächten USA, Großbritannien und Frankreich Verhandlungen über einen Friedensvertrag mit einem wiedervereinigten, neutralen Deutschland angeboten. Die drei Westalliierten lehnten allerdings eine Prüfung des sowjetischen Verhandlungsangebots von vornherein ab. Auch Bundeskanzler Adenauer verweigerte sich einer eingehenden Beschäftigung mit der sowjetischen Initiative, die er zu einem durchsichtigen Versuch erklärte, Gesamtdeutschland zu sowjetisieren und »im Wege der Neutralisierung Deutschlands die Integration Europas zunichte zu machen«.[46]

Die Notgemeinschaft und auch Heinemann sahen in den Stalin-Noten hingegen eine konkrete Chance zur Überwindung der Teilung. »Die in dem Vorschlag der Sowjetunion enthaltenen Punkte sind genau das, was die Notgemeinschaft immer wollte, nämlich erst Wiedervereinigung Deutschlands, dann mit einer gesamtdeutschen Regierung einen Friedensvertrag und erst wenn das erreicht ist, könnte die Frage akut werden, dass zur Sicherung Deutschlands eine deutsche Armee aufgestellt würde,« erklärte Helene Wessel namens der Notgemeinschaft Ende März 1952.[47]

Dass es sich bei den möglichen Verhandlungspartnern in Moskau und Ost-Berlin um Machthaber ohne demokratische Legitimation handelte, stellten die Notgemeinschaft und insbesondere Heinemann nie in Abrede. An dieser beklagenswerten, aber vom Westen aus schwer zu ändernden Tatsache sollten indes notwendige Verhandlungen nicht scheitern. So antwortete Heinemann im März 1952, unmittelbar nach Bekanntwerden der ersten Stalin-Note, auf die Frage eines Journalisten, ob man denn mit den demokratisch nicht legitimierten DDR-Vertretern tatsächlich verhandeln solle, mit einem klaren »Jawohl«.[48]

Umso erbitterter reagierte er auf die Haltung des Westens, der die Stalin-Noten offiziell zumeist als bloßes Täuschungsmanöver hinstellte. Diese schnöde Missachtung der Moskauer Initiative sagte für Heinemann im Übrigen mehr über die Absichten der Westmächte aus, als über die Vertrauenswürdigkeit der sowjetischen Führung. Der Westen habe »die Sowjetunion bislang nicht gezwungen, Farbe zu bekennen, was hinter ihren Vorschlägen steckt. Wohl aber hat dieser Notenwechsel die Westmächte demaskiert und dargestellt, dass sie jedenfalls zur Zeit nicht deutsche Einheit, sondern westdeutsche Rekruten wollen.«[49]

Für Heinemann bestätigten sich in der politischen Auseinandersetzung um die Stalin-Noten zwei seiner deutschlandpolitischen Grundannahmen. Zum einen zeigte sich die Sowjetunion tatsächlich dialogbereit und zu einer zweckrationalen Herangehensweise an die in Europa schwelenden Konflikte durchaus willens und fähig. Zum anderen verfestigte sich Heinemanns Adenauer-Bild als eines ideologisch verhärteten Politikers, welcher der Sowjetunion weder legitime Sicherheitsinteressen noch ehrliche Verhandlungsbereitschaft zubilligte und ihr unverrückbare aggressive Absichten unterstellte.

Ob Heinemanns positive Stellungsnahmen zur Stalin-Note tatsächlich nur von politischer Naivität zeugten – wie ihm seine Gegner vorwarfen –, ob also die sowjetische Noten-Initiative vom Frühjahr 1952 nicht mehr als ein propagandistischer Bluff war, ist umstritten. Längere Zeit neigte die zeithistorische Forschung mehrheitlich zu der Ansicht, es habe sich dabei um ein bloßes Täuschungsmanöver des Kremls gehandelt. Doch können einige Historiker aufgrund neu erschlossener Quellen nunmehr plausibel darlegen, dass in Moskauer Planungsstäben ab 1951 tatsächlich an einer Neujustierung der sowjetischen Deutschlandpolitik gearbeitet wurde. Demnach waren die Stalin-Noten Bestandteil einer von Moskau ernsthaft betriebenen deutschlandpolitischen Strategie, welche die Möglichkeit eines vereinten, demokratisch verfassten Deutschland außerhalb des westlichen Blocks als eine Option mit einschloss.[50]

Die Gesamtdeutsche Volkspartei (GVP)

Die »Deutschland-Denkschrift« der Notgemeinschaft vom Oktober 1952 war ein völliger Misserfolg. Im Herbst 1952 war somit auch für den Wohlmeinendsten nicht mehr zu übersehen, dass die Aktivitäten der Notgemeinschaft, insbesondere ihre mit erheblichem Aufwand verbreiteten Petitionen und Aufrufe, nahezu wirkungslos verhallten. Das Projekt einer überparteilichen Sammlungsbewegung für eine »andere Deutschlandpolitik« hatte die anfangs hochgespannten Erwartungen von Heinemann, Helene Wessel und ihren Mitstreitern in keiner Weise erfüllt.

Zudem hatte die Unterzeichnung des sogenannten Deutschland-Vertrags (»Generalvertrag«) und des Vertrages über die Europäische Verteidigungsgemeinschaft (EVG) am 26. Mai 1952 eine neue Situation geschaffen, auf die es zu reagieren galt. Denn mit dem Deutschlandvertrag hatte Adenauer einen Meilenstein auf dem Weg der Westintegration gesetzt, welcher der Bundesrepublik zwar eine – eingeschränkte – Souveränität brachte, aber nach Überzeugung Heinemanns und seiner Mitstreiter die deutsche Teilung zementierte. Damit führen die Verträge »nicht nach Deutschland, sondern von Deutschland weg«, wie es Diether Posser in einem Artikel formulierte.[51]

Gleichwohl blieb Heinemann der Gründung einer Partei, von der sich einige Aktivisten der Notgemeinschaft wie Eppler, Posser und Scheu größere Wirksamkeit versprachen, weiterhin abgeneigt. Dabei war die Misere der Notgemeinschaft unübersehbar geworden, sowohl hinsichtlich ihrer – kaum vorhandenen – Außenwirkung als auch ihres inneren Zustands. Anfang Juni 1952 hatte sich der erste – und einzige – Bundeskongress der Notgemeinschaft in Frankfurt a. M. um eine organisatorische Straffung bemüht, ohne jedoch greifbare Ergebnisse zu erzielen. Vielmehr trat eine gegenteilige Entwicklung ein, indem örtliche Arbeitsgruppen der Notgemeinschaft sich in Hessen und Berlin gegen den Willen des Essener NG-Vorstands als »Landesgruppen« weitgehend verselbstständigten.

In den folgenden Monaten war es vor allem Adolf Scheu, der angesichts der notorischen Wirkungslosigkeit der Notgemeinschaft das Projekt einer eigenständigen Partei vorantrieb. Ihm war es dabei nicht zuletzt um eine Erweiterung der politischen Programmatik zu tun, und zwar über das Thema »Anti-Remilitarisierung« hinaus hin zu gesellschaftpolitischen Forderungen, die u. a. auf eine »neue Wirtschafts- und Sozialpolitik«, die Bekämpfung restaurativer Tendenzen in der jungen Bundesrepublik und eine umfassende Demokratisierung zielten. Ihm schwebte eine »neue dritte politische Kraft« vor, durchaus im Sinne eines »Dritten Weges« zwischen Kapitalismus und Sozialismus. Diese »neue politische Kraft« müsse Schluss machen »mit der Restauration auf allen Gebieten, und wirklich bereit (sein), neue Wege in der deutschen und europäischen Politik zu beschreiten.« Als zentrale Punkte nannte Scheu a) »Abkehr vom überlebten reinen Machtdenken in der Außenpolitik. b) Alle nur möglichen Anstrengungen zur Verständigung zwischen West und Ost, um die Wiedervereinigung Deutschlands zu ermöglichen. c) Neue Wirtschafts- und Sozialpolitik. d) Neue staatliche Ordnung; Verantwortung der Persönlichkeit anstelle der Partei-Diktatur.«[52] Dezidiert sozialpolitische Forderungen und scharfe Kapitalismus-Kritik brachte auch Hans Bodensteiner in die Diskussion um eine Parteigründung ein. Denn für ihn hatte der Kommunismus sich als Ideologie und »im Osten« als Staatsmacht nur deshalb etablieren können, »weil im gesellschaftlichen Gefüge der westlichen Welt schwerste Mißstände herrschten.«[53] Diese sozialreformerischen Vorstellungen verbanden sich bei Bodensteiner, der bis zu seinem Fraktionsausschluss im September 1952 für die CSU im Bundestag saß, mit einem strengen Katholizismus. Er sollte später als Geschäftsführer zeitweise eine führende Rolle in der GVP spielen.

Heinemann indes konnte sich mit derlei gesellschafts- und sozialpolitischen Vorstellungen im Allgemeinen und dem Plan einer Parteigründung im Besonderen, wie ihn die Gruppe um Scheu, Wessel, Bodensteiner mit Macht verfolgte, nur schwer anfreunden. Aber Scheu ließ nicht locker. »Frau Wessel und Dr. Heinemann müssen dafür gewonnen werden, dass sie ihren bisherigen Widerstand gegen die Bildung einer politischen Sammlungsbewegung aufgeben. Sie müssen die Kristallisationspunkte bilden ...«[54] Auf die politische »Strahlkraft« Heinemanns wollte Scheu also auf keinen Fall verzichten. Mit welch geringer Begeisterung Heinemann schließlich doch an der GVP-Gründung mitwirkte, verdeutlichte er in einem Brief an Karl Barth vom Oktober 1952: »Ich glaube, dass sie [die Gründung einer Partei, T. F.] für die nächstjährige Bundestagswahl nicht umgangen werden kann. Mir graut davor, aber ich weiß keinen Ausweg gegenüber all den Anforderungen und den gegebenen Umständen.«[55]

Dennoch fand sich im Umkreis der Notgemeinschaft, aus der nun eine Partei werden sollte, immer noch eine Vielzahl politischer Wirrköpfe und Sektierer, sodass sich warnende Stimmen erhoben. »Sie werden doch mit diesen Leuten keine Partei gründen wollen«, bekam Heinemann etwa von Erhard Eppler zu hören, einem jungen Gymnasiallehrer aus Baden-Württemberg, der sich für Heinemanns Positionen begeisterte, auf politisches Sektierertum aber allergisch reagierte.[56] Doch Heinemann ließ sich ungeachtet derartiger Irritationen und Bedenken – die er bis zu einem gewissen Grad durchaus teilte – von seinem Vertrauten Scheu immer stärker in das Projekt Parteigründung einbinden, zumal auch Helene Wessel den Versuch einer »Sammlungsbewegung« für gescheitert betrachtete und sich energisch für die Gründung einer Partei aussprach.[57]

Was die Gründung der GVP anging, musste Heinemann allerdings regelrecht »zum Jagen getragen werden«. So ließ er sich von Adolf Scheu vor der Mülheimer Tagung ausdrücklich versichern, dass sein, Heinemanns, Auftreten dort völlig unverbindlich sei und ihn zu nichts verpflichte. Denn immer noch hegte Heinemann große Vorbehalte gegen eine Parteigründung. Doch konnte er sich in Mülheim der Eigendynamik des vor allem von Scheu, Mochalski, Bodensteiner und Helene Wessel in Gang gesetzten Prozesses nicht mehr entziehen. Heinemann ließ sich von Wessels Auffassung überzeugen, es sei nunmehr der Zeitpunkt gekommen, dass man Adenauer nicht länger »aus dem vorpolitischen Raum heraus« imponieren könne.[58]

Am 19. Oktober stimmte Heinemann mit der überwiegenden Mehrheit der Teilnehmer für die möglichst rasche Gründung einer Partei. Anschließend formulierte er mehrere Bedingungen, welche die künftige Partei in Programmatik und Struktur zu erfüllen habe, damit sie sich von den bestehenden Parteien grundsätzlich unterscheiden würde. So solle bewusst auf ein fest umrissenes Parteiprogramm verzichtet und jeder Fraktionszwang von vornherein ausgeschlossen werden. »Handeln aus Gewissensentscheidung (keine weltanschauliche Zementierung, kein Fraktionszwang).« Letzterer Aspekt gehörte seit je zu Heinemanns zentralen Anliegen in Bezug auf innere Parteiendemokratie und bot immer wieder Grund zur Klage, insbesondere mit Blick auf die SPD. Nach Heinemanns Überzeugung sollten die Abgeordneten allein ihrem Gewissen verantwortlich sein. Wenigstens in der von ihm selbst gegründeten Partei sollte das also gewährleistet sein. »Eine Plattform außerhalb der SPD und außerhalb des außenpolitischen Kurses der Bundesregierung. (3. Kraft).« Des Weiteren forderte Heinemann, dass die neue Partei insbesondere für junge Leute offen und attraktiv sein solle. Auch dürfe sie nicht zu einer reinen Interessenvertretung werden. Ihren programmatischen Kern umriss er wie folgt: »Ablehnung der Ost-West-Gebundenheit, Ausklammerung aus der Inanspruchnahme der beiden Weltmächte. Wiedervereinigung. Bereit zur Partnerschaft nach Ost und West (Friedensvertrag).« Auch unter einem anderen Aspekt sollte sich die zu gründende Partei von den herkömmlichen unterscheiden. »Keine Interessenvertretung«.[59] Was Heinemann vorschwebte, könnte man überspitzt als eine »unpolitische Partei« bezeichnen, wenn man die Vertretung partikulärer Interessen als ein Wesensmerkmal politischer Parteien betrachtet.

Unbestritten war, dass Heinemann den Vorsitz der neuen Partei übernehmen sollte, wovon dieser zunächst aber wenig begeistert war. Glaubt man Adolf Scheu, so waren bei Gründung der GVP und insbesondere bei der Inthronisierung Heinemanns zum Vorsitzenden darum viel List und Tücke im Spiel. »Man lade … zu einer unverbindlichen Vorbesprechung, z. B. in eine Evangelische Akademie, z. B. in Mülheim an der Ruhr. Man versichere vorher dem, welchen man längst als Boss auserkoren hat [also Heinemann, T. F.], dass sein Kommen … besonders unverbindlich sei und er zu nichts verpflichtet werden würde. Man lasse … langsam die Katze aus dem Sack und lasse langsam … durch blicken, dass dies alles natürlich nur zu machen sei mit einem Boss, der das politische Leitbild der neuen Partei in persona ist.«[60] Wenn Heinemann auch sicher nicht so unbedarft war, die Absichten von Scheu, Wessel und anderen nicht bald zu durchschauen, zeigt Scheus launiger Rückblick auf die GVP-Gründung recht plastisch die tatsächlich sehr zögerliche Haltung Heinemanns.

Ein Name für die neue Partei war zwar noch nicht gefunden, doch ging man seit dem Mülheimer Beschluss mit raschen Schritten auf die Gründung zu, die von vier Kommissionen inhaltlich und organisatorisch vorbereitet wurde. Die von Heinemann geleitete Kommission befasste sich u. a. mit »Verhandlungen mit anderen Gruppen«, eine zweite unter Helene Wessel mit dem organisatorischen Aufbau der Partei. Diether Posser, Sozius in Heinemanns Essener Anwaltskanzlei, kümmerte sich um Finanzierungsfragen, eine vierte Kommission unter Hans Bodensteiner, zum damaligen Zeitpunkt noch CSU-Mitglied, um programmatische Formulierungen.[61]

Nachdem also die Grundsatzentscheidung zur Parteigründung gefallen war, galt es neben den organisatorischen Vorbereitungen vor allem im politisch-ideologisch überaus heterogenen Spektrum der Adenauer-Gegner weitere Mitstreiter und Bündnispartner zu finden, um die gesellschaftliche Basis und damit die potenziellen Wählerkreise möglichst weit auszudehnen. Dabei richtete man den Blick sowohl auf konservative und nationalistische Milieus auf der Rechten als auch auf stramm linke Gruppierungen. In beide Richtungen stellte sich allerdings sogleich die Frage, inwieweit man sich diesen Gruppen gegenüber, die nichts weiter verband als ihre Gegnerschaft zu Adenauers Politik der Westintegration, öffnen sollte.

Was eine mögliche Zusammenarbeit mit nationalistischen Rechtsgruppen anging, so brachten zwei Sondierungsgespräche sehr ernüchternde Ergebnisse. Am 3.11.1952 trafen sich Heinemann, Wessel, Scheu und Pfarrer Mochalski in Darmstadt mit führenden Köpfen des nationalistischen Lagers, allesamt ehemalige NSDAP-Funktionäre bzw. Angehörige der SS oder Waffen-SS wie Friedrich Brehm, Carl Cerff (Vorstandsmitglied im Bundesverband der Soldaten der ehemaligen Waffen-SS) und Gottfried Grießmayr (1942–1945 Leiter des Politischen Schulungsamtes der Reichsjugendführung). Alle drei gehörten rechtsgerichteten Gruppierungen wie dem »Deutschen Block« oder der »Deutschen Union« an.

Es war Heinemann, der auch in diesem Kreis nunmehr auf eine beschleunigte Parteigründung drängte, da die Zeit bis zu den für Juni oder September 1953 geplanten Bundestagswahlen bereits sehr knapp sei. Zudem plane die Bundesregierung ein Wahlgesetz – u. a. mit Einführung der Fünf-Prozent-Hürde –, das »Neubildungen erhebliche Erschwernisse bringt.« Als weiteres Argument führte Heinemann an, dass die Möglichkeit bestehe, »schwankende Bundestagsabgeordnete« zu beeinflussen und auf die Seite der neu zu gründenden Partei zu ziehen.[62]

Ob aber ein Zusammengehen mit früheren Nationalsozialisten, nur weil sie die Westbindung ablehnten, denkbar wäre, schien für Heinemann nach dem Treffen mehr als zweifelhaft. Zwar distanzierten sich Grießmayr und Co. auf Nachfrage vom Antisemitismus, lösten bei Heinemann und Scheu aber u. a. mit dem Vorschlag starkes Befremden aus, zur öffentlichkeitswirksamen Einbindung der »nationalen Kräfte« einen ehemaligen Wehrmachtsgeneral, etwa den kurz zuvor aus alliierter Haft entlassenen Luftwaffengeneral Albert Kesselring, in den Parteivorstand aufzunehmen.[63]

Ein Folgetreffen am 12.11.1952 in Neu-Isenburg offenbarte dann vollends den tiefen Graben zwischen den GVP-Gründern und dem rechtsnationalistischen Milieu Westdeutschlands. Mit Leuten, die von den »zeitlosen Werten des soldatischen Geistes« und der »Rückgabe geraubter Gebiete« schwadronierten und die deutsche Alleinschuld am Ausbruch des Zweiten Weltkriegs anzweifelten, wollten Heinemann und Scheu denn doch nichts zu tun haben.[64] Insbesondere Heinemann wandte sich nunmehr entschieden gegen eine Zusammenarbeit mit dieser Sorte von Adenauer-Gegnern mit klaren Affinitäten zu nationalsozialistischem Gedankengut. Sein enger Mitarbeiter Posser sprach von »neonazistischen Gruppen, die wir nicht wollen.«[65]

Zu revanchistischen und rechtsgerichteten Kreisen zogen Heinemann, Scheu und ihre Mitstreiter also noch in der Gründungsphase der GVP einen klaren Trennungsstrich. Zu gemäßigt nationalistischen Gruppierungen allerdings wollte man über Adolf Scheu weiterhin Kontakt halten. Auch gegenüber linksorientierten Gruppen wollte die GVP sich abgrenzen, zumal jene in der westdeutschen Öffentlichkeit unter dem Generalverdacht standen, von Ost-Berlin gesteuert oder zumindest teilfinanziert zu sein, wodurch eine Zusammenarbeit mit ihnen für die neugegründete GVP eine schwere Belastung bedeutet hätte. Doch rückte man später im Vorfeld der Bundestagswahl 1953 von dieser Abgrenzungshaltung etwas ab.

Am 29. und 30. November 1952 kamen auf Einladung von Adolf Scheu rund 140 Personen in einem Frankfurter Lokal zur Gründungsversammlung zusammen. Als ausgesprochen schwierig erwies sich die Namensfindung, insbesondere deshalb, weil viele Anwesende schon im Namen ihre politische Sonderstellung – nämlich »jenseits des Parteienstreits« – zum Ausdruck bringen wollten. Man wollte eben keine Partei neben anderen sein, sondern »Aktion, Bewegung, Bund Block, Gemeinschaft, Sammlung«. Dem entsprach auch Helene Wessels Einlassung, das sich in der »neuen Organisation Männer und Frauen vereinigen, die des Parteienstreits müde und … entschlossen seien, nicht Parteipolitik, sondern Staatspolitik zu betreiben.«[66] Heinemann befürwortete jedoch die Bezeichnung »Partei«, vor allem weil sie »wahlgesetzlich wahrscheinlich eines Tages notwendig« sei. Die Mehrheit schloss sich dieser Argumentation an. Um den genauen Parteinamen wurde in mehreren Abstimmungsrunden zäh gerungen. Die zahlreichen Vorschläge reichten von »Gesamtdeutsche Erneuerungspartei«, »Deutsche Freiheitspartei« oder »Friedenspartei« bis zu »Gesamteuropapartei der Deutschen«. Nachdem zunächst die Bezeichnungen »Deutsche Unabhängigkeitspartei« bzw. »Gesamtdeutsche Unabhängigkeitspartei« die meisten Stimmen erhalten hatten, einigte man sich schließlich bei vier Enthaltungen auf einen Vorschlag von Helene Wessel: »Gesamtdeutsche Volkspartei« (GVP).[67]

Als nächstes musste die Führungsriege bestimmt werden, wobei auf die Position eines/einer Parteivorsitzenden verzichtet wurde, nicht zuletzt weil Heinemann die Übernahme des Parteivorsitzes abgelehnt hatte. An der Spitze der GVP stand somit ein vierköpfiges Präsidium, in das Gustav Heinemann, Helene Wessel, Adolf Scheu und Robert Scholl, Vater der von den Nationalsozialisten hingerichteten Geschwister Scholl, gewählt wurden. Der Bundesvorstand bestand aus insgesamt 29 von der Versammlung gewählten Personen, darunter – neben den vier Präsidiumsmitgliedern – Hans Bodensteiner (MdB), Wilhelm Hermes, Ludwig Stummel, ein Konteradmiral a. D., Diether Posser, Heinemanns »rechte Hand« in Essen, und Erhard Eppler. Letzterer hatte übrigens an der Gründungsversammlung nicht teilnehmen können und erfuhr erst aus der Zeitung von seiner Wahl in den Vorstand, auf ausdrücklichen Wunsch von Heinemann. »Den jungen Mann aus Schwaben, den wählt ihr auch noch,« so Heinemann zu den in Frankfurt Versammelten.[68]

Insgesamt überwogen im GVP-Vorstand Personen, die sich bereits in der Notgemeinschaft engagiert hatten. Ihrer sozialen Stellung nach entstammten die allermeisten einem bürgerlichen Milieu. »Ein paar Professoren, ein paar Ärzte, Oberste a. D., ein General, ... viele Rechtsanwälte, Pfarrer, Lehrer, ein paar Kaufleute ... geeint von der Sorge, die ungehemmte Westorientierung der Bundesrepublik drohe zu einem bewaffneten Konflikt und zum endgültigen Verlust der Sowjetzone zu führen«, schrieb die Süddeutsche Zeitung über die GVP-Gründung. In der FAZ hieß es: »Keine feinen Leute, aber auch keine kleinen Leute. Viel Intelligenz, ein bisschen viel a. D.« Arbeiter oder kleine Handwerker waren bei der Gründungsversammlung kaum vertreten, in den Führungsgremien fehlten sie ganz, wie einige GVP-Leute selbst monierten. Vom Anspruch bzw. Wunsch, möglichst breite Bevölkerungsschichten anzusprechen, war die GVP also weit entfernt. Auch hatte kaum einer jener »schwankenden« Parteipolitiker, auf die Heinemann gehofft hatte, bislang den Weg zur GVP gefunden. (Was auch so bleiben sollte.) Im GVP-Vorstand fanden sich nur der niedersächsische FDP-Landtagsabgeordnete Wilhelm Hermes und das frühere SPD-Mitglied Werner Reinecke.[69] Relativ hoch war der Anteil junger Leute unter den Gründungsmitgliedern der GVP, was Heinemann für die Zukunft hoffen ließ. Mit Helene Wessel und Hans Bodensteiner gehörten zwar auch bekennende Katholiken dem Führungszirkel an, insgesamt aber überwogen Protestanten unter den Mitgliedern wie auch in den Leitungsgremien der neuen Partei. So hatte die GVP denn auch zeit ihrer Existenz den stärksten Rückhalt in protestantischen Milieus, insbesondere Südwestdeutschlands und des Rheinlands, ohne dass sie konfessionelle Fragen je in den Vordergrund stellte.[70] Heinemann selbst betonte immer wieder diesen Unterschied zum Christlich-Sozialen Volksdienst, dem er vor dem Krieg angehört hatte. Dennoch wurde die GVP in weiten Teilen der Bevölkerung und der Publizistik als eine evangelisch geprägte Partei wahrgenommen, nicht zuletzt wegen ihrer Gegnerschaft zur katholisch dominierten CDU.

Die Gründung der GVP machte selbstredend einen Schritt notwendig, den Heinemann – für viele Mitstreiter und Beobachter erstaunlicherweise – lange hinausgezögert hatte. Anfang November 1952 trat Heinemann aus der CDU aus. Etwa zur gleichen Zeit verließen auch Helene Wessel das Zentrum und Hans Bodensteiner die CSU.

Zum Abschluss der Gründungsversammlung wurde ein »Manifest« verabschiedet, in dem die GVP ihre politischen »Leitsätze« und Zielsetzungen darlegte. Man legte allerdings Wert darauf, dass es sich nicht um »programmatische Dogmen« handele, sondern eben um »Leitsätze«, die erst nach einem Einzug der GVP in den Bundestag in ein konkretes Arbeitsprogramm umgearbeitet werden sollten.[71] Der erste Entwurf stammte von Adolf Scheu und war in wochenlangen Diskussionen verändert worden.

Im Mittelpunkt stand eindeutig die Außen- und Deutschlandpolitik, lag doch überhaupt die raison d'etre der GVP vor allem im »entschiedenen Widerstand gegen die Außenpolitik Bonns«, wie es Adolf Scheu in seiner Eröffnungsrede formuliert hatte. »Die zentrale Aufgabe deutscher Außenpolitik sehen wir in der Erhaltung des Friedens und der Wiedervereinigung unseres Volkes in einem einheitlichen Staatswesen, welches Freiheit, Gerechtigkeit und Menschenwürde zur Grundlage seiner Ordnung hat«, heißt es im Manifest.[72] Das hätte auch Adenauer so formulieren können. Nicht aber die anschließende Forderung. »Deutschland als Land der Mitte … muss aus dem militärischen Aufmarsch Nordamerikas und der Sowjetunion herausbleiben. Wenn wir keiner Seite zur militärischen Gefahr werden, können wir dem Frieden besser dienen, als wenn Deutschland zum Aufmarschplatz zweier Heerlager wird, in denen Deutsche gegen Deutsche bewaffnet werden. Wir fordern daher die sofortige Beseitigung der Aufrüstung zweier deutscher Armeen in West- und Ostdeutschland.« Und weiter heißt es im Rückgriff auf Neutralitätskonzepte aus Zeiten der Notgemeinschaft: »Gesamtdeutsche Haltung erfordert Unabhängigkeit von Ost und West.« Statt von »Neutralität« sprach man aber lieber von »Ausklammerung Deutschlands« aus den Militärblöcken, wobei die Zugehörigkeit eines vereinten Deutschland zum westlichen Kulturkreis und zu den Traditionen der parlamentarischen Demokratie nie in Frage gestellt wurde.[73] Auf welchem konkreten Weg die deutsche Einheit wiederzuerlangen sei, ließ das Manifest offen, sieht man ab von der an die Regierungen in Bonn und Ost-Berlin gerichtete Forderung, für die »Verbesserung der Lebensbedingungen zwischen den Menschen in Ost und West durch Erleichterung des Reise- und Postverkehrs ... und durch freien Wirtschaftsverkehr« zu sorgen. Insbesondere Heinemann lehnte es in der Frühphase der GVP ab, sich auf bestimmte Mittel und Wege zur Überwindung der Teilung festzulegen.[74]

Auch Vorstellungen von einer europäischen Einigung bzw. eines unabhängigen Europa spielten in der Programmatik der GVP eine prominente Rolle. Gesamtdeutschland solle quasi eingebettet sein in ein freies und unabhängiges Europa auf der Grundlage föderativer Gleichberechtigung als politische Macht zwischen USA und UdSSR«.[75] »Das Ziel unsrer Europapolitik ist ein Europa als selbständige dritte Kraft zwischen den beiden Mächten, ... USA und der Sowjetunion.« Es dürfe nicht länger als deren jeweiliger »Brückenkopf« dienen.[76] Für Heinemann und seine Mitstreiter hatte ein integriertes, unabhängiges Europa eine stabilisierende und damit friedensichernde Funktion, wobei er Europa ausdrücklich nicht auf Westeuropa beschränkt wissen wollte. »Was den europäischen Zusammenschluss anlangt, so würde er sich nach meiner Vorstellung nicht auf eine Einfügung von Polen und Tschechoslowakei in den Straßburger-Rahmen zu beschränken haben, sondern eben auch mindestens Skandinavien umfassen.«[77] Zudem forderte die GVP, dass ein vereintes Deutschland möglichst rasch in die Vereinten Nationen aufgenommen werden sollte, nicht zuletzt damit seine Sicherheit »auch ohne Eingliederung in einen der Machtblöcke« garantiert werden könne.[78]

Sehr vage blieben die Ausführungen zur Wirtschaftspolitik. Das Manifest beschränkte sich hier im Wesentlichen auf die Formulierung wohlklingender Vorstellungen, wonach »das heutige Gegeneinander der einzelnen Gruppen durch ein solidarisches Miteinander ersetzt« werden solle. »Der Ausgleich der widerstrebenden Interessen soll durch eine neue Wirtschafts- und Sozialordnung erfolgen. Der wirtschaftliche Friede beruht auf der gerechten Verteilung des Sozialprodukts.«[79] Unklar blieb, wie diese »neue Wirtschafts- und Sozialordnung« konkret aussehen und auf welchem Weg sie herbeigeführt werden sollte. Ein Grund für die sehr vage Behandlung der Wirtschaft lag in den großen Meinungsunterschieden, die auf diesem Gebiet zwischen den GVP-Aktivisten herrschten. Unter ihnen gab es vehemente Kritiker der bestehenden kapitalistischen Wirtschaftsordnung, wie beispielsweise Hans Bodensteiner, deren Position aber bei anderen GVP-Mitgliedern auf heftige Ablehnung stießen. Diesen Meinungsstreit wollte man unter der Decke halten, um den fatalen Eindruck der Zerrissenheit von vornherein zu vermeiden.

Angesichts der unterschiedlichen Vorstellungen zur Wirtschaftspolitik unter den GVP-Gründern hielt Scheu eine »Einigung nicht (für) möglich«, aber auch gar nicht für notwendig.[80] Es waren vor allem jüngere Parteimitglieder wie Erhard Eppler, die jedoch darauf drängten, »unsere Abstinenz in Wirtschaftsfragen nicht (zu) übertreiben« und eine deutlichere Positionierung der GVP in wirtschafts-

und sozialpolitischen Fragen forderten.[81] Andernfalls werde die GVP in der Öffentlichkeit nicht als vollwertige Partei wahrgenommen. Und so wurde denn auf dem ersten Bundesparteitag der GVP Anfang Juni 1953 – rund vier Monate vor der Bundestagswahl – auch ein Wirtschafts- und Sozialprogramm beschlossen.

Im Kern vertrat es einen »dritten Weg« – den »rechten Weg der goldenen Mitte« (Bodensteiner) – zwischen dem westlichen Kapitalismus mit seinen wirtschaftlichen »Missverhältnissen« zwischen Kapital und Arbeit und einer staatlich gelenkten Wirtschaft. Allerdings: »Grundlage dieser Ordnung ist die Marktwirtschaft. Aber diese Ordnung … bedarf der Ergänzung durch volkswirtschaftliche Planung.« Die Verfügungsgewalt über die Produktionsmittel müsse neu geordnet werden. Eine Verstaatlichung bzw. Vergesellschaftung von Produktionsmitteln lehnte die GVP ab. Allerdings müsse die private Verfügungsgewalt über Fabriken und Maschinen eingeschränkt werden, um Machtmissbrauch zu verhindern und eine möglichst gerechte Verteilung der Erträge zu erreichen. Freiheit und Initiative des Einzelnen sowohl als Produzent wie als Konsument müssten dabei stets gewährleistet sein, damit die produktiven Kräfte der Volkswirtschaft sich voll entfalten können. Eingriffe ins Wirtschaftssystem dürften die »Privatinitiative nicht lahmlegen.« Die GVP bejahe darum »den Eigennutz und das Selbstinteresse, den Wettbewerb und das Eigentum der einzelnen und fördert sie. Aber sie verhindert durch geeignete Vorschriften, dass der eine kraft seiner Stärke den anderen übervorteilt.«[82] Das »heutige Gegeneinander der einzelnen Gruppen (soll) durch ein solidarisches Miteinander ersetzt« werden.[83] Zusammenfassend heißt es im Wirtschaftsprogramm: »Unser Leitbild einer Wirtschafts- und Sozialordnung liegt … zwischen dem westlichen und dem östlichen Wirtschaftssystem.«[84]

Insgesamt wies das Wirtschaftsprogramm der GVP deutliche Parallelen zum Konzept der »sozialen Marktwirtschaft« von Wirtschaftsminister Ludwig Erhard auf, wobei die Aspekte »gerechte Verteilung des Sozialprodukts« (GVP-Manifest), soziale Verantwortung des Kapitals und »volkswirtschaftliche Planung« stärker betont waren. Zudem enthielt es zahlreiche Anklänge an die volkswirtschaftlichen Theorien von Wilhelm Röpke, Heinemanns engen Freund aus Studententagen, der nach 1945 seinerseits einen »dritten Weg« zwischen Kapitalismus und Sozialismus auf Grundlage eines »ökonomischen Humanismus« propagierte. Ein direkter Kontakt von Heinemann oder anderen GVP-Leuten zu Röpke, bei der Erarbeitung ihres Wirtschaftprogramms ist aber nicht belegt, erscheint auch eher unwahrscheinlich, da Röpke zu jener Zeit von Adenauer und Wirtschaftsminister Erhard häufig als wirtschaftspolitischer Berater konsultiert wurde.[85]

Die GVP konnte im Juni 1953 zwar endlich auch ein wirtschaftspolitisches Programm vorweisen, dem aber die meisten Parteimitglieder keinen hohen Stellenwert gaben. Nicht zuletzt Gustav Heinemann zeigte an wirtschaftspolitischen Fragen weiterhin wenig Interesse und riet von konkreten Festlegungen ab. »Schwerpunkt ist (dic) Deutschlandpolitik. Daraus folgt, dass wir in allem übrigen im allgemeinen und Grundsätzlichen die Dinge locker (sehen), um niemanden vor den Kopf zu stoßen.«[86] Diese Vernachlässigung der Wirtschafts- und Sozialpolitik deckte sich mit der öffentlichen Wahrnehmung, in der die GVP weitgehend als »Ein-Thema-Partei«, fixiert auf den Widerstand gegen die Adenauersche West- und Wiederbewaffnungspolitik, erschien.

Nicht nur mit ihrer auf die Deutschlandpolitik fokussierten Programmatik, sondern auch mit ihrem Selbstverständnis wollte sich die GVP aus der westdeutschen Parteienlandschaft herausheben. Erklärtermaßen sollte sie keine »Gesinnungspartei« sein, sondern etwas »grundsätzlich Neues«, eine »Zweckpartei«.[87] Und dieser Zweck war die Überwindung der deutschen Teilung, hinter dem alle anderen politischen Fragen zurückzustehen hatten. Den etablierten Parteien – CDU/CSU, SPD, FDP u.a. – hielt man vor, lediglich partikulare Interessen- und Weltanschauungspolitik zu betreiben, dabei »Fraktionszwang über Gewissensentscheidung« zu stellen und auf diese Weise mitverantwortlich zu sein für die »Parteimüdigkeit im deutschen Volke«.[88] Übrigens war der so gescholtene »Fraktionszwang« seit je ein rotes Tuch für Heinemann. In seinen Augen war Fraktionszwang fast gleichbedeutend mit »Diktatur« der Parteiführung über Mandatsträger und einfache Mitglieder. In der GVP sollte darum die Gewissensentscheidung des Einzelnen über der Parteidisziplin stehen.

Anstatt Macht- und Interessenpolitik zu betreiben, wie bei den etablierten Parteien üblich, werde sich die GVP um eine verantwortliche Staatspolitik im Dienst des ganzen Volkes bemühen. »Männer und Frauen, die sich aus der Verpflichtung ihres Gewissens zum Dienst am Volk gerufen wissen, können nicht Partei im bisherigen Sinne werden«, heißt es im Gründungsmanifest.[89] Es klingen hier einige Motive an – »Dienst«, Politik aus einer »Gewissensentscheidung« –, die an das Politikverständnis jenes Christlich-Sozialen Volksdienstes erinnern, dem Heinemann von 1929 bis 1933 angehört hatte. Das Präsidiumsmitglied Erhard Eppler gab später eine griffige Charakterisierung der GVP. »Der Geist der Partei ist … im Ganzen … christlich, aber antiklerikal, vorwiegend evangelisch … Die GVP wendet sich an das Gefühl nationaler Verantwortung, sieht aber in allem Nationalismus und in dem in Deutschland meist damit verbundenen Militarismus eine Gefahr. … Die GVP rechnet sich zur Linken, ohne sozialistisch zu sein. Sie steht in der Innenpolitik etwas rechts, in der Außenpolitik etwas links von der SPD.«[90]

Wenngleich die GVP ausdrücklich keine konfessionell gebundene Partei sein wollte, war doch das Übergewicht protestantischer Kreise sowohl in der Führungsriege als auch in der Mitgliedschaft unverkennbar. Viele GVP-Leute waren in der Bekennenden Kirche aktiv gewesen. In den Landes- und Ortsverbänden spielten evangelische Pfarrer eine tragende Rolle. In der westdeutschen Öffentlichkeit galt die GVP jedenfalls als eindeutig evangelisch dominiert, nicht zuletzt wegen ihrer Stoßrichtung gegen die »katholische« CDU. Da half es auch wenig, dass Heinemann immer wieder auf katholische Führungspersonen in der GVP wie Helene Wessel und Hans Bodensteiner verwies.

In der westdeutschen Presse überwogen eindeutig die ablehnenden Stimmen zur GVP, indem man die neue Partei bestenfalls für überflüssig, meist für schädlich und als eine vom »Osten« gesteuerte Aktion bezeichnete.[91] Es gab aber auch vereinzelte wohlwollende Kommentare. Im deren Mittelpunkt stand zumeist die Person Heinemann, dem man durchaus zutraute, aus einer Ansammlung »Wohlmeinender« eine ernstzunehmende politische Kraft zu formen. So hieß es in der liberalen Stuttgarter Zeitung unter der Überschrift »Heinemanns fortschrittliche Bürger«: »Wenn es einen Grund gibt, dieser Gründung ... Zukunftschancen einzuräumen, dann ist es in erster Linie seine [Heinemanns, T. F.] imponierende Persönlichkeit mit ihrer moralischen Sauberkeit, intellektuellen Schärfe ... und organisatorischen Begabung.«[92]

Dieses »Organisationstalent« musste Heinemann nun umgehend unter Beweis stellen, denn die neu gegründete GVP stand wegen der in wenigen Monaten anstehenden Bundestagswahlen unter hohem Zeitdruck. Wollte die Partei in der Deutschlandpolitik irgendetwas bewegen, musste sie diese erste Bewährungsprobe unbedingt bestehen, d.h. den Einzug ins Parlament schaffen, zumal mit den Westverträgen (Deutschlandvertrag, EVG etc.) wichtige Weichenstellungen bereits vollzogen oder für die nahe Zukunft geplant waren – nach GVP-Auffassung in die völlig falsche Richtung.

Es war darum vordringlich, rasch eine funktionstüchtige Parteistruktur aufzubauen. Innerhalb weniger Wochen mussten aktive Mitglieder gewonnen, Kreis- und Landesverbände gebildet, geeignete Kandidaten gefunden und nicht zuletzt finanzielle Ressourcen für den bevorstehenden Bundestagswahlkampf erschlossen werden. Das alles gestaltete sich weit schwieriger als erwartet. Im Frühjahr 1953, rund fünf Monate vor der Wahl, bestanden erst 61 GVP-Kreisverbände, in fast 100 Wahlkreisen war die GVP überhaupt noch nicht vertreten. Bis Juni 1953 war die GVP in rund 240 Wahlkreisen präsent, wobei zahlreiche Kreisverbände lediglich aus drei oder vier Personen bestanden. Überhaupt hielt sich der Mitglieder-«Zustrom« in sehr engen Grenzen, sodass die GVP zeit ihrer Existenz kaum je mehr als 1.000 Mitglieder hatte.[93]

Entsprechend prekär war und blieb die finanzielle Lage der Partei, was einen aufwendigen, materialintensiven Wahlkampf von vornherein ausschloss. Der »Parteiapparat« bestand aus vier festen Mitarbeitern. Aber schon Ende März 1953 erklärte Heinemann, dass »wir ... Gehälter und manche Rechnungen nicht mehr bestreiten« können.[94] Die Mitgliedsbeiträge reichten bei weitem nicht aus und auch das Spendenaufkommen blieb weit unter den Erwartungen, sodass die GVP zu einem großen Teil über Schulden finanziert werden musste. Als Parteizentrale der GVP fungierten faktisch die Räume der Essener Anwaltskanzlei von Heinemann, wo sein Sozius Diether Posser weit mehr Zeit der GVP als der Vertretung von Mandanten widmete.

Doch schon vor dem – trotz aller Widrigkeiten für sicher gehaltenen – Einzug in den Bundestag drängte es die GVP-Führung zu politischer Aktion. Ein probates Mittel schien ihr, sich direkt an die Mächtigen beider Seiten zu wenden. Mitte März 1953 richtete die GVP an die vier Hohen Kommissare gleichlautende Schreiben, in denen sie eine Viermächte-Konferenz vorschlug, »um sich ... über die völkerrechtliche Stellung eines wiedervereinigten Deutschland zu verständigen.« Eine entsprechende Verständigung solle »dem deutschen Volk in allen vier Besatzungszonen zur Abstimmung vorgelegt« werden. Anschließend sei eine »gesamtdeutsche Regierung ... aus einer ... kontrollierten freien und geheimen Wahl zur Nationalversammlung zu bilden.« Der französische und der britische Hochkommissar bestätigten den Empfang der Briefe und versprachen sogar, ihn an ihre Regierungen weiterzuleiten. Eine weitere Reaktion erfolgte nicht. Amerikaner und Sowjets reagierten überhaupt nicht auf das Schreiben. Unklar ist, ob die Gruppe um Heinemann tatsächlich hoffte, mit den Briefen irgendeine Wirkung bei den Siegermächten zu erzielen, oder ob sie sich mit dieser Aktion vor allem in der westdeutschen Öffentlichkeit ins Gespräch bringen wollte.[95]

Allerdings ließ sich erwartungsgemäß die Regierungsmehrheit im Bundestag durch derartige Briefe und Appelle der GVP nicht davon abhalten, am 19. März 1953 den Westverträgen (EVG-Vertrag) in dritter Lesung zuzustimmen. Die offizielle Reaktion der GVP war in überaus scharfem Ton gehalten, hatte in Form der Anspielung auf die NS-Diktatur geradezu etwas Maßloses. »Der Bundestag (hat) mit seiner gestrigen Entscheidung ... den Westmächten und der Bundesregierung gegen den Willen des Volkes ein Ermächtigungsgesetz gegeben. Die Mehrheit im Parlament ist kleiner, als sie 1933 in der Kroll-Oper beim Ermächtigungsgesetz für Hitler war. Wir fürchten, dass die Folgen noch größer sein werden. Die gestrige Entscheidung rückt uns den Dritten Weltkrieg um einen verhängnisvollen Schritt näher. Die Spaltung Deutschlands ist vertieft worden.« Eine derart heftige Erklärung war auch in der GVP selbst nicht unumstritten. Wie Heinemann zu diesen apokalyptischen Tönen stand, muss offenbleiben. Sein Veto gegen derartige Formulierungen hat er jedenfalls nicht eingelegt.[96]

Umso wichtiger war nach Ratifizierung der Westverträge der Einzug der GVP in den Bundestag. Für dieses Ziel mussten alle Kräfte mobilisiert werden. »Wenn es uns nicht gelingt, ... eine Gruppe von Menschen in den neuen Bundestag zu bringen, die … einen klaren Kurs in der Ablehnung der Wiederaufrüstung von Ost und West verfolgen, dann können wir uns alle abschreiben«, so Helene Wessel im März 1953.[97] Es wurde im Frühjahr 1953 allerdings immer deutlicher, dass die Kräfte der GVP für einen erfolgreichen Bundestagswahlkampf nicht ausreichen würden, weder finanziell, noch personell und organisatorisch. Es mussten Bündnispartner gefunden werden.

Die GVP ging also alles andere als gut gerüstet in den Bundestagswahlkampf 1953. Zusätzlich verschlechtert wurden die Startbedingungen durch die vom Bundestag im Juni 1953 beschlossene Fünf-Prozent-Hürde, die es einer neu gegründeten Partei erheblich schwerer machte, in den Bundestag einzuziehen. Die GVP reichte zwar umgehend Verfassungsklage gegen das Gesetz ein, das eindeutig darauf abziele, »die Bildung von Parteien, die gegen die Wiederaufrüstung sind, zu sabotieren«. Diese wurde aber vom Bundesverfassungsgericht zurückgewiesen[98]. Die bis dahin nur auf Landesebene gültige Fünf-Prozent-Klausel galt seit Juli 1953 auch bei den Bundestagswahlen.

Im GVP-Vorstand setzte sich angesichts dieser schwierigen Ausgangslage im Frühjahr 1953 die Überzeugung durch, dass man auf Bündnispartner angewiesen war. Die Suche nach geeigneten Gruppierungen gestaltete sich indes überaus kräftezehrend und brachte der GVP letztlich mehr Probleme ein, als dass sie ihre politische Schlagkraft und Attraktivität für die Wähler gestärkt hätte. Insbesondere das nach langem Hin und Her beschlossene Zusammengehen mit dem kommunistisch gesteuerten »Bund der Deutschen« erwies sich für die GVP als ein desaströser Fehlgriff, der ein wesentlicher Grund für den Misserfolg bei den Bundestagswahlen war.

Anfang 1953 wurden intensive Gespräche mit dem Block der Mitte/FSU aufgenommen, nachdem ein entsprechendes Angebot dieser Gruppierung noch im Dezember 1952 von der GVP-Führung in der Hoffnung auf die eigene Stärke sehr zurückhaltend kommentiert worden war. Inzwischen war in der GVP allerdings Ernüchterung eingetreten. Man hatte einsehen müssen, dass ohne Kooperationspartner das Projekt GVP von vornherein zum Scheitern verurteilt war. In ihren außen- und deutschlandpolitischen Vorstellungen stand der Block der Mitte/FSU – im September 1952 aus der Frei-Sozialen Union und der Freien Mitte entstanden – der GVP ziemlich nahe. Oberstes Ziel war die Wiederherstellung der deutschen Einheit, verbunden mit der Neutralisierung Gesamtdeutschlands. Weder Ost- noch Westdeutschland dürften einem militärischen Bündnis beitreten.

Auf anderen Gebieten, vor allem in der Wirtschaftspolitik, gab es dagegen große Unterschiede. So vertrat die FSU eine auf den Sozialreformer und Ökonomen Silvio Gesell zurückgehende etwas obskure »Freiwirtschaft-Theorie«, derzufolge die Ursache allen Übels in der Wirtschaft die »Hortbarkeit des Geldes« und die Effekte des Zinses seien. Als Verfechter von Marktwirtschaft und (eingehegtem) Kapitalismus konnte Heinemann darüber nur den Kopf schütteln. Hinzu kamen Vorbehalte gegen Ulrich Noack, einem führenden Kopf des Blocks der Mitte/FSU, mit dem Heinemann zu Zeiten der »Notgemeinschaft«» aus inhaltlichen wie persönlichen Gründen wiederholt aneinandergeraten war. Es war darum kein Zufall, dass die Kontakte zum Block der Mitte/FSU zunächst über Adolf Scheu und Hans Bodensteiner liefen. Im Interesse einer Kräftebündelung stellte Heinemann aber seine Bedenken schließlich hintan, da beide Gruppierungen »im Wesentlichen, zumal in der Außenpolitik, eine gleiche Zielsetzung verfolgen.«[99]

Am 12. April 1953 kam es im Essener Haus von Heinemann zu einem Treffen von Vertretern von GVP und Block der Mitte/FSU, bei dem trotz atmosphärischer Spannungen – beide Seiten fürchteten offenbar, von den anderen dominiert zu werden – ein Wahlbündnis beschlossen wurde. Organisatorisch sollten die drei Gruppen selbstständig bleiben, auf Wahlveranstaltungen, Plakaten und Handzetteln allerdings mit der Namensverbindung GVP – Block der Mitte – FSU auftreten.[100]

Man einigte sich auf eine gemeinsame Wahlkampfplattform, die in grundlegenden Passagen mit dem GVP-Manifest übereinstimmte. Die Kernpunkte lauteten: »1. Ablehnung der zweigeteilten Wiederaufrüstung und Ablehnung jeglicher Militärallianz mit Ost und West. 2. Die neue Bundesregierung muss die Befreiung aus allen militärischen Bindungen betreiben, die von der Adenauerregierung eingegangen werden. 3. Die Voraussetzung für freie gesamtdeutsche Wahlen ist die Regelung der völkerrechtlichen Stellung eines wiedervereinigten Deutschland aufgrund von Vier-Mächte-Verhandlungen. 4. Das wiedervereinigte Deutschland ist als gleichberechtigtes Mitglied in die UNO aufzunehmen. ... 5. Die bleibende Aufgabe gesamtdeutscher Außenpolitik ist die Erhaltung der Unabhängigkeit eines geeinten und freien Deutschlands als Land der friedlichen Vermittlung zwischen den Weltgegensätzen. 6. Deutschland darf nur ungeteilt einem europäischen Bundesstaat beitreten. ...« Programmatisch brauchte die GVP an ihren Bündnispartner somit kaum Zugeständnisse zu machen, zumal im außen- und deutschlandpolitischen Kernbereich. Und auch der – ohnehin sehr knappe – wirtschaftspolitische Abschnitt enthielt nur vage Aussagen und entfernte Anklänge an die etwas verstiegene »Freigeldtheorie« der FSU. »1. Wir treten ein für eine wirtschaftliche und soziale Neuordnung. 2. Es ist gemeinsame Überzeugung, dass das heutige Geldwesen reformbedürftig ist.«[101]

Die gemeinsame Basis des Wahlbündnisses war aber noch allzu schmal, so dass die GVP ihre Suche nach weiteren Partnern fortsetzte. Heinemann zog zeitweilig auch ein Zusammengehen mit dem katholischen Zentrum in Betracht, stieß dort aber auf Ablehnung, da die Zentrumsführung bei aller Kritik an Adenauer, der EVG und den Generalverträgen weder in der Ablehnung der Wiederaufrüstung noch in der Frage der Neutralität eines vereinten Deutschland die strikten Positionen der GVP teilte.[102] Vergeblich blieb auch das Bemühen um Gruppierungen, die in der Tradition des evangelischen CSVD standen, dem Heinemann in der Endphase der Weimarer Republik selbst angehört hatte. Lediglich mit einer Nürnberger Gruppe des Evangelischen Volksdienstes (EVD) kam eine Vereinbarung zustande.[103]

Ein nicht ganz unwichtiges Problem für die GVP war die Mitgliedschaft ehemaliger Nationalsozialisten und deren angebliche oder tatsächliche Läuterung. Potenzielle Funktionsträger der GVP mit NS-Vergangenheit wurden im persönlichen Gespräch zu ihrer aktuellen Einstellung befragt. So traf Heinemann in Hamburg mit einem gewissen Herrn Koch, »früher Reichsredner der NSDAP«, zusammen, der für die GVP als »Kreisbeauftragter« tätig werden sollte. »Auf meine Frage an K., ob er gegebenenfalls unter einem jüdischen Parteivorsitzenden in Hamburg, unter dem Vorsitz einer Frau, mitarbeiten würde, antwortete er mit ja.« Dennoch blieb Heinemann dieser Hamburger Mitstreiter suspekt. »Man wird Herrn Koch nicht unkontrolliert lassen dürfen.«[104]

In der GVP-Führung war man sich darüber im Klaren, dass die Gefahr der Unterwanderung von rechts wie von links angesichts ihrer bewusst – und notgedrungen – breiten Aufstellung groß war. Von allen Mitgliedern wurde darum eine Erklärung verlangt, »ob er Mitglied einer nach 1949 als verfassungswidrig verbotenen Partei« war. Wer beim Parteieintritt wahrheitswidrige Angaben machte oder »an Bestrebungen teilnimmt, deren Ziel die Beseitigung des demokratischen Staates ist«, wurde aus der GVP ausgeschlossen.[105]

Insgesamt erwies sich die Suche nach Bündnispartnern als ebenso kraftraubend wie unergiebig. Neben dem Block der Mitte/FSU, dem Nürnberger Ableger des EVD, der auf Hessen beschränkten NDP und einem rheinischen FDP-Kreisverband schloss sich bis Mitte 1953 lediglich noch die linksgerichtete Partei der Frauen (PdF) der GVP an. Das brachte immerhin einen Mitgliederzuwachs von knapp 500 Personen.[106]

Allzu eindrucksvoll wirkten sie nicht gerade, die neue Oppositionspartei GVP und ihre Verbündeten, die 1953 in der Deutschlandpolitik das Ruder herumreißen wollten. »Es sucht der Splitter den Splitter, doch solche Splitterbrüder ergeben noch lange keine ernstzunehmende politische Familie«, spotteten Teile der Presse.[107] Aber auch Sympathisanten wie der mit Heinemann befreundete Theologe Helmut Gollwitzer gaben der GVP wenig Chancen und lehnten u. a. wegen ihrer Heterogenität eine Mitarbeit ab. »Wenn ich nun aber auf viele andere sehe, die sich (abgesehen von der tüchtigen Helene Wessel) um die GVP sammeln und etwas von ihr erwarten, so ist das ... so unterschiedliches Volk, dass ich unmöglich einfach mich damit en bloc solidarisch erklären könnte, sondern mich nur dazustellen könnte, wenn ich mich ... in der Lage sähe, diesen zusammengewürfelten Haufen mit in die Richtung zu drängen, die mir politisch vertretbar erscheint ...« Er bezweifelte aber, dass er mit Leuten wie Noack oder Mochalski »in der politischen Arbeit auch nur einen Tag lang auf einen grünen Zweig käme.«[108]

Sympathien für Heinemann und die GVP äußerte auch der angesehene Schweizer Publizist René Allemann, gab ihnen aber genau so wenig Chancen wie Gollwitzer. »Vor zwei Jahren, als das deutsche Volk von der Wiederbewaffnungsdiskussion aufgewühlt wurde ... da wäre der Moment gewesen, um eine große Volksbewegung ins Leben zu stampfen ...« Inzwischen aber hätten die meisten (West-)Deutschen sich mit »deutschen Divisionen« abgefunden. Darum könne »die Gesamtdeutsche Volkspartei nicht mehr werden als eine weitere politische Sekte.«[109]

Heinemann sah das selbstredend anders. In einer Replik an Allemann umriss er jene Bevölkerungsgruppen, die er als GVP-Wähler zu gewinnen hoffte. »Gerade jetzt (suchen) zahllose Menschen nach einem Ausdruck ihres politischen Willens, den die bestehenden Parteien nicht zu bieten bereit sind. Alle bisherigen Wähler einer Regierungspartei, welche mit dem Bundeskanzler nicht einverstanden sind und nicht sozialistisch wählen wollen, finden in der neuen Partei einen Weg. Auch bisher sozialdemokratische Wähler, welche die Opposition der SPD für zwielichtig halten, interessieren sich lebhaft. ... Alle unsere Versammlungen sind nicht nur überhaupt stark besucht, sondern auffallend stark, gerade von jungen Menschen, die ... bisher unverhältnismäßig viele Nichtwähler aufwiesen! Wir haben deshalb keineswegs den Eindruck, eine Sekte zu bilden.«[110]

Tatsächlich waren die GVP-Veranstaltungen gut besucht und ihre Galionsfigur Heinemann fand nicht zuletzt bei der akademischen Jugend viel Zuspruch. So empfand beispielsweise auch der junge Journalist Peter Härtling, später ein erfogreicher Schriftsteller, Sympathien für Heinemann und seine Partei. An eine Veranstaltung der GVP in Baden-Württemberg erinnert er sich folgendermaßen: »Die beiden Redner galten als bekannt, für unseren politischen Redakteur als berüchtigt: Gustav Heinemann und Erhard Eppler. ... Der ältere, Heinemann, nuschelte, sprach gleichsam beiseite und fesselte von Anfang an. ... Uli und ich fanden beide exotisch und überzeugend. Quergänger, die ... Adenauers ›Separatismus‹ verurteilten, die von einem einigen Deutschland träumten. ... Die beiden hatten uns gefallen. Sie kamen ohne die üblichen Schlagworte aus ... grübelten über einen Frieden, den sie für gefährdet hielten.«

Indes – volle Gemeindesäle und Marktplätze waren das Eine, spätere Wählerstimmen ein Anderes. Auch Peter Härtling konnte sich seinerzeit nicht zur Stimmabgabe für die GVP entschließen. Vielmehr kamen er und sein Freund »nach zwei Bier« zu der Einsicht, »es hätte keinen Sinn, die GVP zu wählen«. Es wären nur verlorene Stimmen.[111] Der Einzug der GVP in den Bundestag war also weiterhin zweifelhaft – ungeachtet der nach außen hin verbreiteten Zuversicht –, zumal ein kraftvoller Bündnispartner, der die Schlagkraft der GVP spürbar erhöhen würde, bis Mitte 1953 – drei Monate vor dem Wahltermin – noch nicht gefunden war.

Bündnis mit dem »Bund der Deutschen«

Mit dem Bund der Deutschen (BdD) gab es im linken Spektrum einen weiteren möglichen Bündnispartner, freilich einen höchst problematischen, der die GVP in den folgenden Monate vor eine schwere Zerreißprobe stellen und ihr letztlich mehr schaden als nutzen sollte. Der »Bund der Deutschen – Partei für Einheit, Frieden und Freiheit« war im Mai 1953 vom ehemaligen Reichskanzler Joseph Wirth und dem früheren Mönchengladbacher Oberbürgermeister Wilhelm Elfes gegründet worden. Er ging zurück auf die ein Jahr zuvor gebildete »Deutsche Sammlung für Einheit, Frieden und Freiheit« (DS), die sich ebenso wie Heinemanns »Notgemeinschaft« und die GVP gegen die Wiederbewaffnung, für direkte Verhandlungen zwischen Bonn und Ost-Berlin und ein neutralisiertes Gesamtdeutschland einsetzte. Anders als die GVP trat die DS jedoch nicht für eine machtpolitische »Äquidistanz« zu den USA und der Sowjetunion ein (»Ausklammerung« Deutschlands), sondern für eine stärkere Öffnung nach Osten.

Programmatisch standen DS bzw. der Bund der Deutschen viel weiter links als die GVP und hatten unter ihren Mitgliedern zahlreiche Linkssozialisten und Kommunisten. Da der Bund der Deutschen auch Doppelmitgliedschaften zuließ, saßen in den Führungsgremien ganz offiziell mehrere KPD-Mitglieder. Der in der westdeutschen Öffentlichkeit verbreitete Verdacht, dass es sich bei DS und BdD um kommunistische »Tarnorganisationen« handelte, hatte seine Berechtigung. Tatsächlich wurden DS und Bund der Deutschen – wie jüngste Forschungen auf Basis auch zahlreicher SED-Quellen belegen – aus Ost-Berlin finanziell und organisatorisch massiv unterstützt bzw. direkt gesteuert.[112]

Wenngleich Heinemann und die GVP-Führung diese Details natürlich nicht kannten, standen sie den Avancen des BdD auf eine Zusammenarbeit zunächst strikt ablehnend gegenüber. Für ihre negative Haltung genügten ihnen die offiziellen Verlautbarungen des BdD, in denen Elfes und Wirth aus ihrer Nähe zu den Kommunisten gar keinen Hehl machten. Gerüchte über eine mögliche Zusammenarbeit wies Heinemann empört zurück. »Glaubt man, ich bin aus der Bundesregierung ausgetreten, um mich an die Ost-Berliner Strippe legen zu lassen?

Beide, sowohl die Amerikaner als auch die Russen, sind die Gegner unserer Partei, weil wir gegen die Aufrüstung beider sind.«[113] Eine Zusammenarbeit mit Elfes, Wirth und Co. kam für Heinemann demnach nicht in Frage. »Diese Leute sind ostzonal gesteuert. Sie sind das Instrument der Pankower in Westdeutschland«, so Heinemann in einem Zeitungsinterview.[114] Deutlicher konnte man es eigentlich kaum ausdrücken.

Doch bereits Anfang Juni 1953 schlug die GVP beim Thema BdD moderatere Töne an. Der Parteivorstand empfahl nunmehr, gegenüber dem BdD eine wohlwollend-abwartende Haltung einzunehmen. Damit hatten in der GVP-Führung diejenigen die Oberhand gewonnen, die sich – wie insbesondere Herbert Mochalski – dafür aussprachen, die Möglichkeiten einer Zusammenarbeit mit dem BdD auszuloten, mit dem man doch ungeachtet aller Meinungsverschiedenheiten im »Hauptanliegen« – der deutschen Wiedervereinigung und der Gegnerschaft zu Adenauer – weitgehend übereinstimme.[115] Dieser Haltung schloss sich auch Heinemann an, nicht zuletzt weil ihn zunehmend Zweifel beschlichen, ob die GVP aus eigener Kraft bei den Bundestagswahlen die Fünf-Prozent-Hürde würde überwinden können.[116] Und so erklärte Heinemann auf dem GVP-Parteitag Anfang Juni 1953: »Die GVP will keinen Streit mit einer Partei, die der Politik Adenauers widersteht.« Aufseiten der GVP werde man versuchen, »aus der Gesamtsituation das Beste zu machen, um Dr. Adenauer zu hemmen. Die GVP lässt es sich nicht verbieten, mit den Menschen zu reden, mit denen sie will.«[117]

Heinemann knüpfte dieses Gesprächsangebot an den BdD bei einem Treffen mit Elfes Anfang Juni 1953 in Berlin jedoch an zwei Bedingungen. Die GVP werde bei einem möglichen Bündnis mit dem BdD »keine Mitglieder der KPD« noch »Gelder von der KPD oder SED, direkt oder indirekt« akzeptieren.[118] Das wiederum – und die damit verbundene Unterstellung einer engen Verbindung des BdD nach Ost-Berlin – wollte die BdD-Führung nicht akzeptieren. Im Gegenzug warf sie der »Partei von Dr. Heinemann« vor, eine »feindselige Haltung gegen den Osten« einzunehmen. »Ebenso wie die alten Parteien spricht sie von ›Befreiung‹ dort, wo es sich um Verständigung handeln muss.«[119]

Ein Zusammengehen beider Parteien schien damit ausgeschlossen. Doch keine drei Wochen später änderte der Bund der Deutschen plötzlich seinen Ton gegenüber der GVP und schlug erneut eine Verbindung vor. »Bei der Betrachtung unsrer beiderseitigen Auffassungen sind wir zu der Überzeugung gelangt, dass zwischen uns keine entscheidenden Meinungsverschiedenheiten bestehen, die eine Zusammenarbeit grundsätzlich ausschalten könnten. Ihre wie unsere Partei erstreben ein freies, von Ost und West … unabhängiges Deutschland. … Die Gleichheit unserer programmatischen Forderungen verpflichtet uns geradezu zur Zusammenarbeit.«[120] Zuvor hatte der BdD-Vorsitzende Elfes gegenüber Scheu ausdrücklich auf das drohende Scheitern kleiner Parteien an der Fünf-Prozent-Hürde hingewiesen. Wo bislang noch Vorbehalte gegen eine Kooperation bestehen sollten, »übt das neue Wahlgesetz einen heilsamen Einfluss aus. Nicht nur bei meinen Freunden, sondern hoffentlich auch bei den Ihrigen!«[121]

Für diesen Schwenk des BdD waren wahrscheinlich zwei Gründe ausschlaggebend. Zum einen ließ die kurz zuvor eingeführte Fünf-Prozent-Hürde die BdD-Führung an einem Einzug in den Bundestag aus eigner Kraft zweifeln. Entscheidend war aber, dass das Politbüro der SED Ende Juni beschlossen hatte, ein Zusammengehen von GVP und BdD voranzutreiben.[122] Ihr ging es um die Verbindung zu »bürgerlichen Kreisen« in Westdeutschland. Und was die SED als wichtigster Finanzier entschied, hatte für den BdD natürlich richtungweisende Bedeutung. Gleichzeitig ließ die SED-Führung über einen Verbindungsmann den GVP-Vorstand wissen, dass die DDR-Presse die GVP nicht mehr attackieren, vielmehr die Gemeinsamkeiten mit dem BdD herausstreichen werde. Offenkundig traute Ost-Berlin dem BdD den Einzug in den Bundestag im Alleingang nicht mehr zu.

Nur spekulieren kann man, wie weit bei diesem Schwenk der SED hinsichtlich der erwünschten »Bündnispolitik« des BdD auch die verworrene Lage nach dem niedergeschlagenen Aufstandsversuch vom 17. Juni 1953 eine Rolle spielte. Im Politbüro tobte in jenen Tagen ein erbitterter Machtkampf zwischen Ulbricht und seinen Kritikern Rudolf Herrnstadt und Wilhelm Zaisser, die für politische Liberalisierungen eintraten. Zeitweise schien es sogar, als würden letztere die Oberhand gewinnen. Schließlich gelang es Ulbricht aber doch, sich mithilfe Moskaus – wo gleichzeitig ein Kampf um die Nachfolge des verstorbenen Stalin im Gange war – sich an der SED-Spitze zu halten. Jedenfalls war in jenen Tagen die Zersplitterung der westdeutschen Opposition gegen Adenauer sicher nicht das Hauptproblem von Ulbricht und Genossen.

Vertreter von BdD und GVP kamen Anfang Juli in Darmstadt zusammen und vereinbarten, bei den kommenden Bundestagswahlen gemeinsam und unter einem neuen Namen anzutreten. Alle Kandidatenlisten und Gremien der fusionierten Partei sollten paritätisch besetzt werden.[123] Heinemann hatte an den Gesprächen selbst nicht teilgenommen – die GVP-Delegation wurde von Herbert Mochalski angeführt, einem Exponenten des »linken Flügels« der GVP und entschiedenen Verfechter eines Zusammenschlusses – und war dann einigermaßen entsetzt über das Ergebnis. Wenngleich Heinemann nicht zuletzt aus finanziellen Erwägungen ein Bündnis mit dem BdD mittlerweile befürwortete, wollte er die faktische Selbstaufgabe der GVP als eigenständige Kraft nicht hinnehmen. Empört schrieb er an Mochalski: »Es löste hier … einen stürmischen Protest aus, dass der Name gewechselt werden soll, zumal die Essener Gruppe hat wirklich tage- und nächtelang darangesetzt, die Firma bekanntzumachen ...«[124] Zusammen mit Posser bemühte sich Heinemann umgehend, die vereinbarte Fusion zu verhindern, was mittels juristischer Finessen auch gelang. Posser argumentierte nämlich gegenüber der BdD-Führung, dass vor dem Vollzug einer Fusion ein außerordentlicher Parteitag der GVP und für eine Namensänderung, da sie formal eine Satzungsänderung bedeute, eine Zweidrittelmehrheit der Delegierten erforderlich seien. Ein Parteitag aber könne frühestens Ende August einberufen werden, viel zu spät für die am 6. September 1953 stattfindenden Bundestagswahlen.[125] Der BdD akzeptierte diese Einwände. Heinemann und Posser war das Kunststück gelungen, eine Fusion abzuwenden, ohne die BdD-Führung vor den Kopf zu stoßen.[126]

Unter diesen Voraussetzungen, d.h. unter Wahrung weitgehender Eigenständigkeit der Partner, wurde am 19. Juli 1953 in Mannheim ein Wahlbündnis zwischen GVP und BdD geschlossen. Zu den politischen Zielen des Bündnisses heißt es in der »Mannheimer Erklärung«: »In der kommenden Bundestagswahl geht es um die Entscheidung, ob der verhängnisvolle Irrweg, militärische Stärke als Instrument politischen Machtstrebens zu missbrauchen, fortgesetzt werden soll. Vor uns steht die schicksalhafte Frage, ob wir auf die friedliche Wiedervereinigung unseres geteilten Vaterlandes zugunsten einer endgültigen Eingliederung in den amerikanischen Machtblock verzichten sollen. Wir dürfen nicht durch ein Ja zur zweigeteilten deutschen Aufrüstung an einem dritten Weltkrieg mitschuldig werden. Wir wollen, dass die Abhängigkeit der Bundesrepublik von den USA und der DDR von der SU durch eine eigenständige deutsche Politik überwunden werden. Wir fühlen uns weder dem Rubel noch dem Dollar, sondern nur dem deutschen Volke verpflichtet.«[127]

Es wurde vereinbart, den Wahlkampf »unter dem Namen der GVP und auf der Grundlage der Deutschlandpolitik der GVP zu führen«. Der Bund der Deutschen sollte lediglich dort, wo keine Organisation der GVP bestand, »organisatorische Hilfe« leisten. Für die Landeslisten wurde eine etwa gleichgewichtige Verteilung der Kandidaten angestrebt. Die NRW-Landesliste wurde angeführt von Heinemann, gefolgt von Wirth, Wessel und Elfes.[128] In der Realität stellte der BdD allerdings lediglich ein Viertel bis ein Drittel der Wahlkreiskandidaten. Die GVP bestand zudem darauf, dass nur solche BdD-Leute im Namen der GVP auftreten durften, »die von der GVP gebilligt werden.« Zudem wurde »verbindlich vereinbart, dass für die Wahl von keiner der beiden Parteien Gelder verwendet werden, an die irgendwelche politischen Bedingungen oder Bindungen geknüpft sind.«[129]

Faktisch hatte die GVP weder inhaltlich noch organisatorisch nennenswerte Zugeständnisse machen müssen. Von den ursprünglichen BdD-Forderungen nach Fusion, Namensänderung und personeller Parität war nichts mehr übrig geblieben, wie Heinemann mit Genugtuung feststellte. »Wesentlich ist: 1. ohne

Namensänderung, 2. Keine Hereinnahme von BdD-Personen in unsere Organe ..., 3. Entscheidender Einfluss unsererseits auf alle Kandidaten... 4. ... nur eine Minderheit von BdD-Abgeordneten auch in der Fraktion.«[130] Insofern hätten sich Heinemann und seine Vertrauten nun ganz dem Wahlkampf widmen können, dank des Bündnisses mit dem BdD auf breiterer organisatorischer und finanzieller Basis. Offenbar rechnete Heinemann zu diesem Zeitpunkt noch fest mit dem Einzug des Gespanns GVP/BdD in den Bundestag. Wie sonst hätte er von einer BdD-Minderheit »auch in der Fraktion« sprechen können?

Allerdings erwies sich das Zusammengehen mit dem BdD als weit konfliktträchtiger und problematischer als von Heinemann erhofft, sowohl innerhalb der GVP als auch im Hinblick auf die öffentliche Wahrnehmung der »Heinemann-Partei« und ihre Wahlchancen. In der GVP hatten nicht zuletzt einige von Heinemanns engsten Mitarbeitern große Vorbehalte, darunter Diether Posser. »Wir (müssen) ... nolens volens einen starken antikommunistischen Komplex bei der übergroßen Mehrheit der Wähler berücksichtigen. ... Heinemann ist neben Frau Wessel m. E. im Augenblick der einzige deutsche Politiker, dem man die Unabhängigkeit von Ost und West glaubt.« Dieses hohe Ansehen könne aber durch die Verbindung mit dem BdD beschädigt werden. »Ich bin fast in jeder Veranstaltung auf unser Beziehungsverhältnis zum Bund [der Deutschen, T. F.] angesprochen worden. Dabei überwog weitaus die Meinung, wir sollten äußerste Vorsicht walten lassen.«[131]

Auch der junge Erhard Eppler, den Heinemann persönlich in den GVP-Vorstand geholt hatte, machte sich über die Ost-Verbindungen des BdD und die damit verbundenen Probleme keine Illusionen. Als Teilnehmer der entscheidenden Verhandlungen hatte er die erstaunliche Nachgiebigkeit der BdD-Führung erlebt und als Indiz für eine »Außensteuerung« gewertet. »So wagte ich in Mannheim, manches zu verlangen, was, so meinte ich, der anderen Seite kaum zumutbar erschien. Aber dann machte ich die Erfahrungen, ... dass die BdD-Delegation, die offenbar das Wahlbündnis um beinahe jeden Preis brauchte, schließlich fast allem zustimmte, zum anderen, dass, wenn schwierige Entscheidungen fällig waren, die Blicke der BdD-Oberen sich nicht auf ihren Vorsitzenden Wilhelm Elfes richteten, sondern auf einen Mann, den ich bis dahin nicht gekannt hatte. Es war der Oberst a. D. Josef Weber. Wenn er nickte, so bedeutete das Zustimmung. ... Weber, das wurde mir rasch klar, war der Verbindungsmann nach ›drüben‹«.[132] Damit lag Eppler richtig. Wie sich später herausstellte, bestimmte Weber tatsächlich im direkten Auftrag der SED-Führung die Strategie des BdD.[133]

Aber Teile der GVP-Führung, auch Heinemann selbst, verschlossen sich zu diesem Zeitpunkt noch derlei Verdachtsmomenten bzw. spielten sie herunter. Jede Abgrenzungsgeste des BdD vom Kommunismus war den GVP-Leuten hoch willkommen. Als der BdD Ende Juli 1953 einer weiteren Forderung der GVP nachkam, indem er die Möglichkeit einer Doppelmitgliedschaft in BdD und KPD abschaffte, erklärte die GVP-Führung umgehend, damit sei der Beweis erbracht, dass der BdD »keineswegs die kommunistische Partei darstellt, wie in der Öffentlichkeit behauptet wird.«[134] Zuvor hatte die GVP-Führung um Heinemann und Scheu in einer Besprechung mit Elfes und Weber erklärt, dass die Umsetzung der Mannheimer Erklärung »von der Ausschaltung aller Kommunisten aus den Vorständen und den Büros des BdD abhängt.«[135] Zudem verlangte die GVP von allen Bundestagskandidaten die Unterschrift unter eine Erklärung, dass sie »für die freiheitliche demokratische Ordnung … in ganz Deutschland« eintreten und sich »jedem kommunistischen System in Deutschland« widersetzen würden, wozu viele Kandidaten aus den Reihen des BdD allerdings erst nach längerem Sträuben bereit waren.[136]

In der Praxis des Wahlkampfs gestaltete sich die Zusammenarbeit zwischen GVP und BdD allerdings weit weniger effektiv als von der GVP-Führung erhofft. Rund die Hälfte der GVP-Landesverbände – vor allen in Süddeutschland – berichtete, dass eine Unterstützung durch den BdD nur in geringem Maße oder gar nicht stattfinde. Etwas besser sah es in Norddeutschland aus, mit Ausnahme von Hamburg, wo die GVP »keinerlei Unterstützung vom BdD« erhielt.[137]

Je näher der Wahltermin rückte, umso stärker wurden die Spannungen zwischen GVP und BdD. Eine Woche vor der Wahl schrieb Scheu einen Brandbrief an den stellvertretenden BdD-Vorsitzenden Weber. »Wir stehen vor einer bestürzenden Fülle von Berichten, in denen … mitgeteilt wird, dass der BdD die Abmachungen nicht einhalte und immer … häufiger wird der Verdacht laut, dass kommunistische Kräfte in planmäßiger Weise versuchen, die Organe des BdD von einer aktiven Beteiligung am GVP-Wahlkampf abzubringen.«[138] Die BdD-Führung versuchte zwar, die Wogen zu glätten, doch konnte von einer vertrauensvollen und effektiven Zusammenarbeit zwischen GVP und BdD nicht mehr die Rede sein.

Ein besonders heikles Thema war Geld. Einerseits war die GVP auf finanzielle Unterstützung durch den BdD geradezu angewiesen, um für den Bundestagswahlkampf finanziell halbwegs gerüstet zu sein. Auf der anderen Seite befürchtete man einen gewaltigen Ansehensverlust, wenn über den BdD Geld »aus dem Osten«, d. h. direkt oder indirekt vom SED-Regime zur GVP gelangen würde. Eindringlich warnte Heinemanns »rechte Hand« Diether Posser vor den Folgen: »Würden über den ›Bund‹ gewisse Gelder in die GVP einfließen, würde das der große Wahlschlager gegen uns werden.«[139]

Aber in der GVP-Führung wollte man offenbar nur allzu gern glauben, dass es mit dem angebotenen Geld insgesamt seine Ordnung habe, d. h. dass es nicht aus Ost-Berlin bzw. von der SED stammte. Zwar hielt Heinemann Elfes' Behauptung, ein Großteil der Gelder stamme von westdeutschen Unternehmen, die am Osthandel interessiert seien, insbesondere von der Schuhindustrie im Raum Pirmasens, für wenig glaubwürdig. Er selbst vermutete vielmehr, dass die Gelder überwiegend von der Ost-CDU kamen, die in der DDR ja einige lukrative Betriebe wie Druckereien und Hotels, darunter das renommierte Hotel »Elefant« in Weimar, besäße. Insofern könne man davon ausgehen, so Heinemann, dass das Geld »in dem Sinne nicht aus kommunistischen Quellen stammt«, seine Entgegennahme politisch also unbedenklich sei. Zudem hätten Elfes und Wirth immer wieder versichert, »das Geld stamme aus einwandfreien Quellen« und »es seien keine Auflagen« damit verbunden.«[140] Und so nahm denn Adolf Scheu im Juli 1953 mit Billigung der gesamten GVP-Führung vom BdD 400.000 DM in Empfang, denen in den folgenden Wochen weitere kleinere Beträge folgten.[141] Die eigenen Einnahmen der GVP beliefen sich bis zu diesem Zeitpunkt auf nicht mehr als 12.000 DM. Ohne die »Finanzspritze« des BdD wäre die GVP demnach nicht handlungsfähig gewesen.[142]

Die GVP verfügte nunmehr zwar über ausreichend Geld für den Wahlkampf, hatte sich aber durch das Bündnis mit dem BdD gewaltige Probleme eingehandelt, sowohl in der Öffentlichkeit als auch in den eigenen Reihen. Zahlreiche Aktivisten der GVP zogen sich aus Protest zurück, ganze Kreisverbände drohten mit Parteiaustritt, sodass eine Spaltung der GVP nicht ausgeschlossen schien. So schrieben mehrere Dutzend Stuttgarter GVP-Mitglieder voller Empörung an Heinemann. »Indem uns nun offensichtlich von links Kräfte zuströmen, wird gerade dadurch die bisherige Wählergruppe der Mitte abgeschreckt, deren wir … am meisten bedurft hätten.« Sollte Heinemann den Bündnisbeschluss nicht rückgängig machen, würde dies »uns zwingen aus der GVP auszutreten und unsern eigenen Weg zu gehen. Noch aber hoffen wir, dass Sie Herr Dr. Heinemann … Mann's genug sein würden, aus dieser Verbindung mit dem BdD wieder auszusteigen.«[143] »Für das Linsengericht des Geldes hat die GVP ihre Unabhängigkeit, die allein ihr Bestehen rechtfertigte, aufgegeben«, lautete die harsche Kritik des GVP-Sympathisanten Alfred Weber.[144] Auch zwei junge, besonders eifrige Mitstreiter Heinemanns – Erhard Eppler und Johannes Rau – waren »entsetzt« (Eppler) über das Bündnis mit dem BdD bzw. sahen dadurch den »untadeligen Schild« (Rau) der GVP verloren, womit sie das Empfinden zahlreicher Parteimitglieder zum Ausdruck brachten.[145]

Für Heinemann bedeutete diese Zerreißprobe der GVP, dass er – anstatt sich mit ganzer Kraft dem Wahlkampf widmen zu können – zwei Monate vor dem Wahltermin alle Hände voll zu tun hatte, ein Auseinanderbrechen der Partei zu verhindern. Was ihm mit zahlreichen Reden und persönlichen Gesprächen, unterstützt vor allem von Diether Posser, schließlich auch gelang. Die GVP – »unsere doch ganz schöne GVP«, wie Heinemann auf dem Höhepunkt des Konflikts einmal formulierte – allerdings war stark angeschlagen.[146]

Auch in großen Teilen der Presse blies der GVP nach dem Zusammengehen mit dem BdD der Wind noch schärfer ins Gesicht. Die Wochenzeitung »Die Zeit« berichtete über angebliche kommunistische Verbindungen des »Genossen Heinemann«, dessen GVP von Kommunisten finanziert und gelenkt werde. Heinemann erwirkte gegen diese Darstellung zwar eine einstweilige Verfügung beim Landgericht Essen, doch zahlreiche anderer Blätter schrieben im selben Tenor. Für die »Neue Zeitung« waren Heinemann und Co. schlichtweg »ferngelenkte Neutralisten« und BdD und GVP »von den Kommunisten unterwandert«. Auch einstmals wohlwollende Blätter, wie Süddeutsche Zeitung und Stuttgarter Zeitung, gingen auf Distanz zur GVP und zu Heinemann persönlich, den sie auf einem fatalen Irrweg sahen und der seine vormals durchaus erwägenswerten Positionen durch das Bündnis mit dem BdD selbst in Misskredit gebracht habe.[147]

Da konnte Heinemann noch so oft beteuern, dass man nur mit den »Nicht-Kommunisten beim BdD« zusammenarbeite. Immer wieder versuchte er klarzustellen, das »keine Identifizierung mit kommunistischen Zielen über den Bund der Deutschen« bestehe. »Wir haben lediglich Nichtkommunisten aus dem Bund der Deutschen mit in unsere Wahlvorschläge genommen, worüber der Charakter der Gesamtdeutschen Volkspartei sich weder programmatisch noch ... personell verändert hat.«[148] Für derart feinsinnige Unterscheidungen, so ehrlich sie von Heinemann gemeint sein mochten, hatte man in der westdeutschen Öffentlichkeit jedoch wenig Sinn. Wahlplakate der GVP wurden mit Aufklebern »Briefträger der Sowjets« oder »Von Moskau bezahlt« überklebt, Heinemann persönlich wurde von CDU-Politikern als »bezahlter Sprecher Moskaus« diffamiert.[149]

Aber auch die GVP verschärfte angesichts der zunehmenden Angriffe durch Presse und Regierungsvertreter den Ton. »... es muss einmal eine Bresche in diese so kriegsträchtige Mentalität bürgerlicher Selbstgerechtigkeit geschlagen werden, deren eigentliche Weltanschauung nur aus einem Drei-Punkte-Programm besteht, das da lautet: Viel verdienen, – Soldaten, die es verteidigen – und Kirchen, die beides segnen. Die Propaganda der Rüstungspolitik ›Deutsche gegen Deutsche‹ wird anschwellen und nicht frei vom Dollar sein. Um so ärger wird man die Gegner dieser Politik einer Abhängigkeit vom Rubel zeihen«, so eine Verlautbarung der GVP, deren Text in wesentlichen Teilen von Heinemann stammt.[150]

Während die GVP-Führung, nicht zuletzt Heinemann, nach außen das Bündnis mit dem Bund der Deutschen vehement verteidigte, verstärkten sich die Spannungen zwischen beiden Gruppierungen. So drängte sich der BdD in den letzten Wahlkampfwochen immer mehr in den Vordergrund, und verstieß damit gegen die Vereinbarung, dass die GVP stets als bestimmende Kraft auftreten werde. Das GVP-Präsidium reagierte erbost. »Sie dürfen sich nicht wundern, dass diese ganzen Vorkommnisse das tiefe Misstrauen erweckt haben, dass Ihre Haltung zum gemeinsamen Wahlkampf sich … sehr grundlegend verschoben hat, und Sie in Wirklichkeit gar nicht mehr auf einen … Wahlsieg der GVP mit wirklicher Überzeugung hinarbeiten.«[151] Je näher der Wahltermin rückte, umso weniger Freude hatte man in der GVP am Bündnis mit dem BdD, zumal eine zugesagte Zahlung von 100.000 DM weiter auf sich warten ließ.

Wie stark auch bei Heinemann die Zweifel am Bündnis mit dem BdD gewachsen waren, zeigen Überlegungen, ob man es nicht doch noch kurz vor der Wahl aufkündigen solle. Dafür spräche, dass man dadurch die Unabhängigkeit der GVP beweisen und Gegnern den Wind aus den Segeln nehmen würde. »Unabhängigkeit erwiesen/Gewissensentlastung«, notierte er. Gegen einen Bruch mit dem BdD sprächen allerdings u. a. die »Blamage«, der Verlust von Wahlhelfern und ein »Kreditverlust Osten«.[152] Heinemann und die Seinen entschieden sich für die Aufrechterhaltung des Bündnisses.

Unterdessen gingen die öffentlichen Anfeindungen unvermindert weiter. Besonders stark in Bedrängnis geriet die GVP, als wenige Tage vor dem Wahltermin zwei ehemalige SED-Funktionäre, Mitarbeiter der »Westabteilung« der SED, auf einer von Adenauers Regierungssprecher geleiteten Pressekonferenz detailliert über die finanziellen und personellen Verbindungen des BdD mit Ost-Berlin berichteten. Heinemann reagierte offensiv: »Mir ist es gleichgültig, wo die Gelder für den Wahlkampf herkommen, wenn keine politischen Bedingungen daran geknüpft sind.« Der BdD habe keine Bedingungen gestellt und darum werde er das Bündnis auch nicht auflösen.[153]

Es war augenscheinlich eine Mischung aus Trotz und politischer Naivität, mit der Heinemann nun zu einem Bündnis stand, das er selbst nur zögernd eingegangen war und vor dessen enorme Risiken auch engste Vertraute ihn immer wieder gewarnt hatten. Vielleicht war es aber auch Ausdruck eines ausgeprägten Selbstbewusstseins, wenn Heinemann ein Bündnis mit einem fragwürdigen Partner BdD einging und sich dabei sicher war, von seinen eigenen Positionen keinerlei Abstriche machen zu müssen. Jedenfalls könnte man eine Notiz aus der Zeit in diesem Sinne verstehen. »Zurückhaltung von schlechter Gesellschaft ist nicht Ausdruck politischer Reinheit, sondern Mangel an Selbstvertrauen.«[154]

Ungeachtet des immer heftiger werdenden Gegenwinds rechneten Heinemann und seine Mitstreiter weiterhin fest mit ihrem Einzug in den Bundestag. Sie hatten sich durch volle Säle im Wahlkampf und wohlwollenden Zuspruch etwa vonseiten junger Akademiker offensichtlich über die Stimmung der großen Mehrheit der Westdeutschen täuschen lassen.

Wahldesaster 1953

Die Bundestagswahl vom 6. September 1953 wurde für die GVP zu einem Desaster. Mit lediglich 1,16 Prozent Stimmenanteil scheiterte sie klar an der Fünf-Prozent-Hürde. Adenauer hingegen triumphierte. Die CDU/CSU erhielt 45,2 Prozent der Stimmen – ein Zuwachs von 14,2 Prozentpunkten – während die SPD als größte Oppositionspartei sich mit 28,8 Prozent (minus 0,4 Prozentpunkte) begnügen musste. Eine große Mehrheit der Westdeutschen unterstützte also Adenauers Kurs der Westintegration, einschließlich Wiederbewaffnung. Für eine Äquidistanz Deutschlands zu den Weltmächten in Ost und West konnte sich offensichtlich keine nennenswerte Anzahl der Westdeutschen erwärmen.

Für die GVP-Mitglieder insgesamt wie für Gustav Heinemann persönlich war das eine bittere Erkenntnis, hatten sie doch fest mit dem Einzug in den Bundestag gerechnet. Jene »besseren Argumente«, auf die Heinemann, Wessel und ihre Mitstreiter setzten, hatten beim Großteil der Wähler aber offenbar ihre Wirkung verfehlt. Es war nur ein schwacher Trost, dass Heinemann in seinem Wahlkreis Siegen-Wittgenstein mit 8,5 Prozent der Zweitstimmen bundesweit das zweitbeste Ergebnis für die GVP erzielte. Nur in Freudenstadt erhielt die GVP mit rund 10 Prozent eine höhere Stimmenzahl. Insgesamt kam die GVP lediglich in 13 von 242 Wahlkreisen auf 3 oder mehr Prozent, darunter Essen II, der Wahlkreis von Helene Wessel, (3 Prozent), Essen III (Posser, 4,2 Prozent), Wuppertal II (Scheu, 4,3 Prozent), Wetzlar, (Mochalski, 7,2 Prozent). Ihre besten Ergebnisse erzielte die GVP in Gegenden mit hohem Anteil protestantisch-reformierter Bevölkerung wie im Siegener Land, im Oberbergischen, in den Städten Marburg, Wetzlar, Hanau sowie im nördlichen Schwarzwald. Doch von einem Einbruch ins protestantische Milieu, den christdemokratische Protestanten wie Eugen Gerstenmaier nicht ausgeschlossen hatten, konnte keine Rede sein.[155] Keines ihrer Wahlziele hatte die GVP erreicht. Tatsächlich ließ ihr Wahlergebnis »an Kläglichkeit nicht viel zu wünschen übrig«, wie es Heinemann später einmal formulierte.[156]

Das Maß seiner Enttäuschung zeigt sich nicht zuletzt an Heinemanns überaus harschem Kommentar zum Wahlausgang. Eigentlicher Wahlsieger sei der US-amerikanische Außenminister John Foster Dulles mit seiner Forderung nach »Roll Back«, d.h. nach der »Befreiung« ganz Osteuropas von sowjetischer Vorherrschaft, wenn nötig auch mit militärischen Mitteln. Adenauer sei voll und ganz auf diese Linie eingeschwenkt und habe dafür auch noch eine parlamentarische Mehrheit bekommen. »Wir können uns also auf etwas gefasst machen. Wenn die Aufrüstung der Bundesrepublik der Wiedervereinigung oder ›Befreiung‹ vorausgehen soll, werden die Menschen in der russischen Zone … noch einige Jahre warten müssen.« Scharfe Kritik richtete Heinemann auch an die SPD, die ihre

Niederlage weitgehend selbst verschuldet habe. Zum einen »war sie töricht genug, sich auf einen grundsätzlichen Streit um die Marktwirtschaft einzulassen«, zum anderen habe sie »in der Außenpolitik keine klare Alternative gegenüber dem Adenauerschen Kurs« formuliert. Das habe allein die GVP getan. Abschließend nahm Heinemann sich die »christliche Einheitsfront des Bundeskanzlers« vor. »Was Sprecher dieser ›christlichen Einheitsfront‹ sich an Schmähungen und Verleumdungen geleistet haben, ist unvorstellbar und lässt ... allerlei befürchten. Die christliche Botschaft wird darunter leiden, dass ausgerechnet die christliche Partei der Bundesrepublik an der Spitze der Aufrüstung marschiert... Wieder einmal werden viele an der christlichen Botschaft irre werden ... Es kommt erneut die Stunde einer bekennenden Kirche.«[157]

Mit solcherart Anspielungen an die Jahre der nationalsozialistischen Herrschaft war die GVP recht schnell bei der Hand. Führende GVP-Leute, auch Heinemann, bedienten sich häufig eines geradezu apokalyptischen Tonfalls, wenn sie vor den Gefahren der Adenauerschen Politik warnten. Der Kanzler stand ihnen allerdings kaum nach, wenn er die Bedrohungen aus dem »Osten« heraufbeschwor. Der »Untergang des Abendlandes« bildete sowohl für Adenauer wie für seine schärfsten Kritiker aufseiten der GVP die Folie ihrer Argumente, wobei offenbleiben muss, was auf beiden Seiten daran bloße Wahlkampfrhetorik oder Ausdruck ernster Befürchtungen und Ängste war.[158] In den Äußerungen Heinemanns steckte auch ein gehöriges Stück »Wählerschelte«, denn eine Mehrheit der Westdeutschen hatte sich für Adenauers Kurs entschieden. »Das deutsche Volk hat aus seiner Geschichte der letzten 20 Jahre wenig gelernt.«[159]

Die harschen Kommentare zum Wahlausgang resultierten nicht zuletzt aus der tiefen Enttäuschung Heinemanns und seiner Mitstreiter, die fest mit dem Einzug in den Bundestag gerechnet hatten. Nüchtern betrachtet erscheint das Wahldesaster der GVP jedoch, wenn nicht geradezu unausweichlich, so doch vorhersehbar. Insbesondere litt die GVP von Anfang an unter organisatorischen und finanziellen Mängeln. Es gab nur einen rudimentären Parteiapparat mit vier hauptamtlichen Mitarbeitern. In zahlreichen Wahlkreisen war die GVP kaum präsent. Die notorische Finanzschwäche konnte auch durch die Zuflüsse von Seiten des »Bundes der Deutschen« nicht überwunden werden, sodass an eine flächendeckende Plakatierung oder Anzeigenkampagnen nicht zu denken war. So ergab denn auch eine Umfrage des Allensbacher Instituts für Demoskopie vom Juli 1953, dass nur fünf Prozent der Westdeutschen den genauen Namen der Heinemann/Wessel-Partei kannten, während 86 Prozent von der GVP noch nie etwas gehört hatten.[160]

Zudem erwies sich die Bündnispolitik der GVP, insbesondere ihr Zusammengehen mit dem »Bund der Deutschen«, als verhängnisvoll. Was zahlreiche

GVP-Leute – anfangs auch Heinemann selbst – immer befürchtet hatten, war offensichtlich eingetreten. Seit dem Bündnis mit dem BdD galt die GVP bei den Westdeutschen – so sie die GVP überhaupt kannten – als von Kommunisten unterwandert und »Moskau – hörig«. Insbesondere die CDU/CSU und ein Großteil der westdeutschen Presse ließen sich keine Gelegenheit entgehen, diesen Verdacht durch immer neue Veröffentlichungen über kommunistische Agitatoren in den Reihen der GVP und direkte Geldflüsse aus dem Osten zu bestärken. Jüngste Forschungen haben ergeben, dass diese Gelder tatsächlich aus Ost-Berlin stammten und der direkten Einflussnahme der SED auf die GVP dienen sollten.[161]

Schließlich hatte sich die GVP-Führung mit Heinemann an der Spitze über die Stimmungslage der meisten Westdeutschen gründlich getäuscht. Der antikommunistische Effekt war viel verbreiteter und tiefer eingewurzelt als sie vermutet hatten. Ihre »besseren Argumente« (Helene Wessel) gegen Westbindung und Wiederbewaffnung verfingen nicht, was angesichts bestimmter Erfahrungen mit sowjetischer Politik – darunter die Berlin-Blockade, jüngst die Niederschlagung des Volksaufstands vom 17. Juni 1953 – auch nicht sehr verwunderlich war.

Konsequenzen aus der Wahlniederlage

Das klägliche Scheitern der GVP bei den Bundestagswahlen 1953 warf die Frage nach ihren Zukunftschancen auf. Nicht wenige Parteimitglieder verfielen in Resignation und zweifelten an der Existenzberechtigung der GVP. Die schlichte Alternative hieß »Auflösen oder Weitermachen«. Heinemann gehörte zu denjenigen, die sich – nach Überwindung der ersten Enttäuschung – für eine Fortführung der Partei aussprachen. Denn, so Heinemanns Haltung, die mangelnde Zustimmung durch die Wähler hätten die deutschland- und wehrpolitischen Positionen der GVP ja nicht weniger richtig gemacht. Das GVP-Präsidium rief in einem ersten Rundschreiben nach der Wahl denn auch alle Parteimitglieder dazu auf, »nicht in Resignation und Skepsis (zu) verfallen, sondern ... weiterhin zu rufen und zu warnen. ... Wir sind bei aller ernstester Prüfung zu der Überzeugung gekommen, dass wir weiterhin zusammenbleiben und zunächst einmal die weitere Entwicklung abwarten sollen ... bis zu der Stunde, in der ein neuer positiver Einsatz zum Aufbau einer wirklichen neuen politischen Kraft gekommen ist.« Man verstand sich nunmehr als kleine Gruppe von »Überzeugungstäter«, denen es auf politischen Erfolg, sprich Zustimmung bei den Wählern und konkrete Einflussnahmen auf die Entwicklungen, gar nicht mehr ankam. »Ob diese opfervolle Aufgabe einen realpolitischen Erfolg haben wird, ist nach den Erfahrungen der letzten Wahl füglich zu bezweifeln.« Das hatte etwas von politischem Bekenner-, ja Märtyrertum, wie es schon in der Wortwahl zum Ausdruck kommt. »In Zukunft wird jeder, der bereit ist, weiterhin seinem Gewissen zu folgen und ein mahnendes Wort zu sagen, noch stärkerer Verfolgung ausgesetzt sein als bisher.«[162]

Heinemann setzte sich in den folgenden Wochen energisch für den Fortbestand der GVP ein, wenngleich ihm die gewaltigen Probleme der GVP klar vor Augen standen und »nach unserem organisatorischen und finanziellen Zustand ein Weiterbestehen nicht ohne weiteres reizvoll« erschien. In der Tat hatte die GVP nach der Wahl erhebliche Schulden, die in den folgenden Jahren zum Teil durch die Realisierung von Bürgschaftserklärungen abgebaut wurden, die mehrere Parteimitglieder, darunter auch Heinemann, vor der Wahl abgegeben hatten.[163]

Trotz aller Widrigkeiten hielt Heinemann die GVP zum damaligen Zeitpunkt noch für unverzichtbar, denn »solange die Wiedervereinigung Deutschlands nicht vollzogen ist, stehen wir zusammen in dieser Aufgabe, sie ist dringlicher, schicksalhafter geworden nach dem 6.9.« Er gab sich kämpferisch und rief dazu auf, »die organisatorischen Schwächen zu überwinden, ... um an dem Tag, an dem es uns notwendig erscheint, in ein neues politisches Gefecht zu ziehen.«[164] Dieser Einschätzung schlossen sich auf der GVP-Bundesversammlung am 14./15. November 1953 in Darmstadt sämtliche Präsidiumsmitglieder an (Wessel, Scheu, Scholl, Bodensteiner), sodass die Delegierten bei nur zwei Gegenstimmen den Weiterbestand der GVP beschlossen. In einem Brief an den »Spiegel«-Herausgeber Rudolf Augstein bekräftigte Heinemann wenig später diese »Jetzt-erst-recht«-Haltung. »Ein wiedervereinigtes Deutschland, unabhängig von Ost und West, aber verbunden mit West und Ost. Warum sollten wir wohl just in dem Augenblick die Segel streichen, wo die allgemeine Entwicklung in unsere Kerbe haut. Dr. Adenauer hat zwar am 6. Sept. gesiegt, ist aber mit seiner Deutschlandpolitik in Verlegenheit. Wir haben zwar am 6. Sept. verloren, sehen aber unsere Deutschlandpolitik gerechtfertigter als je.«[165]

Einige jüngere GVP-Aktivisten wie Erhard Eppler beurteilten die Lage der GVP jedoch anders und plädierten als Konsequenz aus dem Wahldesaster für die Auflösung der Partei und den Übertritt zur SPD. Ihnen gegenüber zeigte sich Heinemann zwar weniger trotzig-entschlossen wie in seinen offiziellen Erklärungen zum Fortbestand der GVP, hielt den Zeitpunkt für eine parteipolitische Umorientierung Ende 1953 jedoch noch nicht für gekommen. »Reife' lasse« sagte er beispielsweise zu Erhard Eppler, wenn ihn dieser von der »Alternative SPD« zu überzeugen suchte.[166]

Insgesamt nahm Heinemann in strategischen Fragen 1953/54 eine abwartende Haltung ein. Man solle »die weitere Entwicklung in einer gewissen Reservestellung« abwarten. »Wir bleiben beieinander. Auflösen kann man ... immer noch.«[167] Allerdings befand sich die GVP Ende 1953 in einem ziemlich desolaten Zustand, wie Heinemann unumwunden zugab. Ein Fortbestehen der Partei erforderte grundlegende Veränderungen. »Alle Aufforderungen zu grösseren Aktionen gehen ja in den Wind … Nur wenn von unten herauf gearbeitet (wird), also Mitglieder geworben, Beiträge kassiert und Bezieher der Rundschau gefunden werden, bekommen wir Spielraum, zumal noch Wahlschulden nachhängen. Was mit den gegebenen Kräften geleistet werden kann, geschieht wahrlich bis zur völligen Überforderung einiger weniger Beteiligter.«[168]

Was die SPD anging, so sah Heinemann – anders als Erhard Eppler – in ihr nach wie vor keine Alternative, sprich keine mögliche Plattform für sein politisches Wirken. »Die SPD ist erstarrt.« Sie werde zwar neue politische Kräfte aufnehmen, diese aber »einwalzen«, sodass eine Wandlung der SPD von innen her seiner Einschätzung nach (noch) nicht möglich sei.[169] So blieb also nur, es mit der GVP noch einmal zu versuchen.

Entspannungsphase im Ost-West-Konflikt

Was aber meinte Heinemann, wenn er in dem zitierten Brief an Augstein behauptete, dass die politische Entwicklung »in die Kerbe der GVP haut« und u. a. damit das Fortbestehen der Partei rechtfertigte? Offensichtlich sah er Ende 1953 seine Positionen durch bestimmte Ereignisse auf der weltpolitischen Bühne bestätigt. »Als wir schon vor mehr als Jahresfrist immer wieder darauf hinwiesen, dass es auch ein russisches Sicherheitsbedürfnis gäbe, wurden wir diffamiert. Heute spricht die ganze westliche Welt davon, dass man der Sowjetunion eine Gewähr gegen Angriffe geben müsse, wenn man zu einer Entspannung kommen wolle.«[170]

Tatsächlich waren nach Stalins Tod im März 1953 die verhärteten Ost-West-Beziehungen in Bewegung geraten. Insbesondere aus Moskau und London kamen Signale, die auch neue deutschland- und sicherheitspolitische Konzepte erwarten ließen, welche in Teilen Ähnlichkeit mit Vorstellungen der GVP aufweisen konnten. So hatte der britische Premierminister Winston S. Churchill in einer Aufsehen erregenden Rede am 11. Mai 1953 als erster westlicher Staatsmann ausdrücklich das Sicherheitsbedürfnis der Sowjetunion insbesondere gegenüber Deutschland anerkannt und eine Vier-Mächte-Konferenz über die Hauptstreitfragen des Ost-West-Konfliktes angeregt. Churchill deutete sogar an, dass er sich als Preis für die Überwindung der Ost-West-Konfrontation ein vereinigtes, neutrales Deutschland ohne Wiederbewaffnung vorstellen könne.[171]

Heinemann begrüßte Churchills Vorschläge als Ausdruck einer »wirklichkeitsnäheren Politik«, indem sie endlich auch das sowjetische Sicherheitsverlangen einbezöge, wie dies die GVP schon immer gefordert habe.[172] Die GVP sah sich in ihrer Position bestätigt. »Was man den ›Propheten im eigenen Lande‹ nicht … geglaubt hatte, wird nun von außen her deutlich gemacht: Es gibt einen anderen Weg, es gibt eine bessere Lösung der Deutschlandfrage. Die Stimmen der deutschen Politiker, die … eine andere als die Adenauersche Konzeption seit Jahren empfehlen, können nun nicht mehr totgeschwiegen werden.« In der GVP verspürte man Rückenwind durch Entwicklungen auf der weltpolitischen Bühne.

Mit seinen Äußerungen reagierte Churchill nicht zuletzt auf bestimmte Entwicklungen in Moskau, die auf eine Neuausrichtung der sowjetischen Deutschlandpolitik hindeuteten, und die der britische Premierminister im Unterschied zu anderen westlichen Politikern durchaus ernst nahm. In der aus Nikita S. Chruschtschow, Wjatscheslaw M. Molotow, Lawrentij Berija und Georgij M. Malenkow bestehenden Führungsgruppe, die nach Stalins Tod das Ruder übernommen hatte, waren es vor allem Innenminister Berija und Malenkow, die neue deutschlandpolitische Pläne verfolgten. Sie liefen darauf hinaus, dass Deutschland als bürgerlich-demokratischer Staat wiedervereinigt werden sollte, aus dem alle Besatzungstruppen abgezogen würden. Damit sollte perspektivisch an die Stelle der von Moskau zunehmend als Ballast empfundenen DDR ein friedliches, der Sowjetunion wohlwollend gegenüberstehendes Gesamtdeutschland treten, von dem nicht zuletzt wirtschaftliche Unterstützung zu erwarten sei.[173]

Nach der Verhaftung Berijas jedoch, der Ende Juni 1953 im Machtkampf gegen Chruschtschow und Malenkow unterlegen war, verschwanden alle Überlegungen zu einem »bürgerlich-demokratischen Gesamtdeutschland« auf sowjetischer Seite in der Versenkung. In der neuen sowjetischen Note zur Deutschlandpolitik vom 15. August 1953 war auch von einem Abzug aller fremden Truppen vor der Bildung einer provisorischen deutschen Regierung nicht mehr die Rede. Drei Tage zuvor, am 12. August 1953, hatte die Sowjetunion ihre erste Wasserstoffbombe gezündet und damit militärstrategisch wieder zu den Vereinigten Staaten aufgeschlossen. Ein Zurückweichen in der Deutschlandfrage kam für einen immer selbstbewusster auftretenden Chruschtschow nun nicht mehr in Frage.

Allerdings stand Churchill mit seinen Kompromissvorschlägen weitgehend allein. Nicht einmal innerhalb der eigenen Regierung fand der gesundheitlich angeschlagene Premierminister größeren Rückhalt, zu schweigen von den Regierungen in Bonn und Washington. Am ehesten war noch die französische Regierung bereit, auf die Sowjetunion zuzugehen, deren Bedrohungspotenzial sie als nicht mehr sehr hoch einschätzte. Dafür machte sich Paris verstärkt Sorgen über ein weiter erstarkendes Westdeutschland, das über kurz oder lang in Westeuropa eine dominierende Stellung einnehmen könnte. Auf strikte Ablehnung stießen Churchills Vorstellungen in Washington. Der gerade ins Amt gekommene US-Präsident Eisenhower und sein stramm antikommunistischer Außenminister Dulles beharrten auf einer Politik der Stärke. Statt sich – wie Churchill – über das Sicherheitsbedürfnis der Sowjetunion den Kopf zu zerbrechen, gedachten sie vielmehr, gegenüber Moskau das »Containment«-Konzept des Vorgänger-Präsidenten Truman durch ein »Roll Back« zu ersetzen, den Einfluss der Sowjetunion also nicht mehr nur »einzudämmen«, sondern zurückzudrängen.

Bundeskanzler Adenauer unterstützte die kompromisslose Haltung der US-Regierung voll und ganz. Er setzte weiterhin auf die zügige Westintegration der Bundesrepublik, einschließlich eines »Wehrbeitrags«, am besten innerhalb einer »Europäischen Verteidigungsgemeinschaft« (EVG) und suchte den engen Schulterschluss mit Washington. Churchills Initiative empfand er lediglich als ärgerlichen Störfaktor.

Blickt man auf die Titelseiten der Zeitungen von Ende 1953, so hatte Heinemann in der Tat nicht ganz unrecht, wenn er feststellte, dass mittlerweile »alle Welt von den legitimen Sicherheitsbedürfnissen der Sowjetunion« spreche, ein Aspekt, den die GVP immer wieder in die Debatte geworfen hatte. Daraus aber zu schließen, dass programmatische Positionen der westdeutschen Splitterpartei GVP nunmehr auch auf weltpolitischer Bühne ernsthaft diskutiert würden, hieß die tatsächlichen Machtverhältnisse und Interessenlagen der Weltmächte zu verkennen.

Nach einigem Hin und Her kam Anfang 1954 tatsächlich die von Churchill vorgeschlagene Viermächte-Konferenz in Berlin zustande, allerdings nur auf Außenminister-Ebene und mit sehr dürftigen Ergebnissen. Im Wesentlichen beschränkten sich die vier Außenminister Dulles, (USA), Eden (Großbritannien), Bidault (Frankreich) und Molotow (Sowjetunion) bei ihrem Treffen vom 25. Januar bis 18. Februar 1954 darauf, ihre sattsam bekannten Positionen und Maximalforderungen in der Deutschlandpolitik zu bekräftigen. Der westliche Eden-Plan fußte auf den Vorstellungen von Dulles und Adenauer und forderte als ersten Schritt auf dem Weg zur Wiedervereinigung freie Wahlen in ganz Deutschland. Zudem beharrte der Westen darauf, dass eine künftige gesamtdeutsche Regierung frühere Verpflichtungen sowohl der Bundesregierung als auch der Regierung in Ost-Berlin anerkennen oder ablehnen könne, dass ein wiedervereinigtes Deutschland also der Nato und EVG beitreten dürfte. Der sowjetische Außenminister Molotow bestand demgegenüber auf der Bildung einer provisorischen gesamtdeutschen Regierung aus den Parlamenten der Bundesrepublik und der DDR, in der SED-Leute und Vertreter kommunistisch gelenkter »Massenorganisationen« eine mächtige Position haben würden, und auf einer Neutralitätsgarantie des wiedervereinigten Deutschland. Da keine Seite zu irgendwelchen Zugeständnissen bereit war, konnte das Schlusskommuniqué nur das Scheitern der Konferenz feststellen. Vor allem Dulles und Adenauer war das nur recht, konnten sie doch nunmehr unter Hinweis auf die unnachgiebige Haltung Moskaus die Westintegration der Bundesrepublik vorantreiben und mit gesteigerter Energie auf die Unterzeichnung der Pariser Verträge und die Aufnahme der Bundesrepublik in die Nato zusteuern.[174]

Wenngleich auf beiden Seiten von Beginn an wenig bis kein Wille zur Verständigung vorhanden war, beobachteten große Teile der westdeutschen Öffentlichkeit die Konferenz mit gespannter Erwartung. Die »Welt« schrieb von einer Schicksalsstunde deutscher Geschichte und zahlreiche Berliner Kirchengemeinden hielten während der Konferenz Bittgottesdienste ab.Auch Heinemann und die GVP entfalteten rund um die Berliner Viermächte-Konferenz zahlreiche Aktivitäten, schien das Außenminister-Treffen doch ganz ihrer Forderungen nach einem Dialog zwischen den verfeindeten Blöcken zu entsprechen. Wir »stehen … vielleicht am Beginn einer neuen Politik. Die Frage ›Soldaten oder Diplomaten?‹ scheint zugunsten einer politischen statt einer militärischen Strategie entschieden zu werden«, hieß es hoffnungsvoll in einem Artikel der Gesamtdeutschen Rundschau. Es werde damit eine »Entwicklung eingeleitet, die den Frieden durch Verhandlungen sichern und … ein wiedervereinigtes freies und friedliches Deutschland schaffen kann.«[175] Heinemann betonte in jenen Tagen wiederholt, dass eine Überwindung der Ost-West-Konfrontation und damit auch die Wiedervereinigung nur dann möglich seien, wenn beide Seiten anerkennen, dass »Sicherheitsfragen zweiseitig sind, also der Westen und der Osten ein Bedürfnis nach Sicherheit haben…« Dadurch könnte auch, wie von Heinemann seit langem gefordert, eine »Zurückführung aller militärischen Sicherheitsbedürfnisse in eine Ordnung der politischen Sicherheit« erreicht werden.« Heinemann skizzierte damit ein Konzept »kollektiver Sicherheit«, das allein den Frieden sichern könne, wobei er sich über die Schwierigkeiten eines derartigen Systems durchaus im Klaren war. »Politische Sicherheit ist ein gewiss empfindliches System gegenseitiger Respektierungen … Werden die Weltmächte zu solchem Nebeneinander finden? Das ist die Kernfrage des Friedens in unserer Zeit.[176] Angesichts der Komplexität dieser Aufgabe prägte Heinemann sodann eine später häufig zitierte Formel. »Der Frieden ist der Ernstfall, weil es jenseits des Friedens keine Existenz mehr gibt.«[177]

Dass die Bundesregierung zu Beginn der Konferenz ihre Maximalforderungen öffentlich plakatieren ließ, hielt Heinemann allerdings für kontraproduktiv. In einem offenen Brief an Bundeskanzler Adenauer warnte er vor den fatalen Folgen dieser verhärteten Position. »Mit der Berliner Konferenz … kommt die Politik, deretwegen wir uns im August 1950 entzweiten, zur kritischen Entscheidung. … Sie (lassen) in diesen Tagen an allen Plakatsäulen in Westdeutschland und Westberlin drei Forderungen anschlagen. Sie lauten: Freie gesamtdeutsche

Wahlen – Verfassunggebende Nationalversammlung – Gesamtdeutsche Regierung mit völliger Handlungsfreiheit.

Diese Forderungen klingen gut. Aber in demselben Maße, wie sie das deutsche Volk ansprechen, sind sie auch geeignet, dem deutschen Volk ihre gefährliche Tragweite zu verhüllen. Solange die USA und Sie den Anschluss ganz Deutschlands an den Westblock betreiben, wird die Sowjetunion keiner gesamtdeutschen Regierung die ›volle Handlungsfreiheit‹ gewähren. ... Die Sowjetunion wird ihre Zone nicht räumen, um sie einer sich an den Westblock bindenden deutschen Regierung zu überlassen. Das Ergebnis Ihrer Forderung kann deshalb nur sein, dass die deutsche Wiedervereinigung nicht zustande kommt. Das wissen Sie, Herr Bundeskanzler. Warum sagen Sie es nicht dem deutschen Volk?« Nach dieser Attacke auf den Bundeskanzler legte Heinemann seine eigene Position dar. »Das Ziel guter und friedlicher deutscher Außenpolitik lautet nicht: Westdeutschland und Westeuropa unter Missbrauch des Namens Europa zum amerikanischen Brückenkopf gegen den Osten zu machen, sondern: Deutschland friedlich zu einigen und zu einem Glied eines wachsenden europäischen Bundes zu entwickeln, der militärisch unabhängig von den USA und der Sowjetunion ist und friedliche Beziehungen nach beiden Seiten unterhält.«[178]

Diese Position vertrat Heinemann auch auf mehreren GVP-Veranstaltungen, zu denen er am Vorabend der Außenministerkonferenz eigens nach West-Berlin gereist war. Dabei stieß die GVP zum wiederholten Male auf bürokratische Behinderungen. Geeignete Versammlungsräume konnte sie erst nach mühsamen Verhandlungen mit dem West-Berliner Senat anmieten. Gegen das Verbot, auf Plakaten für die Veranstaltung zu werben, nützte auch ein Protest-Telegramm an den britischen Stadtkommandanten nichts.[179]

Entgegen der Selbstwahrnehmung Heinemanns, dass seine Forderung nach einem »Ost-West-Dialog« mit Beginn der Viermächtekonferenz quasi von den Weltmächten beglaubigt und die GVP somit auf der Höhe des weltpolitischen Geschehens sei, fanden die Berliner GVP-Veranstaltungen nur schwache Resonanz. Lediglich Ost-Berliner Blätter wie »Tägliche Rundschau« und »Neue Zeit« berichteten ausführlicher. Presse und öffentliche Meinung in Westdeutschland stützten dagegen mehrheitlich die unnachgiebige Haltung des Westens, namentlich der USA und der Bundesregierung. Während Heinemann und GVP Molotows Vorschlag eines europäischen Sicherheitssystems positiver aufnahmen als den westlichen »Eden-Plan«, demonstrierten tausende Westberliner Gewerkschafter gegen die Verhandlungstaktik der Sowjetunion. Wiederum befand sich Heinemann in einer eklatanten Minderheitsposition.

So groß und ehrlich die Erwartungen Heinemanns an die Berliner Viermächtekonferenz waren, so tief war seine Enttäuschung über deren Scheitern. Die Hauptschuld dafür gab er der Bundesregierung, die durch ihr Beharren auf Maximalforderungen den Misserfolg der Konferenz provoziert habe, um die Westintegration der Bundesrepublik voranzutreiben. Damit überschätzte er zwar das politische Gewicht Adenauers, lag mit der Einschätzung von dessen Interessenlage aber nicht falsch.

Nach dem Scheitern der Berliner Außenministerkonferenz vertiefte sich die Spaltung Deutschlands. Im März 1954 erhielt die DDR von Moskau erweiterte Souveränitätsrechte und sollte fortan »nach eigenem Ermessen über ihre inneren und äußeren Angelegenheiten« bestimmen können. Allerdings behielt sich die Sowjetunion weiterhin die Entscheidung in allen Fragen vor, die »mit der Gewährleistung der Sicherheit in Zusammenhang stehen und sich aus den Verpflichtungen ergeben, die der UdSSR aus den Viermächteabkommen erwachsen«.[180] Auf der anderen Seite des Eisernen Vorhangs schuf der Bundestag mit der Regierungsmehrheit zeitgleich die rechtlichen Voraussetzungen für die von Adenauer angestrebte Annahme der Westverträge und die Einführung der Wehrpflicht.

Heinemann hatte seit seinem Bruch mit Adenauer im Oktober 1950 schon manche politische Niederlage erlitten, ohne dass sein politischer Elan spürbar abgenommen hätte. Nach dem Scheitern der mit so viel Hoffnung verbundenen Berliner Außenministerkonferenz zeigte Heinemann erstmals Anzeichen von Resignation. Enttäuscht war er nicht zuletzt von den Westdeutschen selbst, deren »so geringen Drang … zur Wiedervereinigung während der Berliner Konferenz« er bitter beklagte.[181] Lohnte es sich da überhaupt noch weiterzumachen? »Wir alle stehen doch ständig vor der Frage, ob wir überhaupt noch durchhalten sollen?! Wo ist denn die Hilfe derer, die helfen könnten?«[182]

In dasselbe Horn stieß Erhard Eppler, bis dato einer seiner eifrigsten Mitstreiter. Nach seiner Einschätzung stand die deutsche Frage seit dem Scheitern der Außenministerkonferenz nicht mehr auf der Tagesordnung der internationalen Politik, wodurch der GVP quasi die Geschäftsgrundlage entzogen sei.[183] Eine Mitschuld an der Misere der GVP gab Eppler aber auch der politischen Trägheit breiter Bevölkerungskreise. »Wie soll … bei der beispiellosen Wurstigkeit der meisten Arbeiter und der politischen Kindlichkeit unserer Intellektuellen, der politischen Platzangst unserer Jugend, eine neue Partei sich durchsetzen können, die sich durch eine taktische Fehlentscheidung [Wahlbündnis mit dem BdD, T. F.] ohnehin bei ernsthaften Menschen ins Zwielicht gerückt hat?« Als beste Alternative erschien ihm die Mitarbeit in der SPD, bei der er ungeachtet aller Vorbehalte eine gewisse Wandlungsfähigkeit zu erkennen meinte.[184]

Adolf Scheu dagegen gab sich kämpferisch und fabulierte von der Umwandlung der GVP in eine Kaderpartei, um ihre Ziele zu erreichen. »Unsere Zeit wird kommen! Die Saat hingebungsvollen Einsatzes für den politischen Auftrag wird aufgehen! Einige Landes- und Kreisverbände haben das begriffen und haben begonnen, in der Partei … schlagkräftige politische Kader zu bilden. Es ist heute viel wichtiger, tausend wirklich aktive, einsatz- und opferbereite, politisch trainierte Mitglieder zu haben, als zehntausend laue, spießbürgerliche Mitläufer, die vor lauter Skepsis zu nichts mehr kommen.«[185]

Heinemann stand im Sommer 1954 zwischen beiden Positionen, freilich viel näher beim skeptischen Eppler als bei Scheu. Anders als Eppler sah er in der SPD jedoch weiterhin keine verlässliche Basis für seine politischen Vorstellungen, wenngleich auch er bei den Sozialdemokraten Anzeichen eines gewissen Wandels wahrzunehmen meinte, etwa die Abkehr vom »Marxismus als Religionsersatz« und eine größere Offenheit für christliches Gedankengut.[186] Eine Zusammenarbeit mit der SPD konnte sich Heinemann aber weiterhin nur schwer vorstellen. »Die SPD hat nicht das Talent, Bundesgenossen zu entwickeln. Darin bleibt sie sich ihrer 80jährigen Geschichte treu.«[187] Tatsächlich sperrte sich die SPD gegen eine von Heinemann und Scheu vorgeschlagene Listenverbindung, sodass die GVP zu den Landtagswahlen in Nordrhein-Westfalen Ende Juni 1954 erst gar nicht antrat.

Dass Heinemann im Sommer 1954 das Projekt GVP noch nicht verloren gab, mochte auch mit gewissen Entspannungssignalen auf weltpolitischer Bühne zusammenhängen. Die Berliner Konferenz hatte zwar in der deutschen Frage keinerlei Fortschritte gebracht, jedoch waren die vier Außenminister übereingekommen, das Indochina-Problem im Rahmen einer internationalen Konferenz einer Lösung zuzuführen. Tatsächlich konnte der Konflikt auf der Genfer Indochina-Konferenz im Juli 1954 unter Mitwirkung Chinas (vorerst) beigelegt werden, wobei insbesondere Frankreich und – auf Drängen Moskaus das kommunistische Nordvietnam – Zugeständnisse machten. Der am 20./21. Juli 1954 geschlossene Kompromiss beinhaltete die Teilung Vietnams am 17. Breitengrad und die Unabhängigkeit der beiden Königreiche Laos und Kambodscha.

Heinemann reagierte auf die Genfer Vereinbarung fast euphorisch, entsprach deren Zustandekommen doch ganz seinen Vorstellungen eines konstruktiven Ost-West-Dialogs, bei dem beide Seiten die Interessen des jeweils anderen anerkennen und zu Zugeständnissen bereit sind. »Der 20. Juli 1954 leitet eine Wende ein: Zum ersten Mal haben die Blockmächte nach den Jahren der sich wechselseitig steigernden Bedrohung einen Schritt der Begegnung und des Ausgleiches vollzogen.« Das ließ auch für die deutsche Frage wieder hoffen. »Damit ist der Modellfall für die deutsche Lösung gesetzt.«[188]

Wenige Wochen später hatte Heinemann erneut Grund, seine deutschland- und friedenspolitischen Konzepte durch die Entwicklung auf internationaler Bühne bestätigt zu sehen. Am 30. August 1954 nämlich sprach sich eine Mehrheit in der französischen Nationalversammlung gegen die Ratifizierung der EVG-Verträge aus.

Das Projekt einer Europäischen Verteidigungsgemeinschaft unter Einbeziehung der Westdeutschen war damit gescheitert, da sich in Frankreich nach langwierigen Auseinandersetzungen diejenigen Kräfte durchgesetzt hatten, die in der EVG eine unzumutbare Schwächung der französischen Machtposition und die Festigung US-amerikanischer Vorherrschaft im westlichen Bündnis sahen. Heinemann frohlockte. »Die von uns als verhängnisvoll bekämpfte sogenannte Europäische Verteidigungsgemeinschaft ist zu Bruch gegangen.« Adenauers Vorhaben, mittels der EVG die Aufstellung westdeutscher Militärverbände realisieren und auf diese Weise die weitere Westintegration einer souveränen Bundesrepublik erreichen zu können, stand vor dem Scheitern. Die von Heinemann aus Anlass der Indochina-Verständigung ausgerufene »Wende« in der internationalen Politik schien sich fortzusetzen und seinen Vorstellungen eines konstruktiven Ost-West-Dialogs, von dem allein die deutsche Wiedervereinigung zu erwarten sei, anzunähern.

War nun endlich die Stunde der GVP gekommen? Heinemann sah es so. »Die neue Lage gibt uns eine neue Chance. Es gilt, unsere politische Arbeit zu aktivieren«, schrieb er nach dem Scheitern der EVG.[189] Es bestehe nunmehr die realistische Möglichkeit, dass politisch umgesetzt werde, was die GVP seit langem fordere: »Durch Absage an neue deutsche Aufrüstung den ersten Schritt zu einer fortschreitenden Abrüstung festzuhalten, der mit unserer Entwaffnung 1945 vollzogen wurde.« Dies sei »der einzige Ausweg aus dem Todeszirkel, in den die bisherige Nachkriegspolitik uns verstrickt.«[190]

Es zeigte sich jedoch bald, dass Heinemann einer Fehleinschätzung unterlag. Von einer »Wende« in der Ost-West-Konfrontation konnte bei allen Entspannungssignalen des Jahres 1954 ebenso wenig die Rede sein wie davon, dass das westliche Lager, insbesondere die USA und Großbritannien, vom Plan einer stärkeren Integration der Bundesrepublik in das westliche Bündnis einschließlich eines westdeutschen Wehrbeitrags abrückte. Adenauers Karten waren auch nach dem Scheitern der EVG viel besser als Heinemann es wahrhaben wollte.

Anfang Oktober 1954 wurde die Bundesrepublik in das Nordatlantische Verteidigungsbündnis NATO aufgenommen. Am 23. Oktober 1954 wurden in der französischen Hauptstadt die Pariser Verträge unterzeichnet, die der Bundesrepublik staatliche Souveränität gewährten und ihren NATO-Beitritt festschrieben – und dadurch die deutsche Teilung vertieften.

Paulskirchen-Bewegung (1955)

Um die Ratifizierung der Westverträge durch den Bundestag doch noch zu verhindern – völlig ausgeschlossen war das nicht, wie das Beispiel der gescheiterten EVG zeigte – beschloss das GVP-Präsidium auf Betreiben Heinemanns am 5. November 1954 ein überparteiliches Aktionsbündnis zu bilden. Denn die GVP-Führung war sich darüber in Klaren, dass nur eine breite Sammlungsbewegung Adenauers »Zug nach Westen« noch würde aufhalten können.[191] Heinemann griff also wieder auf das Modell »Notgemeinschaft« zurück, um politisch Einfluss zu nehmen, da die GVP aus dem Status einer Splitterpartei nicht herausgekommen war.

Entscheidend aber war, diese »Gesamtdeutsche Aktion« auf eine viel breitere Basis zu stellen als seinerzeit die Notgemeinschaft, deren Aktionen nahezu wirkungslos verpufft waren. Die Unterstützung »aus weiten Kreisen der evangelischen Gemeinden« schien ihm sicher. Größten Wert legte Heinemann aber auch auf die Mitwirkung von SPD und Gewerkschaften, »wenn die Sache Stoßkraft haben soll.«[192] In einem Brief an Karl Barth skizzierte Heinemann sein Vorhaben. »Ich bemühe mich, eine Gesamtdeutsche Aktion in überparteilicher Zusammenfassung gegen die Ratifizierung der Pariser Verträge und mit dem Ziel ernster Verhandlungen um die Wiedervereinigung Deutschlands zustandezubringen. Ich stehe dieserhalb mit ... führenden SPD-Leuten in Verhandlung. ... Aus der Evangelischen Kirche werden ohne Weiteres zahlreiche große und kleine Namen mit dabei sein und die GVP selbstverständlich ebenfalls. Dagegen können wir nicht mit der KPD und der Gruppe Wirth-Elfes [d.h. mit dem Bund der Deutschen, T.F.] paktieren. Das würde nur abschreckend wirken.«[193] Was die Wahl der Bündnispartner anging, hatte Heinemann seine Lektion aus der desaströs verlorenen Bundestagswahl offenbar gelernt. Tatsächlich gelang es Heinemann und seinen Mitstreitern, innerhalb weniger Wochen ein Bündnis zu schmieden, das ein breites Spektrum politischer und gesellschaftlicher Gruppen repräsentierte – von konservativ-bürgerlichen Kreisen bis zu den Gewerkschaften und Kirchen.

Am 16. November 1954 fand ein erstes Gespräch zwischen Heinemann und den SPD-Politikern Fritz Erler, Herbert Wehner und Ludwig Metzger statt, bei dem letztere sich für Heinemanns Pläne sehr aufgeschlossen zeigten. Es war vor allem Fritz Erler, der eine Zusammenarbeit mit Heinemann befürwortete und auch den SPD-Vorsitzenden Erich Ollenhauer davon überzeugte. Der seit Monaten zwischen Erler und Heinemann bestehende Kontakt führte damit zu ersten konkreten Ergebnissen, wenngleich Heinemann das Angebot eines Beitritts zur SPD im Dezember 1954 noch freundlich aber bestimmt zurückwies.

Anfang Januar 1955 nahm die »Gesamtdeutsche Aktion« Gestalt an. Der Deutsche Gewerkschaftsbund und die SPD waren ebenso eingebunden wie Adenauer-Gegner in der evangelischen und der katholischen Kirche. Etwas unterrepräsentiert waren bürgerlich-liberale Kreise, die Heinemann nicht zuletzt durch die Mitwirkung des früheren Reichskanzlers Heinrich Brüning hatte erreichen wollen. Doch Brüning lehnte ein entsprechendes Ersuchen Heinemanns nach längerer Bedenkzeit ab.[194] Auch der FDP-Fraktionsvorsitzende Thomas Dehler, der die Politik Adenauers zunehmend mit kritischen Augen sah und sich wiederholt zustimmend zu den Positionen Heinemanns geäußert hatte, versagte sich zu dessen Enttäuschung einer Zusammenarbeit. Einen Bruch der Regierungskoalition mit der CDU/CSU wollte der FDP-Politiker Dehler denn doch nicht riskieren.[195]

Am 29. Januar 1955 trat die »Gesamtdeutsche Aktion« mit einer Kundgebung an die Öffentlichkeit. Als Veranstaltungsort hatte man die Frankfurter Paulskirche gewählt, jenen geschichtsträchtigen Ort, an dem 1848 die erste frei gewählte deutsche Nationalversammlung zusammengetreten war. Ein Gefühl der Genugtuung konnte Heinemann angesichts der zu erwartenden rund 1.000 Teilnehmer und der prominent besetzten Rednerliste nicht verhehlen. »Wir haben nun 4 ½ Jahre lang eine Vorarbeit geleistet, die in ihren Thesen und Methoden heute weithin von anderen übernommen wird. Darüber kann ich mich nur neidlos freuen.«[196]

Neben Heinemann selbst ergriffen unter dem Motto »Rettet Einheit, Freiheit, Frieden! Gegen Kommunismus und Nationalismus« u. a. der SPD-Vorsitzende Erich Ollenhauer, der stellvertretende DGB-Chef Georg Reuter, der katholische Theologe Johannes Hessen, sein evangelischer Kollege Helmut Gollwitzer und der Soziologe Alfred Weber das Wort. Heinemann warnte in seiner Rede noch einmal eindringlich vor den Folgen eines Krieges zwischen den Machtblöcken. »Dass ein Krieg in Europa, wenn er ausbräche, nicht um uns herumginge, wissen auch wir. Wir wollen ihn dadurch verhindern, dass wir nicht in militärische Blockbildungen eintreten. Behauptungen wie diese, dass man mit den Sowjets weder verhandeln noch Verträge schließen könne, sind von einer verwerflichen Hoffnungslosigkeit. Wer nicht schießen will, muss sprechen!«[197]

Zum Abschluss der Versammlung wurde ein »Deutsches Manifest« verabschiedet, das die Überwindung der deutschen Teilung direkt von der Ablehnung der Pariser Verträge abhängig machte. »Die Antwort auf die deutsche Schicksalsfrage der Gegenwart – ob unser Volk in Frieden und Freiheit wiedervereinigt werden kann … – hängt heute in erster Linie von der Entscheidung über die Pariser Verträge ab. Die Aufstellung deutscher Streitkräfte in der Bundesrepublik und in der Sowjetzone muss die Chancen der Wiedervereinigung für unabsehbare Zeit auslöschen. … Das furchtbare Schicksal, dass sich die Geschwister einer Familie in verschiedenen Armeen mit der Waffe in der Hand gegenüberstehen, würde Wirklichkeit werden …«[198]

Wie nicht anders zu erwarten, konnte die Paulskirchenbewegung die Annahme der Pariser Verträge nicht verhindern. Am 27. Februar 1955 stimmten 314 Abgeordnete der Regierungskoalition aus CDU/CSU, FDP, DP und GB/BHE für das Vertragswerk, 157 Abgeordnete stimmten dagegen. Die SPD-Fraktion lehnte die Verträge geschlossen ab.

Erneut war ein Versuch Heinemanns gescheitert, mithilfe eines breiten Aktionsbündnises außerhalb des Parlaments Einfluss auf die politische Entwicklung zu nehmen. Zumindest aber hatte er seine friedens- und deutschlandpolitischen Vorstellungen in einem öffentlichkeitswirksamen Rahmen, als gleichberechtigter Partner der Gewerkschaften, prominenter Kirchenmänner und nicht zuletzt der SPD, vertreten können. Heinemann verband damit auch strategische Überlegungen. »Die SPD sollte erkennen, dass die Frankfurter Veranstaltung auf das deutlichste zugleich als Auftakt zu neuer politischer Gemeinschaft wirken muss, der der breiten Resignation über das starre Gehäuse der alten politischen Parteien begegnet und Mut macht, nun auf eine neue Konstellation zuzugehen! Nicht der GVP muss geholfen werden, sondern einer mehrheitsfähigen Linken bis hinein in die FDP, den BHE und die CDU!«[199] Im selben Sinne äußerte sich Heinemann auch gegenüber dem SPD-Politiker und evangelischen Pfarrer Heinrich Albertz: »Nun ist ja die Kundgebung in der Paulskirche gewesen und hat … manches in Fluss gebracht. Es darf aber nicht bei dieser einmaligen Gemeinsamkeit des Auftretens bleiben. Nicht nur wegen der Abwehr der Bonner Aufrüstungspolitik, sondern auch im Hinblick auf weitere innenpolitische Entwicklungen.« Eine erstarkte GVP als Bündnispartner der SPD könne dabei von großem Nutzen sein. »Ich weise immer wieder darauf hin, wie geschickt die CDU den Beiwagen Zentrum flottgehalten hat. Auch die SPD muss Bundesgenossen« haben.[200] Allerdings wurden Heinemanns Hoffnungen, dass sich aus der kurzlebigen Paulskirchenbewegung ein engeres, konstruktives Verhältnis zwischen GVP und SPD ergeben würde, enttäuscht. Der SPD-Führung war an der GVP als Bündnispartner nach wie vor wenig gelegen, allenfalls an der »Übernahme« einiger ihrer Mitglieder. Derlei Ansinnen wies Heinemann aber von sich. »Die Zusammenarbeit mit der SPD klappt bisher leider nicht. … Wenn die SPD darauf spekuliert, dass sie die GVP-Freunde einzeln kassieren kann, macht sie nur ein kurzsichtiges Geschäft. Sie sollte aber aus der jetzigen Gemeinschaft um die Pariser Verträge auf lange Sicht handeln.«[201]

Das Jahr 1955 brachte auf internationaler Bühne zwei Ereignisse, die Heinemann nach der Enttäuschung über das Scheitern der Berliner Viermächtekonferenz und die Annahme der Pariser Verträge für seine friedenspolitischen Vorstellungen erneut hoffen ließen. Als mit dem Staatsvertrag vom 15. Mai 1955 die alliierte Besatzungsherrschaft in Österreich beendet wurde und die Alpenrepublik ihre volle Souveränität unter Verpflichtung zu immerwährender Neutralität erlangte, hielt Heinemann dies für ein Modell für Deutschland, insbesondere was die Reihenfolge der zu lösenden Probleme betraf. »Österreich hat an die erste Stelle die Regelung seines militärischen Status gestellt [indem es seine Bündnisfreiheit erklärte, T. F.] … und danach den Weg in die Besatzungsfreiheit und seine übrige Handlungsfreiheit aufgeschlossen.« Diese Schrittfolge empfahl Heinemann auch für die deutsche Frage, und nicht das penetrante Beharren Adenauers auf freien Wahlen als Ausgangspunkt. Das Beispiel Österreich zeige, dass die vier Siegermächte – und eben auch die Sowjetunion – durchaus zum Dialog bereit und zu einvernehmlichen Lösungen auf dem Verhandlungswege fähig seien.[202]

Große Erwartungen knüpfte Heinemann auch an die Genfer Gipfelkonferenz, zu der die Staats- bzw. Regierungschefs der vier Siegermächte vom 18. bis 23. Juli 1955 auf Initiative Frankreichs zusammenkamen. Nachdem im Mai 1955 durch Inkrafttreten der Pariser Verträge einerseits und die Gründung des Warschauer Paktes auf der anderen Seite die Blockbildung zu einem vorläufigen Abschluss gekommen war, schienen beide Seiten nunmehr zur Entspannung des Ost-West-Konfliktes bereit zu sein. Heinemann setzte darauf, dass angesichts des militärischen Gleichstands, der durch die Zündung der ersten sowjetischen Wasserstoffbombe im August 1953 entstanden war, den Großmächten auch gar nichts anders übrig blieb, als in einen gleichberechtigten Dialog zu treten. Zumal der Westen allmählich einsehe, dass die »Politik der Stärke« gegenüber der Sowjetunion obsolet geworden sei. Nicht einmal US-Außenminister Dulles rede noch davon.[203]

So sehr waren Heinemann und seine GVP-Mitstreiter vom vielbeschworenen »Geist von Genf« und den Chancen einer substanziellen Entspannungspolitik animiert, dass sie bei den Verhandlungen eine aktive Rolle spielen wollten. Es ging ihnen vor allem darum, die Deutschlandfrage in den Mittelpunkt der Verhandlungen zu stellen und zu verhindern, dass trotz – oder sogar wegen – einer möglichen Entspannung zwischen Ost und West die deutsche Teilung vertieft würde. Dass sie sich als Vertreter einer westdeutschen Splitterpartei mit diesem Unterfangen sehr leicht der Lächerlichkeit preisgaben, schien ihnen nicht bewusst zu sein. Man sah sich im Sommer 1955 vielmehr ganz auf der Höhe des weltpolitischen Geschehens. So stellte man in Reihen der GVP mit Genugtuung fest, dass der vom Westen in Genf vorgelegte Eden-Plan, der u. a. eine entmilitarisierte Zone entlang der Trennlinie zwischen den Blöcken vorsah, »in wesentlichen Punkten eine Übereinstimmung mit den Vorstellungen [zeigt], wie wir sie bisher vertreten haben.«[204] Auch der sowjetische Vorschlag eines kollektiven Sicherheitssystems – allerdings unter Ausklammerung der Deutschlandfrage – schien prinzipiell auf der Linie der GVP zu liegen.

Von dieser Entwicklung euphorisiert beschloss die GVP auf ihrem 2. Bundesparteitag vom 1. bis 3. Juli 1955 in Recklinghausen, in die Offensive zu gehen und eine eigene Beobachterdelegation, bestehend aus Herbert Mochalski, Heinz Krämer und Adolf Scheu, nach Genf zu entsenden. Dort sollten sie an die Delegationen der Vier Mächte herantreten und für Gustav Heinemann und Martin Niemöller Gesprächstermine vereinbaren. Bei Briten und US-Amerikanern drang Scheu nur bis zu untergeordneten Sachbearbeitern vor, die Franzosen verweigerten gleich jeden Kontakt. Immerhin erklärte sich der stellvertretende sowjetische Außenminister Wladimir Semjonow zu einem Treffen bereit, das dann aber doch nicht stattfand. Die GVP brachte in Genf lediglich eine Pressekonferenz zustande, auf der Heinemann und Niemöller ihre Vorschläge präsentierten, die u. a. die Wahl einer »gemeinsame(n) provisorische(n) Nationalversammlung« beinhalteten, die durch Empfehlungen an den Bundestag und die Volkskammer das »weitere Auseinanderbrechen unsere(r) Lebensordnungen (aufhalten), vielmehr in Wirtschaft, Kultur, Justiz und Polizei eine Angleichung« bewirken und die »Wahl einer gesamtdeutschen Regierung« vorbereiten solle.[205]

Die Genfer Aktion war ein Schlag ins Wasser. Weder bekamen Heinemann und Niemöller irgendeinen höherrangigen Konferenzteilnehmer zu Gesicht, noch nahm die internationale Presse von Heinemanns Vorschlägen irgend Notiz. Man fragt sich, ob Heinemann ernsthaft gehofft haben konnte, auf internationaler Bühne Gehör zu finden. Adolf Scheu sprach unumwunden von einer »Blamage«.[206] Von Heinemann sind Äußerungen über Sinn oder Unsinn der Genf-Reise nicht überliefert. Heinemann war sich allerdings klar darüber, dass er mit dem Verlauf der Genfer Gipfelkonferenz und dem »blamablen« Auftreten der GVP an eine Scheidelinie gekommen war. Er musste sich fragen, ob sein strategisches Konzept, mittels der GVP und überparteilicher Aktionen politischen Einfluss zu nehmen, eine Zukunft haben würde. Zudem musste er feststellen, dass ein Dialog zwischen den Großmächten inzwischen durchaus möglich war, ohne dass die deutsche Teilung dabei überhaupt thematisiert wurde.

Die Sowjets hatten nämlich ihre »Ankündigung wahr gemacht, dass die Pariser Verträge das Thema der deutschen Wiedervereinigung für sie von der Diskussion ausschließen würden. Die Sowjets haben seitdem die deutsche Frage einer Verständigung mit den USA untergeordnet.«[207] Denn, so Heinemanns Einschätzung, »heute hat auch sie [die Sowjetunion, T. F.] die Wasserstoffbombe … Heute weiß sie, dass der so viel gerühmte ›stärkste Bundesgenosse‹ der Bundesrepublik, nämlich der Amerikaner, nicht stärker ist als sie selbst. Heute kann sie dem damals von ihr gesuchten Gespräch [durch die Stalin-Noten von 1952, T. F.] über die deutsche Wiedervereinigung ausweichen.«[208]

Bei Heinemann mehrten sich angesichts dieser Entwicklungen die Zeichen von Resignation. Im Frühjahr 1956 schrieb er: »Zur Stunde der Wahrheit wird die Erkenntnis gehören, dass Völker nicht die Verheißung Gottes besitzen, in einer staatlichen Gemeinschaft zusammenzuleben. Das Buch der Geschichte ist voller Beispiele dafür, und unsere eigene Geschichte hat uns schon mehr als einmal erleben lassen, dass auseinander ging, was dereinst zusammengehörte.«[209]

Zu diesem Zeitpunkt war die Blockbildung faktisch vollzogen und die deutsche Teilung weiter vertieft. Die von Heinemann so heftig bekämpften Pariser Verträge waren am 5. Mai 1955 in Kraft getreten. Gleichzeitig trat die nunmehr souveräne Bundesrepublik dem nordatlantischen Verteidigungsbündnis NATO bei und bereitete die Aufstellung eigener Streitkräfte vor. Auf östlicher Seite wurde durch die Gründung des Warschauer Paktes Mitte Mai 1955 die politische und militärische Integration der mittel- und osteuropäischen Staaten unter Vorherrschaft der Sowjetunion vorangetrieben. Bundesrepublik und DDR gehörten nunmehr zwei verschiedenen Militärbündnissen an und verfügten seit Anfang 1956 über je eigene Streitkräfte. Im September 1955 gewährte Moskau der DDR staatliche Souveränität und verlangte vom Westen, die Existenz zweier Staaten auf deutschem Boden anzuerkennen.

Mit einigem Recht konnte Heinemann angesichts dieser Entwicklung vom »völlige(n) Fehlschlag der gesamten Bonner Deutschland-Politik der letzten Jahre« sprechen. Adenauer habe mit seiner Politik der Stärke »Schiffbruch« erlitten.[210] Zumindest, wenn man wie Heinemann die möglichst rasche Überwindung der Teilung als oberstes Ziel deutscher Politik betrachtete. Dass Adenauer mit seiner Moskau-Reise im September 1955 nun sogar den direkten Dialog mit der Kreml-Führung aufnahm – als habe er sich Heinemanns Ausruf in der Paulkirche »Wer nicht schießen will, muss reden!« zu Herzen genommen – brachte Heinemann von seinem negativen Urteil nicht ab. Denn in der Frage der Wiedervereinigung habe es bei den Gesprächen keinerlei Fortschritte gegeben. Die Freilassung der letzten deutschen Kriegsgefangenen und die Aufnahme diplomatischer Beziehungen wogen nach Heinemanns Auffassung diesen Misserfolg in der Deutschlandfrage nicht auf.

Auf der anderen Seite waren aber auch Heinemanns eigene Bemühungen, der westlichen Deutschlandpolitik eine andere Richtung zu geben, immer wieder ins Leere gelaufen. Noch aber wollte er den Kampf nicht aufgeben. »Wir fürchten um unser selbst und um Europas willen, dass eine Teilung Deutschlands schreckliche Folgen haben wird. Darum bäumen wir uns gegen (eine) solche Entwicklung auf«, erklärte er im Frühjahr 1956.[211]

Mit welchen Mitteln und Methoden aber sollte das geschehen, nachdem sich das »Projekt GVP« und auch überparteiliche Aktionsbündnisse gegen Adenauers Politik als notorisch erfolglos erwiesen hatten? Erhard Eppler, jahrelang einer von Heinemanns eifrigsten Mitstreitern, hatte seine Konsequenzen bereits gezogen. Im Oktober 1955 war er aus der GVP ausgetreten und hatte sich der SPD angeschlossen, da er die GVP weder personell noch programmatisch in der Lage sah, eine konstruktive Rolle in der westdeutschen Politik zu spielen. »Wir haben unser politisches Kapital ... verbraucht.«[212] Zusammen mit Eppler waren auch die GVP-Aktivisten Immanuel Geiss und Roland Ostertag zur SPD übergetreten. Welche politische Perspektive ihm vorschwebte, hatte Eppler vor seinem Eintritt in die SPD gegenüber Heinemann so formuliert: Nichts weniger als die Bildung eines »regierungsfähige(n) Blocks, der von der Arbeiterschaft bis tief ins protestantische Bürgertum hineinreicht.«[213]

Für Heinemann selbst kam ein solcher Schritt, d.h. Auflösung der GVP und Übertritt in die SPD, zum damaligen Zeitpunkt – im Frühjahr 1954 – noch nicht in Betracht. Dafür hegte er weiterhin zu große Vorbehalte gegenüber der SPD mit ihrem Funktionärswesen und Fraktionszwang, ihrem stark marxistisch geprägten Wirtschaftsprogramm und der kirchenfeindlichen Haltung vieler Mitglieder. »In der CDU regieren Geld und Kirche, in der SPD Funktionäre.« Die »Erneuerungsmöglichkeiten für die SPD« beurteilte er »durchweg skeptisch.«[214]

Allerdings strebte er durchaus eine engere Zusammenarbeit mit der SPD an, damit »endlich einmal eine Mehrheit ohne CDU zustande kommen kann«, wie er im Juli 1955 an Eppler schrieb. Insofern werde die GVP weiter gebraucht, nicht zuletzt als Mehrheitsbeschaffer für die SPD. »Mit einem Hinüberwechseln unsererseits zur SPD ist es gegenwärtig nicht zu schaffen.«[215] Tatsächlich kam es bei den Landtagswahlen in Rheinland-Pfalz vom Mai 1955 zu einer Kooperation, bei der die SPD Wahlkreise und Listenplätze für zwei GVP-Kandidaten zur Verfügung stellte. Beide Kandidaten erlitten eine Niederlage.

Doch anders als Eppler und andere frühere Mitstreiter gab Heinemann die Sache der GVP immer noch nicht verloren. So setzte er sich vehement für die Teilnahme der GVP an den Landtagswahlen in Baden-Württemberg am 4. März 1956 ein, bei der die GVP aber mit 1,55 Prozent der Stimmen erneut eine krachende Niederlage erlitt. Eppler hielt der GVP-Führung – und Heinemann im Besonderen – in dieser Situation vor, mit ihrem trotzigen Festhalten an dem erfolglosen Parteiprojekt eine geradezu naiv-unpolitische Haltung an den Tag zu legen. Er habe den Eindruck, dass »viele GVP-Leute der Politik nicht geben wollen, was der Politik ist, dass ihnen die Übersetzung eines ethischen Impulses in einen politischen nicht gelingt. Aber ich meine: jenes hier stehe ich, ich kann nicht anders, ist zwar recht eindrucksvoll ... aber als eine Devise für eine Partei ist sie nicht nur unpolitisch, sondern unrealistisch.« Bei Heinemann, bis dato seine politische Vaterfigur, hatte Eppler mittlerweile das Empfinden, dass dieser »sich manchmal mehr als Zeuge (fühle), denn als Politiker.«[216]

Spätestens nach der Wahlniederlage in Baden-Württemberg setzte sich bei Heinemann wie in der gesamten GVP-Führung die Erkenntnis durch, dass die GVP als eigenständige Kraft keine Zukunft habe. Der Parteivorstand beschloss daher im April 1956 im Hinblick auf die im September 1957 anstehenden Bundestagswahlen nach verschiedenen Seiten die Fühler auszustrecken. Faktisch hatte damit der Auflösungsprozess der GVP begonnen, wenngleich die Parteiführung zunächst noch die Zusammenarbeit der kleineren Oppositionsparteien und eine gegenseitige wahltaktische Unterstützung mit der SPD favorisierte. Aus dem engen Führungskreis der GVP war Heinemann derjenige, der in den folgenden Monaten am längsten für das Fortbestehen »seiner« Partei eintrat.

Seine strategischen Überlegungen hielt Heinemann in einem vom 5. April 1956 datierten Exposé fest. »1. Die GVP wäre bereit, mit allen anderen Gruppen, vor allem mit der SPD im Blick auf die Bundestagswahl 1957 zu einer Zusammenarbeit zu kommen, mit dem Ziel, die CDU-Regierung aus dem Sattel zu heben.

2. Es wird festgestellt, dass nur SPD, FDP und BHE bei der Bundestagswahl mit Mandaten im Alleingang rechnen können, während Bayern-Partei, Zentrums-Partei und GVP dies nur in gewissen Schwerpunkten erreichen dürften. Ob die kleinen Parteien aber jeweils zu drei Direkt-Mandaten und damit zur Wertung der Zweitstimmen kommen, wird als zweifelhaft bezeichnet und festgestellt, dass sehr viele dieser Wähler ihre Zweitstimme dann wahrscheinlich doch wieder der CDU zukommen lassen. …

4. Da der Kern der Opposition gegen die CDU die SPD darstellt, muss diese sich … fragen lassen, ob sie bereit ist, die drei kleineren Parteien in der Wahl so zu fördern, dass diese ihrerseits der SPD bei der Regierungsbildung helfen können, da die SPD alleine auf keinen Fall über eine 50-Prozent-Mehrheit kommen kann.«[217]

Im Herbst 1956 führte Heinemann zahlreiche Gespräche mit FDP-Politikern, vor allem mit Thomas Dehler, zu dem seit ihrer gemeinsamen Ministerzeit im ersten Kabinett Adenauer freundschaftliche Beziehungen bestanden. Zu den vorgeschlagenen Wahlabsprachen war die FDP-Führung jedoch nicht bereit. Während Heinemann noch in möglichst viele Richtungen sondierte, u.a. bei der Bayernpartei und dem BHE (Block der Heimatvertrieben und Entrechteten), drängten Scheu, Posser und Helene Wessel darauf, die Kooperationsbemühungen auf die SPD zu konzentrieren.

Für ein Zusammengehen mit der SPD gab es zwei Optionen: entweder ein herkömmliches Wahlbündnis mit Absprachen über Kandidatenaufstellung in bestimmten Wahlkreisen, wie es Heinemann noch Anfang 1957 klar favorisierte, oder die Eingliederung der GVP in die SPD, wofür insbesondere Scheu und Posser eintraten.[218] Aufseiten der SPD war man zwar grundsätzlich daran interessiert, das politische Potenzial der GVP (Personen, Wählergruppen) zu nutzen, erteilte aber einer Zusammenarbeit auf der Grundlage von Wahlkreisabsprachen oder Listenverbindungen eine Absage. Es sei ausgeschlossen, »dass die Untergliederungen der SPD auf Aufstellung von SPD-Leuten zugunsten von GVP-Leuten auch nur an irgendeinem Ort verzichten«, resümierte Helene Wessel nach einem Gespräch mit Willi Eichler vom SPD-Vorstand. Einem Bündnis mit der SPD stehe auch die Hypothek der fatalen Zusammenarbeit der GVP mit dem Bund der Deutschen entgegen. Zudem seien nach Überzeugung der SPD-Führung »Organisation und Partei-Apparat der GVP ... zu gering ausgebaut, als dass man sich davon wesentliche Unterstützung verspreche.«[219]

X. Der Bürger als Sozialdemokrat

Heinemann in der SPD

So abweisend sich die SPD 1956 gegenüber allen Vorschlägen eines Wahlbündnisses mit der GVP verhielt, so sehr war sie daran interessiert, führende Leute der GVP, allen voran Heinemann, zu sich herüberzuziehen. Insbesondere Fritz Erler, Mitglied des SPD-Parteivorstands, bemühte sich schon seit einiger Zeit, Heinemann zum Eintritt in die SPD zu bewegen. Dabei war er sich bewusst, dass Heinemann sowohl von seinem beruflichen und politischen Werdegang her, d. h. als früherer Bergbau-Manager und CDU-Politiker, als Befürworter einer strikt marktwirtschaftlichen Ordnung und auch mit seinem ganzen wirtschaftsbürgerlichen Habitus kaum in eine SPD passte, die sich noch stark als Arbeiterpartei verstand. Auch für einen engagierten Christen war die SPD der fünfziger Jahre, in der antikirchliche Haltungen noch sehr verbreitet waren, eigentlich keine politische Heimat.[1] Erler war allerdings überzeugt, dass die SPD sich organisatorisch und programmatisch verändern müsse, wenn sie auf Bundesebene einmal Regierungsverantwortung übernehmen wollte, wofür die Erschließung breiterer Wählergruppen über ihre Stammklientel hinaus eine Voraussetzung war.

Wahrscheinlich warb der christlich geprägte Erler auch deshalb um Heinemann, weil sich in dessen Person zahlreiche Elemente bündelten, für die Erler die SPD öffnen wollte: Bekenntnis zur Marktwirtschaft, christliche Überzeugungen, Bürgersinn. Wollte die SPD eine »Volkspartei« mit Aussicht auf Regierungsbeteiligung werden, musste sie nach Erlers Überzeugung auch jene bürgerlichen Mittelschichten gewinnen, die Heinemanns Welt näherstanden als dem Milieu des »klassenbewussten« Industriearbeiters.

Heinemann selbst hatte seine Distanz zur Sozialdemokratie zwar keineswegs abgelegt – »die SPD war mir fremd«[2] –, beobachtete aber die innere Entwicklung der SPD bereits seit einigen Jahren mit gesteigerter Aufmerksamkeit. Es war ihm nicht entgangen, dass die SPD das wichtigste Gegengewicht zur Adenauer-CDU bildete, deren Zustand für die Perspektiven der westdeutschen Politik von entscheidender Bedeutung sein würde.

Im Februar 1954 veröffentlichte Heinemann einen Aufsatz, in dem er sich mit der damaligen Verfassung der SPD und der Frage auseinandersetzte, wie sich die Sozialdemokratie verändern müsste, um dereinst auch im Bund regierungsfähig zu werden. Ausdrücklich würdigte Heinemann dabei die Verdienste der SPD um die Verbesserung der sozialen Verhältnisse in Deutschland. »... der Aufstieg der Arbeitnehmer zu ihrer heutigen Stellung in Wirtschaft und Gesellschaft (ist) nicht ohne die Wirksamkeit der SPD zu denken.« Allerdings habe sie es bisher nicht geschafft, »den Weg auch in die höchste politische Ebene der Macht in Deutschland aufzuschließen.«[3] Damit sich das ändere, schrieb Heinemann der Sozialdemokratie einiges ins Stammbuch. So müsse die »SPD endgültig ihren Frieden auch mit der westlichen Wirtschaftsordnung – wie immer man sie bezeichnen mag – machen ..., so wie sie seit 1918 ihren Frieden mit westlicher Staatsordnung gemacht hat.« Ansätze dazu seien bereits erkennbar. In der SPD beginne sich das »ursprüngliche Feldgeschrei vom Tode des Kapitalismus durch Vergesellschaftung aller Produktionsmittel über ein ... tiefes Misstrauen gegenüber der Marktwirtschaft allmählich in eine Anerkennung der Marktwirtschaft mit ›linken‹ Vorbehalten zu verwandeln«.[4] Positiv vermerkt Heinemann auch, dass die SPD sich weitgehend vom Marxismus als ideologischer Leitlinie verabschiedet und die »praktischen Verbesserungen« für die Menschen jenseits gesellschaftlicher Utopien in den Mittelpunkt gestellt habe. Wenn nun die SPD auch ein »positives Verhältnis zum Christentum« finde, könnte sie »endlich damit rechnen, sich zu der großen linken Volkspartei der Arbeitnehmer, des Mittelstandes und der Verbraucher mit kleinem Einkommen ... zu entwickeln, die in jeder Demokratie neben den konservativen Kräften ihre legitime Rolle und Chance hat.«[5]

Dem SPD-Politiker Erler, dem Heinemann den Aufsatz persönlich hatte zukommen lassen, war das aus dem Herzen gesprochen. Umgehend schrieb er an Heinemann – und forderte ihn ohne Umschweife zum Eintritt in die SPD auf. Es sei »wirklich selten, dass ein außerhalb unsrer Reihen stehender Mann mit soviel Sachkunde, Duldsamkeit und Freundschaft an die Probleme unserer Partei herangeht. ... Warum hilft ein solcher Mann nicht von innen her dabei, die Partei auf den Weg zu bringen, den er offensichtlich um des deutschen Volkes willen wünscht? Man kann die Sozialdemokratie nicht von außen her verändern.«[6]

Ein Übertritt zur SPD kam 1954 für Heinemann aber noch nicht in Frage, jedoch blieb Fritz Erler für Heinemann und die gesamte GVP-Spitze in den kommenden Jahren der wichtigste Gesprächspartner auf Seiten der SPD. Erler wandte sich in regelmäßigen Abständen an Heinemann, um ihm eine Mitwirkung in der SPD schmackhaft zu machen. So auch nach der schweren Niederlage der GVP bei den Landtagswahlen in Baden-Württemberg im März 1956. Es wäre doch nützlich, »wenn wir uns einmal über die politische Entwicklung im Lichte der Wahlergebnisse ... unterhielten.«[7]

Auflösung der GVP und Eintritt in die SPD

Im Herbst 1956 wurden die Kontakte mit der SPD immer intensiver, wobei Heinemann weiterhin eine Kooperation zwischen GVP und SPD etwa in Form von Listenverbindungen (Überlassung von einigen Wahlkreisen) favorisierte[8], während die SPD-Führung mehrheitlich für die Auflösung der GVP und den Eintritt ihrer Mitglieder in die SPD plädierte, was auch immer mehr GVP-Leute, insbesondere Scheu und Posser, für die beste Lösung hielten. Denn »diese Partei ist nicht mehr zu retten«, so Scheu gegenüber Helene Wessel.[9]

Am 14. und 28. Januar 1957 fanden erste offizielle Verhandlungen zwischen GVP und SPD statt, an denen aufseiten der GVP Heinemann, Scheu, Karl Hertel und Helene Wessel, von der SPD-Führung der Parteivorsitzende Erich Ollenhauer, sein Stellvertreter Wilhelm Mellies, Walter Menzel und Herbert Wehner teilnahmen. Warum Fritz Erler nicht anwesend war, lässt sich im Nachhinein nicht mehr feststellen. Jedenfalls hatte er am Zustandekommen der beiden Treffen durch den intensiven Kontakt mit Heinemann wesentlichen Anteil.[10] Heinemann lehnte ein Aufgehen der GVP in der SPD insbesondere mit dem Argument ab, dass viele ehemalige GVP-Wähler in diesem Falle wieder zur CDU gehen würden. Die GVP solle vielmehr als »Beiwagen« (Heinemann) der SPD fungieren und ihr dadurch zu einer Parlamentsmehrheit verhelfen.[11] Konkret schlug Heinemann vor, dass die »SPD ... der GVP x Wahlkreise derart (überlässt), dass in diesen Wahlkreisen keine Kandidaten der SPD, sondern nur ein Kandidat der GVP aufgestellt wird, über dessen Person sich beide Parteien verständigen ...«[12] Darauf wollte sich die SPD-Führung aber keinesfalls einlassen, sondern drängte weiterhin auf die Auflösung der GVP. Angesichts dieser offenbar unverrückbaren Haltung der SPD verstärkten Scheu und Posser ihre Bemühungen, Heinemann von der Notwendigkeit eines Übertritts zur SPD zu überzeugen. Heinemann zögerte immer noch. Um den Druck auf ihn zu erhöhen, sprach Scheu ab März 1957 in aller Öffentlichkeit von Überlegungen zur Auflösung der GVP und dem Übertritt zur SPD. Denn beide Parteien hätten sich seit 1953 in ihren deutschland- und sicherheitspolitischen Positionen stark angenähert.[13]

Wieder einmal war Heinemann in einer entscheidenden Phase seiner politischen Laufbahn eher Getriebener als Antreiber. Schon bei der Gründung der GVP im November 1952 war es Adolf Scheu gewesen, der Heinemann hatte »zum Jagen tragen« müssen. Als es nunmehr um die Beendigung des offenbar gescheiterten Experiments GVP ging, war es wiederum Scheu, der zusammen mit Diether Posser auf Heinemann so lange einwirkte, bis dieser sich zur Auflösung der GVP und zum Übertritt zur SPD entschließen konnte. Augenscheinlich bedurfte es bei Heinemann zuweilen derartiger Anstöße von außen, um eine Entscheidung zu fällen, deren Reifeprozess bei ihm etwas länger dauerte als bei vielen seiner Mitstreiter. Das hieß aber nicht, dass Heinemann zu diesem Schritt genötigt werden musste. Angesichts der unverkennbaren Veränderungsprozesse in der SPD, die nicht zuletzt von seinem »Kontaktmann« Fritz Erler befördert wurden, gelangte er im Frühjahr 1957 tatsächlich zu der Überzeugung, dass die sich erneuernde SPD eine geeignete Plattform für seine politischen Vorstellungen sei. »In dem Maße, wie sich die SPD auf ihr Godesberger Programm … hin entwickelte, wurde sie für uns interessanter.«[14]

Ab Mitte April 1957 steuerte auch Heinemann konsequent auf die Auflösung der GVP und den Übertritt zur SPD zu. Was letztlich den Ausschlag gab, ist schwer feststellbar. Dass auch enge Vertraute in der Evangelischen Kirche dazu rieten, u. a. Gollwitzer, Niemöller, Held, mag eine nicht unwesentliche Rolle gespielt haben. Jedenfalls schien Heinemann nunmehr von der Aussichtslosigkeit der GVP ebenso überzeugt gewesen zu sein wie von den Chancen, die sich ihm und seinen Mitstreitern innerhalb der SPD bieten würden. Entsprechende Zusicherungen waren vom SPD-Vorstand mehrfach gemacht worden. »Ich kann Ihnen … versichern, dass unser Landesausschuss in Niedersachen bereit ist, Herrn Dr. Heinemann auf die dritte Stelle der Landesliste zu setzen. Unsere Freunde in Nordrhein-Westfalen haben uns versichert, dass sie Frau Helene Wessel einen sicheren Platz auf der Landesliste einräumen würden.« Darüber hinaus »würden wir auch Gelegenheit nehmen, in die Ausschüsse beim Parteivorstand einige ihrer Mitglieder zu berufen.«[15]

Am 18./19. Mai 1957 fand in Essen der letzte Parteitag der GVP statt. Mit großer Mehrheit – 43 zu 9 Stimmen bei einer Enthaltung – beschlossen die Delegierten die Auflösung der Gesamtdeutschen Volkspartei. Den bisherigen Mitgliedern wurde der Eintritt in die SPD empfohlen. In einer entsprechenden Presseerklärung hieß es, dass »dieser Beschluss … aus der weitgehenden Annäherung beider Parteien in ihren Auffassungen zur Deutschlandpolitik erwachsen (sei). Er soll der Überwindung alter weltanschaulicher Gräben und einer Zusammenfassung derjenigen Kräfte dienen, welche eine Änderung der Bonner Politik für geboten halten.«[16] Am 27. Mai 1957 wurde Gustav Heinemann Mitglied der SPD. Das Parteibuch schickte ihm der SPD-Vorsitzende Ollenhauer persönlich zu.

Zusammen mit Heinemann trat die gesamte Führungsspitze der aufgelösten GVP zur SPD über, darunter Helene Wessel, Adolf Scheu, Diether Posser und Johannes Rau. Dagegen fand von den einfachen Parteimitgliedern nur eine Minderheit den Weg in die SPD.[17] Am 28. Mai 1957 stellten sich die frisch gebackenen Sozialdemokraten Heinemann, Wessel, Scheu und Posser zusammen mit SPD-Chef Ollenhauer, Wehner und Mellies erstmals der Presse. Nachdem Ollenhauer die Neumitglieder mit warmen Worten begrüßt hatte, äußerte sich Heinemann zu den Gründen seines Beitritts zur SPD. Zunächst nannte er die weitgehende Übereinstimmung in deutschlandpolitischen Fragen. Sodann hob er hervor, dass die SPD nicht mehr die aggressiv antikirchliche Partei vergangener Tage sei und darum auch für engagierte Christen ein politisches Betätigungsfeld sein könne. »Und wenn (die SPD) … uns jetzt in dieser betonten Weise aufnimmt, weiß sie, was sie damit tut und dass sie damit Männer und Frauen zu sich nimmt, die in diesen weltanschaulichen Dingen ihre Standhaftigkeit bekundet haben.« Damit sei auch der Anspruch der CDU, die christliche Einheitsfront zu sein, endgültig obsolet geworden.[18]

Das lebhafte Presseecho zeigte, dass Heinemann mit dem Beitritt zur SPD ein echter Coup gelungen war. Und auch die SPD-Führung konnte zufrieden sein, dass ihr in der Person Heinemann ein prominentes Parteimitglied zugewachsen war, das in bestimmten Kreisen hohes Ansehen genoss – wenngleich sich erst zeigen musste, wie groß diese Kreise tatsächlich waren –, das auf jeden Fall aber in der westdeutschen Öffentlichkeit Aufmerksamkeit erregte.

Kurz nach dem Beitritt zur SPD erläuterte Heinemann in einer schriftlichen Erklärung seine Beweggründe. »Die Bundestagswahl 1957 muss endlich eine Wende in der Bonner Politik erbringen. Dazu ist ein Zusammenrücken verwandter Kräfte geboten.« Die SPD habe er deshalb als neues Betätigungsfeld gewählt, weil diese Partei »sich bündig gegen Atomrüstung in Deutschland ausgesprochen hat und aus der Einseitigkeit der bisherigen Bonner Europapolitik einen Ausweg sucht, welcher auch die Wiedervereinigung unseres Volkes wirklich zu fördern geeignet ist.« Er und seine Freunde von der aufgelösten GVP wollten damit aber auch einen Beitrag zur »Überwindung alter weltanschaulicher Gräben« leisten, indem sie sich als evangelische Christen in einer Partei engagieren, die lange Zeit kirchenfeindlich gewesen, nun aber dabei sei, sich für den christlich gebundenen Teil der Bevölkerung zu öffnen.[19]

Heinemann stellte somit klar, dass er sich der SPD nur unter der Voraussetzung angeschlossen habe, dass die Partei sich wandeln würde, d. h. ihre antimarktwirtschaftliche Haltung, Relikte marxistischer Ideologie und nicht zuletzt ihre antikirchlichen Ressentiments ablegen werde. Auf diesem Weg sei die SPD bereits ein gutes Stück vorangekommen, attestierte er ihr im Dezember 1957 in einem Zeitschriftenbeitrag. »Jedenfalls ist die SPD inzwischen aus ihren revolutionären Ansätzen zu einer Partei der grundsätzlichen Bejahung des Bestehenden geworden. Der sogenannte Revisionismus hat den in ihr vorhanden gewesenen Revolutionarismus überwunden«, indem die SPD sich nunmehr klar »zur Anerkennung der Marktwirtschaft privater Unternehmer und der Öffentlichkeitsaufgabe der christlichen Kirche« bekenne.[20] In diesem Zusammenhang wies Heinemann ausdrücklich auch auf die Verantwortung der Kirche für den tiefen Graben zwischen

Kirche und Arbeiterschaft bzw. SPD hin. »Der marxistische Atheismus und das Bestreben nach Ausschaltung der Kirche aus dem öffentlichen Leben waren eine politische Antwort auf die Entartung des Christlichen zu einer bürgerlichen Ideologie.« In enger Verbindung von »Thron und Altar« habe gerade die Evangelische Kirche allzu lange zur Stabilisierung sozial ungerechter und politisch unfreier Zustände in Deutschland beigetragen und damit die Gegnerschaft der Arbeiterbewegung quasi selbst provoziert.

Seine eigene Aufgabe innerhalb der SPD sah Heinemann nicht zuletzt darin, nach Kräften an der historischen »Aussöhnung« von Sozialdemokratie und Evangelischer Kirche mitzuwirken. Mit Zuversicht erfüllte ihn dabei, dass er auf beiden Seiten des Graben, bei der Sozialdemokratie wie auch in den Reihen der Kirchen, seit Anfang der fünfziger Jahre deutliche Anzeichen für eine Annäherung zu erkennen meinte. So hatte er bereits 1953 erfreut festgestellt, dass auch im Rat der EKD »überraschend Stimmen einer Verpflichtung der Kirche gegenüber der SPD laut wurden. Es ist ... ein Generationsproblem dergestalt, dass die alten Herren gern noch in den Kathegorien [!] einer Bekämpfung der gottlosen Sozialdemokratie denken, während eine jüngere Generation einsieht, dass es nicht um Bekämpfung, sondern um ein gegenseitiges Helfen geht.« Doch auch die SPD musste sich nach Heinemanns Überzeugung verändern. »Die SPD steht ja nun wohl endgültig vor der Frage, wie sie sich ... einen wirksamen politischen Weg vorstellt. So wie bisher kann sie ja unmöglich weitermachen.«[21]

Heinemanns Aufstieg in der SPD

Tatsächlich war die SPD eine Partei im Wandel, als Gustav Heinemann ihr im Frühjahr 1957 beitrat. Dieser Veränderungsprozess verlief allerdings noch in verhaltenem Tempo und in den festgefügten Strukturen einer »Funktionärs-Partei«, die ihre nahezu 100-jährige Tradition als älteste Partei Deutschlands weiterhin hoch hielt. Es »bedurfte« erst einer zweiten Niederlage bei Bundestagswahlen, um die Entwicklung der SPD von einer Arbeiter- zur linken Volkspartei konsequent voranzutreiben. Dabei wird zu fragen sein, welche Rolle das Neumitglied Heinemann in diesem Wandlungsprozess zu spielen vermochte, dessen wichtigste Wegmarken das Godesberger Programm von 1959 und der außenpolitische Kurswechsel bilden sollten, den die SPD mit Wehners Bundestagsrede vom 30. Juni 1960 vollzog.

Bis Anfang der fünfziger Jahre bestimmten antikapitalistische Forderungen weitgehend das gesellschaftspolitische Programm der 1945 wiedergegründeten SPD. Was der SPD-Vorsitzende Kurt Schumacher im Oktober 1945 als Zielsetzung formulierte, behielt über Jahre Gültigkeit. »Auf der Tagesordnung steht ... die Abschaffung der kapitalistischen Ausbeutung und die Überführung der Produktionsmittel aus der Hand der großen Besitzenden in gesellschaftliches Eigentum, die Lenkung der gesamten Wirtschaft nicht nach privaten Profitinteressen, sondern nach den Grundsätzen volkswirtschaftlich notwendiger Planung.«[22] Marxistisches Gedankengut gehörte weiterhin zum ideologischen Rüstzeug der Partei. Keinen Zweifel ließ die Schumacher-SPD aber auch an ihrer strikten Ablehnung jenes repressiven Sozialismus sowjetischer Couleur, wie er in Osteuropa und in der Sowjetischen Besatzungszone errichtet wurde. Sozialismus und parlamentarische Demokratie gehörten unbedingt zusammen. Die SPD verstand sich weiterhin als Arbeiterpartei mit engen Verbindungen – programmatisch wie personell – zu den Gewerkschaften. Auch in Bezug auf Religion und Kirche hielt die SPD an traditionellen Forderungen wie der strikten Trennung von Staat und Kirche und nach öffentlichen Gemeinschaftsschulen statt Konfessionsschulen fest. Wenngleich sich aus der gemeinsamen Erfahrung des Widerstands gegen das NS-Regime bei vielen SPD-Leuten das einstmals geradezu feindliche Verhältnis zu den Kirchen entspannt hatte, war es nicht zuletzt durch die ostentative Nähe der Adenauer-Partei CDU zu kirchlichen Kreisen belastet. Diesen »Missbrauch kirchlicher Einrichtungen und Personen als Instrumente des politischen Machtkampfes« gelte es zu bekämpfen.[23] Insgesamt aber war nach 1945 bei der SPD die aggressiv antikirchliche Haltung vergangener Jahrzehnte einer allmählich misstrauischen Reserviertheit gewichen.[24]

Vor dem Hintergrund der deutschen Teilung und des sich verschärfenden Kalten Krieges zwischen Ost und West standen allerdings sowohl in der innerparteilichen Diskussion als auch in der politischen Praxis der SPD wirtschafts- und gesellschaftspolitische Fragen hinter deutschland- und außenpolitischen Themen zurück. Als einer der ersten SPD-Politiker sprach Carlo Schmid Anfang der fünfziger Jahre davon, dass die SPD »Ballast abwerfen« müsse. Darunter verstand er sowohl ideologische Relikte als auch Organisationstrukturen und Symbole, wie etwa die rote Parteifahne und die Anrede »Genosse«, die er für nicht mehr zeitgemäß hielt.[25] Die SPD dürfe sich nicht mehr als »Weltanschauungspartei« verstehen, sondern als »soziale Reformpartei«, welche die Interessen der Arbeiter, Angestellten, Bauern, Mittelständler und Beamten vertritt. Im Übrigen sei die SPD »stark genug, um ohne Schaden für das unvergängliche Gut der Arbeiterbewegung abwerfen zu können, was im Laufe der Zeit zu totem Ballast geworden sein mag.«[26]

Bei zahlreichen Funktionären und in großen Teilen der Parteibasis stieß dieser Vorstoß des ausgemachten Bildungsbürgers Schmid zwar zunächst auf erboste Ablehnung, doch war die Diskussion um organisatorische und programmatische

Veränderungen in der SPD nicht mehr aufzuhalten. Zu eindeutig und schmerzlich waren die Misserfolge der Partei bei den Bundestagswahlen 1949 und 1953, die Kurskorrekturen unabweisbar machten. Es fragte sich nur, wie tiefgreifend sie sein würden.

Erste Weichenstellungen wurden auf dem Dortmunder Parteitag im September 1952 vorgenommen. Das dort beschlossene »Aktionsprogramm« bekannte sich grundsätzlich zur Marktwirtschaft – »Die Sozialdemokratie lehnt die Zwangswirtschaft ab und bejaht die freie Konsumwahl« – und plädierte für die »Neuordnung der Wirtschaft durch Verbindung von volkswirtschaftlicher Planung und einzelwirtschaftlichem Wettbewerb.«[27] Im Juli 1954 verabschiedete der Berliner Parteitag ein modifiziertes Aktionsprogramm, in dem die SPD erstmals als »Partei des Volkes« bezeichnet wird, die sich aus der ursprünglichen »Partei der Arbeiterklasse« entwickelt habe.[28] Zudem wurde die Einsetzung einer Kommission zur Erarbeitung eines Grundsatzprogramms beschlossen. Eine zweite Kommission sollte sich mit der Modernisierung der Organisationsstrukturen befassen. Denn die Macht des »Apparats«, d. h. der hauptamtlichen Funktionäre und ihrer jeweiligen »Büros«, wurde von einer wachsenden Zahl der Mitglieder als Hemmschuh für die innerparteiliche Arbeit und als abschreckend in der Außenwirkung der SPD als einer »Funktionärspartei« empfunden. Die innerparteiliche Diskussion um Struktur, personelles Erscheinungsbild und programmatische Ausrichtung der SPD gewann in den folgenden Monaten und Jahren nach verhaltenem Beginn große Dynamik. Die Organisationsstruktur wurde bereits 1958 auf einem Parteitag in Stuttgart modernisiert, indem u. a. die »Büros« der hauptamtlichen Vorstandsmitglieder abgeschafft und durch ein Parteipräsidium ersetzt wurden, das aus den Mitgliedern des SPD-Vorstands zu wählen war. Bei den Wahlen zu den Parteigremien rückten nun immer mehr »Reformer« auf zentrale Positionen, neben Fritz Erler, Carlo Schmid und Herbert Wehner waren das u. a. Willy Brandt, Helmut Schmidt und die Wirtschaftsexperten Heinrich Deist und Karl Schiller. Die SPD steuerte mit beschleunigtem Tempo in Richtung »Godesberg«.

Heinemann hatte diesen Gärungsprozess innerhalb der SPD jahrelang aufmerksam verfolgt. Zuweilen hatte er ihn kommentiert und manchmal hatte er der SPD von außen sogar Ratschläge erteilt, wie in jenem Aufsatz von 1954 über »Gestalt und Wandel der SPD«, der die vertrauensvolle Beziehung zu Fritz Erler begründete. Nun war Heinemann selbst Mitglied der SPD und konnte versuchen, den Wandlungsprozess der Partei aktiv mitzugestalten.

Einige Jahre später erläuterte Heinemann seinen Eintritt in die SPD mit folgenden Worten. »Außenstehenden möchte dieser Schritt überraschend erscheinen. Tatsächlich war er es nicht. Die SPD war in diesen Jahren eine Volkspartei geworden, in der Angehörige aller sozialen Schichten und aller Konfessionen um der Erreichung politischer Ziele willen zusammenarbeiteten. Das Verhältnis zwischen ihr und dem Christentum hatte sich gewandelt. Partei wie Kirche waren aufeinander zugekommen. Viele evangelische Christen hatten einzusehen gelernt, dass sie sich in der Vergangenheit zu wenig um die Arbeiterschaft gekümmert hatten. Die SPD wiederum hatte Missverständnisse ausgeräumt, die es mir und anderen evangelischen Christen zuvor erschwert hatten, zu ihr zu finden. Sie hatte klargestellt, dass sie – wie es ... im Godesberger Programm heißen sollte – keine letzten Wahrheiten zu verkünden hat, sondern die Glaubensentscheidungen des menschlichen Gewissens achtet und mit ihren Zielsetzungen im innerweltlichen Bereich bleibt.«[29]

Wie vor dem Parteieintritt vereinbart, erhielt Heinemann für die Bundestagswahl am 15. September 1957 einen sicheren Listenplatz und zog als einfacher Abgeordneter in den neugewählten Bundestag ein. Auch Helene Wessel gelangte über die SPD-Landesliste ins Parlament.

Der Wahlausgang war für die SPD indes sehr enttäuschend. Sie konnte sich zwar um 3 Prozentpunkte auf 31, 8 Prozent verbessern. Bundeskanzler Adenauer hatte jedoch mit 50,2 Prozent der Stimmen für die CDU/CSU einen überwältigenden Sieg errungen. Eine deutliche Mehrheit der westdeutschen Bevölkerung hatte Adenauers Politik der Westintegration somit bestätigt und nicht zuletzt ihre Zufriedenheit mit der spürbar verbesserten wirtschaftlichen und sozialen Lage durch ihre Stimmabgabe zum Ausdruck gebracht.

Auch der öffentliche Streit um eine mögliche atomare Bewaffnung der Bundeswehr hatte Adenauer offenbar nicht geschadet. Im Frühjahr 1957 hatten der Bundeskanzler und Verteidigungsminister Franz Josef Strauß die Ausrüstung der Bundeswehr auch mit Atomwaffen befürwortet, um den Rückstand gegenüber der Sowjetunion im Bereich der konventionellen Rüstung auszugleichen, wobei die Sprengköpfe allerdings in der alleinigen Verfügungsgewalt der USA bleiben sollten. Gegen diese Planungen erhob sich sofort Widerspruch in Teilen der westdeutschen Bevölkerung, der durch den »Göttinger Appell« von 18 prominenten Atomwissenschaftlern, darunter Carl Friedrich von Weizsäcker, Werner Heisenberg und Otto Hahn, vom 12. April 1957 bestärkt wurde.

Es bildete sich ein breites gesellschaftliches Bündnis gegen die atomare Bewaffnung der Bundeswehr, das von der SPD und den Gewerkschaften, über den linksliberalen Teil des Protestantismus und die FDP bis zu pazifistischen Gruppierungen reichte. Auch Heinemann – damals gerade »auf dem Sprung« zur SPD – wandte sich vehement gegen die Ausstattung der Bundeswehr mit Massenvernichtungswaffen, gegen die er einen »Aufstand des Gewissens« forderte, der »allein noch imstande (sei), die Regierungen und ihre Schleppenträger zur Vernunft zu bringen.«[30] So warb er beim Rat der EKD eindringlich für eine Unterstützung des »Göttinger Appells«, dessen Verfasser er in einem gemeinsam mit Niemöller, Gollwitzer u. a. aufgesetzten Telegramm seiner vollen Unterstützung versicherte.[31] Dem SPD-Vorsitzenden Ollenhauer schlug er vor, u. a. mittels einer Petition nach Art. 17 GG gegen die Atompläne des Kanzlers vorzugehen. Heinemann erhoffte sich vom Streit um die atomare Bewaffnung der Bundeswehr starken Rückenwind für die Adenauer-Gegner, wurde aber durch das Ergebnis der Bundestagswahlen schwer enttäuscht.

Etwas Gutes allerdings hatte die erneute Wahlniederlage der SPD – so mochte es Heinemann vielleicht sehen. Der Druck auf die Partei, nun endlich substanzielle Veränderungen vorzunehmen, um aus dem »30-Prozent-Turm« herauszukommen, war enorm gestiegen. In dieser Hinsicht war es ein ermutigendes Zeichen, dass bei den Wahlen zum SPD-Fraktionsvorstand am 30. Oktober 1957 zahlreiche Reformer zum Zuge kamen.[32] Zu seiner eigenen Überraschung wurde auch Heinemann auf Anhieb in den 23-köpfigen Fraktionsvorstand gewählt, mit dem sehr beachtlichen Ergebnis von 130 der 163 möglichen Stimmen.[33]

Seine »fünfte Parteikarriere« – nach DDP, CSVD, CDU und GVP – begann Heinemann also gleich in recht exponierter Stellung. Die SPD empfing ihn mit offenen Armen. Offensichtlich wussten die Genossen, was sie an Heinemann hatten und es schwang sicherlich eine gewisse Genugtuung – wenn nicht Stolz – dabei mit, wenn die SPD im Bundestagswahlkampf 1965 ein großformatiges Plakat mit dem Porträt Heinemanns drucken ließ, auf dem zu lesen stand: »Bei uns – Dr. Dr. Heinemann«.[34]

Ein in der Wolle gefärbter Sozialdemokrat war Heinemann naturgemäß nicht, und er wollte es auch nicht werden. Mit dem in der SPD üblichen Duzen tat er sich immer schwer, die Anrede »Genosse« vermied er völlig, »weil ich meine, die Sozialdemokratische Partei hat sich zu einer allgemeinen Volkspartei entwickelt und will noch ganz andere Schichten für sich gewinnen, als sie im Ursprung der SPD … darin zu Hause waren.«[35] In gewissem Sinne war Heinemann zu einer Art »Vernunft-Sozialdemokraten« geworden, nachdem seine vorangegangenen Engagements in der CDU und in der GVP sich für ihn als Irrwege erwiesen hatten.

Betrachtet man den Parteiwechsel Heinemanns aus der Perspektive der SPD, so stand der Beitritt des engagierten Christen und ehemaligen Industrie-Managers – einer Persönlichkeit mit ausgesprochen bürgerlichem Habitus – für die Öffnung der Partei hin zur bürgerlichen Mitte der westdeutschen Gesellschaft, zu den christlichen Kirchen, insbesondere zum Protestantismus und auch zu marktwirtschaftlichem Denken. Beide – sowohl Heinemann als auch die SPD – hatten sich in den vergangenen Jahren bewegt. Erst nach diesem beiderseitigen Veränderungsprozess konnten sie zueinander finden. Es blieb jedoch stets eine gewisse Distanz, manchmal sogar Spannung zwischen Heinemann und der SPD, aus der in den folgenden Jahren allerdings mancher inspirierende Funke sprühen sollte.

Exkurs: Prozesse in den fünfziger und sechziger Jahren

Heinemanns politisches Engagement in den fünfziger Jahren brachte es mit sich, dass er seine Essener Anwaltspraxis, die er seit 1951 zusammen mit Diether Posser führte, stark vernachlässigte. Von den wenigen Mandanten, die den Weg in die Kanzlei fanden, wurden die meisten von Posser betreut. Zudem fungierten die Essener Büroräume seit Gründung der GVP im November 1952 oft mehr als Parteizentrale denn als Anwaltspraxis. Einige ihn besonders interessierende Fälle übernahm Heinemann aber dennoch selbst, darunter den seines Studienfreundes Viktor Agartz im Herbst 1957. Dabei war es nicht ohne Delikatesse, dass Heinemann als frischgebackenes SPD-Mitglied einen erklärten Partei-Linken vertrat, der die Abkehr der SPD von marxistischen Lehrsätzen scharf kritisierte. Für Heinemann jedoch war das kein Problem, ging es bei dem Verfahren doch nicht um die programmatische Ausrichtung der SPD, sondern um den Vorwurf landesverräterischer Tätigkeit im Zusammenhang mit Kontakten von Agartz in die DDR.

Als Heinemann im Frühjahr 1957 von der Anklage gegen den angesehenen Wirtschaftswissenschaftler Agartz hörte, mit dem er in Marburger Studienzeiten oft nächtelang diskutiert hatte, erklärte er sich sofort zur Übernahme der Verteidigung bereit. Der Vorwurf gegen Agartz lautete, vom DDR-Gewerkschaftsbund FDGB insgesamt rund 130.000 DM erhalten zu haben, die überwiegend in die Finanzierung einer wirtschaftswissenschaftlichen Zeitschrift (WISO – Korrespondenz für Wirtschafts- und Sozialwissenschaften) geflossen seien, in der vor allem marxistische Kritiker des kapitalistischen Systems zu Wort kamen. Zudem habe Agartz nach Ansicht der Staatsanwaltschaft durch Weitergabe von Informationen bei seinen persönlichen Kontakten zu DDR-Vertretern Landesverrat begangen. Das bestritt Agratz ebenso vehement wie die Behauptung, dass der FDGB durch Geldzahlungen Einfluss auf den Inhalt seiner Zeitschrift WISO genommen habe.

Der Prozess fand im Herbst 1957 vor dem Bundesgerichtshof in Karlsruhe statt. Die Öffentlichkeit nahm regen Anteil, da mit Agartz ein prominenter marxistischer Wirtschaftswissenschaftler vor Gericht stand, der mit seinen kapitalismuskritischen Thesen bei den westdeutschen Gewerkschaften eine bedeutende Rolle spielte. Allerdings hatte der Links-Sozialist Agartz sowohl bei den Gewerkschaften als auch innerhalb der SPD schon rapide an Einfluss verloren, als die Vorwürfe gegen ihn bekannt wurden. So war er Ende 1955 als Leiter des Wirtschaftswissenschaftlichen Instituts des DGB entlassen worden. Sein Ausschluss aus der SPD erfolgte 1958.

Am 11. Dezember 1957 hielt Heinemann ein fulminantes Plädoyer, in dem er nicht nur den gegen Agartz erhobenen Vorwurf des Landesverrats zurückwies, sondern dessen Kontakte »in den Osten« sogar ausdrücklich rechtfertigte. »Verehrte Herren Richter. Unsere ... Aufgabe kann doch nicht ... darin bestehen, zu spalten, Beziehungen abzubrechen, ... sondern sie muss doch auch beinhalten, wieder zur Überbrückung zu kommen bei unwandelbarem Nein, bei unwandelbarer Härte im Widerstand gegen unzumutbare Dinge [im Osten, T. F.]. Dazu ist Dr. Agartz fähig.« Jedem halbwegs informierten Zeitungsleser war klar, dass der Anwalt Heinemann mit diesen Worten nicht nur die Haltung seines Mandanten beschrieb, sondern auch seine eigene. »Wo kommen wir hin, wenn Beziehungen zum FDGB ... Beziehungen zu evangelischen Akademien ... unter die Strafbestimmungen von Landesverrat ... geraten, oder wie man das alles nennt.« Das konnte man auf Agartz gemünzt lesen, ebenso auf Heinemann selbst. Heinemann schloss sein Plädoyer mit den Worten. »Ich warne davor, Menschen aus dem Rennen zu werfen, die eine Mangelware sind in Bezug auf das, was sie unserer Gemeinschaft leisten können, wenn man sie richtig einsetzt. Dieses alles kann ich in Bezug auf die Person von Dr. Agartz sagen. ... Und dieses Kapital soll verwirtschaftet werden? Nein! Freispruch!«.[36] Tatsächlich endete der Prozess gegen Viktor Agartz mit Freispruch, allerdings ein Freispruch zweiter Klasse, aus Mangel an Beweisen.

Heinemann hatte in seinem Plädoyer auch eine seiner eigenen Grundüberzeugungen zum Ausdruck gebracht, dass nämlich dem politisch Andersdenkenden jedes Recht zuzubilligen sei, seine Meinung zu vertreten. »Ich persönlich teile keineswegs alles, was Dr. Agartz vertritt. Insbesondere möchte ich die SPD anders entwickelt sehen als Dr. Agartz. Aber das ist unser persönlicher Kummer untereinander; und es ist sein gutes Recht, sich eine politische Arbeiterbewegung hier in der Bundesrepublik ... so zu wünschen, wie er das tut.«[37]

Heinemann wusste aber auch Grenzen zu setzten, wenn politische Haltungen an die Fundamente der parlamentarischen Demokratie rührten. Erinnert sei daran, dass er als Innenminister 1950 mit dafür sorgte, dass Anhänger der rechtsradikalen Sozialistischen Reichspartei wie auch Mitglieder kommunistischer Tarnorganisationen vom öffentlichen Dienst ferngehalten wurden.[38]

Heinemanns Bundestagsrede vom 23. Januar 1958

Heinemanns Eintritt in die SPD und sein rascher Aufstieg in Führungsgremien der Partei war nüchtern betrachtet für einen eher begrenzten Kreis der westdeutschen Öffentlichkeit von Interesse. Dann aber hielt Heinemann im Bundestag eine Rede, die ihn schlagartig wieder auf die große politische Bühne zurückbrachte. Am 23. Januar 1958 debattierte der Bundestag über die Außen- und Deutschlandpolitik der Regierung Adenauer. Der FDP-Abgeordnete Thomas Dehler, einst Justizminister im ersten Kabinett Adenauer, warf dabei in einer hoch emotionalen Rede dem Kanzler völliges Versagen in der Deutschlandpolitik vor. Seine scharfen, mit überbordendem Temperament vorgetragenen Angriffe auf Adenauer riefen bei den Unions-Abgeordneten wütende Proteste hervor und verwandelten das Parlament in einen »Hexenkessel« (Die Welt, 25.1.1958). Insbesondere warf Dehler dem Bundeskanzler vor, die Chancen, die sich 1952 aus der Stalin-Note hätten ergeben können, durch ideologische Verbohrtheit vertan zu haben. »Der Herr Bundeskanzler hat uns damals aufgeklärt: ›Das ist ein Täuschungsmanöver!‹ … Ich habe ihm vertraut.« Wofür er sich noch nach Jahren quasi selbst ohrfeigen könne. »Ich bin in der Regierung geblieben. Ich schäme mich, ja,« rief Dehler ins Plenum und ließ ein bemerkenswertes Kompliment an seinen einstigen Kabinettskollegen Heinemann folgen, der frühzeitig mit Adenauer gebrochen hatte. »Ich beneide den Heinemann wegen seines Mutes. Aber Herr Heinemann … kannte seine Pappenheimer besser. Er war ja in der CDU.«[39]

Es ging bereits auf Mitternacht, als Gustav Heinemann ans Rednerpult trat. Es war seine erste Rede im Bundestag als SPD-Abgeordneter. Anders als Thomas Dehler enthielt sich Heinemann jeglicher Gefühlsausbrüche und lauter Töne. Die Wirkung seiner Worte war umso stärker. Punkt für Punkt rechnete er mit der Außen- und Deutschlandpolitik Adenauers ab, die nur zu einer Vertiefung der deutschen Teilung geführt habe. Noch einmal ließ Heinemann alle Streitfälle zwischen ihm und Adenauer Revue passieren, vom Angebot eines deutschen Wehrbeitrags 1950 über die ungeprüfte Zurückweisung der Stalin-Noten durch Adenauer 1952 bis zu dessen kompromissloser Haltung während der Berliner Konferenz 1954, die wesentlich zu deren Scheitern beigetragen habe. Jedes Mal sei es eine Mischung aus Ignoranz und politischer Hybris gewesen, die jede Verständigungsmöglichkeit mit der Sowjetunion von vornherein zunichte gemacht habe. Das Ergebnis sei, dass heute – 1958 – die deutsche Teilung vertieft sei und sowohl die Sowjetunion als auch die DDR stärker da stünden denn je. »Das hieß …, dass die Politik der eingebildeten Stärke das Spiel der Sowjetunion gespielt hat. … Ich erachte es als die historische Schuld der CDU, dass sie bis zum Jahre 1954 in dieser leichtsinnigen Weise die damaligen Möglichkeiten ausgeschlagen hat, denen wir heute nachtrauern müssen.«[40] Es sei der Kardinalfehler Adenauers, dass er den Ausgleich mit dem Westen – den auch Heinemann für »unerlässlich« ansah – mit neuer »Ostfeindschaft verbunden« habe, nicht zuletzt durch die »Art, wie geredet wurde … und wie gefordert wurde: Neuordnung usw. Bis wohin denn?« Statt aber den Dialog faktisch zu verweigern und über die »Neuordnung« der politischen Verhältnisse im Osten zu schwadronieren, müsse sich der Westen, so Heinemann weiter, einer »doppelten Aufgabe« stellen, »nämlich das harte, das unerschütterliche Nein zum totalitären System zu verbinden mit dem Ja zur Nachbarschaft mit den totalitär regierten Ostvölkern. ... Diese Aufgabe endlich anzufassen, das ist das Gebot der Stunde.« Adenauer aber lasse weder den Willen noch die Fähigkeit erkennen, diese »doppelte Aufgabe« anzugehen. Heinemanns Rede gipfelte in einer Aufforderung, die so klar und deutlich noch kaum jemand an Adenauer gerichtet hatte. »Herr Bundeskanzler, für mich persönlich bedeutet dieses alles an Sie die Frage, ob Sie nicht nachgerade zurücktreten wollen.«[41]

Aber nicht nur mit seiner schneidenden Kritik an Adenauers Deutschlandpolitik hatte Heinemann in jener denkwürdigen Bundestagsrede die Abgeordneten von CDU/CSU gegen sich aufgebracht. Kaum weniger getroffen fühlten sich die Christdemokraten, als Heinemann ihnen die ständige Vermischung von christlichen Glaubensinhalten und Politik vorwarf und ihnen den Monopolanspruch auf eine Politik aus christlicher Überzeugung absprach. Er kleidete seine Polemik in das bald zu Berühmtheit gelangte Diktum: »Es geht um die Erkenntnis, dass Christus nicht gegen Karl Marx gestorben ist, sondern für uns alle.«[42] So klar Heinemann sich stets zu seinen christlichen Überzeugungen bekannte, so deutlich distanzierte es sich von jedem Versuch, Christentum und Politik zu verzahnen oder gar – wie er der Adenauer-Regierung vorhielt – religiöse Motive quasi als Waffe in der Auseinandersetzung mit der Sowjetunion einzusetzen, wenn etwa der evangelische Arbeitskreis der CDU in diesem Zusammenhang vom biblischen »Untier im Osten« und vom Kampf gegen den Antichristen schrieb.[43]

Heinemanns Rede hatte eine durchschlagende Wirkung. »Der Saal war so ruhig, dass man manchmal glaubte, die Atemzüge hören zu können.«[44] Als Heinemann geendigt hatte, saßen die Unionsabgeordneten wie vom Donner gerührt. Adenauer schwieg im weiteren Fortgang der Debatte. Mehrere CDU-Abgeordnete wiesen anschließend Heinemanns Vorwürfe pflichtschuldig zurück, jedoch ohne große rhetorische Kraft. Adenauer selbst äußerte sich erst eine Woche später. In einer Rundfunkansprache am 29. Januar sagte er, er habe nicht sofort auf Heinemann geantwortet, »weil das Niveau der Debatte ... durch die Schuld der beiden früheren Bundesminister ... Dehler und Heinemann so tief gesunken war, dass eine ernsthafte Debatte nicht mehr möglich schien.«[45] Wie tief ihn gerade die Vorwürfe Heinemanns getroffen hatten, zeigte Adenauer in engerem Kreis, wo er immer wieder auf die »hasserfüllten Äußerungen« Heinemanns zu sprechen kam.[46]

Es war eindeutig die Stunde des Abgeordneten Heinemann. Dabei hatte er im Bundestag eigentlich nur das wiederholt, was er Adenauer schon seit Jahren immer wieder vorwarf. Doch wie Heinemann es sagte, diese stakkatohafte Reihung der Vorwürfe, vorgetragen in zurückgenommener Stimmlage aber mit schneidend klarer Diktion, und nicht zuletzt seine Rücktrittsforderung an den Bundeskanzler, machten Heinemanns Rede vom 23. Januar 1958 zu einem lange nachwirkenden Ereignis.[47] Zudem war der Bundestag natürlich ein ganz anderes Forum als ehedem eine Wahlkampfversammlung der GVP oder ein Artikel in der »Stimme der Gemeinde«.

Dass es Heinemann in seiner Rede mitnichten um eine persönliche Abrechnung mit Adenauer und um Parteitaktik gegangen war, wie ihm vonseiten der CDU vorgeworfen wurde, sondern um seine tiefe Sorge über den Weg der Bundesrepublik, bekräftigte er u. a. in einem Brief an den CDU-Abgeordneten Werner Marx. »Rechthaberei? Ach, ich muss mit tiefer Unruhe wieder erleben, was meinen Vater und Großvater unter Wilhelm II. und mich selbst gegenüber dem Hitlerspektakel von seinen ersten Anfängen unruhig gemacht hat. Wir übernehmen uns ein um das andere Mal, und jedes Mal werden diejenigen diffamiert, welche nicht erst nach dem Schlamassel, sondern vorher den Mund auftun. – Gebe Gott, dass es gut abläuft!«[48]

Das Presseecho war enorm. In zahllosen Artikeln wurde die Heinemann-Rede als bislang überzeugendste Abrechnung mit der Politik Adenauers bezeichnet. Die Frankfurter Rundschau wertete sie als eine »wichtige Quelle zum Verständnis unsrer politischen Entwicklung«, deren »politische Auswirkungen kaum überschätzt werden« könne. Für die Ruhrnachrichten war Heinemann mit seiner furiosen Rede vom 23. Januar gar zu einem »Kronprinzen« innerhalb der SPD geworden.[49] »Der Spiegel« setzte Heinemann zwei Wochen nach seinem spektakulären Auftritt im Bundestag aufs Titelblatt und widmete ihm einen zehnseitigen Artikel, der mit der Feststellung endete, dass durch jene »Antrittsrede die Sozialdemokraten endlich erkannt (haben), wie wertvoll der neue Genosse ist.«[50]

Aus der Bevölkerung erreichte Heinemann eine Flut von über 1.000 – ganz überwiegend zustimmenden – Briefen. »Ihre Rede war ein Fanal, das die Herzen der Menschen entflammt hat und dieses Feuer wird weiter brennen«, schrieb Karl B. aus dem Odenwald. »Sie haben eine entscheidende Entwicklung eingeleitet. Alle um die Zukunft Deutschlands besorgten Menschen atmen auf und schöpfen Hoffnung«, hieß es in einem Schreiben aus Bremen. Karl F. aus Obermenzing schrieb: »Ich schätze Ihre aufrechte Haltung und Sauberkeit. Alles das, was so viele von uns bewegt, das sprechen Sie mit einer solchen Klarheit aus, dass es mir zur Richtschnur wird. Ihre Rede war eine Wohltat.«[51]

Ob »Wohltat« oder »hasserfüllter Angriff« (Adenauer) – mit seiner Aufsehen erregenden Bundestagsrede vom 23. Januar 1958 war Heinemann wieder auf die Bühne der großen Politik zurückgekehrt. In der SPD konnten sich diejenigen bestätigt fühlen, die den eher untypischen Sozialdemokraten Heinemann bereits im Oktober 1957 in Führungsgremien der Partei gewählt hatten.

Es lag natürlich nahe, dass Heinemann sich innerhalb der SPD vor allem mit denjenigen Politikfeldern befasste, denen er sich auch in der GVP gewidmet hatte – der Deutschland- und Sicherheitspolitik, quasi seinem Erkennungsmerkmal als Politiker. Darüber hinaus erhielt er die Chance, unmittelbar an der programmatischen Neuorientierung der SPD mitzuwirken, die zwei Jahre später im Godesberger Programm Gestalt annahm. Es wird sich allerdings zeigen, dass Heinemann insbesondere auf dem Gebiet der Deutschland- und Sicherheitspolitik bald an die Grenzen seiner parteiinternen Einflussmöglichkeiten stieß und Mitte 1960 vor der Wahl stand, sich resigniert zurückzuziehen oder sich nach anderen Betätigungsfeldern als SPD-Politiker umzusehen.

Dass es in Teilen der SPD-Führung möglicherweise einen Unterschied zwischen dem Interesse an der Person Heinemann und der Akzeptanz seiner politischen Positionen gab, zeigte sich bereits im Bundestagswahlkampf 1957. Als der frischgebackene Sozialdemokrat Heinemann in einem Artikel die »immerwährende Neutralität« Österreichs als mögliches Vorbild für ein wiedervereinigtes Deutschland darstellen wollte, verweigerte der SPD-Vorstand die Veröffentlichung. Heinemann hatte in seinem Manuskript herausgestellt, dass Österreich »die Räumung von allen Besatzungen dadurch (erlangte), dass es ›neutral‹ wurde, indem es sich verpflichtete, seine Rüstung begrenzt zu halten und künftig keine Militärbündnisse einzugehen«.[52] Das »Beispiel Österreich« passte der SPD-Führung jedoch ganz und gar nicht ins Konzept. Zur Begründung hieß es, dass Heinemann damit der Bundesregierung nur »den bequemen Vorwand« bieten würde, »dass man in der Sozialdemokratischen Partei doch wieder von Neutralität rede. Wir würden dann bis zur Wahl alle Hände voll zu tun haben, um das wieder auszugleichen.« Die SPD vertrete vielmehr das Konzept eines »kollektiven Sicherheitssystems in Europa« und eben nicht die Neutralisierung Deutschlands. »Unsere Formulierung ›Kollektives Sicherheitssystem in Europa, in dem das wiedervereinigte Deutschland mit allen Rechten und Pflichten beteiligt ist; aber keine Neutralisierung Deutschlands‹ hat sich bewährt.«[53] Heinemann akzeptierte die Einwände, hatte allerdings einen Vorgeschmack davon bekommen, dass er mit seinen deutschlandpolitischen Positionen aus GVP-Zeiten in der SPD einen schweren Stand haben würde.

»Kampf dem Atomtod«

Da die SPD aufgrund ihrer Wahlniederlage vom September 1957 der Adenauerschen Wehrpolitik, insbesondere den Plänen zur atomaren Aufrüstung der Bundeswehr, im Bundestag keinen wirkungsvollen Widerstand entgegensetzen konnte, beschloss die Partei-Führung Ende Januar 1958, es mit außerparlamentarischen Mitteln zu versuchen. Die Initiative »Kampf dem Atomtod« sollte in Anlehnung an die »Paulskirchenbewegung« von 1955 breite Bevölkerungskreise für den Vorschlag einer atomwaffenfreien Zone gewinnen. Heinemann war dabei eine zentrale Rolle zugedacht, da er aus den Tagen von »Notgemeinschaft« und GVP über reiche »Kampagnenerfahrung« verfügte und enge Verbindungen zu protestantischen Adenauer-Gegnern wie Martin Niemöller und Helmut Gollwitzer hatte. Heinemann selbst versprach sich von der Initiative eine weit höhere Durchschlagskraft als bei früheren Versuchen außerparlamentarischer Einflussnahme, da nun nicht mehr die Splittergruppe GVP, sondern die größte Oppositionspartei dahinter stand. Mit großem Elan machte er sich an die neue Aufgabe.

Am Vorbereitungstreffen am 22. Februar 1958 in Bad-Godesberg nahmen unter der Leitung des stellvertretenden SPD-Vorsitzenden Mellies neben Heinemann und Helene Wessel u. a. der stellvertretende DGB-Chef Georg Reuter und führende Vertreter der evangelischen Kirche, darunter auch Martin Niemöller, teil. Der im Anschluss verfasste Aufruf »Kampf dem Atomtod« verriet in zentralen Passagen die Handschrift Heinemanns, insbesondere in seiner Verbindung von Entspannungspolitik und Überwindung der deutschen Teilung. »Das deutsche Volk diesseits und jenseits der Zonengrenze ist im Falle eines Krieges zwischen Ost und West dem sicheren Atomtod ausgeliefert. … Beteiligung am atomaren Wettrüsten und die Bereitstellung deutschen Gebietes für Abschussbasen für Atomwaffen können diese Bedrohung nur erhöhen.« Gefordert wird darum eine atomwaffenfreie Zone in Europa und die Aufnahme einer aktiven Entspannungspolitik. »Nur eine solche dient der Sicherheit des deutschen Volkes und der nationalen Existenz eines freiheitlich-demokratischen Deutschland.« Den kämpferischen Schlusssatz – »Wir werden nicht Ruhe geben, solange der Atomtod unser Volk bedroht« – hatte Martin Niemöller beigesteuert.[54]

Die Unterschriftenliste enthielt zahlreiche Namen von Personen, mit denen Heinemann bereits in den vergangenen Jahren auf die eine oder andere Weise zusammengearbeitet hatte, darunter Gollwitzer, Niemöller, Helene Wessel, Thomas Dehler. Für die SPD unterschrieben u. a. Erich Ollenhauer und Carlo Schmid. Führende Gewerkschafter unterstützten die Kampagne ebenso wie Vertreter des »Linkskatholizismus«, darunter Walter Dirks und Eugen Kogon, sodass man mit Fug und Recht von einem breiten gesellschaftlichen Bündniss sprechen konnte. Davon hatte Heinemann in den Zeiten von »Notgemeinschaft« und GVP nur träumen können.

In der leidenschaftlich geführten Bundestagsdebatte zur atomaren Bewaffnung der Bundeswehr vom 25. März 1958 ergriff auch Heinemann für die SPD das Wort. Entschieden verneinte er dabei, dass »Massenvernichtungswaffen … christlich verantwortbar« seien. Nicht zuletzt deshalb, weil die Unterscheidung zwischen Kämpfern und unbeteiligten Zivilisten, wie sie zur Einhegung konventioneller Kriege – bei aller erwiesenen Unzulänglichkeit dieser Regel – grundsätzlich noch möglich sei, beim Einsatz von Massenvernichtungswaffen ausgeschlossen sei. In diesem Zusammenhang sprach Heinemann der CDU erneut die Berechtigung ab, ihre Politik mit dem Zusatz »christlich« in ihrem Parteinamen zu verbinden. »Marxistische Ersatzreligion und bolschewistisches System sind in der Sowjetunion eine Einheit. Das rechtfertigt aber nicht, hier aus Christentum und NATO eine Einheit zu machen.«[55] Des Weiteren bezweifelte Heinemann auch die Abschreckungswirkung von Atomwaffen. »Mit den alten, sogenannten konventionellen Waffen konnte man drohen, weil ihre Anwendung eine ausführbare Handlung war. Aber mit Atombomben … zu drohen – ist das eine ausführbare Handlung, wenn die Drohung gegen einen Gegner exerziert wird, der mit diesen Waffen zurückschlagen« kann, was nur die Vernichtung beider Gegner zur Folge hätte.[56] An anderer Stelle formulierte er: »Mit Massenvernichtungswaffen kann man Deutschland nicht verteidigen, sondern nur zerstören.«[57]

In seiner Argumentation bezog sich Heinemann nicht zuletzt auf den Bonner Theologen Helmut Gollwitzer, der im August 1957 geschrieben hatte: »Solange das Kunststück nicht gelingt, von der Anwendung der ABC-Waffe zu zeugen, dass sie etwas anderes als Massenmord sein kann, wird die Kirche nicht nur den Christen, sondern allen Menschen laut zu sagen haben, dass auf solchem Tun nie Gottes Segen liegen, dass mit ihm nur das Unheil geerntet werden kann, das man mit ihm abzuwehren hofft; sie wird nicht nur die Christen, sondern jeden Menschen davor warnen müssen, sich auch nur mit dem kleinen Finger daran zu beteiligen.«[58] Heinemann war das aus dem Herzen gesprochen: »Lieber Helmut, das ist endlich so bündig, so eindeutig, so treffend wie wir doch längst alle hätten reden müssen …«[59]

Es ist bemerkenswert, dass Heinemann in seiner Rede gegen die atomare Bewaffnung weder die Existenz der Bundeswehr noch die Nato-Mitgliedschaft der Bundesrepublik in Frage stellte und damit erstmals in aller Öffentlichkeit von Positionen abrückte, die er zuvor jahrelang vertreten hatte. Von seiner pazifistisch angehauchten Fundamentalopposition gegen die Wiederbewaffnung hatte er sich im Zuge seines Übertritts zur SPD verabschiedet, ohne allerdings – wie die weitere Entwicklung zeigen sollte – mit den sicherheitspolitischen Positionen der SPD-Führung dauerhaft im Einklang zu stehen. Rückblickend begründete Heinemann seine Abkehr von früheren Vorstellungen damit, dass es ihm nie gelegen habe, »verlorene Schlachten ewig fortzuführen und nachträglich noch gewinnen zu wollen. Nachdem die Aufrüstung und die Eingliederung in die NATO da waren, konnte nur von diesen Gegebenheiten aus gehandelt werden.«[60] Hatte sich Heinemann mit seinem Eintritt in die SPD zu einem »Realpolitiker« gewandelt?

Nach der Auftaktkundgebung am 23. März 1958 in Frankfurt a. M., auf der u. a. SPD-Chef Ollenhauer und Helene Wessel sprachen, gewann die Aktion »Kampf dem Atomtod« rasch an Fahrt. In zahlreichen Städten fanden in den folgenden Wochen Kundgebungen mit bis zu 150.000 Teilnehmern (Hamburg) statt, sodass sich die Hoffnung auf eine breite außerparlamentarische Bewegung zu erfüllen schien, zumal sich auch die Gewerkschaften der Kampagne anschlossen. Die 1. Mai-Kundgebungen standen ganz im Zeichen des »Kampfes gegen den Atomtod«. Tatsächlich lehnten laut Umfragen im April 1958 mehr als 80 Prozent der westdeutschen Bevölkerung atomare Trägersysteme für die Bundeswehr ab. Heinemann sah darum gute Chancen, dass nach mehreren vergeblichen Anläufen eine von ihm mitinitiierte parteiübergreifende Kampagne Erfolg haben könnte.[61]

Seine Ablehnung der Atomwaffen aus christlicher Überzeugung formulierte Heinemann auch auf der Synode der EKD, die Ende April 1958 in Ost-Berlin stattfand und auf der die Kirchenvertreter die Frage der Atomwaffen ebenso kontrovers diskutierten wie die Parteien in der Bundesrepublik. Während der Synodale und CDU-Politiker Eugen Gerstenmaier und Bischof Hanns Lilje in etwa die Position der Bundesregierung vertraten, bekannte sich Heinemann zu einer Haltung, die der Synodale Heinrich Vogel so formulierte: »Es ist Sünde, die ganze Sache mit den Massenvernichtungswaffen. Es ist Sünde, sich überhaupt darauf einzulassen.« Eine Einigung konnte die Synode nicht erzielen.[62]

Doch auch die Kampagne »Kampf gegen den Atomtod« scheiterte. Eine von der SPD angestrebte Volksbefragung wurde vom Bundesverfassungsgericht Ende Juli 1958 untersagt. Zuvor hatten die Landtagswahlen in Nordrhein-Westfalen ein sehr ernüchterndes Ergebnis gebracht. Die CDU erzielte am 6. Juli 1958 – quasi auf dem Höhepunkt der Kampagne – mit 50, 5 Prozent (plus 9,2 Prozentpunkte) einen überwältigenden Wahlsieg, was man durchaus auch als Votum für den wehrpolitischen Kurs der Bundesregierung interpretieren konnte. Offenbar maßen viele Westdeutsche der Frage der Atomrüstung nicht so große Bedeutung zu, wie man nach den Umfrageergebnissen vom April 1958 hatte vermuten können.

So sah es offenbar auch die SPD-Führung und wandte sich nun schrittweise von der Kampagne ab. Im SPD-Parteivorstand plädierten lediglich Heinemann und Ollenhauer für eine Fortführung, während Fritz Erler vor der demoralisierenden Wirkung auf die Parteibasis warnte, wenn man an außerparlamentarischen Aktivitäten ohne reale Erfolgsaussichten festhalte.[63] Als sich auch der DGB aus der Kampagne zurückzog, war diese im Herbst 1958 faktisch am Ende.

Wieder einmal hatte sich eine außerparlamentarische Aktion, für die Heinemann sich mit großer Vehemenz engagiert hatte, als Fehlschlag und das dahinter stehende Konzept einer parteiübergreifenden Bewegung (im Sinne direkter Demokratie) als politische Schimäre erwiesen. In Heinemann mochte vor dem Hintergrund dieser Erfahrungen die Überzeugung reifen, dass die zentralen Orte politischer Prozesse und Entscheidungen doch das Parlament und die Parteien waren.

Heinemann war 1957 in die SPD eingetreten, weil er dort etwas bewegen wollte, und zwar im Sinne politischer Vorstellungen und Konzeptionen, die er noch in Zeiten der GVP entwickelt hatte. Das schloss gewisse Anpassungen an eine sich verändernde politische Gesamtlage nicht aus, wie etwa sein Bekenntnis zur Bundeswehr im März 1958 zeigt. Vor allem die Mitwirkung am Godesberger Programm von 1959 bot Heinemann nun Gelegenheit, das Seine zur programmatischen Erneuerung der SPD beizutragen. Auch an der Ausarbeitung des im März 1959 veröffentlichten »Deutschlandplans« der SPD wirkte er mit, sodass man den Eindruck gewinnen konnte, der gescheiterte GVP-Politiker habe der SPD innerhalb kurzer Zeit erstaunlich viele neue Impulse geben können.

Tatsächlich entsprach der von einer siebenköpfigen Kommission – Wehner, Heinemann, Erler, Helmut Schmidt u. a. – formulierte Deutschlandplan in zentralen Teilen den Vorstellungen Heinemanns, insbesondere durch die enge Verbindung von Rüstungsbeschränkung und Gesprächsangeboten sowie das Konzept eines kollektiven Sicherheitssystems in Europa. Der Plan nahm somit direkten Bezug sowohl auf das Disengagement-Konzept des US-Diplomaten George F. Kennan als auch auf Teile des »Rapacki-Plans«, in dem der polnische Außenminister u. a. eine atomwaffenfreie Zone in Zentraleuropa vorschlug.

Kernpunkt war die Schaffung einer »Entspannungszone«, welche die »beiden Teile Deutschlands, Polen, die Tschechoslowakei und Ungarn« umfassen sollte. »In diesem Bereich treten Vereinbarungen über Rüstungsbeschränkungen und über den gleichwertigen Abzug der Fremdtruppen der NATO und des Warschauer Paktes in Kraft. Am Ende ist durch die militärische Verdünnung die Zone von Fremdtruppen und Atomwaffen frei.« Die deutsche Einheit sollte in mehreren Schritten, angefangen mit der »Bildung einer gesamtdeutschen Konferenz« aus Beauftragten beider Regierungen ..., Zusammentritt des gesamtdeutschen Parlamentarischen Rates mit gesetzgeberischer Zuständigkeit« über die »Wahl einer Verfassunggebenden Versammlung« und schließlich freie Wahlen herbeigeführt werden.[64]

Allerdings verschwand der Deutschlandplan nach dem Scheitern der Genfer Viermächtekonferenz Anfang August 1959 rasch in der Versenkung, da inzwischen auch die SPD-Führung mehrheitlich der Auffassung war, dass er von illusorischen machtpolitischen Vorsausetzungen ausgegangen war. Heinemann war zwar nicht dieser Ansicht, musste aber erkennen, dass er mit seinen sicherheits- und deutschlandpolitischen Konzepten innerhalb der SPD zunehmend isoliert war.[65]

Dagegen sollte Heinemanns Mitwirkung am Godesberger Programm von weit nachhaltigerer Wirkung sein als beim Deutschlandplan. Das betraf vor allem die Annäherung der SPD an die christlichen Kirchen. Mit der Verabschiedung des

Godesberger Programms im November 1959 vollzog die SPD jene Wandlung von einer marxistisch orientierten Arbeiterpartei zur linken Volkspartei, die Heinemann ihr seit langem angeraten und die er zur Bedingung seines Parteieintritts im Jahr 1957 gemacht hatte. Es wurde »ideologischer Ballast« (Carlo Schmid) in großem Stil abgeworfen. Marxistische Lehrsätze und weltanschauliche Dogmen ersetzte das Programm durch eine Reihe von »Grundwerten« und »Grundforderungen« – u.a. soziale Gerechtigkeit, Solidarität, Schutz der Freiheitsrechte des Individuums. Der »demokratische Sozialismus (sei) in christlicher Ethik, im Humanismus und in der klassischen Philosophie verwurzelt«. Vom »Sozialismus« war etwas verklausuliert als eine »dauernde Aufgabe« die Rede, »Freiheit und Gerechtigkeit zu erkämpfen, sie zu bewahren und sich in ihnen zu bewähren.«[66] Statt der alten Forderung nach umfassenden Sozialisierungen und der Überwindung des Kapitalismus durch eine planwirtschaftliche Ordnung bekannte sich die SPD nunmehr zur Marktwirtschaft. Allerdings war an anderer Stelle auch von einer »Neuordnung der Wirtschaft« die Rede, bei der die Gewerkschaften und das Modell der (Montan-)Mitbestimmung eine wichtige Rolle spielen sollten. Ausdrücklich bekannte sich die SPD zur Landesverteidigung und zur Existenz der Bundeswehr. All dies begrüßte Heinemann nachdrücklich. »Ich habe Zwangswirtschaft stets abgelehnt und der SPD ... die Hinwendung zur Markwirtschaft gewünscht, die in Godesberg abschließend vollzogen worden ist.«[67]

Unmittelbar beteiligt war Heinemann an den Passagen des Godesberger Programms, in denen es um das Verhältnis der SPD zu den christlichen Kirchen ging. Auch in dieser Frage markiert »Godesberg« einen tiefgreifenden Wandlungsprozess der SPD, an dem Heinemann einen wesentlichen Anteil hatte. Im ersten Entwurf zu dem entsprechenden Kapitel war die alte Distanz der SPD zu den Kirchen noch deutlich spürbar gewesen. »Weit ist der Weg, den die Kirchen und der demokratische Sozialismus zurückgelegt haben. Dass sie für die Gestaltung des sozialen Lebens keinen gemeinsamen Weg fanden, wird jeder als Tragik empfinden. ... Je mehr die Kirchen erkennen werden, dass diese Werte [Freiheit und Gerechtigkeit, T.F.] der Wesenskern des demokratischen Sozialismus sind, um so mehr wird der Graben eingeebnet, der sich zum Schaden der Menschheit zwischen ihnen und dem demokratischen Sozialismus aufgetan hat.«[68]

Wurde im Entwurf noch in erster Linie die Kirche dazu aufgefordert, sich zu bewegen, so war im endgültigen Programmtext von einem freien und partnerschaftlichen Verhältnis zwischen SPD und Kirchen die Rede. An dieser Akzentverschiebung hatte Heinemann zusammen mit dem SPD-Juristen Adolf Arndt entscheidenden Anteil. Unter der Überschrift »Religion und Kirche« hieß es nun im Godesberger Programm: »Der Sozialismus ist kein Religionsersatz. Die Sozialdemokratische Partei achtet die Kirchen und Religionsgemeinschaften, ihren besonderen Auftrag und ihre Eigenständigkeit. Sie bejaht ihren öffentlich-rechtlichen Schutz. Zur Zusammenarbeit mit den Kirchen und Religionsgemeinschaften im Sinne einer freien Partnerschaft ist sie stets bereit. Sie begrüßt es, dass Menschen aus ihrer religiösen Bindung heraus eine Verpflichtung zum sozialen Handeln und zur Verantwortung in der Gesellschaft bejahen. Freiheit des Denkens, des Glaubens und des Gewissens und Freiheit der Verkündigung sind zu sichern. Eine religiöse oder weltanschauliche Verkündigung darf nicht parteipolitisch … missbraucht werden.«[69] Heinemann befürwortete diesen Passus nachdrücklich, den er in einem Redebeitrag auch direkt auf die CDU münzte. »Wogegen wir uns nach wie vor mit größter Entschiedenheit … wehren müssen, das ist die Bemäntelung handfester materieller Interessen mit christlichen Parolen, … das ist die Bemäntelung politisch-militärischer Bündnissysteme mit christlichen Parolen. Gegen eine solche Verquickung, wie sie leider bei der CDU weithin üblich ist, wehren wir uns.«[70]

Mit dem Godesberger Programm hatte sich die SPD für die Kirchen und die aktiven Christen in der westdeutschen Bevölkerung geöffnet. Der tiefe Graben zwischen Kirchen und deutscher Sozialdemokratie bzw. den Arbeitern war überwunden, den Heinemann seit Jahrzehnten immer wieder beklagt hatte. Dabei versäumte er allerdings nie, auch der staats- und obrigkeitsfrommen evangelischen Kirche einen Großteil der Schuld an diesem Zerwürfnis zuzuweisen.

Mit dem Godesberger Programm war die SPD für Heinemann insofern zu einem Stück politischer Heimat geworden, als sie sich zu einer Partei gewandelt hatte, in der man aus christlicher Verantwortung handeln konnte. Und auch »die Kirchen galten nicht länger als Sachwalter … bürgerlicher Klasseninteressen, sondern als Partner im gesellschaftlichen Feld …«[71] Dass diese Öffnung gegenüber Religion und Kirchen in der SPD keineswegs unumstrittenen war, zeigte allein die Fülle von Gegenanträgen auf dem Godesberger Parteitag, die weiterhin auf Distanz zu den Kirchen bestanden oder die freidenkerischen Traditionen der Partei gewahrt sehen wollten. Heinemann ergriff mehrmals das Wort, um für die Annahme der von ihm mit verfassten Programmteile zu werben. Letztlich mit Erfolg.[72] Die Öffnung der SPD gegenüber den christlichen Kirchen war sicherlich eine der zentralen Weichenstellungen von Godesberg. Zumal in protestantischen Kreisen erwuchsen der Partei in der Folgezeit zahlreiche aktive Mitglieder und neue Wählergruppen.

Heinemanns innerparteiliche Isolierung in der Sicherheits- und Deutschlandpolitik

Was das Verhältnis zwischen SPD und Christen anging, konnte Heinemann mit der Entwicklung der Partei – und seinem Anteil daran – durchaus zufrieden sein. Anders verhielt es sich beim Thema Landesverteidigung und Sicherheitspolitik, bei dem Heinemann nach »Godesberg« innerhalb der SPD zunehmend in eine Minderheitsposition geriet. Mit dem Godesberger Programm hatte sich die SPD eindeutig zur Landesverteidigung und Existenz der Bundeswehr bekannt und damit auch beim Thema Wiederaufrüstung, die sie noch 1955/56 vehement bekämpft hatte, einen Kurswechsel vollzogen.

Zunächst zeigte Heinemann sich gewillt, auch diese Neuorientierung mitzutragen. Dabei bezog er sich vor allem auf jene Passagen des Godesberger Programms, in denen es einschränkend hieß, dass die Landesverteidigung der »politischen und geographischen Lage Deutschlands gemäß sein und daher die Grenzen wahren (müsse), die zur Schaffung der Voraussetzungen für eine internationale Entspannung ... und für die Wiedervereinigung Deutschlands eingehalten werden« müssten.[73] Auch beim Thema Wehrpflicht betonte Heinemann zunächst die Übereinstimmungen zwischen ihm und der Partei. »Das Godesberger Programm bejaht nicht die Wehrpflicht. Es spricht im Rahmen einer grundsätzlichen Bejahung der Landesverteidigung von deren Gestaltung nach Maßgabe der politischen und geographischen Verhältnisse Deutschlands. Im gespaltenen Deutschland verneint die SPD ... jede Wehrpflicht. ... Das Godesberger Programm unterstreicht ... das Recht auf Kriegsdienstverweigerung, und zwar nicht nur im Rahmen des Wehrpflichtgesetzes, nämlich aus grundsätzlichem Pazifismus, sondern ... auch im Hinblick auf den Dienst an Massenvernichtungsmitteln.«[74] An anderer Stelle schrieb er: »In der SPD-Politik sind zwei Dinge außer Diskussion: Das Nein zur Wehrpflicht und das Nein zu atomarer Aufrüstung. Angesichts der existierenden Bundeswehr will die SPD (aber) verhindern, dass sich zwischen Bundeswehr und SPD eine Feindseligkeit entwickelt, die die Bundeswehr zu einem CDU-Instrument werden ließe oder ihre einzelnen Angehörigen (Soldaten und Offiziere) mit dem Gefühl erfüllt, von der SPD persönlich missachtet zu sein. Um das zu verhindern, ist erklärt, dass es mit der Mitgliedschaft in der SPD in gleicher Weise vereinbar ist, Kriegsdienstverweigerer oder freiwilliger Soldat zu sein.«[75]

Damit war Heinemann deutlich von seiner zuweilen etwas »fundamentalistisch« anmutenden Rüstungskritik aus GVP-Tagen abgerückt. Er begründete das u. a. mit einer veränderten Sicht auf die sowjetische Außenpolitik, die er seit Chruschtschows Berlin-Ultimatum vom November 1958 auf zunehmend aggressivem Kurs sah. »Die Vorgänge um Berlin machen deutlich ..., dass jetzt von der östlichen Seite eine Politik der Stärke betrieben wird, gegen die wir uns wehrten, als sie in den Jahren 1950–1956 oder 1957 von der westlichen Seite unter Missachtung von Verständigungsmöglichkeiten betrieben wurde. Heute lassen sich die Vorschläge, die Frau Wessel und ich zur Zeit der GVP und später in der SPD betrieben haben, offensichtlich nicht anbringen. Gleichwohl stehen wir vollauf zu dem, was wir vertreten haben; es hat sich aber die Situation gewandelt.«[76] Allerdings beharrte Heinemann darauf, dass unter den damaligen Bedingungen seine früheren Positionen richtig gewesen seien. »Es gab einen anderen Weg – 1952/55 – davon bin ich überzeugt. Aber er ist verschüttet und lässt sich heute nicht wieder aufschließen.«[77]

Grundsätzlich war Heinemann also bereit, den wehrpolitischen Schwenk der SPD von 1959/60 mitzutragen, da auch er die weltpolitische Lage anders beurteilte als noch Mitte der fünfziger Jahre. Das galt ebenso für die außenpolitische Neuorientierung der SPD, die Herbert Wehner in seiner Aufsehen erregenden Bundestagsrede vom 30. Juni 1960 verkündete. Nach Jahren der Konfrontation betonte Wehner namens der SPD nunmehr die grundsätzliche Übereinstimmung mit der Regierung Adenauer in zentralen Fragen der Außen- und Sicherheitspolitik und billigte ausdrücklich die Westintegration der Bundesrepublik, nicht zuletzt ihre Einbindung in die NATO. Die SPD gehe davon aus, »dass das europäische und atlantische Vertragssystem, dem die Bundesrepublik Deutschland angehört, Grundlage und Rahmen für alle Bemühungen der deutschen Außen- und Wiedervereinigungspolitik ist.« Darum beabsichtige die SPD auch nicht, »das Ausscheiden der Bundesrepublik aus den Vertrags- und Bündnisverpflichtungen zu betreiben«, wenngleich sie nach wie vor »ein europäisches Sicherheitssystem (für) die geeignetere Form« halte, in dem ein wiedervereinigtes Deutschland seinen Beitrag zur Sicherheit in Europa und der Welt leisten könne.[78] Für diese außenpolitische Neuorientierung der SPD nannte Wehner nicht zuletzt innenpolitische Gründe – neben der veränderten weltpolitischen Gesamtlage. »Innenpolitische Gegnerschaft belebt die Demokratie. Aber ein Feindverhältnis ... tötet schließlich die Demokratie ... Das geteilte Deutschland ... kann nicht unheilbar miteinander verfeindete christliche Demokraten und Sozialdemokraten ertragen.«[79]

Heinemann war bereit, die Kursänderung der SPD gegen innerparteiliche Kritiker zu verteidigen. Mitnichten sei die SPD »einfach auf CDU-Kurs geschwenkt.« Vielmehr stehe sie »zu ihrer Kritik dessen, was die CDU getan bzw. unterlassen hat, kann aber die Versäumnisse dieser CDU-Politik nicht ungeschehen machen.«[80] Gegen den Vorwurf der Anpassung an die CDU betonte Heinemann die Kontinuität in den Positionen der SPD. Weiterhin trete die SPD »für Beziehungen zu den östlichen Nachbarstaaten ein, sie vertritt weiterhin, dass ein wiedervereinigtes Deutschland einer anderen Zuordnung zu den europäischen Nachbarn bedarf, als die Teilstücke gegenwärtig zugeordnet sind.«[81]

Verteidigte Heinemann also den außenpolitischen Schwenk der SPD als notwendige Anpassung an die Realitäten, war doch auf längere Sicht der Dissens zwischen ihm und der SPD-Führung vor allem beim Thema Sicherheitspolitik nicht zu übersehen. Denn entgegen der Auffassung Heinemanns, »der besonders die Kontinuitätslinie in der Wehrpolitik durch das Godesberger Programm nachzeichnete, signalisierte der Abschnitt über die Landesverteidigung bereits den Wendepunkt im Verhältnis der SPD zur Bundeswehr.«[82] Als die SPD schließlich auf dem Hannoveraner Parteitag im Dezember 1960 in der Frage der atomaren Bewaffnung der Bundeswehr ihre bisher strikte Ablehnung aufgab und Atomwaffen nicht mehr grundsätzlich ausschloss, tat sich ein Graben zwischen Heinemann und der SPD-Führung auf.

Heinemann beharrte auf seiner Ablehnung von Atomwaffen, da es für ihn eine Gewissensfrage war: Dem Menschen sei »nicht alles zu tun erlaubt, was der Mensch tun kann. Wenn Völkerrecht und sittliches Gebot, wenn Gottes Weltregiment noch etwas gelten sollen, so ist mit den Massenvernichtungsmitteln unserer Zeit eine Grenze erreicht, die der Mensch nicht überschreiten darf. Hieran hat sich politisches Handeln auszurichten.«[83] Auf einen Bruch mit der SPD wollte es Heinemann in dieser Frage aber nicht ankommen lassen. Er verlangte lediglich, dass innerhalb der SPD auch die konsequenten Atomwaffengegner Gehör finden könnten – und bekannte sich bei dieser Gelegenheit erneut zur konventionellen Rüstung. In diesem Sinne schrieb Heinemann an den SPD-Vorsitzenden Ollenhauer. »Die Gruppe derer [in der SPD, T. F.], die die atomare Bewaffnung ja oder nein als Zweckmäßigkeitsfrage ansieht, muss gelten lassen, dass die andere Gruppe hierzu die Vorfrage nach der christlichen und ethischen Verantwortbarkeit von Massenvernichtungswaffen stellt und darüber zur Verneinung kommt, die nicht ausschließt, dass sogenannte konventionelle Bewaffnung gegebenenfalls bejaht wird. ... Für meinen Teil habe ich konventionelle Waffen nie grundsätzlich ausgeschlossen.« Diese Sichtweise wurde Heinemann von der Parteiführung zugestanden, wenngleich im Vorstand auch Kritik an Heinemanns Rede von den »zwei Gruppen in der SPD« geäußert wurde. »Dem Genossen Heinemann wird seine Formulierung – verschiedene Gruppen in der Partei – zum Vorwurf gemacht.«[84] Doch in der Parteiführung hatte man offenbar großes Interesse an einer weiteren Mitarbeit Heinemanns. Und so bekräftigte Ollenhauer mehrmals, »dass die von Ihnen eingenommene und dargelegte Haltung in der S. P. D. vertreten werden kann. Die Beschlüsse der S. P. D. hindern keinen Menschen, der wie Sie atomare Bewaffnung als christlich oder ethisch unverantwortbar aus Gewissensgründen ablehnt, die von Ihnen gekennzeichnete Haltung einzunehmen.«[85]

Diese Zugeständnisse konnten allerdings nicht darüber hinwegtäuschen, dass Heinemann mit zentralen Elementen der SPD-Sicherheitspolitik nicht übereinstimmte. Zudem befand er sich seit Godesberg auf diesem Gebiet innerhalb der SPD zunehmend in der Defensive und war als Anreger bei sicherheits- und auch deutschlandpolitischen Themen kaum mehr gefragt. Da war es nur folgerichtig, dass Heinemann sich einer Aufnahme in die »Mannschaft« der SPD – das

»Schattenkabinett« für die Bundestagswahl 1961 – von vornherein verweigerte – zur Überraschung großer Teile der Öffentlichkeit, die in Heinemann geradezu den ›natürlichen‹ SPD-Kandidaten für das Amt des Justiz- oder Innenministers sahen.[86]

Heinemann selbst beurteilte seine Stellung innerhalb der SPD Anfang 1961 viel zurückhaltender – wahrscheinlich zurecht. Denn so beeindruckend der rasche Aufstieg Heinemanns in die Führungsgremien der SPD war, so nüchtern fiel Mitte 1960, drei Jahre nach seinem Parteieintritt, die Bilanz seiner politischen Arbeit aus. Sicherlich – er hatte an der Annäherung zwischen der deutschen Sozialdemokratie und den Christen, insbesondere der protestantischen Kirche, und damit der Erweiterung der potenziellen SPD-Wählerschaft wesentlichen Anteil. Auf seinem ureigenen Feld jedoch, der Deutschland- und Sicherheitspolitik, auf dem er sich in den vergangenen zehn Jahren als Adenauer-Gegner und eigenständiger Kopf profiliert hatte, war er innerhalb der SPD zunehmend isoliert.[87]

Heinemann hatte also durchaus Anlass, mit der SPD zu hadern und vielleicht sogar seinen Übertritt in die Partei zu bedauern. Er tat es aber nicht, versuchte vielmehr, enttäuschte Weggefährten aus GVP-Tagen von der Notwendigkeit einer weiteren Mitarbeit in der SPD zu überzeugen. »Spielt doch nicht verrückt! Freilich ist die SPD kein Idealverein. Wenn es noch nicht einmal ideale christliche Gemeinden … gibt, sollte man vollends weltliche politische Organisationen nicht überfordern. Entscheidend trotz aller Bemängelungen ist doch immer noch, dass endlich eine andere Mannschaft ans Werk kommt, sonst gibt es überhaupt keinen neuen Ansatz.«[88] Allen Vorschlägen früherer GVP-Leute, der SPD den Rücken zu kehren und eine neue Partei zu gründen, erteilte er eine klare Absage. »Wo anders sollen wir denn noch das durchsetzen, was uns wichtig ist?«[89] Die Zeit kleinerer Parteien sei vorbei. »Im ersten Bundestag gab es zehn Parteien, im zweiten nur noch sechs und im dritten nur noch vier. Im nächstjährigen Bundestag werden höchstens drei Parteien verbleiben.« Wer politisch etwas verändern wolle, müsse »also lernen, mit großen Parteien zurecht zu kommen.«[90] Für Heinemann bedeutete das, weiter an der Wandlung der SPD zur Volkspartei mitzuwirken, um möglichst viele seiner politischen Vorstellungen umsetzen zu können, denn eine »Kursänderung wird sich nur mit der SPD erreichen lassen.«[91] Darum kam für ihn auch eine Mitarbeit in der neugegründeten »Deutschen Friedensunion« (DFU) nicht in Frage, obwohl diese Gruppierung vielen seiner Positionen – zumal jenen aus GVP-Zeiten – sehr nahestand und in ihr mehrere frühere GVP-Leute, darunter Robert Scholl und Herbert Mochalski, sowie sein Marburger Studienfreund Viktor Agartz aktiv waren. An Renate Riemeck, Führungsmitglied der DFU, schrieb Heinemann: »Ich möchte auch Ihnen gegenüber noch einmal meine feste Überzeugung bekräftigen, dass ich mir nur von einem Wahlerfolg der SPD eine bessere Deutschlandpolitik versprechen kann und eben deshalb bedauere, dass die DFU diesen Erfolg zu beeinträchtigen geeignet erscheint …«[92] Um politisch etwas bewegen zu können, musste man an die Hebel der Macht kommen und das ging nach Heinemanns Überzeugung unter den obwaltenden Bedingungen der Bundesrepublik nur mit einer erstarkten SPD.

Die Deutschland- und Sicherheitspolitik freilich war ab 1960 nicht mehr Heinemanns Domäne. Auf seinem einstigen »Spezialgebiet« bestimmten in der SPD andere den Kurs, allen voran Fritz Erler, Herbert Wehner, Helmut Schmidt und Willy Brandt. Und dieser Kurs fand – wie gezeigt – längst nicht seine ungeteilte Billigung. Heinemann musste sich nach einem neuen Betätigungsfeld umsehen. Er fand es schließlich in der Rechtspolitik.

Dass Heinemann sich scheinbar widerspruchslos dem neuen wehr- und sicherheitspolitischen Kurs der SPD angeschlossen hatte, führte bei einigen seiner Anhänger zu großer Enttäuschung. »Was macht Heinemann? Man hört nichts mehr von ihm, hat er resigniert?«, schrieb im Juli 1961 ein Pfarrer an Heinemann. Doch sprach aus dessen Abkehr von radikalen Positionen der Vergangenheit weniger Resignation, als die Einsicht in die veränderten politischen Rahmenbedingungen und Gestaltungsmöglichkeiten. Insofern zeigte sich Heinemann viel eher als ein »Verantwortungsethiker«, denn als jener »Gesinnungsethiker«, für den ihn der aufstrebende SPD-Politiker Helmut Schmidt hielt. Womit Schmidt unterschwellig doch wohl Heinemanns Befähigung für »das politische Geschäft« in Zweifel zog. In einem Briefwechsel mit Schmidt versuchte Heinemann dieses »Missverständnis«, dass er in erster Linie Gesinnungsethiker sei, auszuräumen.[93]

Welche grundsätzliche Auffassung von Politik und Parteien Heinemann hatte, darüber gab er in einem Fernsehinterview mit Günter Gaus vom November 1968 eingehend Auskunft. Zu Parteien offenbarte er dabei eine ausgesprochen pragmatische Haltung. Er verstand sie eben nicht als eine »Weltanschauungsgemeinschaft«, sondern als »Mannschaft« zur Erreichung bestimmter politischer Ziele. »Es genügt, dass man, aus welchen Ansätzen, aus welchen Motivierungen auch immer, gleiche Ziele verfolgt, um darüber nun eben diese Kameradschaft eingehen zu können und durchzuhalten, solange es eben geht.«[94] Die ethische und sittliche, gegebenenfalls auch religiöse Fundierung dieser Ziele sei Angelegenheit des Individuums, nicht der Partei. »Die Grundhaltung muss sein, … dass man die gleichen Ziele hat, also meinetwegen die Basis eines Parteiprogramms. Das ist eine Grundhaltung, von der aus die Menschen verschiedener Herkunft, verschiedener weltanschaulicher und religiöser Verwurzelung, zum gemeinsamen Handeln finden.« Von einer »christlichen Partei«, wie sie die CDU zu sein beanspruchte, hielt er wenig. »Ich widerspreche dem deshalb heftig, weil gerade auch für Christen eine Meinungsverschiedenheit zu ein und derselben politischen Frage durchaus möglich ist … Ich habe oft gesagt, die Bibel ist doch kein Rezeptbuch …«[95] Auch könne ihm eine politische Partei nie so etwas wie »Nestwärme« geben. »Ich komme aus einer ganz anderen Nestwärme, …, meinetwegen aus der christlichen Gemeinde«. In die Politik aber habe er sich begeben, »weil es mit zur christlichen Verantwortung gehört, meine ich, dass man auch im öffentlichen Leben mithilft, …, und zwar nach den Gaben, die man nun jeweils einmal hat oder auch nur sich zuschreibt.«[96]

»Treue zur Partei« bedeutete darum für Heinemann auch kein politischer Wert an sich. »Das mag sich finden, Schritt für Schritt, ob (man) darin verbleibt oder, … es ist ja nicht für alle Ewigkeit festgelegt, einmal überwechselt.« Ausdrücklich bekannte er sich zu Max Webers Diktum, wonach Politik »das zähe Bohren von harten Brettern, mit Leidenschaft und Augenmaß zugleich« sei. Und »dieses zähe Bohren … das steckt irgendwie in mir drin.«[97] Heinemann versäumte auch nicht, auf die bürgerlichen Grundlagen seiner politischen Überzeugungen zu verweisen, von denen sich bereits sein Vater hatte leiten lassen. »Eindeutig bürgerlich!« Ausdrücklich bekannte er sich zum »Festhalten an dieser Grundhaltung, die, wenn wir es so ausdrücken wollen, einfach eine 1848er Haltung oder Tradition ist. Also das Durchbrechen zu einem freiheitlich-demokratischen Staat.«[98]

Mit Blick auf die rebellierende Jugend warnte Heinemann allerdings vor zu viel Idealismus in der Politik. Er habe zwar viel Verständnis dafür, »dass manche – gerade auch junge Menschen – sich an Gegebenheiten stoßen. Aber wenn die nun aus diesem Anstoß entwickeln ein Idealbild, eine Radikalkur …, dann möchte ich ihnen immer wieder sagen, so geht es nicht. … Konzeptionen zu haben, das ist gar nicht so schwer, aber Wege zur Verwirklichung zu wissen, das ist der eigentliche Kernpunkt, die eigentliche Aufgabe des politischen Handelns.«[99]

Rechtspolitik als neues Wirkungsfeld (1961 bis 1969)

Die Bundestagswahlen vom 17. September 1961 erbrachten nicht den von den Sozialdemokraten erhofften Machtwechsel. Zwar konnte die SPD erneut zulegen, blieb aber mit 36,2 Prozent der Stimmen wieder weit hinter den Christdemokraten, die 45,3 Prozent (minus 4,9 Prozentpunkte) erzielten. Adenauer bildete nach vier Jahren Alleinregierung mit der erstarkten FDP eine Regierungskoalition.

Gustav Heinemann gehörte dem 4. Bundestag als direkt gewählter Abgeordneter des Wahlkreises Nienburg/Schaumburg-Lippe an. Nachdem er das Gebiet der Deutschland- und Sicherheitspolitik – nicht ganz freiwillig – weitgehend anderen SPD-Politikern überlassen hatte, widmete er sich in den folgenden Jahren einigen »kleineren« Themen, darunter der Parteienfinanzierung, der Auseinandersetzung um die Konfessionsschule und der Frage der Kriegsdienstverweigerung. Daneben setzte er seine Bemühungen fort, das Verhältnis zwischen Sozialdemokratie und christlichen Kirchen weiter zu verbessern.

Als Vorsitzender eines Bundestagssonderausschusses bereitete Heinemann das Parteiengesetz vom Juni 1967 mit vor, wobei es ihm vor allem auf die Stärkung der innerparteilichen Demokratie und die Transparenz der Parteienfinanzierung ankam. Hatte Heinemann in den fünfziger Jahren wiederholt den »Fraktionszwang« insbesondere in der SPD angeprangert, aber auch in der CDU die Gefahr der »Parteidiktatur« ausgemacht und aus dieser grundsätzlichen Parteienskepsis heraus sich mehrfach auf außerparlamentarische Aktionen verlegt, so betonte er nunmehr die zentrale Bedeutung von Parteien für die Demokratie. Auch in dieser Hinsicht hatte sich Heinemann zu einem Realpolitiker gemausert. Allerdings hielt er wenig von einer üppigen Alimentierung der Parteien mit Steuergeldern und plädierte für überwiegende Eigenfinanzierung durch Mitgliedsbeiträge, ergänzt durch Spenden. Letzteres barg natürlich die Gefahr der verdeckten Einflussnahme finanzstarker Interessengruppen auf politische Entscheidungen in sich, sodass Heinemann eine genaue Rechenschaftslegung der Parteien für unabdingbar hielt.[100] Wenngleich Heinemann an der Formulierung des Gesetzentwurfes nicht mehr direkt beteiligt war, flossen doch einige Überlegungen aus dem von ihm geführten Sonderausschuss in das Parteiengesetz von 1967 ein.

Als Bildungspolitiker war Heinemann eigentlich noch nicht in Erscheinung getreten. Und doch gelang es ihm Anfang der sechziger Jahre gerade auf diesem Gebiet, der SPD neue Impulse zu geben. Konkret ging es um die Konfessionsschule, die von den Sozialdemokraten bislang abgelehnt, von Heinemann aber als Teil eines möglichst offenen und vielgestaltigen Bildungssystems befürwortet wurde.

Bildung galt für die SPD seit je als ein zentrales Instrument, gesellschaftliche Strukturen aufzubrechen, Benachteiligungen zu überwinden und sozialen Aufstieg zu ermöglichen. Das war nach sozialdemokratischer Mehrheitsmeinung am besten durch die öffentliche Gemeinschaftsschule zu erreichen, während Privat- und Konfessionsschulen eher zur Verfestigung hergebrachter Strukturen beitrügen. Demgegenüber betonte Heinemann die Glaubens- und Gewissensfreiheit der Eltern, denen die Möglichkeit gegeben werden müsse, ihre Kinder auf konfessionell orientierte Schulen zu schicken. Allerdings müsse der Staat dafür sorgen, dass auch Konfessionsschulen ihre Schüler im Sinne von Toleranz und Offenheit erziehen.

Durch beharrliches Werben in Artikeln, persönlichen Gesprächen und Redebeiträgen trug Heinemann wesentlich dazu bei, dass die SPD in ihren »Bildungspolitischen Leitsätzen« vom Juli 1964 ihre ablehnende Haltung zur Konfessionsschule aufgab. »Die Sozialdemokratische Partei respektiert die Entscheidung der

Eltern, die einer durch ihren Glauben oder durch ihre Weltanschauung besonders bestimmten Erziehung den Vorrang geben.«[101] Regelschule und Basis der schulischen Erziehung sollte allerdings die öffentliche Gemeinschaftsschule sein und bleiben, was auch Heinemann nie in Abrede stellte. Heinemann zeigte sich aber zufrieden, dass er einen Beitrag dazu hatte leisten können, die Vielgestaltigkeit des westdeutschen Schulwesens zu erhalten, die Glaubens- und Gewissensfreiheit der Eltern zu stärken und zudem die ideologische Entstaubung der SPD auf einem weiteren Gebiet voranzutreiben. Unterstützung fand er bei einigen jüngeren SPD-Politikern, die später noch beachtliche Karrieren machen sollten, darunter Heinz Kühn, Adolf Arndt und Hans-Jochen Vogel.[102]

Politiker ohne Hausmacht?

So rasch Gustav Heinemann bis in die Führungsgremien der SPD aufgestiegen war und so gern sich die Partei mit ihrem Neumitglied schmückte – über eine gesicherte Machtposition innerhalb der SPD verfügte er damit noch lange nicht. Dafür fehlte ihm nicht zuletzt eine eigene Hausmacht, d. h. ein »Netzwerk« von Parteifreunden, das ihm bei der Durchsetzung von bestimmten Forderungen und Konzepten durch offene und verdeckte Parteinahme hätte unterstützen können. Als ein Indiz für diesen Mangel kann möglicherweise auch seine »Ausbootung« aus dem Bereich der Deutschland- und Sicherheitspolitik gesehen werden. Er pflegte zwar engere Verbindungen zu ehemaligen GVP-Leuten in der SPD, wie Adolf Scheu, Helene Wessel, Erhard Eppler und Johannes Rau. Doch verfügten diese Anfang der sechziger Jahre über zu wenig Einfluss, um eine große Hilfe bei der Durchsetzung von bestimmten Positionen innerhalb der SPD sein zu können. Der Aufstieg einiger Weggefährten – Eppler, Schmude, Rau – in der Parteihierarchie stand erst noch bevor.

Besonderen Respekt in der SPD genoss Heinemann u. a. bei Fritz Erler, Erich Ollenhauer und Adolf Arndt, unter den jüngeren etwa bei Horst Ehmke und Hans-Jochen Vogel – alles einflussreiche etablierte bzw. viel versprechende jüngere SPD-Politiker. Aus diesen Verbindungen eine eigene Hausmacht zu schmieden, widersprach aber offenbar sowohl Heinemanns Naturell als auch seiner Auffassung von Politik, die der offenen Auseinandersetzung mit klaren Argumenten den Vorzug gab vor heimlichen Absprachen und klandestinen Beziehungsgeflechten.

Dabei war Heinemann alles andere als ein Einzelgänger, weder in der SPD noch innerhalb der Evangelischen Kirche. Er war vielmehr ein eifriger Briefschreiber und lebhafter Gesprächspartner, dem allerdings jede Form von Kumpanei widerstrebte. Die Zahl enger Freunde war eher begrenzt, doch pflegte er diese

Freundschaften sehr intensiv. Eine richtige Hausmacht war das aber nicht. Auch in der SPD brachte sich Heinemann eher als Einzelpersönlichkeit zur Geltung, deren Integrität und Sachverstand ihm Gehör und Gestaltungsmöglichkeiten verschaffte. Und so machte Heinemann als SPD-Politiker trotz fehlender Hausmacht in den folgenden Jahren noch eine sehr beachtliche Karriere, in deren Verlauf er einige bedeutende Akzente setzte, sowohl als Justizminister als auch später im Amt des Bundespräsidenten.

Kriegsdienstverweigerung

Mit der Wiederbewaffnung der Bundesrepublik hatte sich Heinemann um 1960 abgefunden bzw. sich sogar zu ihrer Billigung vor dem Hintergrund einer veränderten weltpolitischen Lage durchgerungen. Als Deutschland- und Sicherheitspolitiker war er in der SPD nicht mehr gefragt. Er ließ es sich allerdings nicht nehmen, in einem Teilbereich der Wehrpolitik Anfang der sechziger Jahre starke Aktivitäten zu entfalten – dem der Kriegsdienstverweigerung. Vor allem kam es ihm darauf an, die Gewissensfreiheit des Einzelnen zu stärken, den Kreis möglicher Kriegsdienstverweigerer zu erweitern und auch für das Problem der Totalverweigerung, d. h. Verweigerung auch des Wehrersatzdienstes, eine rechtsstaatlich-humane Lösung zu finden.

Sowohl innerhalb der SPD als auch im Rat der EKD warb Heinemann dafür, dass auch sogenannte »Atompazifisten«, also junge Männer, die – wie er selbst auch – den Einsatz von Atomwaffen strikt ablehnten, nicht aber jede bewaffnete Auseinandersetzung, als Kriegsdienstverweigerer anerkannt werden konnten. Das Wehrpflichtgesetz von 1956 schränkte bislang den Kreis der anzuerkennenden Verweigerer auf jene Gruppe ein, die »sich aus Gewissensgründen der Beteiligung an jeder Waffenanwendung zwischen den Staaten widersetzt«. Für Heinemann war diese Regelung viel zu eng gefasst, zumal er neben »Atompazifisten« auch diejenigen Verweigerer geschützt sehen wollte, die nicht an einem »Bruderkrieg« zwischen ost- und westdeutschen Soldaten teilnehmen wollten. »Es sollte genau die Kriegsdienstverweigerung ausgeschlossen werden, die nach kirchlich-theologischem Verständnis vom Gewissen die … im besonderen Maße begründete gewesen wäre«, so Heinemann in einer Kritik der bestehenden Regelung.[103]

Heinemann wusste im Übrigen sehr genau, wovon er sprach, denn in seiner Essener Anwaltspraxis häuften sich die Fälle abgelehnter Kriegsdienstverweigerer. Nachdem er in der SPD wie auch in den Führungsgremien der EKD breite Unterstützung gefunden hatte, versuchte Heinemann auch auf juristischem Weg, eine Änderung der Anerkennungs- bzw. Ablehnungspraxis von Kriegsdienstverweigerern zu erreichen. Er legte Verfassungsbeschwerde ein und erzielte einen Teilerfolg. Im Dezember 1960 erklärten die Karlsruher Richter, dass nicht allein »grundsätzliche (dogmatische) Pazifisten, sondern auch diejenigen, die den Kriegsdienst hier und jetzt allgemein ablehnen, die Motive aber der historisch-politischen Situation entnehmen«, als Kriegsdienstverweigerer anerkannt werden müssten. Für Heinemann ging diese Entscheidung – so sehr er deren Tendenz begrüßte – noch nicht weit genug, insbesondere weil die Verweigerung bei einem »ungerechten Krieg«, als der auch einer zwischen Deutschen und Deutschen angesehen werden könne, nicht erfasst wurde. »Soll der Beschluss bedeuten, dass die den beiden christlichen Konfessionen im wesentlichen gemeinsame … Lehre vom gerechten Krieg als rechtlich belanglos abgetan wird?«[104] Insgesamt konnte Heinemann aber mit dem Ergebnis seiner Initiativen für die Erweiterung des Rechts auf Kriegsdienstverweigerung zufrieden sein, zumal der Bundestag im Februar 1962 auf seinen Antrag hin es ermöglichte, dass Kriegsdienstverweigerer auch von kirchlichen Personen vertreten werden konnten, wogegen die Unionsparteien sich lange gewehrt hatten.[105]

Auch Heinemanns Eintreten für eine mildere Bestrafung von sogenannten Totalverweigerern, von Personen also, die sowohl Wehrdienst als auch den zivilen Ersatzdienst verweigerten, resultierte unmittelbar aus seiner anwaltlichen Arbeit. Anfang der sechziger Jahre übernahmen er und sein Sozius Diether Posser wiederholt die Verteidigung von Zeugen Jehovas, die aus religiösen Gründen Wehr- und Ersatzdienst verweigerten und dafür mit mehrfacher Bestrafung rechnen mussten. Denn nach gängiger Rechtspraxis erging nach Verbüßung einer ersten Gefängnisstrafe erneut ein Einberufungsbescheid, dem die Zeugen Jehovas wiederum nicht Folge leisteten, was in mehreren Fällen eine neuerliche Verurteilung nach sich zog. Nach Heinemanns Überzeugung verstieß dies gegen die Menschenwürde. »Die zuständigen staatlichen Organe sind daher gehalten, eine solche Rechtsregelung zur Verfügung zu stellen, durch die ein Gewissenskonflikt möglichst vermieden wird. Soweit das nicht möglich ist, sind die Sanktionen im Falle einer Verletzung der Ersatzdienstpflicht so zu begrenzen, dass sie zwar die Bedeutung dieser Verpflichtung berücksichtigen, aber auch nicht den einzelnen Gewissenstäter unangemessen in seinem Persönlichkeitswert treffen.«[106]

In den Mittelpunkt seiner Argumentation stellte Heinemann den Respekt vor der Gewissensentscheidung. So auch in der Bundestagsdebatte vom 12. Mai 1965, in der er – damals noch nicht als Justizminister – namens der SPD zumindest die Begrenzung des Strafrahmens für Totalverweigerer auf 18 Monate forderte. Der Respekt aber, so Heinemann, bewähre sich doch gerade bei einer Gewissensentscheidung, die von der Mehrheit nicht nachvollzogen werden könne. »Niemand fordert von uns, dass wir das Bibelverständnis der Zeugen Jehovas teilen.« Gerade in diesen Fällen aber »sind wir nach dem Respekt vor dem Gewissen anderer gefragt. … Gewissensfragen werden dann erst ernst, wenn man sich über das Gewissen eines anderen nicht mehr zum Richter machen soll.«[107] Den Anderen in seinem Anderssein zu belassen, auch und vor allem wenn es um Gewissensentscheidungen geht, ohne freilich die normativen Grundlagen und legitimen Forderungen des demokratischen Rechtsstaats in Frage zu stellen – dieser Anspruch bildete eines der zentralen Elemente von Heinemanns Politikverständnis. So hielt er es beispielsweise auch gegenüber seinem Studienfreund Agartz, dessen entschieden linke Überzeugungen er keineswegs teilte, was Heinemann nicht davon abhielt, ihn gegen den Vorwurf des Landesverrats vor Gericht zu verteidigen. Ebenso wie er ehemalige KPD-Mitglieder verteidigte, wenn ihnen wegen der früheren Mitgliedschaft in einer mittlerweile verbotenen Partei noch im Nachhinein der Prozess gemacht wurde.

In seiner Bundestagsrede hob Heinemann nicht zuletzt die Standhaftigkeit der Zeugen Jehovas unter der nationalsozialistischen Herrschaft hervor, als sie für ihre Ablehnung des Kriegsdienstes auch KZ-Haft in Kauf genommen hatten. In diesem Zusammenhang ersparte er den Abgeordneten – und auch sich selbst – nicht den Vergleich mit dem eigenen Verhalten vor 1945. »Sie [die Zeugen Jehovas, T. F.] haben im Dritten Reich Gewissenhaftigkeit besser bewiesen als – ja, soll ich sagen: wir alle? Ich schließe mich jedenfalls mit ein.«[108]

Der gesetzgeberische Vorstoß von Heinemann und der SPD blieb zunächst erfolglos. Erst im März 1968 bestätigte das Bundesverfassungsgericht weitgehend Heinemanns Auffassung und untersagte eine Doppelbestrafung von Totalverweigerern aus Gewissensgründen.

Justizminister der Großen Koalition (1966–1969)

Das Auseinanderbrechen der Koalitionsregierung aus CDU/CSU und FDP unter Kanzler Ludwig Erhard im Herbst 1966 erbrachte für die SPD erstmals die Möglichkeit einer Regierungsbeteiligung auf Bundesebene. Ein Jahr zuvor war die Hoffnung auf eine Regierungsübernahme erneut gescheitert, da die SPD bei den Bundestagswahlen am 19. September 1965 trotz abermaligen Zuwachses mit 39,3 Prozent der Stimmen wiederum weit hinter den Unionsparteien zurückblieb, die 47,6 Prozent erzielten. Anders als 1961 hatte sich Heinemann diesmal sogar bereit erklärt, in die »Regierungsmannschaft« (Schattenkabinett) einzutreten, der u. a. Brandt, Wehner (Außen- und Deutschlandpolitik), Alex Möller und Karl Schiller (Wirtschaft und Finanzen) sowie Helmut Schmidt angehörten.

Allerdings war im Herbst 1966 die Frage, ob die SPD mit der Union eine Große Koalition bilden solle, bei den Sozialdemokraten keineswegs unumstritten. Den vehementen Befürwortern um Brandt und Wehner stand eine ganz Reihe von Skeptikern gegenüber, die es lieber mit der FDP versuchen oder zunächst in der Opposition verbleiben wollten, um zu einem späteren Zeitpunkt aus einer Position der Stärke in die Regierung zu gehen.

Auch Heinemann war von der Idee einer Großen Koalition zunächst wenig begeistert. Vielmehr sprach er sich auf einer gemeinsamen Sitzung von Partei- und Fraktionsvorstand für die Bildung einer Allparteienregierung aus, welche die gewaltige Aufgabe angehen könne, die Hypotheken der nationalsozialistischen Herrschaft – Verständigung mit den einstigen Kriegsgegnern in West und Ost, Ausgleich sozialer Ungerechtigkeiten und Härten für Vertriebene u. a. – abzutragen. Die SPD warnte er davor, sich bei dieser – eher unpopulären – Herkulesaufgabe allein zu exponieren und so den Zorn und die Ablehnung großer Teile der Bevölkerung auf sich zu ziehen. Warnendes Beispiel sei das Agieren der Sozialdemokraten in der Weimarer Republik, als sie durch die Übernahme der Verantwortung für die Folgen des verlorenen Krieges das Odium der »Verzichtspolitiker« bekamen. So honorig das damalige Verhalten der SPD seiner Ansicht nach auch gewesen sei.[109] Sein Vorschlag einer Allparteienregierung fand jedoch keine Unterstützung.

Während in den folgenden Vorstandssitzungen nicht zuletzt ehemalige GVP-Mitglieder wie Helene Wessel und Johannes Rau bei ihrer Ablehnung blieben, hatte sich Heinemann inzwischen dazu durchgerungen, einer Großen Koalition zustimmen – allerdings »schweren Herzens«, wie er auf der entscheidenden Vorstandssitzung ausdrücklich betonte. Er wolle aber persönliche Vorbehalte hintanstellen, damit die SPD endlich in der Regierungsverantwortung die drängenden Probleme in Angriff nehmen könne. Für eine – rechnerisch mögliche – Koalition mit der FDP sei die Mehrheitsbasis viel zu schmal, zumal die Liberalen für die Zuverlässigkeit aller ihrer Abgeordneten nicht einstehen könnten. Und so bleibe »als praktische Lösung gegenwärtig nur die sogenannte Große Koalition.«[110] Diese Große Koalition könne zwar nicht gerade als Durchbruch und Neuanfang bezeichnet werden, doch bei nüchterner Betrachtung der Machtkonstellationen solle man es mit ihr versuchen, zumal bisher alle Versuche der SPD, aus der Opposition heraus eigene Konzepte durchzusetzen, vergeblich gewesen seien.[111]

Starke Bauchschmerzen verursachte Heinemann wie auch vielen anderen SPD-Politikern mit Blick auf eine mögliche Große Koalition die »Personalie Strauß«. Der so brillante wie unbeherrschte bayerische Politiker war von der CDU/CSU als Finanzminister vorgesehen, hatte sich allerdings durch seine fragwürdige Rolle in der »Spiegelaffäre« von 1962 in den Augen der Sozialdemokraten für höhere

Ämter eigentlich disqualifiziert. Eine Beteiligung an einer Regierung, in der auch Franz Josef Strauß mit am Kabinettstisch sitzen sollte, war darum für viele SPD-Politiker nur schwer vorstellbar. In dieser Situation überraschte Heinemann seine Parteifreunde mit einer ausgesprochen pragmatischen Haltung, wie sich Herbert Wehner erinnert. »In der letzten entscheidenden Zusammenkunft, die viele, viele Stunden … dauerte bei den sozialdemokratischen Beschlussorganen, da war es Gustav Heinemann, der sich dagegen wandte, … eine Regierung mit der CDU/CSU nur deswegen abzulehnen, weil sie auch den Strauß da reinschicken und nehmen können würden. Und er hat es in einer sehr bewegenden, nüchternen Art gesagt.«[112] Heinemann argumentierte bei dieser Streitfrage ausgesprochen politisch. »Es sei nicht damit getan, diese einzelne Person zu bekämpfen, sondern es gehe vor allem um die Personen im Umkreis von Franz Josef Strauß, um seine Partei und schließlich auch um seine Wählerschaft. Hier sei politisch anzusetzen, das sei aber nur so möglich, dass man selbst politische Verantwortung übernehme.«[113] Vor allem aber, so Heinemann, war die »auf die Partei zukommende Aufgabe zu groß, als dass sie an der Person Strauß oder unter Bezugnahme auf die früheren Auseinandersetzungen mit den Unionsparteien scheitern« dürfe.[114]

In der Sitzung der SPD-Fraktion am 30.11.1966 sagte Heinemann, er habe in »der Vergangenheit sehr viel getan, um den Weg der CDU/CSU zu hemmen … Der Erfolg sei allerdings nicht groß gewesen. Wenn er nun in ein Kabinett eintrete, in dem … die CDU/CSU … sitze, so würden viele fragen, wo seine Grundsätze blieben. Er werde gefragt und müsse sich selber fragen, ob er noch glaubwürdig sei. Der Kern aller Glaubwürdigkeit sei jedoch die Bereitschaft, Verantwortung zu übernehmen. Die drängenden Fragen der Zukunft würden nicht dadurch gelöst, dass man die Übernahme von Verantwortung ablehne.«[115] Mit 126 zu 53 Stimmen bei acht Enthaltungen sprach sich die SPD-Fraktion für die Bildung einer Großen Koalition aus.

Die Koalitionsverhandlungen zwischen CDU/CSU und SPD kamen zügig voran. In der abschließenden Sitzung verständigten sich die Verhandlungsführer, der designierte Kanzler Kurt Georg Kiesinger von der CDU und SPD-Chef Willy Brandt, auf die Verteilung der Ministerposten – elf für die CDU und neun für die SPD, darunter neben dem Außen- auch das Justizministerium. Noch am Abend erhielt Heinemann einen Anruf von Brandt. »Bist du bereit, es zu übernehmen.« Ohne zu zögern erklärte Heinemann seine Bereitschaft.[116]

Eine Liebesheirat war diese Koalition sicher nicht – immerhin aber verschaffte sie der SPD tatsächlich die lang erstrebte Beteiligung an der Regierungsmacht im Bund. Dabei mochte jener Eindruck eines Journalisten beim Blick auf die Regierungsbank doch etwas überzogen sein: »Die Mitglieder der Regierung, Herr Strauß neben Herrn Heinemann, Herr von Hassel neben Herrn Wehner, sehen aus, als ob sie dort zur Strafverbüßung sitzen müssten.«[117] Daran war so viel richtig, dass nicht nur die SPD sich mit Strauß als Minister schwer tat, sondern umgekehrt auch die CDU nicht gerade begeistert war, dass mit Gustav Heinemann einer der schärfsten Kritiker Adenauers dieser Koalitionsregierung angehörte. Denn was Heinemann in den vergangenen Jahren über Adenauer und dessen Politik geäußert, was er zudem über das Selbstverständnis der CDU als »christlicher« Partei kritisch gesagt und geschrieben hatte, hatte man ihm dort keineswegs vergessen.

Heinemann verspürte denn auch gegenüber seinen Gegnern aus der CDU eine gewisse Genugtuung, als er im Dezember 1966 seinen Ministerstuhl einnahm. »Bei diesem Regierungswechsel verließen Prof. Erhard und Seebohm als letzte der noch aus der Adenauer-Regierung von 1949 verbliebenen Mitglieder die Regierungsbank, und ich, der ich die Adenauer-Regierung als erster verlassen hatte, nahm wieder darauf Platz.«[118]

Zusammen mit Heinemann saß übrigens ein anderer Sozialdemokrat am Kabinettstisch der Großen Koalition, dessen Lebensweg und politische Karriere, vor allem aber dessen bürgerliche Herkunft und Erscheinung einige Parallelen mit Heinemann aufwiesen – und darum auch zu einem Vergleich reizen würden. Doch anders als der neue Justizminister befand sich Carlo Schmid – nur drei Jahre älter als Heinemann – 1966 ersichtlich am Ende seiner politischen Laufbahn. Das Bundesministerium für Angelegenheiten des Bundesrates war kaum mehr als ein »Austragsstübchen«, mit dem die SPD jenem »homme de lettre« Carlo Schmid ihre Reverenz erwies, der seit 1946 in der noch stark proletarisch geprägten Partei für bildungsbürgerliche Akzente gesorgt und nicht unerheblich an deren Wandel zur Volkspartei mitgewirkt hatte. Zu einem herausgehobenen Amt jedoch hatte es für Carlo Schmid nie gereicht, obwohl er wahrscheinlich gern Bundespräsident geworden wäre und bei Bildung der Großen Koalition dem weitgehend einflusslosen Bundesratsministerium eindeutig das Ministerium für wissenschaftliche Forschung vorgezogen hätte.[119] Doch fehlte es Schmid an Fürsprechern in der SPD-Spitze, die ihm wirkliche Gestaltungsmöglichkeiten geben wollten, und zwar über seine Funktion hinaus, das bildungsbürgerliche Aushängeschild der SPD zu sein und dadurch »für viele Menschen draußen im Lande zusätzliches Vertrauen zu uns« zu mobilisieren, wie es der Fraktionsvorsitzende Erler es in einem persönlichen Brief einmal formulierte.[120] Gustav Heinemann hatte sich da in den vergangenen Jahren durch seine Mitwirkung in Parteigremien, seine Auftritte im Bundestag wie durch seine Mitarbeit an der Formulierung rechtspolitischer Positionen der SPD einen ganz anderen Status verschafft. Zwar nicht auf seiner einstigen Domäne – der Deutschland- und Sicherheitspolitik –, sehr wohl aber in der Rechtspolitik trauten führende SPD-Politiker Heinemann politische Weichenstellungen, d. h. die längst überfällige Modernisierung zentraler Aspekte des deutschen Rechtssystems zu. Sie sollten nicht enttäuscht werden.

Obwohl Heinemann das Ministeramt in einer Großen Koalition eher »schweren Herzens« übernahm, machte er sich doch mit großem Elan an die Arbeit, nachdem er am ersten Arbeitstag jeden einzelnen der 460 Beschäftigten auf einem Rundgang durch die Rosenburg, den Sitz des Justizministeriums, persönlich begrüßt hatte. Große Teile der Öffentlichkeit begleiteten seinen Amtsantritt mit Hoffnungen und Erwartungen, zumal Heinemann sich in den vergangenen Jahren wiederholt in juristischen Streitfällen engagiert hatte, indem er etwa Kriegsdienstverweigerer oder frühere KPD-Mitglieder verteidigte und dabei oft Positionen bezogen hatte, die der gängigen Rechtspraxis widersprachen. Man durfte gespannt sein, wie sich diese praktischen Erfahrungen auf seine Tätigkeit als Justizminister auswirken würden. Es gab natürlich auch Zeitgenossen, die einem sozialdemokratischen Justizminister im Allgemeinen und dem Minister Heinemann im Besonderen, mit großem Misstrauen begegneten. Nicht zuletzt in Justizkreisen fanden sich auf allen Ebenen derartige Skeptiker. Es war übrigens ein Misstrauen auf Gegenseitigkeit. So schrieb Heinemann im Jahr 1967: »Als Hindernis für eine konsequente Reformpolitik erweist sich mitunter die konservative Haltung, die den Juristen der Gegenwart im Ganzen nicht zu Unrecht nachgesagt wird. Nicht wenige Richter, Rechtsanwälte, Staatsanwälte und auch Verwaltungsbeamte huldigen der Auffassung, ihre Rolle im Ordnungsgefüge schriebe ihnen vor, stets für Beharren und Bleiben einzutreten.«[121] Letztendlich sollte der Justizminister Heinemann – der erste Sozialdemokrat in diesem Amt seit Gustav Radbruch (Reichsjustizminister 1921/23) – weder seine Anhänger noch seine Gegner enttäuschen.

Es waren vor allem drei große Reformprojekte, die Heinemann während seiner kaum zweieinhalb Jahre währenden Amtszeit ins Werk setzte: 1. die Reform des politischen Strafrechts, 2. die Reform der Rechtsstellung unehelicher Kinder und vor allem 3. die Große Strafrechtsreform.

Geleitet wurde er dabei von einem spezifischen Rechts- und Staatsverständnis, das er im Zusammenhang mit der Strafrechtsreform einmal so formulierte: »An die Stelle des klassenbewussten Obrigkeitsstaates von [1871] ist der freiheitliche, soziale und demokratische Rechtsstaat der Bundesrepublik mit ganz anderen Leitbildern und Wertvorstellungen getreten. Dieses Neue bricht sich in unserem gesamten staatlichen und gesellschaftlichen Leben Bahn.«[122] Für die Rechtspolitik leitete er daraus die doppelte Aufgabe ab, Recht und Rechtspraxis mit den gesellschaftlichen Entwicklungen in Einklang zu bringen und sogar über den erreichten Entwicklungsstand hinauszuweisen. Somit durfte sich für Heinemann »zeitgemäße Rechtspolitik nicht darin erschöpfen, die Konsequenzen aus dem erreichten Stand der gesellschaftlichen, technischen und wirtschaftlichen Entwicklung zu ziehen. Sie hat auch die Aufgabe, an den Leitbildern einer besseren Ordnung zu gestalten.« Diese Leitbilder wiederum fußen, so Heinemann, auf den »großen Ideen unseres Grundgesetzes – das Rechts- und das Sozialstaatsprinzip«, die es zur vollen Geltung zu bringen gelte, um so den »Bürgern unseres Staates ein Leben in Freiheit und Verantwortung [zu] ermöglichen.«[123]

Diesen Hinweis auf die »großen Ideen des Grundgesetzes« verband Heinemann immer wieder mit dem dringenden Appell an seine Mitbürgerinnen und Mitbürger, das »Angebot des Grundgesetzes« auch wirklich zu nutzen, d.h. sich als mündige, eigenverantwortliche Bürger um die eigenen wie auch um die Angelegenheiten des Staates und der Gesellschaft selbst zu kümmern. Gerade hier aber lag nach Heinemanns Eindruck bei den Bundesbürgern noch einiges im Argen. »Wie ich immer wieder in Erinnerung rufe, enthält unser Grundgesetz ein Angebot staatsbürgerlicher Freiheit und Lebensgestaltung, wie wir es niemals bisher in unserer Geschichte gekannt haben. Ich halte es für bedauerlich, ja bestürzend, dass von diesem Angebot so wenig Gebrauch gemacht wird ...«[124]

Diesen Mangel zu beheben, also das bürgerliche Selbstverständnis der Westdeutschen zu stärken und sie zur aktiven Einmischung zu ermuntern, sah Heinemann als eine seiner zentralen Aufgaben als Justizminister – wie auch später als Bundespräsident. Dabei war es ihm um eine betont nüchterne, vernunftgeleitete Auffassung von Staat und Gesellschaft zu tun. »Der Staat und seine Ordnung können nicht Gegenstand unserer Liebe sein, sondern nur der Gegenstand unserer mitsorgenden Verantwortung. Diese Sorge um unseren Staat ist uns aufgetragen, um des Menschen und der Gesellschaft willen.«[125]

Strafrechtsreform

Das seinerzeit in der Bundesrepublik gültige Strafgesetzbuch stammte aus dem Jahr 1953, fußte im Kern jedoch weiterhin auf den Grundsätzen und Regelungen des Strafrechts von 1871. Seine Reformbedürftigkeit war denn auch unter den Parteien kaum umstritten, umso mehr aber die Frage, wie weit die anstehende Reform gegen sollte. Während CDU/CSU und ihre konservative Klientel nur leichte Korrekturen vornehmen wollten, traten die Sozialdemokraten für einschneidende Veränderungen ein, die das Strafrecht geradezu auf eine neue Grundlage stellen sollten. Im Kern ging es darum, den bislang dominierenden Sühnegedanken im Strafrecht durch den der Resozialisierung abzulösen. Qua Amt fiel es dem neuen Justizminister Heinemann zu, diese Reformvorstellungen in der Öffentlichkeit zu propagieren und sie in Gesetzestexte zu fassen. Er tat es aus voller Überzeugung und mit unermüdlichem Nachdruck.

Als sein zentrales Anliegen bezeichnete es Heinemann, das »Strafrecht im sozialen Geist zu gestalten«. Durch die staatsrechtlichen und gesellschaftspolitischen Fundamente der Bundesrepublik sah er dies geradezu als geboten an, weil die »Verbindung der Rechtsstaatsidee mit den Erfordernissen und Bedürfnissen des modernen Sozialstaates das besondere Charakteristikum der Bundesrepublik darstellt. Die … große Aufgabe der Strafrechtsreform besteht daher darin, den Sozialstaatsgedanken im Strafrecht durchzusetzen.[126] Heinemann stellte sich dabei ausdrücklich in die Tradition liberaler Rechtstheoretiker wie Franz von Liszt und Gustav Radbruch, welche die »gesellschaftlichen Faktoren der Kriminalität« in den Blick genommen hatten. »Es wurde erkannt, dass das Verbrechen im ›doppelten Sinne eine soziale Erscheinung ist, nämlich einerseits als antisoziale Handlung und andererseits als doch wieder sozialbedingtes Verhalten‹ (Radbruch). … Hinter dem monotonen juristischen Begriff trat der wirkliche, vergesellschaftete Mensch hervor.«

Auch den Begriff der Resozialisierung sah er bei Radbruch schon vorgebildet. »Der Sinn des Strafrechts aber sollte nicht mehr darin erblickt werden, dem Rechtsbrecher ein Übel anzutun zur Vergeltung für ein von ihm getanes Übel, worin die klassische Strafrechtsphilosophie den metaphysischen Grund der Strafe sah. Der Zielgedanke sollte vielmehr sein, den besserungsfähigen Täter wieder für die Gesellschaft zurückzugewinnen … An diese Gedankengänge knüpfen wir heute bei unseren Bestrebungen an.« An anderer Stelle benennt Heinemann auch ganz pragmatische Vorteile eines vor allem auf Resozialisierung zielenden Strafrechts. »Jeder Straffällige, der wieder in das soziale Leben eingegliedert werden kann, vermindert die kriminelle Reservearmee, … aus (der) sich die Kriminalität immer wieder speist. Jede erfolgreiche Resozialisierung … erspart dem Steuerzahler hohe Beträge, die sonst für die Strafverfolgung und Strafverbüßung aufgebracht werden müssten.«[127] Er war aber nicht so naiv, an die Resozialisierungsfähigkeit eines jeden Täters zu glauben. »Vor unverbesserlichen Tätern« müsse die Gesellschaft »durch Sicherungsmaßnahmen« geschützt werden.[128]

Bei der Ausarbeitung der Großen Strafrechtsreform mussten Heinemann und sein Staatssekretär Horst Ehmke nicht bei null anfangen. Sie konnten – bzw. mussten – auf eine Reihe von Vorentwürfen zurückgreifen, die seit 1954 von einer Großen Strafrechtskommission ausgearbeitet worden waren. Diese entsprachen aber nicht den viel weiter gespannten Vorstellungen Heinemanns, sondern blieben zumeist den hergebrachten, obrigkeitsstaatlich geprägten Rechtsauffassungen mit dem Sühnegedanken als zentralem Element verhaftet. Für eine komplette Neuerarbeitung einer Gesetzesvorlage fehlten 1967/68 indes sowohl die personellen Kapazitäten als auch die Zeit, da Heinemann sein ambitioniertes Reformvorhaben noch in der laufenden Legislaturperiode über die parlamentarische Bühne bringen wollte.[129] Darum musste sich Heinemann bei seinem Reformprojekt auf einige ihm besonders wichtige Teile des Strafgesetzbuches konzentrieren. Im Mittelpunkt stand eine Neufasssung des Allgemeinen Teils des StGB, in dem insbesondere grundsätzliche Fragen eines Strafsystems behandelt wurden. Die Bestimmungen zu einzelnen Straftatbeständen sollten in einem zweiten Schritt in der nächsten Legislaturperiode, wo immer nötig, neu gefasst werden.

Bei der Ausarbeitung der Gesetzesvorlagen erwies sich Heinemann als ebenso kompetenter wie beharrlicher spiritus rector des Projekts, der durch seinen eigenen unermüdlichen Arbeitseinsatz seine Mitarbeiter im Ministerium zu gesteigerten Anstrengungen animierte. Immer wieder griff er direkt in Formulierungen der Gesetzentwürfe ein. Ausgangsbasis war der von der Strafrechtskommission ausgearbeitete und 1962 von der damaligen Bundesregierung vorgelegte Entwurf. Dieser wurde jedoch von der SPD und auch von zahlreichen Juristen als viel zu konservativ abgelehnt. Justizminister Heinemann übermittelte dem zuständigen Bundestagssonderausschuss, der jenen Entwurf von 1962 bearbeitete, umfassende Änderungsvorschläge, die dieser zu großen Teilen einarbeitete. Teilweise griff er dabei auch auf einen Gegenentwurf zurück, den 14 jüngere liberale Juristen 1966 ausgearbeitet hatten. Auf diese Weise konnte Heinemann seine »Wünsche in die Arbeit des Ausschusses einführen« und eine Gesetzesvorlage mitgestalten, die seinen Vorstellungen von einem modernen Strafrecht weitgehend entsprach.[130]

Bei dieser ausgesprochen fruchtbaren Zusammenarbeit mit dem Bundestagsausschuss erwies sich für Heinemann insbesondere das vertrauensvolle Verhältnis zu dessen Vorsitzenden, den CDU-Abgeordneten und früheren Generalbundesanwalt Max Güde, als sehr hilfreich. Heinemann drückte es einmal so aus: »Der Ausschuss ist in der Formulierung frei und erhält jede Unterstützung seitens des Justizministeriums. Da alle Vorschläge unvoreingenommen geprüft werden, zeichnet sich die echte Chance ab, ein Strafrecht zu schaffen, das an den tragenden Prinzipien unserer Verfassung orientiert ist.«[131] Er meinte damit vor allem den Grundrechtekatalog. Tatsächlich räumten das Erste und das Zweite Strafrechtsänderungsgesetz vom 1. September 1969 bzw. 1. Oktober 1973 mit alten Vorstellungen von Sinn und Zweck von Strafen und der Strafwürdigkeit bestimmter Tatbestände wie etwa Ehebruch und Gotteslästerung gründlich auf und stellten ganz im Sinne Heinemanns Strafgesetzbuch und Strafvollzug auf eine modernisierte Basis, wobei u. a. der Resozialisierungsgedanke weitgehend an die Stelle des alten Sühneprinzips trat, ohne dabei den Schutz der Gesellschaft vor Straftätern zu vernachlässigen.[132]

Einschneidende Veränderungen gab es nicht zuletzt im Bereich des Sitten- und Sexualstrafrechts. Hier plädierte Heinemann für entschiedenes Maßhalten in der Strafandrohung. Aus dem Grundrechtskatalog des Grundgesetzes leitete er die

Forderung ab, jene persönlichsten Sphären klar – und großzügig – abzugrenzen, die staatlichen Eingriffen und auch der Strafandrohung entzogen werden sollten. Vielmehr müsse die Strafwürdigkeit einer Handlung jeweils gewissenhaft geprüft werden, wobei er – Heinemann – den Grundsatz vertrat, dass »nicht jede ethisch verwerfliche Handlung die Androhung einer Kriminalstrafe rechtfertigt«.[133] Sein Staatssekretär Ehmke formulierte es etwas griffiger: »Der Staat hat in den Schlafzimmern seiner Bürger nichts zu suchen.«[134] Heinemann war der Auffassung, dass sich gesellschaftliche und persönliche Toleranz auch und vor allem darin zu bewähren hat, wo es um abweichendes Verhalten ging, sofern niemand einen Schaden erlitt. »In welcher Bibel steht eigentlich, dass alles, was etwa in den zehn Geboten verboten ist, von Staats wegen strafrechtlich verfolgt werden soll? Wieso müssen sich die Grenzen zwischen Erlaubtem und Unerlaubtem mit den Grenzen des Strafrechts decken?«[135] Das bedeutete eben auch, dass Heinemann bestimmte Verhaltensweisen persönlich keineswegs billigte, bei denen er aus übergeordneten Erwägungen – Grundrechte, Entfaltung der Persönlichkeit, Schutz vor Diskriminierung etc. – auf Strafverfolgung aber verzichten wollte.

So wurden etwa homosexuelle Beziehungen unter Erwachsenen nicht mehr unter Strafe gestellt. Weiterhin verboten blieben gleichgeschlechtliche Beziehungen zu Jugendlichen oder in einem Abhängigkeitsverhältnis stehenden Personen. Damit war der seit 1871 geltende, von den Nationalsozialisten 1935 verschärfte und in dieser Fassung bis in die sechziger Jahre gültige § 175 wenn nicht abgeschafft, so doch stark abgemildert. Ersatzlos gestrichen wurde der § 175 erst im Jahr 1994. Heinemann kam es darauf an, Homosexuellen, wie überhaupt allen »Menschen, deren Anderssein keinen verderblichen Einfluss auf die Gesellschaft hat, … vom Stigma des Verfemten« zu befreien.[136] Zugleich sollte erreicht werden, dass der Homosexuelle der oft entwürdigenden Zwänge eines Doppellebens ledig und damit auch jeglichen Erpressungsversuchen der Boden entzogen würde.

Auch die Strafbarkeit des Ehebruchs wurde im Zuge der Reform aufgehoben. Zum einen könne – so Heinemann – »Strafe die Ehe nicht schützen«, zum anderen habe auch in diesem Fall zu gelten, dass sittlich Fragwürdiges nicht auch strafbar sein müsse. Hinzu kam, dass die damalige Rechtslage ziemlich kompliziert, wenn nicht verworren war. Gemäß § 172 StGB war Ehebruch kein Offizialdelikt, d. h. es konnte von der Staatsanwaltschaft nur auf Antrag verfolgt werden, wobei zwei Voraussetzungen erfüllt sein mussten: 1., wenn die Ehe zuvor von einem Zivilgericht wegen des Ehebruchs bereits geschieden war oder 2., wenn nach der Scheidung der verletzte Partner Antrag auf Strafverfolgung stellte. »Kann ein solches Strafrecht die Ehe wirklich schützen?«, fragte Heinemann.[137]

Zudem bestand ein krasses Missverhältnis zwischen der mutmaßlichen Zahl der Ehebrüche und der Anzahl der Verurteilungen. Im Jahr 1964 ergingen insgesamt nur 123 Urteile, wobei 101 Personen zu Geldstrafen und 22 zu Gefängnis bis zu drei Monaten zur Bewährung verurteilt wurden. Für Heinemann konnte »kein Zweifel mehr darüber bestehen, wie sehr das Leben über diese Strafnorm längst hinweggegangen ist.«[138] Dass § 172 StGB oft auch aus dem Motiv der Rache oder um finanzieller Vorteile willen in Stellung gebracht wurde, bedeutete für Heinemann und seinen Stab ein weiteres Argument für seine Abschaffung. Der Ehebruch-Paragraf wurde aus dem Strafgesetzbuch gestrichen, wobei auch beim konservativen Koalitionspartner nicht allzu große Überzeugungsarbeit zu leisten war.

Von den genannten Lockerungen des Sittlichkeitsrechts unberührt blieb nach Heinemanns Auffassung allerdings die moralische Bewertung der in Rede stehenden Verhaltensweisen, denn »aus der Aufhebung der Strafbarkeit folgt nicht, dass das betreffende Verhalten ethisch zu billigen ist.«[139] Der Privatmann Heinemann bestand in dieser Hinsicht auf seinen Vorbehalten bzw. moralischen Wertvorstellungen, ohne sie gleich »strafbewehrt« sehen zu wollen. Insofern lieferte der »Moralist« Heinemann selbst ein Beispiel für jenen weitgefassten Toleranzbegriff, den er im Rahmen der Strafrechtsreform seinen Zeitgenossen abverlangte. In der Tat hatte Heinemann »viel Kraft darauf verwenden müssen, immer wieder deutlich zu machen, dass der Strafgesetzgeber nicht der Verkünder und Vollstrecker des Sittengesetzes ist.«[140]

Gegen den Widerstand vor allem von CSU-Abgeordneten erreichte Heinemann auch die Streichung des Tatbestands der »Gotteslästerung« aus dem Strafgesetzbuch. Das mochte bei einem Justizminister, der sich immer wieder zu seinem christlichen Glauben bekannte, etwas erstaunen, entsprach aber durchaus Heinemanns Haltung, dass der Staat sich aus der Sphäre der Glaubensüberzeugungen so weit als möglich heraushalten sollte. »Auch bei der Gotteslästerung gilt es, nicht einfach in den alten Gleisen fortzufahren. Die Lästerung Gottes kann meines Erachtens nicht Gegenstand des weltlichen Strafrechts sein. ›Gott lässt sich nicht spotten‹, das heißt, er richtet auf seine Weise die, die ihn antasten.«[141] Wohl aber müsse es bei Auseinandersetzungen um religiöse Fragen Grenzziehungen geben, die verhindern, dass sie zu »Beschimpfung oder Verächtlichmachung ausarten«. Aus dem entsprechenden § 166 StGB wurde der Tatbestand der Gotteslästerung gestrichen. Im Mittelpunkt stand als Schutzgut nunmehr die Wahrung des »öffentlichen Friedens«. In einer pluralistischen Gesellschaft betreffe das auch die Auseinandersetzung mit »Sekten und nichtchristlichen Religionen oder Gemeinschaften von Atheisten, Dissidenten und philosophischen Schulen«. Heinemann legte Wert darauf, dass in der Auseinandersetzung um Religion und Weltanschauung »den christlichen Kirchen kein Privileg mehr (zustehe), sie wohl aber und selbstverständlich im Rahmen einer allgemeinen Regelung ebenfalls des strafrechtlichen Schutzes teilhaftig bleiben.«[142]

Reform des Strafvollzugs

Die von Heinemann geforderte Abkehr vom Sühnegedanken zugunsten verstärkter Resozialisierungsbemühungen kam in der Reform des Strafvollzugs besonders deutlich zum Ausdruck. So wurde die Unterscheidung von Zuchthausstrafe und einfacher Gefängnisstrafe mit etwas leichteren Haftbedingungen zugunsten einer einheitlichen Freiheitsstrafe abgeschafft. Heinemann wollte damit vor allem verhindern, dass dem »entlassenen Zuchthäusler« weiterhin ein besonderer »Makel« anhaftet, der seine Wiedereingliederung in die Gesellschaft erschwert. »Wenn man den Resozialisierungsgedanken konsequent verfolgt, muss man daher eine Einheitsstrafe einführen, bei der es nur noch eine einheitliche Strafart gibt (Gefängnis).«[143] Insgesamt solle die Praxis des Strafvollzugs vor allem dem Ziel der Resozialisierung dienen. Dazu müsse die Gesellschaft jene »pharisäerhafte Selbstgerechtigkeit« ablegen, mit der sie bislang »die straffällig Gewordenen als Ausgestoßene (behandelte) und ... sie dadurch noch tiefer in die Welt des Verbrechens« trieb. Dabei sei die Umorientierung des Strafvollzugs vom Sühne- bzw. Vergeltungsprinzip zur Resozialisierung kein Selbstzweck, sondern werde der Gesellschaft eine Menge sozialer Kosten aufgrund sinkender Rückfallquoten ersparen. »Das soziale Strafrecht, das wir anstreben, ist nicht nur ein Gebot der Solidarität, die auch im Straffälligen den Mitmenschen erkennt, der brüderlicher Hilfe bedarf, sondern nicht zuletzt das beste Mittel, die Gesellschaft wirksam vor Verbrechen zu schützen.«[144]

Des Weiteren wurde auf Betreiben Heinemanns im Rahmen der Strafrechtsreform die Verhängung kurzfristiger Haftstrafen eingeschränkt, gleichzeitig die Möglichkeit der Strafaussetzung auf Bewährung erweitert und die Anwendung sozialtherapeutischer Maßnahmen im Strafvollzug stark ausgebaut und gesetzlich verankert. Schwer oder gar nicht therapierbare Straftäter konnten weiterhin in Sicherheitsverwahrung genommen werden, wobei sich Heinemann in genau begründeten Fällen sogar für eine schnellere Verhängung dieser Maßnahme aussprach.[145]

Heinemann war und blieb ein entschiedener Gegner der Todesstrafe. Neben christlich-ethischen Begründungen führte er dabei auch kriminologische Erkenntnisse an, welche die Mär von einer Abschreckungswirkung der Todesstrafe eindeutig widerlegten. Als 1967 nach mehreren Morden an Taxifahrern und Kindern die Rufe nach der Todesstrafe wieder lauter wurden – zu den wütendsten Befürwortern gehörte sein unmittelbarer Amtsvorgänger als Justizminister, der CSU-Abgeordnete Richard Jaeger –, wandte sich Heinemann in Zeitungsartikeln und Interviews mehrmals direkt an die Öffentlichkeit, um seinen Standpunkt zu vertreten. »Kehren wir zur Barbarei zurück? Wenn man sich vor Augen führt, was alles in der Bundesrepublik über Kriminalpolitik und Strafverfolgung gesprochen und geschrieben wird, kann man geneigt sein, diese Frage zu bejahen. Offensichtlich ist ein nicht geringer Teil unserer Bevölkerung immer noch der Meinung, dass drakonische Strafen immer noch das wirksamste Mittel sind, Bürger und Gesellschaft vor Rechtsbrechern zu schützen.« Bei allem Verständnis für die emotionalen Aufwallungen nach entsetzlichen Mordtaten bestand Heinemann aber darauf, die »Sachlage ... im Lichte wissenschaftlicher Erkenntnisse zu prüfen.« Dann zeige sich eindeutig, dass die abschreckende Wirkung von Strafen weit überschätzt werde. »Das gilt insbesondere für die Todesstrafe. Die ethischen Gründe, die gegen die Tötung eines Menschen durch den Staat sprechen, lasse ich hier einmal beiseite. Es ist jedoch gesicherte Erkenntnis, dass gerade bei Gewaltverbrechen, wenn überhaupt, so nicht die Strenge der Strafe, sondern die Wahrscheinlichkeit der Entdeckung den potentiellen Täter hemmt ...« Eine unvoreingenommene Betrachtung lasse »keinen Zweifel daran, dass die Todesstrafe keinen rationalen Sinn hat.«

Es waren nicht allein rational-kriminologische Erwägungen, die Heinemann zum Gegner der Todesstrafe machten, wie schon die Einleitungsfrage, ob Westdeutschland zur »Barbarei zurückkehre«, andeutet. Wie stark er auch emotional beteiligt war, verdeutlicht ein Zitat von Gustav Radbruch, das Heinemann an den Schluss eines seiner Artikel setzte. »›Die Gegner der Todesstrafe müssen auch gegen zeitweilige gegnerische Volksstimmungen auf ihrem Standpunkt beharren, nicht schwach werden gegenüber dem Blutverlangen unbelehrter Massen, mehr noch: durch eine wirksame Volkspädagogik von vornherein dem Auftreten solcher Instinktforderungen entgegenwirken.‹«[146] Das war auch Heinemanns Standpunkt.

Eine ebenso entschiedene Haltung nahm Heinemann in der Debatte um eine mögliche Verjährung von NS-Verbrechen ein. Vehement setzte er sich für die Aufhebung der Verjährungsfrist bei Mord ein, vor allem damit NS-Mordtaten auch über den 31. Dezember 1969 hinaus verfolgt und geahndet werden konnten, was aufgrund der seinerzeit geltenden Verjährungsfrist von 20 Jahren – gerechnet vom 31. Dezember 1949 an – nicht mehr möglich gewesen wäre. Für Heinemann war das nicht hinnehmbar. »Die Aufhebung der Verjährung für jeden Mord erscheint mir nicht nur geboten, sondern auch dringlich, weil die Aufklärung der unter dem NS-Regime begangenen Mordtaten unzureichend geblieben ist.« Er verwies ausdrücklich darauf, dass in osteuropäischen Archiven noch zahlreiche Akten lagerten, die zur Aufklärung und Ahndung von NS-Verbrechen führen würden. Damit diese Akten von deutschen Gerichten herangezogen werden könnten, »bedarf es der Aufhebung der Verjährung für Mord und Völkermord ... einen entsprechenden Gesetzentwurf zur Änderung des Paragraphen 67 des Strafgesetzbuches habe ich dem Bundeskabinett vorgelegt.«[147]

Heinemann sah die Aufhebung der Verjährung geradezu als eine moralische Verpflichtung an, damit sich die Deutschen ihrer Vergangenheit stellen und Verantwortung übernehmen könnten. »Wir alle, die wir zu der älteren Generation gehören wie ich, stehen ja hier ... vor der Frage: Haben wir eigentlich genug getan, um dieses NS-Regime abzuwenden? ... ob wir das Ausmaß der ... Massenverbrechen endlich zur Kenntnis nehmen und uns dieser Vergangenheit stellen wollen.«[148]

Wie stark die Verdrängungstendenz in der Bundesrepublik tatsächlich war, hatten nicht zuletzt die Verjährungsdebatten von 1960 und 1965 gezeigt. Insbesondere Politiker aus den Reihen von CDU/CSU und FDP hatten sich seinerzeit für eine Beibehaltung der Verjährung und einen »Schlussstrich« unter die juristische Aufarbeitung der Verbrechen ausgesprochen. 1965 war als Kompromiss mit den Stimmen von SPD und CDU/CSU beschlossen worden, die Verjährungsfrist erst am 31. Dezember 1949 einsetzen zu lassen – und nicht etwa schon am 8. Mai 1945. Die FDP-Abgeordneten und rund 35 Unionsabgeordnete stimmten dagegen.

Als die Anstöße Heinemanns rechtspolitische Wirkung entfalteten, war Heinemann nicht mehr im Amt. Im Juni 1969 beschloss der Bundestag, die Verjährungsfrist für Mord auf 30 Jahre heraufzusetzen. 1979 wurde die Verjährung von Mord ganz aufgehoben.

Fatale Folgen einer Gesetzesänderung

Es liegt allerdings ein Schatten auf der Großen Strafrechtsreform, so sehr sie zur Modernisierung des deutschen Rechtsystems nach 1945 beigetragen hat. Ein kleines Detail führte nämlich dazu, dass zahlreiche NS-Täter, die zum Teil schwerster Verbrechen beschuldigt wurden, nicht mehr belangt werden konnten, da ihre Taten quasi durch einen Federstrich verjährt waren. Bei den politisch Verantwortlichen löste das blankes Entsetzen aus, hatte doch niemand geahnt, dass die Neufassung des § 50 Abs. 2 StGB derart gravierende Konsequenzen nach sich ziehen würde.[149] Die dort vorgenommene Präzisierung in der Unterscheidung von Tätern und Gehilfen sowie der jeweiligen Strafzumessung zielte in erster Linie auf Bagatelldelikte, wie etwa Ordnungswidrigkeiten im Straßenverkehr, und sollte nicht zuletzt der Entlastung der Justiz dienen.

Heinemann und seine engsten Mitarbeiter waren auch gar nicht unmittelbar beteiligt, da die entsprechende Gesetzesänderung bereits im Oktober 1966, also noch vor Bildung der Großen Koalition und der Amtsübernahme von Heinemann, vom Kabinett beschlossen worden war. Jedoch erfolgten die Lesungen und die Verabschiedung des Gesetzes durch den Bundestag während der Amtszeit Heinemanns 1967/68. Wenn überhaupt etwas, so hatten Heineman und seine Mitarbeiter sich vorzuwerfen, die möglichen Folgen des Gesetzes nicht rechtzeitig erkannt und durch Veränderungen am Wortlaut noch während des Gesetzgebungsverfahrens verhindert zu haben.

Zu den Hauptprofiteuren zählten vor allem jene früheren Angehörigen des Reichssicherheitshauptamtes (RSHA), die als »Schreibtischtäter« entscheidenden Anteil an den Verbrechen des NS-Regimes hatten. Sie galten juristisch als Gehilfen, deren Taten – vor allem Beihilfe zum Mord – plötzlich verjährt waren, da Beihilfe nunmehr zwingend geringer als die Tat, höchstens mit 15 Jahren Haft geahndet werden konnte. Straftaten aber, die mit zeitlich begrenzten Haftstrafen bedroht waren, waren spätestens 15 Jahre nach der Tat, im Falle von NS-Verbrechen also seit dem 8. Mai 1960, verjährt.[150] Die Staatsanwaltschaften hatten erst 1963 mit den Ermittlungen gegen ehemalige Angehörige des RSHA begonnen.

Nach dem neuen Gesetz war es nunmehr zwingend notwendig, dass bei einer Straftat die Gehilfen milder als die Täter bestraft wurden. Als Täter galten bei NS-Verbrechen in der bundesdeutschen Rechtsprechung aber allein Hitler, Reinhard Heydrich, Heinrich Himmler. Alle anderen NS-Täter wurden als Gehilfen angesehen, wenn ihnen nicht bestimmte andere Tatmerkmale, insbesondere »niedrige Beweggründe«, nachgewiesen werden konnten. Bei »Schreibtischtätern« wie den SS-Führern im RSHA schien das nicht möglich. Bei anderen Tätergruppen, etwa den Angehörigen von SS-Einsatzgruppen, griff u. a. das juristische Merkmal der »Exzesstat«, um sie als Täter und nicht als bloße Gehilfen abzuurteilen.

Schon kurz nach Inkrafttreten der Gesetzesnovelle beantragten die Verteidiger von angeklagten RSHA-Angehörigen die Einstellung der Verfahren und die Entlassung ihrer Mandanten aus der Untersuchungshaft. Sie hatten damit Erfolg. Im Mai 1969 bestätigte der Bundesgerichtshof, dass der Tatgehilfe nur dann wie ein Täter zu behandeln sei, wenn er aus niedrigen Beweggründen gehandelt habe. Gegenüber Schreibtischtätern und Befehlsgebern waren der westdeutschen Justiz somit die Hände gebunden, wie der damalige Leiter der »Zentralstelle zur Aufklärung nationalsozialistischer Gewaltverbrechen«, Adalbert Rückerl, resigniert feststellte. »Die Kleinen, die geschossen haben, kriegt man über Heimtücke oder Grausamkeit. Aber die Großen, die die Morde ja nicht eigenhändig begangen haben, sind nur zu belangen wegen Beihilfe zum Mord aus niedrigen Beweggründen. Da man ihnen diese Beweggründe selbst aber heute kaum nachweisen kann, sind sie es, die jetzt am besten dran sind.«[151]

Bei der Frage, wie es zu dieser fatalen »Unaufmerksamkeit« bei der Änderung des §50 Abs. 2 StGB durch das OWiG (Ordnungswidrigkeitengesetz) kommen konnte, herrscht nach wie vor Unklarheit. Es besteht allerdings der begründete Verdacht, dass der bis 1966 im Ministerium zuständige Generalreferent, Eduard

Dreher, die entsprechenden Formulierungen mit Absicht in die Gesetzesvorlage eingearbeitet hat. Dreher, später ein in der Bundesrepublik gefragter Strafrechtler und Kommentator des StGB, hatte in den letzten Kriegsjahren als Staatsanwalt eines NS-Sondergerichts in Innsbruck selbst an verbrecherischen Urteilen mitgewirkt. In den fünfziger und sechziger Jahren stand er in Kontakt mit früheren ranghohen NS-Funktionären, indirekt auch mit Werner Best, dem früheren SS-Obergruppenführer und Leiter des Amtes II des RSHA, dem ein Verfahren wegen seiner dortigen Tätigkeit drohte und der unmittelbar von jener Gesetzesänderung profitierte. Es fehlen jedoch weiterhin konkrete Beweise für gezielte Eingriffe Drehers oder seiner Helfershelfer in den Entwurfstext, um NS-Täter vor Strafverfolgung zu schützen.[152]

Bei Bekanntwerden der fatalen Konsequenzen der Gesetzesänderung Anfang 1969 ging ein Schrei der Empörung durch die westdeutsche Presse, der allerdings bald verhallte, da bewusste Manipulationen vonseiten früherer NS-Täter und/oder ihrer Sympathisanten im Ministerium nicht nachweisbar waren. Justizminister Heinemann und sein Staatssekretär Horst Ehmke blieben von direkten Angriffen weitgehend verschont, da die entscheidenden »Fehler« vor ihrer Amtszeit geschehen waren. Als eines der wenigen Zeitungen brachte der »Bayernkurier« den fatalen Vorfall direkt mit Heinemann in Verbindung, in dem er von »Heinemanns Versehen« schrieb. Dagegen nahm die Stuttgarter Zeitung Heinemann in Schutz. Es sei »irreführend und unfair, … (es) auf dem Haupte Heinemanns abladen zu wollen«.[153] In der Debatte um Heinemanns Kandidatur für das Amt des Bundespräsidenten spielte die Angelegenheit jedenfalls (fast) keine Rolle.[154]

Verbesserte Rechtsstellung unehelicher Kinder

Kaum einen Monat im Amt veröffentlichte Justizminister Heinemann einen Artikel mit der programmatischen Überschrift »So will ich den unehelichen Kindern helfen«.[155] In der Tat hatte Heinemann bei seiner Amtsübernahme dieses Thema weit oben auf seine Agenda gesetzt, da unehelich geborene Kinder in der Bundesrepublik gesellschaftlich und vor allem rechtlich noch stark benachteiligt waren. Für Heinemann war das ein Skandal, denn »Würde und Grundrechte stehen einem jeden Menschen, jedenfalls im freiheitlichen Rechtsstaat, gleichermaßen zu!«[156] In den alten Rechtsbestimmungen des Bürgerlichen Gesetzbuches sah Heinemann eine bewusste Diskriminierung der ledigen Mutter und folglich auch des unehelichen Kindes. »Der Gesetzgeber … wollte die außereheliche Mutter treffen, wie denn überhaupt die Herabwürdigung des unehelichen Kindes hauptsächlich als Bestrafung der unmoralischen Mutter gedacht war.« So galt das uneheliche Kind als mit seinem leiblichen Vater nicht verwandt. Im Erbfall ging es leer aus. Unterhalt musste der leibliche Vater meist nur in geringem Maß zahlen und das auch nur bis zum 18. Lebensjahr des Kindes, sodass etwa ein Studium oft aus finanziellen Gründen nicht in Frage kam. Zudem hatte die Mutter nicht einmal das volle Elternrecht; das Kind stand unter staatlicher Vormundschaft.

Zwar hatte es seit Anfang der sechziger Jahre einige Anläufe zur Reform der Rechtsstellung unehelicher Kinder gegeben, sodass Heinemann bei Amtsantritt einen fertigen Referentenentwurf vorfand. Diesen empfand er jedoch als viel zu konservativ und ließ eine stark veränderte Fassung erarbeiten. Kernpunkte der im Mai 1969 vom Bundestag verabschiedeten Gesetzesnovelle waren, dass das uneheliche Kind fortan als mit dem leiblichen Vater verwandt anerkannt wurde – mit allen sich daraus ergebenden Konsequenzen für Unterhaltszahlung und Erbfälle sowie die Übertragung des Elternrechts auf die Mutter. Dem Jugendamt kam nur noch eine unterstützende Funktion zu.

Bei der Erläuterung des Gesetzes im Bundestag ging Heinemann auch auf etwaige moralische Bedenken gegen die Neuregelung ein – indem er seinerseits moralisch argumentierte. »Moralische Maßstäbe dürfen, so berechtigt sie sind, nicht zu unerträglichen Konsequenzen führen; denn damit würde auf andere Weise wiederum eine moralisch unvertretbare Situation geschaffen, und genau das ist es, was das bisherige Recht tut.«[157]

Wenn er auch persönlich den Schutz der Ehe als ein hohes Gut ansah, hielt Heinemann den bisherigen gesellschaftlichen und rechtlichen Umgang mit ledigen Müttern und ihren Kindern für so »unmoralisch« wie antiquiert. »Der Gesetzgeber kann nicht drauf warten, bis die gesellschaftlichen Vorurteile, die dem unehelichen Kind bisher das Leben erschwerten, bei ausnahmslos allen Zeitgenossen abgebaut sind. … Es ist deshalb höchste Zeit, das Recht der unehelichen Kinder in der Bundesrepublik so zu gestalten, dass es mit unserem gesellschaftlichen Wandel Schritt hält.«[158]

Reform des politischen Strafrechts

Auf kaum einem Teilgebiet des StGB konnte Gustav Heinemann auf so viel eigene praktische Erfahrung zurückgreifen wie auf dem des politischen Strafrechts. So hatte er zusammen mit seinem Sozius Diether Posser seit Ende der fünfziger Jahre mehrfach ehemalige Mitglieder der verbotenen KPD vertreten. Im März 1961 wurde vom Bundesverfassungsgericht eine Verfassungsbeschwerde Heinemanns positiv beschieden, die sich gegen die rückwirkende Strafbarkeit von Aktivitäten für die KPD richtete.

Heinemann wusste also ziemlich genau, wovon er sprach, wenn er 1966 im Bundestag namens der SPD ein großes »Unbehagen« am Zustand des politischen Strafrechts in der Bundesrepublik äußerte, das begründet liege »in den Übertreibungen, in den ungenauen Formulierungen und auch in der Handhabung« der entsprechenden Paragrafen.[159] Dabei stellte er den »strafrechtlichen Staats- und Freiheitsschutz« keineswegs in Frage. »Der ist in gutem Rahmen notwendig und wird jederzeit auch unsere positive Mitarbeit finden.« Denn, so Heinemann weiter: »Es gibt keine absolute Freiheit für die Verderber der Freiheit.«[160] Allerdings sei das politische Strafrecht »ausgewuchert« und müsse »auf das im Rechtsstaat unbedingt notwendige Maß zurückgeführt werden.«[161]

Das politische Strafrecht war in der Bundesrepublik im August 1951 verschärft worden, u. a. durch die Wiedereinführung der nach 1945 aufgehobenen Straftatbestände des »Hoch- und Landesverrats« (§§ 80–87 bzw. §§ 99–101 StGB) und die Aufnahme von Strafnormen für Staatsgefährdung (§§ 88–98 und §§ 128, 129 StGB). Dies war insbesondere mit Blick auf den sich verschärfenden Kalten Krieg zwischen Ost und West geschehen, wie der CDU-Fraktionschef Heinrich Krone im Bundestag einmal freimütig zugestand. »Es ist eine Waffe, die geschmiedet wurde, um im Kalten Krieg zu bestehen.«[162]

Mochte schon die politische Funktionalisierung des Strafrechts fragwürdig erscheinen, so gab die juristische Praxis bald vollends zu rechtsstaatlichen Bedenken Anlass, die Heinemann und sein Sozius Posser bereits 1959 in einem Fachaufsatz anhand zahlreicher Einzelfälle – viele davon aus ihrer eigenen Anwaltspraxis – eindringlich formulierten. Die unscharfen Bestimmungen zum Landesverrat etwa, die den Begriff »Staatsgeheimnis« sehr vage und unverhältnismäßig weit auslegten und gar der Willkürentscheidung von Regierung und Behörden auslieferten, gefährdeten nach Heinemanns Überzeugung die Meinungs- und Informationsfreiheit. Durch die »Spiegel-Affäre« von 1962, bei der es insbesondere um den Vorwurf des »Landesverrats« gegen einige Redakteure ging, fühlte er sich in dieser Kritik bestätigt.

Nicht weniger bedenklich fand Heinemann die Praxis, ehemalige KPD-Mitglieder gemäß § 90 Abs. 3 StGB für ihre Partei-Arbeit vor dem Verbot der KPD im August 1956 nachträglich zu belangen. Faktisch wurde damit die Tätigkeit für eine legale Partei und somit allein die Gesinnung unter Strafe gestellt. Insgesamt soll es in der Bundesrepublik auf Grund des verschärften politischen Strafrechts nach groben Schätzungen zu fast 150.000 Verfahren und einigen Tausend Verurteilungen gekommen sein.[163]

Gegen entsprechende Urteile, die nichts anderes als eine dem Rechtsstaatsgedanken widersprechende rückwirkende Bestrafung bedeuteten, legte Heinemann bereits 1959 Verfassungsbeschwerde ein, der – wie erwähnt – im März 1961 stattgegeben wurde.

Eindringlich warnte Heinemann beizeiten vor den Gefahren eines ausufernden politischen Strafrechts. »Wenn wir heute zum Schutz freiheitlicher Demokratie … den Bereich des Strafbaren ausgedehnt haben, so haben wir immer wieder dafür zu sorgen, dass wir durch diese Abwehr des Totalitarismus nicht selber unter dessen Spielregeln geraten und damit selber das verunzieren, oder letzten Endes sogar aufheben, was uns wichtig ist!«[164] Allerdings stand Heinemann mit seiner Kritik an der politischen Strafjustiz bald nicht mehr allein. Vielmehr hatte sich Mitte der sechziger Jahre unter zahlreichen Juristen und Politikern quer durch die Parteien ein Konsens über den Novellierungsbedarf der entsprechenden Gesetze herausgebildet.

Bei Amtsübernahme von Heinemann lag im Justizministerium ein Änderungsentwurf der vorherigen CDU/CSU-FDP-Regierung vor, in den seinerseits Anregungen eines SPD-Entwurfes vom Dezember 1965 eingegangen waren. Auf Grundlage dieser Vorentwürfe forcierte Heinemann in den folgenden Monaten die Arbeiten an einem von Grund auf novellierten politischen Strafrecht. Den Kern der Reform erläuterte Heinemann in einem Interview. »Das neue Staatsschutzstrafrecht wird weitgehend liberalisiert sein und zwar in dem Sinne, dass nur wirklich gewichtige und gefährliche Angriffe gegen die geschützten Rechtsgüter, insbesondere gegen die Verfassung und die äußere Sicherheit der Bundesrepublik Deutschland, mit Strafe bedroht werden. Die Strafvorschriften, die diese Angriffe erfassen, werden ein hohes Maß an konkreter und präziser Tatbestandsbeschreibung aufweisen und damit in höherem Grade Rechtsklarheit und Rechtssicherheit gewährleisten.«[165]

Am 1. August 1968 trat das neue politische Strafgesetz in Kraft. Es enthielt auch zwei Bestimmungen, um die Heinemann mit besonderem Einsatz hatte ringen müssen – eine Amnestieregelung, welche Verurteilungen, die nach abgeschafften Strafbestimmungen erfolgt waren, ganz oder teilweise aufhob, und die Einführung einer zweiten Instanz bei Staatsschutzverfahren, nachdem bislang allein der Bundesgerichtshof über einschlägige Strafsachen ohne Revisionsmöglichkeit entschieden hatte.

Streit um die Notstandsgesetze

Der Zufall wollte es, dass nur einen Tag nach Verabschiedung der Novelle zum politischen Strafrecht am 29. Mai 1968 auch die abschließende Bundestagsdebatte zu den Notstandsgesetzen stattfand. Justizminister Heinemann nutzte diese Koinzidenz, um seine Position in der seit Jahren überaus heftig geführten Auseinandersetzung um dieses Gesetzesvorhaben noch einmal deutlich zu machen. Er war nämlich ein klarer Befürworter der Notstandsgesetze, was bei nicht wenigen Westdeutschen eine gewisse Enttäuschung über den sozialdemokratischen Justizminister hervorgerufen hatte, auf dessen obrigkeitskritische Haltung sie gesetzt haben mochten. Heinemann indes hielt denjenigen, die in den Notstandgesetzen eine Aushöhlung von Freiheit und Demokratie erblicken wollten, entgegen, dass gerade die soeben beschlossene Reform des politischen Strafrechts den Verdacht widerlege, »mit (dem) die Notstandsregelung von etlichen ihrer Gegner verfolgt wird. Wenn die Notstandsregelung wirklich darauf abzielte, unsere freiheitliche Ordnung auszuhöhlen oder gar umzustürzen, so läge es wohl nahe, das politische Strafrecht zumindest nicht zu liberalisieren. Indem wir es aber liberalisieren und indem wir es jetzt tun, dokumentieren wir, dass es auch bei der Notstandsregelung um die Bewahrung der freiheitlichen Ordnung in Notzeiten geht.«[166]

Heinemann hielt eine spezielle Regelung für den Notstand, d.h. vor allem für den Verteidigungsfall für notwendig, damit den jeweiligen Entscheidungsträgern rechtliche Schranken ihrer Macht gesetzt werden. »Ein Notstand darf nicht die Stunde der Exekutive sein. Er muss eine Stunde des Schutzes für den Bürger und die Demokratie bleiben.«[167] Den Gegnern – auch innerhalb der SPD und vor allem in den Gewerkschaften – gab er zu bedenken, dass die Regierung im Falle des Notstands auch ohne Gesetze handeln würde. Da sei eine gesetzliche Regelung eindeutig vorzuziehen. »Es geht um den Schutz der Freiheit, auch und gerade im Notstand! … Es geht um Freiheitsrechte auch in einer Kriegszeit!«, so Heinemann in einer aktuellen Stunde des Bundestages am 10. Mai 1968.[168]

Zudem gab es in der Bundesrepublik faktisch bereits eine umfassende »Notstandsgesetzgebung«, die aus den alliierten Vorbehaltsrechten aus dem Deutschlandvertrag von 1955 resultierten. Im Falle einer äußeren wie inneren Bedrohung hatten sich die drei Westmächte weitreichende Befugnisse zusichern lassen, was in den vergangenen Jahren u.a. zu einer Fülle geheimer »Schubladengesetze« geführt hatte, die im Fall der Fälle hätten in Kraft treten sollen. Als Justizminister Heinemann diese Gesetze zu Beginn seiner Amtszeit sichtete, fand er sie »in ihren Ausmaßen, gelinde gesagt, deprimierend.«[169] Es bedeutete somit nicht zuletzt eine Ausweitung der staatlichen Souveränität der Bundesrepublik, wenn die alliierte Notstandsregelung durch eine vom Bundestag beschlossene abgelöst würde.

Diese Positionen hatte Heinemann in der parteiinternen Auseinandersetzung seit Jahren beharrlich vertreten und dadurch mitgeholfen, die Akzeptanz einer Notstandsregelung in der SPD zu erhöhen. Allerdings blieb insbesondere der Gewerkschaftsflügel bei seiner Ablehnung, da er u.a. eine Beschneidung des Streikrechts im Notstandsfall befürchtete. Auf dem SPD-Parteitag Mitte Juni 1968 in Nürnberg war es vor allem die Rede Heinemanns, welche zahlreiche Kritiker der Notstandsgesetze in der SPD dann doch von deren rechtsstaatlichem Nutzen überzeugte. »Wir kommen nicht darum herum, dass wir ... eine Plattform haben müssen in Bezug auf die Grenzen dessen, was im Fall besonderer Umstände getan werden kann. ... Verehrte Freunde, wenn wir gar nichts machen ..., wird es trotzdem ein Regierungshandeln, irgendein Handeln der Exekutive geben.«[170]

Die Große Koalition bot nunmehr die Chance, die Notstandsgesetze nach rund zehnjährigem Parteienstreit mit der notwendigen Zweidrittelmehrheit – es handelte sich um verfassungsändernde Regelungen – zu beschließen. Angesichts der Aussichtslosigkeit, dies auf parlamentarischem Wege noch zu verhindern, radikalisierte sich 1967/68 allerdings der außerparlamentarische Widerstand. Heinemann kam diese Form der politischen Auseinandersetzung sicherlich bekannt vor und er mag ihr darum sogar einige Sympathien entgegengebracht haben – diesmal saß er allerdings selbst in der Regierung und warb mit wohlüberlegten Argumenten für das umstrittene Gesetzeswerk. Davon ließ er sich auch nicht durch einen Sternmarsch abhalten, der am 11. Mai 1968 rund 50.000 Gegner der Notstandsgesetze in Bonn zusammenführte. Wie ihn auch die durchaus »illustre Schar« von Künstlern und Intellektuellen, welche die Notstandsgesetze in zum Teil scharfer Form kritisierten – darunter die Schriftsteller Günter Grass und Heinrich Böll, der Philosoph Ernst Bloch – nicht an seiner Überzeugung von der politischen Notwendigkeit dieser Gesetze irre machte. Eine kritische Stimme indes klang ihm recht schrill in den Ohren. Es war die seines Freundes Helmut Gollwitzer, der den Justizminister in einem offenen Brief wegen der Notstandsgesetze kritisierte. So selbstverständlich Heinemann es sonst akzeptierte, dass Gollwitzer viel weiter »links« stand als er – diese öffentliche Attacke hatte ihn doch getroffen, ohne dass ihre Freundschaft auf Dauer belastet worden wäre.[171]

Die Notstandsgesetze wurden am 30. Mai 1968 mit Zweidrittelmehrheit vom Bundestag verabschiedet (384 gegen 100 Stimmen, 53 Neinstimmen von der SPD, eine von der CSU, 46 von der FDP-Fraktion).

Übrigens scheint Heinemann die heftigen Auseinandersetzungen um die Notstandsgesetze mit bemerkenswerter Gelassenheit beobachtet zu haben. »Ich will jetzt mal eine Prophezeiung wagen: wenn die Notstandsregelung endlich mal im Gesetzblatt drinsteht, dann wird es nicht lange dauern ..., vielleicht ein halbes Jahr, dann spricht kein Mensch mehr davon, weil sich aus der Notstandsregelung ja gar keine Änderung hier ergibt.«[172] Damit lag der Justizminister nicht ganz falsch, wenngleich das Thema »Einschränkung bürgerlicher Freiheitsrechte« auf der Tagesordnung blieb. In gewissem Sinne wurde der Streit um die Notstandsgesetze bald abgelöst durch die Kritik am »Radikalenerlass«.

Heinemanns relativ kurzes Wirken als Bundesjustizminister war gleichwohl außerordentlich fruchtbar. Bei vielen Zeitgenossen galt er schon bald als der »erfolgreichste Justizminister, den die Bundesrepublik bislang gehabt hat – sowohl der liberalste als auch der produktivste.«[173] Tatsächlich wurden während Heinemanns Amtszeit insbesondere durch die Große Strafrechtsreform, die Reform des Strafvollzugs und des politischen Strafrechts, sodann durch die Gleichstellung nichtehelicher Kinder sowie die Entrümpelung einer ganzen Reihe von Strafbestimmungen entscheidende Schritte zur Modernisierung des deutschen Rechtssystems getan.

Ein »Revolutionär« auf dem Gebiet der Justiz war Heinemann allerdings nicht. Die Zeit, d.h. die gesellschaftliche Entwicklung in der Bundesrepublik hatte ihm in einigen Bereichen gründlich vorgearbeitet. So beurteilte es auch Heinemann selbst. »Es war nicht mein Verdienst, dass ich als Bundesminister der Justiz ... in eine glückliche Zeit hineinkam, in der eine breite Übereinstimmung darüber bestand, dass nun viele längst fällige Rechtsreformen geschehen und letzte Widerstände beiseite gerückt werden konnten. Diese Chance galt es zu nutzen ... Reformen haben ihre Stunde und ihre sachlichen Voraussetzungen. Das richtig zu bedenken, ist wesentlich für den Erfolg oder Fehlschlag.« Diese Einsicht schmälert aber nicht Heinemanns Verdienst, eben diese »Chancen« für ein modernisiertes Rechtsgefüge erkannt und konsequent genutzt zu haben.[174]

Verständnis für die protestierende Jugend

Als die Notstandsgesetze Ende Mai 1968 verabschiedet und fast zeitgleich das politische Strafrecht liberalisiert wurden, hatten die Studentenunruhen in der Bundesrepublik gerade einen neuen Höhepunkt erreicht. Nach dem Attentat auf den Studentenführer Rudi Dutschke am 11. April 1968 war es in zahlreichen Städten zu Demonstrationen und gewaltsamen Auseinandersetzungen zwischen Studenten und der Polizei gekommen. In West-Berlin wurde u.a. die Auslieferung von Zeitungen des Springer-Konzerns, denen die Studenten wegen ihrer scharfen, nicht selten hetzerischen Attacken auf die Außerparlamentarische Opposition (APO) und deren Leitfiguren eine direkte Mitschuld am Mordversuch an Dutschke gaben, gewaltsam verhindert.

Die Osterunruhen von 1968 brachten einen bis dahin in der Bundesrepublik beispiellosen Ausbruch von Gewalt studentischer Gruppen, dem die Polizei vielerorts mit – mal hilfloser, mal gezielter – Gegengewalt begegnete. Der Jugend- bzw.

Studentenprotest gegen das »Establishment« und die »herrschenden«, als undemokratisch empfundenen Verhältnisse – nicht zuletzt gegen den Vietnamkrieg der US-Amerikaner – hatte eine weitere Eskalationsstufe erreicht und schien den gesellschaftlichen Zusammenhalt in der Bundesrepublik zu gefährden. Wenngleich nur ein relativ kleiner Teil der westdeutschen Studenten sich revolutionäre Parolen tatsächlich zu Eigen machte, hatten Kritik und Auflehnung gegen die bestehenden Verhältnisse und ihre Repräsentanten doch in weiten Teilen der Jugend Fuß gefasst. Nach einer Umfrage vom Februar 1968 befürworteten zwei Drittel der Jugendlichen, dass für politische Veränderungen demonstriert wurde, von den Studenten sogar drei Viertel.[175]

Die solcherart attackierten Politiker mussten angesichts der Eskalation der Gewalt irgendwie Stellung beziehen. Bundeskanzler Kurt Georg Kiesinger verurteilte in einer Fernsehansprache am Ostermontag, den 13. April 1968, zwar den Mordanschlag auf Dutschke, sprach aber vor allem von jenen »kleinen, aber militanten linksextremistischen Kräften«, die für die gewalttätigen Unruhen verantwortlich seien und von seiner »Entschlossenheit, keine gewaltsame Störung der rechtsstaatlichen Ordnung« zuzulassen.[176] So berechtigt diese Mahnungen auch waren, ließen sie für viele Westdeutsche doch ein gewisses Innehalten angesichts beispielloser Ausschreitungen vermissen, an denen eben nicht nur einige wenige Linksradikale beteiligt waren.

Es war Justizminister Heinemann, der in dieser angespannten Situation den richtigen Ton traf. Wenige Tage nach dem Dutschke-Attentat und den Oster-Unruhen wandte er sich in einer kurzen Rundfunk- und Fernsehansprache an die westdeutsche Bevölkerung. »Diese Tage erschütternder Vorgänge rufen uns alle zu einer Besinnung. Wer mit dem Zeigefinger allgemeiner Vorwürfe auf den oder die vermeintlichen Anstifter oder Drahtzieher zeigt, sollte daran denken, dass in der Hand mit dem ausgestreckten Zeigefinger zugleich drei andere Finger auf ihn selbst zurückweisen. Damit will ich sagen, dass wir alle uns zu fragen haben, was wir selber in der Vergangenheit dazu beigetragen haben könnten, dass Antikommunismus sich bis zum Mordanschlag steigerte und dass Demonstranten sich in Gewalttaten der Verwüstung bis zur Brandstiftung verloren haben. Sowohl der Attentäter, der Rudi Dutschke nach dem Leben trachtete, als auch die 11.000 Studenten, die sich an den Demonstrationen vor Zeitungshäusern beteiligten, sind junge Menschen. Heißt das nicht, dass wir Älteren den Kontakt mit Teilen der Jugend verloren haben oder ihnen unglaubwürdig werden? Heißt das nicht, dass wir Kritik ernst nehmen müssen, auch wenn sie aus der jungen Generation laut wird?«[177]

Diesen Appell zu Besinnung und Selbstkritik verband Heinemann mit einem leidenschaftlichen Plädoyer für die demokratische Ordnung, die es immer wieder neu mit Leben zu füllen gelte. »Unser Grundgesetz ist ein großes Angebot. Zum ersten Mal in unserer Geschichte will es in einem freiheitlich-demokratischen und sozialen Rechtsstaat der Würde des Menschen volle Geltung verschaffen. In ihm ist Platz für eine Vielfalt der Meinungen, die es in offener Diskussion zu klären gilt. Uns in diesem Grundgesetz zusammenzufinden und seine Aussagen als Lebensform zu verwirklichen, ist die gemeinsame Aufgabe.«[178]

Das war quasi in nuce Heinemanns politische Grundüberzeugung, die er hier vor einem Millionenpublikum aussprach und voreiligen Schuldzuweisungen wie auch dem Ruf nach repressiven Gegenmaßnahmen entgegenstellte. In großen Teilen der Bevölkerung, nicht zuletzt bei zahlreichen Presseorganen kamen seine Worte gut an. Sie wirkten als Bestätigung von Heinemanns Ruf, einer überaus integren, besonnenen und zu Empathie und Selbstkritik fähigen Persönlichkeit, der ihn wohltuend aus der Masse der Politiker hervorhob. Der sonst nicht zu Euphorie neigende Publizist Horst Krüger fasste es in die Worte: »Soll ich nun sagen: Redlichkeit? Soll ich sagen: Glaubwürdigkeit? Er wirkt unter den vielen Darstellern der Bonner Szene einfach unglaublich redlich und hat es belegt durch ein Leben.«[179] Heinemann hatte übrigens sofort nach Bekanntwerden des Dutschke-Attentats einen Redetext entworfen, auf ausdrückliches Bitten von Kiesinger aber den Kanzler als ersten das Wort ergreifen lassen.[180]

Später wurde Heinemanns Rede zuweilen als eine Art »Bewerbungsrede für das Amt des Bundespräsidenten« interpretiert, sogar unter Berufung auf entsprechende Äußerungen von Heinemann selbst.[181] Tatsächlich mag die Ansprache durch Inhalt und Tonfall das Ansehen Heinemanns in großen Teilen der Bevölkerung noch verstärkt und ihn für »höhere Ämter« empfohlen haben. Allerdings scheinen Zweifel angebracht, dass Heinemann im April 1968 auf das Amt Bundespräsidenten schielte, würde das doch einen politischen Ehrgeiz und eine Zielstrebigkeit bedeuten, die Heinemann wiederholt selber bestritten und die er in der Tat kaum je hatte erkennen lassen. Er wurde lieber gefragt. Indes war sein Name in der Diskussion um die Nachfolge von Bundespräsident Lübke tatsächlich schon gefallen. Insofern stand er also »unter Beobachtung« und durch die Wirkung des »Dutschke-Wortes« waren seine Chancen, in der Causa Bundespräsident irgendwann einmal »gefragt« zu werden, sicher nicht kleiner geworden. Wirklich dauerte es nach den Osterunruhen und Heinemanns besonnen-mahnender Ansprache nur wenige Monate, bis er gefragt wurde, ob er für das Amt des Bundespräsidenten kandidieren wolle.

XI. Der »Bürgerpräsident«

Das Amt des Bundespräsidenten »lebt« wie kein zweites Staatsamt von der Person, die es bekleidet. Gerade weil es weitgehend auf symbolische bzw. metapolitische und repräsentative Aufgaben beschränkt ist, hängt es wesentlich vom jeweiligen Amtsinhaber/in ab, welche »Strahlkraft« und Bedeutung das Amt des Bundespräsidenten jenseits konkret politischer Einflussmöglichkeiten zu entwickeln vermag. Der Kraft des Wortes kommt dabei eine zentrale Bedeutung zu.

Auf der anderen Seite unterliegt das Amt bzw. seine Besetzung gerade wegen seiner repräsentativen Bedeutung nicht zuletzt auch parteitaktischen Erwägungen. Das kann dazu führen, dass nicht der/die beste Kandidat/in – wonach immer sich das bemessen ließe – aufs Schild gehoben wird, sondern der jeweils »passende«, wobei passend sich auf eine bestimmte Parteienkonstellation, auf einen Konfessionen- oder Geschlechterproporz oder anderes beziehen kann. Auf diese Weise gewählt zu sein, bedeutet für den Amtsinhaber eine gewisse Hypothek. Er oder sie ist gehalten, über die Umstände seiner Wahl gleichsam hinauszuwachsen, um dem Amt eigene Konturen geben zu können. Der so oder in Variationen geäußerte Vorsatz, ein »unbequemer Präsident« (Horst Köhler zu Beginn seiner ersten Amtszeit) sein zu wollen, ist Ausdruck dieses Bemühens, die Umstände der Wahl gleichsam hinter sich zu lassen und geistige Unabhängigkeit zu beweisen.[1]

Des Weiteren scheint in der Geschichte der Bundesrepublik die Wahl des Bundespräsidenten mehrmals eine Art politisches »Barometer« (Baring) gewesen zu sein, das verschobene Machtkonstellationen und mögliche neue Bündnisse gleichsam in statu nascendi anzuzeigen vermochte. Demnach hätte die Wahl eines bestimmten Kandidaten politische Entwicklungen und neue Machtkonstellationen angekündigt, bevor diese sich in neuen Regierungskoalitionen manifestierten.

Auch bei der Wahl Heinemanns zum Bundespräsidenten spielten parteitaktische Überlegungen eine wichtige Rolle. Heinemann bekannte sich sogar offen dazu, wenn er beispielsweise seine Wahl im März 1969 als »ein Stück Machtwechsel« bezeichnete, zum Schrecken führender SPD-Politiker übrigens, die sich für die bevorstehenden Bundestagswahlen mehrere Optionen offenhalten wollten. Insofern trat jener »seismographische Charakter der Bundespräsidentenwahl« (Eberhard Pikart) bei der Heinemann-Wahl im März 1969 besonders deutlich zutage.

Unter diesen Vorzeichen ins Amt gekommen, stand Gustav Heinemann aber vor der besonderen Aufgabe, als Bundespräsident seine Unabhängigkeit unter

Beweis zu stellen, d.h. zu verdeutlichen, dass er eben nicht bloß eine Figur im Schachspiel um die künftige Regierungsmacht war, sondern stark und unabhängig genug, um im höchsten Staatsamt der Bundesrepublik eigene Akzente zu setzen. Viel mehr als seine Persönlichkeit und die öffentliche Rede standen ihm dabei nicht zu Gebote. Heinemann war keiner, der sich von dieser Herausforderung hätte schrecken lassen. Unabhängigkeit hatte er oft genug gezeigt.

Die Kandidatur

Gustav Heinemann war nicht die erste Wahl. Bevor sein Name im September 1967 erstmals als möglicher SPD-Kandidat für das Amt des Bundespräsidenten fiel, waren bei den Sozialdemokraten schon andere Namen genannt worden – allen voran der von Georg Leber, dem Verkehrsminister der Großen Koalition und früheren Chef der Industriegewerkschaft Bau, Steine, Erden. Lange Zeit sah es tatsächlich so aus, als würde Leber der erste Bundespräsident aus den Reihen der Sozialdemokraten werden können.

Der SPD-Vorsitzende Willy Brandt hatte im Juni 1967 in einem »Spiegel«-Interview erstmals öffentlich den Anspruch seiner Partei formuliert, den nächsten Bundespräsidenten zu stellen. Bis zum offiziellen Ende der Amtszeit von Heinrich Lübke war es zwar noch zwei Jahre Zeit, doch angesichts des zunehmenden Verfalls von Lübke war die vorzeitige Wahl eines Nachfolgers wahrscheinlich geworden. Brandts Begründung nahm sich auf den ersten Blick relativ schlicht aus: »Ich hielte es für staatspolitisch richtig, wenn nach einem Freidemokraten und einem Christdemokraten ein Sozialdemokrat der nächste Bundespräsident würde«.[2] Allerdings sprach aus diesem Anspruch unverkennbar das gewachsene Selbstbewusstsein der SPD. Sie war nach ihrer Wandlung zur Volkspartei in der Mitte der westdeutschen Gesellschaft angekommen, als Koalitionspartner von CDU/CSU seit 1966 auch im Zentrum der politischen Entscheidungsmacht. Da schien es nur folgerichtig – und von hoher Symbolkraft –, dass ein Sozialdemokrat auch einmal das höchste Staatsamt bekleidete – rund zwanzig Jahre nach Gründung der Bundesrepublik Deutschland und fast fünf Jahrzehnte, nachdem der Sozialdemokrat Friedrich Ebert Präsident der ersten Demokratie in Deutschland geworden war. 1964 hatte die SPD noch keinen eigenen Kandidaten benannt, sondern Heinrich Lübke für eine zweite Amtszeit mit gewählt.

In einem Schreiben vom 7. August 1967 setzte Brandt Bundeskanzler Kiesinger von den Absichten der SPD offiziell in Kenntnis. »In Ihrer Eigenschaft als Vorsitzender der CDU möchte ich Sie davon unterrichten, dass das Präsidium meiner Partei meine Ankündigung bestätigt hat, dass die SPD in der nächsten Bundesversammlung die Wahl eines aus ihren Reihen kommenden Bundespräsidenten anstreben werde.«[3] Für dieses Vorhaben schien der 47-jährige Georg Leber ein geradezu idealer Kandidat zu sein. Er war gelernter Maurer, hatte es durch Begabung, Fleiß und Strebsamkeit bis an die Spitze der IG Bau, Steine, Erden und 1966 sogar ins Amt des Bundesverkehrsministers gebracht. Damit verkörperte er jenen »Aufstiegswillen« einst benachteiligter Schichten, denen die SPD gesellschaftliche Entfaltungsräume und Aufstiegschancen verschaffen wollte. Zudem gehörte Leber dem Zentralkomitee der deutschen Katholiken an, was ihm auch bei katholisch geprägten Bevölkerungsgruppen Sympathien eintrug.

Hinzu kam, dass Georg Leber auch für die Union als Bundespräsident durchaus akzeptabel und damit das alles entscheidende Problem lösbar schien, auf welche Mehrheit in der Bundesversammlung sich ein SPD-Kandidat denn stützen solle. Wehners Idee – denn vom ihm stammte der Vorschlag Leber – hatte somit gewisse Aussicht auf Erfolg. Dass Wehner mit einem für die CDU wählbaren Kandidaten auch und nicht zuletzt einer Fortsetzung der Großen Koalition den Weg bahnen wollte, war bald ein offenes Geheimnis. Bundeskanzler Kiesinger und einige führende CDU-Politiker gaben zu verstehen, dass sie sich mit diesem Personalvorschlag anfreunden könnten, wobei auch bei ihnen die Aussicht auf eine Neuauflage der Großen Koalition eine zentrale Rolle spielte.

Doch bald regte sich in der Union Widerstand gegen einen möglichen Bundespräsidenten aus den Reihen der SPD. Er kam von CDU-Politikern, die zunehmendes Misstrauen gegen den Koalitionspartner hegten, insbesondere Brandt außenpolitische Alleingänge zur Vorbereitung einer offensiveren Ostpolitik unterstellten und insgesamt gegen eine Wiederauflage der Großen Koalition nach den im Herbst 1969 anstehenden Wahlen votierten.

Damit geriet die bevorstehende Bundespräsidentenwahl im Sommer 1968 unversehens in das Gezerre um mögliche Bündniskonstellationen, das alle drei im Bundestag vertretene Parteien – CDU/CSU, SPD und FDP – immer stärker beschäftigte. Die Wahl des Bundespräsidenten wurde zum Testfall für mögliche Regierungskoalitionen. Darauf musste bei der Kandidatenkür in allen Lagern unbedingt Rücksicht genommen werden.

Das erste Opfer war Georg Leber, der sich aufgrund gewisser Zusagen vonseiten der CDU ernsthafte Hoffnungen auf das höchste Staatsamt gemacht hatte. Doch in der CDU hatte man sich inzwischen anders besonnen. Maßgebliche Unionspolitiker fürchteten einen zu großen Prestigegewinn der SPD durch einen sozialdemokratischen Präsidenten. Zudem gewannen die Unionsparteien aufgrund jüngster Wahlerfolge in Ländern und Kommunen neues Selbstbewusstsein, was den Gegnern einer Neuauflage der Großen Koalition zusätzlichen Auftrieb gab. Kanzler Kiesinger, der einer Kandidatur von Leber im Hinblick auf das Fortbestehen der Großen Koalition weiterhin nicht abgeneigt war, wurde in dieser Frage zur Seite gedrängt.[4]

Aber auch in der SPD wuchs seit Ende 1967 der Widerstand gegen ein Fortbestehen der Großen Koalition über die nächsten Wahlen hinaus. Ein Zusammengehen mit der FDP erschien vielen als verlockende Alternative, da sich mit den Liberalen größere Überschneidungen etwa in der Ostpolitik ergeben würden. Zu den Befürwortern eines Zusammengehens mit der FDP gehörte nicht zuletzt auch der SPD-Vorsitzende Brandt. Für die Frage des Bundespräsidenten bedeutete diese Entwicklung, dass die SPD anstelle von Leber, der sozusagen ein »Präsident der Großen Koalition« geworden wäre, einen Kandidaten finden musste, der für die FDP wählbar war. Im Herbst 1967 wurde Heinz Kühn gefragt, für den insbesondere sprach, dass er seit 1966 als Ministerpräsident in Nordrhein-Westfalen eine Koalitionsregierung aus SPD und FDP führte. Doch Kühn lehnte nach kurzem Bedenken ab.

Die FDP wiederum befand sich seinerzeit in einer prekären Lage, da über ihr das Damoklesschwert des Mehrheitswahlrechts hing, für dessen Einführung es sowohl in der Union als auch in der SPD zahlreiche Befürworter gab. Da das Mehrheitswahlrecht für die Liberalen faktisch das politische Aus bedeutet hätte, mussten sie ein erneutes Zusammengehen der beiden großen Parteien schon aus diesem Grunde zu verhindern suchen. Ob die FDP sich dabei stärker nach der CDU/CSU oder der SPD ausrichten sollte, war bei den Liberalen durchaus umstritten. Das hing nicht zuletzt davon ab, wer der FDP »mehr zu bieten« hätte.

»Zu bieten« hatte die SPD zunächst einmal einen Kandidaten für die Villa Hammerschmidt, der für ein mögliches Zusammengehen mit der FDP ebenso als Idealbesetzung erschien wie Georg Leber für ein erneutes Bündnis mit der CDU – Gustav W. Heinemann. Insbesondere Heinemanns rechts- und wirtschaftspolitische Positionen fanden bei der FDP weitgehende Zustimmung. Für eine strategische Annäherung der FDP an die Sozialdemokraten im Bund mussten diese allerdings auf die Einführung des Mehrheitswahlrechts verzichten. Aber in der SPD waren in dieser Frage die Positionen ohnehin nicht festgefügt, sodass dieser Punkt kein unüberwindliches Hindernis darstellen würde.[5] Im Verhältnis zwischen FDP und SPD hatte sich auch dadurch etwas verändert, dass im Januar 1968 Walter Scheel den FDP-Vorsitz von Erich Mende übernommen hatte und seither aus seinen Sympathien für ein mögliches Zusammengehen mit der SPD keinen Hehl machte, allein schon deshalb, um dadurch die politische Bewegungsfreiheit der FDP zwischen den beiden großen Volksparteien zu dokumentieren. Der nordrhein-westfälische FDP-Chef Willi Weyer, ein sehr einflussreicher Vertrauter Scheels, hatte bereits im Juli 1967 den Anspruche der SPD auf das Präsidentenamt ausdrücklich anerkannt und die Sozialdemokraten unverblümt aufgefordert, einen für die FDP wählbaren Kandidaten aufzustellen.[6]

Ein Kandidat Heinemann hatte also berechtige Aussicht auf zumindest einen Großteil der 83 FDP-Stimmen in der Bundesversammlung, in der den Unionsparteien 15 Stimmen, der SPD aber 70 Stimmen zur Mehrheit fehlten.

Die Nominierung von Heinemann war somit nicht zuletzt ein Angebot an die FDP. Sie war aber auch eine Absage, wenn nicht Brüskierung der CDU/CSU. Denn unter den führenden Sozialdemokraten gab es kaum einen Politiker, der den Christdemokraten ein so großes Ärgernis, für manche fast ein Hassobjekt war, wie der »Renegat« Heinemann, einst CDU-Minister und dann einer der schärfsten Kritiker Adenauers. Für diese Christdemokraten war ein möglicher Bundespräsident Heinemann geradezu eine Provokation, und so hatten es wohl auch jene Sozialdemokraten gemeint, die – wie der Vorsitzende Brandt – von einer Neuauflage der Großen Koalition nichts mehr wissen wollten.

Aber auch Wehner und Helmut Schmidt zweifelten im Sommer 1968 zunehmend an der Möglichkeit einer erneuerten Großen Koalition und unterstützten die Nominierung eines für die FDP wählbaren Kandidaten. Damit lief alles auf Heinemann zu, der Mitte Oktober 1968 auf Brandts konkrete Anfrage sein Interesse am höchsten Staatsamt bekundet hatte. Am 31. Oktober 1968 erörterte eine »Siebener-Kommission« der SPD (Brandt, Wehner, Helmut Schmidt, Johannes Rau, Alex Möller, Alfred Nau, Volkmar Gabert) in Berlin die Kandidatenfrage und schlug einstimmig Heinemann vor. Am darauffolgenden Tag nominierte ihn die SPD offiziell als ihren Kandidaten für das Amt des Bundespräsidenten. »Gustav Heinemann ist ein erfahrener, ein überzeugungstreuer und gerechter Mann; ein Mann des Rechts und der Gerechtigkeit. Man hat über ihn gesagt, er leuchte vor Integrität. Die Unbestechlichkeit des Urteils ist bei ihm in besondere(m) Maße vereint mit liberaler Gesinnung und der Fähigkeit zur Toleranz. Dieser Mann wird als Bundespräsident das politische Gewissen unseres Vaterlandes verkörpern und auch einer kritischen jungen Generation dabei helfen, ihre Rolle in dieser Zeit und in diesem Staat zu erkennen.«[7] Dies war zwar als »Reklame« Brandts für »seinen« Kandidaten gemeint, doch ihr Tenor entsprach durchaus dem hohen Ansehen, dass Heinemann mittlerweile in großen Teilen der westdeutschen Bevölkerung, nicht zuletzt auch in der akademischen Jugend und bei Intellektuellen genoss.

Die Unionsparteien gerieten nunmehr unter Zugzwang und beschlossen Mitte November 1968, Gerhard Schröder, den amtierenden Verteidigungsminister, ins Rennen zu schicken. Sein Gegenkandidat, der als liberal geltende Richard von Weizsäcker, hatte in den Führungsgremien von CDU/CSU keine Mehrheit gefunden.

Heinemann war also wieder einmal »gefragt worden«. Diesmal ging es um das Amt des Bundespräsidenten, das höchste Staatsamt der Bundesrepublik Deutschland, ohne Machtbefugnisse zwar, aber doch von erheblicher symbolischer Bedeutung, indem es den Staat nach innen und außen repräsentierte. Es konnte ihm indes nicht entgangen sein, dass bei seiner Kandidatur auch parteitaktische Überlegungen eine erhebliche Rolle spielten. War Heinemann überhaupt bereit, dieses Spiel mitzumachen? Offenbar nahm er es in Kauf, denn es sind keine Äußerungen bekannt, in denen Heinemann Vorbehalte gegen die Art und Weise seiner Kandidatur und die mit ihr verbundenen bündnisstrategischen Überlegungen formuliert hätte.

Heinemann hat, nach allem was wir wissen, das Amt des Bundespräsidenten zwar nicht angestrebt. Als es aber in greifbare Nähe rückte, schien er mehr und mehr Gefallen daran zu finden. So erinnerte sich Willy Brandt später, dass Heinemann »seine Belange sehr unbefangen wahrgenommen und seine Kandidatur, eigenwillig, wie er war, betrieben hat. Er bat um einen Termin … und wollte ohne Umschweife wissen: ›Werde ich es nun, oder nicht?‹«[8]

Während führende FDP-Politiker auf die Nominierung Heinemanns sogleich positiv reagierten – Scheel zu Brandt: »Sie haben es uns sehr schwer gemacht, nicht für Ihren Kandidaten zu stimmen.«[9] – ließen die teils wütenden Angriffe von Unionspolitikern auf den Kandidaten Heinemann nicht lange auf sich warten. Landwirtschaftsminister Hermann Höcherl (CSU), also ein Kabinettskollege Heinemanns, ließ verbreiten, dass die im Bundesjustizministerium unter Heinemann »vorhandenen Bestrebungen, in der kommenden Strafrechtsreform, alle Schweinereien von Strafe freizuhalten‹ verständliche Kritik in weiten Kreisen auslösen« würden.[10] Richard Jaeger (CSU), sein Amtsvorgänger als Bundesjustizminister, bezichtigte ihn angeblicher Sympathien mit Kommunisten. Er bezog sich damit auf ein Gespräch des Justizministers Heinemann mit Vertretern der verbotenen KPD, welche die Möglichkeit zur Gründung einer kommunistischen Partei ausloten wollten. Es sei ein »unerträglicher Gedanke«, dass der Bundesjustizminister »die Delegierten einer illegalen Partei (empfängt). Der Hüter des Rechts empfängt diejenigen, die das Recht mit Füßen treten.« Für den CSU-Politiker stand fest: »Wer die Feinde des Staates berät, darf nicht Oberhaupt des Staates werden.«[11]

Tatsächlich hatte Heinemann am 4. Juli 1968 – allerdings nach Abstimmung auch mit der CDU/CSU-Fraktionsführung – im Justizministerium mit Vertretern der verbotenen KPD gesprochen. Bei diesem Treffen schloss er die Aufhebung des KPD-Verbots aus, nicht aber die Möglichkeit zur Neugründung einer kommunistischen Partei. Heinemann betonte aber, dass auch gegen diese neue Partei bei Vorliegen ausreichender Verdachtsgründe jederzeit ein Verbotsantrag gestellt werden könne.[12] Im September 1968 wurde die Deutsche Kommunistische Partei (DKP) gegründet, ausdrücklich nicht als Nachfolgeorganisation der KPD. Es kann als sicher gelten, dass Heinemanns inkriminiertes Gespräch mit Kommunisten dabei nur von sehr marginaler Bedeutung gewesen ist.

Auch das CSU-Parteiblatt Bayernkurier geißelte Heinemanns angeblich allzu große Nachsicht mit Linksradikalen. »Wenn seine neuesten Strafrechtsreformentwürfe geltendes Recht würden, so könnten die meisten APO-Randalierer ... nur in den wenigsten Fällen überhaupt strafrechtlich zur Verantwortung gezogen werden. ... Dank Heinemann wird die permanente Revolution endlich Wirklichkeit.«[13]

Derart schriller Kritik aus den Reihen der Union stand allerdings eine Vielzahl sehr positiver Äußerungen zur Kandidatur Heinemanns gegenüber, die insbesondere in bürgerlich-liberalen bzw. linksliberalen Zeitungen erschienen. Nur selten allerdings klangen sie so euphorisch wie in einem Spiegel-Artikel von Hermann Schreiber. »Der Kandidat Heinemann ist für uns Deutsche eine Chance – eine unverdiente Gelegenheit, moralische Autorität und staatliche Autorität wieder zu vereinigen. Das ist nicht seine Chance, das ist unsere. Man wird sie eines Tages vielleicht historisch nennen – besonders, wenn wir sie verpassen.«[14]

Auf einem möglichen Bundespräsidenten Heinemann ruhten unverkennbar große Hoffnungen. Insofern war er tatsächlich der »Mann der Stunde« (Baring) dessen Nominierung wohl doch nicht nur parteipolitischem Kalkül, sondern auch einem Gespür in der SPD für gesellschaftliche Veränderungen und Aufbruchsstimmungen entsprang. Es blieb die Frage, inwieweit er diese Erwartungen im Falle seiner Wahl auch würde erfüllen können. Aber noch war es nicht so weit. Ob Heinemann auch wirklich zum ersten sozialdemokratischen Bundespräsidenten gewählt würde, war keineswegs ausgemacht. Der Ausgang der Wahl blieb bis zum Schluss völlig offen.

Wahlmarathon mit knappem Ausgang

Entscheidend war das Verhalten der FDP. Die für den 5. März 1969 nach West-Berlin einberufene Bundesversammlung umfasste nominell 1036 Mitglieder, von denen 482 auf die CDU/CSU und 449 auf die SPD entfielen. Die FDP stellte 83 Wahlmänner und -frauen. Von deren Votum hing es also ab, ob der nächste Bundespräsident Gerhard Schröder oder Gustav W. Heinemann heißen würde. In der Bundesversammlung saßen außerdem auch 22 NPD-Leute, die über Landesparlamente dorthin gelangt waren. Sie erklärten, dass sie für Schröder stimmen würden. Der CDU-Kandidat wiederum hatte im Vorfeld klargestellt, dass er sich auch mit den Stimmen der NPD wählen lassen würde. Es genügten also knapp 20 FDP-Stimmen, um Schröder zum Bundespräsidenten zu wählen.

Der FDP-Vorsitzende Walter Scheel bemühte sich buchstäblich bis zur letzten Minute darum, unter den FDP-Vertretern eine Mehrheit für Heinemann zusammenzubringen. Der rechtsliberale frühere Parteichef Erich Mende hatte bereits erklärt, dass er für Schröder stimmen werde. Einige seiner Gefolgsleute wie Siegfried Zoglmann und Knut von Kühlmann-Stumm bekannten sich mehr oder weniger offen zur Stimmabgabe für Schröder.

Am Vorabend des Wahltages kamen die FDP-Mitglieder in einem Hotel nahe der Ostpreußenhalle, dem Tagungsort der Bundesversammlung, in strenger Klausur zusammen, um über ihr Abstimmungsverhalten zu entscheiden. Von beiden Seiten – von Schröder-Wählern wie von Heinemann-Befürwortern – soll dabei erheblicher Druck ausgeübt und mit Drohungen und Versprechungen gearbeitet worden sein. Als dann aber der nordrhein-westfälische FDP-Chef Willi Weyer mit der Nachricht aufwartete, er habe von der SPD die verbindliche Zusicherung, dass das Mehrheitswahlrecht vom Tisch sei, wenn Heinemann mithilfe der FDP gewählt würde, neigte sich die Waagschale zugunsten der Heinemann-Unterstützer.[15]

Nach mehreren Probeabstimmungen trat am späten Abend ein erleichtert wirkender Scheel vor die versammelte Presse und verkündete, dass 77 FDP-Leute für Heinemann stimmen würden, der SPD-Kandidat also bereits im ersten Wahlgang mit einer absoluten Mehrheit rechnen könne. Wie sich später herausstellte war das eine allzu optimistische Interpretation der Probeabstimmungen. Gleichwohl galt Gustav Heinemann bei zahlreichen Beobachtern nunmehr als Favorit.[16]

Aber entschieden war noch nichts und so lag eine erhebliche Spannung über der Bundesversammlung, als die Wahlmänner- und frauen von Bundestagspräsident Kai-Uwe von Hassel am Vormittag des 5. März 1969 zur Stimmabgabe aufgefordert wurden. Eine Aussprache hatte – wie üblich bei Bundespräsidentenwahlen – nicht stattgefunden. Kurz nach 12 Uhr verkündete von Hassel das Ergebnis: Schröder 501 Stimmen, Heinemann 514 Stimmungen, Enthaltungen 6, ungültige Stimmen 2. Damit hatte Heinemann zwar die meisten Stimmen bekommen, die absolute Mehrheit von 519 Stimmen aber verfehlt. Ein zweiter Wahlgang wurde nötig. Bei der SPD war man enttäuscht und auch stark verärgert über die FDP, in deren Reihen es offenbar doch mehr Abweichler gab, als Scheel behauptet hatte. Der zweite Wahlgang steigerte bei den Sozialdemokraten Wut und Enttäuschung. Heinemann hatte drei Stimmen weniger erhalten, insgesamt nur noch 511, der CDU-Kandidat dagegen sechs hinzugewonnen. Die absolute Mehrheit hatte wieder kein Kandidat erreicht. Der dritte Wahlgang musste die Entscheidung bringen. Nunmehr genügte die einfache Mehrheit. Gegen 18.30 Uhr gab von Hassel das Ergebnis bekannt: Heinemann 512 Stimmen, Schröder 506, Enthaltungen 5. Damit war Gustav W. Heinemann zum Bundespräsidenten gewählt. Der erste Bundespräsident aus den Reihen der SPD.[17]

Großer Jubel bei den Sozialdemokraten. Die meisten Unionsdelegierten saßen wie »vom Donner« gerührt, hatten sie nach dem Stimmenzuwachs für ihren Kandidaten im zweiten Wahlgang doch noch mit einem Sieg von Gerhard Schröder gerechnet. Auch Heinemann war von dem Ereignis sichtlich bewegt und bedankte sich in einer kurzen Ansprache für das in ihn gesetzte Vertrauen. Dabei beließ er es. Programmatische Äußerungen zu seiner Amtsführung verschob er auf seine Antrittsrede.

Dann wurde gefeiert. In einem Berliner Hotel gab es jene »kleine Feier im großen Kreis«, die Heinemann für den Fall seiner Wahl angekündigt hatte. Bei einer Niederlage hätte es eine »große Feier im kleinen Kreis« werden sollen.[18] Parallel dazu feierten die SPD-Abgeordneten auf dem Messegelände. Zu vorgerückter Stunde wurden auch die FDP-Vertreter dazu gebeten, bei deren Erscheinen es zu regelrechten Verbrüderungsszenen kam. Das alte Misstrauen der SPD gegen die FDP, jenen »Wurmfortsatz der CDU« (Wehner), schien überwunden. Es lag tatsächlich eine andere Regierungskoalition in der Luft.[19]

Unter den Gästen der eher privaten Feier Heinemanns waren neben Familienmitgliedern und einigen SPD-Politikern auch zahlreiche Sympathisanten Heinemanns wie der Schriftsteller Günter Grass sowie alte Weggefährten aus GVP-Zeiten wie Adolf Scheu und Diether Posser. Später stieß auch der Theologe Helmut Gollwitzer dazu und gab in angeregter Runde erste Ratschläge für Heinemanns Amtsführung.[20]

Die Wahl des ersten sozialdemokratischen Bundespräsidenten bedeutete eine Zäsur in der Geschichte der Bundesrepublik. Darin waren sich die meisten Kommentatoren im In- und Ausland einig, die von dem künftigen Amtsinhaber positive Anstöße für die politische und gesellschaftliche Entwicklung erwarteten. Allein die Tatsache, dass die Bundesrepublik sich einen Präsidenten Heinemann mit dessen durchaus »schillernder Vergangenheit« leistete, gab vielen Beobachtern Anlass zur Hoffnung auf Veränderung. So schrieb die Neue Zürcher Zeitung: »Die Wahl Justizminister Heinemanns zum deutschen Bundespräsidenten ist ein Symptom für den Wandel des politischen Klimas in der Bundesrepublik, der sich in den vergangenen Jahren vollzogen hat. Zum ersten Male überhaupt, übernimmt ein Sozialdemokrat das höchste Amt im Staate ... Man wird die positiven Aspekte der Wahl Heinemanns vor allem darin sehen, dass die Sozialdemokraten nun an repräsentativster Stelle mitverantwortlich sind für das Schicksal der Bundesrepublik.«[21]

Spiegel-Herausgeber Rudolf Augstein sah das ähnlich: »Wir haben zum ersten Mal etwas zustande gebracht, endlich. Gustav Heinemann, ein ehemaliger Haupt- und Staatsfeind, ist Bundespräsident. Wir alle, denen die Dauerherrschaft der CDU/CSU zum Himmel stinkt, haben ... erfahren, dass ein Wechsel nicht nur nötig, dass er auch möglich ist. Die Spitze des Staates repräsentiert ein Mann, dem die Bundesrepublik da nicht behagte, wo sie wenig mehr war als ein gepanzerter Konsumverein ... (Bundespräsident Heinemann wird) ein Stück Gewicht in die unstet flatternde Feindschaft zwischen Etablierten und Frustrierten bringen … Sicher scheint, dass die Körperschaften eines von Gustav Heinemann repräsentierten Gemeinwesens besseren Gewissens zuschlagen, aber auch offeneren Ohrs zuhören werden.«[22]

Auch der Schriftsteller Günter Grass sparte nicht mit Lob: »Während zwanzig Jahre Bundesrepublik hatten die Bürger der Bundesrepublik jeweils immer den Präsidenten, den sie verdienten. … Gustav Heinemanns aufklärende Sprache, seine Sachlichkeit und nicht zuletzt sein ernüchternder Humor werden zu Beginn des dritten Jahrzehnts parlamentarischer Demokratie gleichfalls das Klima bestimmen. Ich wüsste niemanden, der befugter wäre, das verkrampfte Verhältnis der Deutschen zum Staat zu lockern. … Wer bewusst erlebt hat, wie oft und wie verhängnisvoll erfolgreich … bis in die sechziger Jahre hinein der politische Gegner in der Bundesrepublik diffamiert werden konnte, der wird dankbar anerkennen, dass mit Gustav Heinemann Toleranz in die Villa Hammerschmidt einziehen wird.«[23] Dass auch große Teile der westdeutschen Bevölkerung von der Wahl Heinemanns eine Signalwirkung erhofften, zeigt die Vielzahl positiver Zuschriften und Leserbriefe. Es waren nicht gerade geringe Erwartungen, die Heinemann in seinem neuem Amt, in gewissem Sinne die »Krönung« seines politischen Lebensweges, begleiteten. Sie konnten auch zur Belastung werden.

Nicht nur Zeitungskommentatoren, auch Heinemann selbst sah in der Präsidentenwahl einen Einschnitt in der Geschichte der Bundesrepublik. Er sprach sogar von einem Stück »Machtwechsel«, der sich mit seiner Wahl vollzogen habe. Am 8. März 1969 erschien in der Stuttgarter Zeitung ein Interview mit Heinemann, das für einigen Wirbel sorgte. »Frage: Herr Minister, Ihre Wahl zum dritten Bundespräsidenten wird … als eine Zäsur, wenn nicht gar als eine Wende in der Nachkriegsgeschichte der Bundesrepublik bewertet. Wie beurteilen Sie diese Betrachtung selbst?

Heinemann: Ich würde dieser Bewertung zustimmen. Es hat sich jetzt ein Stück Machtwechsel vollzogen, und zwar nach den Regeln einer parlamentarischen Demokratie.«

Den Einwand des Journalisten, dass im Zusammenhang mit dem Bundespräsidenten von »Macht« eigentlich nicht gesprochen werden könne, ließ Heinemann zwar gelten, bestand aber auf der weitreichenden Bedeutung seiner Wahl. » … immerhin: Es ist doch eine wesentliche Position unter all unseren staatlichen Organen erstmalig auf die bisherige Opposition übergegangen.«[24]

Das Interview erregte erhebliches Aufsehen, da viele Zeitgenossen mit dem Wort »Machtwechsel« sogleich einen möglichen Regierungswechsel in Bonn assoziierten. Insbesondere führende SPD-Politiker wie Wehner und Helmut Schmidt waren darum sehr verärgert, weil sie für die im September 1969 anstehenden

Bundestagswahlen zum damaligen Zeitpunkt keine Option ausschließen wollten, also auch nicht die Neuauflage der Großen Koalition, wenngleich diese durch die Umstände der Heinemann-Wahl nicht gerade wahrscheinlicher geworden war. Zum anderen war bei der Einfädelung einer möglichen Regierungsübernahme mithilfe der FDP kaum etwas so wichtig wie Diskretion. Fanfarenstöße (Baring) wie jene Heinemann-Äußerung schienen da nicht gerade hilfreich.

Einige Unionspolitiker waren nicht nur verärgert, sie schäumten vor Wut über das Heinemann-Interview. CSU-Chef Franz Josef Strauß ging dabei so weit, den Begriff »Machtwechsel« mit der »Machtergreifung« der Nationalsozialisten in Zusammenhang zu bringen. »Wir in Deutschland sind gegen die Worte wie Machtergreifung/Machtwechsel sehr empfindlich.«[25]

Heinemann nahm die Kritik gelassen. (Eine Reaktion auf Strauß' Infamie ist nicht überliefert.) In einem weiteren Interview verteidigte Heinemann seine umstrittene Wortwahl, präzisierte sich aber dahingehend, dass es ihm darum gegangen sei, den geordneten »Machtwechsel« als Wesenselement der Demokratie zu kennzeichnen. Mit seiner Äußerung habe er also auf die erwiesene »Funktionsfähigkeit unserer parlamentarische Demokratie« hinweisen wollen, »die auf Machtwechsel beruht.« Um mögliche Regierungskoalitionen sei es ihm nicht gegangen.[26]

Woher kamen die Stimmen für Heinemann?

Was Anhänger Heinemanns, wie der Schriftsteller Günter Grass, als »knappen Sieg der Vernunft«[27] begrüßten, war – wie gezeigt – auch und nicht zuletzt das Ergebnis parteitaktischer Überlegungen. Denn es sollte ja nach dem erklärten Willen führender SPD- und FDP-Politiker von der Heinemann-Wahl ein Signal für ein künftiges Regierungsbündnis im Bund ausgehen. Aber für den Fall der Fälle hatte die SPD offenbar auch noch andere Szenarien in der Hinterhand. Über einen Mittelsmann hatte der SPD-Vorsitzende Brandt den amtierenden Bundeskanzler Kiesinger nämlich wissen lassen, dass die SPD nicht ausschließe, nach einem für Heinemann erfolglosen ersten Wahlgang einen neuen Kandidaten ins Rennen zu schicken, der dann auch für die CDU/CSU wählbar sein würde. Nach Lage der Dinge konnte dieser »Ersatz«-Kandidat niemand anders als Georg Leber sein, dessen Name für die Option »Neuauflage der Großen Koalition« stand.[28]

Allerdings scheint es FDP-Chef Scheel nach den ersten beiden für Heinemann und die SPD so enttäuschenden Wahlgängen gelungen zu sein, die wachsende Skepsis der SPD-Führung bezüglich der Zuverlässigkeit der FDP zu zerstreuen. Heinemann blieb im Rennen. Wusste Heinemann von diesen Überlegungen, die das Amt und auch seine Person ganz unverhohlen zur Figur in einem taktischem

Spielchen machten? Und wie stand er dazu? Offenbar wusste Heinemann davon und er billigte diese Überlegungen. Als Johannes Rau am 31. Oktober 1968 als Abgesandter der SPD-Führung Heinemann in der Nähe von Düsseldorf aufsuchte, um ihm die Kandidatur offiziell anzutragen, empfing Heinemann ihn mit den Worten: »Du willst wissen, ob ich mich sperren würde, wenn im Verlauf der Wahlgänge in der Bundesversammlung meine Kandidatur zugunsten einer anderen zurückgezogen werden würde. Antwort: Nein.«[29] »Parteiraison« war demnach für Heinemann kein Fremdwort mehr. Auch taktische Winkelzüge gehörten nach seiner Erfahrung zum politischen Geschäft.

Unmittelbar nach der Wahl begannen Spekulationen über das Stimmverhalten einzelner Abgeordneter. Von wem stammte jene Stimme, die im entscheidenden dritten Wahlgang von Schröder zu Heinemann »gewandert« war? Früh tauchte dabei der Name des CDU-Abgeordneten Ernst Lemmer auf, dessen alte Freundschaft mit Heinemann allgemein bekannt war. Lemmer indes bestritt vehement, für Heinemann gestimmt zu haben. Die Spekulationen wurden erneut angeheizt, als kurz nach Lemmers Tod im Jahr 1970 Walter Henkels in der FAZ behauptete, Lemmer habe ihm anvertraut, dass er im dritten Wahlgang nicht für den CDU-Kandidaten Schröder, sondern für Heinemann gestimmt habe. Die Familie Lemmer widersprach dieser Behauptung energisch. Inzwischen lässt sich allerdings – zumindest indirekt – belegen, dass Lemmer in der Tat für Heinemann gestimmt hat. Im Nachlass Heinemann findet sich eine autobiographische Notiz Heinemanns, in der es heißt: »Nachträglich ließ Lemmer mich wissen, dass er im dritten Wahlgang gewechselt hatte, jedoch nicht wegen unserer alten Freundschaft, sondern um nicht an einer Wahl von Dr. Schröder mit Hilfe der 2 [korrekt 22] Wahlmänner der NPD beteiligt gewesen zu sein.« Dies teilte Heinemann im August 1970 auch der Familie Lemmer in einem vertraulichen Schreiben mit. Welchen Grund hätte Heinemann haben sollen, den Kindern unter dem Siegel der Verschwiegenheit in dieser Angelegenheit etwa Unwahres zu sagen?[30]

Amtsübernahme

Am 1. Juli 1969 wurde Gustav W. Heinemann im Bundestag als dritter Bundespräsident vereidigt. Seine Antrittsrede begann er zwar mit den Worten »Als Bundespräsident habe ich keine Regierungserklärung abzugeben« – ließ dann aber zahlreiche Hinweise folgen, welche Schwerpunkte er in seiner Amtszeit zu setzen gedenke. »Meine Damen und Herren, ich trete das Amt in einer Zeit an, in der die Welt in höchsten Widersprüchlichkeiten lebt. Der Mensch ist im Begriff, den Mond zu betreten, und hat doch immer noch diese Erde aus Krieg und Hunger und Unrecht nicht herausgeführt. ... Ich sehe als erstes die Verpflichtung, dem Frieden zu dienen. Nicht der Krieg ..., sondern der Frieden ist der Ernstfall, in dem wir alle uns zu bewähren haben. Hinter dem Frieden gibt es keine Existenz mehr. ... Ich möchte alles, was ich tun kann, in den Dienst der Bemühungen um eine Friedensregelung stellen, die unser ganzes Volk einschließt.«[31]

Sodann appellierte er an seine Mitbürger, die Chancen der bürgerlichen Freiheit sowohl im privaten wie öffentlichen Bereich tatsächlich anzunehmen und verstärkt zu nutzen. » ... wir stehen erst am Anfang der ersten wirklich freiheitlichen Periode unserer Geschichte. Freiheitliche Demokratie muss endlich das Lebenselement unserer Gesellschaft werden.« Dazu gehöre nicht zuletzt, dass der Einzelne mehr Eigenverantwortung zu übernehmen bereit sei, d. h. »die große Wandlung aus obrigkeitlicher Fürsorge in Selbstbestimmung und Selbstverantwortung zu bestehen, ohne dass unser Zusammenleben aus den Fugen gerät.« Die Menschen müssten, so Heinemann, sich von traditionellen obrigkeitsstaatlichen Vorstellungen lösen, von jenem die Elemente »Autorität« und »Fürsorge« betonenden Staatsverständnis, in dem sich gerade in Deutschland viele Menschen über lange Zeiträume bequem eingerichtet hätten. » ... ich weiß, dass manche das nicht hören wollen. Einige hängen immer noch am Obrigkeitsstaat. Er war lange genug unser Unglück und hat uns zuletzt in das Verhängnis des Dritten Reiches geführt.«[32]

Nachdem Heinemann auch noch auf soziale Missstände und individuelle Nöte eingegangen war, die offensichtlich größer seien, »als unsere Wohlstandsgesellschaft annimmt«, schloss er mit einem programmatischen Appell – »Nicht weniger, sondern mehr Demokratie – das ist die Forderung ...« – und mit einer Feststellung, die bald zum geflügelten Wort wurde: »Es gibt schwierige Vaterländer. Eines davon ist Deutschland. Aber es ist <u>unser</u> Vaterland. Hier leben und arbeiten wir.«[33]

Mit seiner Forderung nach »mehr Demokratie« nahm Bundespräsident Heinemann übrigens eine Formulierung aus Willy Brandts Regierungserklärung als Kanzler der sozialliberalen Koalition vorweg, die rasch Berühmtheit erlangte: »Wir wollen mehr Demokratie wagen.«[34] Die Demokratisierung und Modernisierung der Gesellschaft war Heinemanns Hauptanliegen ebenso wie das der vier Monate nach seinem Amtsantritt gebildeten sozialliberalen Koalition unter Bundeskanzler Brandt. Außenpolitisch galt es, die Aussöhnung der einstigen Kriegsgegner voranzubringen und endlich auch die Staaten Osteuropas, die besonders stark unter deutscher Besatzung gelitten hatten, in diesen Prozess mit einzubeziehen. Ein Bundespräsident Heinemann passte somit bestens in die Zeit, in eine Zeit umfassender Reformen und des Ausbaus gesellschaftlicher Teilhabe, für die im Rückblick einmal der Ausdruck »das sozialdemokratische Jahrzehnt« geprägt werden sollte.[35]

Heinemann war entschlossen, als Bundespräsident seinen Beitrag zu diesem politischen Aufbruch zu leisten. Die Art und Weise, wie er das tat, war ihm durch die spezifischen Mittel und die Grenzen seines Amtes weitgehend vorgegeben. Und so leistete Heinemann diesen seinen Beitrag vor allem durch Staatsbesuche, durch zahlreiche Reden und durch den spezifischen Stil, in dem er das Präsidentenamt ausfüllte.[36]

Die erwähnten »Grenzen des Amtes« sind durch die Bestimmungen des Grundgesetzes festgelegt. Demnach verfügt der Bundespräsident sowohl in der Legislative wie auch in der Exekutive und Judikative über gewisse fest umrissene Kompetenzen. Exemplarisch genannt seien für den

- Bereich der *Legislative* die Aufgabe, dem Bundestag einen Kandidaten für die Wahl zum Bundeskanzler vorzuschlagen; den Bundestag aufzulösen sowie die Ausfertigung und Verkündung aller Gesetze nach vorheriger formeller Prüfung ihrer Verfassunsgemäßheit;
- für den Bereich der *Exekutive* die Ernennung und Entlassung des Bundeskanzlers und der Bundesminister; das Recht, vom Bundeskanzler laufend über die Politik und Geschäftsführung, auch der einzelnen Bundesministerien mündlich und schriftlich unterrichtet zu werden,
- in der *Judikative* die Ernennung und Entlasssung der Richter des Bundesverfassungsgerichts sowie aller anderen Bundesrichter sowie die Ausübung des Begnadigungsrechts für den Bund (bezieht sich vor allem auf sogen. »Staatsschutzdelikte«, darunter auch terroristische Gewalttaten).[37]

Es kommt sehr auf die politischen Umstände an, ob diese Aufgaben und Kompetenzen des Bundespräsidenten jeweils als Routineangelegenheiten erledigt werden können oder aber schlagartig ins Zentrum der politischen Aufmerksamkeit rücken wie dies bei der Frage der Parlamentsauflösung und der Unterzeichnung umstrittener Gesetze bereits mehrfach der Fall war oder für den Fall der Benennung eines Kandidaten für die Wahl zum Bundeskanzler bei unklaren Mehrheitsverhältnissen im Bundestag denkbar wäre. Allerdings wird die tatsächliche politische Bedeutung dieser »Interventions«-Kompetenzen – mitunter auch als »Reservefunktion« des Bundespräsidenten bezeichnet – von Staatsrechtlern zumeist als gering eingeschätzt.[38]

Übrigens scheint Heinemann selbst am meisten von seiner Wahl zum Bundespräsidenten überrascht gewesen zu sein. Nach eigener Aussage war es für ihn »die große Unbegreiflichkeit« in seinem Leben. »Das hätte nach meinem politischen Konflikt 1950 mit Bundeskanzler Dr. Adenauer und den Auseinandersetzungen in den nachfolgenden Jahren schlechthin niemand auch nur zu denken gewagt.«[39] Wer wollte dem widersprechen. Aber die Wahl Heinemanns zum Bundespräsidenten zeigte doch, dass sich seit den fünfziger Jahren in der westdeutschen

Gesellschaft und Politik einiges verändert hatte, sodass 1969 die Wahl eines Mannes wie Heinemann in das höchste Staatsamt nicht nur möglich war, sondern von maßgeblichen Kreisen enthusiastisch begrüßt wurde. Insofern kann die Wahl Heinemanns zum Bundespräsidenten als ein Indikator für tiefgreifende Entwicklungsschübe in der Bundesrepublik seit Beginn der fünfziger Jahre gesehen werden. Die meisten der in ihn gesetzten Erwartungen hat Heinemann augenscheinlich nicht enttäuscht, ereichte er doch in der Mitte seiner Amtszeit einen Beliebtheitsgrad von 76 Prozent.[40]

Amtsverständnis

Noch vor seiner Amtsübernahme äußerte sich Heinemann zu seiner spezifischen Auffassung des Amtes und zu den Leitlinien, denen er als Bundespräsident folgen wolle. »Eine durchgehende Linie meiner Bemühungen von jungen Jahren an … war gerichtet auf Freiheit, auf eine freiheitliche Rechtsordnung. Das hat mir eh und je Konflikte eingebracht, denn es ist ja außerordentlich schwer, unser Volk aus der Erziehung zur Untertänigkeit wirklich herauszubringen. … Wir brauchen Menschen mit Selbstbewusstsein, mit bürgerlichem Handeln und Verhalten. Ich jedenfalls werde in meinem neuen Amte versuchen, so viel ich kann, zu diesem Prozess beizutragen.«[41] Die Abkehr vom obrigkeitsstaatlichen Denken, für die Heinemann immer wieder plädierte, bedeutete einen Wandel des Staatsverständnisses überhaupt und damit einhergehend mehr Verantwortung für den Einzelnen. »Wir leben in einer freiheitlichen Gesellschaft und haben uns damit gegen den Staatsdirigismus entschieden. Diese Entscheidung beinhaltet natürlich auch Verantwortung des einzelnen und der Gruppen gegenüber der Gesellschaft. Denn der Staat sind wir alle und der Staat kann nur das leisten, wozu wir ihn durch unseren Beitrag in die Lage versetzen.«[42]

In diesem Zusammenhang wurde eine Äußerung Heinemanns geradezu sprichwörtlich. »Ich liebe nicht den Staat. Ich liebe meine Frau.« Gefragt, ob dieser Satz auf die obrigkeitsstaatliche Tradition der Deutschen ziele, antwortete Heinemann: »In der Tat; denn wir sind ja durch Jahrhunderte erzogen worden zu einer besonderen Untertänigkeit gegenüber der sogenannten Obrigkeit. Das abzubauen, habe ich mich nun sehr lebhaft bemüht. Ich (will) uns allen zu staatsbürgerlichem Selbstbewusstsein helfen, aber auch zur staatsbürgerlichen Mitverantwortung.«[43]

Mit Blick auf die politische Neutralität des Bundespräsidenten lehnte Heinemann den Begriff »überparteilich« ab, weil er nach »Erhabenheit und Selbsterhöhung des Staates über seine Träger« klinge. Vielmehr wolle er »unparteilich« agieren. Zudem wolle er auch nicht »Staatspräsident« sein. »Dann schon lieber

›Bürgerpräsident‹, um damit zu dokumentieren, dass es mir auch in der neuen Funktion wichtig ist, mit den Menschen, mit ihren alltäglichen Nöten, Gedanken und Meinungen in einem möglichst guten Zusammenhang zu bleiben.«[44] Den Ausdruck »Bürgerpräsident« hatte Heinemann übrigens nicht selbst geprägt, er hielt ihn aber zur Kennzeichnung seines Amtsverständnisses für sehr passend.

Heinemann akzeptierte die Grenzen des Amtes, das weitgehend auf symbolische Wirksamkeit angelegt war. Allerdings bekannte er offen, dass ihm, der immer ein Politiker der »Auseinandersetzungen an den Fronten« gewesen sei, die »Tätigkeit eines Ministers mehr (seinem) Wesen« entspreche »als dieses Amt, das ich jetzt innehabe.«[45] Das Amt habe Kompetenzen und Wirkungsmöglichkeiten, die er in ganzer Breite zu nutzen gedenke. Ein bloßer »Staatsschauspieler« wolle er keinesfalls sein.[46]

An politischen Entscheidungen sei er zwar nicht mehr beteiligt, dafür könne er aber umso nachhaltiger an der »Bewusstseinsbildung« für bestimmte Themen, Missstände, Reformprojekte etc. mitwirken. Heinemann sah darin überhaupt eine der wichtigsten Herausforderungen als Bundespräsident. »Wenn ich ein Beispiel sagen soll: Als Bundesjustizminister konnte ich in puncto Strafvollzug bestimmte Dinge einleiten, in Gang bringen. Jetzt bleibe ich an dem Thema nach wie vor innerlich interessiert, kann aber nur dadurch die öffentliche Aufmerksamkeit auf diese Thematik lenken, indem ich eine Strafanstalt besuche. Wenn ich in eine Strafanstalt gehe, soll das heißen, dass der Strafvollzug bei uns reformbedürftig ist.«[47] Tatsächlich besuchte Heinemann während seiner Amtszeit mehrmals Gefängnisse, um sich über die Praxis des Strafvollzugs zu informieren, bei dem auch Anfang der siebziger Jahre noch vieles im Argen lag, z. B. eklatante Überbelegung, mangelnde Ausbildungs- und Therapiekapazitäten. Angesichts derartiger Zustände soll Heinemann nach einem Besuch des Jugendgefängnisses in Siegburg zu dem ihn begleitenden Justiz-Staatssekretär von NRW gesagt haben: »Sie können sich darauf verlassen, ich lasse Ihnen keine Ruhe, bis Abhilfe geschaffen ist.«[48]

Stil

So korrekt Heinemann in Auftreten und Habitus seit jeher war, so ungravitätisch war er auch, allem bloß Repräsentativen gründlich abgeneigt. Doch repräsentieren musste er als Bundespräsident durchaus, allerdings bemühte er sich darum, auch in Stil- und Protokollfragen dem Bild vom »Bürgerpräsidenten« gerecht zu werden. Protokollarische »Zöpfe« wurden gelockert oder ganz abgeschafft, wie beispielsweise die Soldaten mit präsentiertem Gewehr an den Eingangstüren der Villa Hammerschmidt und das Ausrollen eines roten Teppichs. In der Kleiderordnung ersetzte auf Wunsch Heinemanns der Anzug bei vielen Gelegenheiten den bislang üblichen Frack oder Cutaway.[49] Damit wollte er vor allem die Hürden für »normale« Besucher in der Villa Hammerschmidt senken, denn derjenige, der keinen Frack habe, dürfe nicht ausgeschlossen werden. Heinemann selbst hatte wenig Scheu, zu offiziellen Anlässen auch im Frack zu erscheinen.[50]

Für Heinemann waren das nicht Geschmacksfragen, sondern Teil seiner spezifischen Amtsauffassung und »erzieherischen« Absichten. »Vielleicht kann jemand, der das Amt des Bundespräsidenten in einer weniger steif-zeremoniellen Weise wahrzunehmen versucht, dazu helfen, dass auch andere zu staatsbürgerlichem Selbstbewusstsein kommen. Ich möchte das Autoritäre, das sich für manche mit der Vorstellung von diesem Amt verbinden mag, wegräumen.«[51]

Dass er es mit der parteipolitischen Neutralität ernst meinte – während der Amtszeit des Präsidenten ruht generell dessen Parteimitgliedschaft –, bewies Heinemann u. a. mit seinen ersten Personalvorschlägen. So wollte er das Amt des Staatssekretärs und Chef des Bundespräsidialamtes ursprünglich mit einem CDU-Politiker, dem Jura-Professor und früheren Kultusminister von Nordrhein-Westfalen, Paul Mikat, besetzen, mit dem er seit Jahren gut bekannt war. Doch Mikat lehnte das Angebot ebenso ab wie der CDU-Abgeordnete Heinrich Köppler, weil sie Loyalitätskonflikte befürchteten. Staatssekretär wurde schließlich doch ein Sozialdemokrat, der 46-jährige Dietrich Spangenberg, bisher Senator für Bundesangelegenheiten in Berlin.[52] Durch diese Personlentscheidung brach Heinemann übrigens mit der seit der Amtszeit von Theodor Heuss bestehenden Tradition, dass der Staatssekretär des Bundespräsidenten jeweils aus dem Auswärtigen Amt oder dem Innenministerium kommen solle. Heinemann: »Ich will keinen Staatssekretär von AA's- oder Regierungsgnaden, sondern einen Mann, der tatsächlich weiß, wie es bei uns im Lande aussieht.«[53]

Fast von Beginn seiner Amtszeit an stellten die Unionsparteien die Neutralität Heinemanns mehrmals in Frage. So nahmen sie öffentlich Anstoß daran, dass der Bundespräsident am Abend des 14. Juni 1970 im Büro des nordrhein-westfälischen Ministerpräsidenten Heinz Kühn (SPD) zusammen mit diesem die Ergebnisse der Landtagswahl im Fernsehen verfolgte. Die CSU ergriff sogleich die Gelegenheit, Heinemann als »Koalitionspräsidenten« zu titulieren. Etwas zurückhaltender im Ton ermahnte ihn auch die CDU-Führung, jeden Eindruck zu vermeiden, dass er »Präsident einer bestimmten Partei« sei. Insgesamt konnten diese und ähnliche Vorwürfe unzureichender Neutralität das hohe Ansehen, dass Heinemann in großen Teilen der Bevölkerung genoss, nicht beeinträchtigen. Die Anwürfe zeigten vielmehr, wie gespannt das Verhältnis von CDU/CSU zu Heinemann nach wie vor war, dem man seine Gegnerschaft zu Adenauer nicht vergessen hatte.[54]

Glaubwürdigkeit

Nur wenige Tage nach seinem Amtsantritt hielt Heinemann eine Ansprache, die nicht zuletzt dadurch für Aufsehen sorgte, dass ein deutscher Bundespräsident im Zusammenhang mit dem Nationalsozialismus ausdrücklich auch von eigenem Versagen sprach. Am 19. Juli 1969 gedachte Heinemann in Berlin-Plötzensee der dort nach dem missglückten Hitler-Attentat vom 20. Juli 1944 hingerichteten Widerstandskämpfer. Nach seiner Würdigung der Attentäter und des gesamten Widerstands gegen die Nationalsozialisten, der »auch für unseren Anteil an den besten abendländischen Überlieferungen und an den großen Zeugnissen des Ringens um Menschenrecht und Menschenwürde« stehe, schloss Heinemann »mit einem persönlichen Wort«. »Mich lässt die Frage nicht los, warum ich im Dritten Reich nicht mehr widerstanden habe.« Sodann zitierte er aus jener von ihm einst mit verfassten »Stuttgarter Erklärung« von 1945, in der die Evangelische Kirche sich angeklagt hatte, während der nationalsozialistischen Herrschaft »nicht mutiger bekannt, nicht treuer gebetet, nicht fröhlicher geglaubt und nicht brennender geliebt« zu haben.[55]

Heinemann hatte damit zum einen stellvertretend für seine Generation die jahrzehntelange Praxis des Verschweigens und Beschönigens in exponierter Weise durchbrochen. Zum anderen sprach er in einer öffentlichen Demutsleistung von seinem persönlichen Versagen unter dem NS-Regime. Das gab allen zukünftigen Äußerungen zusätzliches Gewicht und Glaubwürdigkeit, mit denen der Bundespräsident die Deutschen zu einer rückhaltlosen Aufarbeitung der nationalsozialistischen Herrschaft und ihrer Verbrechen aufrufen sollte. Die Äußerung zeigt zudem, wie wenig Heinemann in Bezug auf sein Verhalten zwischen 1933 und 1945 im Reinen war.

Allerdings war seine berufliche Tätigkeit zwischen 1933 und 1945 als Vorstandsmitglied eines durchaus kriegswichtigen Bergbauunternehmens auch nie ein öffentliches Thema, weder im Vorfeld seiner Wahl noch während seiner Zeit als Bundespräsident. Im Zusammenhang mit dem Dritten Reich wurde Heinemann stets als unerschrockenes Mitglied der Bekennenden Kirche wahrgenommen und nicht als Angehöriger der wirtschaftlichen »Funktionseliten« des NS-Staates, als der er möglicherweise aus späterer Perspektive auch erscheinen konnte. In diesem Fall »profitierte« Heinemann in gewissem Sinne von der damals immer noch verbreiteten Abneigung der Deutschen, im Zusammenhang mit dem NS-Regime allzu energisch nachzufragen. Auf der anderen Seite war Heinemann nicht zuletzt als Bundespräsident ehrlich darum bemüht, dass sich die Deutschen zur Mitverantwortung oder auch Mitschuld an den nationalsozialistischen Verbrechen bekannten.

Auf diese ihm oft bescheinigte Glaubwürdigkeit kam es entscheidend an, wenn Bundespräsident Heinemann auf Staatsbesuch ging, vor allem dann, wenn er in Staaten reiste, die unter nationalsozialistischer Besatzung gelitten hatten, um dort das Bild eines geläuterten (West-)Deutschlands zu repräsentieren, das sich seiner Vergangenheit stellte und die richtigen Lehren daraus zog. Die Staatsbesuche in den Niederlanden, in Norwegen und Dänemark gehörten denn auch zu den wichtigsten Missionen seiner fünfjährigen Amtszeit.

Die Staatsbesuche deutscher Bundespräsidenten sind Akte symbolischer Politik. In Ermangelung entsprechender Kompetenzen werden dabei keine politischen Entscheidungen getroffen oder gewichtige Verträge unterzeichnet. Tiefer gehende politische Gespräche werden gegebenenfalls vom mitreisenden Außenminister geführt. Es geht beim offiziellen Staatsbesuch vielmehr um die symbolische Kommunikation mit den jeweiligen Ländern und um die Repräsentation der Bundesrepublik in Person des Bundespräsidenten, in seinem Auftreten und seinen Reden. Dieser symbolische Charakter von Staatsbesuchen verschafft ihnen in der Regel nicht weniger, sondern sogar mehr öffentliche Aufmerksamkeit, da im Zentrum nicht Gespräche hinter verschlossenen Türen, sondern das in aller Öffentlichkeit gesprochene Wort und das allen sichtbare Auftreten des Staatsgastes stehen.

Heinemann war sich dieser Bedeutung seiner offiziellen Auslandsreisen voll bewusst und suchte der damit verbundenen Verantwortung durch angemessene Worte und Gesten gerecht zu werden. Betrachtet man das unmittelbare Echo in Presse und Öffentlichkeit sowie die Nachwirkungen seiner Staatsvisiten, ist ihm das vor allem bei seinen Besuchen in den Niederlanden, in Norwegen und Dänemark sehr gut gelungen.[56]

Bereits kurz nach seinem Amtsantritt hatte Heinemann den Wunsch geäußert, die westlichen Nachbarn der Bundesrepublik als Staatsgast zu besuchen. »Persönlich würde ich mich freuen, wenn die noch offenen, also noch nicht stattgefundenen Begegnungen mit unseren engeren Nachbarn stattfinden könnten.«[57] Das war jedoch 24 Jahre nach Ende des Zweiten Weltkriegs alles andere als eine diplomatische Routineangelegenheit. Dazu waren bei jenen »engeren Nachbarn« Niederlande, Dänemark, Luxemburg die Erinnerungen an die deutsche Besatzungsherrschaft noch zu gegenwärtig und die Vorbehalte gegenüber »den Deutschen« zu groß.

Von normalen, gutnachbarlichen Beziehungen zu den westlichen Nachbarn der Bundesrepublik konnte 1969 trotz gemeinsamer Mitgliedschaft in Nato und Europäischer Wirtschaftsgemeinschaft (EWG) noch keine Rede sein. Eine gewisse Ausnahme bildete das deutsch-französische Verhältnis, das nicht zuletzt durch den persönlichen Einsatz von Konrad Adenauer und Charles de Gaulle mit dem Elysée-Vertrag von 1963 auf eine neue Grundlage gestellt worden war. Staatsbesuche in Osteuropa lagen zu Beginn der Amtszeit von Heinemann noch außerhalb des Möglichen, da außer zur Sowjetunion und Rumänien die Bundesrepublik zu keinem Ostblockstaat diplomatische Beziehungen unterhielt und die neue Ostpolitik der Regierung Brandt/Scheel noch in ihren Anfängen steckte. Insofern war Heinemanns Staatsbesuch in Rumänien im Mai 1971 ein erster Testlauf für die Verständigung auch mit dem Osten.

Die Bundesregierung war ab 1962 bereits mehrmals in Den Haag wegen eines Staatsbesuches des Bundespräsidenten vorstellig geworden. Immer wieder jedoch hatte die niederländische Regierung abgelehnt. Dafür sei es noch zu früh, hieß es unter Hinweis auf die schmerzlichen Erinnerungen an die deutsche Besatzungsherrschaft. Die abwehrende Haltung hing auch mit der Person des damaligen Amtsinhabers zusammen, da man Heinrich Lübke eine gewisse Nähe zu den Nationalsozialisten unterstellte, wobei der – weitgehend unbewiesene, bzw. inzwischen widerlegte – Verdacht eine Rolle spielte, Lübke habe als Mitarbeiter eines Architekturbüros an der Errichtung von KZ-Gebäuden mitgewirkt.[58]

Die Wahl Gustav Heinemanns zum Bundespräsidenten bewirkte in den Niederlanden einen Stimmungsumschwung. Als Mann der Bekennenden Kirche und erklärter Nazi-Gegner war Heinemann in den Niederlanden nunmehr ein willkommener Staatsgast. Nicht zuletzt jene Rede Heinemanns zum Gedenken an die Attentäter vom 20. Juli 1944 hatte den Niederländern gezeigt, dass der neue Amtsinhaber für eine rückhaltlose Auseinandersetzung mit der nationalsozialistischen Vergangenheit stand.

Bereits im August 1969 erging eine offizielle Einladung durch Königin Juliana an den Bundespräsidenten. Nach einem Bericht des deutschen Botschafters habe man »von Seiten der niederländischen Regierung … den Zeitpunkt für gekommen gehalten, jetzt einen solchen Besuch unbefangen und ohne Vorbehalte durchzuführen.« Außenminister Luns persönlich habe der Königin Juliana die Einladung mit den Worten »jetzt oder nie« vorgeschlagen.[59] Die Niederlande wünschten einen Termin noch im Jahr 1969 – und nicht Anfang 1970 wie vom deutschen Präsidialamt vorgeschlagen –, damit der Besuch des Bundespräsidenten nicht in zeitliche Nähe des Gedenkens an den 25. Jahrestag der Befreiung von der deutschen Besatzung fiel.[60] Als Termin wurde somit die Zeit vom 24. bis 27. November 1969 gewählt. Zu den Zielen seines Staatsbesuchs äußerte sich Heinemann kurz vor der Abreise in einem Fernsehinterview: »Ich möchte in Holland dazu beitragen, dass die Verhaltenheiten, die begreiflicherweise im holländischen Volk … noch da sind, aufgelockert werden, sodass wir gerade mit einem Land, das unmittelbar an uns angrenzt, und das so Schreckliches unter der deutschen Besatzung erlebt hat, einen Schritt weiterkommen.«[61]

Dabei waren sich Heinemann und seine Mitarbeiter vollauf bewusst, wie schwierig dieser Staatsbesuch sein würde, der erklärtermaßen der Versöhnung zwischen beiden Völkern dienen sollte. Als warnendes Beispiel stand ihnen der Staatsbesuch von Bundespräsident Theodor Heuss 1958 in Großbritannien vor Augen, als Heuss von Teilen der britischen Presse und auch in der Öffentlichkeit eher kühl aufgenommen worden war, sodass der Besuch von der Bundesregierung und Heuss selbst als teilweise misslungen bewertet wurde.[62]

Umso sorgfältiger musste der Heinemann-Besuch in den Niederlanden vorbereitet werden. Welche Orte sollte der Bundespräsident besuchen, welche Worte sprechen, um das Versöhnungsbegehren der Deutschen angemessen und glaubhaft zum Ausdruck zu bringen? Das im Zusammenwirken von Botschaft, Auswärtigem Amt und Bundespräsidialamt erarbeitete Besuchsprogramm sah zunächst als zentrale Programmpunkte eine Kranzniederlegung am Nationaldenkmal für die Kriegsopfer nahe dem königlichen Palast und einen Besuch des Anne-Frank-Hauses zum Gedenken an die jüdischen Opfer der nationalsozialistischen Herrschaft in den Niederlanden vor.[63]

Ein Besuch im Anne-Frank-Haus wurde von niederländischer Seite jedoch abgelehnt. Der Bundespräsident solle vielmehr das Ehrenmal »Hollands Schouwbourg« in Amsterdam besuchen. In dem ehemaligen Theater hatten die nationalsozialistischen Besatzer zehntausende Juden vor ihrem Transport in die Vernichtungslager zusammengetrieben. Auf Wunsch der niederländischen Regierung sollte am Ehrenmal »nur ein kurzer Aufenthalt für stilles Gedenken (ohne Ansprache oder Kranzniederlegung) stattfinden.« Offenbar hatten sich vor allem Vertreter der niederländischen jüdischen Gemeinden gegen einen Besuch Heinemanns im Anne-Frank-Haus ausgesprochen. Offiziell wurde die Ablehnung damit begründet, dass es »räumlich weniger geeignet und ... mehr und mehr ein Touristenanziehungspunkt geworden sei«.[64] Einige jüdische Stimmen sollen in einem etwaigen Besuch des Bundespräsidenten aber auch einen Akt der »Entweihung« gesehen haben.[65] Wo auch immer das Gedenken an die jüdischen Opfer der Nazi-Herrschaft in den Niederlanden stattfinden sollte, für Heinemann war es ein zentrales Anliegen seines Besuches. »Das Zeichen, das mit dem Besuch an diesem erinnerungsschweren Ort gesetzt wurde, schien mir unumgänglich zu sein. Es bedurfte freilich erst einer Abklärung mit den zuständigen Rabbinern und deren Gemeinden, ehe mein Besuch dort angenommen wurde.«[66] Die Zustimmung kam erst eine Woche vor dem Besuchstermin.[67] Auf deutscher Seite achtete man peinlich darauf, dass im Gefolge des Bundespräsidenten sich keine nationalsozialistisch belasteten Personen befanden.

Beamte, die schon vor 1945 Dienst getan hatten, durften am Staatsbesuch nicht teilnehmen.[68]

Am 24. November 1969 trafen Bundespräsident Heinemann und seine Frau Hilda auf dem Amsterdamer Hauptbahnhof ein, wo sie von Königin Juliana und Prinz Bernhard empfangen wurden. Es war der erste offizielle Besuch eines deutschen Staatsoberhaupts in den Niederlanden seit 78 Jahren.[69] Von der holländischen Presse wurde Heinemann sehr positiv begrüßt. So konnte sich die konservative Tageszeitung De Telegraaf keinen »besseren deutschen Abgesandten« vorstellen, um die Normalisierung der Beziehungen zu besiegeln. Das Allgemeen Handelsblad begrüßte Heinemann als »den Vertreter des ›anderen Deutschlands‹, des Deutschlands, das sich Hitler widersetzte.« Es sah in ihm »den geeigneten Mann, um die sachliche Versöhnung zwischen beiden Ländern zu personifizieren.«[70] Diese positive Grundstimmung gegenüber einem Bundespräsididenten Heinemann blieb auch den deutschen Sicherheitsleuten nicht verborgen. In ihrer »Einschätzung der Gefährdungslage« schrieb die »Sicherungsgruppe Bonn«: »Besondere Gefährdungsmomente sind nicht ersichtlich. … Allgemein hat der Name des Bundespräsidenten in den Niederlanden einen sehr guten Klang.«[71]

Gleichwohl bleibt bemerkenswert, dass diese überaus positive Beurteilung Heinemanns sein insgesamt auch ambivalentes Verhalten während der nationalsozialistischen Herrschaft weitgehend ausblendete, als er nicht nur Mitglied der Bekennenden Kirche, sondern auch Vorstandsmitglied eines »kriegswichtigen« Bergbauunternehmens war. Von den rund 550.000 niederländischen Zwangsarbeitern im Deutschen Reich waren auch einige Hundert auf den Zechen der Rheinischen Stahlwerke eingesetzt. Man hielt Heinemann aber offenbar jene Selbstanklage zugute, die er etwa mit dem Satz »Warum habe ich im Dritten Reich nicht mehr widerstanden?« zum Ausdruck brachte, und die man im Ausland bei anderen deutschen Politikern so lange vermisst hatte. Überhaupt stand das Thema »Zwangsarbeit« und deren Entschädigung im Jahr 1969 noch nicht auf der Tagesordnung. Es sollte noch über zwei Jahrzehnte dauern, bis das Schicksal der mehr als 1,2 Millionen Zwangsarbeiter unter nationalsozialistischer Herrschaft zu einem brisanten politischen und gesellschaftlichen Thema sowie zum Gegenstand von Gerichtsverfahren, umfassenden Entschädigungsregelungen und wissenschaftlichen Forschungsprojekten wurde.

Noch am Tag seiner Ankunft besuchte Bundespräsident Heinemann vormittags das niederländische Nationaldenkmal für die Kriegsopfer vor dem königlichen Palast, wo er im Gedenken an die über 200.000 niederländischen Kriegstoten einen Kranz niederlegte. Am Nachmittag begab Heinemann sich zur Hollandse Schouwburg, der einstigen Sammelstelle für die niederländischen Juden vor ihrer Deportation in die Vernichtungslager. An der Gedenkzeremonie nahmen nur der

Bundespräsident und seine Frau, das niederländische Königspaar, Vertreter der jüdischen Gemeinden und der Bürgermeister von Amsterdam teil. Verabredungsgemäß ergriff niemand das Wort. Nach übereinstimmenden Berichten zeigte sich Heinemann sehr bewegt. Einer der anwesenden Rabbiner sah in Heinemanns Auftreten »ein stillschweigendes Sühnebekenntnis des deutschen Volkes«.[72]

Am zweiten Tag fuhr Bundespräsident Heinemann in die Hafenstadt Rotterdam, die von der deutschen Luftwaffe im Mai 1940 zu großen Teilen zerstört worden war. Dort besichtigte er u. a. die mächtige St. Laurenskirche, die als eines der wenigen historischen Gebäude nach dem Krieg wieder aufgebaut worden war. Die vor dem Rathaus aufgestellte Ehrenwache wurde vom Korps Mariniers gestellt, der gleichen Einheit, die 30 Jahre zuvor Rotterdam gegen die Wehrmacht verteidigt hatte. Die niederländischen Gastgeber wollten deren Anwesenheit durchaus als eine ehrenvolle Geste für den deutschen Staatsgast verstanden wissen.[73] Bei seiner Begrüßung sparte der Bürgermeister nicht mit lobenden Worten für den Gast. »Herr Bundespräsident, Sie haben selbst gesagt, Trägheit ärgere Sie. ... und das dürfte erläutern, weshalb Sie in dem Sinne nicht immer pünktlich sind, dasz (!) Sie bei Verabredungen gerne mal zu früh kommen. Ich hoffe, dasz Ihnen aus meinen Worten eines deutlich geworden ist: hier, in Rotterdam, kommen Sie nicht zu früh! ... Wahrscheinlich zum Überflusz (!) darf ich dazu ... Erklärungen zum Ausdruck bringen: Ihre eindrucksvollen und mutigen Reden über Ihr Land, Ihr Volk ... sind auch hierzulande mit Beifall und Bewunderung begrüszt worden.«[74]

Nicht weniger respektvoll fiel die Begrüßung durch den Bürgermeister von Den Haag aus. »Eine unserer Zeitungen schrieb nach Ihrer Wahl, Herr Präsident, Sie seien ein ›durch und durch untadeliger Mann, ein Demokrat von Kopf bis Fuß‹. Aus diesem Grund – wir teilen nämlich dieses Urteil in breiten Kreisen der niederländischen Bevölkerung – heißen wir Sie in Den Haag nicht nur aus Förmlichkeit und in Ihrer hohen Stellung willkommen, sondern auch aus viel natürlicheren Gründen. ›Ach, was‹, haben Sie einmal gesagt, ›ich liebe keinen Staat, ich liebe meine Frau.‹ Sie glauben nicht, Herr Präsident, wie charmant das aus einem deutschen Mund klingt.«[75]

Neben seinem Auftreten fanden die Ansprachen Heinemanns bei offiziellen Empfängen besondere Beachtung. Der Bundespräsident beeindruckte dabei seine Gastgeber insbesondere durch einen zurückhaltenden Gestus und die unmissverständliche Verurteilung der nationalsozialistischen Verbrechen. »Mein Besuch in Ihrem Lande ... ist nicht Erfüllung einer protokollarischen Pflicht. Er will bekunden, dass wir uns in Deutschland bewusst bleiben, welches Leid wir dem niederländischen Volk zufügten. Er ist die Annahme einer Hand, die über den schon auf vielen Gebieten erreichten neuen Anfang unter unseren Völkern hinaus die noch verbliebene Verhaltenheit uns gegenüber vollends überwinden will.« Sodann würdigte Heinemann die freiheitlichen Traditionen der Niederlande, um anschließend das Versagen der meisten Deutschen gegenüber der NS-Diktatur anzusprechen. »Wir haben das Hitler-Regime nicht zu verhindern gewusst und auch nicht aus eigener Kraft abgeschüttelt.« Dann ließ Heinemann einen Satz folgen, der nichts weniger als eine Umkehr im westdeutschen Geschichtsbewusstsein bedeutet hätte, wenn ihn denn eine Mehrheit der Bundesdeutschen schon 1969 in dieser Form akzeptiert hätte. »Umso mehr haben viele Menschen auch in Deutschland seinen Zusammenbruch als Befreiung empfunden.«[76] Dass der »Zusammenbruch« auch für die Deutschen faktisch eine »Befreiung« war, sollte 16 Jahre später ein anderer Bundespräsident, Richard von Weizsäcker, noch einmal aussprechen und damit bei den Deutschen mutmaßlich auf mehr Zustimmung stoßen als Heinemann im Jahr 1969.[77]

Die niederländische Reaktion auf den Heinemann-Besuch war durchweg positiv. Endlich seien von deutscher Seite jene moralischen Gesten gekommen, »auf die man so lange gewartet hatte.«[78] Auf staatssymbolischer Ebene trieb Bundespräsident Heinemann damit einen Aussöhnungsprozess voran, der auf »realpolitscher« Ebene sechs Jahre zuvor mit der »Generalbereinigung« (Entschädigungszahlungen) in eine neue Phase getreten war. Auch Heinemann und seine Begleiter zogen eine positive Bilanz. Der Besuch habe zweifellos zur atmosphärischen Verbesserung in den beiderseitigen Beziehungen beigetragen.

Dennoch konnte sich Heinemanns Delegation einer gewissen Enttäuschung über die Zurückhaltung der niederländischen Bevölkerung nicht enthalten. Diese war aber eher eine Temperamentsfrage als Ausdruck fortbestehender Ressentiments. Zudem war das öffentliche Interesse an Staatsbesuchen Ende der sechziger Jahre allgemein in den europäischen Staaten nicht mehr ganz so groß, wie es sich das Protokoll des Bundespräsidalamts vielleicht gewünscht hätte. All das schmälerte nicht die positiven Effekte des Heinemann-Besuchs für die deutsch-niederländischen Beziehungen und für das Ansehen der Bundesrepublik in (West-)Europa.

Nicht zuletzt bei vielen Deutschen fand der Besuch von Heinemann ein ausgesprochen positives Echo, wie es etwa in zahlreichen Zuschriften an den Bundespräsidenten zum Ausdruck kam. Nicht alle freilich waren so hoch gestimmt wie der Brief von Ursula A. aus West-Berlin: »Wie viele andere Bürger Deutschlands habe ich in den Tagen Ihres Besuches in den Niederlanden mit aufrichtiger Bewunderung und Dankbarkeit verfolgt, wie Sie und Ihre Gemahlin diese schwere Aufgabe erfüllten. Ich habe nach dem Kriege bei Verwandtenbesuchen in Holland mit Erschütterung festgestellt, wie vernichtend die äußeren Zerstörungen, die Deportationen, die Tötungen und die inneren Verwundungen waren, die Deutsche dort während des Krieges verursacht hatten. In jedem einzelnen Gespräch schien es undenkbar, Trennungen zwischen unseren Völkern zu überwinden, die durch deutsches Verschulden entstanden waren.

Sie haben ... bei Ihrem Besuch durch jedes Wort und jede Geste Versöhnung ermöglicht. Ich bin mit vielen Deutschen glücklich, durch einen solchen Bundespräsidenten dem Ausland gegenüber vertreten zu werden.«[79]

Erna K. schrieb: »Ihr kürzlicher Besuch in Holland rief mir meine frühere Absicht [Ihnen zu schreiben,T. F.] ins Gedächtnis zurück. Als Jüdin beeindruckte und freute es mich, dass Sie dort auch das jüdische Mahnmal besuchten. Es zeigte mir nur von neuem Ihr edles, menschliches Einfühlungsvermögen. ...In England, wo ich 12 ½ Emigrationsjahre verbrachte, wurde ich von Quäkern betreut. Ich glaube, dass Sie in Ihrem Wesen diesen wunderbaren Menschen gleichen, besonders in Ihrer Schlichtheit, die weise, bedeutende Menschen auszeichnet.«[80]

Auch die 20jährige Kindergärtnerin Ruth K. und ihr 26jähriger Ehemann Kurt griffen zur Feder. »Ihr Auftreten in Holland und Ihre Art imponieren uns ... sehr. ... Jedenfalls sind wir beide sehr stolz auf Sie und Ihre Gattin als Landesvater und –Mutter! Wenn es doch nur mehr Menschen Ihres Kalibers in all den vielen Führungsspitzen des öffentlichen Lebens gäbe!«[81]

Der Gegenbesuch von Königin Juliana zwei Jahre später konnte fast schon als diplomatische Routine-Angelegenheit und Bestätigung »normaler« Nachbarschaftsbeziehungen interpretiert werden. Dafür sprach auch, dass vonseiten der Niederlande Erinnerungsgesten in Bezug auf die NS-Vergangenheit in der Ursprungsplanung des Besuchs nicht vorgesehen waren. Der Akzent sollte auf den deutsch-niederländischen Beziehungen in der frühen Neuzeit und die nassauischen Wurzeln des Königshauses liegen. Als dies in der niederländischen Öffentlichkeit aber auf Befremden stieß, wurde nachträglich vereinbart, dass Königin Juliana auf dem Ehrenfriedhof in Hamburg-Ohlsdorf im Beisein von Bundespräsident Heinemann der 449 niederländischen Opfer des KZ Neuengamme gedachte.[82] Der Staatsbesuch erhielt dadurch einen stärker politischen Akzent, ohne dass die eher freundlich-entspannte Atmosphäre sich insgesamt verdüstert hätte. Offenbar hatte Heinemann mit seinem Holland-Besuch von 1969 tatsächlich »das Eis gebrochen«.[83]

Im Oktober 1971 kommentierte das NRC Handelsblad: »Für diesen niederländischen Besuch in Deutschland war kein günstigerer Augenblick denkbar. Nicht nur befinden sich die Ämter des Bundespräsidenten und des Bundeskanzlers in den Händen von Männern, die in jedem Land eine Zierde des öffentlichen Lebens wären, sondern das Bemühen der Bundesregierung, wie es sich auf die Versöhnung mit all ihren Nachbarn richtet, kann der Zustimmung beinahe aller Niederländer sicher sein.«[84]

Auch die Staatsbesuche in Dänemark und Norwegen im Juni bzw. September 1970 sollten der Aussöhnung mit Ländern dienen, die unter nationalsozialistischer Besatzung gelitten hatten. »Ich habe von Anfang an Wert darauf gelegt, dass zunächst einmal Klarheit geschaffen wird mit unseren Nachbarn, die wir überfallen, misshandelt und malträtiert haben«, so Heinemann vor seinem Norwegen-Besuch.[85]

Wie schon in den Niederlanden stand der Aussöhnungsgedanke auch bei den Staatsbesuchen in Dänemark und Norwegen im Vordergrund. Und auch bei den nördlichen Nachbarn trug Heinemann durch Auftreten und Worte wesentlich zur Überwindung von Vorbehalten gegenüber den Deutschen bei. Es war Heinemanns ausdrücklicher Wunsch, in beiden Ländern die Gedenkstätten für die Toten von Krieg und Widerstand zu besuchen. In Dänemark begab sich der Bundespräsident in den Gedenkhain in Ryvangen, wo er die rund 900 umgekommenen dänischen Widerstandskämpfer mit einer Kranzniederlegung ehrte. Am Mahnmal im Alten Hafen von Kopenhagen gedachte Heinemann zudem derjenigen dänischen Seeleute, die im Dienst der Alliierten ums Leben gekommen waren. In einem Interview mit einer dänischen Zeitung hatte Heinemann vor Antritt der Reise ausdrücklich betont, dass er die Kranzniederlegungen nicht »aus äußeren Beweggründen, sondern aus innerer Überzeugung und in Demut« vornehmen werde.[86]

Das weitere Besuchsprogramm folgte den Bahnen eines konventionellen Staatsbesuchs, wobei das betont herzliche Verhältnis zwischen dem dänischen Königspaar Frederik IX. und Königin Ingrid und Heinemann sowie seiner Frau Hilda von Beobachtern bereits als Ausdruck einer gelungenen bzw. weit fortgeschrittenen Aussöhnung gewertet wurde. Wie schon beim Besuch der Niederlande spielte die Person des Bundespräsidenten, insbesondere seine Vergangenheit, eine zentrale Rolle. Die dänische Presse begrüßte Heinemann als »Symbol eines neuen Deutschlands« und »Vertreter für Toleranz«.[87]

Im September 1970 ging auch der nicht weniger belastete Norwegen-Besuch Heinemanns ohne Irritationen über die Bühne. Es war die dritte »Versöhnungsreise« des Bundespräsidenten seit seinem Amtsantritt und auch sie wurde ein diplomatischer Erfolg. Wiederum war die deutsche Delegation bewusst klein gehalten und bestand nur aus Beamten, die unter dem NS-Regime noch nicht Dienst getan hatten. Als Ausdruck besonderer Zurückhaltung wünschte Heinemann, dass beim Regierungsflugzeug die militärischen Hoheitszeichen – das Eiserne Kreuz und der Schriftzug »Luftwaffe« – verdeckt würden, was Bundesverteidigungsminister Helmut Schmidt jedoch ablehnte.

Im Mittelpunkt der Staatsvisite stand wiederum der Besuch nationaler Gedenkstätten. Bereits am ersten Besuchstag legte Heinemann im Beisein von König Olav V. am Ehrenmal für die Opfer des Zweiten Weltkriegs einen Kranz nieder. Zwei Tage später besuchte Heinemann das »Heimatfrontmuseum« (Hjemmefrontmuseet) auf der Festung Akershus, das die Leiden der norwegischen Bevölkerung unter der deutschen Besatzung und den Widerstand gegen die Besatzer dokumentiert. Vor dem Museumsrundgang traf Heinemann sich mit Veteranen des norwegischen Widerstands. Auch in Norwegen bedauerte Heinemann bei zahlreichen Gelegenheiten das Leid, das den Norwegern durch den Angriff und die Besetzung durch das nationalsozialistische Deutschland zugefügt worden war. »Wir müssen uns unserer Vergangenheit stellen,« betonte der Bundespräsident in seiner Tischrede beim Staatsbankett.[88]

Von der norwegischen Öffentlichkeit und Presse wurden diese Schuldbekenntnisse des deutschen Bundespräsidenten ganz überwiegend mit dankbarem Respekt aufgenommen. Besonderes Aufsehen erregte sowohl in Norwegen als auch in der Bundesrepublik die Tatsache, dass König Olav V., beim Galadiner seine Ansprache auf Deutsch hielt. In Norwegen war nämlich allgemein bekannt, dass der König sich nach Kriegsende geschworen hatte, nie mehr Deutsch zu sprechen. In der norwegischen Presse fehlte zudem selten der Hinweis, dass diese Gesten der Aussöhnung erst mit einem Bundespräsidenten Heinemann möglich geworden seien.[89] Auch die deutsche Seite war mit dem Ablauf des Besuchs hoch zufrieden. So schrieb der deutsche Botschafter in seiner Einschätzung: »Das deutsch-norwegische Verhältnis (hat) durch die Besatzungszeit besonders schwer gelitten. … Umso bemerkenswerter war, dass dieser … Besuch eines deutschen Staatsoberhaupts … von Anfang an im Zeichen einer herzlichen, für norwegische Verhältnisse geradezu ›überschwenglichen‹ Atmosphäre stand.«[90] Heinemanns Persönlichkeit hatte dazu sicher wesentlich beigetragen. So hieß es in der einflussreichen norwegischen Zeitung »Aftenposten«: »Ein Präsident ist das Symbol der Staatsgründung eines Volkes. Heinemann kommt nach Norwegen als Repräsentant einer Nation, die großes Unglück über Europa gebracht hat. Er ist aber auch der Abgesandte eines Volkes, das sich aus der moralischen Erniedrigung emporgearbeitet und in den Ruinen des Dritten Reiches ein neues demokratisches Deutschland geschaffen hat. Es besteht ein neues Deutschland in so manigfacher Form, und Gustav Heinemann war in all den Jahren aktiv dabei, es zu schaffen.«[91]

Nach Abschluss seiner Staatsbesuche in den Niederlanden, Dänemark und Norwegen – es folgten Reisen ins ebenfalls von der Wehrmacht besetzte Luxemburg (November 1973) und nach Belgien (März 1974) – zeigte Heinemann sich erleichtert und erfreut über deren Verlauf und diplomatischen Ertrag. Es spricht einiges dafür, dass Heinemann diese »Versöhnungsreisen« in die westlichen Nachbarstaaten – neben seinem Eintreten für »Bürgermut« und staatsbürgerliche Verantwortung – als die wichtigste Mission seiner Amtszeit betrachtete. So soll er am Abend des ersten Besuchstags in Oslo zu seiner Begleitung geäußert haben: »Wenn Norwegen gut geht, habe ich eigentlich meine Pflicht getan und kann abtreten.«[92] Norwegen »ging gut«, aber in seinem Amt als Bundespräsident blieb Heinemann doch noch manche Aufgabe zu erfüllen.

Dazu gehörten auch weitere Staatsbesuche, u.a. in Venezuela, Kolumbien und Ecuador (März/April 1971) sowie Großbritannien (Oktober 1972), Schweden (März 1970) und Japan (Mai 1970).

So erfolgreich die »schwierigen« Staatsbesuche in den Niederlanden, Norwegen, Dänemark aus Sicht der meisten Beobachter verlaufen waren, gab es doch auch Kritik an Heinemann. Konservative Kreise titulierten ihn bisweilen als »Sühnedeutschen«, der es mit dem Bekenntnis zu deutscher Schuld im Ausland manchmal etwas übertreibe. Die Tageszeitung »Die Welt« forderte beispielsweise, dass die bußfertige Verbeugung Deutschlands im Ausland einen »bestimmten Neigungswinkel« nicht überschreiten dürfe. Heinemann focht das nicht an: »Also, das würde ich nicht gelten lassen, dass ich da je das gute Maß überschritten hätte.«[93]

Heikel war auch eine andere Frage, die im Zusammenhang mit den Staatsbesuchen in ehemals besetzten Ländern auftauchte. Dort lagen zahlreiche deutsche Soldaten begraben. Sollte das deutsche Staatsoberhaupt auch ihrer, der gefallenen Landsleute, gedenken, etwa durch eine Kranzniederlegung auf einem Soldatenfriedhof? Die deutsche Seite entschied sich in diesen Fällen für ein sehr zurückhaltendes Vorgehen, das vor allem die Gefühle der Gastgeber nicht verletzte aber auch die der deutschen Angehörigen berücksichtigte. Aus Oslo berichtete der deutsche Botschafter: »Ich habe Herrn Bommen [den für die Besuchsplanung zuständigen norwegischen Kabinettssekretär, T.F.] davon unterrichtet, dass, wenn der Präsident am norwegischen Nationalmonument einen Kranz niederlegt, gleichzeitig durch den Militärattaché ... am deutschen Soldatenfriedhof Alfaset ein Kranz niedergelegt wird. Herr Bommen nahm dies zur Kenntnis, bat jedoch, um irgendwelche Verstimmungen zu vermeiden, dieser Kranzniederlegung keine überflüssige Publicity zu geben. Es empfiehlt sich sicher nicht, deutsche Journalisten zu dieser Kranzniederlegung nach Alfaset mitzunehmen.«[94] Auch beim Staatsbesuch in Rumänien im Mai 1971 wurde das Gedenken an deutsche Kriegstote in dieser Weise zum Ausdruck gebracht, nachdem die deutsche Seite ihr Anliegen mit einiger Bestimmtheit kundgetan hatte. »Bundespräsidialamt bittet folgende Stellungnahme ... zuständigen rumänischen Stellen umgehend zuzuleiten: ... Bundespräsident überlegt, evtl. selbst Kranz auf deutschem Friedhof »Pro Patria« niederzulegen. Er besteht darauf, dies zumindest durch einen Beauftragten tun zu lassen.«[95]

Innenpolitisch besonders umstritten war Heinemanns Staatsbesuch in Rumänien im Mai 1971, handelte es sich doch um den ersten Staatsbesuch eines Bundespräsidenten in einem Mitgliedsstaat des Warschauer Paktes. Konservative Kreise kritisierten, dass durch die Reise das kommunistische Regime von Nicolai

Ceausescu international aufgewertet werde. Auf der anderen Seite würdigte Bonn durch die Staatsvisite nicht zuletzt die politische Unabhängigkeit, die Ceausescu sich innerhalb des von Moskau dominierten Ostblocks bis zu einem gewissen Grad erkämpft hatte. So hatten sich rumänische Truppen nicht an der Niederschlagung des »Prager Frühlings« im August 1968 beteiligt.

Überhaupt hielt es Heinemann für an der Zeit, nach dem erfolgten Brückenschlag zum Westen die politischen und diplomatischen Fühler nun verstärkt nach Osten auszustrecken. »Es komme entscheidend darauf an, nach dem Ausgleich mit dem Westen nun ein geordnetes Verhältnis zu den Ländern des Ostblocks zu finden«. So Heinemann im Gespräch mit rumänischen Journalisten.[96] Rumänien, zu dem die Bundesrepublik als einzigem Ostblockstaat außer der Sowjetunion seit 1967 diplomatische Beziehungen unterhielt, schien dafür eine geeignete Station. Zudem war das Rumänien des Nicolai Ceausescu im Jahr 1971 noch nicht jene besonders finstere Diktatur, zu der es sich seit Ende der siebziger Jahre zunehmend entwickeln sollte.

Die sozialliberale Regierung war jedoch darauf bedacht, dass durch den Rumänien-Besuch von Bundespräsident Heinemann bei den Verbündeten kein falscher Verdacht aufkommen konnte, etwa im Sinne einer zu starken Aufwertung eines komunistischen Regimes. Um diesen Eindruck zu verhindern, wandte sich Bundeskanzler Brandt während der Besuchsplanug direkt an den Bundespräsidenten: »Wir hatten ... darüber gesprochen, dass es zweckmäßig wäre, den Besuch in Rumänien durch einen zeitlich nahe gelegenen Besuch in einem westlich orientierten Land auszubalancieren. Ich würde es begrüßen, wenn sich Ihre geplante Reise nach Italien oder nach Südamerika zeitlich vorziehen ließe.«[97] So geschah es denn auch. Im März 1971 – zwei Monate vor der Staatsvisite in Rumänien – besuchte Heinemann Venezuela, Kolumbien und Ecuador. Die empfindliche »Architektur« der Staatsbesuche war wieder austariert.

Ein seit langem schwelendes Problem in den bilateralen Beziehungen zwischen Bonn und Bukarest stellte die deutschstämmige Minderheit in Rumänien dar. Von diesen insgesamt rund 400.000 Siebenbürger Sachsen und Banater Schwaben wollten viele auf dem Weg der Familienzusammenführung in die Bundesrepublik übersiedeln, was Bukarest aber durch bürokratische Hürden und die Festsetzung hoher »Ausgleichszahlungen« sehr erschwerte. Heinemann wollte sich im Rahmen des Staatsbesuchs für die betroffenen Menschen einsetzen und dabei auch deren Siedlungsgebiet Siebenbürgen besuchen. In dieser Absicht wurde er nicht zuletzt von seinem engen Freund Helmut Gollwitzer bestärkt.

Dieser kannte die Problematik durch persönliche Kontakte nach Rumänien und machte konkrete Vorschläge. Um die staatlichen Hürden zu umgehen, nutzten viele Siebenbürger Besuchsreisen zu Verwandten in Westdeutschland, um

Rumänien auf Dauer den Rücken zu kehren. Bukarest hatte darauf mit starken Einschränkungen von Besuchsreisen reagiert. Gollwitzer schrieb an Heinemann: »Es wäre der rumänischen Regierung möglich, die Erlaubnis zu Besuchsreisen im wünschenswerten Maße zu geben, wenn die deutschen Behörden ihr die Gewissheit gäben, dass Leute mit Besuchs-Visum sich in Deutschland nicht niederlassen können, nicht deutsche Staatsangehörigkeit und keine Arbeitserlaubnis und sonstige Unterstützung bekämen, wenn sie nicht zurückkehren wollen. Vielleicht kannst Du darüber mit Scheel sprechen.«[98]

Es war dies einer von zahlreichen Fällen, in denen Helmut Gollwitzer dem Bundespräsidenten konkrete Ratschläge erteilte, die in nicht wenigen Fällen auch Berücksichtigung fanden. Im Falle der Deutschstämmigen kam Bonn dem Ceausescu-Regime jedoch nicht so weit entgegen wie von Gollwitzer vorgeschlagen.

Die Bundesregierung hatte die politische Brisanz klar vor Augen und näherte sich dem Problem der Rumäniendeutschen entsprechend vorsichtig. Das Auswärtige Amt riet zu großer Zurückhaltung. »Es wird vorgeschlagen, das Problem der Familienzusammenführung und die Verwandtschaftsbesuchsreisen in allgemeiner Form in kleinerem Kreis vertraulich anzusprechen ... (Von der) Überreichung von Bittschreiben in Einzelfällen oder einer entsprechenden Namensliste durch den Herrn Bundespräsidenten« werde abgeraten.[99] Bonn entsprach damit weitgehend den rumänischen Forderungen. »Der [rumänische, T. F.] Botschafter bat sehr eindringlich darum, ... im Zusammenhang mit dem Staatsbesuch das Thema ›Familienzusammenführung‹ in der Öffentlichkeit auf möglichst kleiner Flamme zu kochen. Je diskreter dieses Thema behandelt werde, desto leichter würde sich die Aktion fortsetzen lassen.«[100]

Ein umso höherer Symbolwert würde einem Besuch des Bundespräsidenten in Siebenbürgen zukommen, auf den die deutsche Seite zwar zurückhaltend, aber beharrlich hinarbeitete. Bei einem vorbereitenden Treffen mit dem rumänischen Botschafter fragte der Chef des Präsidialamts, Staatssekretär Spangenberg, an, »ob der Herr Bundespräsident nicht nach Siebenbügen fahren könne«, vergaß aber nicht hinzuzufügen: »Wir möchten diese Reise nicht unternehmen, wenn Ihnen dies unangenehm ist.« Dann aber, so Spangenberg weiter, »müsste für die deutsche Öffentlichkeit eine Form gefunden werden, die klar macht, dass die Frage in anderer Weise behandelt worden ist (Kommuniqué).«[101] Dies war jedoch nicht nötig, da Bukarest nach einigem Zögern einem Besuch des Bundespräsidenten im siebenbürgischen Kronstadt (Brasov) zustimmte, wo Heinemann durch die deutschstämmige Bevölkerung »besonders herzlich« begrüßt wurde.[102]

Ein anderer Reisewunsch Heinemanns ließ sich allerdings nicht realisieren. Der Bundespräsident hatte gegenüber Bukarest den Wunsch geäußert, auch das Banater Dorf Saderlach zu besuchen, das einst von Auswanderern aus Südwestdeutschland gegründet worden war, die »ihre Heimat im Zusammenhang mit dem Aufstand der »Salpeterer« ... verlassen« mussten, einer von Bauern und Handwerkern getragenen Freiheitsbewegung im frühen 18. Jahrhundert. Die Stippvisite des Bundespräsidenten hätte also eine Reminiszenz an die von Heinemann so geschätzten Traditionen der deutschen Freiheitsbewegungen werden sollen.[103]

Zu den besonderen Akzenten, die Bundespräsident Heinemann in Rumänien setzte, gehörte auch der intensive Kontakt mit Vertretern der evangelischen und katholischen Kirche. Er besuchte in Bukarest einen evangelischen Gottesdienst und traf sich mit dem rumänischen Patriarchen und einem führenden Vertreter der evangelischen Kirche zu einem Abendessen.

Im Mittelpunkt des offiziellen Besuchsprogramms standen naturgemäß die Begegnungen mit Partei- und Staatschef Nicolai Ceausescu, wobei die Gespräche inhaltlich auf einer eher allgemeinen Ebene verblieben. Heinemann sprach sich u. a. für einen verstärkten Jugendaustausch und die Förderung von Städtepartnerschaften aus, worin Ceausescu ihm beipflichtete. Als der rumänische Staatschef sodann auf die »neue Ostpolitik« Bonns zu sprechen kam und deren Fortschritte lobte, konnte der Bundespräsident sich allerdings die Bemerkung nicht verkneifen, dass »gerade er ... nach dem Kriege von Anfang an betont (habe), wie sehr es notwendig sei, mit allen Nachbarn in Europa wieder Verständigung zu erreichen. Es sei eine Illusion gewesen (Adenauer und Dulles) zu glauben, man könne in Europa etwas ohne SU [Sowjetunion, T. F.] tun.«[104]

Dass Bundespräsident Heinemann die Grenzen seines Amtes auch bei einem Staatsbesuch stets vor Augen hatte, zeigt beispielhaft das Protokoll eines weiteren Zusammentreffens mit Ceausescu, an dem auch der mitgereiste Außenminister Scheel teilnahm. Denn dieser – und nicht der Bundespräsident – bestritt den überwiegenden Teil des Gesprächs, das sich vor allem um den Fortgang der Entspannungspolitik und das Projekt einer europäischen Sicherheitskonferenz drehte. »Nach Austausch der Begrüßungsworte erklärte Herr Bundespräsident, dass die Verhandlungsführung nicht Sache des Bundespräsidenten sei und daher Außenminister Scheel diese Gespräche in erster Linie führen würde.« Heinemann beschränkte sich im weiteren Verlauf des Treffens auf einige Zwischenbemerkungen, indem er u. a. davor warnte, die angestrebte Sicherheitskonferenz – die im Juli 1973 tatsächlich unter dem Namen »Konferenz über Sicherheit und Zusammenarbeit in Europa« (KSZE) in Helsinki eröffnet wurde – durch vorzeitiges Zusammentreten »zu ruinieren«. So müsse beispielsweise die Berlin-Frage zuvor gelöst werden. Sonst würde sich »die Sicherheitskonferenz gleich in diesem Punkte festfahren und es komme dann nicht zur Behandlung der anderen wichtigen Fragen.«[105] Aber, wie gesagt, es waren einige wenige Zwischenbemerkungen, bei denen es der Bundespräsident beließ. Die zentralen Gestaltungsmittel seines Amtes – darüber war sich Heinemann stets im Klaren – blieben sein persönliches Auftreten und die öffentliche Rede.

Auch als Gastgeber hatte Bundespräsident Heinemann zuweilen schwierige Situationen zu bewältigen. Denn neben den zahlreichen willkommenen Staatsgästen, kamen auch einige Politiker nach Bonn, die zu empfangen Heinemann einige Überwindung kostete. Zu diesen gehörten sicherlich der indonesische Diktator Suharto und der Regierungschef von Südvietnam, Nguyen Van Thieu, die beide sich in ihren Ländern schwerster Menschenrechtsverletzungen schuldig gemacht hatten. Beide gehörten jedoch zum »Lager des Westens« und wurden von den USA als Verbündete im Kampf gegen die Kommunisten betrachtet und gestützt. Aus Gründen der Staatsraison war Heinemann gehalten, sie trotz großer Vorbehalte offiziell zu empfangen. Im Falle des südvietnamesischen Generals Van Thieu, der sich faktisch selbst eingeladen hatte, überschritt Heinemann dabei aber deutlich die Grenzen der dipolomatischen Höflichkeit. Am 10. April 1973 trat er Van Thieu raschen Schritts entgegen und fragte schroff: »Sie haben gewünscht, hier empfangen zu werden – was gibt's?«[106] Heinemann sprach Van Thieu anschließend direkt auf die Lage der Kriegsgefangenen in Südvietnam an, über die man Erschreckendes gehört habe. Ein zunehmend verärgerter Van Thieu erwiderte, dass er danach schon in Washington und im Vatikan gefragt worden sei. Heinemann beharrte auf einer Antwort und schlug u. a. vor, südvietnamesische Gefangenenlager durch neutrale Beobachter inspizieren zu lassen. Der General antwortete ausweichend. Insgesamt dauerte das Gespräch in unterkühlter Atmospäre nicht länger als 45 Minuten.[107] Bundeskanzler Brandt und Außenminister Scheel hatten übrigens ein Treffen mit Van Theiu vermieden. Nach dem in Paris geschlossenen Waffenstillstandsabkommen zwischen den USA und Nord-Vietnam vom Januar 1973 – das allerdings nicht zu einem Ende der Kampfhandlungen geführt hatte – war man in Bonn entschlossen, eine »Haltung der Nichtparteinahme im Vietnam-Konflikt« einzunehmen, wie es in einem späteren Briefentwurf des Auswärtigen Amts für ein Schreiben des Bundespräsidenten an Van Thieu hieß.[108]

Zweieinhalb Jahre zuvor hatte der Besuch von Kemusu Suharto in der Bundesrepublik Heinemann vor innere Konflikte gestellt. Gegen den indonesischen Diktator gab es im Vorfeld des Besuchs vehemente Proteste, an denen sich neben linken Studenten auch namhafte Intellektuelle wie die Schriftsteller Heinrich Böll, Martin Walser, Erich Kästner und der Philosoph Ernst Bloch beteiligten. Heinemann wurde dabei ausdrücklich aufgefordert, Suharto angesichts der blutigen Unterdrückung von Oppositionellen in Indonesien nicht zu empfangen. Zusätzliches Gewicht erhielten die Proteste dadurch, dass mit Martin Niemöller und Helmut Gollwitzer zwei enge Weggefährten und Freunde Heinemanns zu den

Wortführern gehörten. Gollwitzer schickte sogar Informationsmaterial, um Heinemann über die Zustände in Indonesien ins Bild zu setzten. »Für Suharto-Besuch noch einiges über Indonesien. Schrecklich, was da ... geschieht. Für Euch ja auch nicht gerade einfach und angenehm.«[109]

So sehr Heinemann die Vorbehalte gegen den Suharto-Besuch teilen mochte, er konnte – und wollte – sich auch in diesem Fall den Zwängen seines Amtes nicht entziehen, da sowohl Bundeskanzler Willy Brandt als auch das Außenministerium eine Brüskierung Suhartos vermeiden wollten.[110]

Bevor er aber Suharto im September 1970 in der Villa Hammerschmidt empfing, hatte sich Heinemann ausbedungen, dass dabei auch über die Situation politischer Gefangener gesprochen werden sollte. Es war dann vor allem Hilda Heinemann, die über ihre engen Kontakte zu Amnesty International dafür sorgte, dass das Thema Menschenrechte vor und während des Suharto-Besuchs mehrmals zur Sprache kam. Bei dem Staatsempfang auf Schloss Brühl war sogar ein Vertreter von Amnesty International unter den offiziellen Gästen.

Der Spagat zwischen Staatsräson und diplomatisch zurückhaltender Kritik hatte Erfolg, wie die Gefangenenhilfsorganisation in einem Dankschreiben an Hilda Heinemann mitteilte. »Seit Suharto in Bonn war, hat sich die Politik der indonesischen Regierung gegenüber Amnesty International vollkommen gewandelt. ... Im indonesischen Außenministerium hat man unsere Delegation wissen lassen: Das verdanken wir Frau Heinemann.«[111]

Die Zwänge des Amtes verspürte Heinemann aber nicht nur, wenn er Staatsgäste zu empfangen hatte, denen er lieber aus dem Weg gegangen wäre. So führte das Bonner Außenministerium den Begriff »Staatsraison« zuweilen auch dann ins Feld, wenn Heinemann einem der Bonner Regierung eher unliebsamen Gast durch die Begegnung mit dem Bundespräsidenten bewusst öffentliche Aufmerksamkeit verschaffen wollte. So geschehen beispielsweise im Oktober 1970, als der brasilianische Bischof Dom Hélder Câmara, ein führender Vertreter der sogenannten »Befreiungstheologie« und Gegner des brasilianischen Militärregimes, in Bonn am »Deutschen Forum für Entwicklungspolitik« teilnahm. Heinemann schätzte den katholischen Geistlichen, der sich seit Jahrzehnten für die Belange der Armen in Südamerika und für demokratische Freiheiten einsetzte, und hätte ihn gern zu einem persönlichen Gespräch getroffen. Das Auswärtige Amt fürchtete jedoch negative Folgen für die Beziehungen zu Brasilien und anderen südamerikanischen Staaten – möglicherweise auch eine Verstimmung des Vatikans, dem die »Befreiungstheologie« nie ganz geheuer war – und ersuchte Heinemann dringend, von allzu deutlichen Sympathiebeweisen für Hélder Câmara abzusehen. Bundespräsidialamt und AA einigten sich schließlich auf einen Kompromiss. Bundespräsident Heinemann nahm zeitweise an der entwicklungspolitischen Konferenz teil, aber Dom Hélder Câmara ergriff erst das Wort, nachdem der Bundespräsident das Forum wieder verlassen hatte.[112]

Gesetzesunterzeichnungen und Parlamentsauflösung

Zu den wenigen konkreten Wirkungsmöglichkeiten eines Bundespräsidenten gehören neben seinen Reden und seinem öffentlichen Auftreten im In- und Ausland auch bestimmte »staatsnotarielle« Aufgaben, insbesondere die Ausfertigung aller Gesetze vor ihrer Veröffentlichung im Bundesgesetzblatt. Gemäß Art. 82 Abs. 1 GG ist damit das Recht bzw. die Pflicht verbunden, jedes vom Parlament beschlossene Gesetz vor der Unterzeichnung auf seine Verfassungsmäßigkeit zu überprüfen. Für diese Aufgabe steht dem Bundespräsidenten ein eigener Stab von hochqualifizierten Juristen zu Verfügung.[113]

Es kam und kommt allerdings sehr selten vor, dass ein Bundespräsident mit seiner Unterschrift zögert oder sie aufgrund verfassungsrechtlicher Bedenken sogar verweigert. Und noch seltener schlägt das Zögern des Bundespräsidenten bei der Ausfertigung eines Gesetzes so hohe politische und publizistische Wellen, wie im Falle des »Zuwanderungsgesetzes« aus dem Jahre 2002, das der damalige Bundespräsident Johannes Rau erst nach reiflicher Überlegung mit der Maßgabe unterzeichnete, das Gesetz anschließend dem Bundesverfassungsgericht zur Prüfung vorzulegen. Es ging seinerzeit um die Frage, ob die Zustimmung des Bundesrates zu dem Gesetz korrekt zustande gekommen war, was das Verfassungsgericht mit Urteil vom 18. Dezember 2002 verneinte. In leicht geänderter Form trat das Zuwanderungsgesetz am 1. Januar 2005 in Kraft.

Heinemann hat während seiner Amtszeit als Bundespräsident insgesamt viermal mit der Unterschrift unter ein Gesetz gezögert und zweimal die Unterzeichnung tatsächlich verweigert. In beiden Fällen nicht vollzogener Ausfertigung handelte es sich um vergleichsweise unspektakuläre Gesetze, und zwar das »Gesetz zum Schutz der Berufsbezeichnung ›Architekt‹« und das »Gesetz zum Schutz der Berufsbezeichnung ›Ingenieur‹«. Die Verweigerung der Unterschrift erfolgte aus rein formalen Erwägungen, nämlich wegen der fehlenden Gesetzgebungszuständigkeit des Bundestages.[114]

In den beiden anderen Fällen waren es allerdings inhaltliche Fragen, die Heinemann mit seiner Unterschrift unter die betreffenden Gesetze zögern ließen. Heinemann legte sein Prüfungsrecht also dahingehend aus, dass das Prüfungsrecht des Bundespräsidenten nicht nur ein »formelles« sondern auch ein »materielles«, also inhaltliches Prüfungsrecht umfasst, was unter Staatsrechtlern allerdings umstritten ist.[115]

Im April 1974 beschloss der Bundestag mit sozialliberaler Mehrheit, den seit Jahrzehnten heftig umstrittenen Abtreibungsparagrafen 218 durch die Einführung einer sogenannten »Fristenlösung« zu ändern. Künftig sollte eine Abtreibung innerhalb der ersten zwölf Wochen nach vorheriger Beratung der Schwangeren generell straffrei bleiben. Heinemann hatte aus seiner Ablehnung der Fristenlösung aus religiös-ethischen Gründen nie einen Hehl gemacht und während der Beratung der Gesetzesvorlage im Bundestag an die Vorsitzenden der einzelnen Fraktionen ein entsprechendes Schreiben gesandt, dem er einen Brief des Mainzer Bischofs mit der Bitte um Kenntnisnahme beigab. Dennoch unterzeichnete Heinemann nach längerem Zögern die Gesetzesänderung, was er in einer eigens anberaumten Fernsehansprache mit seinem lediglich formellen Prüfungsrecht begründete. Über die Verfassungsmäßigkeit habe das Bundesverfassungsgericht zu urteilen. Die Karlsruher Richter erklärten das Gesetz 1975 für unvereinbar mit dem Grundgesetz.[116]

Im Falle der heftig umstrittenen Ostverträge, die der Bundestag am 17. Mai 1972 verabschiedet hatte, wurde Bundespräsident Heinemann von der parlamentarischen Opposition wie von konservativen Zeitungen bedrängt, seine Unterschrift unter die entsprechenden Ratifizierungsgesetze zu verweigern. Die Unionsparteien argumentierten u. a. damit, dass die Verträge mit Polen und der Sowjetunion den Charakter von »Ersatzfriedensverträgen« hätten und somit nicht verfassungskonform seien. Doch Heinemann ließ sich nicht beirren und unterzeichnete im Mai 1972 die Gesetze zu den Ostverträgen. In einer Fernsehansprache begründete er das mit den Worten: »Ich hatte zu prüfen, ob die Gesetze mit dem Grundgesetz übereinstimmen. Das habe ich getan und bejahe die Übereinstimmung. Die Gesetze werden morgen im Bundesgesetzblatt veröffentlicht und daraufhin in Kraft treten.«[117]

Der innenpolitische Streit um die Ostverträge führte auch dazu, dass Heinemann sich wenige Monate nach deren Unterzeichnung mit einem verfassungsrechtlich heiklen Problem, nämlich der Auflösung des Bundestags, zu befassen hatte. Im Verlauf der mit harten Bandagen geführten Auseinandersetzung um die Ostverträge, bei der die Opposition der sozialliberalen Regierung, namentlich dem Bundeskanzler Willy Brandt, wiederholt den »Verrat deutscher Interessen« vorwarf, gab es eine Reihe von Überläufern aus den Reihen der SPD- und FDP-Fraktionen zu den Unionsparteien. Dabei spielte sicherlich auch ehrlich empfundener Protest gegen die faktische Anerkennung der Oder-Neiße-Grenze eine Rolle. Es waren aber auch verdeckte finanzielle Zuwendungen und Karriere-Versprechungen nach einem Parteiwechsel im Spiel. Im April 1972 meinten die Unionsparteien, endlich so viele Überläufer auf ihre Seite gezogen zu haben, dass sie Bundeskanzler Brandt durch ein konstruktives Misstrauensvotum nach Art. 67 GG stürzen und den CDU-Fraktionsvorsitzenden Rainer Barzel zum Kanzler wählen könnten.

Doch das erste konstruktive Misstrauensvotum in der Geschichte der Bundesrepublik scheiterte. An jenem 27. April 1972, als fast die ganze Nation in gespannter Erwartung vor dem Fernseher saß, fehlten den Unionsparteien und ihrem Kandidaten Barzel zwei Stimmen zur notwendigen Kanzlermehrheit von 249 Stimmen. Willy Brandt blieb Bundeskanzler.[118] Bald stellte sich heraus, dass dieses Ergebnis durch Geldzahlungen an mindestens einen CDU-Abgeordneten, der daraufhin Barzel seine Stimme verweigerte, zustande gekommen war. Mithin lag sowohl auf der monatlelangen Einfädelung wie auf dem Scheitern des Misstrauensvotums ein Schatten. Deshalb ist dem damaligen SPD-Fraktionsvorsitzenden Herbert Wehner, einer Schlüsselfigur in diesem Intrigenspiel, wohl zuzustimmen, wenn er später zu den Vorgängen um Überläufer zur CDU, Stimmenkauf und Misstrauensvotum äußerte: » ... dies war schmutzig, und das musste man wissen. Ein Fraktionsvorsitzender muss wissen, was geschieht und was versucht wird, um einer Regierung den Boden unter den Füßen wegzuziehen.«[119]

So groß die Erleichterung und der Jubel bei den Regierungsparteien – und in großen Teilen der Bevölkerung – über das Scheitern des Misstrauensvotums war, so klar war auch, dass die sozialliberale Koalition im Bundestag keine tragfähige Mehrheit mehr besaß. Die Regierung strebte darum Neuwahlen an. Das war jedoch mit einigen Schwierigkeiten verbunden, da der Deutsche Bundestag über kein Selbstauflösungsrecht verfügt. Willy Brandt wählte darum den Weg der Vertrauensfrage, da nach einer verlorenen Vertrauensabstimmung der Bundespräsident nach Art. 68 GG den Bundestag auflösen kann. Allerdings war in Absprache mit der Opposition die Abstimmung über die Vertrauensfrage manipuliert, da die Kabinettsmitglieder an ihr nicht teilnahmen, um das gewünschte Ergebnis – eine Niederlage von Bundeskanzler Brandt – zu ermöglichen.

Heinemann stand nunmehr als erster Bundespräsident vor der delikaten Frage, ob er dieses Vorgehen decken und wie gewünscht den Bundestag auflösen solle, um den Weg für Neuwahlen frei zu machen. Formaljuristisch sprach vieles dagegen, da die Niederlage bei der Vertrauensfrage offensichtlich durch »Tricksereien« herbeigeführt worden war.[120] Dennoch entschloss Heinemann sich dazu, den Bundestag aufzulösen und Neuwahlen für Mitte November 1972 anzusetzen. Zuvor hatte er sich in Gesprächen mit den Vorsitzenden aller Bundestagsfraktionen bestätigen lassen, dass auch sie keine Alternative zu Neuwahlen und damit zur Auflösung des Bundestags sahen.[121] In einer Fernsehansprache rechtfertigte Heinemann noch am selben Abend sein Vorgehen. »Auflösung des alten und Wahl des neuen Deutschen Bundestags sind unvermeidlich geworden. Zur parlamentarischen Demokratie gehört ein Gegenüber von Regierung und Opposition, ein Gegenüber von Regierungsmehrheit und Oppositionsminderheit. Dieses Gegenüber aus den Anfängen des heute aufgelösten Bundestages hat sich, aus welchen Gründen auch immer, in ein Stimmengleichgewicht von Regierung und Opposition verwandelt. Eine zielstrebige parlamentarische Arbeit ist dadurch nicht mehr gewährleistet.«[122]

Die Auflösungsentscheidung des Bundespräsidenten wurde in der westdeutschen Öffentlichkeit mit Zustimmung aufgenommen. Gleichwohl konnte Heinemann ein Unbehagen an der entstandenen Zwangslage nicht verhehlen und plädierte dafür, dass der Gesetzgeber über ein Selbstauflösungsrecht des Bundestages mit Zweidrittelmehrheit nachdenken solle. »Es gehört nicht gerade zu meinen erfreulichen Erinnerungen, dass ich als erster Bundespräsident eine Parlamentsauflösung mit einem Instrumentarium in Kraft setzen musste, das zwar die Verfassung in ihrer jetzigen Form zur Verfügung stellt, das sich in der Praxis jedoch als sehr seltsam erweist.«[123] So Heinemann in einem Zeitungsinterview zwei Monate nach der Bundestagsauflösung.

Sein Vorschlag eines Selbstauflösungsrechts des Bundestags ist allerdings auch vier Jahrzehnte nach der ersten Auflösung des Bundestages noch nicht umgesetzt. Vielmehr mussten sich zwei Nachfolger Heinemanns erneut mit diesem Problem herumschlagen, so Karl Carstens Ende 1982 nach dem Bruch der sozialliberalen Koalition, als der durch ein konstruktives Misstrauensvotum ins Amt gelangte neue Bundeskanzler Helmut Kohl (CDU) auf Neuwahlen drang. Im Frühjahr 2005 stand Horst Köhler vor derselben Entscheidung, da Bundeskanzler Gerhard Schröder (SPD) nach dem Verlust der Bundesratsmehrheit für die rot-grüne Koalition eine Neuwahl des Bundestags anstrebte. In beiden Fällen folgten die Bundespräsidenten mehr oder weniger widerwillig dem Auflösungsbegehren der amtierenden Bundeskanzler, wofür vor allem Bundespräsident Köhler von einigen Journalisten und Staatsrechtlern heftig gescholten wurde.

Personalentscheidungen

Aus Personalentscheidungen hielt Heinemann sich in seiner Zeit als Bundespräsident weitgehend heraus, obwohl aus den einschlägigen Grundgesetzartikeln auch ein Prüfungsrecht des Bundespräsidenten vor der Ernennung von Bundesministern (Art. 64) sowie Bundesrichtern, Bundesbeamten und Offizieren herauszulesen ist.[124] Lediglich in zwei Fällen zögerte Heinemann mit seiner Unterschrift. So im Frühjahr 1972, als Bundesfinanzminister Karl Schiller seinen Schwager zum Präsidenten der Bundesanstalt für Bodenforschung machen wollte. Heinemann kamen Bedenken wegen des möglichen Verdachts der Verwandtenbegünstigung. Als eine nochmalige Prüfung jedoch keinerlei Zweifel an der fachlichen Qualifikation des Bewerbers für das Amt ergaben, überwand Heinemann sein Missfallen und unterzeichnete die Ernennungsurkunde. Anders im Falle eines Botschafters, den Außenminister Scheel zum Staatssekretär im Auswärtigen Amt machen wollte. Wegen der NSDAP-Mitgliedschaft des Botschafters und seiner Tätigkeit im diplomatischen Dienst bereits unter dem NS-Regime verweigerte Heinemann die Unterschrift. Scheel zog seinen Kandidaten zurück.[125]

Mit dieser Zurückhaltung in Personalfragen stand Heinemann übrigens in deutlichem Kontrast zu seinen Vorgängern Heuss und Lübke, die wiederholt Personalvorschläge sowohl auf Minister- als auch auf höherer Beamtenebene in mehreren Fällen mit Erfolg zurückgewiesen hatten. Bundespräsident Heuss hatte sogar mehrmals versucht, auf die Zusammensetzung des Kabinetts direkten Einfluss zu nehmen, war aber von Bundeskanzler Adenauer in die Schranken gewiesen worden. Lediglich im Fall des FDP-Politikers Thomas Dehler – ohnehin nicht gerade ein Vertrauter Adenauers – akzeptierte der Kanzler, dass Bundespräsident Heuss sich im Oktober 1953 gegen dessen Wiederernennung zum Bundesjustizminister sperrte.[126]

Helmut Gollwitzer – Freund und Ratgeber

Wenn Gustav Heinemann auf Außenstehende zumeist spröde, eigenbrötlerisch und fast unnahbar wirkte, so war dieser Eindruck sicherlich nicht ganz falsch. Er war auch als Bundespräsident kein notorischer Händeschüttler und Polit-Entertainer, der die Menschen mit warmen Worten gleichsam zu umarmen suchte. Sein unmittelbarer Nachfolger in der Villa Hammerschmidt, Walter Scheel, entsprach schon eher diesem Bild. Im vertrauten Kreis war Heinemann jedoch sehr kommunikativ, konnte zuhören, war Scherzen nicht abgeneigt, erwies sich als anregender und angeregter Gesprächspartner, der häufig durch seinen trockenen Humor zu überraschen wusste. Auf die Journalisten-Frage »Haben Sie ein Hobby?« antwortete er einmal: »Bei mir kommt da keine Spezialität zutage – weder Musik noch Kegeln noch Autofahren oder dergleichen. Ich muss viel lesen und lese gern. Arbeit und Freizeit gehen dabei ineinander über, weil es vielerlei ist, was mich aus Zeitgeschehen und Geschichte oder aus Recht und Theologie beschäftigt. Im übrigen laufe ich viel, sonderlich durch Wald. Und an manchen Abenden sitze ich gern bei einem Glas Wein mit Freunden … zusammen.«[127]

Vor allem zur Freundschaft war Heinemann überaus befähigt. Dabei erlangten drei Freundschaftsbeziehungen besondere Bedeutung – zu Ernst Lemmer, Wilhelm Röpke und zu Helmut Gollwitzer. Lemmer und Röpke kannte er seit Studientagen, in denen sich eine sehr feste, auf gleichen intellektuellen und politischen Interessen und Haltungen basierende Freundschaft entwickelte. Mit drei anderen währte die freundschaftliche Zusammenarbeit seit den fünfziger Jahren – Diether Posser, Erhard Eppler, Johannes Rau. »Ein Wort genügt und wir verstehen uns.«, so kennzeichnete Heinemann einmal das Verhältnis zu Posser.[128] Das galt auch für die beiden anderen. Alle drei gehörten aber schon einer anderen Generation an und sahen in Heinemann auch immer so etwas wie eine Vaterfigur.

Waren Lemmer und Röpke die »Haupt«-Freunde in den jungen Mannesjahren, so war Helmut Gollwitzer der wichtigste Freund in den späten Jahren. Heinemann kannte den evangelischen Theologen – Jahrgang 1908, also neun Jahre jünger als er – bereits aus Begegnungen in den dreißiger Jahren, als beide Mitglieder der Bekennenden Kirche waren. Auch in den fünfziger Jahren hatten sie zeitweise engen Kontakt, der sich ab Mitte der sechziger Jahre weiter intensivierte. Gollwitzer wurde im Laufe der Zeit engster Vertrauer und Ratgeber Heinemanns, wobei in die Freundschaft bald auch die Ehefrauen Hilda Heinemann und Brigitte Gollwitzer einbezogen wurden.

Offenkundig lebte ihre Freundschaft nicht zuletzt von Gegensätzen. Verglichen mit Heinemann war Gollwitzer ein temperamentvoller Irrwisch, der in Gesellschaft oft schwer zu bremsen war. Auch ihre politischen Unterschiede stachen sofort ins Auge. Seit Mitte der sechziger Jahre vertrat Gollwitzer dezidiert linke Ansichten, die sich mit der Zeit immer mehr radikalisierten. Wenn Gollwitzer vom christlich geprägten Sozialismus schwärmte, machte Heinemann aus seiner skeptischen bzw. ablehnenden Haltung keinen Hehl, was ihrer Freundschaft jedoch keinen Abbruch tat. Ein gelungenes Beispiel für »to aggree to disaggree«.

Etwas anderes mochte hinzukommen. Denn fast hatte es den Anschein, als bringe Gollwitzer mit seinen linken Schwärmereien einen Bereich bei Heinemann zum Klingen, den Heinemann intellektuell zwar als »utopisch« verwarf, wo er sich aber gewisser Sympathien– bewusst oder unbewusst – nicht ganz enthalten konnte. Insofern sprach Gollwitzer vielleicht bei politischen Diskussionen manchmal etwas aus, was Heinemann sich zu denken, geschweige auszusprechen nicht erlauben wollte.

Und möglicherweise schätzte auf der anderen Seite Gollwitzer an Heinemann ja gerade dessen nüchterne Besonnenheit, die ihn vor politischen Verstiegenheiten bewahrte, zu denen Gollwitzer ja durchaus neigte. Die mit beiden gut bekannte Journalistin Carola Stern formulierte es einmal so: »Im Lauf der Jahre mag jedem im Charakter und im Temperament des Freundes ein nicht ausgelebter Teil des eigenen Ichs begegnet sein.«[129] Zugegeben, das ist Küchenpsychologie ohne größeren Erkenntnisgewinn. Es war jedenfalls eine Freundschaft zwischen zwei sehr unterschiedlichen politischen Temperamenten, die ihre gemeinsame Basis in christlichen Glaubensüberzeugungen hatten. Carola Stern schilderte im Rückblick eine Szene aus dem Jahr 1973, in der das besondere Verhältnis zwischen Heinemann und Gollwitzer zum Ausdruck kam. Mit »Stolz in der Stimme« flüsterte ihr Heinemann nach einem gemeinsamen Abend mit Gollwitzer einmal zu: »›Ist er nicht ein wunderbarer Mensch?‹ … dem sich entfernenden Freund mit den liebevollen Blicken eines Bruders folgend.«[130]

Am Vorabend der Bundespräsidentenwahl hatte übrigens Gollwitzer seinen Freund Heinemann kurz beiseite genommen und mit ungewohnt ernster Miene gesagt: »Gustav, wenn du jetzt gewählt wirst, dann muss unsere Freundschaft ruhen. Ich bin ein durch öffentliche Angriffe belasteter Mensch, und ich darf dich damit nicht belasten.«[131] Es kam allerdings ganz anders. Während Heinemanns Präsidentschaft intensivierte sich ihre Freundschaft sogar noch, wobei Heinemann der Ruf Gollwitzers als »linksradikaler« Theologe nicht zu stören schien. Beide Ehepaare verbrachten zahlreiche gemeinsame Ferienwochen im Schwarzwald und auf Spiekeroog. Gollwitzers waren mehrmals zu Gast in der Villa Hammerschmidt. Es entspann sich zudem ein intensiver Briefwechsel, der vor allem von den beiden Ehefrauen bestritten wurde, in den Heinemann und Gollwitzer aber stets unmittelbar einbezogen waren. In ihren Briefen sparten die Gollwitzers nicht mit Ratschlägen für Heinemanns Amtsführung, vermittelten Kontakte zu bestimmten Personenkreisen, beteiligten sich aus der Ferne auch an der Formulierung von Redemanuskripten. Zudem versorgten sie den Bundespräsidenten und seine Frau mit zahlreichen Artikeln und »Lesefrüchten«, die zumeist als Anregungen für anstehende Reden oder Besuche gedacht waren. »Wie findest Du denn das Beiliegende … Gibst Du's Gustav für sein Nachdenken zum 8. Mai!? Er sagte, dass da neue Überlegungen zur Gestaltung im Gange seien.«[132] Das bezog sich auf Heinemanns Rede, die er zum Jahrestag des Kriegsendes halten würde.

Auf diese Weise wurden Helmut und Brigitte Gollwitzer zu wichtigen Ratgebern für Bundespräsident Heinemann, deren Hinweise bei ihm stets ein offenes Ohr fanden. Überspitzt könnte man sagen, dass im Berliner Haus der Gollwitzers so etwas wie eine informelle Dependance des Bundespräsidialamts mit beträchtlichem, im Einzelfall allerdings schwer zu fassenden Einfluss entstanden war. So eng wie Helmut Gollwitzer es sich wünschen mochte, wurde die »Zusammenarbeit« aber doch nicht. »Wir würden ja so gerne jemanden in Eurer Nähe haben, der als kritische Stimme präsent ist, d. h. kritische Informationen gibt, die aus den offiziellen Informationsquellen nicht oder zu wenig zu euch kommen, und für Formulierungen, in denen diese dann zur Wirkung kommen, euch Rat gibt.«[133] Auf die Stellenbesetzung im Präsidialamt hatte Gollwitzer aber doch keinen Zugriff, wenn denn mit »jemand in Eurer Nähe« ein offizieller Redenschreiber gemeint gewesen sein sollte.

Der freundschaftliche Einfluss war indes wirkungsvoll genug. Im Januar 1970 – Heinemann hatte gerade seine ersten Besuche bei der Bundeswehr absolviert –

schrieb Brigitte Gollwitzer: »Besuchst Du auch mal Ersatzdienstleute? Ich nehm doch an, dass das ein bisschen interessanter ist. Gestern erzählte gerade einer von Sühnezeichen, was für gute Leute unter den Wehrdienstverweigerern jetzt bei ihnen seien.«[134]

Ziemlich direkt war offenbar die Beteiligung Gollwitzers in der Causa Dutschke, bei der es im Herbst 1970 um die drohende Ausweisung des Studentenführers aus Großbritannien ging, wohin Dutschke nach dem Attentat auf ihn vom April 1968 übergesiedelt war. Brigitte Gollwitzer schrieb am 5. September 1970: »Dass Ihr die Sache Dutschke, die ich Euch wirklich nur deshalb erzählte, weil sie uns gerade bewegte und in Atem hielt, so aufgegriffen und sofort gehandelt habt, hat uns wieder mal überwältigt.«[135] Tatsächlich intervenierte Heinemann u. a. bei der britischen Regierung, konnte Dutschkes Ausweisung dann aber doch nicht verhindern. Ob er allerdings nur auf Anregung der Gollwitzers in dieser Sache aktiv wurde, lässt sich schwer feststellen. Der erste Impuls scheint jedoch von dieser Seite gekommen zu sein.

Für einen geplanten Berlin-Besuch des Bundespräsidenten im November 1970 empfahl Gollwitzer den Besuch einer von der Volksrepublik Polen in West-Berlin ausgerichteten Veranstaltungsreihe. Es »wäre natürlich für diese polnischen Wochen, die hier nicht ohne heftigen Widerspruch veranstaltet werden, Euer Erscheinen eine sehr kräftige Unterstützung und Hilfe ...«[136] Heinemann tat Gollwitzer den Gefallen, wobei in diesem wie in allen anderen Fällen von umgesetzten »Gollwitzer-Vorschlägen« die tatsächliche Bedeutung dieser Vorschläge relativiert werden muss. Heinemann hatte zwar stets ein offenes Ohr für Gollwitzer, doch entschieden wurde letztlich im Kreise seiner professionellen Berater.

Im Vorfeld eines Unternehmensbesuchs in Berlin schickten Gollwitzers einen Artikel sozialkritischen, marxistisch orientierten Inhalts. »Hier das versprochene ›Kursbuch‹ mit dem Aufsatz über AEG-Telefunken. ... vielleicht erfährst Du etwas Nützliches für Deinen Besuch dort.«[137] Es handelte sich um einen Artikel über »Akkordarbeiterinnen bei AEG/Telefunken« aus dem Kursbuch 21 zum Thema »Kapitalismus in der Bundesrepublik«. Auch im Zusammenhang mit bevorstehenden Staatsbesuchen erreichten Heinemann Ratschläge und Hinweise aus dem Hause Gollwitzer. So im oben erwähnten Fall von Heinemanns Rumänien-Besuch im Mai 1971.

In einer anderen Angelegenheit spricht einiges dafür, dass Gollwitzer eine wichtige Entscheidung Heinemanns zumindest mit beeinflusst hat. Es ging um die heikle Frage, ob Heinemann einer Einladung des Schahs von Persien zur pompösen 2500-Jahr-Feier der Monarchie im Oktober 1971 folgen solle. Außenministerium, Präsidialamt und Heinemann selbst waren sich unsicher, ob der Bundespräsident die Einladung annehmen und damit einem diktatorischen Regime die

Referenz erweisen sollte. Gollwitzer riet entschieden davon ab. »Wie wünschten wir, Ihr müsstet nicht mehr ›überlegen‹. Die Nachrichten von dort [Persien, bzw. Iran, T. F.] sind so schauerlich …«

(Helmut Gollwitzer): »Die Einladung nach Persepolis macht auch uns noch kräftige Bauchschmerzen … Ich glaube, es ist eine ziemlich wichtige Entscheidung … In Persepolis aber findet nicht Politik statt …, sondern die Besucher dienen der Glorifizierung des Schah-Regimes (insofern stimmt der Vergleich mit der Olympiade 1936 tatsächlich).«[138]

Diesen Argumenten konnte und wollte Heinemann sich nicht verschließen. Er schlug Carlo Schmid oder Bundestagspräsident Kai-Uwe von Hassel als Ersatzreisende vor. Doch sowohl Bundeskanzler Brandt als auch Außenminister Scheel bedrängten ihn, aus Gründen der Staatsraison selbst nach Persepolis zu fahren. Heinemann ließ sich überreden, machte aber zur Bedingung, dass er mit dem Schah mindestens eine halbe Stunde über die Frage der Menschenrechte sprechen könne. Als am Rande seiner Geburtstagsfeier junge Leute erneut gegen die geplante Persienreise protestierten, sagte Heinemann zu ihnen: »Ich muss es (tun) um der Regierung willen. Die CDU wartet doch schon darauf, um dann … das Feuer zu eröffnen, wenn ich nicht fahre.« Auf die Ankündigung weiterer Demonstrationen gegen die Reise erwiderte Heinemann etwas unwirsch: »Dann demonstriert gleich dafür, dass ich zurücktrete. Euch fehlt das Verständnis für mein Amt.«[139] Aus dieser Zwangslage wurde der Bundespräsident durch eine akute Augenerkrankung befreit. Heinemann musste operiert werden und konnte den leidigen Persien-Besuch ruhigen Gewissens absagen und sich durch den Bundestagspräsidenten Kai-Uwe von Hassel vertreten lassen.[140] Im Zusammenhang mit den Querelen um jenen Persien-Besuch ist auch eine recht drastische Äußerung Heinemanns zu seinem Politikverständnis überliefert. »(Politik) ist ein ernstes, raffiniertes Geschäft. Nur der ist oben, der durch die Schweinereien nicht durchgegangen ist, aber mit ihnen umgehen kann.«[141]

Sehr weitreichend war mitunter die Mitwirkung von Brigitte und Helmut Gollwitzer bei der Ausarbeitung von Redetexten. Häufig gingen die Manuskripte mehrmals zwischen Bonn und Berlin hin und her, bevor die endgültige Fassung vorlag, in die oft Text-Vorschläge der Gollwitzers aufgenommen waren. Mit besonderer Hingabe widmete sich das Ehepaar Gollwitzer jeweils den Weihnachtsansprachen, aber auch die Rede zur posthumen Verleihung des Friedenspreises des Deutschen Buchhandels an Janusz Korczak im Oktober 1972 und über Heinrich Heine (Dezember 1972) enthalten zahlreiche Anregungen aus Berlin.[142] Als weiteres Beispiel für die informelle »Beratertätigkeit« seien Helmut Gollwitzers »Anregungen für (den) diplomatischen Neujahrsempfang« genannt, die er dem Bundespräsidenten im Januar 1973 zukommen ließ. »1) Von Vietnam sollte auf keinen Fall geschwiegen werden. Könnte die Erwähnung innerhalb der dem Bundespräsidenten gezogenen Grenzen nicht am wirksamsten auf ganz subjektive Weise geschehen? … 2) dazu könnte noch hinzugefügt werden: ›Hoffnung, dass es zum baldigen Vertragsabschluss kommt‹ … 3) die Bemerkung, dass Länge und Grausamkeit dieses Krieges das Gewissen der Menschheit belastet u. besonders in der jüngeren Generation die Zweifel an der Qualität unserer Zivilisation verstärkt …«[143]

Die Empfehlung blieb nicht ungehört. Gleich zu Beginn seiner Ansprache äußerte sich Heinemann in Gollwitzers Sinne. »An dieser Stelle möchte ich sehr unkonventionell sagen: Ich denke auch jetzt und hier an Vietnam. Ich kann versichern: Alle meine Landsleute warten auf die Nachricht vom Stillstand der Waffen.«[144]

Es wäre aber unangemessen, aus den genannten Beispielen den Schluss zu ziehen, dass Heinemann in diesen und anderen Fällen geradezu den »Einflüsterungen« Gollwitzers gefolgt sei. Vielmehr manifestierte sich in ihnen eine sehr fruchtbare Beziehung zwischen zwei recht unterschiedlichen Freunden. Beide waren sich dieser Unterschiede, vor allem in der politischen Grundhaltung, stets bewusst, scheinen auf sie sogar gesteigerten Wert gelegt zu haben. So schrieb Helmut Gollwitzer im Zusammenhang mit einem geplanten Fernsehporträt über ihn, für das auch Heinemann interviewt werden sollte: »Wenn Du, lieber Gustav, schon so freundlich bist, ein paar freundliche Worte über unsere Freundschaft zu sagen, dann muss aus politischen Gründen verhindert werden, dass Du mit mir identifiziert wirst. Also betone die Differenz!«[145] Fragt sich nur, wer da vor wessen »Ruf« geschützt werden sollte. Bundespräsident Heinemann vor seinem »linksradikalen« Theologenfreund? Oder fürchtete Gollwitzer doch eher um sein eigenes Ansehen in linkssozialistischen Kreisen wegen Heinemanns entschieden bürgerlicher Haltung, die von sozialrevolutionärer Romantik so gar nichts wissen wollte? Vielleicht sogar beides. Wie auch immer – die »Differenz« gehörte offenbar zum Wesenskern dieser Freundschaft.

Die Kraft des Wortes – Präsidiale Reden

Gustav Heinemann hat seine Reden als wichtige, wenn nicht die wichtigste Wirkungsmöglichkeit als Bundespräsident gesehen. »Viel Mühe habe ich auf Reden und Ansprachen verwandt. Sie wurden für mich recht eigentlich das Feld eigener Betätigung.«[146] Tatsächlich ist angesichts der eingeschränkten Kompetenzen und Machtbefugnisse das gesprochene Wort ein zentrales Instrument des Bundespräsidenten, dem Amt und seinem jeweiligen Amtsinhaber im politischen Gefüge der Bundesrepublik Geltung und Einfluss zu verschaffen.[147]

Lässt man die mehr als 200 Reden und Ansprachen Revue passieren, die Gustav Heinemann vom Juli 1969 bis Juni 1974 als Bundespräsident gehalten hat, werden einige immer wiederkehrende Motive und Schwerpunkte sichtbar. Es sind jene Themen, auf die es Heinemann Zeit seines politischen Wirkens vor allem ankam und bei denen er meinte, so etwas wie eine gesellschaftliche »Mission« erfüllen zu sollen: a. »Bürgermut« und staatsbürgerliches Engagement, b. die Stärkung von Friedenswillen und Friedensfähigkeit sowie c. Erinnerung an die teilweise verschütteten Freiheitstraditionen in der deutschen Geschichte. Hinzu kam die Aufforderung an die Deutschen, sich auch ihrer dunklen Vergangenheit unter dem NS-Regime immer wieder zu erinnern.

Freiheitstraditionen der Deutschen

Gustav Heinemann wollte zwar ausdrücklich nicht »Geschichtslehrer der Nation«[148] sein, hielt es aber doch für notwendig, den Deutschen, die seiner Ansicht nach auch Ende der sechziger Jahre noch stark in obrigkeitsstaatlichem Denken befangen waren, weitgehend vergessene Freiheitstraditionen ins Gedächtnis zu rufen. »Das Verständnis von Tradition, das mir sinnvoll erscheint, hat der 1914 als Kriegsgegner ermordete Franzose Jean Jaurès einmal so umschrieben: ›Nicht Asche verwahren, sondern eine Flamme am Brennen halten.‹ Aber welche Flamme? Und in welchem Sinne?« So begann Heinemann eine Ansprache bei der traditionsreichen Schaffermahlzeit in Bremen am 13. Februar 1970. »Ich glaube, dass wir einen ungehobenen Schatz an Vorgängen besitzen, der es verdiente, ans Licht gebracht und weit stärker im Bewusstsein unseres Volkes verankert zu werden. ... Glücklicherweise hat es auch in Deutschland lange vor 1848 nicht wenige freiheitlich und sozial gesinnte Männer und Frauen gegeben, auch ganze Gruppen und Stände, die sich mit der Bevormundung der Herrschenden nicht abfinden wollten.« Als Beispiele nannte er den Aufstand der Stedinger Bauern im 13. Jahrhundert und die Freiheitskämpfe der badischen Salpeterer im 18. und 19. Jahrhundert. Es sei aber »kennzeichnend für unser mangelhaftes Geschichtsbewusstsein ..., dass auch Bewohner des Südschwarzwaldes so gut wie nichts von den Kämpfen der Salpeterer wissen, obwohl sie sich praktisch vor ihren Hoftüren abgespielt haben. ... Dabei müssten ihnen solche Ereignisse weit mehr bedeuten als jene Kriege, die Kaiser und Könige zur Ausweitung ihrer Macht geführt haben.« Heinemann schloss mit einem Appell, diese Freiheitstraditionen wieder ins allgemeine Bewusstsein zu heben. »Es ist Zeit, dass ein freiheitlich-demokratisches Deutschland unsere Geschichte bis in die Schulbücher hinein anders schreibt.«[149]

Zu diesen verschütteten Traditionen zählte Heinemann auch den deutschen Bauernkrieg und die revolutionären Ereignisse von 1848/49. Wie gering die Kenntnis davon sei, habe er nicht zuletzt beim Durchblättern der Geschichtsbücher erfahren, die ihm bei seinen Besuchen in den Bundesländern überreicht wurden. »Wenn ich diese Stadtgeschichten oder Landkreisgeschichten einmal auf ihre Aussagen zum Stichwort ›Bauernkrieg‹ ansehe, dann stoße ich oft auf eine erschütternde Dürftigkeit. ... Ähnliches gilt für die 1848/49er Vorgänge. Es ist nun einmal so: Die Geschichte wird immer vom Sieger geschrieben, und alle diese frühen Anläufe auf eine freiheitliche Ordnung in Deutschland sind eben nicht durchgebrochen.«[150]

Dass die Bundesrepublik bei der Pflege »rebellischer Traditionen« in einem gewissen Konkurrenzverhältnis mit der DDR stand, ließ Heinemann nicht unerwähnt. Er meinte es aber als zusätzlichen Ansporn, sich dieser Traditionen als einer demokratischen Gesellschaft zu versichern. »In der DDR pflegt man bewusst revolutionäre Überlieferungen. Manches Buch und manche Veranstaltung sind ihnen gewidmet. Sie werden aber in Entwicklungsstufen zum kommunistischen Zwangsstaat verfremdet. Unerträglich ist es, dass wir dem durch eigene Untätigkeit Vorschub leisten und so einen Teil unserer eigenen Geschichte entwenden lassen.«[151]

Heinemann wollte mit seinen Erinnerungsreden erklärtermaßen geschichtspolitisch, in gewissem Sinne sogar »volkspädagogisch« wirken. »Mir geht es darum, bestimmte Bewegungen in unserer Geschichte, die unsere Demokratie vorbereitet haben, aus der Verdrängung hervorzuholen und mit unsrer Gegenwart zu verknüpfen. Um es positiv auszudrücken: Mir liegt daran, bewusst zu machen, dass unsere heutige Verfassung durchaus eigenständige Wurzeln hat und nicht nur eine Auflage der Sieger von 1945 ist. ... Unsere Geschichte ist nicht so arm an Freiheitsbewegungen, wie wir und andere uns oftmals einreden wollen.«[152]

Der Bundespräsident beließ es nicht bei wohlgesetzten Worten, sondern ergriff konkrete Initiativen, um diese Freiheitstraditionen stärker ins öffentliche Bewusstsein zu heben. Ein weithin sichtbares Ergebnis seiner Bemühungen war die »Erinnerungsstätte für die Freiheitsbewegungen in der deutschen Geschichte« in Rastatt, die Heinemann im Juni 1974, wenige Tage vor Ablauf seiner Amtszeit, feierlich eröffnete. Auch der von Heinemann 1973 mit gegründete »Geschichtswettbewerb des Bundespräsidenten« diente (und dient) dazu, Schülerinnen und Schüler zur Beschäftigung mit freiheitlichen Traditionen in der deutschen Geschichte anzuregen.

Inwieweit Heinemann mit diesen geschichtspolitischen Forderungen auch die geschichtswissenschaftliche Zunft beeinflussen konnte, muss offenbleiben. Seine entsprechenden Äußerungen blieben jedenfalls nicht ungehört, wie z. B. eher unwillige Reaktionen von Seiten konservativer Historiker zeigten, die von derlei »oberlehrerhaften« Einmischungen in ihr Fach wenig hielten. Auf der anderen Seite setzte Anfang der siebziger Jahre vor allem unter jüngeren Historikern eine intensive Beschäftigung mit jenen Aufständen, Rebellionen und Freiheitsbewegungen ein, auf die Heinemann in seinen Reden immer wieder hinwies.[153]

»Bürgermut« und Eigenverantwortung

Ein weiteres zentrales Thema Heinemanns war die Überwindung obrigkeitsstaatlichen Denkens und die Stärkung von Bürgermut und bürgerlicher Eigenverantwortung. »Man hat uns [den Deutschen, T. F.] oft vorgeworfen, dass es uns an selbstbewusstem Bürgermut fehle und uns dies für herrschsüchtige Regierungssysteme anfällig mache. ... wie steht es damit? Wir besitzen einen großartigen Freiheitsbrief in der Gestalt unseres Grundgesetzes.« Dieser »Freiheitsbrief« müsse aber von den Bürgern selbst tagtäglich genutzt werden, was immer wieder »Bürgermut« bzw. Zivilcourage verlange. Denn allzu bequem sei es, unangenehme Wahrheiten zu verschweigen, bei Missständen wegzusehen und untätig zu bleiben. »Bequem ist es ..., im Betrieb schweigend zuzusehen, wenn ein Gastarbeiter wie ein minderwertiger Mensch behandelt wird. ... Nur wer bekennt, findet den, der mit ihm bekennt. Nur wer Bürgermut lebt, macht andere Bürger lebendig.«[154]

Dass zu diesem »Bürgermut« aber auch »Demut« dem Anderen gegenüber gehöre, verdeutlichte Heinemann an anderer Stelle. Wobei er betonte, dass diese demütige Zuwendung zum Mitmenschen eben nicht Zeichen von Unsicherheit und Schwäche, vielmehr Ausdruck eines gefestigten (bürgerlichen) Selbstbewusstseins sei. »Dem Mitmenschen in Demut zu begegnen, das heißt aber – wenn ich die ursprüngliche Bedeutung dieses Wortes aufgreife – ihm in dem Diene-Mut begegnen, der dem anderen zu seinem Besten dienen will. Das verlangt viel innere Kraft und ein freies Selbstbewusstsein, das es nicht nötig hat, ständig um Geltung und Anerkennung zu kämpfen.«[155]

Nicht zuletzt diesem Grundsatz hat Heinemann als Politiker und Bürger stets zu folgen versucht. Die Interessen des anderen zu erkennen und zu akzeptieren – sich »in die Schuhe des anderen zu stellen« (Eppler) –, ohne die eigenen Interessen zu verleugnen, hielt er auch im Verhältnis von gesellschaftlichen Gruppen und Staaten für eine Grundvoraussetzung gedeihlichen Miteinanders. Damit aber ein freiheitlich-demokratisches Gemeinwesen funktionieren könne, bedürfe es – wie Heinemann nie müde wurde zu betonen – des engagierten Bürgers, der sich um seine Belange auch selbst kümmert. »Im Mittelpunkt seines [des Grundgesetzes, T. F.] Ordnungsgefüges steht der mündige Bürger. ... Ihm ist das Recht zugesprochen, aber auch die staatsbürgerliche Verpflichtung zugedacht, unseren Staat als seine eigene Angelegenheit anzunehmen und im Rahmen der verfassungsrechtlichen Grundsätze mitzugestalten.«[156] Insgesamt ging es Heinemann also darum, »Untertanengesinnung und Unterwürfigkeit in staatsbürgerliches Selbstbewusstsein zu verwandeln.[157]

Attentat auf die israelische Olympia-Mannschaft 1972

Als am 5. September 1972 während der Olympischen Spiele in München ein palästinensisches Terror-Kommando die israelische Mannschaft überfiel, zwei Israelis erschoss und neun weitere als Geiseln nahm, war es mit den »fröhlichen Spielen«, bei denen sich die Bundesrepublik Deutschland als weltoffenes und liberales Land hatte präsentieren wollen, mit einem Schlag vorbei. Bei einem missglückten Befreiungsversuch auf dem Flugplatz Fürstenfeldbruck wurden alle neun Geiseln sowie fünf der acht Attentäter getötet.

Es oblag Bundespräsident Heinemann, auf der zentralen Trauerfeier im Olympia-Stadion, der Bestürzung und Trauer der Deutschen über die israelischen Opfer angemessenen Ausdruck zu geben. Im Angesicht der deutschen Verbrechen an den Juden während der NS-Herschaft war das eine besondere Herausforderung, die Heinemann – nicht zuletzt nach Ansicht vieler Israelis – auf würdige Weise bewältigte. Es war eine sehr kurze Ansprache, deren Kernsätze lauteten: »Fassungslos stehen wir vor einem wahrhaft ruchlosen Verbrechen. In tiefer Trauer verneigen wir uns vor den Opfern des Anschlags. Unser Mitgefühl gilt den Angehörigen und dem ganzen Volk Israel. … Das Leben braucht Versöhnung. Versöhnung darf nicht dem Terror zum Opfer fallen. Im Namen der Bundesrepublik appelliere ich an alle Völker dieser Welt: Helft mit, den Hass zu überwinden. Helft mit, der Versöhnung den Weg zu bereiten.«

Heinemann beließ es aber nicht bei Worten der Bestürzung und Trauer. Er stellte auch die Frage nach der politischen Verantwortung. »Wer sind die Schuldigen an dieser Untat? Im Vordergrund ist es eine verbrecherische Organisation, die da glaubt, dass Hass und Mord Mittel des politischen Kampfes sein können. Verantwortung tragen aber auch jene Länder, die diese Menschen nicht an ihrem Tun hindern.«[158] Damit waren offensichtlich jene arabischen Staaten gemeint, die Terroristen Unterschlupf gewährten und/oder finanziell unterstützten.

Was aber in Israel mit Genugtuung aufgenommen wurde, sorgte in Bonn hinter den Kulissen für einigen Unmut. Insbesondere im Auswärtigen Amt war man verstimmt über diese politisch brisante Aussage des Bundespräsidenten, da sie in denjenigen arabischen Staaten – wie etwa Ägypten, Jordanien oder Libyen – die zwar nicht ausdrücklich genannt waren, aber doch gemeint sein konnten, zu starker Verärgerung und damit zu einer Belastung für die fragilen Beziehungen mit diesen Staaten führen könnten. Zumal sich die sozialliberale Koalition seit einiger Zeit nicht ganz erfolglos um den Ausbau dieser Beziehungen bemühte. Das Auswärtige Amt hielt es sogar für angebracht, sich quasi hinter vorgehaltener Hand von der betreffenden Rede-Passage zu distanzieren. Das Präsidialamt wiederum erklärte, dass der Rede-Text mit dem Auswärtigen Amt abgesprochen und von Außenminister Scheel gebilligt worden sei. Was Scheel aber in dieser Form nicht gelten lassen wollte. Er sei zwar zusammen mit Heinemann nach München geflogen; in der Hektik jener Stunden habe es aber keine endgültige Abstimmung des Textes mit ihm gegeben.[159]

Welche Unstimmigkeiten zwischen Bundespräsident und Außenminister über den Redetext auch bestanden haben mochten, in Israel jedenfalls stieß Heinemanns Traueransprache auf ein sehr positives Echo, sowohl in offiziellen Kreisen als auch in der Bevölkerung. Dies berichtete auch der israelische Botschafter gegenüber einem leitenden Mitarbeiter des Bundespräsidenten in einem vertraulichen Gespräch. »Der israelische Botschafter, Herr Ben-Horin, teilte mir am 11. Oktober bei einem gesellschaftlichen Zusammentreffen folgendes mit: … Kurz nachdem er sich nach der Trauerfeier in München von dem Herrn Bundespräsidenten verabschiedet habe, sei er als Begleiter der Särge nach Israel geflogen. Dort habe er an der Kabinettsitzung teilgenommen, die sich mit der Münchner Tragödie befasst habe. Er habe während seines Aufenthalts in Israel auch mit vielen Menschen, die unter dem unmittelbaren Eindruck der Geschehnisse standen, gesprochen. Sowohl bei der Regierung wie beim Volk von Israel habe die Rede des Bundespräsidenten größte Beachtung gefunden. Diese Rede habe wesentlich dazu beigetragen, dass die Reaktion der israelischen Regierung auf die Ereignisse und auf das Verhalten der deutschen Behörden positiv gewesen sei. Auch bei der Beurteilung durch die öffentliche Meinung habe die Rede diese Wirkung gehabt. Die Menschen in Israel seien vor allem von der Klarheit und Menschlichkeit der Rede beeindruckt gewesen. Es sei ihm ein Anliegen, dies dem Herrn Bundespräsidenten zur Kenntnis zu bringen.«[160] Über kaum eine Reaktion auf eine seiner zahlreichen Reden dürfte Heinemann mehr Genugtuung und Freude empfunden haben.

Auch vom israelischen Staatspräsidenten Zalman Shazar erhielt Heinemann ein ungewöhnlich emotionales Danktelegramm auf sein offizielles Beileidsschreiben. »I was deeply moved by your Excellency's message condemning the barbarous murder by arab terrorists of Israeli Sportsmen at the olympic games in Munich and by the feeling of sympathy you extend in us in our affliction.«[161]

Heinemanns Traueransprache ist zudem ein eindrucksvolles Beispiel dafür, wie lange eine »gelungene« Rede nachwirken kann. Als nämlich im September 2012 der Vorsitzende des Zentralsrats der Juden in Deutschland, Dieter Graumann, auf einer Gedenkveranschaltung zum 40. Jahrestag des Münchner Olympia-Attentats in seiner Ansprache die »Gefühlskälte« der meisten seinerzeit gehaltenen Reden geißelte, nahm er ausdrücklich die Ansprache von Bundespräsident Heinemann aus.

Die damalige eher positive Haltung der israelischen Politik wie auch der öffentlichen Meinung gegenüber einer Bundesrepublik, deren höchste Staatsämter von Willy Brandt und Gustav Heinemann bekleidet wurden, schlug jedoch jäh um, als die Bundesregierung Ende Oktober 1972 nach der Entführung einer Lufthansa-Maschine durch ein Al-Fatah-Kommando die überlebenden drei Olympia-Attentäter freiließ. Anti-deutsche Töne und Assoziationen mit dem NS-Regime bestimmten nun die Kommentarspalten der israelischen Zeitungen und die Parolen der zahlreichen Demonstrationen. Anders als knapp zwei Monate zuvor, nach dem Olympia-Anschlag von München, unternahm die israelische Regierung lange Zeit nichts, um die Wogen zu glätten.[162]

In dieser Situation sah sich auch Heinemann nicht in der Lage, die aufgewühlten Emotionen der israelischen Bevölkerung etwa durch eine öffentliche Stellungnahme etwas zu beruhigen, wie es ihm wenige Wochen zuvor mit seiner Trauer-Ansprache in München offenbar gelungen war. Wie auch hätte er diesen bitteren Akt der Staatsraison einfühlsam begründen und rechtfertigen sollen? Er versuchte es dennoch in einem nicht veröffentlichten Schreiben an die Angehörigen der israelischen Opfer von München. Diese hatten zuvor in einem Brief an den Bundespräsidenten scharf gegen den Austausch der drei Terroristen protestiert. »We the undersigned families of the Israel sportsmen murdered at the Munich Olympic Games wish to express our deep shock and dismay at the release of the assassins of our sons, husbands and fathers to our orphaned children ... the act of the German Federal Republic in sending the murderers to liberty ... can only be regarded as total indifference and callousness to our feelings and to any principle of Justice.«[163]

Die Antwort Heinemanns fiel allerdings weniger emotional aus, als man es sich hätte erwarten können und die Angehörigen der Opfer vielleicht erhofft hatten. Fast hat es den Anschein, als habe Heinemann seine Gefühle hinter einer betont nüchternen Darstellung einer tragischen »Abwägungs-Situation« verbergen wollen oder müssen. »(Ihr Brief) hat mich tief bewegt. ... Ich verstehe die Motive, aus denen heraus Sie die Freilassung der drei Attentäter von München verurteilen, bitte Sie aber, folgendes zu erwägen. Die deutschen Behörden wurden durch die Flugzeugentführung vor eine äußerst schwerwiegende Entscheidung gestellt. Sie wussten, dass von dieser Entscheidung das Leben von zwanzig unschuldigen Menschen abhing. Nach Erwägung aller Umstände haben sie sich für den Versuch entschieden, das Leben dieser Menschen durch die geforderte Freilassung der Attentäter zu retten. Es scheint mir, dass nur diese Entscheidung den Tod der Passagiere und der Mannschaft des entführten Flugzeugs verhindert hat und daher aus menschlichen Gründen richtig und notwendig war.«[164]

»Hart und besonnen« – Abwehr des Linksterrorismus der »RAF«

Bereits einige Monate vor dem Terror-Anschlag von München im September 1972 hatte es in der Bundesrepublik Deutschland eine Welle terroristischer Gewalttaten gegeben, bei der vier Menschen, darunter ein US-Soldat getötet und rund ein Dutzend Personen verletzt worden waren. Urheber der Anschläge war jene »Rote Armee Fraktion«, die sich im Sommer 1970 als extremistischer Ausläufer der Studentenproteste von 1968 gebildet hatte, um im bewaffneten Untergrundkampf gegen das als verbrecherisch apostrophierte »kapitalistisch-imperialistische System« vorzugehen. Methoden und Techniken des Terror-Kampfes hatte sich die Kern-Gruppe um Andreas Baader, Ulrike Meinhof und Gudrun Ensslin im Nahen Osten in einem Trainingslager der »Volksfront zur Befreiung Palästinas« angeeignet.

Bundesregierung und Sicherheitsbehörden standen Anfang der siebziger Jahre vor der Herausforderung, eine so effektive wie rechtstaatskonforme Abwehrstrategie zu entwickeln, die zudem eine »Überhitzung« des gesellschaftlichen Klimas – auf der linken wie auf der konservativ-rechten Seite des politischen Spektrums – tunlichst vermeiden sollte. Denn genau dies, die emotionale Aufwallung der politisch-gesellschaftlichen Auseinandersetzung um angeblich »autoritäre«, gar »faschistoide« Tendenzen in der Bundesrepublik einerseits und die (vor allem publizistische) Hatz auf »Sympathisanten« der Terroristen andererseits, hatte seit Ende 1971 stark zugenommen.

Nicht zuletzt von Bundespräsident Heinemann als dem obersten Repräsentanten des Staates erwarteten viele Zeitgenossen in dieser gespannten Lage eine Stellungnahme, zumal Heinemann in den vergangenen Jahren immer wieder um Verständnis für die »rebellierende Jugend« geworben hatte – ohne dabei aber je utopische Forderungen studentischer Heißsporne oder gar die Anwendung irgendwelcher Form von Gewalt zu akzeptieren. Der Brief einer Münchnerein trifft den Tenor zahreicher Zuschriften, die Heinemann in diesen Monaten erreichten. »Ich bitte Sie, Herr Bundespräsident, inständigst, kraft Ihrer hohen Autorität, die Ihnen ja nicht allein aus Ihrem Amte zugewachsen ist, sondern die vor allem in Ihrer Persönlichkeit begründet liegt, dafür zu sorgen, dass die Proportionen … wenigstens ein bisschen wieder zurechtgerückt werden.«[165]

Den Zeitpunkt zu einer öffentlichen Stellungnahme sah Heinemann spätestens im Mai 1972 gekommen, nachdem bei einem Bombenanschlag auf das Gebäude des Axel-Springer-Verlages in Hamburg mehr als 15 Menschen verletzt worden waren. In einer offiziellen Erklärung verurteilte der Bundespräsident diese und andere Terror-Akte mit deutlichen Worten. »Die Gewalttaten der letzten Tage erfüllen mich mit tiefer Sorge. Bei mehreren Bombenanschlägen sind Menschen schwer verletzt worden. Im Namen aller, denen unser Gemeinwesen am Herzen liegt, verurteile ich die Anschläge aufs Schärfste.« Gleichzeitig warnte er aber vor überzogenen Reaktionen. »Es gilt jetzt, die Nerven zu behalten. … Die gesetzliche Abwehr muss hart und besonnen sein. Jeder muss dazu helfen, dass durch diese Gewalttaten unser politisches Leben nicht unheilvoll vergiftet wird. Wir alle leben davon, dass dieser Staat und seine Ordnung nicht zerstört werden.«[166]

»Hart und besonnen« – dieses Begriffspaar kennzeichnet anschaulich Heinemanns Haltung zum RAF-Terrorismus der siebziger Jahre. Weder konnte er den verquast – utopischen Zielvorstellungen der Baader-Meinhof-Gruppe und ihres ideologischen Umfelds etwas abgewinnen, noch billigte er in irgendeiner Weise deren militante Mittel. Für ihn waren die Terroristen nichts anderes als gewalttätige Feinde der freiheitlichen Gesellschaftsordnung, denen der Rechtsstaat mit entschlossener Härte Einhalt gebieten müsse. Dieser Rechtsstaat freilich hatte sich auch und gerade in der Auseinandersetzung mit seinen Feinden zu bewähren, damit »unser politisches Leben nicht vergiftet« und der Rechtsstaat beschädigt werde.

Im selben Tenor war auch eine Erklärung gehalten, die Heinemann im Januar 1972 verfasste, nachdem der Schriftsteller Heinrich Böll in einem Spiegel-Artikel ein gewisses Verständnis für die Motive Ulrike Meinhofs und ihrer Gesinnungsgenossen geäußert hatte und dafür von großen Teilen der Presse und konservativen Politikern wütend attakiert worden war. Heinemann: »Andreas Baader und die Seinen haben unserer Gesellschaft … den Kampf mit allen Mitteln angesagt. … Der Staat muss diese Kampfansage mit angemessenen harten Mitteln beantworten. Er ist stark genug, Gewalttäter aller Art zu überwinden. … Darum mein Appell an alle, die es angeht: Beendet den Kampf! Stellt euch den Gerichten! … An die Polizei: Vergesst nicht, dass der Gesetzesbrecher ein Mensch ist. … An die Bürger: Gewährt den Mitgliedern der Baader-Meinhof-Gruppe keine Unterstützung! … Unterstützung derer, die bei ihrem Handeln den Tod anderer einkalkulieren, ist Beihilfe zu Verbrechen. An die Presse: Helft durch sachliche Berichterstattung und nüchterne Bewertung der Vorgänge zum Abbau von Vorurteilen und Hass.«[167]

Diese Rede wurde indes nie gehalten, da Bundeskanzler Brandt und SPD-Fraktionschef Wehner u. a. die darin enthaltenen Aufrufe zur Besonnenheit als etwas zu emphatisch formuliert empfanden. Durch diese Textpassagen würde der

Opposition womöglich nur weitere Munition gegen die Regierung wegen ihres angeblich zu »schlappen« Vorgehens gegen den Terrorismus geliefert. Wenige Tage später, am 4. Februar 1972, ging der Bundeskanzler selbst mit einer Erklärung an die Öffentlichkeit, deren Aufbau zwar viel Ähnlichkeit mit dem Text Heinemanns aufwies, aber etwa im Bezug auf die Polizei wesentlich zurückhaltender formuliert war.[168]

Diese Querelen mit Brandt und Wehner ändern nichts daran, dass Heinemann gegenüber Feinden des demokratischen Rechtsstaates keine Kompromisse kannte. Darin war er sich über die Jahrzehnte treu geblieben, denn schon als Innenminister im Kabinett Adenauer hatte Heinemann 1950 beispielsweise ein verschärftes Versammlungsrecht und gesetzliche Bestimmungen zur Fernhaltung radikaler Aktivisten vom öffentlichen Dienst befürwortet. Und auch bei der von ihm als Justizminister ab 1966 betriebenen Reform des politischen Strafrechts legte Heineman stets Wert darauf, dass militanten Gegnern des demokratischen Rechtsstaats – ob von links oder rechts – konsequent Einhalt geboten wurde.

Das Bekenntnis zum demokratischen Rechtsstaat war ein Kernelement seiner politischen Grundsätze. Und Heinemann hatte im Grunde großes Vertrauen in das Funktionieren dieses Rechtsstaats Bundesrepublik Deutschland. Schließlich war er an seiner Grundlegung und Festigung u. a. als Innen- und Justizminister nicht unwesentlich beteiligt gewesen. Darum konnte Heinemann auch ausgesprochen gereizt reagieren, wenn er den Eindruck hatte, dass dieser Rechtsstaat bzw. das Funktionieren seiner Organe auf unqualifizierte Art und Weise in Zweifel gezogen wurden. So beschied er eine Briefschreiberin, die für die festgenommenen Terroristen der Baader-Meinhof-Gruppe einen »fairen Prozess« forderte und vor »Hexenverbrennungen« warnte, kurz und knapp: »Die Bundesrepublik Deutschland ist ein demokratischer Rechtsstaat. Durch die … unabhängigen Gerichte, die nur dem Gesetz unterworfen sind, wird in jedem Fall ein ordnungsgemäßes Gerichtsverfahren gewährleistet.«[169] Wenig Verständnis hatte Heinemann auch für den vielfach erhobenen Vorwurf an die Justizbehörden, die RAF-Gefangenen würden in »Isolationshaft« gehalten und seien insgesamt unzumutbaren, gar unmenschlichen Haftbedingungen unterworfen. Entsprechenden Anwürfen war nicht zuletzt auch Diether Posser, Heinemanns langjähriger Vertrauter und damaliger Justizminister von Nordrhein-Westfalen, ausgesetzt, weil zwei der inhaftierten RAF-Terroristen in Köln einsaßen. Dem Unterzeichner eines derartigen Protestbriefes – ein evangelischer Pfarrer – ließ Heinemann folgende Antwort zukommen: »Ihr Brief vom 1. April 1974 wegen der Behandlung sogenannter politischer Gefangener in der Bundesrepublik Deutschland, gehört zu einer Vielzahl ähnlicher Schreiben, die ich nicht alle beantworten kann. Ihnen gegenüber möchte ich aber mein Bedauern darüber aussprechen, dass sich die kirchliche Bruderschaft im Rheinland an Vorwürfen mit öffentlichen Erklärungen beteiligt hat, die ohne genügende Sachkunde einen Mann wie Dr. Posser kränken mussten. Ich hätte es für besser gehalten, wenn Sie Ihre Vorwürfe zunächst einmal Dr. Posser vorgetragen hätten, anstatt ihn ohne weiteres öffentlich anzugreifen. Inzwischen ist soviel an sachlicher Darstellung gegeben worden, dass ich darauf nicht weiter einzugehen brauche.«[170]

Heinemann nahm die Diskussion um die Haftbedingungen für Terroristen durchaus ernst, bestand aber auf einer sorgfältigen und nüchternen Prüfung des Sachverhalts. Als sich im Februar 1973 prominente Intellektuelle, darunter Martin Walser und Walter Jens, in einem Protest-Brief direkt an den Bundespräsidenten wandten[171], ließ Heinemann sich von Bundesjustizminister Gerhard Jahn eingehend über die Haftbedingungen unterrichten, wobei er zu dem Ergebnis kam, dass die Kritik weit überzogen sei.[172]

Tatsächlich waren die Haftbedingungen der RAF-Häftlinge insgesamt deutlich besser, als viele Zeitgenossen glauben machen wollten. Vielmehr genossen die inhaftierten Mitglieder der Baader-Meinhof-Gruppe im Vergleich zu anderen Häftlingen zumeist eine ganze Reihe von Privilegien.[173]

»Der Frieden ist der Ernstfall«

Im Zusammenhang mit zwei seiner »Hauptthemen« gelangen Heinemann jeweils prägnante Formulierungen, die bald zu geflügelten Worten werden sollten. So hatte er seine Ablehnung obrigkeitsstaatlichen Denkens einmal in das Bonmot gekleidet »Ich liebe nicht den Staat, ich liebe meine Frau«. Seine Haltung zum Thema Frieden fasste er in dem Satz zusammen »Nicht der Krieg, sondern der Frieden ist der Ernstfall«.[174] Im Zeitalter der Massenvernichtungswaffen war nach Heinemanns Überzeugung der Krieg nicht mehr eine Frage von Sieg oder Niederlage, sondern zu einer Überlebensfrage der Menschheit geworden. Die Wahrung des Friedens sei demnach die wichtigste Aufgabe, die sich nicht nur den Politikern, sondern allen Menschen stelle. Es sei der »Frieden, in dem wir uns alle zu bewähren haben, weil es hinter dem Frieden keine Existenz mehr gibt!«[175] Deutschland, das im 20. Jahrhundert für zwei verheerende Kriege verantwortlich war, stehe dabei in einer besonderen Pflicht.

Einen besonderen Akzent setzte Bundespräsident Heinemann, indem er immer wieder betonte, dass noch so eindringliche Appelle zur Friedenswahrung nicht genügten, dass man vielmehr das Thema Frieden auch zum Gegenstand wissenschaftlicher Untersuchungen über die Ursachen von Kriegen und die Bedingungen einer dauerhaften Friedenssicherung machen müsse. Diese Forderung erhob Heinemann bereits in seiner Antrittsrede als Bundespräsident. »Hilfreich wäre es, wenn auch wir der Friedensforschung, das heißt einer wissenschaftlichen Ermittlung nicht nur der militärischen Zusammenhänge zwischen Rüstung, Abrüstung und Friedenssicherung, sondern zwischen allen Faktoren, also z. B. auch den sozialen, den wirtschaftlichen und den psychologischen, die gebührende Aufmerksamkeit zuwenden würden.«[176]

Heinemann wiederholte seinen Standpunkt in einer Rundfunk- und Fernsehansprache am 1. September 1969 aus Anlass des 30. Jahrestags des Kriegsbeginns. »Der Krieg wurzelt offensichtlich weniger – wenngleich auch – in den Gesinnungen der einzelnen, als vielmehr in den Ordnungen und Unordnungen der Gemeinschaften. Seine Ursachen sind ... nicht privater, sondern politischer Natur. ... Deshalb brauchen wir eine Erforschung dieser Zusammenhänge. Wir brauchen eine Friedensforschung.« Ziel einer solchen wissenschaftlichen Beschäftigung mit dem Thema Krieg und Frieden müsse auch eine andere Sichtweise auf zwischenstaatliche Konflikte im Allgemeinen sein. »Als neue Gewohnheit gilt es einzuüben, einen Konflikt auch mit den Augen des Gegners zu beurteilen. Zu den Spielregeln muss die Bereitschaft zum Kompromiss gehören ... Zu den neuen Verhaltensweisen wäre zu rechnen, an der Angst und der Trauer, an dem Stolz und der Empfindlichkeit des Gegners teilzunehmen.«[177]

Das war nicht zuletzt mit Blick auf die östlichen Nachbarstaaten der Bundesrepublik, insbesondere Polen und die Sowjetunion, geäußert, mit denen eine Versöhnung und Friedensregelung Mitte 1969 noch ausstand. Zwei Monate später händigte Bundespräsident Heinemann der ersten sozialliberalen Regierung unter Bundeskanzler Brandt die Ernennungsurkunden aus, die sich u. a. die Versöhnung mit den osteuropäischen Staaten als Ergänzung der bereits eingeleiteten Versöhnung mit Frankreich und anderen westlichen Nachbarn zu einer zentralen Aufgabe machen sollte.

Es war denn auch vor allem Heinemanns Drängen zu verdanken, dass am 28. Oktober 1970 nach über einjähriger Vorbereitungszeit die »Deutsche Gesellschaft für Friedens- und Konfliktforschung e. V.« (DGFK) gegründet wurde.[178] Heinemann übernahm die Schirmherrschaft über die DGFK, die sich überwiegend aus Mitteln der Bundesregierung und der Länder finanzierte. Getragen wurde die Gesellschaft vom Bund, den Ländern, den Kirchen sowie Arbeitgeberverbänden und Gewerkschaften. Einen Schwerpunkt ihrer Arbeit bildete die Förderung von wissenschaftlichen Projekten zu unterschiedlichsten Aspekten der Friedens- und Konfliktforschung. Der Tätigkeitsbericht für 1972 wies eine Fördersumme von rund 2,27 Millionen DM aus, mit denen 38 Projekte gefördert wurden, darunter die Themen »Determinanten der französischen Rüstungspolitik«, »Frieden in Europa 1815–1918« oder »Wirtschaftlicher Boykott als Aktionsform in Emanzipationsbewegungen«.[179] Bei der Initiierung der DFGFK hatte Heinemann insbesondere skandinavische Vorbilder vor Augen, namentlich das 1966 gegründete »Stockholm International Peace Research Institute« (SIPRI) und die seit 1959 bestehende Abteilung »Friedens- und Konfliktforschung« am Institut für Sozialforschung in Oslo.[180] Ratschläge holte er sich u. a. auch von dem Physiker und Philosophen Carl Friedrich von Weizsäcker, der 1969 seinerseits im Begriff stand, eine Forschungseinrichtung mit verwandter Zielsetzung, das »Institut zur Erforschung der Lebensbedingungen der wissenschaftlich-technischen Welt«, zu begründen. Von Weizsäcker schlug bei einer Unterredung mit Bundespräsident Heinemann u. a. einen »Rat für Friedensforschung« vor, der die verschiedenen Aktivitäten auf diesem Gebiet koordinieren bzw. »beratend und beaufsichtigend tätig werden solle.«[181]

Allerdings hatte die DGFK von Beginn an mit starken Widerständen und Anfeindungen von Seiten konservativer Politiker zu kämpfen. Die Hauptvorwürfe richteten sich gegen eine angeblich große Nähe zu linken Gruppierungen neben generellen Zweifeln an der Wissenschaftlichkeit ihrer Arbeit. Letzterem Vorwurf hatte Heinemann bereits auf der Gründungsversammlung widersprochen. »Wir dürfen es nicht zulassen, dass eine wissenschaftliche Disziplin, von der viel für die Zukunft abhängen wird, von solchen in Acht und Bann getan wird, denen sie einfach nicht in ihr Weltbild passt.«[182]

Verzicht auf zweite Amtszeit

Gustav W. Heinemann erreichte als Bundespräsident bemerkenswert rasch hohe Popularitätswerte. Ende 1969 – der emotionsgeladene Niederlande-Besuch war bereits absolviert – bescheinigten laut einer Meinungsumfrage mehr als 90 Prozent der Westdeutschen eine »gute« (52 Prozent) oder sogar »sehr gute« (40 Prozent) Amtsführung. Besonders hoch war seine Akzeptanz in der Gruppe der 20- bis 25-Jährigen.[183] Im Verlauf seiner Amtsjahre ließen die Werte zwar etwas nach, doch aufs Ganze gesehen konnte sich Bundespräsident Heinemann anhaltender Beliebtheit in der westdeutschen Bevölkerung erfreuen.

Als ein illustrierender Beleg für die Wertschätzung, die Heinemann nicht zuletzt bei Intellektuellen genoss, sei eine Äußerung des Schriftstellers Rudolf Hartung zitiert. » ... zu keiner Zeit meines Lebens hat es einen Kanzler oder Präsidenten gegeben, der in mir so sehr das Gefühl der Solidarität geweckt hätte, und dass das, wofür er steht, auch meine Sache ist. ... nach Adenauer, dessen taktische Manöver, wenn es darauf ankam, seinen Sinn für Redlichkeit immer mühelos annullierte; nach Theodor Heuss, der sich allzu sehr als Landesvater gab und seine Wahrheiten mit so orgelndem Bass und Gemüt vortrug, dass man vom Mitdenken freiwillig Abstand nahm, (von Lübke und Erhard zu schweigen) ist Gustav Heinemann der erste, dessen rationale Argumentation sofort Aufmerksamkeit erzwingt. Er will nicht überreden oder Risse und Unzulänglichkeiten mit Gesinnung verschmieren, sondern er versucht, eine Landschaft zu erhellen, die auch die unsere ist. Ein Glücksfall in der Geschichte der Bundesrepublik.«[184]

Auch die SPD, die ihn 1968 auf den Schild gehoben hatte, war mit Bundespräsident Heinemann sehr zufrieden. Denn ohne die – vom Grundgesetz geforderte – parteipolitische Distanz außer Acht zu lassen, stand Heinemann mit seinem Auftreten und seinen Reden doch weitgehend für jene innen- und außenpolitischen Reformbestrebungen und Neuorientierungen, welche die sozialliberale Koalition sich unter den Leitsätzen »Mehr Demokratie wagen« und »Aussöhnung mit den Staaten Osteuropas« (neue Ostpolitik) auf die Fahne geschrieben hatte.

Es war daher nur folgerichtig, wenn führende SPD-Politiker, allen voran Herbert Wehner, Heinemann im Herbst 1973 für eine zweite Amtszeit zu gewinnen suchten. Wehner: »Du musst bleiben. Die Partei hat keinen anderen.«[185] Dass Bundeskanzler Brandt gegenüber Heinemann eine gewisse Reserviertheit an den Tag legte und dessen Redebeiträge und Initiativen bisweilen etwas »mühsam« fand, wäre kein Hinderungsgrund für eine zweite Amtszeit gewesen.[186]

Aber Heinemann entschied sich nach längerem Zögern zum Verzicht. Während seine Frau Hilda sich weitere fünf Jahre in der Villa Hammerschmidt durchaus vorstellen konnte, rieten nicht zuletzt Helmut und Brigitte Gollwitzer ab, insbesondere mit Rücksicht auf Heinemanns Gesundheit. Für den 74-jährigen Heinemann waren es vor allem gesundheitliche Erwägungen, die ihn auf eine zweite Amtszeit verzichten ließen, denn anders als seine kerzengrade Haltung und feste Stimme bei öffentlichen Auftritten vermuten ließen, spürte Heinemann zuweilen die Kräfte nachlassen.[187]

Bei seiner Abschiedsrede vor dem Bundestag ließ Gustav Heinemann noch einmal die wichtigsten Stationen und Themen seiner Zeit als Bundespräsident Revue passieren. Dabei vermittelte er durchaus den Eindruck, dass er mit seiner Amtsführung zufrieden war, d.h. mit der Art und Weise, wie er das höchste Amt im Staate ausgefüllt und ihm eine spezielle Prägung gegeben hatte. »Worum ging es mir? … Nach außen kam es darauf an, die Verständigung zu unterstützen, die auf friedliche Beziehungen zu allen Staaten, sonderlich zu den europäischen Nachbarn zielt. Dabei konnten die Belastungen, die durch das Unheil des Nationalsozialismus, das über die Nachbarn und uns selbst gekommen ist, nicht ausgespart werden. Es musste darüber in Offenheit gesprochen werden, damit deutlich wurde, was wir daraus gelernt haben. … Man hat mich manchmal Bürgerpräsident genannt. Damit ist wohl meine Bemühung gemeint, den Abstand, der mit dem höchsten Staatsamt zu den Bürgern gegeben ist, so weit wie möglich zu verringern. Ich wollte nicht abgetrennt sein von den täglichen Sorgen und Hoffnungen meiner Mitbürger. ... Ich wollte helfen, Untertanengesinnung und Unterwürfigkeit in staatsbürgerliches Bewusstsein und Mitverantwortung zu verwandeln.«[188]

Zudem hätten er und seine Frau der Lage sogenannter Randgruppen, der körperlich und geistig Behinderten, sozial Deklassierten stets besondere Aufmerksamkeit gewidmet. »Unsere so sehr auf Leistung und Wettbewerb ausgerichtete Gesellschaft ist ja nur dann eine menschliche Ordnung, wenn sie behinderten Minderheiten volle Achtung ... und ein Höchstmaß an Eingliederung gewährt.«[189] Ein wichtiges Ergebnis dieser Aufmerksamkeit für Randgruppen war die Gründung der Hilda-Heinemann-Stiftung für geistig behinderte Erwachsene im März 1970. Zusammenfassend erklärte Heinemann: »In alldem ging es mir darum, einen Beitrag zu leisten für ein Leben unserer Bürger in Frieden und Freiheit, für eine Verankerung der Demokratie, für die Festigung und Humanisierung des Rechtsstaates und für seine Entwicklung zu einer sozialen Demokratie.«[190]

Dass Heinemann diesen Beitrag tatsächlich geleistet hatte – freilich in den engen Grenzen seines Amtes – hätte ihm beim Ausscheiden aus dem Amt sicherlich eine Mehrheit der Westdeutschen bestätigt und so wurde ihm auch manche (publizistische) Träne nachgeweint, wie etwa von Heinrich Böll. »Wieder ein Radikaler im öffentlichen Dienst weniger; denn was haben Sie anderes getan, als das deutsche Geschichtsverständnis, das deutsche Bewusstsein, die deutsche Selbstgefälligkeit, wie sie gelegentlich auftritt, bis auf die Wurzeln bloßzulegen.«[191] Heinemann selbst stellte mit einiger Genugtuung fest, dass während seiner Amtsjahre die westdeutsche Demokratie lebendiger geworden sei. »Das staatsbürgerliche Bewusstsein ist wacher geworden und daher auch die Neigung, sich selbst einzuschalten. Denken wir an die Fülle der Bürgerinitiativen. ... Das ist ein Zeichen dafür, dass unsere Demokratie eben nicht nur von oben geordnet, geformt, auferlegt wird, sondern auch von unten neue Anstöße bekommt.« Welchen Anteil sein eigenes Reden und Handeln daran hatte, ließ der scheidende Bundespräsident offen.[192]

Bundespräsident a. D.

Kurz vor Ende seiner Amtszeit wurde Heinemann von einem Journalisten gefragt, was er denn aus der Villa Hammerschmidt in sein Pensionärsleben mitnehmen werde. »Unruhe – Unruhe, dass die Dinge, die gemacht werden müssen, nicht rechtzeitig gemacht werden.«[193] Tatsächlich zog Heinemann sich im Juli 1974 nicht aufs beschauliche Altenteil in sein Essener Haus zurück, sondern mischte sich weiterhin ins politische Geschehen ein, was ihm in einigen Fällen heftige Kritik von konservativer Seite eintrug.

Als Bundespräsident hatte Heinemann stets den Kontakt mit der Jugend gesucht und die Überwindung des »Generationenkonflikts« zu einem seiner vordringlichen Anliegen erklärt. Wiederholt bekundete er großes Verständnis für die »unruhige Jugend«, die mit gesellschaftlichen Missständen möglichst rasch und radikal aufräumen wollte. »Zeitlebens war ich gern mit jungen Menschen zusammen – erst recht seit dem Studentenprotest der 60er Jahre … Sie sahen eine Welt voller Ungereimtheiten und Ungerechtigkeiten … und waren oft geneigt, diese radikal anzugehen.«[194] Auf eine »heilsame und produktive Unruhe« aber sei jede Gesellschaft angewiesen.[195]

Tatsächlich genoss Heinemann seit seiner Zeit als Justizminister bei großen Teilen der westdeutschen Jugend ein hohes Ansehen – für einen Angehörigen der älteren Generation und des oft geschmähten »Establishments« etwas durchaus Außergewöhnliches. Wenn Heinemann im Gespräch mit Studenten gelegentlich mit seiner eigenen Zeit in der »außerparlamentarischen Opposition«[196] kokettierte, nämlich in den fünfziger Jahren als Gegenspieler von Adenauer, wurde das auch nicht als Anbiederung, sondern als ehrlicher Ausdruck von Verständnis und Sympathie empfunden.

Eine klare Grenze zog Heinemann zu jeglicher Gewaltanwendung in der politischen Auseinandersetzung. » … Gewaltanwendung, das Werfen von Steinen und Farbbeuteln sind keine imponierenden und schon gar nicht demokratischen Argumente.«[197] Allerdings sah seit 1968 eine wachsende Zahl der »unruhigen Studenten« in der Gewalt, zunächst »gegen Sachen«, bald auch gegen Personen, ein legitimes Mittel der politischen Auseinandersetzung. Unter diesen Bedingungen wurde es für Heinemann immer schwerer, Verständnis für eine sich radikalisierende Jugend aufzubringen und den Kontakt zu ihr zu halten. Dennoch versuchte er es, auch noch, nachdem ein kleiner Teil der Studentenbewegung in den Terrorismus abgeglitten war und die »Rote Armee Fraktion« (RAF) seit 1970 mehrere Mordanschläge verübt hatte.

Rückblickend hielt Heinemann es sich denn auch viel darauf zugute, dass er durch seinen vorurteilslosen Kontakt mit »unruhiger Jugend« manchen Heißsporn unter den Studenten vom Abrutschen in den Terrorismus abgehalten habe. »Einige radikale Studenten haben mir erklärt, dass meine Haltung, so wie sie ihnen in den Unterredungen bekannt geworden sei, mitgewirkt habe, sie auf dem langen Weg reformerischer Bemühungen festzuhalten und vor dem Irrweg des Terrorismus zu bewahren.«[198]

Führende Köpfe der RAF, darunter Andreas Baader, Gudrun Ensslin und Ulrike Meinhof, waren 1972 verhaftet worden, bekannten sich aber auch im

Gefängnis weiter zum »bewaffneten Kampf«. Heinemann hatte den Terror der RAF stets scharf verurteilt, entschloss sich aber im Dezember 1974 zu einem ungewöhnlichen Schritt, der ihm viel Kritik eintrug. Im Herbst 1974 hatten die inhaftierten RAF-Häftlinge einen Hungerstreik begonnen, mit dem sie eine Verbesserung ihrer Haftbedingungen erreichen wollten. Als der inhaftierte Holger Meins am 9. November 1974 an den Folgen des Hungerstreiks gestorben war, stand zu befürchten, dass weitere Häftlinge sich zu Tode hungern würden und die gespannte Lage in der Bundesrepublik weiter eskalieren könnte. Um das zu verhindern, entschloss sich Altbundespräsident Heinemann, an die ebenfalls am Hungerstreik beteiligte Ulrike Meinhof zu schreiben, um sie von der selbstzerstörerischen Aktion abzubringen. Das geschah in enger Abstimmung mit Justizminister Hans-Jochen Vogel.[199]

Heinemann war der früheren Journalistin Meinhof schon Anfang der sechziger Jahre persönlich begegnet, als er sie in einem Beleidigungsverfahren wegen eines Artikels gegen den damaligen Verteidigungsminister Franz Josef Strauß erfolgreich vertreten hatte. Seinen Brief vom 11. Dezember 1974 begann er mit einer Erinnerung an dieses Verfahren, um Ulrike Meinhof dann eindringlich zum Abbruch des Hungerstreiks aufzurufen. Denn die »Beschwerden gegen Haftbedingungen«, so Heinemann, »sind – jedenfalls heute – zum großen Teil gegenstandslos.« Dann kam Heinemann auf den Kern seines Anliegens. »Wenn Sie aber vielleicht meinen, mit einer Selbstopferung Ihres Lebens politische Wirkungen in Ihrem Sinne außerhalb des Gefängnisses auszulösen, so sind Sie im Irrtum. Sie wollen Schäden in unserer Gesellschaft – was immer Sie darunter verstehen mögen – beseitigen und denen helfen, die unter solchen Schäden leiden. Sie werden es auf Ihrem Wege nicht erreichen. Wohl aber erschweren Sie eindeutig alle Bemühungen derer, die sich auf andere Weise um Besserung bemühen. … Bei allem Respekt vor der Selbstbestimmung, die einem Menschen hinsichtlich seiner Lebensgestaltung gebührt, meine ich ernstlich, Sie sollten Ihren Hungerstreik beenden.«[200] Ulrike Meinhof lehnte in ihrer Antwort den Abbruch des Hungerstreiks schroff ab, forderte Heinemann aber auf, sie und Andreas Baader im Gefängnis von Stuttgart-Stammheim zu besuchen. Dazu war Heinemann jedoch nicht bereit.

Die öffentliche Reaktion auf die Initiative des Alt-Bundespräsidenten war überwiegend negativ, auch in den Reihen der SPD, wo sie allerdings weniger heftig ausfiel, als von Seiten der Unionsparteien und zahlreicher Leserbriefschreiber. Der Hauptvorwurf lautete, dass Heinemann in dem Brief die Verbrechen der RAF nicht erwähnt habe. Für die CDU war das Schreiben nichts anderes als eine politische Instinktlosigkeit und eine Aufwertung der Baader-Meinhof-Gruppe.[201]

Fehlende Distanz zu »Linksradikalen« wurde dem Altbundespräsidenten Heinemann auch bei anderer Gelegenheit vorgeworfen. Im Frühjahr 1975 tauchten Gerüchte auf, dass Heinemann in seiner Zeit als Bundespräsident den 1968 bei einem Attentat schwer verletzten Studentenführer Rudi Dutschke finanziell unterstützt habe, und zwar aus öffentlichen Geldern. Als ein CDU-Abgeordneter daraufhin eine offizielle Anfrage an die Bundesregierung richtete, entschloss sich Heinemann zu einer Stellungnahme. Darin stellte er klar, dass alles Geld, das er Dutschke habe zukommen lassen, ausschließlich aus seinen Privatmitteln stammte. In einem ziemlich schroff formulierten Brief an den Fraktionschef der CDU-Fraktion, Karl Carstens, erläuterte Heinemann die Herkunft der Gelder. Er habe nach seinem Amtsantritt als Bundespräsident auf die Pension aus seiner Tätigkeit bei den Rheinischen Stahlwerken in Höhe von 3.750,– DM monatlich verzichtet, »mit der Maßgabe, dass sie an das Bundespräsidialamt zur Verfügung für soziale Zwecke gezahlt würde.« Aus diesem Fond stammten auch die 3.000 DM, die Rudi Dutschke nach seiner Ausweisung aus Großbritannien als Umzugshilfe nach Dänemark überwiesen wurden.[202]

Es war niemand anderer als Helmut Gollwitzer, der Heinemann seinerzeit gebeten hatte, die Umzugshilfe für Dutschke zu leisten. Dieser erfuhr auch erst nach Monaten, wer hinter der Zuwendung steckte. Im April 1971 schrieb Brigitte Gollwitzer in dieser Angelegenheit an Heinemann: »(Es kam) ein Anruf von Rudi aus Dänemark, wo die Familie sehr glücklich ist. Neu war ihm die Mitteilung, wer nun den Umzug schließlich bezahlt hat. Vielen, vielen Dank sollen wir übermitteln.«[203] Erst 35 Jahre später wurde außerdem bekannt, dass Heinemann den früheren Studentenführer nicht nur bei dessen Umzug geholfen, sondern auch über einen längeren Zeitraum – anonym – finanziell unterstützt hatte. Mittelsmann war Jürgen Sudhoff, damals als junger Diplomat an der deutschen Botschaft in London tätig, der mit Heinemann locker bekannt war. »Gustav Heinemann erklärte, was er mir zu sagen habe, sei vertraulich. … Er wolle Rudi Dutschke, damals Stipendiat an der Universität Cambrigde, finanziell unterstützen. Das habe er so mit Helmut Gollwitzer besprochen. Er werde dies aus seinen eigenen privaten Mitteln tun. Um die Sache nicht offiziell erscheinen zu lassen, werde er mir monatlich Geld auf mein Bonner Konto überweisen lassen. Diese Beträge möge ich dann Rudi Dutschke aushändigen lassen. So geschah es. Ich wurde zu einem Mittelsmann zwischen einem mitfühlenden Staatsoberhaupt und einem heimatlosen Revolutionär.«[204]

Im Juli 1972 kam es im Berliner Haus von Helmut Gollwitzer auch zu einer persönlichen Begegnung zwischen Dutschke und seinem – anonymen – »Mäzen« Heinemann. Dabei entspann sich ein lebhaftes Gespräch über die Deutschlandpolitik der fünfziger Jahre und die politischen Perspektiven der »Außerparlamentarischen Opposition«. Auch über die Baader-Meinhof-Gruppe wurde gesprochen, deren führende Mitglieder kurz zuvor verhaftet worden waren, und Heinemann zeigte sich erleichtert darüber, dass Dutschke sich klar von den Terroranschlägen der RAF distanzierte.[205]

Mit einer anderen Wortmeldung sorgte Altbundespräsident Heinemann nicht nur bei den Unionsparteien, sondern auch in großen Teilen seiner eigenen Partei, der SPD für Unmut. Es ging dabei um den sogenannten »Radikalenerlass«, jenen von der SPD mitgetragenen Ministerpräsidentenerlass vom Februar 1972, mit dem »verfassungsfeindliche Kräfte« aus dem öffentlichen Dienst ferngehalten werden sollten.

Heinemann war seit je ein Verfechter der »wehrhaften Demokratie«. Das hatte er schon 1950 als Innenminister im Kabinett Adenauer immer wieder bekundet und entsprechende Maßnahmen befürwortet. Noch in einer seiner letzten Reden als Bundespräsident hatte er sich ausdrücklich dazu bekannt. »Eine freiheitliche Demokratie muss sich freilich auch wehren können. … Im Vertrauen auf die Überlegenheit unserer Ordnung, die jedem Bürger ein selbstverantwortliches Leben sichern will, sind wir verpflichtet, ihren auf Vergewaltigung bedachten Gegnern entschlossen zu widerstehen. … Freiheitliche Demokratie muss auch verhindern, dass ihre Gegner in die Beamtenschaft eindringen.« Schon damals warnte er aber vor Übertreibungen. »Noch einmal: Wir werden diese Ordnung gegenüber Gegnern mit Zähnen und Klauen verteidigen. Wir werden uns aber auch vor übereifrigem und übersteigertem Schutz zu hüten haben, der das, was wir schützen wollen, erstickt oder unansehnlich macht.«[206] Diese Besorgnis sah er in der Praxis des Radikalenerlasses nunmehr bestätigt. Denn seiner Ansicht nach sei zur Fernhaltung von Extremisten aus dem öffentlichen Dienst kein besonderer Erlass nötig. Es genüge die konsequente Anwendung des Beamtenrechts.[207]

Seine pointierte Kritik veröffentlichte Heinemann im Mai 1976 in der Beilage der Wochenzeitung »Das Parlament«. »Wenn der radikale Verfassungsfreund nicht mehr vom Verfassungsfeind unterschieden wird, bleibt ihm oft nur die Wahl zwischen Resignation und Abmarsch ins Lager der wirklichen Feinde einer sich ständig erneuernden und weiterentwickelnden freien und solidarischen Gesellschaft. Kritik, radikale Kritik bedarf des freien Marktes der Meinungen und Gegenmeinungen, um fruchtbar zu bleiben.« Diesen »freien Markt der Meinungen« sah Heinemann jedoch durch die massenhaften Anfragen beim Verfassungsschutz und die davon zu befürchtende Einschüchterung zahlreicher junger Menschen gefährdet. Wichtig war ihm der Gedanke einer »Gesellschaft in Bewegung« und er warnte eindringlich vor einer »gegenwärtig … sich verstärkende(n) Gleichsetzung der Strukturen unserer Gesellschaft mit der Verfassung selbst.« Vielmehr müssten »Verkrustungen aufgebrochen werden. Dazu bedarf es auch radikaler, in die Tiefe der Probleme dringender Kritik.« Damit diese Kritik aber auch rückhaltlos geäußert werden könne, müsse es möglich sein, »dass man sich politisch irren oder gar verirren kann, ohne dafür nach Jahren zur Rechenschaft gezogen zu werden, zumal, wenn inzwischen die Irrtümer eingesehen und überwunden sind.«[208]

Dieses leidenschaftliche Plädoyer für die Möglichkeit bzw. die Notwendigkeit auch radikaler Kritik an den bestehenden Verhältnissen, war so etwas wie Heinemanns politisches Vermächtnis. Noch einmal zeigte der Altbundespräsident sich hier als Verfechter einer offenen Gesellschaft, deren Lebenselexiere die Freiheit der politischen Diskussion und der mündige, selbstverantwortliche Bürger sind. Seine Partei allerdings war wenig amüsiert über diese Kritik am »Radikalenerlass«. Die SPD hatte sich mit Heinemann stets gerne geschmückt, seinen »freiheitlichen Überschwang« jedoch – der immer auch die »freie Marktwirtschaft« ausdrücklich einschloss – hatten viele Sozialdemokraten oft mit einem gewissen Kopfschütteln quittiert. So ganz einer der Ihren war Heinemann nie geworden, hatte es auch nie werden wollen. Insgesamt aber – da waren sich Heinemann und die Genossen wohl einig – hatte das eher pragmatische Verhältnis zwischen Heinemann und der SPD großen Ertrag gebracht.

Bei Erscheinen jenes Artikels über »Freimütige Kritik und demokratischen Rechtsstaat« im Frühjahr 1976 war Gustav Heinemann von Krankheit schon schwer gezeichnet. Als er die Kräfte immer mehr schwinden fühlte, zog es ihn von Essen nach Berlin in das Haus des Ehepaars Gollwitzer. Vor allem Brigitte Gollwitzer kümmerte sich hingebungsvoll um Heinemann, dessen Zustand sich zusehends verschlechterte. Wenn er zum Lesen zu schwach war, ließ Heinemann sich von ihr vorlesen, u. a. auch das Erinnerungsbuch » … und führen, wohin du nicht willst«, in dem Helmut Gollwitzer seine Erlebnisse in sowjetischer Kriegsgefangenschaft schildert. Brigitte Gollwitzer: »Er war ein ergreifend dankbarer Patient, der jede Hilfestellung dankbar entgegengenommen und sein Schicksal bis zum Schluss mit seinem Humor getragen hat. Für uns waren es sehr eindrucksvolle Wochen am Schluss dieses Lebens mit ihm zusammen.«[209] Vor allem mit Gottvertrauen hat Heinemann sein Schicksal getragen. Als sich Heinemanns Zustand rapide verschlechterte, wurde er in ein Krankenhaus nach Essen gebracht, wo er am 7. Juli 1976 starb. Carola Stern: »Am Ende … wacht der Freund [Helmut Gollwitzer] am Krankenbett, liest ihm vor, spricht beruhigend auf den Zeitverwirrten ein und singt ihm Lieder vor.«[210]

Am 12. Juli 1976 fand im Bonner Bundestag ein Staatsakt für den Verstorbenen statt. Bundespräsident Scheel würdigte Gustav Heinemann als einen herausragenden Politiker der Bundesrepublik, der stets die Freiheitsrechte und Eigenverantwortung des einzelnen Bürgers über die Ansprüche des Staates gestellt habe. »Auf die Frage, was ihn in die Politik getrieben hat, gibt es eine eindeutige Antwort. Sein am Evangelium geprägtes Gewissen ließ es nicht zu, die Dinge treiben zu lassen. Sein Glaube zwang ihn zur politischen Stellungnahme und zum Handeln.«[211]

XII. Schlussbetrachtung

Die einen nannten ihn einen »Glücksfall in der Geschichte der Bundesrepublik«, für die anderen war er ein »notorischer Renegat«, der zeitweise im »Sold Moskaus« stand. Oder sie verspotteten ihn als »Gandhi-Apostel« und politischen »Tragikomiker«.[1] An Gustav W. Heinemann schieden sich die Geister. Was ihm vonseiten der CDU, die er einst mitbegründet, dann aber im Streit mit Adenauer über die Wiederbewaffnung verlassen hatte, als Verrat und Opportunismus vorgeworfen wurde, rühmten seine Anhänger als Prinzipienfestigkeit gemäß dem Grundsatz »Parteiwechsel statt Überzeugungswechsel«.[2]

Tatsächlich verlief Heinemanns politischer Werdegang außergewöhnlich verschlungen und führte ihn in nicht weniger als fünf Parteien – Deutsche Demokratische Partei (DDP), Christlich-Sozialer Volksdienst (CSVD), CDU, GVP und SPD. Auch seine zunächst glänzende Berufskarriere als Justiziar setzte sich nicht kontinuierlich fort, sondern endete 1950 im Streit mit seinem langjährigen Arbeitgeber, den Rheinischen Stahlwerken. Ebenso hätte Heinemann sein Amt als Präses der Synode der Evangelischen Kirche gern behalten, wenn er nicht im März 1955 nach innerkirchlichem Zwist abgewählt worden wäre.

Es finden sich in Heinemanns Leben eine ganze Reihe von Brüchen, Einschnitten und Wegscheiden. Mehrere seiner Projekte und Pläne scheiterten, sei es die Karriere als Manager in der Ruhrindustrie oder das Projekt einer gegen den Adenauer-Kurs gerichteten Partei – der GVP – in den fünfziger Jahren. Dass gerade Heinemann aber immer wieder als Beispiel besonderer Gradlinigkeit bezeichnet wurde, mag angesichts dieser vielen Um – und Abwege zunächst verwundern.

Indes kann man in Heinemanns Denken und Handeln durchaus Kontinuitäten wahrnehmen. Da ist zum einen der christliche Glaube, zu dem Heinemann zwar erst spät – als Dreißigjähriger – fand, der aber seither eine feste Konstante und Richtschnur seines Lebens bildete.

Als weiterer roter Faden und innerer Antrieb erscheint das Streben nach einer bürgerlichen Existenz, wobei es sich bei Heinemann um eine spezifische Ausprägung des Bürgerlichen handelte. Heinemann war aus innerster Überzeugung Citoyen, der sich bewusst in die Tradition der bürgerlichen Freiheitsbewegung von 1848 stellte. Allem bourgeoisen Verhalten, d.h. einem vornehmlich auf Besitz und Privilegien ausgerichteten Handeln, stand er kritisch gegenüber. Insofern war der »Bürger Heinemann« zugleich einer »der hellsichtigsten Kritiker des deutschen Bürgertums im 20. Jahrhundert«.[3]

Schon der Student Heinemann übte scharfe Kritik am deutschen Bürgertum. »Das Bürgertum fußt auf dem Individualismus. Einst konnte es damit alte Gegebenheiten überwinden und eine großartige wirtschaftliche Entwicklung herausführen. Heute aber [Anfang der zwanziger Jahre, T. F.] hat der wirtschaftliche Egoismus, das Gewinnstreben ... jeden Gemeinschaftsgeist vernichtet und alle Ideale ausgelöscht.« Das Bürgertum strebe nur noch nach ›Ruhe und Ordnung‹. Und auch die soziale Verantwortung habe die bürgerliche Gesellschaft aus den Augen verloren und sich dadurch an den »Arbeitern versündigt.«[4]

Zu dieser »sozialen Versündigung« des Bürgertums kam nach Heinemanns Auffassung ein politisches Versagen, das dem Nationalsozialismus den Weg an die Macht ebnete. In einer Gedenkrede auf den sozialdemokratischen Reichspräsidenten Friedrich Ebert formulierte Heinemann es so: »Das sogenannte Bürgertum, dem Ebert durch Abwehr einer Räteherrschaft den Weg in den neuen Staat offenhielt, hat es ihm nicht gedankt, sondern Hitler den Weg bereitet, indem es sich gegen den ›Sattlergesellen‹ Ebert austobte.«[5] Schon 1939 hatte Heinemann festgestellt, dass »viel kläglicher als jede ... andere Gruppe sich in D[eutschland] jene benommen haben, die sich liberales Bürgertum nannten.«[6]

Diesem dünkelhaften, sozial wenig verantwortungbewussten, politisch zumeist ›feigen‹ Bürgertum setzte Heinemann das Bild des selbstbewussten, politisch ›mutigen‹ und dabei sozial verantwortlichen Bürgers entgegen. In seiner eigenen Lebensführung suchte Heinemann diesem Bild möglichst nahe zu kommen und für dieses Ideal wurde er nicht müde als Politiker, Publizist, später als Bundespräsident einzutreten. Insofern erscheint Heinemann als Verfechter einer deutschen »Bürgergesellschaft« avant le lettre.

Die Grundlagen dafür wurden früh gelegt. Gustav W. Heinemann wuchs in einem liberalen Elternhaus auf, in dem die freiheitlichen Traditionen der 1848er Revolution hoch gehalten wurden. Sein Vater Otto Heinemann hatte sich aus kleinsten Verhältnissen ins Essener Wirtschaftsbürgertum emporgearbeitet und dem Sohn Gustav ein strenges Arbeits- und Leistungsethos vermittelt. Dass man durch Leistung zu Ansehen und Wohlstand gelangen kann, gehörte zu Heinemanns Lebensmaximen.

Den besten Rahmen dazu boten nach seiner Überzeugung ein parlamentarisch-demokratisches System und eine freie (Markt-)Wirtschaft, die der Initiative des Einzelnen möglichst breite Entfaltungsmöglichkeiten gewährte. Sozialistischen Eingriffen in das Marktgeschehen war er stets abhold, da sie Kreativität und Leistungswillen beeinträchtigten. Jahrzehntelang trennte ihn diese wirtschaftsliberale Einstellung – neben anderem – von den Sozialdemokraten.

Während seinem Vater eine akademische Ausbildung aufgrund sozialer Schranken noch versagt geblieben war, konnte Gustav Heinemann seinen Neigungen gemäß Jura und Nationalökonomie studieren. Neben seinem Studium engagierte er sich früh in demokratischen Studentenorganisationen und der DDP, womit er sich in einer kleinen Minderheit befand, da die deutsche Studentenschaft seinerzeit überwiegend konservativ-nationalistisch eingestellt war. Wie ernst es Heinemann mit seinen demokratischen Überzeugungen war, bewies er schon 1920, als er die junge Demokratie gegen Angriffe von rechts und links auch mit der Waffe verteidigte.

Die Zeitläufte waren dem jungen Juristen Heinemann günstig, denn die Gründung einer Familie und der Berufseinstieg als Rechtsanwalt fielen in die Stabilisierungs- und Prosperitätsphase der Weimarer Republik ab 1925. Mit großem Einsatz widmete sich Heinemann nunmehr der Grundlegung einer bürgerlichen Existenz. Nach seinem Eintritt als Justitiar bei den Rheinischen Stahlwerken im Jahr 1927 hatte er sich im Essener Wirtschaftsbürgertum etabliert. Er pflegte einen durchaus gutbürgerlichen Lebensstil in einem großzügigen Haus und leistete sich mit der Familie regelmäßige Urlaubsreisen. Später kam die Mitgliedschaft im Essener Honoratiorenclub »Zylinder« hinzu. Von politischen Aktivitäten hielt Heinemann sich in dieser Lebensphase weitgehend fern.

Um das Jahr 1929 kam es zu einem großen Umschwung in Heinemanns Leben, als der 30-Jährige zum christlichen Glauben fand. Offenbar gab es kein ausgesprochenes Erweckungserlebnis, sondern die Hinwendung zum Glauben erfolgte in einem längeren Prozess, bei dem das Beispiel seiner christlich geprägten Frau Hilda und vor allem der Einfluss des so wortgewaltigen wie tatkräftigen Gemeindepfarrers Friedrich Graeber entscheidend waren. Der christliche Glaube bildete fortan das geistige Fundament und die Richtschnur für Heinemanns Denken und Handeln.

Damit hatte seine bürgerliche Existenz eine metaphysische Basis gefunden, die er zunehmend vermisst haben mochte. So beklagte er einmal die »Hohlheit« und bloße »Nützlichkeitsgesinnung, die der Liberalismus in den Menschen angerichtet« habe.[7] Die Frage nach den Normen einer bürgerlichen Gesellschaft und den Grundfesten des demokratischen Rechtsstaats war für ihn als gläubigen Christen geklärt. »Wenn Sie mich fragen, wo diese Fundierung … zu finden (ist), so kann ich darauf nur mit einem persönlichen Bekenntnis antworten, und dieses Bekenntnis lautet: Fundamentum juris est verbum Dei, d.h. das Fundament des Rechtes ist Gottes Wort.«[8]

Zudem passten Strebsamkeit, Fleiß und wirtschaftlicher Erfolg gut zum reformierten, calvinistisch beeinflussten Protestantismus, in den Heinemann unter Anleitung von Pfarrer Graeber hineinwuchs. In der Gemeindearbeit und in sozialen Projekten fand Heinemann nunmehr Gelegenheit, der Not und den Missständen der Zeit durch konkretes Handeln zu begegnen. An der kirchlichen Basis entdeckte Heinemann seine Vorliebe für ein Wirken im überschaubaren Rahmen, das er später auch an der Kommunalpolitik so sehr schätzen sollte.

Die Machtergreifung der Nationalsozialisten 1933 betrachtete Heinemann laut eigener Aussage von Anfang an als Verhängnis. Doch anders als bei seinem Freund Wilhelm Röpke, der aus politischen Gründen emigrieren musste, bedeutete die Errichtung der NS-Diktatur für Heinemann keine radikale Veränderung der Lebensumstände. Der überzeugte Demokrat und evangelische Christ Heinemann entschied sich vielmehr für eine Art »Doppelstrategie« gegenüber dem Regime. Auf der einen Seite setzte er seine erfolgreiche Berufslaufbahn fort – auch noch, als die Kohlenzechen der Rheinischen Stahlwerke ein zentraler Bestandteil der Kriegswirtschaft geworden waren. Heinemann selbst schrieb 1940 in einem Zeitschriftenbeitrag vom entscheidenden »Beitrag … des deutschen Bergbaus (für die) Wehrhaftmachung der Wirtschaft«.[9] Ein anderes Zugeständnis an die Verhältnisse unter nationalsozialistischer Herrschaft war etwa seine Mitgliedschaft im »NS-Reichswahrerbund«, ohne die er allerdings seine anwaltliche Tätigkeit für die Bekennende Kirche nicht hätte ausführen können.

Auf der anderen Seite engagierte sich Heinemann nach 1933 mit großem Einsatz für die Bekennende Kirche. Dem Kampf gegen die nationalsozialistisch gelenkten »Deutschen Christen« und gegen staatliche Eingriffe in die Struktur der evangelischen Kirche widmete er einen Großteil seiner Zeit und Kräfte. Er nahm an der Barmer Bekenntnissynode vom Mai 1934 teil und leistete in den folgenden Jahren juristischen Beistand für verfolgte Kirchenleute. Mit Gründung der selbstverwalteten Presbyterianer-Gemeinde in Essen gab Heinemann zusammen mit Pfarrer Graeber seiner Opposition gegen die NS-Kirchenpolitik ganz konkreten Ausdruck.

Gleichwohl war der kirchliche Widerstand Heinemanns – so konsequent er ihn betrieb – vor allem ein abwehrender. Es ging um die Bewahrung kirchlicher Freiräume vor staatlicher Einflussnahme, nicht um einen politischen Widerstand gegen das Regime. Es scheint, dass Heinemann dem NS-Regime als »Obrigkeit« – im Sinne des Römer-Briefes – bis in die letzte Kriegsphase eine gewisse Legitimität zubilligte.

Heinemanns Abwendung von der Bekennenden Kirche im Jahr 1938 hatte seinen Grund in inneren Querelen der BK und nicht in einer Änderung seiner Abwehrhaltung gegenüber der nationalsozialistischen Kirchenpolitik und dem Regime. Er verlagerte den Schwerpunkt seiner oppositionellen Aktivitäten nunmehr auf die Ebene der Gemeinde und Jugendarbeit – als Presbyter und Vorsitzender des Essener CVJM.

Insgesamt ist in Heinemanns Verhalten im Dritten Reich eine gewisse Ambivalenz nicht zu verkennen. Einerseits zählte er als Führungskraft der Rheinischen Stahlwerke faktisch zu den wirtschaftlichen »Funktionseliten«, andererseits ließ er sich in seiner aktiven Opposition gegen das Regime im Bereich der Evangelischen Kirche nie beirren.

Über die Gründe für diese strikte Trennung beider Bereiche lässt sich nur spekulieren. Sie hatte möglicherweise mit jenem lutherischen Obrigkeitsverständnis zu tun, von dem Heinemann sich zunächst schwer hatte lösen können. Zudem hielt ihn möglicherweise seine Glaubensüberzeugung, dass »Christus im Regimente« steht, davon ab, seine widerständige Haltung auf den Bereich der Politik zu übertragen. Konkrete Hilfeleistungen für verfolgte Pfarrer und untergetauchte Juden waren für ihn allerdings stets selbstverständlich.

Nach Ende des Zweiten Weltkriegs wollte Heinemann sich neben Beruf und Familie eigentlich nur noch seiner Kirchengemeinde widmen. Doch der protestantische NS-Gegner Heinemann wurde von verschiedener Seite bedrängt, politisch aktiv zu werden. Nach kurzem Zögern willigte Heinemann ein, beteiligte sich an der Gründung der Essener CDU und übernahm 1946 das Amt des Oberbürgermeisters von Essen.

Er sollte diesen Schritt nie bereuen, da ihm die Kommunalpolitik die Chance bot, an der gesellschaftlichen Basis für konkrete Verbesserungen zu sorgen, was angesichts der Kriegszerstörungen und des Mangels der ersten Nachkriegsjahre ein äußerst mühevolles Unterfangen war. Wie schon die Gemeindearbeit als Presbyter entsprach auch die Kommunalpolitik mit ihren ganz konkreten Problemen und Herausforderungen Heinemanns Anspruch, sich um seine – und die seiner Mitbürger – Angelegenheiten selbst zu kümmern. »Da ist wirklich Selbstverwaltung…, weil die Dinge aus den Beteiligten herauswachsen, die es angeht und die die Verantwortung tragen.«[10]

1949 verschlug es Heinemann allerdings doch noch in die »hohe Politik«, als er auf Bitten von Bundeskanzler Adenauer das Amt des Bundesinnenministers übernahm. Doch schon nach einem Jahr kam es zum Bruch mit dem Kanzler, dessen Politik der Wiederbewaffnung und konsequenten Westintegration der Bundesrepublik Heinemann ablehnte, vor allem weil er dadurch eine weitere Vertiefung der deutschen Teilung befürchtete.

Nach seinem Rücktritt als Innenminister stand Heinemann politisch und gesellschaftlich weitgehend isoliert da. Mit Erbitterung musste er feststellen, dass ihm auch die angestrebte Rückkehr in den Vorstand von Rheinstahl verwehrt wurde, da man dort keinen erklärten Adenauer-Gegner haben wollte.

Es war somit keineswegs Heinemanns freie Entscheidung, wenn er Anfang der fünfziger Jahre wieder in die Politik ging, denn eigentlich hatte er seine

Wirtschaftskarriere an der Spitze der Rheinischen Stahlwerke fortsetzen wollen. Doch einmal dazu »genötigt«, widmete sich Heinemann der Deutschland- und Sicherheitspolitik fortan mit der ihm eigenen Energie und wurde in den fünfziger Jahren zu einem der profiliertesten Adenauer-Gegner in der Bundesrepublik. Politischer Erfolg blieb ihm freilich versagt, sowohl mit der Notgemeinschaft für den Frieden Europas als auch mit der 1952 gegründeten Gesamtdeutschen Volkspartei (GVP).

Die Aktivitäten der Notgemeinschaft verpufften weitgehend wirkungslos und die GVP scheiterte bei den Bundestagswahlen kläglich an der Fünf-Prozent-Hürde. Das lag zum einen daran, dass der von Heinemann geforderte »Dialog mit dem Osten« unter Anerkennung legitimer Sicherheitsinteressen auch der Sowjetunion oder Polens in der westdeutschen Bevölkerung auf wenig Widerhall stieß. Zum anderen lag es an zahlreichen taktischen Fehlern Heinemanns und einem gewissen Hang zum Eskapismus. So zeugten die großartig geplanten Petitionen und Appelle der Notgemeinschaft ebenso von politischer Naivität wie seine Briefe an die Regierungschefs in Bonn, Moskau und Ost-Berlin, auf die denn auch nie eine Antwort kam. Auch die Unbekümmertheit Heinemanns, mit der er sich Bündnispartner suchte und dabei selbst den von der SED gesteuerten »Bund der Deutschen« nicht verschmähte, verhinderten einen größeren Anklang beim westdeutschen Wahlvolk. Insgesamt erscheint Heinemann in den fünfziger Jahren als ein geradezu »unpolitischer Politiker«, der sich mit viel Bekennermut auf dem Weg ins politische Sektierertum befand.

Es war vor allem Erhard Eppler, einer seiner treuesten Mitstreiter, der ihn dazu drängte, den Irrweg einer Splitterpartei aufzugeben und seine deutschlandpolitischen Konzepte innerhalb der SPD weiterzuverfolgen. 1957 gab Heinemann diesem Drängen – dem ein gleichzeitiges Werben von Seiten der SPD entsprach – schließlich nach und schloss sich der SPD an. Aus dem protestantischen Bürger, früheren Industrie-Manager und ehemaligen CDU-Minister Gustav Heinemann wurde ein Sozialdemokrat. Freilich hatten sowohl die SPD als auch Heinemann selbst erst einen tiefgreifenden Entwicklungsprozess durchmachen müssen, bevor es zu dieser Liaison kommen konnte.

In der zur Volkspartei gewandelten SPD machte Heinemann einen raschen Aufstieg in die Führungsgremien von Partei und Fraktion. Allerdings musste er bald feststellen, dass bei seinem ureigensten Thema – der Deutschland- und Sicherheitspolitik – sich die SPD immer weiter von seinen Positionen entfernte, indem sie ab 1960 sowohl die Wiederbewaffnung als auch die Westintegration der Bundesrepublik billigte. Vor die Wahl gestellt, sich schmollend zurückzuziehen oder ein neues Thema zu finden, entschied sich Heinemann für letzteres und wurde neben Adolf Arndt zum prägenden Rechtspolitiker der SPD. Als Justizminister der Großen Koalition konnte Heinemann ab 1966 zahlreiche Reformen, insbesondere die Große Strafrechtsreform, verwirklichen bzw. auf den Weg bringen.

Viel spricht dafür, dass Heinemann sich seit seinem Eintritt in die SPD schrittweise zu einem pragmatischen Real-Politiker entwickelte. Wenn er in GVP-Zeiten vor allem auf die Kraft der besseren Argumente gesetzt hatte, fragte er nunmehr nicht zuletzt nach den Realisierungsmöglichkeiten politischer Konzepte. Mit einem Franz Josef Strauß am Kabinettstisch zu sitzen, fiel Heinemann beispielsweise weniger schwer als manchem »prinzipienfesten« SPD-Genossen, solange er als Justizminister das Rechtssystem der Bundesrepublik modernisieren konnte. Insofern war aus dem eher »unpolitischen Politiker« der fünfziger Jahre in der SPD ein »Realpolitiker« geworden. Und Heinemann wehrte sich mit gutem Recht gegen Helmut Schmidts Invektive, er – Heinemann – sei doch nach wie vor ein »Gesinnungsethiker«. Heinemann verstand sich vielmehr als »Verantwortungsethiker« bzw. –Politiker« und bewies es in seiner praktischen Politik, wobei er um des Ergebnisses willen immer wieder auch Kompromisse einging.

Die Wahl Heinemanns zum ersten sozialdemokratischen Bundespräsidenten im Jahr 1969 wurde vielfach als »Symptom für den Wandel des politischen Klimas in der Bundesrepublik (gesehen), der sich in den vergangenen Jahren vollzogen hat.«[11] In der Tat hatte sich die Bundesrepublik bis zum Zeitpunkt von Heinemanns Einzug in die Villa Hammerschmidt stark verändert. Die von vielen Westdeutschen zunehmend als »bleiern« empfundene Atmosphäre der »Adenauer-Ära« war seit Anfang der sechziger Jahre einer gewissen Aufbruchsstimmung und einem Modernisierungswillen gewichen, den die Studentenbewegung von 1967/68 zu beschleunigen bzw. zu radikalisieren suchte.

Es war erstaunlich genug, dass sich die Bundesrepublik 1969 einen solchen Präsidenten »leistete«: einen Sozialdemokraten mit parteipolitisch bewegter Vergangenheit, einen evangelischen Christen voller Bekennereifer, einen früheren Aufrüstungsgegner, dessen Dialogbereitschaft gegenüber den Ostblock-Staaten ihm den Verdacht der Komplizenschaft mit Moskau eintrug, einen Rechtspolitiker schließlich, der das Rechtssystem der Bundesrepublik entrümpeln wollte und der der rebellischen Jugend mit einem gewissen Verständnis begegnete. Die Rede vom politischen »Symptom« oder dem Symbolcharakter eines »Bundespräsidenten Heinemann« hatte durchaus ihre Berechtigung.

Allerdings begnügte sich Gustav Heinemann nicht damit, als Bundespräsident gleichsam das wandelnde Indiz für eine sich verändernde Republik zu sein. Er wollte seinen eigenen Beitrag dazu leisten, diesen Modernisierungsprozess weiter voranzubringen. Dabei setzte er als Bundespräsident zwei Schwerpunkte – die Versöhnung mit den europäischen Nachbarn im Westen, die unter nationalsozialistischer Besatzung gelitten hatten, und das leidenschaftliche Werben für eine bürgerliche, vielmehr citoyenhafte Haltung der Deutschen, d.h. eine möglichst selbstbestimmte und eigenverantwortliche Existenz. Der Versöhnung mit den Nachbarn dienten insbesondere seine Staatsbesuche in Dänemark, Norwegen und den Niederlanden, wo er als glaubwürdiger Repräsentant eines »geläuterten« Deutschland empfangen wurde.

Bei seinem Werben für eine bundesdeutsche »Bürgergesellschaft« setzte er vor allem auf die Kraft des Wortes. In zahlreichen Reden plädierte Bundespräsident Heinemann für »Bürgermut« und Eigenverantwortung, wobei er seine Zuhörer immer wieder auf bestimmte, lange Zeit verschüttete Freiheitstraditionen der Deutschen hinwies. Auf diese Weise schlug er einen Bogen von der Bundesrepublik der siebziger Jahre zur Freiheitsbewegung von 1848, der er sich seit Jugendtagen besonders verbunden fühlte. Es mag Heinemann darum eine Genugtuung gewesen sein, dass eine seiner letzten Amtshandlungen als Bundespräsident die Eröffnung der Erinnerungsstätte für die Freiheitsbewegungen in der deutschen Geschichte in Rastatt war.

Glaubwürdigkeit gewannen Heinemanns Worte nicht zuletzt dadurch, dass er mit seinem eigenen Lebensweg ein Beispiel für diesen Versuch einer möglichst selbstbestimmten bürgerlichen Existenz gab, in dem geistige Unabhängigkeit sich mit sozialer Verantwortung aus christlicher Überzeugung verband.

Nach einer unabhängigen, eigenständigen Existenz hatte er immer gestrebt. Dazu notierte er einmal: »Es gibt Menschen, die herrschen, und es gibt Menschen, die beherrscht werden. Wo aber sind die Menschen, die sich selber beherrschen?«[12] Solch ein eigenverantwortlicher, »sich selber beherrschender Mensch« hatte Heinemann immer sein wollen und er träumte dabei den Traum vom deutschen Citoyen.

Dass Gustav Heinemann mittlerweile zu den eher »vergessenen Bundespräsidenten« gezählt wird,[13] ist angesichts seines ertragreichen Wirkens als Bundespräsident und zuvor als Rechtspolitiker zu bedauern. Gerade in der neu belebten Diskussion um »Bürger- bzw. Zivilgesellschaft« in Deutschland hätten Heinemanns Lebensweg mit seinen zahlreichen Facetten und seinen Um- vielleicht auch Irrwegen mehr Beachtung und seine Äußerungen zu »Bürgermut« und »Eigenverantwortung« stärkeres Gehör verdient.

Anhang

Forschungsstand

Verglichen mit seinem Widersacher Konrad Adenauer ist die Forschungsliteratur zu Gustav W. Heinemann recht überschaubar. Angesichts der überragenden Bedeutung Adenauers für die deutsche Nachkriegsgeschichte mag dieser Unterschied nachvollziehbar sein.

Dennoch hat eine in mancherlei Hinsicht singuläre und bedeutende Gestalt wie Gustav W. Heinemann, der nach 1945 zweimal Bundesminister war und 1969 zum ersten sozialdemokratischen Bundespräsidenten gewählt wurde, größere Aufmerksamkeit der Zeitgeschichtsschreibung verdient. In zeitlichen Intervallen wurde sie ihm auch zuteil, wenngleich Forschungslücken weiterhin bestehen.

Ende der 1970er Jahre erschienen zwei biographische Arbeiten über Gustav Heinemann, die aber auf eine wissenschaftliche Herangehensweise bewusst verzichteten. Sowohl Helmut Lindemann (»Gustav Heinemann. Ein Leben für die Demokratie«, 1978) als auch Hermann Vinke (»Gustav Heinemann«, 1979) machten aus ihrer großen Sympathie für ihren Protagonisten keinen Hehl, dessen Denken und Wirken sie einem breiteren Publikum nahe bringen wollten. Insbesondere bei Lindemann erscheint Gustav Heinemann geradezu als ›Lichtgestalt‹ der deutschen Nachkriegsgeschichte, dessen Einzigartigkeit »als Erscheinung im öffentlichen Leben Deutschlands ... (auf dem) harmonisch vollendete(n) Dreiklang aus Christ, Demokrat und Patriot« beruht habe.[1] Ausdrücklich betont Lindemann, dass es ihm »weder um Vollständigkeit im Detail noch um wissenschaftliche Akribie (gegangen sei), sondern um politische und menschliche Vergegenwärtigung.«[2] Gleichwohl enthalten beide Arbeiten eine Reihe von Informationen und Hinweisen, auf die eine wissenschaftliche Beschäftigung mit Gustav Heinemann nicht verzichten kann.

Die Darstellungen von Lindenmann und Vinke sind umfassend in dem Sinne, dass sie den Lebensweg Heinemanns von der frühen Kindheit bis in die letzten Lebensjahre nachzeichnen. Allerdings werden dabei ganze Lebensabschnitte nur gestreift – wie etwa Heinemanns von 1927 bis 1945/49 währende Tätigkeit als Justitiar und Vorstandsmitglied bei den Rheinischen Stahlwerken oder sein Wirken als Oberbürgermeister von Essen 1946 bis 1949. Beide Autoren haben zwar auch Originalquellen benutzt, doch basieren ihre Arbeiten überwiegend auf Zeitungen, Selbstzeugnissen und publizierten Texten von und über Heinemann sowie Gesprächen mit Zeitzeugen.

2009 legte Jörg Treffke eine erste wissenschaftlich erarbeitete »politische Biographie« Gustav Heinemanns vor (»Gustav Heinemann. Wanderer zwischen den Parteien. Eine politische Biographie«). Wie der Untertitel bereits ankündigt, liegt der Schwerpunkt der Arbeit auf dem Parteipolitiker Heinemann, der seine Ziele in insgesamt fünf Parteien zu verwirklichen suchte. Aus dieser »parteipolitischen« Perspektive bietet die Arbeit über die verschiedenen Parteikarrieren Heinemanns auf breiter Quellenbasis zahlreiche erhellende Einsichten. Ein besonderes Augenmerk richtet Treffke auf die von 1952 bis 1957 existierende Gesamtdeutsche Volkspartei (GVP), wobei er durch gründliche Quellenauswertung vor allem neue Erkenntnisse über die finanziellen und organisatorischen Verbindungen der GVP – insbesondere über ihren zeitweiligen Bündnispartner »Bund der Deutschen« – in die DDR vermittelt.

Die 1993 erschienene Monographie von Uwe Schütz betrachtet das Wirken Heinemanns unter dem Aspekt der Friedensvorstellungen, die seinen politischen und kirchlichen Aktivitäten nach 1945 zugrunde lagen (»Gustav Heinemann und das Problem des Friedens im Nachkriegsdeutschland«). Damit wird auf breiter Quellenbasis eine der Haupttriebkräfte für Heinemanns öffentliches Engagement von der unmittelbaren Nachkriegszeit – mit Rückgriffen auf die Jahre vor 1945 – bis in seine Amtszeit als Bundespräsident in den Blick genommen.

Neben diesen umfassenden Arbeiten liegen einige Spezialuntersuchungen zu einzelnen Lebensabschnitten Heinemanns bzw. bestimmten Wirkungsfeldern vor.

Nach wie vor grundlegend ist Diether Kochs quellengesättigte Untersuchung über »Heinemann und die Deutschlandfrage« aus dem Jahr 1972. Minutiös werden darin Heinemanns deutschland- und sicherheitspolitische Konzepte und Aktivitäten dargestellt, die 1950 zum Bruch mit Adenauer, sodann zur Gründung der Notgemeinschaft für den Frieden Europas und der GVP und schließlich zu Heinemanns Eintritt in die SPD führten.

Mit dem Verhalten Heinemanns unter dem nationalsozialistischen Regime und seiner Rolle als Mitglied der Bekennenden Kirche befasst sich Werner Koch in seinem 1972 erschienenen Buch »Heinemann im Dritten Reich. Ein Christ lebt für morgen«. Die von großen Sympathien für ihren Protagonisten getragene Arbeit, an deren Endfassung Heinemann selbst mit einigen Interventionen beteiligt war, kann wissenschaftlichen Ansprüchen jedoch nur bedingt genügen, obgleich für sie auch zahlreiche Primärquellen herangezogen wurden.

Das gilt in noch stärkerem Maß für Wilhelm Niemöllers Buch »Gustav Heinemann – Bekenner der Kirche« von 1970, das im Bestreben, Heinemanns Widerstand gegen die NS-Kirchenpolitik in möglichst hellem Licht erscheinen zu lassen, wissenschaftliche Anforderungen für den Umgang mit Quellen und Zeitzeugenaussagen weitgehend außer Acht lässt.

Diese Schwächen der Arbeiten von Werner Koch und Niemöller werden weitgehend ausgeglichen durch Jörg Ettemeyers 1993 erschienene Untersuchung über »Gustav W. Heinemanns Weg im evangelischen Kirchenkampf 1933–1945«. Auf Basis eingehender Quellenauswertung gibt Ettemeyer einen detailreichen Überblick über die vielfältigen Aktivitäten Heinemanns im »Abwehrkampf« gegen die nationalsozialistische Kirchenpolitik und sein von Konflikten nicht freies Wirken innerhalb der Bekennenden Kirche.

Heinemanns Rolle in der SPD und als Justizminister der Großen Koalition behandelt Karl-Ludwig Sommer in einer 1980 erschienenen Spezialuntersuchung (»Gustav Heinemann und die SPD in den sechziger Jahren«). Gestützt auf gründliche Quellenarbeit befasst sich Sommer sowohl mit Heinemanns Wirken als Justizminister, in dessen relativ kurzer Ägide (Dezember 1966 bis Juli 1969) zentrale Reformen realisiert bzw. vorbereitet wurden, darunter die Große Strafrechtsreform, als auch mit dem Einfluss Heinemanns auf programmatische Weichenstellungen der SPD vor und nach dem Godesberger Parteitag von 1959. Diese programmatischen Anstöße Heinemanns betrafen insbesondere das Verhältnis der SPD zu den Kirchen und rechtspolitische Positionen der Sozialdemokraten.

Neben den genannten biographischen Darstellungen und Spezialuntersuchungen zu Heinemann liegen einige Monographien vor, die sich zwar nicht ausdrücklich mit der Person Heinemann befassen, in deren jeweiligem Untersuchungsgegenstand Gustav Heinemann jedoch eine zentrale Rolle spielt. Zu nennen sind insbesondere Josef Müllers umfassende Darstellung der »Gesamtdeutschen Volkspartei« von 1990, Michael Kleins thesenreiche Arbeit über »Westdeutschen Protestantismus und politische Parteien« wie auch die 2007 erschienene Arbeit von Lutz Hoeth über »Evangelische Kirche Deutschlands und die Wiederbewaffnung in den Jahren 1945 bis 1958«. 2010 erschien Martin Greschats eingehende Darstellung des »Protestantismus im Kalten Krieg«, in der Heinemann ebenfalls eine prominente Rolle spielt.

Als nach wie vor sehr ergiebig erweist sich Arnulf Barings Darstellung des »Machtwechsels« 1969 zur sozialliberalen Koalition. Ungeachtet eines fehlenden Apparates liefert Baring (zusammen mit Manfred Görtemaker) eine Vielzahl von Detailinformationen auch zur Wahl Heinemanns zum Bundespräsidenten.

Die Rolle von Bundespräsident Heinemann als Gastgeber von ausländischen Staatsgästen wird in einer umfassenden Untersuchung von Simone Derix betrachtet (»Bebilderte Politik. Staatsbesuche in der Bundesrepublik 1949–1990«, Göttingen 2009).

Wichtige Informationen zu Werdegang und Wirken Heinemanns enthalten auch die Memoiren von bzw. die biographischen Arbeiten über Freunde und Weggefährten. Zu nennen sind vor allem Ernst Lemmers Erinnerungen (»Manches war doch anders«, 1968) sowie Arbeiten über Helene Wessel (Elisabeth Friese, »Helene Wessel. Von der Zentrumspartei zur Sozialdemokratie«, 1993), Wilhelm Röpke (Hans Jörg Hennecke, »Wilhelm Röpke. Ein Leben in der Brandung«, 2005) und Erhard Eppler (Renate Faerber-Husemann, »Der Querdenker. Erhard Eppler. Eine Biographie«, 2010).

Alle vorgenannten Überblicksdarstellungen bzw. Biographen liefern wichtige Informationen und Einsichten und tragen dadurch – freilich in sehr unterschiedlichem Ausmaß – zur schärferen Konturierung der Gestalt Heinemanns bei.

Das gilt auch für einige biographische Portraits von eher journalistischem Zuschnitt, die nach der Wahl Heinemanns zum Bundespräsidenten publiziert wurden, darunter der anekdotenreiche Text von Hermann Schreiber und Frank Sommer »Gustav Heinemann – Bundespräsident« (1969) und die 1972 erschiene Arbeit von Joachim Braun, »Der unbequeme Präsident«. Gerade die Arbeiten zu Heinemann, die während seiner Zeit als Bundespräsident erschienen, sind überwiegend durch eine große Sympathie, zuweilen auch persönliche Nähe zu Heinemann gekennzeichnet und lassen demzufolge wissenschaftliche Distanz häufig vermissen.

1979 veröffentlichte Carola Stern ein einfühlsames Doppelporträt von Gustav Heinemann und Helmut Gollwitzer unter dem Titel »Zwei Christen in der Politik«, das seine Informationen und Einsichten nicht zuletzt aus der persönlichen Bekanntschaft mit den Porträtierten schöpft.

1999 erschienen aus Anlass des 100. Geburtstags von Gustav Heinemann zwei Sammelbände (»Gustav Heinemann und seine Politik«, hrsg. vom Haus der Geschichte der Bundesrepublik Deutschland und »Gustav Heinemann. Christ und Politiker«, hrsg. von Jörg Thierfelder und Matthias Riemenschneider), in denen Historiker und Weggefährten verschiedene Aspekte des Denkens und Handelns Heinemanns betrachteten, häufig anhand persönlicher Erinnerungen.

Zu Heinemanns Tätigkeit als Vorstandsmitglied der Rheinischen Stahlwerke liefern neue Untersuchungen von Klaus Tenfelde und Hans Christoph Seidel wichtige Basisinformationen, insbesondere auch zum Zwangsarbeitereinsatz im Ruhrbergbau (Seidel, Hans-Christoph, »Der Ruhrbergbau im Zweiten Weltkrieg. Zechen – Bergarbeiter – Zwangsarbeiter«, 2010 und Tenfelde/Seidel (Hg.), »Zwangsarbeit im Bergwerk. Arbeitseinsatz und Zwangsarbeit im Kohlenbergbau des Deutschen Reiches und der besetzten Gebiete im Ersten und Zweiten Weltkrieg«, 2 Bde, 2005).

Unter den wenigen aktuellen Veröffentlichungen zu Heinemann ist eine Abhandlung von Otto Dann aus dem Jahr 2008 hervorzuheben, in der sich der

Autor unter dem Titel »Eine Sternstunde des Bundestages« mit der nachgerade legendären Abrechnung Heinemanns mit der Politik Adenauers am 23. Januar 1958 im Bundestag sowie deren Vorgeschichte und Nachwirkung befasst.

Wertvolle Informationen zum Werdegang Heinemanns nach 1945 bieten auch die autobiographischen Texte von zwei seiner engsten Weggefährten: Diether Posser (»Anwalt im Kalten Krieg. Ein Stück deutscher Geschichte in politischen Prozessen«, 1991) und Erhard Eppler (»Komplettes Stückwerk. Erfahrungen aus fünfzig Jahren Politik«, 1995).

Zusammenfassend ist festzustellen, dass die Forschung zu Gustav W. Heinemann nach wie vor lückenhaft ist. Allerdings wurde ihr durch die 2009 von Treffke vorgelegte »politische Biographie« ein neuer Anstoß gegeben.

Desiderate der Forschung betreffen u.a. Heinemanns Tätigkeit als Bergbau-Manager in den Jahren 1928 bis 1949, seine Zeit als Oberbürgermeister von Essen (1946–1949) und seine Rolle innerhalb der Evangelischen Kirche Deutschlands nach 1945. Eine Spezialuntersuchung verdient fraglos auch Heinemanns Wirken als Bundespräsident, die etwa seinen Beitrag zu dem in seine Amtszeit (1969 bis 1974) fallenden Modernisierungsschub der Bundesrepublik Deutschland herausarbeiten und seine spezifische Amtsführung in den Kontext der Bedeutungsveränderungen des Bundespräsidenten im politischen System der Bundesrepublik seit der Amtszeit von Theodor Heuss stellen müsste.

Quellenlage

Die Quellenlage zu Gustav Heinemann ist vergleichsweise günstig, da in verschiedenen Archiven zu allen Tätigkeitsbereichen Heinemanns Bestände vorhanden sind. Basis jeder wissenschaftlichen Beschäftigung ist der gut erschlossene Nachlass Heinemanns im Archiv der sozialen Demokratie der Friedrich-Ebert-Stiftung in Bonn. Auch von seinen wichtigsten politischen Mitstreitern bzw. Widersachern (u.a. Adolf Scheu, Helene Wessel, Ernst Lemmer, Konrad Adenauer) sind zum Teil umfangreiche Nachlässe vorhanden. Der Nachlass seines engen Vertrauten Helmut Gollwitzer befindet sich im Evangelischen Zentralarchiv in Berlin, kann bislang aber erst in Teilen eingesehen werden. Seit Ablauf der gesetzlichen Sperrfrist sind auch die Akten zu Heinemanns Amtszeit als Bundespräsident im Bundesarchiv, Koblenz, zugänglich.

Das Stadtarchiv Essen und das Landesarchiv Nordrhein-Westfalen in Düsseldorf enthalten umfangreiche Aktenbestände u.a. zu Heinemanns Wirken als Essener Oberbürgermeister und Justizminister von NRW. Heinemanns langjährige

Tätigkeit bei den Rheinischen Stahlwerken ist im ThyssenKrupp-Archiv, Duisburg, und im Westfälischen Wirtschaftsarchiv, Dortmund, dokumentiert.

Zu seinem Wirken in der Bekennenden Kirche und nach 1945 in der Evangelischen Kirche Deutschlands finden sich Überlieferungen insbesondere im Evangelischen Zentralarchiv, Berlin, und im Archiv des Kirchenkreises Essen sowie im Archiv der Kirchengemeinde Essen-Altstadt.

Für den speziellen Themenbereich »GVP« ermöglichen die Bestände des Bundesbeauftragten der Stasi-Unterlagen (BSTU) und der Stiftung Parteien und Massenorganisationen der DDR im Bundessarchiv Einblicke in die Verbindungen der Partei zu SED-gelenkten Organisationen wie den Bund der Deutschen.

Zur Familiengeschichte und zum gesellschaftlichen Leben Heinemanns standen für vorliegende Arbeit auch Tagebuchauszüge und einige Briefe aus dem Privatarchiv von Uta Ranke-Heinemann zur Verfügung. Heinemanns langjährige Mitgliedschaft im Essener Honoratioren-Club »Zylinder« kann u. a. aus unveröffentlichten Chroniken aus Familienbesitz dokumentiert werden.

Gustav W. Heinemann hat keine Autobiographie verfasst, obwohl er von engen Freunden wiederholt dazu gedrängt wurde.[3] Er hat allerdings nach seinem Ausscheiden aus dem Amt des Bundespräsidenten in vielfältiger Weise auf sein Leben zurückgeblickt und diese Erinnerungen und Reflexionen auch festgehalten bzw. festhalten lassen. Zum einen geschah das in Form autobiographischer Aufzeichnungen mit dem Titel »9 Stufen«, zum anderen in ausführlichen Gesprächen, die Heinemann 1974/75 mit den Freunden Helmut und Brigitte Gollwitzer sowie dem Schwiegersohn Manfred Wichelhaus und seinem langjährigen Vertrauten Diether Posser führte und auf Tonband aufzeichnen ließ. Die Transkriptionen der Gespräche wie auch die autobiographischen Aufzeichnungen »9 Stufen« sind im Nachlass Heinemanns vorhanden.

Tagebuch hat Heinemann unterschiedlich intensiv geführt. Für einige Zeitabschnitte liegen ausführliche Tagebuch-Aufzeichnungen vor, so für die Studienjahre und die Zeit vom Herbst 1944 bis Frühjahr 1945. Ein weiteres Tagebuch befindet sich in Familienbesitz, ist aber nicht allgemein zugänglich. Das Tagebuch der Studienjahre liegt auch in edierter Form unter dem Titel »Wir müssen Demokraten sein. Tagebuch der Studienjahre 1919–1922« vor.

Insgesamt ist festzustellen, dass nicht der Mangel an Dokumenten ein Hindernis für die wissenschaftliche Beschäftigung mit Gustav W. Heinemann ist. Vielmehr stellt die große Fülle an Dokumenten – zu denen die Vielzahl an veröffentlichen Reden, Artikeln und Aufsätzen Heinemanns hinzukommt – den Historiker vor die schwierige Aufgabe der Sichtung und Gewichtung des vorhandenen Materials.

Zur historiographischen Gattung »Biographie«

Die Biographie hat in der Geschichtswissenschaft wieder einen anerkannten Platz. Das war vor zweieinhalb Dekaden noch anders, als sie in Zeiten einer – insbesondere in der Bundesrepublik – weithin dominierenden Sozial- und Strukturgeschichtsschreibung wissenschaftlich in schlechtem Ansehen stand. Die Biographie galt als hoffnungslos antiquiert, als »letztes Echo des Historismus« mit seinem überholten Begriff des geschichtlichen Individuums.[4]

Nicht zuletzt wurde der traditionellen Biographie ein eklatantes »Theorie-Defizit« vorgeworfen, d.h. fehlende bzw. mangelhafte Reflexion insbesondere über Methoden, Materialauswahl etc.

Verschärft wurde seinerzeit die Kritik an der Gattung Biographie durch die vom Poststrukturalismus vertretene These vom Verschwinden des Subjekts, derzufolge sozusagen der Kern einer jeden Biographie, nämlich der Mensch als handelndes Subjekt, abhanden gekommen sei (bzw. nie existiert habe). Der französische Sozialwissenschaftler Pierre Bourdieu brachte die Kritik an der herkömmlichen Biographie auf die vielzitierte Formel von der »biographischen Illusion«.[5]

Dass diese Geringschätzung der Biographie in der Wissenschaft ihrem Erfolg beim breiteren Publikum keinen Abbruch tat, sei nur am Rande erwähnt. Biographien über historische Gestalten fanden auch in Zeiten ihrer vermeintlichen Antiquiertheit zahlreiche Leser. Zudem war in den angelsächsischen Ländern die wissenschaftliche Geringschätzung der Biographie nie so ausgeprägt wie seinerzeit in Deutschland oder Frankreich.[6]

Nicht zuletzt ein wachsendes Unbehagen über die gleichsam »menschenleere Strukturgeschichte« führte ab Mitte der 1980er Jahre zu einem neuen Interesse am historischen Subjekt, oder – wie es Jakob Burckhardt einmal formulierte – am »einzigen bleibenden und für uns möglichen Zentrum, (dem) duldenden, strebenden und handelnden Menschen«.[7]

Die Renaissance der Biographie in der Geschichtswissenschaft ist allerdings mit spezifischen Anforderungen verbunden. »Eine Rückkehr zum Verständnis des Historismus vom Menschen als ›einer kleinen Welt für sich, die letzten Endes ganz unabhängig von der großen Welt außerhalb seiner existiert‹ (Norbert Elias), ist für die moderne Biografik nicht mehr möglich.«[8] Vielmehr wird erwartet, dass die Perspektive erweitert, d.h. die betrachtete Person eingebunden wird in ihr familiäres, kulturelles, gesellschaftliches Umfeld und so die Interdependenz zwischen Individuum und Gesellschaft/Politik als konstituierendes Element eines je einzigartigen Lebensweges in den Blick genommen wird. Betrachtet werden das »Individuum und seine Kontexte«[9], als da wären Prägungen des Protagonisten durch Familie, Gesellschaft, Freundeskreis, soziokulturelles Milieu, politische Verhältnisse, wobei die Frage nach Handlungsspielräumen und Entscheidungsmöglichkeiten eine wichtige Rolle spielt.[10]

Zudem sollte sich die Biographie auch bestimmter Erkenntnismittel aus anderen Disziplinen, nicht zuletzt der Psychologie, bedienen. Wobei allerdings die Gefahr besteht, dass derartige Anleihen etwa bei der Psychoanalyse recht schematisch ausfallen, und dadurch den Erkenntnisgewinn einer Biographie eher schmälern als erweitern. Methodische Vertrautheit und Kompetenz sollten darum erstes Kriterium für die Anwendung bestimmter Methoden im Rahmen einer historischen Arbeit sein.

Die geforderte Einbindung eines bestimmten Lebensweges in die historischen Gegebenheiten sollte aber nicht dazu führen, dass dem betrachteten Individuum seine Einzigartigkeit abgesprochen wird. Anzustreben ist vielmehr, dass die Individualität der betrachteten Persönlichkeit vor dem Hintergrund ihrer gesellschaftlichen Abhängigkeiten und Gefährdungen umso stärker hervortritt.[11]

Es geht der modernen Biographie somit um das Spannungsverhältnis von Individuum und seinem jeweiligen Beziehungsraum. Oder wie es Siegfried Kracauer in seiner bereits 1937 erschienenen Arbeit über »Jacques Offenbach und das Paris seiner Zeit« formulierte: »(Ich wollte) mit der Figur des Komponisten Offenbach zugleich das Bild einer Gesellschaft entstehen (lassen), die er bewegte und von der er bewegt wurde.«[12]

So neu sind jene Parameter, die eine moderne, »reflektierte« Biographie ausmachen sollen, indes nicht. Johann Wolfgang Goethe bezeichnete es als »Hauptaufgabe der Biographie ..., den Menschen in seinen Zeitverhältnissen darzustellen, und zu zeigen, inwiefern ihm das Ganze widerstrebt, inwiefern es ihn begünstigt, wie er sich eine Welt- und Menschenansicht daraus gebildet ...«[13]

Der spezifische Erkenntnisgewinn einer Biographie könnte darin bestehen, dass auf einen historischen Zeitabschnitt sozusagen ein »multiperspektivischer Blick« geworfen wird. Zum einen aus der Perspektive des Individuums, das im Kontext bestimmter politisch-gesellschaftlicher Zustände handelt. Zum anderen blickt man aus der Perspektive der Gesellschaft auf dieses bestimmte Individuum, dem sie Handlungs- und Entscheidungsräume gewährt, das sie aber auch Begrenzungen und Zwängen unterwirft.

Auf die Person Heinemanns bezogen könnte das heißen, das »Projekt einer bürgerlichen Existenz« unter ganz und gar unterschiedlichen politischen und gesellschaftlichen Bedingungen zu betrachten – vom Anfang der Weimarer Republik über die nationalsozialistische Diktatur, die Jahre des Wiederaufbaus nach 1945 bis in die Prosperitätsphase der Bundesrepublik.

Im politischen Werdegang Gustav Heinemanns spiegelte sich andererseits auch die Entwicklung der Bundesrepublik Deutschland, in der Heinemann vom ersten Innenminister erst zum angefeindeten Gründer einer Splitterpartei wurde, um nach 1966 als Bundesjustizminister und Bundespräsident zu hohem Ansehen zu gelangen. Diese verschlungene Karriere Heinemanns nach 1945 sagt sowohl über diesen selbst, seine Lern- und Wandlungsfähigkeit, etwas aus, als auch über gesellschaftliche Entwicklungsprozesse in der Bundesrepublik – und ebenso über die Entwicklung der SPD –, die es erst ermöglichten, dass Heinemann am Ende seiner Laufbahn in wichtige politische Ämter gelangte.

Es ist die Absicht eines jeden Biographen, möglichst viel Erhellendes über die Persönlichkeit, über Leben und Werk seines Protagonisten zu präsentieren. Dem sind aber Grenzen gesetzt schon aufgrund des Materials, das bei manchen historischen Personen in großer Fülle, bei anderen nur in beschränktem Umfang vorhanden ist. Im Falle Heinemann ist es eher die schiere Menge des Materials, die eine Beschränkung auf bestimmte Lebensabschnitte bzw. Aspekte nahelegt.

Schließlich sollte aber niemand sich anmaßen, der betrachteten Person noch die letzten Geheimnisse zu entreißen. »Gute Biographien enthüllen die Geheimnisse nicht, sie umkreisen sie, lassen aber ihre Rätselhaftigkeit unangetastet.«[14]

Dank

Das Buch ist die in Teilen überarbeitete Fassung meiner Dissertation, die im April 2012 von der geisteswissenschaftlichen Fakultät der Universität Duisburg-Essen angenommen wurde.

Bei der Arbeit an diesem Buch habe ich vielfältige Unterstützung erfahren. An erster Stelle möchte ich Herrn Professor Dr. Dr. h. c. Wilfried Loth für sein Engagement, sein stets anspornendes Interesse am Thema und die Geduld danken, mit denen er als Betreuer den Entstehungsprozess der Arbeit begleitet hat. Professor Loth hat mir dabei große Freiheiten gewährt und an entscheidenden Stellen den Fortgang der Arbeit immer wieder durch wichtige Hinweise und Anregungen befördert.

Mehrmals hatte ich Gelegenheit, zentrale Thesen der Arbeit im Kolloquium von Professor Dr. Loth und Frau Professorin Dr. Ute Schneider an der Universität Duisburg-Essen sowie beim Historischen Doktorandenkolleg Ruhr vorzustellen, wovon ich jeweils sehr profitiert habe.

Ein besonderer Dank gilt Bernd Ulrich, dem Freund und Kollegen, der in zahlreichen Gesprächen am Wachsen des Manuskripts regen Anteil genommen und dabei viele Anregungen, insbesondere zum Aspekt des »Bürgertums«, beigesteuert hat.

Zu danken habe ich auch den drei »Historiker-Freunden« Peter Strunk, Gerhard Weiduschat und Michael W. Wolff. Unser schon seit Jahren währender Austausch über zeitgeschichtliche Themen war dem Fortschreiten der Arbeit auf vielerlei Weise förderlich. Gerhard Weiduschat hat große Teile des Manuskripts gelesen und wertvolle Anmerkungen gemacht.

Schwer in Worte zu fassen ist der Anteil, den meine Frau Gisela an der Entstehung des Buches hat. Es wäre nicht zustande gekommen ohne ihre nie nachlassende Bereitschaft, die nötigen Freiräume zu gewähren und mannigfache Unterstützung zu leisten. Ich empfinde dafür große Dankbarkeit.

Ihr und unserer Tochter Clara ist das Buch gewidmet.

Literaturverzeichnis

Veröffentlichungen von Gustav W. Heinemann

Heinemann, Gustav W., *Deutsche Friedenspolitik. Reden und Aufsätze,* Darmstadt 1952

Heinemann, Gustav W., *Im Schnittpunkt der Zeit. Reden und Aufsätze,* Darmstadt 1957

Heinemann, Gustav W., *Plädoyer für den Rechtsstaat. Rechtspolitische Reden und Aufsätze,* Karlsruhe 1969

Heinemann, Gustav W., *Reden und Interviews, 1969–1974,* Bd. I–V, hrsg. vom Presse- und Informationsamt der Bundesregierung, Bonn 1970–1974

Heinemann, Gustav W., *Präsidiale Reden,* Frankfurt a. M. 1975

Heinemann, Gustav W., *Einspruch. Ermutigung für entschiedene Demokraten,* hrsg. von Diether Koch, Bonn 1999

Heinemann, Gustav W., *Versöhnung ist wichtiger als ein Sieg.* Vier Weihnachtsansprachen 1970–1973 und Helmut Gollwitzers Ansprache bei der Beerdigung von Gustav Heinemann 1976, Neukirchen 1976

Heinemann, Gustav W., *Verfehlte Deutschlandpolitik. Irreführung und Selbsttäuschung.* Artikel und Reden, Frankfurt a. M. 1966

Heinemann, Gustav W., *Vorwort zu: Deutsches Mosaik. Ein Lesebuch für Zeitgenossen,* 1972

Heinemann, Gustav W., *Allen Bürgern verpflichtet. Reden des Bundespräsidenten* (Reden und Schriften Bd. 1), Frankfurt a. M. 1975

Heinemann, Gustav W., *Glaubensfreiheit – Bürgerfreiheit. Reden und Aufsätze zu Kirche – Staat – Gesellschaft 1945–1975* (Reden und Schriften Bd. 2), Frankfurt a. M. 1976

Heinemann, Gustav W., *Es gibt schwierige Vaterländer. Aufsätze und Reden 1919–1969* (Reden und Schriften, Bd. 3), Frankfurt a. M. 1977

Gustav W. Heinemann, *Unser Grundgesetz ist ein großes Angebot. Rechtspolitische Schriften,* hrsg. von Jürgen Schmude, München 1989

Heinemann, Gustav W., *Wir müssen Demokraten sein. Tagebuch der Studienjahre 1919–1922,* hrsg. von Gollwitzer, Brigitte und Helmut, München 1980

Heinemann, Gustav W., *Der Frieden ist der Ernstfall,* hrsg. von Martin Lotz, München 1981

Heinemann, Gustav, W., *Unsere Pflicht,* in: *So stehn wir uns im Weg. Jahrbuch 1987 der Hoesch AG,* Dortmund 1987

Heinemann, Gustav W., *Was Dr. Adenauer vergisst. Notizen zu einer Biographie,* in: Frankfurter Hefte, 11/1956, S. 463 f.

Heinemann, Gustav W./Pinkerneil, Friedrich A. (Hg.), *Handbuch des deutschen Bergwesens, Bd. III, Steuerrecht des Bergbaus* (bearb. von Gustav Heinemann, Paul Koffka, Friedrich A. Pinkerneil), Berlin 1944

Heinemann, Gustav W./Pinkerneil, Friedrich A. (Hg.), *Handbuch des deutschen Bergwesens, Bd. I.b Bergrecht,* bearb. von Gustav Heinemann, Ernst Knebusch u. a., Berlin 1943

Heinemann, Gustav W., *Der Bergschaden nach preußischem Recht,* Berlin 1941

Heinemann, Gustav W., *Das Kassenarztrecht,* Berlin 1929 (5. Aufl. 1969)

Heinemann, Gustav W., Dankesworte (auf der Festveranstaltung zum 50-jährigen Doktor-Jubiläum an der Philipps-Universität Marburg), in: *alma mater philippina*, hrsg. vom Marburger Universitätsbund, Wintersemester 1972/73, S. 7 f.
Heinemann, Gustav W., *»Das Wirtshaus an der Lahn«*, in: *alma mater philippina*, hrsg. vom Marburger Universitätsbund, Wintersemester 1972/73, S. 19 f.
Heinemann, Gustav W., Die Marburger Stadtbrille, in: *alma mater philippina*, hrsg. vom Marburger Universitätsbund, Sommersemester 1966, S. 1–3
Lotz, Martin (Berab.), *Gustav W. Heinemann Bibliographie*, hrsg. vom Archiv der sozialen Demokratie, Bonn 1976

Literatur

Abelshauser, Werner, *Rüstungsschmiede der Nation? Der Kruppkonzern im Dritten Reich und in der Nachkriegszeit 1933 bis 1951*, in: Gall, Lothar (Hg.), *Krupp im 20. Jahrhundert. Die Geschichte des Unternehmens vom Ersten Weltkrieg bis zur Gründung der Stiftung*, Berlin 2002, S. 267–472
Adenauer, Konrad, *Erinnerungen 1945–1953*, Stuttgart 1965
Adenauer, Konrad, *Erinnerungen 1953–1955*, Stuttgart 1966
Adenauer, Konrad, *Briefe 1949–1951* (Rhöndorfer Ausgabe), bearb. von Hans Peter Mensing, Berlin 1985
Adenauer, Konrad, *Teegespräche*, hrsg. von Morsey, Rudolf/Schaez, Hans-Peter, bearb. von Küsters, Hanns Jürgen, Berlin 1984 ff.
Adenauer, Konrad/Heuss, Theodor, *Unter vier Augen. Gespräche aus den Gründerjahren 1949–1959*, bearb. von Hans Peter Mensing, Berlin 1997
Agartz, Viktor, *Wirtschaft. Lohn. Gewerkschaft. Ausgewählte Schriften*, Berlin 1982
Ahlers, Conrad, Zurück in den Kreis der Bürger. Gustav Heinemann bleibt das Gütesiegel der frühen 70er Jahre, in: *»Vorwärts«, 30.5.1974; 25.6.1974; 4.7.1974*
Albertin, Lothar, *Liberalismus und Demokratie am Anfang der Weimarer Republik. Eine vergleichende Analyse der Deutschen Demokratischen Partei und der Deutschen Volkspartei*, Düsseldorf 1972
Alberts, Werner, *Uta Ranke-Heinemann*, Düsseldorf 2004
Amos, Heike, *Die Westpolitik der SED 1948/49–1961.* »Arbeit nach Westdeutschland« durch die Nationale Front, das Ministerium für Auswärtige Angelegenheiten und das Ministerium für Staatssicherheit, Berlin 1999
Angster, Julia, *Konsenskapitalismus und Sozialdemokratie. Die Westernisierung von SPD und DGB*, München 2003
Anselm, Reiner, Verchristlichung der Gesellschaft? Zur Rolle des Protestantismus in den Verfassungsdiskussionen beider deutscher Staaten 1948/49, in: Kaiser, Joachim-Christoph/Doering-Manteuffel, Anselm (Hg.), *Christentum und politische Verantwortung. Kirchen im Nachkriegsdeutschland*, Stuttgart 1990, S. 63–87

Arendt, Hannah, Was heißt persönliche Verantwortung unter einer Diktatur?, in: Dies., *Nach Auschwitz. Essays und Kommentare 1*, hrsg. von Eike Geisel und Klaus Bittermann, Berlin 1989, S. 81–97

Artikel »Monistenbund«, in: *Lexikon für Theologie und Kirche*, Freiburg 1999, Sp. 555

Auftakt zur Ära Adenauer. Koalitionsverhandlungen und Regierungsbildung 1949, hrsg. von der Kommission für die Geschichte des Parlamentarismus und der politischen Parteien, Düsseldorf 1985

Aust, Josef, *Zehn Jahre CDU Essen. Werden und Wirken der Kreispartei 1946–1956*, Essen 1956

Aust, Josef, In der Stunde Null war alles anders, in: *Dreißig Jahre CDU in Essen*, Essen 1976, S. 3–15

Bahn-Flessburg, Ruth, *Leidenschaft mit Augenmaß. Fünf Jahre mit Hilda und Gustav Heinemann*, München 1984

Bajohr, Frank/Wildt, Michael (Hg.), *Volksgemeinschaft. Neue Forschungen zur Gesellschaft des Nationalsozialismus*, Frankfurt a. M. 2009

Bald, Detlef/Wette, Wolfram (Hg.), *Alternativen zur Wiederbewaffnung. Friedenskonzeptionen in Westdeutschland 1945–1955*, Essen 2008

Bald, Detlef/Wette, Wolfram (Hg.), *Friedensinitiativen in der Frühzeit des Kalten Krieges 1945–1955*, Essen 2010

Baring, Arnulf, *Außenpolitik in Adenauers Kanzlerdemokratie. Westdeutsche Innenpolitik im Zeichen der Europäischen Verteidigungsgemeinschaft*, 2 Bde, München 1971

Baring, Arnulf, *Machtwechsel. Die Ära Brandt-Scheel*, Stuttgart 1982

Barkhoff, Jürgen/Böhme, Hartmut/Riou, Jeanne, *Netzwerke. Eine Kulturtechnik der Moderne*, Köln 2004

Barth, Karl, *Der Römerbrief*, München 2. Aufl. 1922

Barth, Karl, *Texte zur Barmer Theologischen Erklärung*, hrsg. von Eberhard Jüngel, Zürich 1984

Bauer, Ulf (Hg.), *Zu Lande, zu Wasser und in der Luft. Die Bundespräsidenten 1949–1999 in der Karikatur*, München 1999

Bauhardt, Christine, Stadtentwicklung und Verkehrspolitik in Essen. Ein historischer Rückblick auf die Planung von Verkehrsinfrastrukturen, in: *Essener Beiträge 108 (1996)*, S. 191–232

Baumann, Carl-Friedrich, Johann Jacob Haßlacher – Konzernschmied der Rheinischen Stahlwerke, in: *Schriften der Niederrheinkammer, Dez. 1985*, S. 734

Baumann, Carl-Friedrich, *Von der Stahlhütte zum Verarbeitungskonzern*, Duisburg 1995

Becker, Frank, Perspektiven einer Carl-Diehm-Biographie, in: Bios. 18. Jg. 2005, H. 2, S. 157–168

Beckmann, Joachim (Hg.), *Kirchliches Jahrbuch für die Evangelische Kirche in Deutschland 1933–1944*, Gütersloh 1946 (^{2}1976)

Beckmann, Joachim, *Rheinische Bekenntnissynoden im Kirchenkampf. Eine Dokumentation aus den Jahren 1933–1945*, Neukirchen-Vluyn 1975

Beckmann, Johannes, Der theologische Ertrag des Kirchenkampfes, in: Ders./Mochalski, Herbert (Hg.), *Bekennende Kirche. Martin Niemöller zum 60. Geburtstag*, München 1952, S. 75–88

Bender, Peter, Amerikanische Deutschlandpolitik. Ein realistisches Wiedervereinigungskonzept hat es nie gegeben, in: *Deutschland Archiv 17/1984*, S. 830–833

Benn, E. V., *Der Weg der Rheinischen Stahlwerke durch ein Jahrhundert 1870–1970*, Essen 1970

Bentley, James, *Martin Niemöller*, Oxford 1984

Benz, Wolfgang/Plum, Günter/Röder, Werner, *Einheit der Nation. Diskussionen und Konzeptionen zur Deutschlandpolitik der großen Parteien seit 1945*, Stuttgart 1978

Berichte der Industrie- und Handelskammer für die Stadtkreise Essen, Mülheim (Ruhr) und Oberhausen, 1945 ff.

Besier, Gerhard/Sauter, Gerhard, *Wie Christen ihre Schuld bekennen. Die Stuttgarter Erklärung 1945*, Göttingen 1985

Besier, Gerhard/Lessing, Eckhard (Hg.), *Die Geschichte der Evangelischen Kirche der Union. Bd. 3 (1918–1992)*, Leipzig 1999

Besier, Gerhard (Hg.), *Die evangelische Kirche in den Umbrüchen des 20. Jahrhunderts*, Neukirchen-Vluyn 1994

Bethge, Eberhard, *Dietrich Bonhoeffer. Theologe, Christ, Zeitgenosse*, München 1967

Bevers, Jürgen, *Der Mann hinter Adenauer. Hans Globkes Aufstieg vom NS-Juristen zur Grauen Eminenz der Bonner Republik*, Berlin 2009

Birke, Adolf M. (Hg.), *Akten der britischen Militärregierung in Deutschland, Sachinvetar 1945–1955/Control Commission for Germany. British Element. Inventory 1945–1955*, 10 Bde, München 1993

Birke, Adolf, Präsidiales Entscheidungshandeln in politischen Krisensituationen, in: Jäckel, Eberhard/Möller, Horst/Hermann, Rudolph (Hg.), *Von Heuss bis Herzog*, Stuttgart 1999, S. 87–107

Birnstein, Uwe, *Johannes Rau – der Versöhner. Ein Porträt*, Berlin 2006

Blanke, Thomas, Gustav W. Heinemann. Republikaner und Bürgerpräsident, in: *Streitbare Juristen. Eine andere Tradition. Jürgen Seifert zum 60. Geburtstag*, Baden-Baden 1988, S. 461–475

Blankenhorn Herbert, *Verständnis und Verständigung. Blätter eines politischen Tagebuchs 1949–1979*, Frankfurt a. M. 1980

Bödeker, Hans Erich (Hg.), *Biographie schreiben*, Göttingen 2003

Böckenförde, Ernst Wolfgang, Die Entstehung des Staates als Vorgang der Säkularisation (1967), in: Ders., *Recht, Staat, Freiheit*, Frankfurt a. M. 1991, S. 90 ff.

Böll, Heinrich/Gollwitzer, Helmut/Schmid, Carlo (Hg.), *Anstoß und Ermutigung. Gustav W. Heinemann Bundespräsident 1969–1974*, Frankfurt a. M. 1974

Bösch, Frank, *Die Adenauer-CDU. Gründung, Aufstieg und Krise einer Erfolgspartei 1945–1969*, München 2001

Borsdorf, Ulrich (Hg.), *Essen. Geschichte einer Stadt*, Essen 2002

Bouvier, Beatrix, *Zwischen Godesberg und Großer Koalition. Der Weg der SPD in die Regierungsverantwortung*, Bonn 1990

Bourdieu, Pierre, Die biographische Illusion, in : *BIOS, H 1, 1990*, S. 75–81

Bracher, Karl-Dietrich, *Theodor Heuss und die Wiederbegründung der Demokratie in Deutschland*, Tübingen 1965

Bracher, Karl Dietrich/Jäger, Wolfgang/Link, Werner, *Die Republik im Wandel 1969–1974. Die Ära Brandt* (Geschichte der Bundesrepublik Deutschland, Bd. 5,1), Stuttgart 1986

Brakelmann, Günter u. a., *Kirche im Ruhrgebiet*, Essen 1998

Brandt, Peter/Ammon, Herbert, *Die Linke und die Nationale Frage. Dokumente zur deutschen Einheit*, Reinbek 1981

Brandt, Peter/Lehnert, Detlef, *»Mehr Demokratie wagen«. Geschichte der Sozialdemokratie 1830–2010*, Berlin 2012

Brandt, Willy, *Erinnerungen*, Berlin 1989

Braselmann, Werner, Gustav *Heinemann. Ein Lebensbild*, Gütersloh 1972

Braun, Joachim, *Der unbequeme Präsident*, Karlsruhe 1972

Brünneck, Alexander von, *Politische Justiz gegen Kommunisten in der Bundesrepublik Deutschland 1949–1968*, Frankfurt a. M. 1978

Buchhaas, Dorothee, *Die Volkspartei. Programmatische Entwicklungen der CDU 1950–1973*, Düsseldorf 1981

Buchhaas-Birkholz, Dorothee (Bearb.), *Zum politischen Weg unseres Volkes. Politische Leitbilder und Vorstellungen im deutschen Protestantismus 1945–1952. Eine Dokumentation*, Düsseldorf 1989

Buchheim, Hans, Adenauers Sicherheitspolitik 1950–1951, in: Militärgeschichtliches Forschungsamt (Hg.), *Aspekte der deutschen Wiederbewaffnung bis 1955*, Boppard, 1975, S. 119–147

Buchheim, Hans, Die Richtlinienkompetenz unter der Kanzlerschaft Konrad Adenauers, in : Blumenwitz, Dieter u. a. (Hg.), *Konrad Adenauer und seine Zeit*, Bd. 2, Stuttgart 1976, S. 39–351

Budde, Gunilla/Conze, Eckart/Rauh, Cornelia (Hg.), *Bürgertum nach dem bürgerlichen Zeitalter*, Göttingen 2010

Bude, Heinz, Bürgertumsgenerationen in der Bundesrepublik, in: Hettling, Manfred/Ulrich, Bernd (Hg.), *Bürgertum nach 1945*, Hamburg 2005, S. 111–132

Bude, Heinz/Fischer, Joachim/Kauffmann, Bernd (Hg.), *Bürgerlichkeit ohne Bürgertum. In welchem Land leben wir?* München 2010

Die Bundesversammlungen 1949–1994. Eine Dokumentation, Bonn 1994

Bührer, Werner, Reparationen, in: Benz, Wolfgang (Hg.), *Deutschland unter alliierter Besatzung*, Berlin 1999, S. 161–167

Busch, Eckart, Die Parlamentsauflösung 1972. Verfassungsgeschichtliche und verfassungsrechtliche Würdigung, in: *Zeitschrift für Parlamentsfragen, 4. Jg., 1974*, S. 213–246

Busch, Wilhelm, *Jesus unser Schicksal*, Neukirchen-Vluyn 2006

Campenhausen, Axel von, Staat, Kirche und Gesellschaft bei Gustav W. Heinemann, in: *GWU 32/1981*, S. 1–23

Christoph, Joachim E. (Hg.), *Kundgebungen. Worte und Erklärungen der Evangelischen Kirche in Deutschland*, Bd. 2: 1959–1969, Hannover 1994

Conze, Eckart, *Die Suche nach Sicherheit. Eine Geschichte der Bundesrepublik Deutschland von 1949 bis in die Gegenwart*, München 2009

Conze, Werner, *Jakob Kaiser. Politiker zwischen Ost und West 1945–1949*, Stuttgart 1969

Dahlmann, Dittmar/Kotowski, Albert S./Schloßmacher, Norbert/Scholtyseck, Joachim (Hg.), *Zwangsarbeiterforschung in Deutschland. Das Beispiel Bonn im Vergleich und im Kontext neuerer Untersuchungen*, Essen 2010

Dallin, David J., *Sowjetische Außenpolitik nach Stalins Tod*, Köln 1961

Damm, Karlwilli, *Die hessischen Ahnen des Bundespräsidenten Gustav Heinemann*, 1970 (Hessische Familienkunde, Bd. 10, H 3)

Daniel, Jens (d.i. Rudolf Augstein), *Deutschland, ein Rheinbund?*, Darmstadt 1953

Dann, Otto, *Eine Sternstunde des Bundestages. Gustav Heinemanns Rede am 23. Januar 1958*, Bonn 2008 (Reihe Gesprächskreis Geschichte Heft 81)

Derix, Simone, *Bebilderte Politik. Staatsbesuche in der Bundesrepublik Deutschland 1949–1990*, Göttingen 2009

Deutscher Bundestag (Hg.), *Die Bundesversammlungen 1949–1984. Eine Dokumentation aus Anlass der Wahl des Bundespräsidenten am 23. Mai 1989*, Bonn 1989

Deutschkron, Inge, Gustav Heinemann. Logik eines Lebens, in: *Vorgänge, 1/2005*, S. 108–125

Dickhoff, Erwin, *Essener Köpfe. Wer war was?*, Essen o.J. (1985)

Diedrich, Torsten, Entmilitarisierung, in: Benz, Wolfgang (Hg.), *Deutschland unter alliierter Besatzung*, Berlin 1999, S. 342–346

Dietzfelbinger, Eckart, *Die westdeutsche Friedensbewegung 1948–1955*, Köln 1984

Ditfurth, Jutta, *Ulrike Meinhof. Die Biografie*, Berlin 2007

Dittmann, Knud, *Adenauer und die deutsche Wiedervereinigung. Die politische Diskussion des Jahres 1952*, Düsseldorf 1981

Doering-Manteuffel, Anselm, *Katholizismus und Wiederbewaffnung. Die Haltung der Katholiken gegenüber der Wehrfrage 1948–1955*, Mainz 1981

Doering-Manteuffel, Anselm, *Die Bundesrepublik Deutschland in der Ära Adenauer. Außenpolitik und innere Entwicklung*, Darmstadt 1983

Doering-Manteuffel, Anselm, Die Kirchen und die EVG. Zu den Rückwirkungen der Wehrdebatte im westdeutschen Protestantismus und Katholizismus auf die politische Zusammenarbeit der Konfessionen, in: Volkmann, Hans-Erich/Schwengler, Walter (Hg.), *Die Europäische Verteidigungsgemeinschaft*, Boppard 1985, S. 317–336

Doering-Manteuffel, Anselm, Konrad Adenauer – Jakob Kaiser – Gustav Heinemann. Deutschlandpolitische Positionen in der CDU, in: Weber, Jürgen (Hg.), *Die Republik der fünfziger Jahre. Adenauers Deutschlandpolitik auf dem Prüfstand*, München 1989, S. 18–46

Doering-Manteuffel, Anselm, Rheinischer Katholik im Kalten Krieg. Das »christliche Europa« in der Weltsicht Konrad Adenauers, in: Greschat, Martin/Loth, Wilfried (Hg.), *Die Christen und die Entstehung der Europäischen Gemeinschaft*, Stuttgart 1994, S. 237–246

Dohse, Rainer, *Der Dritte Weg. Neutralitätsbestrebungen in Westdeutschland zwischen 1945 und 1955*, Hamburg 1974

Donson, Andrew, Why did German youth become fascists? Nationalist males born 1900 to 1908 in war and revolution, in: *Social History, Vol. 31, No. 3/2006*, S. 337–358

Dormann, Manfred, *Demokratische Militärpolitik. Die alliierte Militärstrategie als Thema deutscher Politik 1949–1968*, Freiburg i. Br. 1970

Dowe, Dieter/Wunder, Dieter (Hg.), *Verhandlungen über eine Wiedervereinigung statt Aufrüstung! Gustav Heinemann und die Eingliederung der Bundesrepublik in das westliche Militärbündnis*, Bonn 2000

Dramm, Sabine, *V-Mann Gottes und der Abwehr? Dietrich Bonhoeffer und der Widerstand*, Gütersloh 2005

Duderstadt, Henning, *Vom Reichsbanner zum Hakenkreuz. Wie es kommen mußte*, Stuttgart 1933

Dülffer, Jost/Niedhart, Gottfried (Hg.), Frieden durch Demokratie? Genese, Wirkung und Kritik eines Deutungsmusters, Essen 2011

Düwell, Wilhelm, Fabrikfeudalismus,(1901), in: Enzensberger, Hans Magnus u. a. (Hg.), *Klassenbuch 2. Ein Lesebuch zu den Klassenkämpfen in Deutschland 1850–1919*, Darmstadt 1972, S. 142–147

Dupke, Thomas, Vom Wiederaufbau zum Strukturwandel – Essen 1945 bis 2000, in: Borsdorf, Ulrich (Hg.), *Essen. Geschichte einer Stadt*, Essen 2002, S. 468–553

Dutschke, Gretchen, *Wir hatten ein barbarisches, schönes Leben. Rudi Dutschke*, Köln 1996

Dutschke, Rudi, *Jeder hat sein Leben ganz zu leben. Die Tagebücher 1963–1979*, hrsg. von Gretchen Dutschke, Köln 2003

Egen, Peter, *Die Entstehung des Evangelischen Arbeitskreises der CDU/CSU*, Phil. Diss. Bochum 1971

Ehlgötz, Hermann (Hg.), *Deutschlands Städtebau*, Essen, Berlin 1925

Ehmke, Horst, *Mittendrin, Von der Großen Koalition zur deutschen Einheit*, Berlin 1994

Elkemann, Hugo/Götz, Wolfgang/Kranz, Brigitte, Die Universität in der Weimarer Republik 1918–1920. Die Münsteraner Studentenschaft in der Novemberrevolution, in: Kurz, Lothar (Hg.), *200 Jahre zwischen Dom und Schloss. Ein Lesebuch zur Vergangenheit und Gegenwart der Westfälischen Wilhelms-Universität Münster*, Münster 1980, S. 47–63

Engelberg, Ernst/Schleier, Hans, Zu Geschichte und Theorie der historischen Biographie. Theorieverständnis, biographische Totalität, Darstellungstypen und -formen, in: *ZfG 3/1990*, S. 195–217

Engeln, Ralf/Lupa, Markus, Essener Metaller im Strukturwandel 1946–1996, in: Engeln, Ralf u. a. (Hg.), *Im Wandel gestalten. Zur Geschichte der Essener Metallindustrie 1946–1996*, Essen 1996

Enzensberger, Hans Magnus, Offener Brief an Justizminister Heinemann, abgdr. in: Ders., *Staatsgefährdende Umtriebe. Politische Justiz in der Bundesrepublik*, (Voltaire Flugschrift 11), Berlin 1968

Eppler, Erhard, *Einsprüche. Zeugnisse einer politischen Biographie*, hrsg. von Bregenzer, Albrecht u. a., Freiburg i. Br. 1986

Eppler, Erhard, *Komplettes Stückwerk. Erfahrungen aus fünfzig Jahren Politik*, Frankfurt a. M. 1995

Eppler, Erhard, Parteiwechsel statt Überzeugungswechsel, in: Thierfelder, Jörg/Riemenschneider, Matthias (Hg.), *Gustav Heinemann. Christ und Politiker*, Karlsruhe 1999, S. 196–207
Eschenburg, Theodor, Was darf der Präsident?, in: *Die Zeit, 7.3.1969* (wiederabgedr. In: ZEIT-Punkte Nr. 2/1994)
Ettemeyer, Jörg, *Gustav W. Heinemanns Weg im evangelischen Kirchenkampf 1933–1945*, theol. Diss., Heidelberg 1993
Etzemüller, Thomas, Biographien. Lesen – erforschen – erzählen, Frankfurt a. M. 2012
Faerber-Husemann, Renate, *Der Querdenker. Erhard Eppler. Eine Biographie*, Bonn 2010
Fahlbusch, Lutz/Methfessel, Werner, Christlich-sozialer Volksdienst (CSVD) 1929–1933, in: Fricke, Dieter u. a. (Hg.), *Lexikon zur Parteiengeschichte. Bd. 1*, Köln 1983, S. 464–470
Faulenbach, Bernd, *Das sozialdemokratische Jahrzehnt. Von der Reformeuphorie zur neuen Unübersichtlichkeit. Die SPD 1969–1982*, Bonn 2011
Fest, Joachim, *Nicht ich. Erinnerungen an eine Kindheit und Jugend*, Reinbek 2006
Fest, Joachim/Siedler, Wolf Jobst (im Gespräch mit Frank A. Meyer), *Der lange Abschied vom Bürgertum*, Berlin 2005
Festschrift 400 Jahre Reformation in Essen, Essen 1963
Fetz, Bernhard (Hg.), *Die Biographie – zur Grundlegung ihrer Theorie*, Berlin 2009
Fetz, Bernhard/Hemecker, Wilhelm (Hg.), *Theorie der Biographie. Grundlagentexte und Kommentar*, Berlin 2011
Fisch, Jörg, *Reparationen nach dem Zweiten Weltkrieg*, München 1992
Fischer, Hans Gerhard, *Evangelische Kirche und Demokratie nach 1945. Ein Beitrag zum Problem der politischen Theologie*, Lübeck 1970
Fischer, Joachim, Wie sich das Bürgertum in Form hält, Springe 2012
Fischer, Wolfram, *Herz des Reviers. 175 Jahre Wirtschaftsgeschichte des Industrie- und Handelskammerbezirks Essen, Mülheim, Oberhausen*, Essen 1965
Fisher, Stephen L., *The Minor Parties of the Federeal Republic of Germany. Toward a Comparative Theory of Minor Parties*, Den Haag 1974
Fitschen, Klaus/Hermle, Siegfried/Kunter, Katharina u. a. (Hg.), *Die Politisierung des Protestantismus. Entwicklungen in der Bundesrepublik Deutschland während der 1960er und 70er Jahre*, Göttingen 2011
Flechtheim, Ossip K. (Hg.), *Dokumente zur parteipolitischen Entwicklung in Deutschland seit 1945, Bd. 2, Programmatik der deutschen Parteien, Erster Teil*, Berlin 1963
Först, Walter, Die Politik der Demontage, in: Ders. (Hg.), *Entscheidungen im Westen*, Köln 1979, S. 111–143
Foschepoth, Josef, Churchill, Adenauer und die Neutralisierung Deutschlands, in: *Deutschland Archiv 17/1984*, S. 1286–1301
Foschepoth, Josef (Hg.), *Kalter Krieg und Deutsche Frage. Deutschland im Widerstreit der Mächte 1945–1952*, Göttingen 1985
Foschepoth, Josef (Hg.), *Adenauer und die Deutsche Frage.* Göttingen 1988
Foschepoth, Josef, Westintegration statt Wiedervereinigung. Adenauers Deutschlandpolitik, in: Ders. (Hg.), *Adenauer und die Deutsche Frage*, Göttingen 1988

Foschepoth, Josef, *Überwachtes Deutschland. Post- und Telefonüberwachung in der alten Bundesrepublik*, Göttingen 2012

Franken, Friedhelm (Hg.), *Repräsentanten der Republik. Die deutschen Bundespräsidenten in Reden und Zeitbildern*, Bonn 1989

Frech, Stefan, *Wegbereiter Hitlers? Theodor Reismann-Grone. Ein völkischer Nationalist*, Paderborn 2009

Friese, Elisabeth, Helene Wessel, eine unbequeme Christin, in: Grafe, Peter u.a. (Hg.), *Der Lokomotive in voller Fahrt die Räder wechseln. Geschichte und Geschichten aus Nordrhein-Westfalen*, Berlin 1987

Friese, Elisabeth, *Helene Wessel (1898–1969). Von der Zentrumspartei zur Sozialdemokratie*, Essen 1993

Frigelj, Kristian, Gustav W. Heinemann. »Bürgerpräsident« im Zeitenwechsel, in: *Vier Bundespräsidenten aus Nordrhein-Westfalen*, Düsseldorf 2004, S. 103–145

Fritsch-Bournazel, Renata, *Die Sowjetunion und die deutsche Teilung. Die sowjetische Deutschlandpolitik 1949–1979*, Opladen 1979

Fritz, Hartmut, *Otto Dibelius. Ein Kirchenmann in der Zeit zwischen Monarchie und Diktatur*, Göttingen 1998

Frommel, Monika, Taktische Jurisprudenz – die verdeckte Amnestie von NS-Schreibtischtätern und die Nachwirkung der damaligen Rechtsprechung bis heute, in: Mahlmann, Matthias (Hg.), *Festschrift für Hubert Rottleuthner zum 65. Geburtstag, Gesellschaft und Gerechtigkeit*, Baden-Baden 2011, S. 458 ff.

Gabriel, Karl, Zur Bedeutung der Religion für Gesellschaft und Lebensführung in Deutschland, in: Hockerts, Hans-Günter (Hg.), *Koordinaten deutscher Geschichte in der Epoche des Ost-West-Konflikts*, München 2004, S. 261–276

Gailus, Manfred/Krogel, Wolfgang (Hg.), *Von der babylonischen Gefangenschaft der Kirche im Nationalsozialismus. Regionalstudien zu Protestantismus, Nationalsozialismus und Nachkriegsgeschichte 1930–2000*, Berlin 2006

Gailus, Manfred/Lehmann, Hartmut (Hg.), *Nationalprotestantische Mentalitäten in Deutschland 1870–1970*, Göttingen 2005

Gailus, Manfred, *Mir aber zerriss es das Herz. Der stille Widerstand der Elisabeth Schmitz*, Göttingen 2010

Gall, Lothar, *Krupp. Der Aufstieg eines Industrieimperiums*, Frankfurt a.M. 2000

Gall, Lothar (Hg.), *Krupp im 20. Jahrhundert. Die Geschichte des Unternehmens vom Ersten Weltkrieg bis zur Gründung der Stiftung*, Berlin 2002

Gall, Lothar (Hg.), *Stadt und Bürgertum im Übergang von der traditionellen zur modernen Gesellschaft*, München 1993

Gall, Lothar, *Walther Rathenau. Portrait einer Epoche*, München 2009

Gallus, Alexander, *Die Neutralisten. Verfechter eines vereinten Deutschland zwischen Ost und West 1945–1990*, Düsseldorf 2001

Gallus, Alexander, Von Heinemann bis Havemann. Dritte Wege in Zeiten des Kalten Krieges, in: *Deutschland-Archiv, 3/2007*, S. 422–430

Garstecki, Joachim (Hg.), *Die Ökumene und der Widerstand gegen Diktaturen. Nationalsozialismus und Kommunismus als Herausforderung an die Kirchen*, Stuttgart 2007

Gassert, Philipp, *Kurt Georg Kiesinger. 1904–1988. Kanzler zwischen den Zeiten*, München 2006

Gehring, Heinrich, Leben in einer bekennenden Gemeinde: Gustav Heinemann und Friedrich Graeber in der Essener Altstadt-Gemeinde, in: Mohr, Rudolf (Hg.), *»Alles ist euer, ihr aber seid Christi«: Festschrift für Dietrich Meyer*, Köln 2000, S. 681–689

Gehring, Heinrich/Koppelmann, Steffen (Red.), *Die Evangelische Kirche in Essen vor dem Hintergrund von »nationaler Erhebung« und nationaler Katastrophe 1930–1950*, Essen 2003

Gehring, Heinrich, Bemerkungen zur 50. Wiederkehr der ersten freien Synode im Kirchenkreis Essen nach dem Kriegsende am 13. Mai 1945, in: *Kirche im Revier I (1995)*, S. 26–28

Geppert, Dominik, Alternativen zum Adenauerstaat. Der Grünwalder Kreis und der Gründungskonsens der Bundesrepublik, in: Hochgeschwender, Michael (Hg.), *Epoche im Widerspruch. Ideelle und kulturelle Umbrüche der Adenauerzeit*, Bonn 2011, S. 141–152

Geppert, Dominik/Wengst, Udo (Hg.), *Neutralität – Chance oder Chimäre? Konzepte des Dritten Weges für Deutschland und die Welt 1945–1990*, München 2005

Gerstein, Barbara, Heinrich Reisner, in: *Lebensbilder aus dem Rheinisch-Westfälischen Industriegebiet, Jg. 1968–72*, Baden-Baden 1980, S. 122 ff.

Gerstenmaier, Eugen, *Streit und Frieden hat seine Zeit. Ein Lebensbericht*, Frankfurt a. M. 1981

Gesamtdeutsche Rundschau

Gesamtdeutsche Volkspartei (GVP), in: *Die westdeutschen Parteien 1945–1965*, hrsg. vom Deutschen Institut für Zeitgeschichte, Ost-Berlin 1966

Gestrich, Andreas u. a. (Hg.), *Biographie, sozialgeschichtlich. 7 Beiträge*, Göttingen 1988

Geyer, Michael, Der Kalte Krieg, die Deutschen und die Angst. Die westdeutsche Opposition gegen Wiederbewaffnung und Kernwaffen, in: Naumann, Klaus (Hg.), *Nachkrieg in Deutschland*, Hamburg 2001, S. 267–318

Geyer, Michael/Hölscher, Lucian (Hg.), *Die Gegenwart Gottes in der modernen Gesellschaft. Transzendenz und religiöse Vergemeinschaftung in Deutschland*, Göttingen 2006

Gleising, Günter, *Heinz Renner. Eine politische Biographie*, Bochum 2000

Gniss, Daniela, *Der Politiker Eugen Gerstenmaier 1906–1986*, Düsseldorf 2005

Görtemaker, Manfred, *Die unheilige Allianz. Die Geschichte der Entspannungspolitik 1943–1979*, München 1979

Görtemaker, Manfred/Safferling, Christoph (Hg.), *Die Rosenburg. Das Bundesministerium der Justiz und die NS-Vergangenheit. Eine Bestandsaufnahme*, Göttingen 2013

Götz, Christian, An Gustav Heinemann scheiden sich die Geister, in: *Gewerkschaftliche Monatshefte, 29. Jg., 1989*, S. 280–284

Golczewski, Frank, Die »Gleichschaltung« der Universität Köln im Frühjahr 1933, in: Haupts, Leo/Mölich, Georg (Hg.), *Aspekte der nationalsozialistischen Herrschaft in Köln und im Rheinland. Beiträge und Quellen*, Köln 1983, S. 49–72

Golczewski, Frank, *Kölner Universitätslehrer und der Nationalsozialismus. Personengeschichtliche Ansätze*, Köln 1988

Gollwitzer, Helmut u. a., *Gustav Heinemann – Bundespräsident*, Bonn 1971

Gollwitzer, Helmut, *Forderungen der Freiheit. Aufsätze und Reden zur politischen Ethik*, München 1964

Gollwitzer, Helmut, Politik an den Grenzen des Bürgertums. Zur Gesamtausgabe der Reden und Schriften Gustav W. Heinemanns, in: *Evangelische Theologie, 37. Jg., 2/1977*, S. 185–197

Gosewinkel, Dieter, *Adolf Arndt. Die Wiederbegründung des Rechtsstaats aus dem Geist der Sozialdemokratie (1945–1961)*, Bonn 1991

Gotto, Klaus, Adenauers Deutschland- und Ostpolitik 1954–1963, in: Morsey, Rudolf/Repgen, Konrad (Hg.), *Adenauer-Studien III. Untersuchungen und Dokumente zur Ostpolitik und Biographie*, Mainz 1974

Graeber, Friedrich/Graeber, Johannes, *Christliche Warnung vor einer unchristlichen Kirchenordnung*, Essen 1934

Graf, Friedrich Wilhelm, *Der Protestantismus. Geschichte und Gegenwart*, München 2006

Graml, Hermann, Nationalstaat oder westdeutscher Teilstaat. Die sowjetischen Noten vom Jahre 1952 und die öffentliche Meinung in der Bundesrepublik, in: *VjZ 25/1977*, S. 821–864

Graml, Hermann, Die Legende von den verpassten Gelegenheiten. Zur sowjetischen Notenkampagne des Jahres 1952, in: *VfZ 29/1981*, S. 307–341

Graml, Hermann, Eine wichtige Quelle – aber missverstanden. Anmerkungen zu Wilfried Loth: »Die Entstehung der »Stalin-Note«. Dokumente aus Moskauer Archiven, in: Zarusky, Jürgen (Hg.), *Die Stalin-Note vom 10. März 1952. Neue Quellen und Analysen*, München 2002, S. 117–137

Grass, Günter, *Ein knapper Sieg der Vernunft*, Vorwort zu: Schreiber, Hermann/Sommer, Frank, Gustav Heinemann – Bundespräsident, Frankfurt a. M. 1969, S. 7–10

Greiner, Bernd/Müller, Christian Th./Walter, Dierk (Hg.), *Angst im Kalten Krieg*, Hamburg 2009

Greschat, Martin (Hg.), *Im Zeichen der Schuld. 40 Jahre Stuttgarter Schuldbekenntnis. Eine Dokumentation*, Neukirchen-Vluyn 1985

Greschat, Martin, »Er ist ein Feind des Staates!« Martin Niemöllers Aktivitäten in den Anfangsjahren der Bundesrepublik Deutschland, in: *ZKG 114 (2003), H. 3* S. 333–356

Greschat, Martin/Loth, Wilfried (Hg.), *Die Christen und die Entstehung der Europäischen Gemeinschaft*, Stuttgart 1994

Greschat, Martin, *Die evangelische Christenheit und die deutsche Geschichte nach 1945. Weichenstellungen in der Nachkriegszeit*, Stuttgart 2002

Greschat, Martin, *Protestantismus im Kalten Krieg. Kirche, Politik und Gesellschaft im geteilten Deutschland 1945–1963*, Paderborn 2010

Greschat, Martin, *Der Protestantismus in der Bundesrepublik Deutschland (1945 bis 2005)*, Leipzig 2010

Grewe, Wilhelm, *Rückblenden 1976–1951. Aufzeichnungen eines Augenzeugen deutscher Außenpolitik von Adenauer bis Schmidt*, Frankfurt a. M. 1979

Grewe, Wilhelm, *Deutsche Außenpolitik der Nachkriegszeit*, Stuttgart 1960

Grewe, Wilhelm, *Die deutsche Frage in der Ost-West-Spannung. Zeitgeschichtliche Kontroversen der achtziger Jahre*, Herford 1986

Großbölting, Thomas, *Der verlorene Himmel. Glaube in Deutschland seit 1945*, Göttingen 2013

Günther, Frieder, *Heuss auf Reisen. Die auswärtige Repräsentation der Bundesrepublik durch den ersten Bundespräsidenten*, Stuttgart 2006

Günther, Frieder, *Misslungene Aussöhnung? Der Staatsbesuch von Theodor Heuss in Großbritannien im Oktober 1958*, Stuttgart 2004

Gurland, A. R. L., *Die CDU/CSU. Ursprünge und Entwicklung bis 1953*, Frankfurt a. M. 1980

GVP-Nachrichten. Nachrichtendienst der Gesamtdeutschen Volkspartei

Habermas, Jürgen, Vorpolitische Grundlagen des demokratischen Rechtsstaats?, in: Ders., *Zwischen Naturalismus und Religion. Philosophische Aufsätze*, Frankfurt a. M. 2005, S. 106–118

Hacke, Jens A., *Philosophie der Bürgerlichkeit. Die liberalkonservative Begründung der Bundesrepublik*, Göttingen 2006

Hägele, Clemens, *Die Schrift als Gnadenmittel. Adolf Schlatters Lehre von der Schrift in ihren Grundzügen*, Stuttgart 2007

Hähner, Olaf, *Historische Biographik. Die Entwicklung einer geschichtswissenschaftlichen Darstellungsform von der Antike bis ins 20. Jahrhundert*, Frankfurt a. M. 1999

Haffner, Sebastian, *Geschichte eines Deutschen. Die Erinnerungen 1914–1933*, Stuttgart 2000

Haftendorn, Helga, *Sicherheit und Entspannung. Zur Außenpolitik der Bundesrepublik Deutschland 1955–1982*, Baden-Baden 1983

Hammann, Konrad, Heinrich Hermelink in Marburg. Kirchenhistoriker in der Weimarer Ära, in: *Die Philipps-Universität zwischen Kaiserreich und Nationalsozialismus*, hrsg. vom Verein für Hessische Geschichte und Landeskunde, Kassel 2006, S. 85–106

Hanke, Christian, *Die Deutschlandpolitik der Evangelischen Kirche in Deutschland von 1945 bis 1990. Eine Politikwissenschaftliche Untersuchung unter besonderer Berücksichtigung des kirchlichen Demokratie-, Gesellschafts- und Staatsverständnisses*, Berlin 1999

Hänzsch, Otto, Der Kirchenkampf in Essen, in: *400 Jahre Reformation in Essen*, Essen 1963

Harm, Stine, *Bürger oder Genossen? Carlo Schmid und Hedwig Wachenheim – Sozialdemokraten trotz bürgerlicher Herkunft*, Stuttgart 2010

Härtling, Peter, *Leben lernen. Erinnerungen*, Köln 2003

Hartmann, Jürgen/Kempf, Udo, *Staatsoberhäupter in der Demokratie*, Wiesbaden 2011

Hartung, Rudolf, Tagebuch-Notizen, in: *Neue Rundschau, 80. Jg., 4/1969*, S. 722–736

Hartweg, Frédéric, *Gustav W. Heinemann: Ein Christ in der politischen Verantwortung. Sonderdruck aus revue d´Allemagne et des pays langue allemande*, 1978, Nr. 1,3,4

Hasenack, Wilhelm, *Betriebsdemontage als Reparation, Teil 1: Beweggründe und Zeitpunkt der Demontage-Aktion, Essen 1948, Teil 2: Wirtschaftsgefahren an der Ruhr durch Demontage*, Köln 1948

Haßlacher, Jacob, *Der Werdegang der Rheinischen Stahlwerke*, Essen 1936

Hauer, Erich, *Bürgerpräsident Gustav Heinemann. Ein Porträt*, Freudenstadt 1969

Haus der Geschichte der Bundesrepublik Deutschland (Hg.), *Gustav Heinemann und seine Politik*, Wissenschaftliches Symposion, Berlin 1999

Hausmann, Marion, Vom Weimarer Linksliberalen zum Christdemokraten. Ernst Lemmers politischer Weg bis 1945, in: *Jahrbuch zur Liberalismus-Forschung, 14 (2002)*, S. 197–217

Hehl, Ulrich von (Hg.), *Adenauer und die Kirchen*, Bonn 1999

Heidemeyer, Helge (Bearb.), *Die CDU/CSU-Fraktion im Deutschen Bundestag. Sitzungsprotokolle 1949–1953*, Düsseldorf 1998

Heidtmann, Günter, *Hat die Kirche geschwiegen? Das öffentliche Wort der evangelischen Kirche aus den Jahren 1945–1964*, Berlin 1964

Heidtmann, Günter, Gustav Heinemann, Rechtsanwalt und Notar, in: Bachmann, Jürgen (Hg.), *Zum Dienst berufen. Lebensbilder leitender Männer der evangelischen Kirche in Deutschland*, Osnabrück 1963, S. 57–60

Heimann, Siegfried, Die Gesamtdeutsche Volkspartei, in: Stöss, Richard (Hg.), *Parteienhandbuch, Bd. 2*, Opladen 1984, S. 1478–1508

Heimbüchel, Bernd/Pabst, Klaus, *Kölner Universitätsgeschichte, Bd 2, Das 19. und 20. Jahrhundert*, Köln 1988

Heinemeyer, W./Klein, Th./Seier,H., *Academia Marburgensis, Bd. 1*, 1977

Heinemann, Otto, *Kronenorden vierter Klasse. Das Leben des Prokuristen Heinemann (1864–1944)*, Düsseldorf 1969

Heinemann, Peter, Gustav Heinemann – Christ, Patriot und sozialer Demokrat. Zur Eröffnung der Ausstellung »Gustav Heinemann« im Rastatter Schloss, in: Häussermann, Titus/Krautter, Horst (Hg.), *Die Bundesrepublik und die Deutsche Geschichte*, Stuttgart 1987, S. 75–80

Heinemann, Peter, »Ich fühlte eine schützende Macht«, in: *focus, 27/2011*

Heistermann, Marion, *Demontage und Wiederaufbau. Industriepolitische Entwicklungen in der »Kruppstadt« Essen nach dem Zweiten Weltkrieg (1945–1956)*, Essen 2004

Hennecke, Hans Jörg, *Wilhelm Röpke. Ein Leben in der Brandung*, Stuttgart 2005

Herbert, Ulrich, *Best. Biographische Studien über Radikalismus, Weltanschauung und Vernunft, 1903–1989*, Bonn 1996

Herbert, Ulrich, Vom Kruppianer zum Arbeitnehmer, in: Niethammer, Lutz (Hg.), *»Hinterher merkt man, dass es richtig war, dass es schiefgegangen ist.« Nachkriegserfahrungen im Ruhrgebiet*, Berlin 1983, S. 233–276

Herbert, Ulrich, Zwangsarbeit im »Dritten Reich«. Kenntnisstand, offene Fragen, Forschungsprobleme, in: Hauch, Gabriella (Hg.), *Industrie und Zwangsarbeit im Nationalsozialismus*, Innsbruck 2003, S. 11–35

Herbert, Ulrich, Drei politische Generationen im 20. Jahrhundert, in: Reulecke, Jürgen/Müller-Luckner, Elisabeth (Hg.), *Generationalität und Lebensgeschichte im 20. Jahrhundert*, München 2003, S. 95–114

Herbert, Ulrich, Wer waren die Nationalsozialisten? Typologien des politischen Verhaltens im NS-Staat, in: Hirschfeld, Gerhard/Jersak, Tobias (Hg.), *Karrieren im Nationalsozialismus. Funktionseliten zwischen Mitwirkung und Distanz*, Frankfurt a. M., 2004, S. 17–42

Herzinger, Richard, Schirmherr des Aufbruchs (zum 40. Jahrestag der Wahl Heinemanns zum Bundespräsidenten), in: *Die Welt, 5.3.2009*

Hessels, Hetty, Heinemann in Holland, in: *Die Neue Gesellschaft/Frankfurter Hefte, 4/1994*, S. 331–336

Hettling, Manfred, Die persönliche Selbstständigkeit. Der archimedische Punkt bürgerlicher Lebensführung, in: Ders./Hoffmann, Stefan-Ludwig (Hg.), *Der bürgerliche Wertehimmel. Innenansichten des 19. Jahrhunderts*, Göttingen, 2000, S. 57–78

Hettling, Manfred, *Bürgerlichkeit als kulturelles System (Arbeitspapier des Internationalen Graduiertenkollegs Halle-Tokyo »Formenwandel der Bürgergesellschaft«, Nr. 9)*, Halle 2010

Hettling, Manfred/Ulrich, Bernd (Hg.), *Bürgertum nach 1945*, Hamburg 2005

Hettling, Manfred/Ulrich, Bernd, Formen der Bürgerlichkeit. Ein Gespräch mit Reinhart Koselleck, in: *Mittelweg 36. Zeitschrift des Hamburger Instituts für Sozialforschung, 2/2003*, S. 62–82

Heusler, Andreas/Spoerer, Mark/Trischler, Helmuth (Hg.), *Rüstung, Kriegswirtschaft und Zwangsarbeit im »Dritten Reich«*, München 2010

Heuss, Theodor/Adenauer, Konrad, *Unserem Vaterland zugute. Der Briefwechsel 1948–1963*, bearb. von Hans Peter Mensing, Berlin 1989

Heuss, Theodor, *Tagebuchbriefe 1955/1963. Eine Auswahl aus Briefen an Toni Stolper*, hrsg. von Eberhard Pikart, Tübingen 1970

Hey, Bernd, Das Schicksal der Verlierer. Die Deutschen Christen nach 1945, in: Hey, Bernd/Norden, Günther van (Hg.), *Kontinuität und Neubeginn. Die rheinische und westfälische Kirche in der Nachkriegszeit (1945–1949)*, Köln 1996, S. 211–231

Heyn, Erich, *Zerstörung und Aufbau der Großstadt Essen*, Bonn 1955

Hierl, Monika, *Die Demontage der Firma Krupp 1945–1951 in der Sicht der Akten des Essener Stadtarchivs. Hausarbeit zur ersten Staatsprüfung für das Lehramt an der Volksschule*, Essen 1969

Hilger, Susanne, Zwischen Demotage und Wiederaufbau. Unternehmen und alliierte Besatzungspolitik nach dem Zweiten Weltkrieg am Beispiel der Firma Henkel, Düsseldorf, in: *Zeitschrift für Unternehmensgeschichte 46 (2001)*, S. 198–220

Hillgruber, Andreas, Heinemanns evangelisch-christlich begründete Opposition gegen Adenauers Politik 1950–1952, in: Albrecht, Dieter u. a. (Hg.), *Politik und Konfession. Festschrift für Konrad Repgen zum 60. Geburtstag*, Berlin 1983, S. 503–517

Hirsch, Kurt (Hg.), *Dokumente und Materialien zur deutschen Frage*, München 1967

Hirsch-Weber, Wolfgang/Schütz, Klaus, *Wähler und Gewählte. Eine Untersuchung der Bundestagswahlen 1953*, Berlin 1957

Hirschfeld, Gerhard/Jersak, Tobias (Hg.), *Karrieren im Nationalsozialismus. Funktionseliten zwischen Mitwirkung und Distanz*, Frankfurt a. M. 2004

Hobsbawn, Eric, *Age of Extremes. The Short Twentieth Century 1914–1991*, London 1995

Hockerts, Hans Günter/Maier, Hans (Hg.), *Christlicher Widerstand im Dritten Reich*, Annweiler 2003

Hoebink, Hein, Demontage in Nordrhein-Westfalen, 1947–1950, in: *Westfälische Forschungen 30/1980*, S. 215–234

Hoeth, Lutz, *Die Evangelische Kirche Deutschlands und die Wiederbewaffnung in den Jahren 1945 bis 1958*, Phil. Diss., Berlin, 2007

Hohmann, Christine, *Dienstbares Begleiten und später Widerstand. Der nationale Sozialist Adolf Reichwein im Nationalsozialismus*, Bad Heilbrunn 2007

Hölscher, Lucian, *Geschichte der protestantischen Frömmigkeit in Deutschland*, München 2005

Hölscher, Lucian, Kunst und Religion in der bürgerlichen Gesellschaft. Ein polemischer Einwurf aufgrund historischer Nachforschungen, in: Frettlöh, Magdalene L./Lichtenberger, Hans P. (Hg.), *Gott wahr nehmen. Festschrift für Christian Link*, Neukirchen-Vluyn 2003, S. 483–494

Hölscher, Wolfgang, *Die SPD-Fraktion im Deutschen Bundestag. Sitzungsprotokolle 1957–1961*, Düsseldorf 1993

Hörster-Philipps, Ulrike, *Joseph Wirth 1879–1956. Eine politische Biographie*, Paderborn 1998

Hofferberth, Michael, Die Personalakten der rheinischen Pfarrer. Plädoyer für die Benutzung einer Archivgattung, in: Mohr, Rudolf (Hg.), *»Alles ist euer, ihr aber seid Christi«. Festschrift für Dietrich Meyer*, Köln 2000, S. 195–213

Holl, Karl, *Pazifismus in Deutschland*, Frankfurt a. M. 1988

Hrbek, Rudolf, *Die SPD – Deutschland und Europa. Die Haltung der Soziademokraten zum Verhältnis von Deutschland-Politik und West-Integration (1945–1957)*, Bonn 1972

Hübsch, Reinhard, *»Hört die Signale!« – Die Deutschlandpolitik von KPD/SED und SPD 1945–1970*, Berlin, 2002

Huske, Joachim, *Die Steinkohlenzechen im Ruhrrevier. Daten und Fakten von den Anfängen bis 1987*, Bochum 1987

Hüwel, Detlev, *Karl Arnold. Eine politische Biographie*, Wuppertal 1980

Ihlefeld, Heli, *Gustav Heinemann, anekdotisch*, München [2]1969

Jacobsen, Eric Paul, *From Cosmology to Ecology. The Monist World-View in Germany from 1770 to 1930*, Bern 2005

Jacobsen, Hans Adolf, Zur Rolle der öffentlichen Meinung bei der Debatte um die Wiederbewaffnung 1950–1955, in: *Aspekte der deutschen Wiederbewaffnung bis 1955*, hrsg. vom Militärgeschichtlichen Forschungsamt, Boppard 1975, S. 61–117

Jäckel, Eberhard (Hg.), *Die deutsche Frage 1952–1956. Notenwechsel und Konferenzdokumente der vier Mächte*, Frankfurt a. M. 1957

Jäckel, Eberhard/Möller, Horst/Rudolph, Hermann (Hg.), *Von Heuss bis Herzog. Die Bundespräsidenten im politischen System der Bundesrepublik*, Stuttgart 1999

Jäckel, Eberhard, Gustav Heinemann als Bundespräsident, in: *Gustav Heinemann und seine Politik, Wissenschaftliches Symposion*, hrsg. vom Haus der Geschichte der Bundesrepublik Deutschland, Berlin 1999, S. 54–60

Jänicke, Johannes, Politik aus christlicher Verantwortung, in: *Evangelische Theologie 33/1973*, S. 436–444

Jahn, Robert, *Essener Geschichte. Die geschichtliche Entwicklung im Raum der Großstadt Essen*, Essen 1957

Jahresberichte der Industrie- und Handelskammer für die Stadtkreise Essen, Mühlheim (Ruhr) und Oberhausen zu Essen, 1947 ff.

James, Harold, *Krupp. Deutsche Legende und globales Unternehmen*, München 2011

Janssen, Karl-Heinz, Die längste Wahl, in: Die *Zeit, 4.3.1994* (Zur Bundespräsidentenwahl 1969)
Jobke, Barbara, *Aufstieg und Verfall einer wertorientierten Bewegung. Dargestellt am Beispiel der Gesamtdeutschen Volkspartei*, Phil. Diss., Tübingen 1974
Jochum, Michael, *Worte als Taten. Der Bundespräsident im demokratischen Prozess der Bundesrepublik Deutschland*, Gütersloh 2000
Jochum, Michael, Bundespräsident, in: Schmidt, Siegmar (Hg.), *Handbuch zur deutschen Außenpolitik*, Wiesbaden 2007, S. 169–174
Jüngel, Eberhard, *Zivilreligion und christlicher Glaube. Das Christentum in einer pluralistischen Gesellschaft*, Münster 2005
Jung, Martin H., *Der Protestantismus in Deutschland von 1870 bis 1945*, Leipzig 2002
Jureit, Ulrike/Wildt, Michael (Hg.), *Generationen. Zur Relevanz eines wissenschaftlichen Begriffs*, Hamburg 2005
Die Kabinettsprotokolle der Bundesregierung, Bd. 2, 1950, bearb. von Ulrich Enders und Konrad Reiser, Boppard 1984
Die Kabinettsprotokolle der Bundesregierung, Bd. 3, 1950, Wortprotokolle, bearb. von Ulrich Enders und Konrad Reiser, Boppard 1986
Die Kabinettsprotokolle der Bundesregierung, Bd. 20, 1967, bearb. von Walter Naasner und Christoph Seemann, München 2010
Kahn, Daniela, *Die Steuerung der Wirtschaft durch Recht im Nationalsozialismus. Das Beispiel der Reichsgruppe Industrie*, Frankfurt a. M. 2006
Kaiser, Jacob, *Gewerkschafter und Patriot. Eine Werkauswahl*, hrsg. von Tilmann Mayer, Köln 1988
Karl, Michaela, *Rudi Dutschke. Revolutionär ohne Revolution*, Frankfurt a. M. 2003
Kasier-Lahme, Angela, Control Commission for Germany (British Element). Bestandsbeschreibung und Forschungsfelder, in: Birke, Adolf M./Mayring, Eva A. (Hg.), *Britische Besatzung in Deutschland. Aktenerschließung und Forschungsfelder*, London 1992
Käßmann, Margot (Hg.), Gott will Taten sehen. Christlicher Widerstand gegen Hitler, München 2013
Kemper, Peter/Mentzer, Alf/Sonnenschein, Ulrich (Hg.), *Wozu Gott? Religion zwischen Fundamentalismus und Fortschritt*, Frankfurt a. M. 2009
Kemper, Ulrich, Kommunalpolitischer Umbruch in Essen 1944–1946, in: *Das Münster am Hellweg 32/1979*, S. 73–87
Kemper, Ulrich, Die Stabilisierung der Essener Kommunalpolitik in den Jahren 1946 bis 1949, in: *Das Münster am Hellweg, 34/1981*, S. 50–66
Kersting, Franz-Werner/Reulecke, Jürgen/Thamer, Hans-Ulrich (Hg.), *Die zweite Gründung der Bundesrepublik. Generationswechsel und intellektuelle Wortergreifungen 1955–1975*, Stuttgart 2010
Kettenacker, Lothar, Britische Besatzungspolitik im Spannungsverhältnis von Planung und Realität, in: Birke, Adolf M./Mayring, Eva A. (Hg.), *Britische Besatzung in Deutschland. Aktenerschließung und Forschungsfelder*, London 1992, S. 17–34

Kies, Tobias, »Hüter der Politik«. Die deutschen Bundespräsidenten im Fokus öffentlicher Erwartungen (1949–1999), in: Steinmetz, Willibald (Hg.), *»Politik«. Situationen eines Wortgebrauchs im Europa der Neuzeit*, Frankfurt a. M., 2007, S. 451–478

Kies, Tobias, »Ersatzkaiser« – »Bürgerpräsident« – »geistige Führung«. Das Amt des Bundespräsidenten in der deutschen Öffentlichkeit 1949–1994, in: Biskup, Thomas/Kohlrausch, Martin (Hg.), *Das Erbe der Monarchie. Nachwirkungen einer deutschen Institution seit 1918*, Frankfurt a. M. 2008, S. 261–283

Kisch, Egon Erwin, Das Nest der Kanonenkönige: Essen,(1924) in: Ders., *Der rasende Reporter, Gesammelte Werke, Bd. V*, Weimar ³1978, S. 113–117

Klappert, Bertold, Christengemeinde und Bürgergemeinde. K. Barth – G. Heinemann – H. Simon, in: Ders., *Versöhnung und Befreiung. Versuche, Karl Barth kontextuell zu verstehen*, Neukirchen 1994 (NBST 14), S. 285–305

Klappert, Bertold, *Bekennende Kirche in ökumenischer Verantwortung. Die gesellschaftliche und ökumenische Bedeutung des Darmstädter Wortes*, München 1988

Klass, Gert von, *Aus Schutt und Asche. Krupp nach fünf Menschenaltern*, Tübingen 1961

Klein, Christian (Hg.), *Grundlagen der Biographik. Theorie und Praxis des biographischen Schreibens*, Stuttgart 2002

Klein, Christian, (Hg.), *Handbuch Biographie. Methoden, Traditionen, Theorien*, Stuttgart 2009

Klein, Michael, *Westdeutscher Protestantismus und politische Parteien. Anti-Parteien-Mentalität und parteipolitisches Engagement von 1945 bis 1963*, Tübingen 2005

Klempnauer, Günther, *Über Lebens-Chancen. Prominenten-Interviews.* Wuppertal 1970

Kleßmann, Christoph, *Die doppelte Staatsgründung. Deutsche Geschichte 1945–1955*, Bonn 1982

Klöckler, Jürgen, Kurt Georg Kiesinger im »Dritten Reich«. Der nachmalige baden-württembergische Ministerpräsident und Bundeskanzler als frühes NSDAP-Mitglied und der Holocaust, in: *Zeitschrift für Württembergische Landesgeschichte 64. Jg. 2005*, S. 355–364

Klotzbach, Kurt, *Der Weg zur Staatspartei. Programmatik, praktische Politik und Organisation der deutschen Sozialdemokratie 1945–1965*, Berlin 1982

Knabe, Hubertus, *Die unterwanderte Republik. Stasi im Westen*, Berlin 1999

Knigge, Volkhard/Lüttgenau, Rikola-Gunnar/Wagner, Jens-Christian (Hg.), *Zwangsarbeit. Die Deutschen, die Zwangsarbeiter und der Krieg. Begleitband zur Ausstellung*, Weimar 2010

Koch, Diether, *Heinemann und die Deutschlandfrage*, München 1972

Koch, Diether, *Christen in politischen Konflikten des 20. Jahrhunderts*, Göttingen 1985

Koch, Diether, Engagement für ein (vereintes) Deutschland außerhalb der Machtblöcke. Gustav Heinemann und die Möglichkeiten einer alternativen Friedenspolitik, in: Häussermann, Titus/Krautter, Horst (Hg.), *Arbeit und Bürgerrechte*, Stuttgart 1986, S. 101–113

Koch, Diether, Gustav W. Heinemann, in: Greschat, Martin (Hg.), *Gestalten aus der Kirchengeschichte, Bd. 10.2 Die neueste Zeit*, Stuttgart 1986, S. 225–242

Koch, Diether, Deutsche Ostpolitik 1952/53 – vertane Chancen für einen friedlichen Ausgleich?, in: Häussermann, Titus/Krautter, Horst (Hg.), *Die Bundesrepublik und die deutsche Geschichte*, Stuttgart 1987, S. 81–99

Koch, Diether, Heinemanns Kritik an Adenauers Deutschlandpolitik, in: Foschepoth, Josef (Hg.), *Adenauer und die Deutsche Frage*, Göttingen 1988, S. 207–234

Koch, Diether, Das Erbe der Bekennenden Kirche und die Friedensinitiativen Gustav Heinemanns, in: *Kirchliche Zeitgeschichte, 4/1991*, S. 188–202

Koch, Diether, Auf der Suche nach Verständigung und Frieden. Erinnerungen eines politischen Christen, Bremen 2013

Koch, Peter, *Konrad Adenauer. Eine politische Biographie*, Reinbek 1985

Koch, Rainer, Deutsche Demokratische Partei (DDP), in: Wende, Frank (Hg.), *Lexikon zur Geschichte der Parteien in Europa*, Stuttgart 1981, S. 85–88

Koch, Werner, *Heinemann im Dritten Reich. Ein Christ lebt für morgen*, Wuppertal 1972

Koch, Werner, Politische Konsequenzen aus dem deutschen Kirchenkampf. Gustav Heinemann und das Dritte Reich, in: *Junge Kirche. Eine Zeitschrift europäischer Christen, 33. Jg., H 10/1972*, S. 493–500

Kocka, Jürgen (Hg.), *Bürger und Bürgerlichkeit im 19. Jahrhundert*, Göttingen 1987

Kocka, Jürgen, Bürger und Bürgerlichkeit im Wandel, in: *Aus Politik und Zeitgeschichte, 9/2008*

Kocka, Jürgen, Bürgerlichkeit – Wovon reden wir eigentlich?, in: *Neue Gesellschaft/Frankfurter Hefte 4/2010*, S. 4–8

Köchling, Martina, *Demontagepolitik und Wiederaufbau in Nordrhein-Westfalen*, Essen 1995

Köhler, Henning, *Adenauer. Eine politische Biographie*, Berlin 1994

Kösters, Hans G., *Essen Stunde Null. Die letzten Tage März/April 1945*, Düsseldorf 1982

Kosthorst, Erich, *Jakob Kaiser. Bundesminister für gesamtdeutsche Fragen 1949–1957*, Stuttgart 1972

Kracauer, Siegfried, *Jacques Offenbach und das Paris seiner Zeit*, Frankfurt a. M. 1976

Kracauer, Siegfried, Die Biographie als bürgerliche Kunstform, in: Ders., *Aufsätze 1927–1932*, Frankfurt/M. 1990, S. 195–199

Krämer, Jörg D., *Das Verhältnis der politischen Parteien zur Entnazifizierung in Nordrhein-Westfalen*, Frankfurt a. M. 2001

Krause, Fritz, *Antimilitaristische Opposition in der BRD 1949–1955*, Frankfurt a. M. 1971

Krause, Gisela M., Gustav Heinemann (1899–1976), in: Oppelland, Torsten (Hg.), *Deutsche Politiker 1949–1969. 17 biographische Skizzen aus Ost und West*, Darmstadt 1999, S. 175–186

Kröpelin, Walter, Das Prinzip Hoffnung – Gustav Heinemann, in: *Tribüne. Zeitschrift zum Verständnis des Judentums*, Frankfurt 1969, S. 3207–3208

Kroker, Evelyn, Zur Überlieferung von Zwangsarbeit im Steinkohlenbergbau, in: Reininghaus, Wilfried/Reimann, Norbert (Hg.), *Zwangsarbeit in Deutschland 1939–1945. Archiv- und Sammlungsgut, Topographie und Erschließungsstrategien*, Bielefeld 2001, S. 243–247

Krüger, Horst, Der Bürgerpräsident, in: *Neue Rundschau, 80. Jg., H 4, 1969*, S. 801–805

Krüger, Peter/Nagel, Anne (Hg.), *Mechterstädt – 25.3.1920. Skandal und Krise in der Frühphase der Weimarer Republik*, Münster 1997

Kühne, Michael, *Protokolle der kirchlichen Ostkonferenzen 1945–1949*, Göttingen 2006

Kuhn, Robert, *Deutsche Justizminister 1877–1977*, Köln 1977

Kupisch, Karl, *Der Deutsche CVJM*, Kassel 1958

Laaser, H., *Der Steinkohlenbergbau im Essener Raum*, Phil. Diss. Köln 1949 (Ms)

Lange, Irmgard (Bearb.), *Entnazifizierung in Nordrhein-Westfalen. Richtlinien, Anweisungen, Organisation*, Siegburg 1976

Laufer, Jochen P./Kynin, Georgij P. (Hg.), *Die UdSSR und die deutsche Frage 1941–1948. Dokumente aus dem Archiv für Außenpolitik der Russischen Föderation*, 3 Bde, Berlin 2004

Laufer, Ulrike, Besitz und Bildung. Bürgerliches Vereinsleben an der Wiege der Ruhrindustrie, in: *Essener Beiträge. Beiträge zur Geschichte von Stadt und Stift Essen, 199. Jg.*, S. 37–102

Le Goff, Jacques, Wie schreibt man eine Biographie? In: *Wie Geschichte geschrieben wird*, Berlin 1998, S. 103–112

Lehnguth, Gerold, Die Verweigerung der Ausfertigung von Gesetzen durch den Bundespräsidenten und das weitere Verfahren, in: *Die Öffentliche Verwaltung, H 10/1992*, S. 439–445

Leicht, Robert, »Mal was riskieren«. Die Staatsoberhäupter dürfen viel weniger, als sie meinen, in: *Die Zeit, 1.7.2004*

Leicht, Robert, »Die Mauern eines Amtes«, in: *Die Bundespräsidenten, ZEIT-Punkte Nr. 2/1994*, S. 5 ff.

Lemberg, Margret, Frauen an der Universität Marburg, in: *Die Philipps-Universität zwischen Kaiserreich und Nationalsozialismus*, hrsg. vom Verein für Hessische Geschichte und Landeskunde, Kassel 2006, S. 279–291

Lemke, Michael, Die infiltrierte Sammlung. Ziele, Methoden und Instrumente der SED zur Formierung einer bürgerlichen Opposition in der Bundesrepublik 1949–1957, in: Mayer, Tilman (Hg.), *Macht das Tor auf! Jacob-Kaiser-Studien*, Berlin 1996, S. 171–234

Lemke, Michael, *Einheit oder Sozialismus? Die Deutschlandpolitik der SED 1949–1961*, Köln 2001

Lemmer, Ernst, *Manches war doch anders. Erinnerungen eines deutschen Demokraten*, Frankfurt a. M. 1968

Lemmer, Ernst/Duderstadt, Henning, *Vom nationalen Gedanken im republikanischen Deutschland*, Marburg 1920

Lensing, Helmut, Der Christlich-Soziale Volksdienst in der Grafschaft Bentheim und im Emsland. Die regionale Geschichte einer streng protestantischen Partei in der Endphase der Weimarer Republik, in: Studiengesellschaft für Emsländische Regionalgeschichte (Hg.), *Emsländische Geschichte, Bd. 9*, Haselünne 2001, S. 63–133

Lenski, Daniel, *Von Heuss bis Carstens. Das Amtsverständnis der ersten fünf Bundespräsidenten unter besonderer Berücksichtigung ihrer verfassungsrechtlichen Kompetenzen*, Leipzig 2009

Lenz, Arnher E./Mueller, Volker (Hg.), *Darwin, Haeckel und die Folgen. Monismus in Vergangenheit und Gegenwart*, Neustadt am Rübenberge 2006

Leonhard, Wolfgang, *Kreml ohne Stalin*, Köln 1959

Leugers-Scherzberg, August, *Die Wandlungen des Herbert Wehner. Von der Volksfront zur Großen Koalition*, Berlin 2002

Lindemann, Helmut, *Gustav Heinemann. Ein Leben für die Demokratie*, München 1978

Lipp, Karlheinz/Lütgemeier-Davin, Reinhold/Nehrung, Holger (Hg.), *Frieden und Friedensbewegungen in Deutschland 1892–1992. Ein Lesebuch*, Essen 2010

Lösche, Peter/Walter, Franz, *Die SPD. Klassenpartei, Volkspartei, Quotenpartei*, Darmstadt 1992

Löwke, Udo F., Die SPD *und die Wehrfrage 1949 bis 1955*, Bonn 1976

Lommatzsch, Erik, *Hans Globke (1898–1973). Beamter im Dritten Reich und Staatssekretär Adenauers*, Frankfurt a. M. 2009

Lorenz, Robert, *Protest der Physiker. Die »Göttinger Erklärung« von 1957*, Bielefeld 2011

Loth, Wilfried, Die Entstehung der »Stalin-Note«. Dokumente aus Moskauer Archiven, in: Zarusky, Jürgen (Hg.), *Die Stalin-Note vom 10. März 1952. Neue Quellen und Analysen*, München 2002, S. 19–115

Loth, Wilfried, 1945 – Essens Wiederaufbau nach dem Krieg, in: Borsdorf, Ulrich u. a. (Hg.), *Gründerjahre. 1150 Jahre Stift und Stadt Essen*, Essen 2005, S. 113–135

Loth, Wilfried, *Die Sowjetunion und die deutsche Frage. Studien zur sowjetischen Deutschlandpolitik von Stalin bis Chruschtschow*, Göttingen 2007

Loth, Wilfried/Rusinek, Bernd-A. (Hg.), *Verwandlungspolitik. NS-Eliten in der westdeutschen Nachkriegsgesellschaft*, Frankfurt a. M. 1998

Lotz, Martin, *Evangelische Kirche 1945–1952. Die Deutschlandfrage. Tendenzen und Positionen*, Stuttgart 1992

Lotz, Martin, Gustav Heinemann als Altbundespräsident, in: Thierfelder, Jörg/Riemenschneider, Matthias (Hg.), *Gustav Heinemann. Christ und Politiker*, Karlsruhe 1999, S. 234–239

Lütjen, Torben, *Karl Schiller (1911–1994). »Superminister« Willy Brandts*, Bonn 2007

Luhmann, Niklas, *Funktion der Religion*, 1977

Lundgreen, Peter (Hg.), *Sozial- und Kulturgeschichte des Bürgertums*, Göttingen 2000

Manchester, William, *Krupp. Zwölf Generationen*, München 1968

Mascos, Werner, Von der Teutonia bis zur Arminia. 150 Jahre Marburger Korporationen, in: *Marburger Almanach*, Marburg 1980

Maßner, Hanns-Joachim, Kirchenkampf und Widerstand in den evangelischen Kirchengemeinden Großessens in den Jahren 1932 bis 1945 nach den Presbyteriumsprotokollen, in: *Beiträge zur Geschichte von Stadt und Stift Essen, H 96, Essen 1981*, S. 99–153

Mayer, Hans, *Ein Deutscher auf Widerruf. Erinnerungen, Bd. 1*, Frankfurt a. M. 1982

Mayer, Tilman, Ernst Lemmer, in: Kempf, Udo/Merz, Hans-Georg (Hg.), *Kanzler und Minister 1949–1998. Biographisches Lexikon der deutschen Bundesregierungen*, Wiesbaden 2001, S. 424–428

Mehlhorn, Lutz, *Der Bundespräsident der Bundesrepublik Deutschland und der Republik Österreich*, Baden-Baden 2010

Meier, Christian, Die Faszination des Biographischen, in: Niess, Frank (Hg.), *Interesse an Geschichte*, Frankfurt/M. 1989, S. 100–111

Meier, Kurt, *Kreuz und Hakenkreuz. Die evangelische Kirche im Dritten Reich*, München 2001

Mellies, Dirk, *Trojanische Pferde der DDR? Das neutralistisch-pazifistische Netzwerk der frühen Bundesrepublik und die Deutsche Volkszeitung, 1953–1973*, Frankfurt a. M. 2007

Menne, Holger u. a. (Hg.), *Zwangsarbeit im Ruhrbergbau während des Zweiten Weltkrieges: Spezialinventar der Quellen in nordrhein-westfälischen Archiven*, Bochum 2004

Mergel, Thomas, *Propaganda nach Hitler. Eine Kulturgeschichte des Wahlkampfs in der Bundesrepublik 1949–1990*, Göttingen 2010

Merseburger, Peter, *Willy Brandt, 1913–1992. Visionär und Realist*, Stuttgart 2002

Merseburger, Peter, *Theodor Heuss. Der Bürger als Präsident*, München 2012

Meyer, Georg, Innenpolitische Voraussetzungen der westdeutschen Wiederbewaffnung, in: Fischer, Alexander (hg.), *Wiederbewaffnung in Deutschland nach 1945*, Berlin 1986, S. 31–44

Michael, Werner, *Die »Ohne-mich«-Bewegung. Die bundesdeutsche Friedensbewegung im deutsch-deutschen Kalten Krieg (1949–1955)*, Münster 2006

Milkereit, Gertrud, Gustav Walter Heinemann, in: Dies., *Lebensbilder aus dem Rheinisch-Westfälischen Industriegebiet*, Baden-Baden 1984, S. 46–49

Miller, Susanne/Potthoff, Heinrich, *Kleine Geschichte der SPD*, Bonn 6. Aufl. 1988

Möller, Horst, *Theodor Heuss. Staatsmann und Schriftsteller*, Bonn 1990

Möller, Martin, *Das Verhältnis von evangelischer Kirche und Sozialdemokratischer Partei in den Jahren 1945 bis 1960. Grundlagen der Verständigung und Beginn des Dialoges*, Göttingen 1984

Möller, Thomas, *Die Auswahl des Bundespräsidenten 1949 bis 1994. Eine Analyse wichtiger Einflussfaktoren unter besonderer Berücksichtigung der Rolle ausgewählter Leitmedien aus dem Printsektor*, Phil. Diss. Bochum 2009

Möllers, Martin H. W., Staats- und verfassungsrechtliche Aufgaben und Kompetenzen, in: Ooyen, Robert Christian van/Möllers, Martin H. W. (Hg.), Der Bundespräsident im politischen System, Wiesbaden 2012, S. 75–98

Mohaupt, Helga, *Kleine Geschichte Essens*, Bonn 1991

Molt, Peter, *Die neutralistische Opposition. Bedingungen und Voraussetzungen der neutralistischen Opposition in der Bundesrepublik Deutschland, vor allem der Gesamtdeutschen Volkspartei, 1949–1954*, Phil. Diss., Heidelberg 1955

Mommsen, Wilhelm (Hg.), *Deutsche Parteiprogramme*, München 1960

Mooser, Josef, Liberalismus und Gesellschaft nach 1945. Soziale Marktwirtschaft und Neoliberalismus am Beispiel von Wilhelm Röpke, in: Hettling, Manfred/Ulrich, Bernd (Hg.), *Bürgertum nach 1945*, Hamburg 2005, S. 134–163

Morsey, Rudolf, *Heinrich Lübke. Eine politische Biographie*, Paderborn 1996

Müller, Gloria, *Mitbestimmung in der Nachkriegszeit. Britische Besatzungsmacht, Unternehmer, Gewerkschaften*, Düsseldorf 1987

Müller, Frank, Christlich-Sozialer Volksdienst, in: Becker, Winfried u. a. (Hg.), *Lexikon der Christlichen Demokratie*, Paderborn 2002, S. 468 f.

Müller, Hans-Peter, Neue Bürgerlichkeit? Eine gute Idee, wenn man es sich leisten kann, in: *Merkur Nr. 716/2009*

Müller, Josef, *Die Gesamtdeutsche Volkspartei. Entstehung und Politik unter dem Primat nationaler Wiedervereinigung 1950–1957*, Düsseldorf 1990

Münkel, Daniela, Wer war die »Generation Godesberg«?, in: Schönhoven, Klaus/Braun, Bernd (Hg.), *Generationen in der Arbeiterbewegung*, München 2005, S. 243–258

Nachrichten der Notgemeinschaft für den Frieden Europas

Nagel, Anne, *Martin Rade – Theologe und Politiker des sozialen Liberalismus. Eine politische Biographie*, Gütersloh 1996

Nagel, Ivan, Wahrhaftigkeit und Wahrheit als Herausforderung zur Tat. Laudatio auf den Lessingpreisträger [Gustav W. Heinemann], in: *Freiheit und Aufklärung*, hrsg. vom Senat der Freien und Hansestadt Hamburg, 1975, S. 3–7

Nedelmann, Carl/Thoss, Peter/Bacia, Hubert u. a., *Kritik der Strafrechtsreform*, Frankfurt a. M. 1968

Neubert, Harald (Hg.), *Stalin wollte ein anderes Europa. Moskaus Außenpolitik 1940 bis 1968 und die Folgen. Eine Dokumentation von Wladimir K. Wolkow*, Berlin 2003

Neuer, Werner, *Adolf Schlatter. Ein Leben für Theologie und Kirche*, Stuttgart 1996

Neumaier, Eduard, Dank an diesen schwierigen Präsidenten, in: *Die Zeit, 28.6.1974*

Niemöller, Wilhelm, *Gustav Heinemann – Bekenner der Kirche*, Gütersloh 1970

Niemöller, Wilhelm, *Bekennende Kirche in Westfalen*, Bielefeld 1952

Niethammer, Lutz (Hg.), *»Hinterher weiß man erst, das es richtig war, dass es schief gegangen ist«. Nachkriegserfahrungen im Ruhrgebiet*, Berlin 1983

Norden, Günther van, *Kirchenkampf im Rheinland. Die Entstehung der Bekennenden Kirche und die Theologische Erklärung von Barmen 1934*, (SVRKG 76) Köln 1984

Norden, Günther van, *Politischer Kirchenkampf. Die rheinische Provinzialkirche 1934–1939*, Bonn 2003

Norden, Günther van/Schmidt, Klaus (Hg.), *Sie schwammen gegen den Strom. Widersetzlichkeit und Verfolgung rheinischer Protestanten im »Dritten Reich«*, Köln o. J. (2006)

Norden, Günther van/Faulenbach, Heiner, *Die Entstehung der Evangelischen Kirche im Rheinland in der Nachkriegszeit (1945–1952)*, Köln 1998

Nowak, Kurt/Lepp, Claudia (Hg.), *Evangelische Kirche im geteilten Deutschland 1945–1990*, Göttingen 2001

Oesterdieckhoff, Georg W./Strasser, Hermann, *Köpfe der Ruhr. 200 Jahre Industriegeschichte und Strukturwandel im Lichte von Biographien*, Essen 2009 (darin; »Otto Heinemann – Ein Kassenwart wird Kruppianer«, S. 180–184)

Ooyen, Robert Christian van/Möllers, Martin H. W. (Hg.), Der Bundespräsident im politischen System, Wiesbaden 2012

Opitz, Guenter, *Der Christlich-Soziale Volksdienst. Versuch einer protestantischen Partei in der Weimarer Republik*, Düsseldorf 1969

Oppeland, Torsten, Adenauers Kritiker aus dem Protestantismus, in: Hehl, Ulrich von (Hg.), *Adenauer und die Kirchen*, Bonn 1999, S. 116–148

Otten, Dieter, Gustav W. Heinemann und die Transformation der SPD in eine bundesrepublikanische Partei, in: Grafe, Peter/Hombach, Bodo/Grätz, Reinhard (Hg.), *Der Lokomotive in voller Fahrt die Räder wechseln*, Bonn 1987, S. 112–119

Otto, Karl A., Der Widerstand gegen die Widerbewaffnung der Bundesrepublik. Motivstruktur und politisch-organisatorische Ansätze, in: Steinweg, Reiner (Hg.), *Unsere Bundeswehr. Zum 25jährigen Bestehen einer umstrittenen Institution*, Frankfurt a.M. 1981, S. 52–105

Perels, Joachim, Glaube und Politik. Der deutsche Protestantismus und das Erbe der Bekennenden Kirche, in: Blätter *für deutsche und internationale Politik, 12/2009*, S. 95–105

Permien, Andreas, *Protestantismus und Wiederbewaffnung 1950–1955. Die Kritik der Evangelischen Kirche im Rheinland und der Evangelische Kirche von Westfalen an Adenauers Wiederbewaffnungspolitik. Zwei regionale Fallstudien*, Köln 1994

Petzina, Dietmar, Von der industriellen Führungsregion zum Krisengebiet: Das Ruhrgebiet in historischer Perspektive, in: Ders., *Die Verantwortung des Staates für die Wirtschaft. Ausgewählte Aufsätze*, Essen 2001, S. 188–210

Pikert, Eberhard, *Theodor Heuss und Konrad Adenauer. Die Rolle des Bundespräsidenten in der Kanzlerdemokratie*, Stuttgart 1976

Pirker, Theo, *Die SPD nach Hitler. Die Geschichte der Sozialdemokratischen Partei Deutschlands 1945–1964*, Berlin 1977

Pitsch, Hartmut, *Militärregierung, Bürokratie und Sozialisierung. Zur Entwicklung des politischen Systems in den Städten des Ruhrgebietes 1945 bis 1948*, Duisburg 1978

Pohl, Karl Heinrich (Hg.), *Politiker und Bürger. Gustav Stresemann und seine Zeit*, Göttingen 2002

Posser, Diether, Gustav Heinemann, in: Scholder, Klaus/Kleinmann, Dieter (Hg.), *Protestantische Profile*, Frankfurt a.M. [2]1992 , S. 382–396

Posser, Diether, *Politische Strafjustiz aus der Sicht des Verteidigers*, Karlsruhe 1961

Posser, Diether, *Anwalt im Kalten Krieg. Ein Stück deutscher Geschichte in politischen Prozessen 1951–1968*, München [2]1991

Posser, Diether, *Erinnerungen an Gustav W. Heinemann. Vortrag [auf] einer Veranstaltung der Friedrich-Ebert-Stiftung und des Bundesarchivs am 25. Februar 1999 im Schloss Rastatt*, Bonn 1999

Plato, Alexander von/Leh, Almut/Thonfeld, Christoph, *Hitlers Sklaven. Lebensgeschichtliche Analysen zur Zwangsarbeit im internationalen Vergleich*, hrsg. von der Stiftung Erinnerung, Verantwortung und Zukunft, Wien 2008

Plumpe, Werner/Lesczenski, Jörg (Hg.), *Bürgertum und Bürgerlichkeit zwischen Kaiserreich und Nationalsozialismus*, Mainz 2009

Potthoff, Heinrich (Bearb.), *Die SPD-Fraktion im Deutschen Bundestag. Sitzungsprotokolle 1961–1966*, Düsseldorf 1993

Przigoda, Stefan, *Unternehmensverbände im Ruhrbergbau. Zur Geschichte von Bergbauverein und Zechenverband 1858–1933*, Essen 2001

Protokoll der Verhandlungen und Anträge vom Parteitag der SPD in Bad Godesberg, Bonn 1959

Protokoll der Verhandlungen und Anträge vom Parteitag der SPD 1968 in Nürnberg, Bonn 1968

Radandt, Hans (Hg.), *Fall 6 Ausgewählte Dokumente und Urteil des IG-Farben-Prozesses,* Berlin 1970

Raphael, Lutz, *Geschichtswissenschaft im Zeitalter der Extreme. Theorien, Methoden, Tendenzen von 1900 bis zur Gegenwart,* München 2003

Ranke-Heinemann, Uta, Der BDM-Keller im Hause meines Vaters. Meine Jugenderinnerungen an die Hitlerzeit, in: Neven DuMont, Alfred (Hg.), *Jahrgang 1926/27. Erinnerungen an die Jahre unter dem Hakenkreuz,* Köln 2007, S. 95–106

Ranke-Heinemann, Uta, *Mein Vater Gustav der Karge. Rede am 22. August 2006 zum 30. Todesjahr im Haus der Kirche in Essen* (Ms.)

Rathkolb, Oliver, Zwangsarbeit in der Industrie, in: *Das Deutsche Reich und der Zweite Weltkrieg,* hrsg. vom Militärgeschichtlichen Forschungsamt, Bd. 9, 2, Die deutsche Kriegsgesellschaft 1939 bis 1945, München 2005, S. 667–727

Rau, Johannes, Gustav Heinemann, in: Huber, Wolfgang (Hg.), *Protestanten in der Demokratie. Positionen und Profile im Nachkriegsdeutschland,* München 1990, S. 55–68

Rau, Johannes, Vom Gesetzesprüfungsrecht des Bundespräsidenten, in: *Deutsches Verwaltungsblatt, 119. Jg., H. 1/2004,* (Sonderdruck)

Raulff, Ulrich, Das Leben – buchstäblich. Über neuere Biographik und Geschichtswissenschaft, in: Klein, Christian (Hg.), *Grundlagen der Biographik. Theorie und Praxis des biographischen Schreibens,* Stuttgart 2002, S. 55–68

Rausch, Heinz, *Der Bundespräsident,* München [2]1984

Rausch, Wolf Werner/Walther, Christian (Hg.), *Evangelische Kirche in Deutschland und die Wiederaufrüstungsdiskussion in der Bundesrepublik 1950–1955,* Gütersloh 1978

Reckendrees, Alfred, *Das »Stahltrust«-Projekt. Die Gründung der Vereinigte Stahlwerke A. G. und ihre Unternehmensentwicklung 1926–1933/34,* München 2000

Reimann, Bruno W., Die Morde von Mechterstädt, 25. März 1920, in: *Thüringen. Blätter zur Landeskunde,* Erfurt 1997

Rensing, Matthias, Geschichte und Politik in den Reden der deutschen Bundespräsidenten 1949–1984, Münster 1994

Rietmann, Florian, »Heute wieder nichts gelernt«. Gustav Heinemann und eine Episode aus Hundert Jahren »Schüler-Geschichte«, in: Bittner, Vera/Goltsche, Patrick M. (Hg.), *100 Jahre Goetheschule Essen, 1899–1999,* Essen 1999

Ringshausen, Gerhard, *Widerstand und christlicher Glaube angesichts des Nationalsozialismus,* Berlin 2007

Roberts, Geoffrey, Molotov. Stalin´s Cold Warrior, Dulles/Virginia 2012

Röpke, Wilhelm, *Briefe 1934–1966. Der innere Kompass,* hrsg. von Eva Röpke, Erlenbach-Zürich 1976

Röpke, Wilhelm, Marburger Studentenjahre, in: *Alma mater Philippina, Heft WS 1963/64,* S. 1–4

Röpke, Wilhelm, Marburger Dozenten- und Professorenjahre 1922–1933, in: *Alma mater Philippina, Heft WS 1964/65,* S. 18–23

Röpke, Wilhelm, *Marktwirtschaft ist nicht genug. Gesammelte Aufsätze,* Leipzig 2009

Rohlfes, Joachim, Ein Herz für Personengeschichte? Strukturen und Persönlichkeiten in Wissenschaft und Unterricht, in: *GWU 5/6 (1999)*, S. 305–320

Rosenkranz, Albert (Hg.), *Das Evangelische Rheinland. Ein rheinisches Gemeinde- und Pfarrerbuch*, Düsseldorf 1958

Roth, Joseph, Ankunft in Essen, in: Ders., *Das journalistische Werk 1929–1939, Werke Bd. 3*, Köln 1991, S. 300–332

Rowold, Manfred, *Im Schatten der Macht. Zur Oppositionsrolle der nicht-etablierten Parteien in der Bundesrepublik Deutschland*, Düsseldorf 1974

Rudolph, Hermann, Das Gelingen politischer Kultur. Theodor Heuss, der erste Bundespräsident, in: *FAZ, 29.4.2000*

Rückerl, Adalbert, *NS-Verbrechen vor Gericht. Versuch einer Vergangenheitsbewältigung*, Heidelberg 1982

Ruggenthaler, Peter (Hg.), *Stalins großer Bluff. Die Geschichte der Stalin-Note in Dokumenten der sowjetischen Führung*, München 2007

Rühmkorf, Peter, Gustav Heinemann, in: *Frankfurter Hefte 5/1965*, S. 325–335

Rüsen, Jörn/Straub, Jürgen (Hg.), *Die dunkle Spur der Vergangenheit. Psychoanalytische Zugänge zum Geschichtsbewusstsein. Erinnerung, Geschichte, Identität 2*, Frankfurt a.M. 1998

Rupp, Hans Karl, *Außerparlamentarische Opposition in der Ära Adenauer. Der Kampf gegen die Atombewaffnung in den fünfziger Jahren. Eine Studie zur innenpolitischen Entwicklung der BRD*, Köln 1970

Salentin, Ursula, *Fünf Wege in die Villa Hammerschmidt – Elly Heuss-Knapp – Wilhelmine Lübke – Hilda Heinemann – Mildred Scheel – Veronica Carstens*, Freiburg 1984

Salentin, Ursula, An der Seite ihres Mannes. Hilda Heinemann, in: Thierfelder, Jörg/Riemenschneider, Matthias (Hg.), *Gustav Heinemann. Christ und Politiker*, Karlsruhe 1999, S. 170–179

Schäfer, Michael, *Geschichte des Bürgertums. Eine Einführung*, Köln 2009

Schellenberg, Britta, North German Iron and Steel Control (NGISC), in: Benz, Wolfgang (Hg.), *Deutschland unter alliierter Besatzung*, Berlin 1999, S. 288 f.

Scheu, Adolf, *Aus vergangenen Tagen. Unserem langjährigen verehrten Freund Gustav W. Heinemann zu seinem 70. Geburtstag*, Wuppertal 1969 (Privatdruck)

Scheuner, Ulrich, Die Stellung der evangelischen Kirche und ihr Verhältnis zum Staat in der Bundesrepublik 1949–1963, in: Rauscher, Anton (Hg.), *Kirche und Staat in der Bundesrepublik 1949–1963*, Paderborn 1979, S. 121–150

Schickel, Alfred, Washington war nicht dagegen. Wie die USA ein neutralisiertes Deutschland sahen. Die Geheimakte 6993, in: *Deutschland Archiv 17/1984*, S. 590–593

Schildt, Axel, Gustav Heinemann, in: Asendorf, Manfred/Bockel, Rolf von (Hg.), *Demokratische Wege. Deutsche Lebensläufe aus fünf Jahrhunderten*, Stuttgart 1997, S. 251–253

Schlaich, Klaus, Die Funktionen des Bundespräsidenten im Verfassungsgefüge, in: Isensee, Josef/Kirchhof, Paul (Hg.), *Handbuch des Staatsrechts , Bd. 2*, Heidelberg 1987

Schlatter, Adolf, *Der Glaube im Neuen Testament*, Stuttgart 6. Aufl. 1982

Schlatter, Adolf, Noch ein Wort über den christlichen Dienst, in: Ders., *Zur Theologie des Neuen Testaments und zur Dogmatik. Kleine Schriften*, hrsg. von Ulrich Luck, München 1969, S. 106–133

Schlatter, Adolf, Was fordert die Lage unseres Volkes von unserer evangelischen Christenheit?, in: *Gesunde Lehre*, Velbert 1929, S. 303–318

Schlingensiepen, Ferdinand, *Dietrich Bonhoeffer 1906–1945*. Eine Biographie, München 2005

Schmalhausen, Bernd, Was geht uns das an? Eine Gedenktafel erinnert im Essener Landgericht an ermordete jüdische Richter und Rechtsanwälte, in: *Beiträge zur neueren Justizgeschichte in Essen*, hrsg. vom Justizministerium des Landes NRW (Juristische Zeitgeschichte NRW, Bd. 11), Düsseldorf 2002, S. 63–80

Schmalhausen, Bernd, *Schicksale jüdischer Juristen aus Essen 1933–1945*, Bottrop 1994

Schmid, Carlo, *Erinnerungen*, Bern 1979

Schmidt, Dietmar, *Martin Niemöller. Eine Biographie*, Stuttgart 1983

Schmidt, Klaus, *Glaube, Macht und Freiheitskämpfe. 500 Jahre Protestanten im Rheinland*, Köln 2007

Schmidt-Eenboom, Erich, *Geheimdienst. Politik und Medien*, Berlin 2004,

Schmitz, Kurt Thomas, *Deutsche Einheit und europäische Integration. Der sozialdemokratische Beitrag zur Außenpolitik der Bundesrepublik Deutschland unter besonderer Berücksichtigung des programmatischen Wandels einer Oppositionspartei*, Bonn 1978

Schmoeckel, Reinhard/Kaiser, Bruno, *Die vergessene Regierung. Die Große Koalition 1966 bis 1969 und ihre langfristigen Wirkungen*, Bonn 1991

Schmollinger, Horst W., Der Deutsche Block, in: Stöss, Richard (Hg.), *Parteienhandbuch, Bd. 1*, Opladen 1983, S. 2274–3336

Schnöring, Kurt, *Gustav Walter. 1841–1913.* Wuppertaler Biographien, 12. Folge, Wuppertal 1974, S. 85–90

Scholder, Klaus, *Die Kirchen und das Dritte Reich, Bd. 1: Vorgeschichte und Zeit der Illusionen 1918–1934*, Frankfurt a.M. 1977

Scholder, Klaus, *Die Kirchen und das Dritte Reich. Bd. 2. Das Jahr der Ernüchterung. 1934 Barmen und Rom*, Berlin 1985

Scholz, Günther, Gustav Heinemann, in: Ders./Süskind, Martin E., (Hg.), *Die Bundespräsidenten. Von Theodor Heuß bis Horst Köhler*, München 5. Aufl. 2004

Schönbohm, Wulf, *Die CDU wird moderne Volkspartei. Selbstverständnis, Mitglieder, Organisation und Apparat 1950–1980*, Stuttgart 1985

Schönfeldt, Rolf, Die Deutsche Friedens-Union, in: Stöss, Richard (Hg.), *Parteienhandbuch, Bd. 1*, Opladen 1983, S. 848–876

Schönhoven, Klaus, *Wendejahre. Die Sozialdemokratie in der Zeit der Großen Koalition 1966–1969*, Bonn 2004

Schoppen, Claudia, Vom zähen Bohren harter Bretter: Gustav Heinemann als Rechtsanwalt, in: Schlüter, Holger (Hg.), *Beiträge zur neueren Justizgeschichte in Essen*, Düsseldorf 2002, S. 81–99

Schreiber, Hermann/Sommer, Frank, *Gustav Heinemann – Bundespräsident*, Frankfurt a.M. 1969

Schreiber, Matthias, *Gustav Heinemann. Argumente für ein Leben in Verantwortung*, Bochum 1991

Schreiber, Matthias, Gustav Heinemann (1899–1976). Als Christ in der politischen Verantwortung, in: Brakelmann, Günter/Jähnichen, Traugott (Hg.), *Kirche im Ruhrgebiet von 1945 bis heute*, Essen 1991, S. 328–336

Schröter, Hermann, Essener Nachkriegsjahre und Oberbürgermeister Dr. Dr. Gustav Heinemann, in: *Das Münster am Hellweg, 22/1969*, S. 25–51

Schubert, Klaus von (Hg.), *Sicherheitspolitik der Bundesrepublik Deutschland. Dokumentation 1945–1978*, 2 Bde, Köln 1978

Schubert, Klaus von, *Wiederbewaffnung und Westintegration. Die innere Auseinandersetzung um die militärische und außenpolitische Orientierung der Bundesrepublik 1950–1952*, Stuttgart 1970

Schubert, Werner (Hg.), *Die Reform des Nichtehelichenrechts (1961–1969). Entstehung und Quellen des Gesetzes über die Rechtsstellung der nichtehelichen Kinder vom 19.8.1969*, Paderborn 2003

Schütt, Hans-Dieter, *Uta Ranke-Heinemann*, Berlin 1993

Schütz, Uwe, *Gustav Heinemann und das Problem des Friedens im Nachkriegsdeutschland*, Münster 1993

Schumacher, Kurt, *Reden-Schriften-Korrespondenzen 1945–1952*, hrsg. von Albrecht, Willy, Berlin 1985

Schwarz, Hans-Peter, Adenauers Wiedervereinigungspolitik. Zwischen nationalem Wollen und realpolitischem Zwang, in: *Die politische Meinung, 20/1975, H. 163*, S. 33–54

Schwarz, Hans-Peter, *Vom Reich zur Bundesrepublik. Deutschland im Widerstreit der außenpolitischen Konzeptionen in den Jahren der Besatzungsherrschaft 1945–1949*, Stuttgart 2. Aufl. 1980

Schwarz, Hans-Peter, *Adenauer. Der Aufstieg 1876–1952*, Stuttgart 1986

Schwarz, Hans-Peter, *Adenauer. Der Staatsmann 1952–1967*, Stuttgart 1991

Scriverius, Dieter, *Demontagen im Land Nordrhein-Westfalen 1946–1951*, Siegburg 1981

Seidel, Hans-Christoph, *Der Ruhrbergbau im Zweiten Weltkrieg. Zechen – Bergarbeiter – Zwangsarbeiter*, Essen 2010

Siegele-Wenschkewitz, Leonore, Martin Niemöller – Abkehr vom Nationalismus, in: Fröhlich, Claudia/Kohlstruck, Michael (Hg.), *Engagierte Demokraten. Vergangenheitspolitik in kritischer Absicht*, Münster 1999, S. 46–56

Siegler, Heinrich von (Hg.), *Dokumentation zur Deutschlandfrage, Bd. 2*, Bonn 1961

Siegmund-Schultze, Friedrich, Die deutsche Friedensbewegung 1945–1953, in: *Die Friedenswarte. Blätter für nationale Verständigung und zwischenstaatliche Organisation 52/1953/55*, S. 154–162

Siegrist, Hannes, Wie bürgerlich war die Bundesrepublik, wie entbürgerlicht die DDR? Verbürgerlichung und Antibürgerlichkeit in historischer Perspektive, in: Hockerts, Hans-Günter (Hg.), *Koordinaten deutscher Geschichte in der Epoche des Ost-West-Konflikts*, München 2004, S. 207–243

Simon, Christine, *Erhard Epplers Deutschland- und Ostpolitik*, Phil. Diss, Bonn 2004

Simon, Helmut, Das Verhältnis von Staat und Kirche nach der Lehre der evangelischen Kirche, in: Friesenhahn, Ernst/Scheuner, Ulrich (Hg.), *Handbuch des Staatskirchenrechts der Bundesrepublik Deutschland, Bd. 1*, Berlin 1974

Sirges, Thomas/Sanner, Ingeborg/Pedersen, Henrik, Gustav Heinemanns Versöhnungsreisen in die Niederlande und nach Dänemark und Norwegen, in: *Papir vnde black – bläk och papper. Kontakte im deutsch-skandinavischen Sprachraum. Kurt Erich Schöndorf zum 70. Geburtstag*, hrsg. von Nybole, Steinar/Lundemo, Frode/Prell, Heinz-Peter, Frankfurt a. M. 2004, S. 205–250

Smend, Rudolf, Protestantismus und Demokratie (1932), in: Ders., *Staatsrechtliche Abhandlungen und andere Aufsätze*, Berlin 1968, S. 297–308

Soell, Hartmut, *Fritz Erler – Eine politische Biographie*, Berlin 1976

Sommer, Karl-Ludwig, *Gustav Heinemann und die SPD in den sechziger Jahren. Die Entwicklung politischer Zielsetzungen in der SPD in den Jahren 1960 bis 1969, dargestellt am Beispiel der politischen Vorstellungen Gustav Heinemanns*, München 1980

Sommer, Karl-Ludwig, Die politische Tätigkeit Gustav Heinemanns und der Wandel parteipolitischer Grundpositionen in der Bundesrepublik bis zum Ende der sechziger Jahre, in: Bräunche, Ernst Otto/Hiery, Hermann (Hg.), *Geschichte als Verantwortung. Festschrift für Hans Fenske*, Karlsruhe 1996, S. 143–164

Sommer, Karl-Ludwig, Adenauers Konzeption, Heinemanns Alternative und die Nachwirkungen der gefällten Entscheidungen bis zum heutigen Verhältnis zwischen Ost- und Westdeutschen, in: Dowe, Dieter/Wunder, Dieter (Hg.), *Verhandlungen über eine Wiedervereinigung statt Aufrüstung! Gustav Heinemann und die Eingliederung der Bundesrepublik in das westliche Militärbündnis*, Bonn 2000, S. 27–48

Spath, Franz, *Das Bundespräsidialamt*, Düsseldorf, 5. Aufl. 1993

Die SPD-Fraktion im Deutschen Bundestag. Sitzungsprotokolle 1949–1966, bearb. von Wolfgang Hölscher/Heinrich Potthoff/Petra Weber, Düsseldorf 1993

Spoerer, Mark, *Zwangsarbeit unter dem Hakenkreuz. Ausländische Zivilarbeiter, Kriegsgefangene und Häftlinge im Deutschen Reich und im besetzten Europa 1939–1945*, Stuttgart 2001

Stamm, Christoph, *Der Bund der Deutschen – Partei für Einheit, Frieden und Freiheit. Entstehung und Entwicklung einer »bürgerlich-neutralistischen« Oppositionsgruppierung*, Magisterarbeit, Bonn 1999

Steinberg, Hans-Josef, *Widerstand und Verfolgung in Essen 1933–1945*, Hannover 1969

Steininger, Rolf, *Eine vertane Chance. Die Stalin-Note vom 10. März 1952 und die Wiedervereinigung. Eine Studie auf der Grundlage unveröffentlichter britischer und amerikanischer Akten*, Berlin 1985

Stern, Carola, Gustav Heinemann, in: Först, Walter (Hg.), *Aus dreißig Jahren. Rheinisch-Westfälische Politikerporträts*, Köln 1979, S. 232–249

Stern, Carola, *Zwei Christen in der Politik. Gustav Heinemann – Helmut Gollwitzer*, München 1979

Stern, Carola, *Doppelleben. Eine Autobiographie*, Köln 2001

Sternberger, Dolf, *»Ich wünschte ein Bürger zu sein«. Neun Versuche über den Staat*, Frankfurt a. M. 1995

Stichwörter »Bürger«, »Staatsbürger«, »Bürgertum«, in: *Geschichtliche Grundbegriffe*, hrsg. von Brunner, Otto/Conze, Werner/Koselleck, Reinhart, Stuttgart 1972
Streich, Günter/Schmidt, Ernst, *»Sie machen fortgesetzt Versammlungen«. Der Neubeginn der SPD in Essen vom April 1945 bis Januar 1946*, Essen 1995
Strohm, Christoph, *Die Kirchen im Dritten Reich*, München 2011
Strothmann, Dietrich, *Die Bundespräsidenten. Das Amt, die Staatsoberhäupter, die Bewerber 1994*, Hamburg 1994
Sudhoff, Jürgen, »Stipendium« vom Bundespräsidenten. Wie Gustav Heinemann dem Anschlagsopfer Dutschke half, in: *Cicero. Magazin für politische Kultur 8/2007*, S. 62
Sunnus, Michael, *Der NS-Rechtswahrerbund 1928–1945. Zur Geschichte der nationalsozialistischen Juristenorganisation*, Frankfurt a. M. 1990
Szatkowski, Tim Christian, *Karl Carstens (1914–1992). Eine politische Biographie*, Köln 2007
Tenfelde, Klaus/Seidel, Hans-Christoph (Hg.), *Zwangsarbeit im Bergwerk. Arbeitseinsatz und Zwangsarbeit im Kohlenbergbau des Deutschen Reiches und der besetzten Gebiete im Ersten und Zweiten Weltkrieg*, 2 Bde (Bd. 1 Forschungen, Bd. 2 Dokumente), Essen 2005
Thierfelder, Jörg/Riemenschneider, Matthias (Hg.), *Gustav Heinemann. Christ und Politiker*, Karlsruhe 1999
Thierfelder, Jörg/Röhm, Eberhardt, *Evangelische Kirche zwischen Kreuz und Hakenkreuz*, Stuttgart 4. Aufl. 1990
Tooze, Adam, Ökonomie der Zerstörung. Die Geschichte der Wirtschaft im Nationalsozialismus, München 2007
Treffke, Jörg, *Gustav Heinemann. Wanderer zwischen den Parteien*, Paderborn 2009
Tüffers, Bettina (Bearb.), *Die SPD-Fraktion im Deutschen Bundestag. Sitzungsprotokolle 1966–1969*, Düsseldorf 2009
Tümmler, Hans, *Essen – so wie es war, Bd 2*, Düsseldorf 1981
Ueberschär, Gerd (Hg.), *Handbuch zum Widerstand gegen Nationalsozialismus und Faschismus in Europa 1933/39 bis 1945*, Berlin 2011
Uhlhorn, Friedrich, Student nach dem Ersten Weltkrieg, in: *alma mater philippina, Wintersemester 1965/66*, S. 9–12
Ullrich, Sebastian, *Der Weimar-Komplex. Das Scheitern der ersten deutschen Demokratie und die politische Kultur der frühen Bundesrepublik 1945–1959*, Göttingen 2009
Ullrich, Volker, Die schwierige Königsdisziplin, in: *Die Zeit, 4.4.2007*
Urban, Thomas, Überleben und Sterben von Zwangsarbeitern im Ruhrbergbau, Münster 2002
Vinke, Hermann, *Gustav Heinemann*, Hamburg 1979
Vinke, Hermann, Sohn eines Aufsteigers. Gustav Heinemanns Kindheit und Werdegang bis 1933, in: Thierfelder, Jörg/Riemenschneider, Matthias (Hg.), *Gustav Heinemann. Christ und Politiker*, Karlsruhe 1999, S. 52–73
Vogel, Hans-Jochen, *Nachsichten. Meine Bonner und Berliner Jahre*, München 1996
Vogel, Johanna, *Kirche und Wiederbewaffnung. Die Haltung der Evangelischen Kirche in Deutschland in den Auseineinadersetzungen um die Wiederbewaffnung der Bundesrepublik 1949–1956*, Göttingen 1978

Vögele, Wolfgang, Christus und die Menschenwürde. Eckpfeiler der politischen Ethik des Justizministers und Bundespräsidenten Gustav Heinemann, in: Thierfelder, Jörg/Riemenschneider, Matthias (Hg.), *Gustav Heinemann. Christ und Politiker*, Karlsruhe 1999, S. 150–169

Volkmann, Hans-Erich, Gustav W. Heinemann und Konrad Adenauer. Anatomie und politische Dimension eines Zerwürfnisses, in: *Geschichte in Wissenschaft und Unterricht, 38/1987*, S. 10–32

Wagner, Andrea, *Die Entwicklung des Lebensstandards in Deutschland zwischen 1920 und 1960*, Berlin 2008

Wagner-Kyora, Georg, »Menschenführung« in Rüstungsunternehmen der nationalsozialistischen Kriegswirtschaft, in: *Das Deutsche Reich und der Zweite Weltkrieg*, hrsg. vom Militärgeschichtlichen Forschungsamt, Bd. 9, 2, Die deutsche Kriegsgesellschaft 1939 bis 1945, München 2005, S. 383–474

Walter, Franz, *Die SPD. Vom Proletariat zur Neuen Mitte*, Berlin 2002

Wassermann, Rudolf, Gustav Heinemann, in: Casdorff, Claus Hinrich (Hg.), *Demokraten. Profile unserer Republik*, Königstein/Ts. 1983, S. 143–152

Weber, Elisabeth, *Die Opposition gegen die Blockbildung Deutschlands 1945–1955*, Frankfurt a. M. 1983

Weber, Max, Politik als Beruf, in: Ders., *Schriften 1894–1922*, hrsg. von Dirk Kaesler, Stuttgart 2002, S. 512–556

Weber, Petra, *Carlo Schmid 1896–1979*, Frankfurt a. M. 1998

Wehler, Hans-Ulrich, *Deutsche Gesellschaftsgeschichte, Bd. 4, Vom Beginn des Ersten Weltkriegs bis zur Gründung der beiden deutschen Staaten 1914–1949*, München 2003

Wehler, Hans-Ulrich, *Deutsche Gesellschaftsgeschichte, Bd. 5, Bundesrepublik und DDR, 1949–1990*, München 2008

Weidenfeld, Werner, *Konrad Adenauer und Europa. Die geistigen Grundlagen der westeuropäischen Integrationspolitik des ersten Bundeskanzlers*, Bonn 1976

Welzer, Harald, Das Interview als Artefakt. Zur Kritik der Zeitzeugenforschung, in: *BIOS 13 (2000)*, S. 51–63

Wengst, Udo. *Thomas Dehler 1897–1967. Eine politische Biographie*, München 1997

Werner, Michael, *Die Ohne-Mich-Bewegung. Die bundesdeutsche Friedensbewegung im deutsch-deutschen Kalten Krieg (1949–1955)*, Münster 2006

Wettig, Gerhard, Die Note vom 10. März 1952 im Kontext von Stalins Deutschland-Politik seit dem Zweiten Weltkrieg, in: Zarusky, Jürgen (Hg.), *Die Stalin-Note vom 10. März 1952. Neue Quellen und Analysen*, München 2002, S. 139–196

Wettig, Gerhard, Sowjetische Deutschland-Politik 1953 bis 1958. Korrekturen an Stalins Erbe. Chruschtschows Aufstieg und der Weg zum Berlin-Ultimatum, München 2011

Wettmann, Andrea, Auf der Suche nach neuen Wegen? Die Philipps-Universität Marburg am Wendepunkt zwischen Kaiserreich und Weimarer Republik, in: *Die Philipps-Universität zwischen Kaiserreich und Nationalsozialismus*, hrsg. vom Verein für Hessische Geschichte und Landeskunde, Kassel 2006, S. 13–44

Wichelhaus, Manfred, Politischer Protestantismus nach dem Krieg im Urteil Gustav Heinemanns, in: Häussermann, Titus/Krautter, Horst (Hg.), Die *Bundesrepublik und die*

Deutsche Geschichte (Tagungsband der Gustav-Heinemann-Initiative), Stuttgart 1987, S. 100–120
Wichelhaus, Manfred, Gustav Heinemann: Als Christ Politik gestalten, in: *Menschenrechte – keine Altlasten sondern Zukunftsperspektive*, hrsg. von der Gustav-Heineman-Initiative, Stuttgart 2000, S. 126–130
Wielenga, Friso, *Vom Feind zum Partner. Die Niederlande und Deutschland seit 1945*, Münster 2000
Wieneke, Heinrich, *Union in Essen. Einblicke in Vorgeschichte, Geschichte und Strukturen einer Großstadtpartei*, Essen 2005
Wiggerhaus, Norbert, Die Entscheidung für einen westdeutschen Verteidigungsbeitrag 1950 in: Foerster, Roland G. u. a. (Hg.), *Anfänge westdeutscher Sicherheitspolitik 1945–1956, Bd. 1, Von der Kapitulation bis zum Pleven-Plan*, München 1982, S. 325–402
Wildt, Michael, *Generation des Unbedingten. Das Führungskorps des Reichssicherheitshauptamtes*, Hamburg 2002
Winkler, Heinrich-August, *Der lange Weg nach Westen. Bd. 1, Deutsche Geschichte vom Ende des Alten Reiches bis zum Untergang der Weimarer Republik*, München 2000
Winkler, Willi, *Die Geschichte der RAF*, Berlin 2007
Winter, Ingelore M., *Ihre bürgerliche Hoheit. Die First Ladies der Bundesrepublik*, Hamburg 1971
Winter, Ingelore M., *Theodor Heuss. Ein Porträt*, Tübingen 1983
Wisotzky, Klaus, *Der Ruhrbergbau im Dritten Reich. Studien zur Sozialpolitik im Ruhrbergbau und zum sozialen Verhalten der Bergleute in den Jahren 1933–1939*, Düsseldorf 1983
Wisotzky, Klaus, Die Jahre der Gewalt – Essen 1914 bis 1945, in: Borsdorf, Ulrich (Hg.), *Essen. Geschichte einer Stadt*, Essen 2002, S. 368–467
Wisotzky, Klaus (Bearb.), *Zwangsarbeit in Essen*, Essen 2001
Wittmütz, Volkmar, Heinrich Held – Otto Ohl, in: Mohr, Rudolf (Hg.), *»Alles ist euer, ihr aber seid Christi«. Festschrift für Dietrich Meyer*, Köln 2000, S. 723–735
Wixforth, Harald, *Banken und Schwerindustrie in der Weimarer Republik*, Köln 1995
Wixfort, Harald/Bähr, Johannes, Die Expansion im besetzten Europa, in: Bähr, Johannes/Drecoll, Axel/Gotto, Bernhard/Priemel, Kim Christian/Wixfort, Harald, *Der Flick-Konzern im Dritten Reich*, München 2008, S. 379–469
Wolfrum, Edgar, *Geschichtspolitik in der Bundesrepublik Deutschland. Der Weg zur bundesrepublikanischen Erinnerung*. Darmstadt 1999
Wolfrum, Edgar, *Die geglückte Demokratie. Geschichte der Bundesrepublik Deutschland von ihren Anfängen bis zur Gegenwart*, Stuttgart 2006
Wolkow, Wladimir K. (Bearb.), *Stalin wollte ein anderes Europa. Moskaus Außenpolitik 1940 bis 1968 und die Folgen. Eine Dokumentation*, hrsg. von Harald Neubert, Berlin 2003
Zarusky, Jürgen (Hg.), *Die Stalin-Note vom 10. März 1952. Neue Quellen und Analysen*, München 2002
Zeh, Wolfgang, Bundestagsauflösung über die Vertrauensfrage. Möglichkeiten und Grenzen der Verfassung, in: *Zeitschrift für Parlamentsfragen, Jg. 14, 1983*, S. 119–127

Ziegenrücker, Joachim, Gustav Heinemann – ein protestantischer Staatsmann, in: Orientierung, hrsg. von der Evangelischen Akademie Nordelbien, Heft 4, 1980
Zinn, Holger, *Zwischen Republik und Diktatur. Die Studentenschaft der Philipps-Universität Marburg in den Jahren von 1925 bis 1945*, Köln 2002
Zinn, Holger, In Marburg ein Student. Anmerkungen zum Marburger Studentenleben in den zwanziger Jahren des 20. Jahrhunderts, in: *Die Philipps-Universität zwischen Kaiserreich und Nationalsozialismus*, hrsg. vom Verein für Hessische Geschichte und Landeskunde, Kassel 2006, S. 217–276
Zitelmann, Rainer, *Adenauers Gegner. Streiter für die Einheit. Jakob Kaiser, Kurt Schumacher, Gustav Heinemann, Thomas Dehler, Paul Sethe*, Erlangen 1991
Zylinder 1924–1979, o. O. o. J. (1979)
40 Jahre Zylinder, Privatdruck, Essen 1965

Archive

Archiv der sozialen Demokratie, Bonn
Archiv für christlich-demokratische Politik, Sankt Augustin
Archiv des Instituts für Wirtschaftspolitik der Universität Köln
Archiv des Evangelischen Kirchenkreises Essen
Archiv der Evangelischen Kirchengemeinde Essen-Altstadt
Evangelisches Zentralarchiv, Berlin
Landesarchiv Nordrhein-Westfalen, Düsseldorf
Stadtarchiv Essen
Bundesarchiv, Koblenz
Westfälisches Wirtschaftsarchiv, Dortmund
ThyssenKrupp Konzernarchiv, Duisburg
Privatarchiv Uta Ranke-Heinemann

Abbildungsnachweis

Archiv Barbara Wichelhaus S. 257 o.l., 257 o.r., 258 o., 259 o.r., 261 o.l., 263 o., 263 u., 264 u.l., 264 u.r., 265 o., 265 u., 267 u.l., 267 u.r., 268 u., 269 o.l., 270 o.
Archiv der sozialen Demokratie der Friedrich-Ebert-Stiftung S. 257 u., 258 u., 259 o.r., 259 u., 260 o., 260 u., 261 o.r., 262 u., 266 o.l., 266 o.r., 266 u., 268 o., 269 o.r., 269 u., 270 u.l., 271 o.
J. H. Darchinger/Friedrich-Ebert-Stiftung S., 271 u.
dpa/Picture Alliance S. 270 u.r.
Familienarchiv Heinemann S. 262 o.l., 262 o.r.
Keystone Pressedienst S. 267 o.
Sven Simon S. 272

Befragte Zeitzeugen

Erhard Eppler
Horst Ehmke
Jürgen Schmude
Uta Ranke-Heinemann
Barbara Wichelhaus (geb. Heinemann) und Manfred Wichelhaus
Peter Heinemann

Anmerkungen

Anmerkungen zu Kap. I. – Einleitung

1 Das »Politische Testament« Theodor Mommsens aus dem Jahr 1899 wurde erstmals 1948 von Dolf Sternberger in der Zeitschrift »Die Wandlung« veröffentlicht. (Die Wandlung, 3. Jg., 1/1948, S. 69 ff.) Zit. n. Sternberger, Dolf, Aspekte des bürgerlichen Charakters, in: Ders., »Ich wünschte ein Bürger zu sein.«, Frankfurt a. M. 1995, S. 10–27, S. 10.
2 Heinemann, 25 Jahre Grundgesetz. Ansprache im Deutschen Bundestag, 24.5.1974, abgedr. in: Ders., Reden und Interviews (V), hrsg. vom Presse- und Informationsamt der Bundesregierung, Bonn 1974, S. 116–130, S. 119.
3 Heinemann, Tagebuch, 17.7.1921, zit. n. Ders., Wir müssen Demokraten sein. Tagebuch der Studienjahre 1919–1922, hrsg. von Brigitte und Helmut Gollwitzer, München 1980.
4 Tagebuch, 18.5.1920.
5 Heinemann, Rede am 10.4.1949 in Essen, AdsD NL Heinemann 122.
6 Heinemann, Mein Weg in die Sozialdemokratie, Pressedienst der SPD, 30.5.1963, Ms, AdsD, NL Heinemann,Teil I, 160.
7 Tagebuch, 11.6.1922.
8 Tagebuch, 12.4.1922.
9 Zur Forschungsdiskussion über Formen und Rolle des Bürgertums vgl. Kocka, Jürgen, Bürgerlichkeit – Wovon reden wir eigentlich?, in: Neue Gesellschaft/Frankfurter Hefte 4/2010, S. 4–8, Ders., Bürger und Bürgerlichkeit im Wandel, in: Aus Politik und Zeitgeschichte, 9/2008; Hettling, Manfred, Bürgerlichkeit als kulturelles System (Arbeitspapier des Internationalen Graduiertenkollegs Halle-Tokyo »Formenwandel der Bürgergesellschaft«, Nr. 9), Halle 2010; Hettling, Manfred/Ulrich, Bernd (Hg.), Bürgertum nach 1945, Hamburg 2005; Gall, Lothar (Hg.), Stadt und Bürgertum im Übergang von der traditionellen zur modernen Gesellschaft, München 1993; Gall, Lothar, Walther Rathenau. Portrait einer Epoche, München 2009; Schäfer, Michael, Geschichte des Bürgertums. Eine Einführung, Köln 2009.
10 Bloch, Ernst, Christian Thomasius. Ein deutscher Intellektueller ohne Misere, Frankfurt a. M. 1967.

Anmerkungen zu Kap. II. – Herkunft und frühe Erfahrungen

1 Otto Heinemann, Kronenorden Vierter Klasse, Düsseldorf 1969, S. 95.
2 Ebd., S. 23; 24 Seine Lebenserinnerungen hatte Otto Heinemann um das Jahr 1940 für seine Familie geschrieben und nicht zur Veröffentlichung bestimmt. Das Manuskript befand sich im Besitz seines Sohnes Gustav Heinemann, der es einmal beiläufig gegenüber dem Bonner Publizisten Walter Henkels erwähnte. Dieser fand den Text so interessant, dass er Heinemann um die Erlaubnis zur Veröffentlichung bat. 1969 erschienen die Lebenserinnerungen Otto Heinemanns in leicht gekürzter Fassung unter dem vom Herausgeber Henkels gewählten Titel »Kronenorden Vierter Klasse« im Druck. (Auch bei dieser Gelegenheit erwies sich übrigens Gustav Heinemann als geschäftstüchtig. So verlangte er die Erhöhung des Honorars von 10 auf 12,5 Prozent, nachdem er erfahren hatte, dass dieser Wert bei wissenschaftlichen Veröffentlichungen üblich sei, obwohl der Vertrag bereits

unterzeichnet war (Heinemann an den Econ-Verlag, 23.4.1969). Zudem forderte Heinemann 100 Belegexemplare, die der Verlagsleiter nur zähneknirschend gewährte. Vgl. den Brief des Verlagsleiters an Walter Henkels vom 29.4.1969. »100 Belegexemplare ist ja wohl ein starkes Stück; man sollte es wirklich nicht übertreiben, aber wir haben es akzeptiert – nur Gott hört unser Murren!«; AdsD, NL Heinemann, 036).

3 Ebd. S. 8 (Vorwort des Herausgebers); Lebensdaten der Eltern und Großeltern Gustav Heinemanns in: AdsD NL Heinemann Teil 2 040.

4 Kronenorden, S. 26.

5 Gustav Heinemann, Biographische Gespräche, Teil 3 AdsD NL Heinemann Teil 2 037 b

6 Kronenorden, S. 36, S. 43.

7 Ebd., S. 47.

8 Ebd., S. 38.

9 Ebd., S. 38.

10 Ebd., S. 48.

11 Ebd., S. 65.

12 Ebd., S. 68 f.

13 Ebd., S. 71.

14 Ebd., S. 94.

15 Heinemann, biographische Gespräche, Teil 3 AdsD NL Heinemann 037b.

16 Zit. n. Gustav W. Heinemann, Kindheit und Jugend, zusammengestellt von Brigitte Gollwitzer, Typoskript 1975, AdsD NL Heinemann 022.

17 Zur Person, Interview mit Günter Gaus, ARD, 3.11.1968, in: Heinemann, Gustav W., Plädoyer für den Rechtsstaat. Rechtspolitische Reden und Aufsätze, Karlsruhe 1969, S. 94.

18 Im NL Heinemann befinden sich einige Briefe von Friedrich Ludwig Walter, St. Louis, USA; AdsD NL Heinemann Teil 2 024.

19 Gustav Heinemann, Wahlrede 1947, in: Ders., Es gibt schwierige Vaterländer, S. 52; Gustav Heinemann, Die Freiheitsbewegungen in der deutschen Geschichte. Ansprache aus Anlass der Eröffnung der Erinnerungsstätte für die Freiheitsbewegungen in der deutschen Geschichte, Rastatt, 26.6.1974, in: Ders., Reden und Schriften I, Frankfurt a. M. 1975, S. 37.

20 Heinemann, Gustav, Tagebuch, 30.12.1919.

21 Heinemann, Otto, Kronenorden, S. 120.

22 Ebd., S. 111.

23 Heinemann, Biographische Gespräche, AdsD NL Heinemann Teil 2 037 b.

24 Kronenorden, S. 111.

25 Ebd., S. 96.

26 Düwell, Wilhelm, Fabrikfeudalismus, in: Die neue Zeit, 20. Jg, 1901, S. 117 ff., (abgedr. in: Enzensberger, Hans Magnus u. a. (Hg.), Klassenbuch 2. Ein Lesebuch zu den Klassenkämpfen in Deutschland 1850–1919, Darmstadt 1972, S. 142–147, S. 147.

27 Kronenorden, S. 109.

28 Schreiben der Firma Krupp an Otto Heinemann, 2.6.1902, AdsD NL Heinemann, Allg. Korrespondenz.

29 Gutachten vom 28.12.1911, AdsD NL Heinemann 024. Der Wert von Haus und Grundstück wurde zum damaligen Zeitpunkt auf rund 67.000 Mark taxiert.

30 Heinemann, Biographische Gespräche, Teil 3, AdsD NL Heinemann Teil 2 037 b.

31 Heinemann, Otto, Entwurf für Wahlrede, 1905, AdsD NL Heinemann Teil 1 463.

32 Kronenorden, S. 130.

33 Ebd., S. 132; Heinemann, Biographische Gespräche,Teil 1, AdsD NL Heinemann Teil 2 037 b.

34 Kronenorden, S. 143.

35 Ebd., S. 126.
36 Heinemann 1969 in einem Interview mit der Zeitschrift »Eltern«, 7.7.1969, S. 77.
37 Der Kronenorden war 1861 von Kaiser Wilhelm I. gestiftet worden.
38 Kronenorden, S. 221.
39 Heinemann, Biographische Gespräche, Teil 1, AdsD NL Heinemann Teil 2 037 b.
40 Johannes Maria Verweyen (1883–1945), seit 1921 Professor der Philosophie in Bonn und über Jahrzehnte ein »Suchender«, wandte sich Anfang der zwanziger Jahre vom Monismus ab, um sich zunächst den Freimaurern, später u.a. der Theosophie und einem indischen Weisheitslehrer anzuschließen. 1936 fand er zur katholischen Kirche zurück. Als entschiedener Gegner der nationalsozialistischen Ideologie verlor er 1934 die Lehrerlaubnis und stand ab 1936 unter Beobachtung der Gestapo. 1942 wurde Verweyen ins KZ Sachsenhausen verbracht. Verweyen starb im März 1945 im KZ Bergen-Belsen, wenige Tage vor der Befreiung des Lagers durch britische Truppen.
41 Heinemann, Biographische Gespräche, Teil 4, AdsD NL Heinemann Teil 2 037 b.
42 Ebd., Teil 1, AdsD NL Heinemann Teil 2 037 b.
43 Vgl. Lehnert, Erik, »Tiefes Gemüt, klarer Verstand und tapfere Kulturarbeit«. Bruno Wille und der Friedrichshagener Dichterkreis als Ausgangspunkt monistischer Kulturpolitik im Kaiserreich, in: Lenz, Arnher E./Mueller, Volker Hg.), Darwin, Haeckel und die Folgen. Monismus in Vergangenheit und Gegenwart, Neustadt 2006, S. 247–273, S. 254f.; Jacobsen, Eric Paul. From Cosmology to Ecology. The Monist World-View in Germany from 1770 to 1930, Bern 2005, S. 98f.
44 Gall, Lothar, Walther Rathenau. Portrait einer Epoche, München 2009, S. 11.
45 Vgl. Kocka, Jürgen, Die gläsernen Mauern des Bildungsbürgers, in: Der Tagesspiegel, 27.5.2009.
46 Gall, Rathenau, 2009, S. 16.
47 Vgl. Hettling, Manfred, Bürgerlichkeit als kulturelles System, Halle 2010, S. 14.
48 Gall, Rathenau. S. 36, vgl. auch Kocka, Jürgen, Bürger und Bürgerlichkeit im Wandel, in: Aus Politik und Zeitgeschichte, 9/2008, S. 8.
49 Kronenorden, S. 123.
50 Heinemann 1969 in einem Interview mit der Zeitschrift »Eltern«, 7.7.1969, S. 77.
51 Heinemann, Otto, Kronenorden, S. 124.
52 Heinemann, Biographische Gespräche, Teil 3, AdsD NL Heinemann Teil 2 037 b; Kronenorden, S. 124 (In der Erinnerung von Vater Otto Heinemann handelte es sich nicht um Streichhölzer, sondern um leere Streichholzschachteln.).
53 Heinemann 1969 in einem Interview mit der Zeitschrift »Eltern«, 7.7.1969, S. 79,Heinemann, Biographische Gespräche 1974/75, Teil 20, AdsD NL Heinemann Teil 2, 037b
54 Tagebuch, 24.6.1920.
55 Kronenorden, S. 124.
56 Brief der Mutter Johanna Heinemann an Gustav Heinemann, Januar 1926, zit.n. Gollwitzer, Brigitte, Gustav W. Heinemann, Kindheit und Jugend, Ms, 1975, AdsD NL Heinemann, 022.
57 Heinemann, Interview in einem Fernseh-Portrait, 6.11.1969, Ms. AdsD NL Heinemann 05.
58 Zit.n. Gustav W. Heinemann, Kindheit und Jugend, zusammengestellt von Brigitte Gollwitzer, Typoskript 1975, AdsD NL Heinemann 022.
59 Vinke, Hermann, Sohn eines Aufsteigers. Gustav Heinemanns Kindheit und Werdegang bis 1933, in: Thierfelder, Jörg (Riemenschneider, Matthias (Hg.), Gustav Heinemann. Christ und Politiker, Karlsruhe 1999, S. 52–73, S. 57.

60 Zit. n. Gustav W. Heinemann, Kindheit und Jugend, zusammengestellt von Brigitte Gollwitzer, Typoskript 1975, AdsD NL Heinemann 022.
61 Heinemann 1969 in einem Interview mit der Zeitschrift »Eltern«, 7.7.1969, S. 76.
62 Zeugnisheft der Evangelischen Schule XVII für Gustav W. Heinemann, AdsD NL Heinemann 024.
63 Zit. n. Gustav W. Heinemann, Kindheit und Jugend, zusammengestellt von Brigitte Gollwitzer, Typoskript 1975, AdsD NL Heinemann 022.
64 AdsD NL Heinemann 024.
65 Heinemann, Biographische Gespräche 1974/75, AdsD NL Heinemann Teil 2, 037b.
66 AdsD NL Heinemann 024.
67 Ebd.
68 Ebd.
69 Ebd.
70 AdsD NL Heinemann 180.
71 AdsD NL Heinemann 024.
72 Brief von Brigitte Gollwitzer an Hilda und Gustav Heinemann, 6.8.1971, EZA NL Gollwitzer 686/503.
73 AdsD NL Heinemann Teil 2 024.
74 Ebd.
75 Heinemann, Biographische Gespräche, Teil 2, AdsD NL Heinemann Teil 2 037 b.
76 Ebd., Teil 3, AdsD NL Heinemann Teil 2 037 b.
77 Vgl. Verhey, Jeffrey, Der Geist von 1914 und die Erfindung der Volksgemeinschaft, Hamburg 2000.
78 Kronenorden, S. 164.
79 Zit. n. Gustav W. Heinemann, Kindheit und Jugend, zusammengestellt von Brigitte Gollwitzer, Typoskript 1975, AdsD NL Heinemann 022.
80 Heinemann, Biographische Gespräche, Teil 3, AdsD NL Heinemann Teil 2 037 b.
81 Karte an Lore Heinemann, 27.6.1917, AdsD NL Heinemann 043.
82 Brief an Otto und Johanna Heinemann, 25.6.1917, AdsD NL Heinemann 043.
83 Briefe an Johanna Heinemann, vom 20.7. und 7.7.1917, AdsD NL Heinemann 043.
84 Heinemann, Biographische Gespräche, Teil 3, AdsD NL Heinemann Teil 2 037 b.
85 Brief an Johanna Heinemann, 21.7.1917, AdsD NL Heinemann 043.
86 Heinemann, Biographische Gespräche, Teil 3, AdsD NL Heinemann Teil 2 037 b.
87 Ebd.
88 Ansichtskarte an Schwester Lore, 17.5.1918, AdsD NL Heinemann Allg. Korrespondenz
89 Heinemann, Biographische Gespräche, Teil 3, AdsD NL Heinemann Teil 2 037 b.
90 Donson, Andrew, Why did German youth become fascists? Nationalist males born 1900 to 1908 in war and revolution, in: Social History, Vol. 31, 3/2006, S. 337–358, S. 337
91 Donson, German Youth, 2006, S. 339.
92 Wildt, Michael, Die Generation des Unbedingten. Das Führungskorps des Reichssicherheitshauptamtes, Hamburg 2002, S. 25.
93 Vgl. Gustav Heinemann, »Neun Stufen« (autobiographische Aufzeichnungen von 1975), AdsD NL Heinemann, 037b.
94 Brief an Vater Otto Heinemann, 15.1.1919, AdsD NL Heinemann, 043.
95 Hessische Landeszeitung, 27.11.1919, AdsD, NL Heinemann 025.
96 Gustav Heinemann an seinen Vater, 6.12.1918,;Otto Heinemann an Sohn Gustav, 7.12.1918, AdsD NL Heinemann, 043.
97 Heinemann an seine Mutter, 2.12.1918, an seine Großmutter, 3.12.1918; Brief an seinen Vater, 4.12.1918, AdsD NL Heinemann, 043.

98 Tagebuch, 31.12.1919.
99 Heinemann an seine Eltern, Brief vom 11.1.1919, AdsD NL Heinemann, 043.
100 Heinemann an seine Eltern, Brief vom 7.3.1919, Otto Heinemann an Gustav Heinemann, Brief vom 15.3.1919, AdsD NL Heinemann, 043.
101 Heinemann an seine Mutter, Brief vom 17.1.1919, AdsD NL Heinemann, 043.
102 Heinemann an die Eltern, Brief vom 20.1.1919, AdsD NL Heinemann, 043.
103 Heinemann an die Eltern, Briefe vom 2. 5. und 6.5.1919, AdsD NL Heinemann 044.
104 Zinn, Holger, In Marburg ein Student, Kassel 2006, S. 219.
105 Dass Heinemann tatsächlich eingeschriebenes Mitglied der DDP war, ist nicht gesichert. Er selbst erwähnte später häufig seine Mitarbeit in der Studentengruppe der DDP.
106 Heinemann, Tagebuch, 30.11.1919.
107 Lemmer, Ernst, Manches war doch anders. Erinnerungen eines deutschen Demokraten, München 1996, S. 52 f.
108 Zu Wilhelm Röpcke, vgl. Hennecke, Hans Jörg, Wilhelm Röpcke. Ein Leben in der Brandung, Stuttgart 2005.
109 Lemmer, Manches war doch anders, S. 81.
110 Gustav Heinemann, Brief an Otto Heinemann, 15.10.1919, AdsD NL Heinemann, 044.
111 Lemmer, Manches war doch anders, S. 52.
112 Ebd., S. 57.
113 Heinemann, »Entgegnung«, in: Zeitung »Freiheit«, 11.11.1919, ACDP NL Lemmer, I-280–041/6.
114 Hausmann, Marion, Vom Weimarer Linksliberalen zum Christdemokraten. Ernst Lemmers politischer Weg bis 1945, in: Jahrbuch zur Liberalismus-Forschung, 14. Jg., 2002, S. 197–217, S. 199 f.
115 Lemmer, Manches war doch anders, S. 58.
116 Heinemann, Persönliche Aufzeichnungen, in: Wir müssen Demokraten sein. Tagebuch der Studienjahre 1919–1922, S. 208 ff.
117 Heinemann, Tagebuch, 24. und 30.6.1922.
118 Heinemann, Tagebuch, 13.3.1920.
119 Dass General von Seeckt diesen Ausspruch wirklich getan hat und in welchem Wortlaut (»Reichswehr schießt nicht auf Reichswehr.«), ist nicht zweifelsfrei belegt. Sein Verhalten in jenen Tagen ist allerdings unzweideutig. Ihm war der Zusammenhalt der Reichswehr weitaus wichtiger als der Bestand der Republik.
120 Wehler, Deutsche Gesellschaftsgeschichte, Bd. IV, 1914–1949, München 2003, S. 401 f.
121 In dieser Renitenz der Bürokratie sieht Hagen Schulze sogar den Hauptgrund für das Scheitern des Kapp-Putsches noch bevor der Generalstreik wirksam werden konnte. Vgl. Schulze, Hagen, Weimar, Berlin 1982, S. 216.
122 Passierschein; »Herr Gustav Heinemann ist im dienstlichen Auftrage der U. S. P. D., S. P. D., Demokraten und Zentumspartei Marburg nach Cassel geschickt, um mit dem Oberpräsidenten, Exc. Dr. Schwander zu verhandeln. Die Eisenbahnbehörden werden gebeten, für seine Rückkehr Sorge tragen zu wollen.«, AdsD NL Heinemann, 025.
123 Heinemann, Biographische Gespräche, Teil 5, AdsD NL Heinemann Teil 2 037 b.
124 Heinemann, Tagebuch, 15.3.1920.
125 Lemmer, Ernst, Manches war doch anders, S. 68.
126 Otto Heinemann, (Aufzeichnungen über Kapp-Putsch und Spartakisten-Aufstand im März 1920 in Essen), Essen, 25.3.1920 (Dass der maschinenschriftliche Bericht tatsächlich von Otto Heinemann stammt, ist zwar sehr wahrscheinlich, aber nicht eindeutig belegt.) AdsD NL Heinemann 105/106.
127 Wehler, Deutsche Gesellschaftsgeschichte, Bd. IV, S. 403.

128 Laut Otto Heinemann soll bei Krupp die Mehrheit der Beschäftigten während der Kämpfe normal gearbeitet haben. Er berichtet auch von einer Episode, bei der ein Trupp von rund 20 bewaffneten jungen Krupparbeitern in einer Kampfpause in sein Büro stürmten und für die Kampftage Lohn verlangten. Als Otto Heinemann das verweigerte, schlugen sie die Büroeinrichtung kurz und klein, zogen dann aber ohne Geld ab. Vgl. den Bericht über die Ereignisse in Essen bei Otto Heinemann, Kronenorden, S. 193 ff.

129 Duderstadt, Henning, Denkschrift über die Volkskompagnie Marburg (April 1920), ACDP NL Lemmer, I-280–042/6 (Duderstadt war selbst Mitglied der Volkskompagnie und gehörte in Marburg zum Freundeskreis von Heinemann, Lemmer, Röpke.).

130 Hammann, Konrad, Heinrich Hermelink in Marburg, in: Die Philips-Universität zwischen Kaiserreich und Nationalsozialismus, Kassel 2006, S. 94.

131 Heinemann, Brief an die Eltern, Eisenach, 26.3.1920, AdsD NL Heinemann, 044.

132 Heinemann, Tagebuch, 2.4.1920.

133 Heinemann, Tagebuch, 29.3.1920.

134 Ebd.; Vgl. auch die weit nüchternere Schilderung der Wartburg-Szene durch Wilhelm Röpke in: Ders., Marburger Studentenjahre, in: Alma mater philippina, WS 1962/63, S. 3

135 Gustav Heinemann u. a., »Erklärung« (zu den Morden von Mechterstädt), Flugblatt (April 1920, ACDP NL Lemmer, I-280–041/6.

136 Lemmer, Manches war doch anders, S. 74.

137 Ignaz Wrobel (i. e. Kurt Tucholsky), Schaumlöffelei, in: Freiheit, 11.8.1920.

138 Heinemann, Tagebuch, 3.4.1920.

139 Lemmer, Manches war doch anders, S. 75.

140 Heinemann, Biographische Gespräche, Teil 5, AdsD NL Heinemann Teil 2 037 b.

141 Heinemann, Tagebuch, 5.5.1920.

142 Heinemann, Tagebuch, 8.10.1920.

143 Heinemann, Tagebuch, 30.5.1920.

144 Heinemann, Biographische Gespräche, Teil 5, AdsD NL Heinemann Teil 2 037 b.

145 Heinemann, Tagebuch, 19.5.1920, vgl. auch den Polizeibericht über die Versammlung, AdsD NL Heinemann, 0 630.

146 Heinemann, Tagebuch, 18.5.1920; 20.5.1920.

147 Tagebuch, 6.6.1920.

148 Tagebuch, 10.6.1920.

149 Heinemann, »Zum 6. Juni 1920«, Ms. München, 27.5.1920, AdsD NL Heinemann, 105/106.

150 Heinemann, Tagebuch, 6.6.1920.

151 Heinemann, Tagebuch, 1.8.1920.

152 Heinemann, Tagebuch, 25.5.1921.

153 Heinemann, Persönliche Aufzeichnungen, in: Tagebuch der Studienjahre 1919–1922, S. 213.

154 Lemmer, Manches war doch anders, S. 53.

155 Duderstadt, Henning, Vom Reichsbanner zum Hakenkreuz. Wie es kommen mußte, Stuttgart 1933, S. 7.

156 Die beiden Nummern der »Stadtbrille« in AdsD NL Heinemann, 025.

157 Heinemann, Biographische Gespräche, Teil 7, AdsD NL Heinemann Teil 2 037 b.

158 Heinemann, Brief an die Eltern, Marburg, 9.12.1921, AdsD NL Heinemann, 044.

159 Heinemann, Tagebuch der Studienjahre, 10.6.1921.

160 Heinemann, Brief an die Eltern, 26.1.1922, AdsD NL Heinemann, 044.

161 Zinn, Holger, Zwischen Republik und Diktatur. Die Studentenschaft der Philipps-Universität Marburg in den Jahren 1925 bis 1945, Köln 2002, S. 83.

162 Lemmer, Brief an Gustav Heinemann, Wiesbaden, 4.5.1920, AdsD NL Heinemann, 044.
163 Lemmer, Brief an Gustav Heinemann, Wiesbaden, 27.9.1921, AdsD NL Heinemann, 044.
164 Heinemann, Tagebuch der Studienjahre, 1.8.1921.
165 Heinemann, Tagebuch der Studienjahre, 1.6.1922.
166 Heinemann, »Warum wurde ich Jurist?«, hs. Ms, Winter 1925/26, AdsD NL Heinemann 108.
167 Heinemann, Tagebuch der Studienjahre, 4.6.1922.
168 Heinemann, Tagebuch der Studienjahre, 4.6.1922; Brief an die Eltern, 8.6.1922, AdsD NL Heinemann, 044.
169 Röpke, Brief an Heinemann, 22.9.1921, zit. n. Hennecke, Brandung, S. 41; Brief an Heinemann, 30.4.1922, AdsD NL Heinemann, 044.
170 Heinemann, Tagebuch der Studienjahre, 6.6.1922.
171 Heinemann, Aufzeichnungen zu politischen Fragen, hs. Ms, datiert 18.4.1920, AdsD NL Heinemann 105/106.
172 Heinemann, Zwei Welten, in: Hessische Landeszeitung, 8.10.1919, AdsD NL Heinemann, 105/106.
173 Heinemann, Tagebuch der Studienjahre, 31.12.1919.
174 Heinemann, Tagebuch der Studienjahre, 12.4.1922.
175 Heinemann, Tagebuch der Studienjahre, 14.6.1922.
176 Heinemann, Tagebuch der Studienjahre, 8.2.1920.
177 Heinemann, Tagebuch der Studienjahre, 5.4.1922.
178 Heinemann, Tagebuch der Studienjahre, 26.4.1922.
179 Heinemann, Tagebuch der Studienjahre, 17.10.1921.
180 Heinemann, Tagebuch der Studienjahre, 20.1.1921.
181 Heinemann, Tagebuch der Studienjahre, 13.6.1922.
182 Heinemann, Tagebuch der Studienjahre, 27.3.1922.
183 Heinemann, Tagebuch der Studienjahre, 1.5.1920.
184 Heinemann, Tagebuch der Studienjahre, 7.4.1922.
185 Heinemann, Tagebuch der Studienjahre, 18.3.1920; 2.1.1922.
186 Heinemann, Tagebuch der Studienjahre, 7.4.1922.
187 Heinemann, Tagebuch der Studienjahre, 20.12.1919.
188 Heinemann, Tagebuch der Studienjahre, 12.4.1922.
189 Hs. Notiz Heinemanns, undatiert (um 1922), AdsD NL Heinemann, 0190.
190 Heinemann, Tagebuch der Studienjahre, 10.8.1921.
191 Heinemann, Tagebuch der Studienjahre, 27.2.1922.
192 Heinemann, Brief an Röpke, 28.6.1922 (Abgdr. in: Tagebuch der Studienjahre, S. 236–238, S. 236).
193 Heinemann, Tagebuch der Studienjahre, 11.6.1922.
194 Heinemann, Brief an Röpke, 28.6.1922 (Abgdr. in: Tagebuch der Studienjahre, S. 236–238, S. 237).
195 Heinemann, Tagebuch der Studienjahre, 17.6.1922.
196 Heinemann, hs. Notizen, (undatiert, um 1922), AdsD NL Heinemann 0190.
197 Heinemann, Tagebuch der Studienjahre, 5.9.1922.
198 Heinemann, Tagebuch der Studienjahre. 27.9.1921.
199 Heinemann, Tagebuch der Studienjahre, 14.8.1921.
200 Heinemann, Brief an Anneliese Hahn, 28.12.1921, abgdr. in: Tagebuch der Studienjahre, S. 225 f., S. 225.
201 Auskunft von Barbara Wichelhaus, geb. Heinemann. Die »Brautbriefe« befinden sich wie auch ein Großteil der ehelichen Korrespondenz im Besitz der Familie Heinemann und sind noch nicht zugänglich.

202 Heinemann, hs. Notizen für Referat über das »Betriebsrätegesetz«, gehalten in Marburg am 14.10.1919, AdsD NL Heinemann, 105/106.
203 Heinemann, Brief an die Eltern, 25.1.1920, AdsD NL Heinemann, 044.
204 Heinemann, Tagebuch der Studienjahre, 5.5.1922.
205 Heinemann, Tagebuch der Studienjahre, 12.4.1922.
206 Röpke, Brief an Gustav Heinemann, 21.6.1922, AdsD NL Heinemann, 044.
207 Heinemann, Tagebuch der Studienjahre, 21.3.1921. Die Freude über das Abstimmungsergebnis hielt jedoch nicht lange an, da ein Teil Oberschlesiens vom Völkerbund Polen zugesprochen wurde.
208 Hessische Landeszeitung, 27.11.1919, AdsD NL Heinemann, 105/106.

Anmerkungen zu Kap. III. – Gründung einer bürgerlichen Existenz

1 Heinemann, Seminarkonzepte, Ms, Marburg, Sommersemester 1923, AdsD NL Heinemann, 105/106.
2 Heinemann, Brief an Prof. Walter Troeltsch, 20.8.1923, AdsD NL Heinemann, 045.
3 Philipps-Universität Marburg, Zeugnis für Gustav W. Heinemann, ausgestellt am 15.8.1923, AdsD NL Heinemann, 045.
4 Röpke an Heinemann, Briefe vom 11.9. und 19.9.1923, AdsD NL Heinemann, 045.
5 Heinemann, Brief an Prof. Walter Troeltsch, 22.9.1023, AdsD NL Heinemann, 045.
6 Heinemann, Biographische Gespräche, AdsD NL Heinemann Teil 2 037 b. In betrunkenem Zustand pflegte dieser Eisenbahner öfter seine Frau zu verprügeln. Als Otto Heinemann zum Schutz der Frau einmal die Polizei rief, empfanden das die französischen Besatzungsbehörden als unzulässige Einmischung in ihre Angelegenheiten und drohten ihm mit Verhaftung. Daraufhin hat Otto Heinemann sein Haus einige Tage gemieden und konnte so einer Festnahme entgehen.
7 Wehler, Gesellschaftsgeschichte Bd. IV, 1914–1949, S. 405 f.
8 Schulze, Hagen, Weimar, 1982, S. 252.
9 Röpke, Brief an Gustav Heinemann, 2.5.1923, AdsD NL Heinemann, 045.
10 Winkler, Heinrich-August, Der lange Weg nach Westen. Bd. 1, Deutsche Geschichte vom Ende des Alten Reiches bis zum Untergang der Weimarer Republik, München 2000, S. 442 f.
11 Veranstaltungsverzeichnis der Volkshochschule Essen, WS 1924/25, AdsD NL Heinemann, 0464.
12 Heinemann, hs. Notizen zum Kurs über »Krise und Konjunktur«, Januar/Februar 1933, AdsD NL Heinemann, 114.
13 Möglicherweise galt das Angebot sogar für eine Anstellung im Reichsjustizministerium.
14 Heinemann, Biographische Gespräche, Teil 9, AdsD NL Heinemann Teil 2 037 b.
15 Heinemann, Biographische Gespräche, Teil 9, AdsD NL Heinemann Teil 2 037 b.
16 Johanna Heinemann, Brief an Gustav Heinemann, 1.12.1925, AdsD NL Heinemann, 045.
17 Justizrat Niemeyer, Brief an Heinemann, 14.6.1926, AdsD NL Heinemann, 045.
18 Petzina, Dietmar u. a., Sozialgeschichtliches Arbeitsbuch, Bd. III, München 1978, S. 102.
19 Röpke an Heinemann, 28.6.1926; Lemmer an Heinemann 10.9.1926, AdsD NL Heinemann, 045.
20 AdsD NL Heinemann, 028 (hs. Liste aller Reisen Gustav Heinemanns 1924–1937).

21 Salentin, Ursula, An der Seite ihres Mannes. Hilda Heinemann, in: Thierfelder, Jörg/Riemenschneider, Matthias (Hg.), Gustav Heinemann. Christ und Politiker, Karlsruhe 1999, S. 170–179, S. 172.
22 Bahn-Flessburg, Ruth, Leidenschaft mit Augenmaß. Fünf Jahre mit Hilda und Gustav Heinemann, München 1984, S. 17; Hilda Heinemann, Tagebuch für Uta, 2.10.1932, Privatarchiv Uta Ranke-Heinemann (Hilda Heinemann führte für jedes ihrer Kinder ein spezielles Tagebuch, in dem sie sporadisch die Entwicklung des jeweiligen Kindes festhielt.).
23 Lindemann, Helmut, Gustav Heinemann. Ein Leben für die Demokratie, München 1978, S. 41.
24 Wehler, Gesellschaftsgeschichte, Bd.I, München 2003, S. 253 ff.
25 Hilda Heinemann, Tagebuch für Uta, 30.11.1929, Privatarchiv Uta Ranke-Heinemann.
26 Interview mit Uta Ranke-Heinemann und Babara Wichelhaus, geb. Heinemann, am 8.3.2006 bzw. 26.8.2006.
27 Heinemann, »9 Stufen« (Autobiographische Aufzeichnungen), 1975, AdsD NL Heinemann, 037b.
28 Arbeitsvertrag zwischen den Rheinischen Stahlwerken und Dr. Gustav Heinemann, 30.5.1928, ThyssenKrupp Konzernarchiv, RSW/6856.
29 Wixfort, Harald, Banken und Schwerindustrie in der Weimarer Republik, Köln 1995, S. 308 f.
30 Haßlacher, Der Werdegang der Rheinischen Stahlwerke, Essen 1936, S. 58.
31 Wixford, Harald, Banken und Schwerindustrie in der Weimarer Republik, S. 310; Angabe über mehr als 50-Prozent-Beteiligung der I. G. Farben an den Rheinischen Stahlwerken bei Radandt, Hans (Hg.), Fall 6. Ausgewählte Dokumente und Urteil des I. G.-Farben-Prozesses, Berlin 1970, S. 66.
32 Reckendrees, Alfred, Das »Stahltrust«-Projekt. Die Gründung der Vereinigten Stahlwerke A. G. und ihre Unternehmensentwicklung 1926–1933/34, München 2000, S. 150 f.; Baumann, Von der Stahlhütte zum Verarbeitungskonzern, Duisburg 1995, S. 33.
33 Schreiber, Hermann/Sommer, Frank, Gustav Heinemann – Bundespräsident, Frankfurt a. M. 1969, S. 80.
34 Kisch, Egon Erwin, Das Nest der Kanonenkönige: Essen, in: Ders. Der rasende Reporter, Weimar [3]1978, S. 113–117 (Die Sammlung »Der rasende Reporter« erschien erstmals 1925).
35 Kerr, Alfred, Schwarzer Himmel in Essen, zit. n.: Gumpert, Gregor/Tucai, Ewald (Hg.), Ruhr.Buch, München [2]2010, S. 84.
36 Hilda Heinemann, Tagebuch für Uta, Juli 1929, Privatarchiv Uta-Ranke-Heinemann.
37 Vgl. Borsdorf, Ulrich (Hg.), Essen. Geschichte einer Stadt, Essen 2002, S. 557.
38 Heinemann an Karl Mockewitz, 5.8.1929, Westfälisches Wirtschaftsarchiv (WWA) F 35, Nr. 2063.
39 Heinemann, »9 Stufen« (autobiographische Aufzeichnungen), Ms, AdsD NL Heinemann Teil 2 037 b, Bl. 1.
40 Heinemann, Schreiben an den Reichsfinanzhof in München, 14.1.1929, AdsD NL Heinemann Allg. Korr. 1912–1933.
41 Heinemann an Karl Mockewitz, 21.2.1930, WWA F 35, Nr. 2063.
42 Heine, Walter [d. i. Gustav Heinemann], Herder und Spengler, in: Essener Allgemeine Zeitung, 19.10.1924.
43 Heinemann, 26 Jahre Bürgerliches Gesetzbuch, in: Essener Volkszeitung, 4.1.1925.
44 Heinemann, Friedrich Karl von Moser, in: Essener Allgemeine Zeitung, 24.10.1925.
45 Die genannten Artikel in: AdsD NL Heinemann, 108 und 109.
46 Lotz, Martin, Gustav W. Heinemann. Bibliographie, Bonn 1976, S. 10.

47 Heinemann, Brief an Hans Carl Nipperdey, 19.6.1933; Nipperdey, Brief an Heinemann, 1.8.1933, AdsD NL Heinemann Allg. Korrespondenz.
48 Hans Carl Nipperdey an Heinemann, Köln, 6.2.1942, AdsD NL Heinemann Allg. Korrespondenz.
49 Lindemann, Helmut, Gustav Heinemann. Ein Leben für die Demokratie, München 1978, S. 41.
50 Heinemann, Aufstellung von Reisezielen zwischen 1924 und 1935, AdsD NL Heinemann Teil 2 028.
51 Heinemann an Hilda Heinemann, 9.4.1929, AdsD NL Heinemann, Pers. Korr.
52 Heinemann an Hilda Heinemann, 4.4.1929, AdsD NL Heinemann, Pers. Korr.
53 Heinemann, Brief vom 9.4.1929, AdsD NL Heinemann, Pers. Korr.
54 Heinemann, Brief vom 1.4.1929, AdsD NL Heinemann, Pers. Korr.
55 Heinemann, Brief vom 14.4.1929, AdsD NL Heinemann, Pers. Korr.
56 Klempnauer, Günther, Über Lebens-Chancen. Prominenten-Interviews. Wuppertal 1970, S. 8.
57 Graeber, Antrag des Hoffnungskotten Bergeborbeck bei Essen auf Förderung einer Arbeit des freiwilligen Arbeitsdienstes, 2.9.1932, AdsD NL Heinemann 0464.
58 Gustav Heinemann in einem Interview, 1970, zit. n. Klempnauer, Lebens-Chancen, 1970, S. 8.
59 Urkunde über Verleihung des »Freiheitskreuzes«an Graeber durch den Präsidenten des finnischen Senats, 2.12.1918, in: Archiv des Kirchenkreises Essen, Nr. 283.
60 Koch, Werner, Heinemann im Dritten Reich. Ein Christ lebt für morgen, Wuppertal [3]1974, S. 31, S. 55.
61 Ebd., S. 26, Ettemeyer, Jörg, Gustav W. Heinemanns Weg im evangelischen Kirchenkampf, Phil. Diss, Heidelberg 1993, S. 32f.
62 Heinemann, Tagebuch der Studienjahre, 8.3.1920.
63 Mommsen, Wilhelm (Hg.), Deutsche Parteiprogramme, München 1960, S. 545.
64 Opitz, Günter, Der Christlich-Soziale Volksdienst, Düsseldorf 1969, S. 262.
65 Heinemanns Sohn Peter bezweifelt, dass sein Vater eingetragenes Mitglied des CSVD war. Vgl. Schütz, Uwe, Gustav Heinemann und das Problem des Friedens im Nachkriegsdeutschland, Münster 1993, S. 296, Anm. 153. Interview mit Peter Heinemann.
66 Essener Anzeiger, 5.12.1930.
67 Klein, Michael, Westdeutscher Protestantismus und politische Parteien. Anti-Parteien-Mentalität und parteipolitisches Engagement von 1945 bis 1963, Tübingen 2005, S. 39.
68 Neuer, Werner, Adolf Schlatter. Ein Leben für Theologie und Kirche, Calw 1996, S. 686.
69 Wahlergebnisse nach Borsdorf, Ulrich (Hg.), Essen. Geschichte einer Stadt, Essen 2002, S. 574f.
70 Heinemann, Biographische Gespräche, Teil 7, AdsD NL Heinemann Teil 2 037 b.
71 Opitz, Der Christlich-soziale Volksdienst, 1969, S. 311.

Anmerkungen zu Kapitel IV. – In der Bekennenden Kirche

1 Hs. Notiz Heinemanns über Verlauf der Sitzung des Anwaltvereins am 2.5.1933, AdsD NL Heinemann Teil 2, 01198.
2 Gassert, Philipp, Kurt Georg Kiesinger 1904–1988. Kanzler zwischen den Zeiten, München 2006; Zur Frage einer Pflichtmitgliedschaft im NS-Rechtswahrerbund vgl. Sunnus, Michael, Der NS-Rechtswahrerbund 1928–1945. Zur Geschichte der nationalsozialisti-

schen Juristenorganisation, Frankfurt a.M. 1990, S. 25f.; Wieneke, Union in Essen. Einblicke in Vorgeschichte, Geschichte und Strukturen einer Großstadtpartei, Essen 2005, S. 33f.

3 Heinemann, Im Schnittpunkt der Zeiten – Reden und Aufsätze, Darmstadt 1957, S. 82; vgl. auch Heinemann, Biographische Gespräche Teil 7, AdsD NL Heinemann Teil 2 037 b.

4 Heinemann, hs. Manuskript für eine Ansprache am 6.5.1934 im Zirkus Hagenbeck in Essen, AdsD NL Heinemann, 115.

5 Heinemann, hs. Manuskript für eine Ansprache am 6.5.1934 im Zirkus Hagenbeck in Essen, AdsD NL Heinemann, 115.

6 Heinemann, »9 Stufen« (Erinnerungen), Ms., AdsD NL Heinemann 037 b.

7 Zit.n. Strohm, Christoph, Die Kirchen im Dritten Reich, München 2011, S. 23.

8 Wehler, Gesellschaftsgeschichte, Bd. IV, S. 798.

9 Strohm, Die Kirchen im Dritten Reich, 2011, S. 27f.

10 Strohm, Die Kirchen im Dritten Reich, 2011, S. 19 zum Folgenden, S. 36f.

11 Protokoll der Presbyteriumssitzung der Gemeinde Essen-Altstadt vom 27.11.1933, Archiv der Ev. Kirchengemeinde Essen-Altstadt.

12 Heinemann, Briefe an Reichskanzler Adolf Hitler, AdsD NL Heinemann, Teil 1 03. Koch, Heinemann im Dritten Reich, 1972, S. 47.

13 Strohm, Die Kirchen im Dritten Reich, S. 39. Ettemeyer, Heinemanns Weg, S.70.

14 Heinemann, Aufzeichnungen über Gespräch mit Generalsuperintendent Stoltenhoff am 27.12.1933, AdsD NL Heinemann 271.

15 Presbyteriumsbeschlüsse der Ev. Kirchengemeinde Essen-Altstadt, zit. n. Ettemeyer, Jörg, Gustav W. Heinemanns Weg, S. 73.

16 Heinemann an seine Mutter, Brief vom 3.1.1934, AdsD NL Heinemann 46.

17 Koch, Werner, Heinemann im Dritten Reich, S. 53f.

18 Beschluss des Presbyteriums der Ev. Gemeinde Essen-Alstadt vom 19.12.1933, in: Protokoll der Presbyteriumssitzung vom 19.12.1933, Archiv der Kirchengemeinde Essen-Altstadt.

19 Heinemann, Taschenkalender 1933, 19.12.1933, AdsD NL Heinemann 026. Das Protokoll verzeichnet allerdings drei Gegenstimmen und drei Enthaltungen.

20 Strohm, Die Kirchen im Dritten Reich, S. 40.

21 Kanzelabkündigung, 14.1.1934, zit.n. Riemenschneider, »Wir leben von Gott, nicht von den Menschen.« Gustav Heinemann in der Bekennenden Kirche, in: Thierfelder, Jörg/Riemenschneider, Matthias (Hg.), Gustav Heinemann. Christ und Politiker, Karlsruhe 1999, S. 74–117, S. 81.

22 Graeber, Friedrich, Predigt am 9.4.1933, zit.n. Gehring, Heinrich, Leben in einer bekennenden Gemeinde: Gustav Heinemann und Friedrich Graeber in der Essener Altstadt-Gemeinde, in: Mohr, Rudolf (Hg.), »Alles ist euer, ihr aber seid Christi«: Festschrift für Dietrich Meyer, Köln 2000, S. 681–689, S. 684.

23 Steinberg, Hans-Josef, Widerstand und Verfolgung in Essen 1933–1945, Hannover 1969, S. 156.

24 Presbyteriumsprotokolle der Gemeinde Essen-Altstadt, Sitzung am 13.1.1934, Archiv der Gemeinde Essen-Altstadt.

25 Presbyteriumsprotokolle, Sitzung am 13.1.1934, Archiv der Gemeinde Essen-Altstadt.

26 Protokoll der Presbyteriumssitzung am 9.2.1934, Archiv der Gemeinde Essen-Altstadt. Vgl. Ettemeyer, Kirchenkampf, 1993, S. 76f.

27 Heinemann, Stellungnahme zur Auflösung des Presbyteriums, 6.3.1934, Hs Ms, AdsD NL Heinemann 115, auch die folgenden Zitate. Taschenkalender, AdsD NL Heinemann, 026.

28 Heinemann, Brief an seine Mutter, Januar 1934, AdsD NL Heinemann 046 (Herv. im Original).
29 Heinemann, Brief an seine Mutter, Anfang Januar 1934, AdsD NL Heinemann 046.
30 Flugblatt »Unser Kampf um das Evangelium und um das Recht der Kirche«, unterzeichnet u. a. von den Pfarrern Böttcher, Busch, Reinhardt und den Presbytern Brandenburger, Breull und Heinemann, ca. April 1934, AdsD NL Heinemann 115.
31 Ettemeyer, Jörg, Gustav W. Heinemanns Weg S. 93.
32 Gehring, Heinrich, Leben in einer Bekennenden Gemeinde. S. 688.
33 Heinemann, Brief an Wilhelm Niemöller, 26.5.1970, AdsD NL Heinemann 06, vgl. Koch, Werner, Heinemann im Dritten Reich, S. 40 f.
34 Friedrich Graeber, Schreiben an das Evangelische Konsistorium der Rheinprovinz zu Koblenz, Essen, 14.4.1934, Archiv des Kirchenkreises Essen, Nr. 282.
35 Graeber, Friedrich, Kirchenlieder, Archiv des Kirchenkreises Essen, Nr. 279.
36 Heinemann, Erklärung gegenüber Konsistorialrat Jung, 16.4.1934, zit. n. Ettemeyer, Heinemanns Weg im evangelischen Kirchenkampf, S. 96.
37 Ufer, Albrecht, (Erinnerungen an Entstehung und Wachstum der Presbyterianergemeinde), Ms, zit. n Ettemeyer, Heinemanns Weg im evangelischen Kirchenkampf, S. 97.
38 Heinemann an Pfarrer Lemmer, 8.11.1934, Archiv des Kirchenkreises Essen, 37/5–5/128.
39 Gehring, Leben in einer Bekennenden Gemeinde, S. 684 f.
40 Beschluss des Evangelischen Oberkirchenrats, Düsseldorf, 17.5.1935, Archiv des Kirchenkreises Essen, Nr. 281 (11–4).
41 Quitmann, Brief an Heinemann, 6.11.1935, zit. n. Ettemeyer, 1993, S. 100.
42 Gehring, Leben in einer bekennenden Gemeinde, Köln 2000, S. 689.
43 Norden, Günther van, Politischer Kirchenkampf. Die rheinische Provinzialkirche 1934–1939, Bonn 2003, S. 45.
44 Schreiben von Heinemann und Plath, Essen 17.3.1934, zit. n. Ettemeyer, 1993, S. 90.
45 Brief Heinemanns an Reichsmarschall Göring, 14.2.1943, zit. n. Koch, Heinemann im Dritten Reich, S. 178.
46 Gestapo Düsseldorf, Schreiben vom 12.5.1939, Landesarchiv NRW, Gestapoakten, Sign. 12 512.
47 Staatspolizeileitstelle Düsseldorf an Reichssicherheitshauptamt – IV – in Berlin, 31.7.1940, Landesarchiv NRW, Gestapoakten, Sign. 12 512.
48 Friedrich Graeber, Predigt auf der »1. Rheinischen Bekenntnissynode« in Barmen, 18.2.1934, zit. n. Koch, W., Heinemann im Dritten Reich, S. 37.
49 Rundschreiben der »Freien Evangelischen Synode im Rheinland«, 15.5.1934, zit. n. Koch, W., Heinemann im Dritten Reich, S. 58.
50 Heinemann, Brief vom 13.2.1934, zit. n. Ettemeyer, Jörg, 1993, S. 83.
51 Protokoll der Bruderratssitzung vom 21.2.1934, AdsD NL Heinemann 271.
52 Interview mit Barbara Wichelhaus, geb. Heinemann, 26.8.2006.
53 Vgl. die Exzerpte und Anmerkungen u. a. zu Schlatters Abhandlungen »Der Glaube im Neuen Testament«, »Die philosophische Arbeit seit Cartesius«, AdsD NL Heinemann Teil 1 189.
54 Neuer, Werner, Adolf Schlatter. Ein Leben für Theologie und Kirche, Stuttgart 1996, S. 570 f.
55 Schlatter, Adolf, Die Theologie des Neuen Testaments und die Dogmatik, in: Ders., Zur Theologie des Neuen Testaments und zur Dogmatik. Kleine Schriften, München 1969, S. 240.
56 Schlatter, Adolf, Erfolg und Mißerfolg im theologischen Studium, in: Ders.: Kleine Schriften, 1969 S. 271.

57 Schlatter, Adolf, Noch ein Wort über den christlichen Dienst, in: Ders., Kleine Schriften, 1969, S. 112.
58 Schlatter in einem Brief an seine Schwester Dora, 17.8.1876, zit. n. Neuer, Werner, Adolf Schlatter, 1996, S. 100.
59 Neuer, Werner, Adolf Schlatter, 1996, S. 675 f.
60 Schlatter, Adolf, Was fordert die Lage unseres Volkes von unserer evangelischen Christenheit?, in: Ders.; Gesunde Lehre. Reden und Aufsätze, Velbert 1929, S. 303–318.
61 Ebd., S. 303.
62 Interview mit Barbara und Manfred Wichelhaus, 26.8.2006.
63 Heinemann, hs. Aufzeichnungen, undatiert (um 1938), AdsD Nl Heinemann Teil 180.
64 Vgl. die ausführlichen Exzerpte Heinemanns, AdsD NL Heinemann 0189.
65 Röpke an Heinemann, 13.10.1935, AdsD NL Heinemann 010.
66 Heinemann an Röpke, 24.12.1935, AdsD NL Heinemann 010 (Hervorhebungen im Original).
67 In einem Brief an Heinemann schildert Röpke die hervorragenden Arbeits- und Lebensbedingungen in Genf. »Diese Angaben werden genügen, um Dir einen Eindruck von der Unternehmung zu verschaffen und Dir begreiflich zu machen, dass etwas Besseres und Schöneres für mich überhaupt nicht vorstellbar ist.« Röpke an Heinemann, 24.3.1937, zit. n. Röpke, Wilhelm, Briefe 1934–1966. Der innere Kompass, Zürich 1976, S. 27 f.
68 Röpke an Heinemann, 10.10.1938, AdsD NL Heinemann, Teil 1, Allg. Korrespondenz. Vgl. die Erinnerungen des Juristen und Literaturwissenschaftlers Hans Mayer, der in den dreißiger Jahren zusammen mit Wilhelm Röpke am Genfer »Hochschulinstitut für Internationale Studien« arbeitete. Über Röpke schreibt Mayer: »Ein gut aussehender, verhältnismäßig junger deutscher Professor, selbstgefällig zugleich und hilfsbereit. Ziemlich rechthaberisch …«, Mayer, Hans, Ein Deutscher auf Widerruf. Erinnerungen, Bd. 1, Frankfurt a. M. 1982, S. 200.
69 Barmer Theologische Erklärung, vgl. Religion in Geschichte und Gegenwart, Bd. 1, Tübingen 1998, Sp. 1112–1115.
70 Koch, W., Heinemann im Dritten Reich, S. 61.
71 Heinemann, biographische Gespräche, Teil 11 AdsD NL Heinemann Teil 2 037 b.
72 Heinemann, Taschenkalender, 23.12.1933, AdsD NL Heinemann 026.
73 Heinemann, Verteidigungsrede im Prozess gegen Prof. Dr. Otto Bossert vor dem Sondergericht in Essen, 6.1.1934, AdsD NL Heinemann 0418.
74 Heinemann, Gnadengesuch für Otto Bossert (Nachtrag), 23.1.1934, AdsD NL Heinemann 0418.
75 Heinemann, Taschenkalender, 21.3.1934, AdsD NL Heinemann 026; Ettemeyer vermutet, dass Heinemann in Berlin mit Ministerialrat Karl Krug verhandelte. Vgl. Ders. Heinemanns Weg, 1993, S. 52.
76 Heinemann an seine Mutter, Anfang Januar 1934, AdsD NL Heinemann Pers. Korr. 046.
77 Viktor Niemeyer, Tagebuch, 31.12.1933, zit. n. Ettemeyer, Jörg, Heinemanns Weg im Kirchenkampf, S. 44 f.
78 Ettemeyer, Heinemanns Weg im evangelischen Kirchenkampf, 1993, S. 48.
79 Heinemann, Biographische Gespräche, Teil 8, AdsD NL Heinemann Teil 2 037 b.
80 Heinemann, Erklärung zu den Gründen des Rückzugs von allen Ämtern in der Bekennenden Kirche, August 1938/April 1939, AdsD NL Heinemann 06 (auch die folgenden Zitate).
81 Entnazifizierungsakte Gustav Heinemann, Anlage IV, Landesarchiv NRW NW 1035–08023.
82 Ettemeyer, Heinemanns Weg im evangelischen Kirchenkampf, 1993, S. 235.

83 Heinemann an Wilhelm Niemöller, 1.6.1970, AdsD NL Heinemann 06; Gehring, Heinrich, Leben in einer Bekennenden Gemeinde. 2000, S. 689.
84 Heinemann, hs. Notizen zu Joh. 15,16, Mai 1938, zit. n. Ettemeyer, 1993, S. 220-221.
85 Zit. n. Koch, W., Heinemann im Dritten Reich, 1972, S. 152, Vgl. Heinemann, Taschenkalender, 25.7.1938, AdsD NL Heinemann 026.
86 Heinemann an Humburg, 18.8.1938, AdsD NL Heinemann Allg. Korr. Zum Folgenden Koch, Werner 1972, S. 151f.
87 Heinemann, Antrittsrede als Vorsitzender des CVJM Essen, 4.4.1937, abgdr. in: Koch, Werner, Heinemann im Dritten Reich, 1972, S. 211–213, S. 212.
88 Ettemeyer, Heinemanns Weg im evangelischen Kirchenkampf, 1993, S. 199 f.
89 Äußerungen des Essener CVJM-Vorstands und des Vorsitzenden der Arbeitsgemeinschaft der CVJM, Otto Eismann, zit. n. Ettemeyer, Heinemanns Weg im evangelischen Kirchenkampf, 1993, S. 202 f.
90 Koch, W., Heinemann im Dritten Reich, 1972, S. 189.
91 Heinemann, »Erklärung« für Heinrich Pietsch, 15.1.1946. In dieser »Erklärung« bescheinigt Heinemann dem früheren NSDAP-Funktionär ein korrektes Verhalten gegenüber ihm und dem gesamten CVJM. AdsD NL Heinemann Teil 2 0620.
92 Heinemann an Werner Koch, 11.1.1971, zit. n., Koch, Heinemann im Dritten Reich, 1972; S. 189.
93 Gesprächsprotokoll einer Unterredung zwischen H. Dammerboer und dem stellv. NSDAP-Kreisleiter. 8.5.1941, zit. n. Ettemeyer, 1993, S. 277.
94 Ettemeyer, Heinemanns Weg im evangelischen Kirchenkampf, 1993, S. 278.
95 Heinemann an Polizeirevier 15, 30.5.1940, zit. n. Ettemeyer, Heinemanns Weg im evangelischen Kirchenkampf, 1993, S. 274 f.
96 Entnazifizierungsakte von Heinemann, Anlage I, Landesarchiv NRW, NW 1035–08023.
97 Koch, W., Heinemann im Dritten Reich, 1972, S. 169; Riemenschneider, »Wir leben von Gott, nicht von den Menschen. Gustav Heinemann in der Bekennenden Kirche, 1999, S. 112 f.
98 Ettemeyer, Heinemanns Weg im evangelischen Kirchenkampf, 1993, S. 282f.
99 Ebd., S. 212 f.
100 Ebd., S. 270f.
101 Koch, W., Heinemann im Dritten Reich, 1972, S. 118 f. Ranke-Heinemann,Uta, 2007. S. 95f.
102 Heinemann an Siegfried Levy, 30.4.1949, zit. n. Ettemeyer, Heinemanns Weg im evangelischen Kirchenkampf, 1993, S. 286.

Anmerkungen zu Kapitel V. – Karriere bei den Rheinischen Stahlwerken

1 Schreiben der Rheinischen Stahlwerke an Heinemann, 18.9.1936, ThyssenKrupp Konzernarchiv, RSW/6856.
2 Vgl. die Akten zum Entnazifizierungsverfahren von Karl Mockewitz, Hugo Reckmann (NW 1035–100) und Rudolf Rixfähren im Landesarchiv Nordrhein-Westfalen, Düsseldorf.
3 Schreiben des Rheinstahl-Vorstands an I. G. Farbenindustrie, Ludwigshafen, vom 21.2.1938, unterzeichnet von den Vorständen Mockewitz, Harmann und Heinemann. Rheinstahl besteht im Zusammenhang mit einer Erweiterung des Buna-Werks Hüls in Marl auf Forderungsverzicht bei eventuellen Bergschäden. AdsD NL Heinemann, 01998.

4 Vorstand der Rheinischen Stahlwerke an den Polizeipräsidenten von Essen, 8.4.1937, WWA Dortmund, F35 Nr. 2053.
5 Seidel, Hans-Christoph, Der Ruhrbergbau im Zweiten Weltkrieg. Zechen – Bergarbeiter – Zwangsarbeiter, Essen 2010, S. 44, S. 52.
6 Syndikatsvertrag vom 17.4.1930, AdsD NL Heinemann 01998.
7 Heinemann an Karl Mockewitz, 20.2.1930, WWA Dortmund F 35, Nr. 2063.
8 Vgl. Entwurf des neuen Syndikatsvertrags mit Änderungsvorschlägen von Heinemann, Anlage an Brief von Heinemann an Karl Mockewitz, 17.2.1930, WWA F 35, Nr. 2063.
9 Wehler, Gesellschaftsgeschichte, Bd. IV, München 2003, S. 266.
10 Berghoff, Hartmut, Moderne Unternehmensgeschichte, Paderborn 2004, S. 191 f.
11 Ebd., S. 97 f.
12 Heinemann an Generaldirektor Dr. Janus, 11.2.1936; Dr. Janus an Heinemann, 21.3.1936, AdsD NL Heinemann 01998.
13 Karl Mockewitz an den Vorsitzenden des Aufsichtsrats von Rheinstahl, Geheimrat Dr. Hermann Schmitz, 3.9.1936, ThyssenKrupp Konzernarchiv, RSW/6856.
14 Angaben Heinemanns im Fragebogen zum Entnazifizierungsverfahren, Landesarchiv Nordrhein-Westfalen, 1035–08023.
15 Heinemann an Karl Mockewitz, 13.7., 18.7. und 8.7.1938, WWA Dortmund F 35, Nr. 2063.
16 Seidel, Ausländereinsatz und Zwangsarbeit im Ruhrbergbau, Essen 2005, Bd. 1, S. 75.
17 Vorstandsprotokolle, Rheinische Stahlwerke, Sitzungen vom 1.9. und 4.11.1937, ThyssenKrupp Konzernarchiv, RSW/4034.
18 Vorstandsprotokolle, Rheinische Stahlwerke, Sitzung vom 10.1.1938, ThyssenKrupp Konzernarchiv, RSW/4034.
19 Rundschreiben des Leiters der Bezirksgruppe Ruhr an die Bergwerksdirektoren, 7.7.1942, zit. n. Seidel, Ausländereinsatz und Zwangsarbeit im Ruhrbergbau, in: Tenfelde, Klaus/ Seidel, Hans-Christoph (Hg.), Zwangsarbeit im Bergwerk. Arbeitseinsatz und Zwangsarbeit im Kohlenbergbau des Deutschen Reiches und der besetzten Gebiete im Ersten und Zweiten Weltkrieg, 2 Bde., Essen 2005, Bd. 2, S. 418.
20 Vorstandsprotokolle, Rheinische Stahlwerke, Sitzung vom 28.3.1940, ThyssenKrupp Konzernarchiv, RSW/4036.
21 Vorstandsprotokolle, Rheinische Stahlwerke, Sitzung vom 21.5.1940, ThyssenKrupp Konzernarchiv, RSW/4037.
22 Seidel, Der Ruhrbergbau im Zweiten Weltkrieg, Essen 2010, S. 201 f.
23 Seidel, Ausländereinsatz und Zwangsarbeit im Ruhrbergbau, Essen 2005, S. 103.
24 Seidel, Der Ruhrbergbau im Zweiten Weltkrieg, Essen 2010, S. 400.
25 Seidel, Ausländereinsatz und Zwangsarbeit im Ruhrbergbau, Essen 2005, S. 101 f.
26 Ebd. S. 123.
27 Vgl. die Aussage eines früheren Lagerarztes im Lager Bottrop-Ebel vom September 1946 über 300 Kriegsgefangene aus Sevastopol. »Die Leute litten bei ihrer Ankunft fast zu 50 % an Hungerödemen …«, Dr. Leon Krings an die Direktion der Rheinischen Stahlwerke, 12.9.1946, WWA Dortmund F 35 Nr. 489.
28 Vorstandsprotokolle, Rheinische Stahlwerke, Sitzung vom 21.9.1942, ThyssenKrupp Konzernarchiv, RSW/4039.
29 Schreiben der Bezirksgruppe Ruhr an Reichsarbeitsministerium, 7.1.1943, zit. n. Seidel, Ausländereinsatz und Zwangsarbeit, S. 129.
30 Seidel, Ausländereinsatz und Zwangsarbeit im Ruhrbergbau, Essen 2005, S. 136 f.
31 Vorstandsprotokolle, Rheinische Stahlwerke, Sitzung vom 13.8.1940, ThyssenKrupp Konzernarchiv, RSW/4037.

32 Vorstandsprotokolle, Rheinische Stahlwerke, Sitzung vom 25.11.1940, ThyssenKrupp Konzernarchiv, RSW/4037.

33 Vorstandsprotokolle, Rheinische Stahlwerke, Sitzungen vom 13.8.1941 und 14.1.1942, ThyssenKrupp Konzernarchiv, RSW/4038.

34 Vorstandsprotokolle, Rheinische Stahlwerke, Sitzungen vom 14.1.1942, 19.1.1943, 7.5.1943, 18.5.1944, ThyssenKrupp Konzernarchiv, RSW/4038–4040.

35 Schreiben der Zentralwerkstatt Prosper an Vorstandsmitglied Reckmann, 1.10.1943, WWA Dortmund F 35. Nr. 491.

36 Schreiben der Abt. Verwaltung von Rheinstahl an die Wirtschaftsgruppe Brauerei und Mälzerei, Dortmund, 18.9.1944, WWA Dortmund, F 35, Nr. 491.

37 Vorstandsprotokolle, Rheinische Stahlwerke, Sitzungen vom 13.8.1941, 21.9.1942, 7.1.1944, ThyssenKrupp Konzernarchiv, RSW/4038–4040.

38 Vorstandsprotokolle, Rheinische Stahlwerke, Sitzung vom 7.5.1943, ThyssenKrupp Konzernarchiv, RSW/4040.

39 Seidel, Ausländereinsatz und Zwangsarbeit im Ruhrbergbau, Essen 2005, S. 148.

40 Vorstandsprotokolle, Rheinische Stahlwerke, Sitzungen vom 8.7. und 21.9.1943, ThyssenKrupp Konzernarchiv, RSW/4039. Nach ursprünglicher Planung des NS-Regimes sollten die ukrainischen Montanbetriebe den Reichswerken »Hermann Göring« bzw. der von diesen gegründeten Berg- und Hüttenwerksgesellschaft Ost (BHO) unterstellt werden. Als es der BHO jedoch nicht gelang, die der NS-Führung zugesagten Produktions- und Fördermengen zu erzielen, wurden die einzelnen Produktionsstätten deutschen Unternehmen als »Patenbetriebe« zugeordnet. Praktisch bestand ein Treuhänderverhältnis mit der Möglichkeit eines späteren Erwerbs. Formaljuristisch blieben die meisten ukrainischen Betriebe Teil des Sondervermögens des Deutschen Reiches. Vgl. Bähr, Johannes/Banken, Ralf/Flemming, Thomas, Die MAN. Eine deutsche Industriegeschichte, München 2008, S. 305, Wixfort, Harald/Bähr, Johannes, Die Expansion im besetzten Europa, in: Bähr, Johannes u. a., Der Flick-Konzern im Dritten Reich. München 2008, S. 431 ff.

41 Rheinische Stahlwerke an Bezirksgruppe Kohle, 2.12.1939; Schreiben vom 29.3.1943, zit. n. Seidel, Ruhrbergbau im Zweiten Weltkrieg, Essen 2010, S. 325; S. 547 f.

42 Standortarzt an Stalag VI A, Hemer, »Besichtigung des Kr.Gef. Arb. Kdos 163 R. Zeche Prosper II«, 19.1.1943; Standortarzt an Stlag VI A, Lagerarzt Hemer, »Besichtigung des Kr. Gef. Kdos. R 160, Zeche Prosper III, Bottrop, Schubertstr.«, 21.1.1943, AdsD NL Heinemann, Allg. Korrespondenz.

43 Dr. Overbeck, schriftliche Aussage vom 12.9.1946, WWA Dortmund, F 35, Nr. 489.

44 Dr. Leon Krings, schriftliche Aussage gegenüber der Direktion von Rheinstahl, 12.9.1946, WWA Dortmund, F 35, Nr. 489.

45 Bericht des früheren Lagerverwalters Teschner an Bergassessor Reckmann, Mitglied des Vorstands von Rheinstahl, 26.5.1945, WAA Dortmund, F 35, Nr. 491.

46 Seidel, Ruhrbergbau im Zweiten Weltkrieg, Essen 2010, S. 374 f.

47 Heinemann, Tagebuch, 6.4.1945, AdsD NL Heinemann Teil 2 028.

48 Heinemann, Schreiben an die Bezirksgruppe Steinkohlenbergbau Ruhr, 25.3.1944, WAA Dortmund Nr. 2052.

49 Heinemann, Tagebuchnotiz vom 28.12.1943, zit. n. Koch, W., Heinemann im Dritten Reich, S. 182. Vgl. auch die Gedenktafel am Gebäude Bismarckstraße 10 in Essen. In dem Haus befindet sich heute neben einem Gymnasium auch das Stadtarchiv Essen.

50 Heinemann an Hans A. Wieacker, Bezirksgruppe Steinkohlenbergbau Ruhr, 16.11.1943 und 28.1.1944, WAA Dortmund, F 35 Nr. 2052.

51 Heinemann an Hans A. Wieacker, Bezirksgruppe Steinkohlenbergbau Ruhr, 8.9.1942, WAA Dortmund, F 35 Nr. 2052.

52 Bergwerksverwaltung Oberschlesien GmbH der Reichswerke »Hermann Göring« an Heinemann, 5.1.1945; Heinemanns Antwortschreiben vom 18.1.1945, WAA Dortmund, F 35 Nr. 2054.
53 Rundschreiben der Bezirksgruppe Steinkohlenbergbau Ruhr, 20.3.1944, WAA Dortmund, F 35 Nr. 2052.
54 Vorstandsprotokolle, Rheinische Stahlwerke, Sitzungen vom 23.10.1941, 19.1.1943, 2.11.1943, ThyssenKrupp Konzernarchiv, RSW/4038–4040.
55 Generalsekretariat der Rheinischen Stahlwerke an das Wehrbezirkskommando Essen I, 16.1.1945, ThyssenKrupp Konzernarchiv, RSW/6856.
56 Heinemann an Karl Mockewitz, 18.7.1939, WWA Dortmund, F 35 Nr. 2063.
57 Wilhelm Röpke an Hilda Heinemann, Genf, 12.5.1939, AdsD NL Heinemann, Allg. Korrespondenz.
58 Heinemann an Röpke, 11.8.1939, AdsD NL Heinemann, Allg. Korrespondenz.
59 Heinemann an Röpke, Kopenhagen, 21.8.1939, AdsD NL Heinemann, Allg. Korrespondenz (Hervorh. im Orig.).
60 Ebd.
61 Röpke an Heinemann, Genf, 25./27.9.1939, AdsD NL Heinemann, Allg. Korrespondenz.
62 Heinemann, Brief an Tochter Uta, 2.3.1945, Privatarchiv Uta Ranke-Heinemann.
63 Heinemann an seine Mutter, 10.2.1945 AdsD NL Heinemann 047.
64 Heinemann, Tagebuch, 4.4.1945, AdsD NL Heinemann Teil 2 028.
65 Heinemann an seine Mutter, 12.3.1945, AdsD NL Heinemann 047.
66 Heinemann an seine Mutter, 2.3.1945, AdsD NL Heinemann 047.
67 Heyn, Erich, Zerstörung und Aufbau der Großstadt Essen, Bonn 1955, S. 14 ff.
68 Heyn, Erich, Zerstörung und Aufbau der Großstadt Essen, S. 25.
69 Heinemann, Tagebuch, 11.4.1945, AdsD NL Heinemann Teil 2 028.
70 Heinemann, Tagebuch, 25.4.1945, AdsD NL Heinemann Teil 2 028.
71 Weitenhagen, Holger, Pfarrer Karl Dungs – ein konsequenter Deutscher Christ in Essen-Kupferdreh, in: Gehring, Heinrich/Koppelmann, Stefan (Red.), Die Evangelische Kirche in Essen vor dem Hintergrund von »nationaler Erhebung« und nationaler Katastrophe 1930 bis 1950, Essen 2003, S. 58 f.
72 Superintendent Held an die gemeindlichen Bruderräte im Kirchnkreis Essen, 9.7.1945, Archiv des Kirchenkreises Essen, 23/4–1-6/85.
73 Protokoll der Presbyterversammlung am 13.10.1945, Archiv des Kirchenkreises Essen, 35/51-/121.

Anmerkungen zu Kapitel VI. – Heinemann als Kommunalpolitiker

1 Heinemann, Tagebuch, 18.4.1945 AdsD NL Heinemann Teil 2 028.
2 Sitzung des Rates der Stadt Essen vom 25.10.1948, Steno. Bericht, Stadtarchiv Essen, 1945-F I 2a.
3 Interview mit Peter Heinemann, 8.11.2006.
4 Pietsch, Hartmut, Militärregierung, Bürokratie und Sozialisierung. Zur Entwicklung des politischen Systems in den Städten des Ruhrgebietes 1945 bis 1948, Duisburg 1978, S. 64.
5 Heinemann, Biographische Gespräche, Teil 11, AdsD NL Heinemann Teil 2 037 b.
6 Lemmer, Ernst, Manches war doch anders, S. 220.
7 Streich, Günter/Schmidt, Ernst, »Sie machen fortgesetzt Versammlungen«. Der Neubeginn der SPD in Essen vom April 1945 bis Januar 1946, Essen 1995, S. 8.

8 Heinemann, Tagebuch, 12.4.1945 AdsD NL Heinemann Teil 2 028.
9 Wisotzky, Klaus, Die »Parias der Kriegsgesellschaft«. Aspekte des Zwangsarbeitereinsatzes in Essen, in: Zwangsarbeit in Essen, hrsg. vom Stadtarchiv Essen, Essen 2001, S. 21–46, S. 43.
10 Verhandlungen des Landtages Nordrhein-Westfalen, stenogr. Bericht über die 24.–27. Sitzung am 9. und 10. 12.1947, S. 42.
11 Heinemann, Biographische Gespräche, Teil 11, AdsD NL Heinemann Teil 2 037 b.
12 »Erklärungen« von Heinemann zur Vorlage im Entnazifizierungsverfahren, 23.9.1945; 15.1.1946; 18.3.1946, AdsD NL Heinemann Teil 2 0630.
13 Heinz Huber an Heinemann, 17.2.1947; Rudolf Rixfähren an Heinemann, 30.11.1947, AdsD NL Heinemann Teil 2 0631.
14 Heinemann, Biographische Gespräche, Teil 11, AdsD NL Heinemann Teil 2 037 b.
15 Hans Carl Nipperdey an Heinemann, 28.1.1946; 2.6.1946; 10.11.1946; 6.12.1946; AdsD NL Heinemann Teil 2 0630; Heinemann an Nipperdey, 4.1.1947, AdsD NL Heinemann Teil 2 0631.
16 Kemper, Ulrich, Die Stabilisierung der Essener Kommunalpolitik in den Jahren 1946 bis 1949, in: Das Münster am Hellweg, 34/1981, S. 50–66, S. 52.
17 Mitglieder des Entnazifizierungsausschusses für die Essener Stadtverwaltung, Stadtarchiv Essen, 1945–785.
18 Dupke, Thomas, Vom Wiederaufbau zum Strukturwandel – Essen 1945 bis 2000, in: Borsdorf, Ulrich (Hg.), Essen. Geschichte einer Stadt, Essen 2002, S. 469–452, S. 474.
19 Fragebogen zum Entnazifizierungsverfahren Gustav Heinemann, Landesarchiv NRW, Düsseldorf, NW 1035–08023.
20 Wieneke, Heinrich, Union in Essen. Einblicke in Vorgeschichte, Geschichte und Strukturen einer Großstadtpartei, Essen, 2005, S. 29.
21 Aust, Josef, 10 Jahre CDU Essen. Werden und Wirken der Kreispartei, Essen, 1956, S. 15
22 Heinemann, Rede-Manuskript, Essen, 31.3.1946, AdsD NL Heinemann, 119.
23 Heinemann, Wahlrede in Heidelberg, Sommer 1949, in: Ders., Es gibt schwierige Vaterländer ..., Reden und Schriften III, Frankfurt a.M. 1977, S. 74–84, S. 76.
24 Heinemann, Als Evangelischer in der CDU, Rede-Manuskript, Essen 16.2.1946, AdsD NL Heinemann 119.
25 Heinemann, Demokratie und christliche Kirche, Rede-Manuskript, 6.11.1946, AdsD NL Heinemann 119.
26 Heinemann, Demokratie und christliche Kirche, Rede-Manuskript, 6.11.1946, AdsD NL Heinemann 119; Wahlrede in Heidelberg, Sommer 1949, in: Ders., Es gibt schwierige Vaterländer ..., S. 79.
27 Heinemann, Rede auf einer Tagung der Arbeitsgemeinschaft für politische Verständigung und Zusammenarbeit, Essen, 10.4.1949, AdsD NL Heinemann, 122.
28 Interview-Äußerung von Heinemann 1969, zit.n. Schreiber, Hermann/Sommer, Frank, Gustav Heinemann. Bundespräsident, Frankfurt a.M. 1969, S. 90.
29 Heinemann an Röpke, 21.8.1939, AdsD NL Heinemann, Allg. Korrespondenz.
30 Schreiben an das Hauptquartier der britischen Militärregierung, Stadtkreis Essen, 13.10.1945, zit. n. Treffke, Heinemann, S. 88.
31 Wienecke, Union in Essen, 2005, S. 103.
32 Robert Pferdmenges an Heinemann, 27.1.1946, AdsD NL Heinemann, Allg. Korrespondenz.
33 Vorstandssitzung Rheinstahl, 13.8.1945, ThyssenKrupp Konzernarchiv, RSW 4042; Vorstandssekretariat an Heinemann, August 1945, RSW 6856.
34 Pietsch, Militärregierung, Bürokratie und Sozialisierung, 1978, S. 42.

35 Chronik der Stadt Essen 1946, S. 33 f.
36 Sitzung des Rates der Stadt Essen vom 6.2.1946, Steno. Bericht, Stadtarchiv Essen, 1945-F I 2a.
37 Rhein-Ruhr Zeitung, 27.8.1946, zit. n. Gleising, Günter, Heinz Renner. Eine politische Biographie, Bochum 2000, S. 108 f. Zum Folgenden Dupke, Wiederaufbau, S. 480f.
38 Sitzung des Rates der Stadt Essen vom 30.10.1946, Steno. Bericht, Stadtarchiv Essen, 1945-F I 2a.
39 Heinemann an Viktor Niemeyer, 13.11.1946, zit. n. Treffke, 2009, S. 95.
40 Headquarters Military Government, Stadtkreis Essen, Major Bartlett an OB Heinemann, 5.2.1947 Schreiben Heinemanns, Stadtarchiv Essen, 1000/2.
41 OB Heinemann an Firma Peters & Co, 16.4.1947, Stadtarchiv Essen, 1000/2.
42 Mitteilung des Stadtoberinspektors an Oberbürgermeister Renner, 15.7.1946, Stadtarchiv Essen, 1000/18.
43 Westdeutsches Volksecho, 9.7.1946, zit. n. Kemper, Die Stabilisierung der Essener Kommunalpolitik in den Jahren 1946 bis 1949, S. 57 f.
44 OB Renner an die Direktion der Krupp-Werke, 19.6.1946, Stadtarchiv Essen 1000/1.
45 Vgl. Kemper, Die Stabilisierung der Essener Kommunalpolitik in den Jahren 1946 bis 1949, S. 57 f.; Gleising, Heinz Renner, 2000, S. 104.
46 Zit n. Schröter, Hermann, Essener Nachkriegsjahre und Oberbürgermeister Dr. Dr. Gustav Heinemann, in: Das Münster am Hellweg, 22/1969, S. 25–51, S. 39.
47 Heinemann, Rundfunkansprache zur Übernahme des Justizministeramtes, 2.7.1947, Ms, AdsD NL Heinemann 120. Dupke, Wiederaufbau, 2002, S. 483.
48 Erklärung des Rats der Stadt Essen, 15.1.1947, zit. n. Schröter, Hermann, Essener Nachkriegsjahre, S. 25–51, S. 39f.
49 OB Heinemann im Rat der Stadt Essen, Sitzung am 24.9.1948, Steno. Bericht, Stadtarchiv Essen, 1945-F I 2a.
50 Gemeinsame Erklärung von OB Heinemann und des Rats der Stadt Essen, 30.4.1947, abgedr. in: Heinemann, Gustav W., Es gibt schwierige Vaterländer …, Reden und Aufsätze III, Frankfurt a. M. 1977, S. 33 f. Dazu Dupke, Wiederaufbau, 2002, S. 483f.
51 Sahlmann an OB Heinemann, 16.11.1946; OB Heinemanns Antwortschreiben, 3.12.1946, Stadtarchiv Essen, 1000/2.
52 OB Heinemann auf der Sitzung des Rats der Stadt Essen am 24.9.1948, Stenogr. Bericht, Stadtarchiv Essen, 1945-F I 2a.
53 Dupke, Vom Wiederaufbau zum Strukturwandel, 2002, S. 484.
54 Heinemann, Rückblick auf zwei Jahre Arbeit des Rats der Stadt Essen, Sitzung des Rats der Stadt Essen am 24.9.1948, Stenogr. Bericht, Stadtarchiv Essen, 1945-F I 2a (Mengenangabe in Bezug auf Geländeoberfläche. Auf der Berechnungsgrundlage »Kellersohle« (NRW-Trümmergesetz vom 23.6.1949) belief sich die Trümmermenge in Essen sogar auf rund 15, 6 Millionen Kubikmeter. Heyn, Zerstörung und Aufbau, S. 31).
55 Heyn, Zerstörung und Aufbau der Großstadt Essen, S. 74.
56 Heinemann, Rückblick auf zwei Jahre Arbeit des Rats der Stadt Essen, Sitzung des Rats der Stadt Essen am 24.9.1948, Stenogr. Bericht, Stadtarchiv Essen, 1945-F I 2a.
57 Major Bartlett an OB Heinemann, 5.2.1947, Stadtarchiv Essen, 1000/2.
58 Heyn, Zerstörung und Aufbau der Großstadt Essen, S. 75.
59 Vertreter der Siedlungsgenossenschaft Essen Ost an OB Heinemann, 17.2.1947, Headquarters Military Government an OB Heinemann, 24.2.1947, Stadtarchiv Essen, 1000/2.
60 Sahlmann an OB Heinemann, 16.11.1946, Stadtarchiv Essen, 1000/2.
61 OB Heinemann an Pfarrer Helmut Wüsthoff, 23.12.1946, Stadtarchiv Essen, 1000/2.
62 Heinemann an Lit. Col. Cowgill, 18.11.1948, Stadtarchiv Essen, 1000/18.

63 Heinemann, Rückblick auf zwei Jahre Arbeit des Rats der Stadt Essen, Sitzung des Rats der Stadt Essen am 24.9.1948, Stenogr. Bericht, Stadtarchiv Essen, 1945-F I 2a.
64 Heinemann, Rückblick auf zwei Jahre Arbeit des Rats der Stadt Essen, Sitzung des Rats der Stadt Essen am 24.9.1948, Stenogr. Bericht, Stadtarchiv Essen, 1945-F I 2a.
65 Heinemann, Brief an die Mutter, 15.10.1947, AdsD NL Heinemann, Pers. Korrespondenz.
66 Heistermann, Marion, Demontage und Wiederaufbau. Industriepolitische Entwicklungen in der »Kruppstadt« Essen nach dem Zweiten Weltkrieg (1945–1956), Essen 2004, S. 46, S. 35. »Potsdamer Abkommen«, abgedr. in: Benz, Wolfgang, Potsdam 1945, München 1986, S. 207 ff.
67 Heinemann, Memorandum der Stadt Essen für Militägouverneur Asbury, 31.12.1946, Stadtarchiv Essen, 1000/18.
68 Dupke, Wiederaufbau, S. 487, OB Heinemann an die britische Militärregierung, z. Hdn Oberst Cowgill, 30.4.1947, Stadtarchiv Essen, 1000/74.
69 Stadt Essen, Sitzung des Hauptausschusses vom 25.6.1947, Auszug aus der Niederschrift, Stadtarchiv Essen, 1000/74.
70 Entschließung des Rats der Stadt Essen vom 15.7.1947, Sitzung des Rates der Stadt Essen, Auszug aus der Niederschrift, Stadtarchiv Essen, 1000/74.
71 Gouverneur Asbury, Erklärung über die Zukunft der Kruppschen Gusstahlfabrik, Essen, 9.9.1947, Stadtarchiv Essen 1000/91.
72 Rechtsgutachten über die völkerrechtliche Zulässigkeit des Abbruchs Kruppscher Werke auf Befehl der Besatzungsmacht, verfasst vom Institut für internationales Recht und Politik an der Universität Bonn, AdsD NL Heinemann 470.
73 Regional Commissioner W. Asbury an Heinemann, 23.10.1947, (in der Anlage Stellungnahme von General Robertson), Stadtarchiv Essen 1000/91.
74 Heinemann, Verfassung und Rechtspflege, Vortrag in Marl, 16.1.1948, Ms., AdsD NL Heinemann 121.
75 Heinemann, Rede zur Landtagswahl 1947, Ms., AdsD NL Heinemann 120.
76 Zit. n. Heistermann, Demontage und Wiederaufbau, 2004, S. 174 f.
77 Zit. n. Heistermann, Demontage und Wiederaufbau, 2004, S. 178. Zur IFG, ebd., S. 191f.
78 Reisner an OB Heinemann, 24.9.1947, Stadtarchiv Essen 1000/94.
79 Reisner an OB Heinemann, 16.3.1948, Stadtarchiv Essen 1000/94.
80 Heinemann, Rede auf der Kundgebung »Die Ruhr ruft Europa«, 11.4.1948, zit. n. Schröter, Essener Nachkriegsjahre und Oberbürgermeister Dr. Dr. Gustav Heinemann, S. 46 f.
81 General Lucius D. Clay an OB Heinemann, 20.8.1948, Stadtarchiv Essen 1000/91.
82 Bericht von OB Heinemann an den Hauptausschuss, Sitzung vom 13.10.1948, Stadtarchiv Essen 1000/74.
83 Beschluss betr. die Zukunft der Krupp'schen Gusstahlfabrik, 30.11.1948, Stadtarchiv Essen, 1000/74.
84 Abelshauser, Kampf ums Überleben. Krupp 1945 bis 1951, in: Gall (Hg.), Krupp im 20. Jahrhundert, 2002, S. 456.
85 Niederschrift über die konstituierende Sitzung des Krupp-Ausschusses, Essen, 10.3.1949, Stadtarchiv Essen 1000/74.
86 Heistermann, Demontage und Wiederaufbau, 2004, S. 125.
87 Heistermann, Demontage und Wiederaufbau, 2004, S. 204ff.
88 Borsdorf, Ulrich (Hg.), Essen. Geschichte einer Stadt, Essen 2002, S. 576.
89 Heinemann, Rückblick auf zwei Jahre Arbeit des Rats der Stadt Essen, Sitzung des Rats der Stadt Essen am 24.9.1948, Stenogr. Bericht, Stadtarchiv Essen, 1945-F I 2a.
90 Sitzung des Rates der Stadt Essen am 8.11.1948, Stenogr. Bericht, Stadtarchiv Essen, 1945-F I 2a.

91 Sitzung des Rats der Stadt Essen am 24.9.1948, Stenogr. Bericht, Stadtarchiv Essen, 1945-F I 2a. Zum Folgenden Dupke, Wiederaufbau, S. 486.

92 Heinemann im Rat der Stadt Essen, zit. n. Schröter, Essener Nachkriegsjahre und Oberbürgermeister Dr. Dr. Gustav Heinemann, S. 50.

93 Heinemann, Flugblatt zur Landtagswahl in NRW, April 1947, AdsD NL Heinemann 120.

94 Heinemann, Wahlkampfrede am 4.8.1949 in Bielefeld, hs Notizen, AdsD NL Heinemann 121. Auch die folgenden Zitate.

95 Heinemann, Gegen den Fraktionszwang, (Nov/Dez. 1947), Typoskr., AdsD NL Heinemann 120.

96 Heinemann, Flugblatt zur Landtagswahl in NRW, April 1947, AdsD NL Heinemann 120.

97 Heinemann, hs Notizen für eine Wahlrede in Essen, 23.3.1947, AdsD NL Heinemann 120.

98 Heinemann, hs Notizen für Wahlrede am 4.8.1949 in Bielefeld, AdsD NL Heinemann 121.

99 Heinemann, Wahlrede, April 1947, zit. n. Heinemann, Gustav, Es gibt schwierige Vaterländer ..., S. 64 f.

100 Heinemann, Flugblatt zur Landtagswahl in NRW, April 1947, AsdD NL Heinemann 120.

101 Rede zur Landtagswahl 1947, Typoskr., AsdD NL Heinemann 120.

102 Landtag von NRW, Steno. Bericht der Sitzung am 5.8.1948, AdsD NL Heinemann 121.

103 Heinemann, Wahlrede, April 1947, in: Ders. Schwierige Vaterländer, S. 68.

104 Dieser Zusammenhang wird u. a. von Treffke, Jörg, Gustav Heinemann. Eine politische Biographie, Paderborn 2009, S. 93, vermutet.

105 Heinemann, Rundfunkansprache zur Übernahme des Justizministeramtes in Düsseldorf, 2.7.1947, Ms, AsdD NL Heinemann 120.

106 Heinemann, Abschiedsrede vor dem Rat der Stadt Essen, zit. n. Schröter, Essener Nachkriegsjahre und Oberbürgermeister Dr. Dr. Gustav Heinemann, S. 50.

107 Heinemann, Rede im Landtag von NRW, AdsD NL Heinemann 121.

108 Heinemann, Verfassung und Rechtspflege. Vortrag an der Volkshochschule Marl, 16.1.1948, Ms, AsdD NL Heinemann 121.

109 Heinemann an Wilhelm Röpke, Essen, 24.12.1935, AdsD NL Heinemann Teil 2, 010.

110 Heinemann, Was geht heute in der evangelischen Kirche vor? Vortrag, 17.12.1946, zit. n. Ders., Reden und Schriften II, Frankfurt a. M. 1976, S. 22–34, S. 32.

111 Heinemann, »Demokratie und christliche Kirche«, Vortrag vom 6.11.1946, Typosk. AdsD NL Heinemann 119.

112 Heinemann an seine Mutter, Düsseldorf, 30.6.1947, AdsD NL Heinemann, Pers. Korrespondenz.

113 Aktennotizen vom 25.7.1947 und vom 28.6.1948, ThyssenKrupp Konzernarchiv RSW/6856). Das folgende Zitat, Rundfunkansprache von Heinemann, Ms, AdsD NL Heinemann, 120.

114 Landtag von NRW, Steno. Bericht der Sitzung am 9. und 10.12.1947, S. 42 f..

115 Heinemann an Arnold, 18,5.1948, AdsD NL Heinemann Teil 1 017.

116 Heinemann, »Neun Stufen«, (Autobiographische Aufzeichnungen, (1975), Ms, AdsD NL Heinemann 037b.

117 Vgl. Treffke, Gustav Heinemann. S. 277, Anm. 112; Schwarz, Hans-Peter, Konrad Adenauer. Der Aufstieg, S. 543.

Anmerkungen zu Kapitel VII. – Innenminister im ersten Kapinett Adenauer

1 Adenauer an Heinemann, 29.6.1949, zit. n. Treffke, 2009, S. 96.
2 Heinemann an Adenauer, 7.7.1949, AdsD NL Heinemann 0771.
3 Heinemann, Biographische Gespräche, Teil 10, AdsD NL Heinemann 037b; Vgl. auch Heinemann, »Neun Stufen«, AdsD NL Heinemann 037b.
4 Heinemann an Adenauer, 3.9.1949, zit. n. Treffke, 2009, S. 97.
5 Vgl. Treffke, Heinemann, S. 97, in Absetzung von der Vermutung Müllers, dass Heinemann sich mit dem Schreiben selbst als Minister ins Spiel bringen wollte. Vgl. Müller, Josef, Die Gesamtdeutsche Volkspartei. Entstehung und Politik unter dem Primat nationaler Wiedervereinigung 1950–1957, Düsseldorf 1990, S. 32.
6 Zit. n. Treffke, Heinemann, S. 97.
7 Heinemann, Biographische Gespräche, Teil 10, AdsD NL Heinemann Teil 2 037b; Heinemann an Friedrich Graeber, 22.9.1949, AdsD NL Heinemann Pers. Korrespondenz; Heinemann, Was Dr. Adenauer vergißt, in: Frankfurter Hefte, 7/1956, S. 460.
8 Protokoll der Sitzung der CD/CSU-Bundestagsfraktion vom 14.9.1949, zit. n. Treffke, Heinemann, S. 98.
9 Heinemann, Biographische Gespräche, Teil 9, AdsD NL Heinemann Teil 2 037 b.
10 Heinmann, Aufzeichnungen über ein Gespräch mit Adenauer am 15.9.1949, AdsD NL Heinemann Teil 1 254.
11 Blankenhorn in seinem Tagebuch, »Adenauer möchte diese Entscheidung zugunsten Lehrs rückgängig machen. Vergeblich.« Zit. n. Treffke, Heinemann, 2009, S. 279.
12 Heinemann, Biographische Gespräche, Teil 10, AdsD NL Heinemann Teil 2 037b.
13 Heinemann, Aufzeichnungen über ein Gespräch mit Adenauer am 15.9.1949, AdsD NL Heinemann Teil 1 254.
14 Heinemann an Gertrud Staewen, 20.1.1950, zit. n. Treffke, 2009, S. 99; Vorstand der Rheinischen Stahlwerke an Heinemann, 23.9.1949, ThyssenKrupp Konzernarchiv, RSW/6856.
15 Heinemann, Was Dr. Adenauer vergisst, S. 460.
16 Heinemann auf einer Pressekonferenz am 25.10.1949, Protokoll, AdsD NL Heinemann 122.
17 Heinemann, Biographische Gespräche, Teil 10, AdsD NL Heinemann Teil 2 037 b.
18 Protokoll der 67. Kabinettssitzung vom 19.5.1950, Die Kabinettsprotokolle der Bundesregierung, bearb. von Ulrich Enders und Konrad Reiser, Bd. 2, 1950, Boppard 1984.
19 Heinemann, Versammlungsordnung, in: Münchner Merkur, 23.5.1950, AdsD NL Heinemann 026.
20 Protokoll der 97. Kabinettssitzung vom 19.9.1950, Kabinettsprotokolle Bd. 2.
21 Heinemann auf einer Pressekonferenz am 25.10.1949, Protokoll, AdsD NL Heinemann 122.
22 Protokoll der 93. Kabinettssitzung vom 31.8.1950, Kabinettsprotokolle der Bundesregierung, Bd. 2.
23 Protokoll der 38. Kabinettssitzung vom 24.1.1950, Kabinettsprotokolle der Bundesregierung, Bd. 2.
24 New York Harold Tribune, 11.12.1949, zit. n. Greschat, Martin, Protestantismus im Kalten Krieg, Paderborn 2010, S. 76.
25 Heinemann vor der CDU/CSU-Fraktion am 31.1.1950, Heinemann an den Münchener Merkur, 27.2.1950, zit. n. Treffke, Heinemann, S. 100.
26 Adenauer an Niemöller, 18.1.1950, in: Adenauer, Briefe, 1949–1951, Niemöllers Antwort vom 25.1.1950, ebd., S. 478 f. (Auszug).

27 Adenauer an Heinemann, 14.4.1950, AdsD NL Heinemann 027.
28 Protokoll der 59. Kabinettssitzung vom 21.4.1950. Jakob Kaiser, Minister für Gesamtdeutsche Fragen, der Heinemanns deutschlandpolitische Positionen wenn nicht teilte, so doch häufig nachvollziehen konnte, fehlte bei dieser Kabinettssitzung, so dass Heinemann ziemlich isoliert dastand.
29 Heinemann, Aktennotiz vom 31.8.1950, AdsD NL Heinemann 0254.
30 Verhandlungen des Deutschen Bundestages, 3. Wahlperiode, Stenografischer Bericht, Sitzung vom 23.1.1958 Bd. 39, Bonn 1958, S. 393.
31 Protokoll der 64. Kabinettssitzung vom 9.5.1950, Kabinettsprotokolle der Bundesregierung, Bd. 2.
32 Heinemann, Aufzeichnungen über Kabinettsitzung vom 9.5.1950, AdsD NL Heinemann 0212.
33 Heinemann an Adenauer, 26.5.1950, AdsD NL Heinemann 028. Vgl. Treffke, Heinemann, S. 102
34 Adenauer an Heinemann, 10.6.1950, AdsD NL Heinemann 029.
35 Heinemann, Aufzeichnungen über Kabinettsitzung vom 9.5.1950, AdsD NL Heinemann 0212.
36 Heinemann, pro memoria an Bundeskanzler Adenauer, 11.9.1950, zit. n. Ders., Was Dr. Adenauer vergisst, in: Frankfurter Hefte 11 H 7 1956, S. 455–472, S. 460.
37 Kurzprotokoll der Sitzung der Alliierten Hohen Kommission auf dem Petersberg am 17. August 1950, Die Kabinettsprotokolle der Bundesregierung, Bd. 3, Dok. 12.
38 Memorandum des Bundeskanzlers, 29.8.1950, Kabinettsprotokolle der Bundesregierung, Bd. 3, Dok. 13.
39 Heinemann, nicht abgeschickter Briefentwurf an Adenauer, 3.9.1950, AdsD NL Heinemann 031.
40 Heinemann, Aktennotiz zu meiner Rücktritterklärung vom 31.8.1950, undatiert (wahrscheinlich um den 6.9.1950), AdsD NL Heinemann 254.
41 Greschat, Martin, Protestantismus im Kalten Krieg, Paderborn 2010, S. 81.
42 Martin Niemöller an Adenauer, 4.10.1950, Die Kabinettsprotokolle der Bundesregierung, Bd. 3, 1950, Wortprotokolle, bearb. von Ulrich Enders und Konrad Reiser, Boppard 1986, Dok. 58.
43 Adenauer, Aufzeichnung über ein Gespräch mit Innenminister Heinemann am 9.10.1950, Kabinettsprotokolle, Bd. 3 1950, Dok. 65.
44 Heinemann, Was Dr. Adenauer vergisst, S. 464.
45 Heinemann an Adenauer, 9.10.1950, Die Kabinettsprotokolle der Bundesregierung, Bd. 3, Dok. 64 abgedr. in Koch, Deutschlandfrage, S. 513-518.
46 Niederschrift einer Besprechung zwischen Vertretern der Evangelischen Kirche von Westfalen und der Evangelischen Kirche im Rheinland mit evangelischen Mitgliedern der CDU/CSU-Bundestagsfraktion am 26.9.1950, Kabinettsprotokolle Bd. 3, 1950, Dokument 52.
47 Heinemann, Ms eines Artikels im Sonntagsblatt vom 5.11.1950; die zitierte Passage wurde von der Redaktion gekürzt. Zit. n. Koch, Diether, Deutschlandfrage, 1972, S. 214, Anm. 27.
48 Heinemann, Vortrag in Bern, 9.11.1952, in: Ders., Verfehlte Deutschlandpolitik, 1966, S. 50; Heinemann, Darf der Christ zur Waffe greifen? (1953), zit. n. Müller, GVP, 1990, S. 60; vgl. dazu Brunner, Emil, Das Gebot und die Ordnungen, Tübingen 1932.
49 Heinemann an Adenauer, 9.10.1950, AdsD NL Heinemann 033.
50 Ebd.
51 Ebd.

52 Heinemann auf einer Pressekonferenz am 12.3.1952, zit. n. Müller, Josef, Die Gesamtdeutsche Volkspartei, Düsseldorf 1990, S. 186.
53 Heinemann an Adenauer, 9.10.1950, AdsD NL Heinemann 033.
54 Adenauer an Heinemann, 28.9.1950, abgedr. in: Adenauer, Konrad, Briefe 1949–1951 (Rhöndorfer Ausgabe), bearb. Von Hans Peter Mensing, Berlin 1985, S. 283.
55 Adenauer, Rede vom 20.10.1950 auf dem Parteitag der CDU in Goslar, zit. n. Koch, Heinemann und die Deutschlandfrage, 1972, S. 178.
56 Heinemann an Adenauer, 9.10.1950, Die Kabinettsprotokolle der Bundesregierung, Bd. 3, 1950, Dok. 64.
57 Adenauer, Aufzeichnung über eine Unterredung mit dem Bundesminister des Innern am 11. September 1950, abgedr. in: Adenauer, Konrad, Briefe 1949–1951, S. 278 f.
58 Heinemann an Adenauer, 9.10.1950, Kabinettsprotokolle, Bd. 3, 1950, Dok. 64.
59 Heinemann an Adenauer, 9.10.1950, Kabinettsprotokolle, Bd. 3, 1950, Dok. 64.
60 Kabinettssitzung vom 10.10.1950, Kabinettsprotokolle, Bd. 3, 1950, Wortprotokolle, S. 35.
61 Ebd., S. 36.
62 Münchner Merkur, 11.10.1950; Rheinische Zeitung, 6.9.1950.
63 Der Tagesspiegel, 12.10.1950; FAZ, 28.9.1950; zu den Pressestimmen zum Konflikt Heinemann – Adenauer vgl. die Übersicht bei Koch, Deutschlandfrage, S. 193 ff.
64 Heinemann, Kommentar zu den »Detmolder Sätzen« vom November 1947, AdsD NL Heinemann, 121.
65 Greschat, Protestantismus im Kalten Krieg, 2010, S. 83.
66 Wiggershaus, Rolf, Jürgen Habermas, Reinbek 2004, S. 50.
67 Rheinische Zeitung, 10.10.1950, zit. n. Koch, Deutschlandfrage, S. 177.
68 Asmussen, Interview mit den Kieler Nachrichten, 17.10.1950, zit. n. Koch, Deutschlandfrage, S. 211.
69 Christ und Welt, 12.10.1950; Sonntagsblatt, 5.11.1950, zit. n. Koch, Deutschlandfrage, S. 212 f.
70 Verlautbarung des Jungmännerbundes vom 13.10.1950, zit. n. Koch, Deutschlandfrage, S. 214; Verlautbarung des Bruderrats der Bekennenden Kirche vom September 1950, zit. n. Koch, Deutschlandfrage, S. 208.
71 Karl Barths offener Brief wurde am 1.11.1950 in der Zeitschrift »Unterwegs« abgedruckt; zit. n. Koch, Deutschlandfrage, S. 216 f.
72 Heinemann, Biographische Gespräche, Teil 11, AdsD NL Heinemann, 37b.
73 Die Welt, 8.12.1950, zit. n. Koch, Deutschlandfrage, S. 217.
74 Heinemann an Helmut Thielicke, 28.9.1959, zit. n. Treffke, Heinemann, 2009, S. 106.
75 Heinemann, hs. Notiz (um 1965), AdsD NL Heinemann 040.
76 Dehler an Heinemann, 10.10.1950, AdsD NL Heinemann 033.
77 Diether Posser, Brief an Heinemann, zit. n. Lindemann, Heinemann. S. 143.
78 Röpke an Heinemann, 22.10.1950, AdsD NL Heinemann 040.
79 Niemöller an Heinemann, 21.11.1950, AdsD NL Heinemann 0639.
80 Heinemann an Kling, 4.11.1950, zit. n. Treffke, 2009, S. 109.
81 Jens Daniel (d. i. Rudolf Augstein), in: Der Spiegel, 13/1951.
82 Stimme der Gemeinde, 10/1951, zit. n. Koch, Deutschlandfrage, S. 269.
83 Kirchliches Jahrbuch 1950, S. 179–186, S. 185.
84 Otto Dibelius an Heinemann, 2.1.1951, zit. n. Hoeth, Lutz, Die evangelische Kirche und die Wiederbewaffnung Deutschlands in den Jahren 1945–1958, Phil. Diss. Berlin 2008, S. 91 f.
85 Vorstand der Rheinischen Stahlwerke an Heinemann, 23.9.1949, ThyssenKrupp Konzernarchiv, RSW/6856.

86 Ernst v. Waldthausen, Protokoll einer Rede Gustav Heinemanns in Mülheim am 13.12.1950, ThyssenKrupp Konzernarchiv, RSW/6856.
87 Ernst von Waldthausen, Memorandum vom 10.1.1951 für Aufsichtsratssitzung am 12.1.1951, ThyssenKrupp Konzernarchiv, RSW/6856.
88 Ernst von Waldthausen, Aktenvermerk vom 29.10.1951, ThyssenKrupp Konzernarchiv, RSW/6856.
89 Werner Söhngen, schriftliche Erklärung vom 7.3.1951; Heinemann an v. Waldthausen, Essen 18.10.1951, ThyssenKrupp Konzernarchiv, RSW/6856.
90 »Vereinbarung zwischen Arenberg [bzw. Rheinische Stahlwerke] und Gustav Heinemann« vom 7./20.11.1951; Rheinstahl Bergbau, Aktennotiz (ca. 1961), Vergütung an Dr. Gustav Heinemann; Rheinstahl Bergbau an Gustav Heinemann, 1.3.1961, ThyssenKrupp Konzernarchiv, RSW/6856.
91 Heinemann, Biographische Gespräche, Teil 9, AdsD NL Heinemann Teil 2 Mappe 037 b
92 Treffke, Heinemann, 2009, S. 108 f..
93 Interview mit Peter Heinemann, 8.11.2006.
94 Posser, Anwalt im Kalten Krieg, München 1991, S. 14.
95 Heinemann, Biographische Gespräche, Teil 9, AdsD NL Heinemann 037 b.
96 Heinemann, Brief an Helmut Gollwitzer, 18.5.1954 AdsD NL Heinemann, pers. Korrespondenz.
97 Ebd.
98 Ebd.
99 Heinemann, Aphorismen (ca. 1952), hs. Notizen, AdsD NL Heinemann 040.
100 Heinemann, »Die Verantwortlichkeit des Menschen im politischen Leben«, Vortrag vom 23.7.1951 in Bad Boll, zit. n. Koch, D., Deutschlandfrage, S. 251.
101 Interview mit Peter Heinemann, 8.11.2006.
102 55 Jahre Zylinder, o. O. o. J. (1979), S. 5.
103 55 Jahre Zylinder, o. O. o. J. (1979), S. 35.
104 Heinemann an Otto Dürr, 27.12.1946, AdsD NL Heinemann 0630.
105 Der Essener Zylinder-Kreis besteht auch mehr als 80 Jahre nach seiner Gründung fort. Die Attraktivität der Gruppe zeigt sich nicht zuletzt darin, dass vielfach die Söhne von Mitgliedern dem Kreis beitraten. Peter Heinemann (Jg. 1936), Sohn von Gustav Heinemann, gehört dem »Zylinder« seit 1975 an.

Anmerkungen zu Kapitel VIII. – Ein Mann der Kirche

1 Heinemann, Biographische Gespräche, AdsD NL Heinemann Teil I 037b.
2 Zit. n. Besier, Gerhard/Sauer, Gerhard, Wie Christen ihre Schuld bekennen, Göttingen, 1985, S. 62.
3 Hoeth, Lutz, Die Evangelische Kirche und die Wiederbewaffnung, 2007, S. 40. Gerschat, evangelische Christenheit, 2002, S. 152.
4 Heinemann, Evangelische Kirche heute, Vortrag vor dem CVJM in Wuppertal-Barmen, 16.11.1949, abgedr. in: Ders., Glaubensfreiheit – Bürgerfreiheit. Reden und Aufsätze zu Kirche – Staat – Gesellschaft 1945–1975, Frankfurt a. M. 1976, S. 52–65, S. 55.
5 Heinemann, Vortrag »Der Christ im Alltag«, 1948, Ms, AdsD NL Heinemann 120.
6 Heinemann, Evangelische Kirche in Deutschland heute und die Wiederaufrüstung, Vortrag in der Johanneskirche in Bern, 1.12.1950, abgedr. in: Ders., Glaubensfreiheit – Bürgerfreiheit. 1976, S. 69–82, S. 71.

7 Heinemann, Vortrag »Der Christ im Alltag«, 1948, Ms, AdsD NL Heinemann 120.
8 Heinemann, Kirche der Fassade? Zwanzig Jahre nach der Stuttgarter Erklärung, in: Kirche und Mann, 10/1965, abgedr. in: Ders., Glaubensfreiheit – Bürgerfreiheit. 1976, S. 205–212, S. 211.
9 Heinemann, Vortrag in Essen-Werden, 12.9.1948, Typoskript, AdsD NL Heinemann 121.
10 Landesbischof Wurm auf der Kirchenversammlung in Eisenach, zit. n. Heinemann, Vortrag in Essen-Werden, 12.9.1948, Typoskript, AdsD NL Heinemann 121.
11 Mehlhausen, Joachim, »Fünfzig Jahre Grundordnung der Evangelischen Kirche in Deutschland. Erbe und Auftrag«, Eisenach, 15.5.1998, www.ekd./vortraege/mehlhausen.
12 Heinemann, Biographische Gespräche, Teil 13, AdsD NL Heinemann 037b.
13 Heinemann, Biographische Gespräche, Teil 13, AdsD NL Heinemann 037b.
14 Offizielle Bezeichnung »Vorsitzender des Rates für Angelegenheiten der Russisch-Orthodoxen Kirche«.
15 Heinemann an Hilda Heinemann, 19.6.1954; 23.6.1954, AdsD NL Heinemann 47.
16 Heinemann an Martin Niemöller, 12.7.1954, AdsD NL Heinemann Allg. Korr. 48.
17 Heinemann, Die Kirche im Sowjetstaat, in: Kirche und Mann, August 1954, abgdr. in: Ders.:, Glaubensfreiheit – Bürgerfreiheit, S. 133–136, S. 134.
18 Ebd., 133.
19 Heinemann an Bischof D. Heckel, 3.7.1954, AdsD NL Heinemann Allg. Korr. 48. (Auch die vorstehenden Zitate)
20 Heinemann an die Chefredaktion des »Spiegel«, 22.9.1954, AdsD NL Heinemann 0683
21 Der Spiegel, 29.9.1954.
22 Heinemann an den World Council of Churches, 14.7.1954, AdsD NL Heinemann Allg. Korr 48.
23 Heinemann, Präseswahl – zweierlei Maß? (Erklärung vor der EKD-Synode in Espelkamp, 6.3.1955), in: Ders., Glaubensfreiheit – Bürgerfreiheit. 1976, S. 141–147, S. 144f.
24 Der Spiegel, 16.3.1955.
25 Heinemann, Biographische Gespräche, Teil 14, AdsD NL Heinemann 37b.
26 Heinemann, pers. Notizen, AdsD NL Heinemann 040.

Anmerkungen zu Kapitel IX. – Gegen Wiederbewaffnung und einseitige Westbindung

1 Martin Niemöller an Heinemann, Brief vom 21.11.1950, AdsD, NL Heinemann, 0639.
2 Noack, Ulrich (Hg.), Für die Wiedervereinigung Deutschlands in Freiheit, zit. n. Koch, Deutschlandfrage, S. 237.
3 Müller, Gesamtdeutsche Volkspartei, 1990, S. 121.
4 Lindemann, Heinemann, S. 115.
5 Zit. n. Müller, Gesamtdeutsche Volkspartei, 1990, S. 123 (Herv. im Original).
6 Heinemann auf der Gründungsversammlung der Notgemeinschaft am 21.11.1951, zit. n. Müller, Gesamtdeutsche Volkspartei, 1990, S. 134.
7 Lindemann, Gustav Heinemann, 1978, S. 120.
8 Heinemann, Brief an Gerhard Hertel, 7.2.1952, AdsD NL Heinemann 0642.
9 Petition der Notgemeinschaft für den Frieden«, AdsD NL Scheu 63,
10 Heinemann, Brief an H. Schnepel, 16.7.1952, AdsD NL Heinemann 0645.
11 Heinemann, Rede in Frankfurt a. M., 7.10.1951, vgl. FAZ, 8.10.1951.

12 Heinemann, Rede vom 21.11.1951 in Düsseldorf, zit. n.: Ders., Vaterländer, S. 115–123,.
13 Heinemann, hs. Notizen zu einem Gespräch mit Rüstungsgegnern am 14.10.1951, zit. n. Müller, GVP, S. 69.
14 Heinemann, Ist eine Neutralisierung Deutschlands möglich?, in: Ders., Vaterländer, 1976, S. 109.
15 Heinemann, »Krieg unter keinen Umständen eine Lösung«, in: Kirche und Mann, 10/1951, zit. n. Müller, GVP, S. 73.
16 Heinemann, Hs. Notizen zu einer Rede vom 24.7.1951 in Frankfurt/M., AdsD NL Heinemann 128.
17 Vgl. die bei Koch zitierten Artikel aus FAZ und Stuttgarter Zeitung vom Januar/Februar 1951, Koch, Deutschlandfrage, S. 245 f.
18 Heinemann, Was heißt Neutralisierung?, in: Stuttgarter Zeitung, 27.2.1951, zit. n. Koch, Deutschlandfrage, S. 244.
19 Loth, Wilfried, Die Sowjetunion und die deutsche Frage, Göttingen 2007, S. 102 ff.
20 Heinemann an Otto Nuschke, 14.4.1951, AdsD NL Heinemann 38.
21 Heinemann, Ms »Zur deutschen Frage«, August 1951, AdsD NL Heinemann 128.
22 Müller, Gesamtdeutsche Volkspartei, S. 78.
23 Heinemann, Ms »Zur deutschen Frage«, August 1951, AdsD NL Heinemann 128.
24 Heinemann, Ms für Rede am 5.9.1951, AdsD NL Heinemann 129.
25 Müller, Gesamtdeutsche Volkspartei, S. 76.
26 Heinemann, Ms für Rede am 5.9.1951, AdsD NL Heinemann 129.
27 Heinemann, Kirche und Mann, 10/1951, S. 12; vgl. auch Gallus, Alexander, Von Heinemann bis Havemann. Dritte Wege in Zeiten des Kalten Krieges, in: Deutschland-Archiv, in: Deutschland-Archiv, 3/2007,S. 422–430.
28 Heinemann, Stimme der Gemeinde, 4/1951, S. 2.
29 Dass die sowjetische Führung nach 1945 zu einer rationalen, die eigenen Interessen nüchtern abwägenden Politik (Kosten-Nutzen-Analyse) durchaus bereit und in der Lage war, verdeutlichen auf Basis neu erschlossener Quellen etwa die Untersuchungen von Wilfried Loth, (Die Sowjetunion und die deutsche Frage, 2007) und Geoffrey Roberts (Molotov. Stalin's Cold Warrioer, 2012). Allerdings standen die Rolle Stalins und die Machtkämpfe nach dessen Tod einer Umsetzung derartiger strategischer Konzeptionen oftmals im Wege.
30 Lemmer an Wessel, Brief vom 17.11.1951, AdsD NL Wessel 185.
31 Müller, Gesamtdeutsche Volkspartei, S. 132.
32 Treffke, Heinemann, S. 117f.
33 Koch an Heinemann, 17.11.1951, zit. n. Treffke, Heinemann, S. 118.
34 Heinemann an Ollenhauer, 27.12.1951, AdsD NL Heinemann, 41 Heinemann an Niemöller, Dez. 1951, AdsD NL Heinemann 41, Ollenhauer an Heinemann, 10.1.1952 und Antwort Heinemanns vom 12.1.1952, in der er noch einmal die strikte Abgrenzung gegenüber den Kommunisten betont, AdsD NL Heinemann, Allg. Korr. 42.
35 So in der Süddeutschen Zeitung, 22.9.1951, zit. n. Müller, Gesamtdeutsche Volkspartei, S. 81.
36 Heinemann, Brief an seine Schwägerin Gertrud Staewen, 20.1.1950. Der Brief bezieht sich nicht direkt auf das Verhältnis zur Katholikin Wessel, sondern allgemein auf die Frage einer politischen Zusammenarbeit mit Vertretern des Katholizismus. Zit. n. Koch, Deutschlandfrage, S. 105.
37 Nachrichten der Notgemeinschaft Nr. 1, zit. n. Müller, GVP, S. 152 f.
38 Müller, GVP, S. 139.
39 Petition der Notgemeinschaft, Januar 1952, AdsD NL Scheu 63.

40 Petition der Notgemeinschaft, Januar 1952, AdsD NL Scheu 63. Vgl. Müller, GVP, S. 155.
41 Aachener Nachrichten, 2.2.1952, Zit. nach Friese, Wessel, S. 215.
42 Heinemann, in: Nachrichten der Notgemeinschaft für den Frieden Europas, Sept. 1952, zit. n. Müller, Gesamtdeutsche Volkspartei, S. 147.
43 Verhandlungen des Deutschen Bundestages, Steno. Protokolle, 1. Wahlperiode, Sitzung vom 7.2.1952, S. 8124.; FDP-Pressedienst, Tagesspiegel, 30.1.1952; CDU-Pressedienst, »Union in Deutschland«, 9.2.1952, zit. n. Koch, Deutschlandfrage, S. 284.
44 Friese, Helene Wessel, 1993, S. 218.
45 Heinemann an Eugen Gerstenmaier, 5.10.1957, AdsD NL Heinemann 61; Heinemann wiederholte diesen Vorwurf u. a. in der Bundestagsrede vom 23.1.1958, Verhandlungen des Deutschen Bundestages, 3. Wahlperiode, Steno. Berichte Bd. 39, Bonn 1958, S. 401–407.
46 Adenauer, Teegespräche, zit. n. Stöver, Kalter Krieg, S. 382.
47 Helene Wessel, in: Wochenbericht des Arbeitskreises für deutsche Verständigung, 17.3.1952, zit. n. Müller, Gesamtdeutsche Volkspartei, S. 189 f.
48 Heinemann auf einer Pressekonferenz, Ende März 1952, zit. n. Müller, GVP, S. 183.
49 Heinemann, Rede in Dillenburg, in: Dill-Zeitung, 20.10.1952, zit. n. Müller, GVP, S. 193.
50 Zur »Täuschungsmanöver-These« vgl. Ruggentahler, Peter (Hg.), Stalins großer Bluff., München 2007; zur Gegenthese vgl. insbesondere Loth, Wilfried, Stalins ungeliebtes Kind. Warum Moskau die DDR nicht wollte, München 1996 und Ders., Die Sowjetunion und die deutsche Frage. Studien zur sowjetischen Deutschlandpolitik, Göttingen 2007; Roberts, Geoffrey, Molotov. Stalin's Cold Warrior, Dulles/Virginia 2012.
51 Stimme der Gemeinde, 7/1952, S. 199 f., zit. n. Müller, Gesamtdeutsche Volkspartei, S. 171.
52 Scheu, Rundbrief vom 6.6.1952, AdsD NL Scheu, 352.
53 Bodensteiner, Hans, Die deutsche Aufrüstung, 1952, zit. n. Müller, Josef, Gesamtdeutsche Volkspartei, S. 213.
54 Scheu, Rundschreiben, 6.6.1952, AdsD NL Scheu, 352.
55 Heinemann an Karl Barth, 23.10.1952, zit. n. Müller, GVP, S. 235.
56 Interview mit Erhard Eppler, 3.5.2007.
57 Friese, Helene Wessel, 1993, S. 228.
58 Niederschrift über die Tagung in Mülheim/Ruhr vom 18./19.10.1952, AdsD NL Scheu 352.
59 Niederschrift über die Tagung in Mülheim/Ruhr vom 18./19.10.1952, AdsD NL Scheu 352.
60 Scheu, Adolf, Wie man eine Partei gründet«, in: Aus vergangenen Tagen, Privatdruck zum 70. Geburtstag von Heinemann, 1969, (o. S.),zit. n. Müller, Gesamtdeutsche Volkspartei, 1990, S. 232 f.
61 Niederschrift über die Tagung in Mülheim/Ruhr vom 18./19.10.1952, AdsD NL Scheu 352.
62 Protokoll einer Besprechung in Darmstadt am 3.11.1952, AdsD NL Wessel 226.
63 Protokoll einer Besprechung in Darmstadt am 3.11.1952, AdsD NL Wessel 226.
64 Protokoll einer Vorbereitungssitzung in Neu-Isenburg am 12.11.1952, AdsD NL Wessel 226.
65 Posser an Mochalski, Essen, 11.7.1953, AdsD NL Wessel 226.
66 Zit. n. Müller, GVP. S. 242; Wessel, Entwurf für Manifest, AdsD NL Scheu 91.
67 Protokoll der Gründungsversammlung der Gesamtdeutschen Volkspartei in Frankfurt/Main, 29.11.1952, AdsD NL Scheu 352.
68 Eppler im Gespräch mit Faerber-Husemann, in: Faerber-Husemann, Renate, Der Querdenker. Erhard Eppler, Bonn 2010, S. 56.

69 AdsD NL Wessel 213 Müller, Gesamtdeutsche Volkspartei, S. 246 f.
70 Müller, Gesamtdeutsche Volkspartei, S. 246.
71 Manifest der GVP, AdsD NL Wessel 211.
72 Manifest der GVP, AdsD NL Wessel 211.
73 Manifest der GVP, S. 11; AdsD NL Wessel 211; Vgl. auch Heimann, Siegfried, Die Gesamtdeutsche Volkspartei, in: Stöß, Richard (Hg.), Parteienhandbuch, 1984, S. 1488.
74 Müller, Gesamtdeutsche Volkspartei, S. 261.
75 Manifest der GVP AdsD NL Wessel 211.
76 Wessel, Zur Außenpolitik, in: Manifest der GVP, AdsD NL Wessel 211.
77 Heinemann an Bensch, 8.2.1954, zit. n. Müller, Gesamtdeutsche Volkspartei, S. 265.
78 Manifest der GVP, AdsD NL Wessel 211.
79 Manifest der GVP, AdsD NL Wessel 211.
80 Scheu, Protokoll einer vorbereitenden Besprechung vom 3.11.1952, AdsD NL Wessel, 226.
81 Eppler an Bodensteiner, Nov. 1952, AdsD NL Wessel 211.
82 Bodensteiner auf der Gründungsversammlung, 30.11.1952, in: Manifest der GVP, S. 18.
83 Manifest der GVP, AdsD NL Heinemann 648. Vgl. Treffke, 2009, S. 130.
84 Wirtschaftsprogramm der GVP, in: Gesamtdeutsche Rundschau, Nr. 31, 1953. AdsD NL Heinemann 663.
85 Mooser, Liberalismus und Gesellschaft nach 1945. Soziale Marktwirtschaft und Neoliberalismus am Beispiel von Wilhelm Röpke, in: Hettling/Ulrich (Hg.), Bürgertum nach 1945, 2005, S. 146; Henneke, Wilhelm Röpke, 2005, S. 182.
86 Heinemann auf einer Vorstandsitzung der GVP, 4.6.1953, zit. n. Müller, Gesamtdeutsche Volkspartei, S. 257.
87 Gesamtdeutsche Rundschau, Nr. 25, Juli 1953, S. 7.
88 Scholl, Rede auf der GVP-Gründungsversammlung, 30.11.1952, AdsD NL Scheu 352.
89 Manifest der GVP, vgl. Treffke, Heinemann, S. 126.
90 Eppler an Präsidium der GVP, 26.3.1956, zit. n. Treffke, Heinemann, 2009, S. 127. Zum Zeitpunkt des Schreibens hatte sich Eppler von der GVP nicht zuletzt wegen ihrer notorischen Erfolglosigkeit bei den Wählern innerlich bereits ab- und der SPD zugewandt. Gleichwohl ist seine Einschätzung keine »Abrechnung« mit der GVP, sondern gibt ihren Charakter treffend wieder.
91 Überblick bei Koch, Deutschlandfrage, S. 385 f.
92 Stuttgarter Zeitung, 2.12.1952, AdsD NL Wessel 213.
93 Müller, GVP, 1990, S. 271; Treffke, Heinemann, 2009, S. 131.
94 Heinemann an einen Unterstützer der GVP, 30.3.1953, zit. n. Koch, Deutschlandfrage, S. 380.
95 Brief des GVP-Präsidiums an den britischen Hohen Kommissar Sir Ivone Kirkpatrick, 13.3.1953 (gleichlautende Briefe an die anderen drei Hohen Kommissare, Kopien an die Regierungen der Bundesrepublik Deutschland und der DDR), AdsD NL Wessel, 226.
96 GVP-Nachrichten, 9/1953, Vgl. Müller, GVP, S. 310.
97 Wessel, Brief vom 21.3.1953, zit. n. Müller, GVP, S. 310.
98 Protokoll des Bundesparteitags der GVP vom 6./7.6.1953, AdsD NL Wessel 239.
99 Heinemann an den GVP-Bundesvorstand, 13.4.1953, zit. n. Treffke, Heinemann, S. 132.
100 Müller, GVP, S. 275.
101 »Essener Vereinbarung vom 12.4.1953«, AdsD NL Scheu 23, vgl. Treffke, Heinemann, S. 132.
102 Müller, GVP, S. 277, Treffke, Heinemann, S. 151.

103 Kooperationsvereinbarung mit dem Evangelischen Volksdienst vom 15.6.1953, AdsD NL Wessel 226.
104 Heinemann, Aktennotiz über Besprechungen in Hamburg am 17.1.1953, AdsD NL Wessel 226.
105 Satzung der GVP, § 4; § 6, vgl. Koch, Deutschlandfrage, S. 380.
106 Protokoll der GVP-Präsidiumssitzung vom 3.3.1953 AdsD NL Wessel 226.
107 Das freie Wort, 2.5.1953, zit, n. Müller, GVP, S. 277.
108 Gollwitzer an Heinemann, 17.7.1953, AdsD NL Heinemann 46.
109 Die Tat, 13.12.1952, zit. n. Koch, Deutschlandfrage, S. 386 f.
110 Heinemann an die Redaktion von »Die Tat«, 16.12.1952, zit. n. Koch, Deutschlandfrage, S. 387.
111 Härtling, Peter, Leben lernen. Erinnerungen, Köln 2003, S. 188 f.
112 Vgl., vor allem Treffke, Heinemann, 2009, S. 134 ff.
113 FAZ, 12.5.1953 zit. n. Treffke, Heinemann, S. 134.
114 Neue Presse (Coburg), 21.4.1953, zit. n. Treffke, Heinemann, S. 135.
115 Koch, Deutschlandfrage, S. 409.
116 Heinemann, Biographische Gespräche, Teil 15, AdsD NL Heinemann 037 b.
117 GVP-Nachrichten, 12.5.1953, Nr. 20. S. 4.
118 Bericht über Besprechung von Vertretern von GVP und BdD am 11.6.1953 in Berlin, 12.6.1953, zit. n. Treffke, Heinemann, S. 136.
119 Wahlprogramm des Bundes der Deutschen, 7.6.1953, AdsD NL Scheu 375.
120 Landesverband Nordrhein-Westfalen des BdD an den GVP-Vorstand NRW, 8.7.1953, zit. n. Treffke, Heinemann, S. 136.
121 Elfes an Scheu, 1.7.1953, AdsD NL Scheu 375.
122 Protokoll der Sitzung des Politbüros der SED vom 27.6.1953, zit. n. Treffke, Heinemann, S. 136.
123 Protokoll vom 8.7.1953, zit. n. Treffke, Heinemann, S. 137.
124 Heinemann an Mochalski, 10.7.1953, zit. n. Müller, GVP, S. 291.
125 Posser an Elfes, 11.7.1953 AdsD NL Scheu 375.
126 Müller, Gesamtdeutsche Volkspartei, S. 292.
127 »Mannheimer Erklärung« vom 19.7.1953, AdsD NL Scheu 375.
128 Scheu an Heinemann, Wessel, Wirth, Elfes, 29.7.1953, AdsD NL Wessel 226.
129 Vereinbarung zwischen dem BdD und der GVP vom 19.7.1953 AdsD NL Scheu 375; Zu den Kandidatenlisten Treffke, Heinemann, S. 295 Anm. 200.
130 Heinemann an Wolf Schenke, 20.7.1953, AdsD NL Heinemann 665.
131 Posser an Mochalski, 11.7.1953, AdsD NL Wessel 226.
132 Eppler, Komplettes Stückwerk, S. 37.
133 Lemke, Infiltrierte Sammlung, 1996, S. 219; vgl. auch Treffke, Heinemann, S. 143 f.
134 Gesamtdeutsche Rundschau, Nr. 27, 1953, S. 10; zit. n. Treffke, Heinemann, S.138.
135 Protokoll über einen Teil der Besprechung am 29. Juli 1953, AdsD NL Scheu 375.
136 »Erklärung«, AdsD NL Heinemann 667; Müller, GVP, S. 296 vgl. Heinemann, Biographische Gespräche, Teil 15, AdsD NL Heinemann 037 b (In den das Bündnis von GVP und BdD betreffenden Passagen der Gesprächstranskription ist nicht immer ganz klar, ob bestimmte Äußerungen von Heinemann oder von dem Gesprächsteilnehmer Diether Posser stammen.).
137 Berichte der Landesverbände über die Zusammenarbeit GVP und BdD, 28.8.1953, AdsD NL Scheu 375.
138 Scheu an Weber, 30.8.1953, AdsD NL Scheu 375.
139 Posser an Mochalski, 11.7.1953, AdsD NL Wessel 226.

140 Heinemann, Biographische Gespräche, Teil 15, AdsD NL Heinemann 037b.
141 Vgl. die Angaben einer Finanzaufstellung der GVP vom 24.9.1963, NL Scheu 12.
142 Müller, GVP, S. 326.
143 Schreiben an Heinemann, 5.8.1953; mit rund 25 Unterschriften, AdsD NL Heinemann 666.
144 »Die öffentliche Sache«, 1953, zit. n. Müller, GVP, S. 298.
145 Eppler, Stückwerk, S. 36, Rau, Rede auf dem Perteitag der NRW-GVP am 2.8.1953 in Herne, zit. n. Müller, GVP, S. 297.
146 Müller, GVP, S. 298f., Äußerung Heinemanns auf dem Parteitag des GVP-Landesverbands NRW am 2.8.1953 in Herne.
147 Vgl. Koch, Deutschlandfrage, S. 414.
148 Heinemann an den Vorsitzenden der Gewerkschaft ÖTV, Kummernuss, 25.8.1953, AdsD NL Heinemann 667.
149 Äußerung des Siegener Bürgermeisters, Vgl. Müller, GVP, S. 323.
150 Gesamtdeutsche Rundschau, Nr. 27, S. 10; zit. n. Müller, GVP, S. 297. Dort auch der Hinweis, dass Helene Wessel nur einige stilistische Änderungen vorgeschlagen hatte.
151 Scheu an die Leitung des BdD, 28.8.1953, AdsD NL Wessel 226.
152 Heinemann, hs Notizen, 30.8.1953, AdsD NL Heinemann 667.
153 FAZ, 28.8.1953 zit. n. Müller, GVP, S. 301 Heinemann in einer Presseerklärung vom 28.8.1953: »Wir sind keine Kommunisten und nehmen Geld, das unter Bedingungen gegeben wird, von keiner Seite an.« AdsD NL Scheu 371.
154 Heinemann, hs. Notizen (um 1954), AdsD NL Heinemann 040.
155 Müller, GVP, S. 320f.
156 Heinemann, Zur Person, Interview mit Günter Gaus, in: Heinemann, Gustav W., Plädoyer für den Rechtsstaat, Karlsruhe 1969, S. 87.
157 Heinemann, Die Dulles-Wahlen, in: Stimme der Gemeinde, 15.9.1953, abgedr. in: Heinemann, Verfehlte Deutschlandpolitik, S. 48f.
158 Zur Rhetorik des Bundestagswahlkampfs 1953, vgl. Mergel, Thomas, Propaganda nach Hitler. Eine Kulturgeschichte des Wahlkampfs in der Bundesrepublik 1949–1990, Göttingen 2010.
159 Rundschreiben des Präsidiums der GVP, September 1953, AdsD NL Wessel, 226.
160 Treffke, Heinemann, S. 140.
161 Treffke, Heinemann, S. 142ff.
162 Rundschreiben des GVP-Präsidiums, September 1953, zit. n. Müller, GVP, S. 327.
163 Biographische Gespräche, Teil 15 AdsD NL Heinemann 037b.
164 Protokoll über die Bundesvorstandssitzung der GVP am 14./15. November 1953 in Darmstadt, AdsD NL Heinemann 380.
165 Heinemann an Augstein, 14.12.1953, AdsD NL Heinemann Allg. Korr. 46.
166 Interview mit Erhard Eppler, 3.5.2007; Äußerung von Posser, in: Biographische Gespräche, Teil 15, AdsD NL Heinemann 037b.
167 Rundschreiben des GVP-Präsidiums, November 1953, AdsD NL Wessel, 226; Heinemann laut einem unautorisierten Zitat in: »Der Spiegel«, 50/1953.
168 Heinemann, Brief an Hans Gildemeister, 29.1.1954, AdsD NL Heinemann 674.
169 Protokoll der Bundesvorstandssitzung vom 30.10.1953, zit. n. Treffke, Heinemann, S. 141.
170 Rundschreiben des GVP-Präsidiums an alle LV und KV, 17.11.1953, zit. n. Müller, GVP, S. 328.
171 Churchill-Rede abgedr. in Keesing's Archiv der Gegenwart, 1953, S. 3992f.
172 GVP-Nachrichten. 20/1953, S. 8.

173 Loth, Wilfried, Die Sowjetunion und die deutsche Frage, Göttingen 2007 S. 216–220; S. 231 f.
174 Schwarz, Hans-Peter, Die Ära Adenauer 1949–1957, Stuttgart 1981, S. 214 ff.
175 Gesamtdeutsche Rundschau, 3,4/1954, S. 1.
176 Heinemann, Militärische Katastrophe oder politische Ordnung, in: Schriftenreihe der GVP 1/1954, S. 4.
177 Gesamtdeutsche Rundschau, 18.12.1953, zit. n. Schütz, Uwe, Gustav Heinemann und das Problem des Friedens im Nachkriegsdeutschland, Münster 1993, S. 168.
178 Heinemann, offener Brief an Adenauer, 23.1.1954, AdsD NL Heinemann 0674.
179 Telegramm des GVP-Landesverbandes an die britische Militärregierung, 15.1.1954, AdsD NL Heinemann 0673.
180 Zit. n. Weber, Hermann, Geschichte der DDR, München 1985, S. 256.
181 Heinemann, Die Berliner Konferenz (März 1954), abgdr. in: Ders., Deutschlandpolitik, 1966, S. 67.
182 Heinemann an Ruth Achelis-Bezzel, 24.3.1954, zit. n. Koch, Deutschlandfrage, S. 433.
183 Eppler an Heinemann, 9.5.1954, AdsD NL Heinemann 0679.
184 Eppler an Heinemann, 7.6.1954, AdsD NL Heinemann 0680.
185 Scheu, Rundschreiben an GVP-Landes- und Kreisverbände, 14.7.1954, AdsD NL Heinemann 0681. Heinemann erhielt in diesen Wochen eine Vielzahl von Ratschlägen. Ein besonders origineller erreichte ihn im Juni 1954 aus dem Ort Meckesheim. Von dort schrieb ihm ein unbekannter Sympathisant, er hoffe sehr, dass Heinemann einmal »zu dem Amt kommen (werde), für das ich Sie für besonders geeignet halte: Sie müssen der künftige Gesandte Deutschlands beim Vatikan werden!«, Brief vom 4.6.1954, AdsD NL Heinemann 0680.
186 Heinemann, Gestalt und Wandel der SPD, in: Stimme der Gemeinde, 3/1954, S. 49 ff.; Der Weg der Sozialdemokratie, abgdr. in: Heinemann, »Es gibt schwierige Vaterländer ...«, S. 252.
187 Heinemann an Eppler, 15.5.1954, AdsD NL Heinemann 0679.
188 Gesamtdeutsche Rundschau, 6.8.1954, zit. n. Schütz, Problem des Friedens, S. 172.
189 Von Heinemann verfasstes Rundschreiben des GVP-Präsidiums an die Landes- und Kreisverbände, 28.9.1954, zit. n. Schütz, Problem des Friedens, S. 172.
190 Heinemann, Neue Wegscheide, in: Gesamtdeutsche Rundschau, 37/1954, S. 1.
191 Schütz, Problem des Friedens, S. 173f.
192 Heinemann an Wessel, 18.11.1954, AdsD NL Heinemann 48.
193 Heinemann an Karl Barth, 18.11.1954, AdsD NL Heinemann 48.
194 Koch, Deutschlandfrage, S. 444.
195 Schütz, Problem des Friedens, S. 174.
196 Heinemann an Gollwitzer, 18.1.1955, AdsD NL Heinemann 49.
197 Heinemann, Rede am 29.1.1955 in der Frankfurter Paulskirche, zit. n. Schütz, Problem des Friedens, S. 175f.
198 »Deutsches Manifest«, zit. n. Keesings Arciv der Gegenwart, 1955.
199 Heinemann an Gollwitzer, 18.1.1955, AdsD NL Heinemann 49.
200 Heinemann an Albertz, 4.2.1955 AdsD NL Heinemann 0689.
201 Heinemann an Gollwitzer, 4.2.1955, AdsD NL Heinemann 0689.
202 Heinemann, Der Probefall Österreich, in: Stimme der Gemeinde, 1.5.1955, abgdr. in: Ders., Verfehlte Deutschlandpolitik, 1966, S. 88–92, S. 89.
203 Heinemann, in: Gesamtdeutsche Rundschau, 1/1955, zit. n. Schütz, Problem des Friedens, S. 177.
204 Militärische Ausklammerung, in: Gesamtdeutsche Rundschau, 28,29/1955, S. 3.

205 Heinemann, Wo bleibt nun die Wiedervereinigung? (1955), in: Heinemann, Deutschlandpolitik, S. 99.
206 Scheu, Reisebericht über Genfer Konferenz, zit. n. Schütz, Problem des Friedens, S. 179.
207 Zit. n. Schütz, Problem des Friedens, S. 179.
208 Zit. n. Koch, Deutschlandfrage, S. 456.
209 Heinemann, Stunde der Wahrheit, in: Stimme der Gemeinde, 1.5.1956, abgedr. in: Ders., Deutschlandpolitik, 1966, S. 114–119, S. 117.
210 Heinemann, Die neue Lage, (Stimme der Gemeinde, 1.10.1955), in: Ders., Deutschlandpolitik, 1966, S. 100, 104.
211 Heinemann, Stunde der Wahrheit, in: Stimme der Gemeinde, 1.5.1956, abgedr. in: Ders., Deutschlandpolitik, 1966, S. 114–119, S. 117.
212 Eppler an Heinemann, 9.5.1954, AdsD NL Heinemann 0679.
213 Eppler an Heinemann, 9.5.1954, AdsD NL Heinemann 0679.
214 Heinemann an Eppler, 15.5.1954, AdsD NL Heinemann 0679.
215 Heinemann an Eppler, 19.7.1955, zit. n. Müller, GVP, S. 383.
216 Eppler an Hans Bay, 21.4.1956, zit. n. Müller, GVP, S. 384.
217 Exposé zit. bei Scheu, Von der GVP zur SPD 1956/57 – Versuch einer Dokumentation, in: Aus vergangenen Tagen, zit. n. Müller, GVP, S. 386f.
218 Müller, GVP, S. 389.
219 Wessel, Notizen über ein Gespräch mit Willi Eichler am 20.11.1956, zit. n. Treffke, 2009, S. 156.

Anmerkungen zu Kapitel X. – Der Bürger als Sozialdemokrat – Heinemann in der SPD

1 Dann, Otto, Eine Sternstunde des Bundestages. Gustav Heinemanns Rede am 23. Januar 1958, Bonn 2008, S. 28.
2 Heinemann, SPD-Pressedienst 1963, AdsD NL Heinemann 160.
3 Heinemann, Gestalt und Wandel der SPD, in: Stimme der Gemeinde, 3/1954, abgedr. In: Ders., Es gibt schwierige Vaterländer, 1977, S. 242–254, S. 242.
4 Ebd., S. 248 f.
5 Ebd., S. 252.
6 Erler an Heinemann, 26.2.1954, AdsD NL Heinemann 47.
7 Erler an Heinemann, 14.3.1956, AdsD NL Heinemann 0690.
8 Heinemann, (Wahltaktische Überlegungen), 16.10.1956, AdsD NL Scheu 387.
9 Scheu an Wessel, 5.4.1957, zit. n. Müller, GVP, S. 391.
10 Soell, Hartmut, Fritz Erler, 1976, S. 284.
11 Müller, GVP, S. 390.
12 Heinemann an Ollenhauer, 5.2.1957, AdsD NL Scheu 387.
13 Müller, GVP. S. 391.
14 Heinemann, 9 Stufen, AdsD NL Heinemann 037b.
15 Mellies an Scheu, 17.5.1957, AdsD NL Scheu 387.
16 Zit. n. Koch, Deutschlandfrage, S. 485.
17 Schütz, Problem des Friedens, S. 188.
18 Heinemann auf einer Pressekonferenz am 28.5.1957, zit. n. Koch, Deutschlandfrage, S. 485.

19 Heinemann, Warum zur SPD? SPD-Pressedienst, 24.5.1957, abgdr. in: Dann, Sternstunde des Bundestages, S. 65–67; S. 65, S. 67.
20 Heinemann, Der programmatische Wandel der SPD. Abgedr. in: Dann, Sternstunde des Bundestages, S. 67–71, S. 68.
21 Heinemann an Arno Hennig, 18.9.1953, AdsD NL Heinemann 0668.
22 Kurt Schumacher, Rede in Kiel, 27.10.1945, in: Miller, Susanne/Potthoff, Heinrich, Kleine Geschichte der SPD, Bonn 6. Aufl. 1988, S. 357.
23 »Dürkheimer Punkte«, August 1949, abgdr. in: Miller/Potthoff, Geschichte der SPD, S. 364.
24 Sommer, Karl-Ludwig, Gustav Heinemann und die SPD in den sechziger Jahren, München 1980, S. 42.
25 Weber, Petra, Carlo Schmid 1896–1979. Eine Biographie, Frankfurt a. M. 1998, S. 498.
26 Schmid, Carlo, Vortrag im Bayerischen Rundfunk am 28.10.1953, zit. n. Weber, Carlo Schmid, S. 499.
27 Aktionsprogramm der Sozialdemokratischen Partei Deutschlands, beschlossen am 28.9.1952 in Dortmund, abgedr. in: Miller/Potthoff, Geschichte der SPD, S. 376.
28 Aktionsprogramm, erweiterte Fassung vom 24.7.1954, zit. n. Miller/Potthoff, Geschichte der SPD, S. 371.
29 Heinemann, zit. n. Schreiber, Hermann/Sommer, Frank, Gustav Heinemann. Bundespräsident, Frankfurt a. M. 1969, S. 120.
30 Heinemann in: Gesamtdeutsche Rundschau, 10.5.1957, zit. n. Schütz, Problem des Friedens, S. 332.
31 Schütz, Problem des Friedens, S. 332.
32 Sommer, Gustav Heinemann und die SPD, S. 46.
33 Treffke, Heinemann, S. 166.
34 Abgedr. in: Treffke, Heinemann, S. 20.
35 Heinemann, »Zu Protokoll, Fernsehinterview mit Günter Gaus, 3.11.1968, in: Ders., Plädoyer für den Rechtsstaat, Karlsruhe 1969, S. 81–100, S. 85.
36 Heinemann, Plädoyer im Prozess gegen Viktor Agartz vor dem Bundesgerichtshof, November/Dezember 1957, abgdr. in: Agartz, Viktor, Wirtschaft – Lohn – Gewerkschaft. Ausgewählte Schriften, Berlin 1982, S. 203–223, S. 211; S. 223.
37 Ebd., S. 213.
38 Kabinettsprotokolle der Bundesregierung, Kabinettsitzung vom 19.9.1950, S. 702 f.
39 Verhandlungen des Deutschen Bundestages, 3. Wahlperiode, Steno. Berichte, Bd. 39, Bonn 1958, S. 393.
40 Verhandlungen des Deutschen Bundestages, 3. Wahlperiode, Steno. Berichte, Bd. 39, Bonn 1958, S. 403.
41 Ebd., S. 404.
42 Ebd.,
43 Ebd.
44 FAZ, 25.1.1958.
45 Adenauer, Rundfunkansprache am 29.1.1958, zit. n. Dann, Otto, Eine Sternstunde des Bundestages, Bonn 2008, S. 60.
46 Adenauer, Konrad/Heuss, Theodor, Unter vier Augen. Gespräche aus den Gründerjahren 1949–1959, bearb. von Hans Peter Mensing, Berlin 1997, S. 262 (Gespräch am 30.1.1958).
47 Zur Wirkung der Heinemann-Rede vom 23.1.1958 vgl. Dann, Sternstunde des Bundestages. S. 13–19.
48 Heinemann an Werner Marx, 23.2.1959, zit. n., Lindemann, Heinemann, S. 184.
49 Frankfurter Rundschau, zit. n. Lindemann, Heinemann, S. 181 f.

50 Der Spiegel, 6/1958.
51 Zuschriften an Heinemann, Januar/Februar 1958, zit. n. Dann, Sternstunde des Bundestages, S. 18.
52 Heinemann, »Neutralisierung Deutschlands«, Ms, AdsD NL Heinemann 60.
53 Wilhelm Mellies an Heinemann, 17.7.1957 AdsD NL Heinemann 60.
54 Aufruf »Kampf dem Atomtod«, zit. n. Jäger, Uli/Schmid-Vöhringer, Michael, »Wir werden nicht Ruhe geben ...« Die Friedensbewegung in der Bundesrepublik Deutschland 1945–1982, Tübingen 1982, S. 20.
55 Heinemann Bundestagsrede am 25.3.1958, abgedr. in: schwierige Vaterländer, S. 293–313, S. 307.
56 Ebd.
57 Heinemann, in; Gesamtdeutsche Rundschau, zit. n. Schütz, Problem des Friedens, S. 334.
58 Gollwitzer, Helmut, Die Christen und die Atomwaffen, München 1957, zit. n. Greschat, Protestantismus im Kalten Krieg, S. 275.
59 Heinemann an Gollwitzer, 27.7.1957, zit. n. Greschat, Protestantismus im Kalten Krieg, S. 275.
60 Heinemann an M. Enaux, 4.2.1976, zit. n. Sommer, Heinemann und die SPD, S. 75.
61 Greschat, Protestantismus im Kalten Krieg, S. 279.
62 Ebd., S. 282 f.
63 Schütz, Problem des Friedens, S. 335.
64 Deutschlandplan der SPD, abgedr. in: Siegler, Heinrich von, Dokumentation zur Deutschlandfrage, Bd. 2, Bonn 1961, S. 169–174, S. 172 f.
65 Treffke, Heinemann, S. 169.
66 Godesberger Programm, beschlossen vom außerordentlichen Parteitag der SPD in Bad Godesberg vom 13.–15.11.1959, abgedr. in: Miller/Potthoff, Kleine Geschichte der SPD, S. 385–398, S. 386.
67 Heinemann an Eckmann, 20.7.1962, zit. n. Treffke, Heinemann, S. 170.
68 Entwurf für ein neues Parteiprogramm der SPD, diskutiert auf dem Stuttgarter Parteitag vom 18.–23.5.1958, zit. n. Klein, Westdeutscher Protestantismus, S. 351.
69 Godesberger Programm, a. a. O., S. 394 f.
70 Protokoll des Godesberger Parteitags, Bonn 1960, S. 277.
71 Großbölting, Thomas, Der verlorene Himmel. Glaube in Deutschland seit 1945, Göttingen 2013, S. 68.
72 Klein, Westdeutscher Protestantismus, S. 352.
73 Godesberger Programm, a. a. O., S. 388.
74 Heinemann an Johann Hinrichs, 25.11.1959, AdsD NL Heinemann II 0747.
75 Heinemann an Klaus Barner, 11.3.1959, AdsD NL Heinemann II 0746.
76 Heinemann an Fritz Korsch, 23.9.1960, AdsD NL Heinemann 79.
77 Heinemann an Helmut Thielicke, 15.6.1964, zit. n. Schütz, Problem des Friedens, S. 336.
78 Herbert Wehner, Bundestagsrede vom 30.6.1960, abgedr. in: Terjung, Knut (Hg.), Der Onkel. Herbert Wehner in Gesprächen und Interviews, Hamburg 1986, S. 251–270, S. 260.
79 Ebd., S. 270.
80 Heinemann an H. Brandt, 20.8.1960 AdsD NL Heinemann Teil I 78.
81 Heinemann an Fritz Korsch, 23.9.1960, AdsD NL Heinemann Teil I 79.
82 Schütz, Problem des Friedens, S. 206.
83 Heinemann, Kein Ja zu Atomwaffen, in: Atomzeitalter, 7/1960, zit. n. Sommer, Heinemann und die SPD, S. 76.
84 Sitzung des SPD-Parteivorstands am 9./10.1961, zit. n. Schütz, S. 213.
85 Ollenhauer an Heinemann, 30.1.1961, AdsD NL Heinemann, 0750.

86 Heinemann an Eppler, 28.11.1960, AdsD NL Heinemann 79; Lindemann, Heinemann, S. 187.
87 Sommer, Heinemann und die SPD, S. 70.
88 Heinemann an Röhrig, 24.8.1961, zit. n. Treffke, Heinemann, S. 174.
89 Heinemann an Rink, 16.1.1961, zit. n. Treffke, Heinemann, S. 174.
90 Heinemann an Quistorp, 16.8.1961, zit. n. Treffke, Heinemann, S. 174.
91 Heinemann an Otto Schwöbel, 16.1.1961, AdsD NL Heinemann Teil I 80.
92 Heinemann an Renate Riemeck, 21.8.1961, AdsD NL Heinemann Teil I 81.
93 Klein, Westdeutscher Protestantismus, S. 356. Dort auch S. 354 das Zitat aus einem Brief an Heinemann vom 21.7.1961.
94 Heinemann, Fernseh-Interview mit Günter Gaus, »Zu Protokoll«, 3.11.1968, abgedr. in: Plädoyer für den Rechtsstaat, Karlsruhe 1969, S. 81–100, S. 82.
95 Ebd., S. 84.
96 Ebd., S. 85.
97 Ebd., S. 83, S. 89.
98 Ebd., S. 93 f.
99 Ebd., S. 92.
100 Sommer, Heinemann und die SPD, S. 101 f.
101 Bildungspolitische Leitsätze der SPD, zit. n. Sommer, Heinemann und die SPD, S. 126
102 Sommer, Heinemann und die SPD, S. 130.
103 Heinemann, Verfassungsstreit um Kriegsdienstverweigerung, in: Junge Kirche 1961, zit. n. Ders., Der Frieden ist der Ernstfall, hrsg. von Martin Lotz, München 1981, S. 53–56, S. 53.
104 Heinemann, Anmerkung zum Beschluss des Bundesverfassungsgerichts vom 20.12.1960, in: Neue Juristische Wochenschrift 1961, zit. n. Ders., Unser Grundgesetz ist ein großes Angebot. Rechtspolitische Schriften, hrsg. von Jürgen Schmude, München 1989, S. 79–83, S. 82.
105 Schütz, Problem des Friedens, S. 222.
106 Heinemann, Zur Wehrdienstverweigerung aus Gewissensgründen (1968), zit. n. Ders., Unser Grundgesetz ist ein großes Angebot., S. 84–88, S. 88.
107 Verhandlungen des Deutschen Bundestages, 4. Wahlperiode, Sitzung am 12.5.1965, Steno. Bericht, S. 9123.
108 Ebd.
109 Sommer, Heinemann und die SPD, S. 152.
110 Heinemann an Mäussnest, 29.11.1966, zit. n. Treffke, Heinemann, S. 177.
111 Heinemann, Notizen zur SPD-Vorstandssitzung am 30.11.1966, zit. n. Sommer, Heinemann und die SPD, S. 154.
112 Wehner, Fernseh-Interview mit Jürgen Kellermeier, NDR, 5.1.1980, abgedr. In: Terjung, Knut (Hg.), Der Onkel, S. 161.
113 Protokoll der SPD-Fraktionssitzung vom 30.11. und 1.12.1966, zit. n.Treffke, Heinemann, S. 178.
114 Heinemann, Notizen zur SPD-Vorstandssitzung am 30.11.1966, zit. n. Sommer, Heinemann und die SPD, S. 154.
115 Protokoll der SPD-Fraktionssitzung vom 30.11. und 1.12.1966, zit. n. Treffke, Heinemann, S. 178.
116 Heinemann, »9 Stufen«, AdsD NL Heinemann 037b.
117 FAZ, 17.12.1966, zit. n. Sommer; Heinemann und die SPD, S. 155.
118 Heinemann, »9 Stufen«, AdsD NL Heinemann 037b.
119 Harm, Stine, Bürger oder Genossen? Carlo Schmid und Hedwig Wachenheim – Sozialdemokraten trotz bürgerlicher Herkunft, Stuttgart 2010, S. 112 f.

120 Erler an Carlo Schmid, 2.12.1966, zit. n. Weber, Carlo Schmid, S. 704.
121 Heinemann, Für eine ständige Weiterentwicklung des Rechts, abgedr. in: Ders., Einspruch, S. 152 f., S. 153.
122 Heinemann, Grundgesetz und Strafrechtsreform, (Bulletin des Bundesjustizministeriums, 11.1.1968), abgdr.: Ders., Unser Grundgesetz ist ein großes Angebot, S. 235–245, S. 238.
123 Heinemann, Unser rechtspolitischer Auftrag, in: Jahresbericht der Bundesregierung 1967, S. 4.
124 Heinemann, Staat und Bürger, in: Recht und Politik 1969, Abgedr. in: Ders., Unser Grundgesetz ist ein großes Angebot, S. 37–40, S. 39.
125 Ebd., S. 39 f.
126 Heinemann, Grundgesetz und Strafrechtsreform, (Bulletin des Bundesjustizministeriums, 11.1.1968), abgedr.: Ders., Unser Grundgesetz ist ein großes Angebot, S. 235–245, S. 240.
127 Heinemann, Gesamtkonzeption moderner Kriminalpolitik, Vortrag, 4.5.1968, zit. n. Sommer, Heinemann und die SPD, S. 178.
128 Heinemann, Grundgesetz und Strafrechtsreform, S. 241.
129 Wassermann, Synthese von Rechtsstaat und Sozialstaatlichkeit. Überlegungen zur Strafrechtsreform, in: Böll, Heinrich u. a. (Hg.), Anstoß und Ermutigung. Gustav W. Heinemann Bundespräsident 1969–1974, Frankfurt a. M. 1974, S. 339–356, S. 344.
130 Heinemann, »9 Stufen«, AdsD NL Heinemann 037b. Sommer, Heinemann und die SPD, S. 180.
131 Heinemann, Grundgesetz und Strafrechtsreform, S. 238.
132 Sommer, Heinemann und die SPD, S. 193.
133 Heinemann, Zur Reform des Strafrechts, in: Protestantische Texte aus dem Jahre 1967, Stuttgart 1968, S. 151–159, S. 156.
134 Ehmke, Mittendrin, S. 57.
135 Heinemann an Hägele, 24.2.1966, zit. n. Treffke, Heinemann, S. 179.
136 Heinemann, Grundgesetz und Strafrechtsreform, S. 239.
137 Heinemann, Strafe kann die Ehe nicht schützen/Gott richtet selbst, in: Düsseldorfer Nachrichten, 23.3.1967, abgedr. in: Ders., Unser Grundgesetz ist ein großes Angebot, S. 234–236, S. 235.
138 Heinemann, Grundgesetz und Strafrechtsreform, S. 239.
139 Heinemann, Zur Reform des Strafrechts, in: Protestantische Texte aus dem Jahre 1967, Stuttgart 1968, S. 151–159, S. 156.
140 Wassermann, Rudolf, Synthese von Rechtsstaat und Sozialstaatlichkeit. In: Böll, Heinrich u. a. (Hg.), Anstoß und Ermutigung. S. 347.
141 Heinemann, Strafe kann die Ehe nicht schützen/Gott richtet selbst, S. 236.
142 Ebd.
143 Heinemann, Grundgesetz und Strafrechtsreform, S. 242.
144 Ebd., S. 241 f.
145 Sommer, Heinemann und die SPD, S. 186.
146 Heinemann, Zur Barbarei zurück? Todesstrafe und Volksmeinung, in: Vorwärts, 12.10.1967, abgedr. in: Ders., Unser Grundgesetz ist ein großes Angebot, S. 255–258, S. 256 f., S. 258.
147 Heinemann, Der Gerechtigkeit Genüge tun, in: Die Welt, 16.10.1968, abgedr. in: Ders., Unser Grundgesetz ist ein großes Angebot, S. 259–262, S. 261.
148 Heinemann, Interview mit »Der Spiegel«, 36/1968.
149 Interview mit Horst Ehmke, 23.5.2006.

150 Wildt, Michael, Generation des Unbedingten, S. 833.
151 Der Spiegel, 3/1969.
152 Frommel, Monika, Taktische Jurisprudenz – die verdeckte Amnestie von NS-Schreibtischtätern und die Nachwirkung der damaligen Rechtsprechung bis heute, in: Mahlmann, Matthias (Hg.), Gesellschaft und Gerechtigkeit. Festschrift für Hubert Rottleuthner zum 65. Geburtstag, Baden-Baden 2011, S. 458 ff.
153 Pressestimmen, zit. n.: Der Spiegel, 3/1969.
154 In Romanform wurde die Affäre wieder aufgegriffen in: Schirach, Ferdinand von, Der Fall Collini, Reinbek 2011.
155 Heinemann, So will ich den unehelichen Kindern helfen, in: Eltern, 11/1966, abgedr. in: Ders., Unser Grundgesetz ist ein großes Angebot, S. 224–228.
156 Heinemann, Neue Impulse für das Recht, in: SPD Pressemitteilungen, 4.7.1967, zit. n. Sommer, Heinemann und die SPD, S. 211.
157 Verhandlungen des deutschen Bundestages, Steno. Protokolle, 5. Wahlperiode, Sitzung am 17.1.1968, S. 7557 f. Sommer, Heinemann und die SPD, S. 210.
158 Heinemann, So will ich den unehelichen Kindern helfen, S. 228.
159 Verhandlungen des deutschen Bundestages, Steno. Protokolle, Sitzung vom 13.1.1966, S. 573.
160 Heinemann, Plädoyer vor dem Bundesverfassungsgericht am 31.1.1961 zur Verfassungsbeschwerde Clemens, abgedr.: Ders., Unser Grundgesetz ist ein großes Angebot, S. 187–199, S. 189.
161 Heinemann, Grundgesetz und Strafrechtsreform, S. 239.
162 Verhandlungen des deutschen Bundestages, Steno. Protokolle, Sitzung vom 8.2.1957, zit. n. Heinemann/Posser, Kritische Bemerkungen zum politischen Strafrecht in der Bundesrepublik, NJW, 1959, abgedr. in: Ders., Unser Grundgesetz ist ein großes Angebot, S. 158.
163 Schoppen, Claudia, Vom zähen Bohren harter Bretter – Gustav W. Heinemann als Rechtsanwalt, in: Beiträge zur neueren Justizgeschichte in Essen, Düsseldorf 2002, S. 81–99, S. 91.
164 Heinemann, Das Unbehagen an der politischen Strafrechtssprechung, Rede am 18.2.1960, abgedr. in: Ders., Unser Grundgesetz ist ein großes Angebot, S. 172–186, S. 186.
165 Westdeutsche Allgemeine Zeitung, 11.11.1967.
166 Heinemann, Bundestagsrede, 29.5.1968, abgedr. in: Ders., Unser Grundgesetz ist ein großes Angebot, S. 211–213, S. 212.
167 Heinemann, Rechtsstaatliche Demokratie in Notzeiten, Rede auf der Bundeskonferenz der SPD in Bad Godesberg vom 13. Bis 15. November 1967, zit. n. Sommer, Heinemann und die SPD, S. 218.
168 Heinemann, in der Aktuellen Stunde des Bundestages am 10.5.1968, abgedr. unter dem Titel »Vorsorge für den Notfall, in: Ders. Plädoyer für den Rechtsstaat, Karlsruhe 1969, S. 57–61, S. 59.
169 Heinemann, Vorsorge für den Notfall, S. 58. Dazu auch, Foschepoth, Überwachtes Deutschland, 2012.
170 Heinemann, Rede auf dem Bundesparteitag der SPD vom 17.–21.6.1968 in Nürnberg, zit., n. Schütz, Heinemann und das Problem des Friedens, S. 236.
171 Stern, Carola, Zwei Christen in der Politik, München 1979, S. 77.
172 Heinemann, Fernsehinterview, 3.5.1968, zit. n. Sommer, Heinemann und die SPD, S. 221.
173 Schreiber/Sommer, Gustav Heinemann, S. 134.

174 Heinemann, »Was heißt Reformpolitik?«, Rede vom 8.6.1975, zit. n. Posser, Diether (Hg.), Gustav Heinemann (1899–1976). Ein Lebensbild, in: Ders. Reden und Aufsätze 1978–1988, Düsseldorf o. J., S. 499–505, S. 504.
175 Baring, Arnulf (zus. mit Manfred Görtemaker), Machtwechsel. Die Ära Brandt – Scheel, Stuttgart 1982, S. 67.
176 Kiesinger, Rundfunk- und Fernsehansprache am 13.4.1968, zit. n. Baring, Machtwechsel, S. 75.
177 Heinemann, Rundfunk- und Fernsehansprache am 14.4.1968, abgedr. in: Ders., Plädoyer für den Rechtsstaat, Karlsruhe 1969, S. 63.
178 Heinemann, Rundfunk- und Fernsehansprache am 14.4.1968, ebd., S. 64.
179 Zit. n. Baring, Machtwechsel, S. 67.
180 Heinemann, Biographische Gespräche, AdsD NL Heinemann 37b.
181 Baring, Gustav Heinemann und der Machtwechsel, in: Gustav Heinemann und seine Politik, 1999, S. 41–53, S. 47; Baring beruft sich auf eine persönliche Äußerung Heinemanns ihm gegenüber.

Anmerkungen zu Kapitel XI. – Der »Bürgerpräsident«

1 Zum Amt des Bundespräsidenten, seiner staatsrechtlichen Stellung und politischen Bedeutung vgl. Lenski, Daniel, Von Heuss bis Carstens. Das Amtsverständnis der ersten fünf Bundespräsidenten unter besonderer Berücksichtigung ihrer verfassungsrechtlichen Kompetenzen, Leipzig 2009; Jochum, Michael, Worte als Taten. Der Bundespräsident im demokratischen Prozess der Bundesrepublik Deutschland, Gütersloh 2000; Winkler, Hans-Joachim, Der Bundespräsident: Repräsentant oder Politiker?, Opladen 1976, Schwarz, Hans-Peter, Von Heuss bis Herzog, Die Entwicklung des Amtes im Vergleich der Amtsinhaber, in: Jäckel, Eberhard/Möller, Horst/Hermann, Rudolph (Hg.), Von Heuss bis Herzog, Stuttgart 1999; Ooyen, Robert Christian van/Möllers, Martin H. W. (Hg.), Der Bundespräsident im politischen System, Wiesbaden 2012. An der Universität Bielefeld befasste sich ein Forschungsprojekt in vergleichender Perspektive mit Rolle und Bedeutung des Bundespräsidenten in Deutschland und Österreich, vgl. Knies, Tobias, »Hüter der Politik«. Die deutschen Bundespräsidenten im Fokus öffentlicher Erwartungen (1949–1999), in: Steinmetz, Willibald (Hg.), »Politik«. Situationen eines Wortgebrauchs im Europa der Neuzeit, Frankfurt a. M., 2007, S. 451–478.
2 Der Spiegel, 26/1967.
3 Brandt an Kiesinger, 26/1967, zit. n. Baring, Machtwechsel, S. 43.
4 Baring, Heinemann und der Machtwechsel, in: Gustav Heinemann und seine Politik, hrsg. vom Haus der Geschichte der der Bundesrepublik, Berlin 1999, S. 41.
5 Baring, Heinemann und der Machtwechsel, S. 43.
6 Ebd., S. 42.
7 Brandt im SPD-Parteivorstand, zit. n. Schreiber, Hermann/Sommer, Frank, Gustav Heinemann. Bundespräsident, Frankfurt a. M. 1969, S. 16.
8 Brandt, Willy, Erinnerungen, Berlin [3]1989, S. 266.
9 Brandt, Erinnerungen, S. 266.
10 Donau-Post, 12.11.1968, zit. n. Treffke, Heinemann, S. 191.
11 Abendzeitung, 28.11.1968, zit. n. Treffke, Heinemann, S. 191.
12 Treffke, Heinemann, S. S. 185 f.
13 Bayernkurier, 4.3.1969, zit. n. Treffke, Heinemann, S. 192.

14 Der Spiegel, 3/1969.
15 Treffke, Heinemann, S. 193.
16 Sehr detailreich dazu und zum Folgenden Baring, Machtwechsel, S. 113 ff. Schreiber/Sommer, Gustav Heinemann, S. 32.
17 Schreiber/Sommer, Gustav Heinemann, S. 40 ff.
18 Vinke, Heinemann, S. 170, S. 140.
19 Baring, Machtwechsel, S. 121.
20 Vinke, Heinemann, S. 141.
21 Neue Zürcher Zeitung, 7.3.1969.
22 Der Spiegel, 11/1969.
23 Grass, Günter, Vorwort zu Schreiber/Sommer, Gustav Heinemann. Bundespräsident, Frankfurt a. M. 1969, S. 7.
24 Stuttgarter Zeitung, 8.3.1969.
25 Strauß, Rede auf dem Parteitag der CDU Niedersaschen, 9.3. 1969, Zit. n. Schreiber/Sommer, Gustav Heinemann. Bundespräsident, S. 53.
26 Heinemann in einem dpa-Interview, zit. n. Treffke, Heinemann, S. 199.
27 Grass, Vorwort zu Schreiber/Sommer, Gustav Heinemann. Bundespräsident, S. 7.
28 Gassert, Philipp, Kurt Georg Kiesinger. 1904–1988. Kanzler zwischen den Zeiten, München 2006,S. 689.
29 Heinemann, 9 Stufen (autobiographische Notizen, 1975), AdsD NL Heinemann 037 b.
30 Heinemann 9 Stufen (1975), AdsD NL Heinemann 037 b; Brief an Gerhard Löwenthal, 31.8.1970, ACCD NL Lemmer, I-280–146/5 (Der Fernsehjournalist Löwenthal war Schwiegersohn von Ernst Lemmer).
31 Ansprache vor dem Deutschen Bundestag, 1.7.1969, abgedr. in: Heinemann, Gustav W., Reden und Interviews, Bd. I, hrsg. vom Presse- und Informationsamt der Bundesregierung, Bonn 1970, S. 9–17, S. 10 f.
32 Ebd., S. 13 f.
33 Ebd., S. 17.
34 Brandt, Willy, Regierungserklärung vom 28.10.1969, zit. n. Baring, Machtwechsel, S. 101.
35 Faulenbach, Bernd, Das sozialdemokratische Jahrzehnt. Von der Reformeuphorie zur neuen Unübersichtlichkeit. Die SPD 1969–1982, Bonn 2011.
36 Zur Diskussion um politische Rolle und Kompetenzen des Bundespräsidenten vgl. Knies, Tobias, Hüter der Politik: Der deutsche Bundespräsident im Fokus öffentlicher Erwartungen (1949–1999), in: Steinmetz, Willibald (Hg.), »Politik«. Situationen eines Wortgebrauchs im Europa der Neuzeit, Frankfurt a. M. 2007, S. 453–478, S. 454 ff. Zur Frage der Neutralität des Bundespräsidenten und seiner Rolle als »Hüter der Politik« vgl. Ebd., S. 462 ff.
37 Vgl. Möllers, Martin H. W., Staats- und verfassungsrechtliche Kompetenzen, in: Ooyen, Robert Christian van/Möllers, Martin H. W. (Hg.), Der Bundespräsident im politischen System, Wiesbaden 2012, S. 75–98, S. 77–79; zum Begnadigungsrecht Ebd., S. 88–92.
38 Möllers, Staats- und verfassungsrechtliche Kompetenzen, S. 97 f.
39 Heinemann, Für den Fall plötzlichen Todes, in: Koch, Diether (Hg.),Einspruch. Ermutigung für entschiedene Demokraten, Bonn 1999, S. 215.
40 Hartmann, Jürgen/Kempf, Udo, Staatsoberhäupter in der Demokratie, Wiesbaden 2011, S. 119. Heinemanns Nachfolger Walter Scheel erreichte einen Beliebtheitsgrad von 75 Prozent, während dessen Nachfolger als Bundespräsident Karl Carstens nur auf 52 Prozent Zustimmung kam. Den bislang höchsten Beliebtheitsgrad eines Bundespräsidenten erreichte Richard von Weizsäcker gegen Ende seiner ersten Amtszeit mit 88 Prozent.

41 Heinemann, Interview mit der Zeitschrift Neue Gesellschaft 16. Jg., Mai 1969, S. 5–11, S. 7.
42 Heinemann, Interview mit dem Kölner-Stadt-Anzeiger, 1.9.1971, abgedr. in: Heinemann, Gustav W., Reden und Interviews, Bd. III, hrsg. vom Presse- und Informationsamt der Bundesregierung, Bonn 1972, S. 155–158, S. 158.
43 Heinemann, Radio-Interview mit dem RIAS, 22.6.1974, abgedr. in: Heinemann, Gustav W., Reden und Interviews, Bd. III, S. 181–195, S. 188.
44 Die Welt, 30.6.1969.
45 Kölner-Stadt-Anzeiger, 1.9.1971.
46 Die Zeit, 11.9.1970.
47 Der Spiegel, 27/1970, abgedr. in: Heinemann, Gustav W., Reden und Interviews, Bd. I, hrsg. vom Presse- und Informationsamt der Bundesregierung, Bonn 1970, S. 154–171, S. 165.
48 Bahn-Flessburg, Ruth, Leidenschaft mit Augenmaß. Fünf Jahre mit Hilda und Gustav Heinemann, München 1984, S. 132.
49 Vinke, Gustav Heinemann, S. 183.
50 Müller-Gerbes, Geert, in: Gustav Heinemann und seine Politik, hrsg. vom Haus der Geschichte der Bundesrepublik, Berlin 1999, S. 89.
51 Heinemann, Interview mit Der Spiegel, 27/1970, abgedr. in: Heinemann, Gustav W., Reden und Interviews, Bd. I, hrsg. vom Presse- und Informationsamt der Bundesregierung, Bonn 1970, S. 154–171, S. 162.
52 Baring, Machtwechsel, S. 59.
53 Der Spiegel, 22/1969.
54 Der Spiegel, 27/1970, vgl. Treffke, Heinemann, S. 212 f.
55 Heinemann, Eine Flamme am Brennen halten. Ansprache zum 25. Gedenktag des 20. Juli 1944, 19.7.1969, in: Heinemann, Gustav W., Reden und Interviews, Bd. I, S. 18–26, S. 25 f.
56 Zur Bedeutung von Staatsbesuchen in der Nachkriegszeit vgl. Derix, Simone, Bebilderte Politik. Staatsbesuche in der Bundesrepublik 1949–1990, Göttingen 2009, S. 46 ff.; Günther, Frieder, Heuss auf Reisen. Die außenpolitische Repräsentation der Bundesrepublik durch den ersten Bundespräsidenten, Stuttgart 2006, S. 8 ff.
57 Heinemann im Interview mit dem Saarländischen Rundfunk, 7.8.1969, zit. n. Sirges/Sanner/Pedersen, Gustav Heienmanns Versöhnungsreisen in die Niederlande und nach Dänemark und Norwegen, in: Nybole/Lundemo/Prell (Hg.), Papir vnde black – bläk och papper, 2004, S. 205–250, S. 209.
58 Sirges/Sanner/Pedersen, Gustav Heinemanns Versöhnungsreisen in die Niederlande und nach Dänemark und Norwegen, S. 209.
59 Vermerk über mündlichen Bericht des deutschen Botschafters in Den Haag, Arnold, im Auswärtigen Amt am 5.9.1969. Barch Koblenz, B 122/14997.
60 Wielenga, Friso, Vom Feind zum Partner. Die Niederlande und Deutschland seit 1945, Münster 2000, S. 271.
61 Heinemann, Fernsehinterview, 19.11.1969, zit. n. Sirges/Sanner/Pedersen, Gustav Heinemanns Versöhnungsreisen in die Niederlande und nach Dänemark und Norwegen, S. 213.
62 Vgl. Günther, Frieder, Misslungene Aussöhnung? Der Staatsbesuch von Theodor Heuss in Großbritannien im Oktober 1958, Stuttgart 2004, S. 27 ff.; Günther relativiert die negative Sicht des Besuchs.
63 Bundespräsidialamt, Referat 1, Vermerk über Gespräch mit Botschafter Arnold und Protokollchef AA, 10.9.1969, Barch Koblenz, B 122/14997.
64 Deutsche Botschaft in Den Haag an Auswärtiges Amt und Bundespräsidialamt, 7.10.1969, Barch Koblenz, B 122/14997.

65 Wielenga, Vom Feind zum Partner, S. 272.
66 Heinemann, Das Gute fördern und das Böse abwehren, in: Ders., Es gibt schwierige Vaterländer ..., Reden und Schriften III, Frankfurt a. M. 1977, S. 7 f.
67 Sirges/Sanner/Pedersen, Gustav Heinemanns Versöhnungsreisen in die Niederlande und nach Dänemark und Norwegen, S. 214.
68 Liste der deutschen Delegation für den Staatsbesuch von Bundespräsident Dr. Heinemann in den Niederlanden, Barch Koblenz, B 122/14997.
69 1891 stattete Kaiser Wilhelm II. den Niederlanden einen offiziellen Besuch ab.
70 Zit. n. Wielenga, Vom Feind zum Partner, S. 273.
71 Sicherungsgruppe an Bundespräsidialamt, Einschätzung der Gefährdungslage, 14.11.1969, Barch Koblenz, B 122/14998.
72 Zit. n. Sirges/Sanner/Pedersen, Gustav Heinemanns Versöhnungsreisen in die Niederlande und nach Dänemark und Norwegen, S. 217.
73 Sirges/Sanner/Pedersen, Gustav Heinemanns Versöhnungsreisen in die Niederlande und nach Dänemark und Norwegen, S. 220.
74 Ansprache des Bürgermeisters von Rotterdam, 25.11.1969, Ms, Barch Koblenz, B 122/14997 (Herv. im Original).
75 Ansprache des Bürgermeisters von Den Haag, 24.11.1969, Barch Koblenz, B 122/14997.
76 Heinemann, Ansprache beim Galadiner der Königin Juliana der Niederlande am 24. 11.1969, Barch Koblenz, B 122/14997. In einer ersten Version des Redemanuskripts fehlt noch die Passage über das Gefühl der »Befreiung« vieler Deutscher nach dem Ende des NS-Regimes. Auf wessen Veranlassung sie eingefügt wurde, ist nicht eindeutig ersichtlich. Offizielle Version (mit jener Passage) abgedr. in: Ders., Allen Bürgern verpflichtet. Reden des Bundespräsidenten 1969–1974, Frankfurt a. M. 1975, S. 99–101, S. 99 f.
77 Weizsäcker, Richard von, Zum 40. Jahrestag der Beendigung des Krieges in Europa und der nationalsozialistischen Gewaltherrschaft, 8.5.1985, Bonn 1985.
78 Wielenga, Vom Feind zum Partner, S. 274.
79 Ursula Andreas an Bundespräsident Heinemann, Berlin, 30.11.1969, Barch Koblenz, B 122/14998.
80 Erna Kling an Bundespräsident Heinemann, Eppelheim (bei Heidelberg), 30.11.1969, Barch Koblenz, B 122/14998.
81 Ruth und Kurt Krause an Bundespräsident Heinemann, Wiesbaden, 29.11.1969, Barch Koblenz, B 122/14998.
82 Besuchsprogramm der Königin der Niederlande in der Bundesrepublik, 26. bis 29.10.1971, Barch Koblenz, B 122/15001.
83 Derix, Bebilderte Politik, S. 156 f.
84 Zit. n. Wielenga, Vom Feind zum Partner, S. 276.
85 Süddeutsche Zeitung, 5.9.1970.
86 Berlingske Tidende, 6.6.1970, zit. n. Sirges/Sanner/Pedersen, Gustav Heinemanns Versöhnungsreisen in die Niederlande und nach Dänemark und Norwegen, S. 230.
87 Politiken, 9.6.1970: Information (Zeitschrift der Angehörigen der dänischen Widerstandsbewegung), 9.6.1970, zit. n. Sirges/Sanner/Pedersen, Gustav Heinemanns Versöhnungsreisen in die Niederlande und nach Dänemark und Norwegen, S. 232.
88 Deutsche Botschaft in Oslo an Auswärtigs Amt, 14.9.1970, Barch Koblenz, B 122/15002.
89 Pressestimmen zit. bei Sirges/Sanner/Pedersen, Gustav Heinemanns Versöhnungsreisen in die Niederlande und nach Dänemark und Norwegen, S. 238.
90 Deutsche Botschaft in Oslo an Auswärtiges Amt, 14.9.1970, Barch Koblenz, B 122/15002.
91 Aftenposten, 9.9.1970, Übersetzung nach Pressespiegel Bundespräsidialamt, Barch Koblenz, B 122/15003.

92 Zit. n. Bahn-Flessburg, Leidenschaft mit Augenmaß, S. 150.
93 Die Welt, 11.6.1970, Heinemann in einem Interview mit »Der Spiegel«, 27/1970.
94 Botschaft in Oslo an Auswärtiges Amt und Bundespräsidialamt, 22.7.1970, Barch Koblenz, B 122/15002.
95 Bundespräsidialamt an Auswärtiges Amt, 26.4.1971, Barch Koblenz, B 122/15006.
96 Geert Müller-Gerbes, Pressereferent des Bundespräsidenten, Tagebuchvermerk, 11.5.1971, Barch Koblenz, B 122/15007.
97 Brandt an Heinemann, 21.12.1970, Barch Koblenz, B 122/15006.
98 Helmut Gollwitzer an Heinemann, 12.5.1971, EZA, NL Gollwitzer, 686/502.
99 Auswärtiges Amt, Vermerk an Referat AP des Bundespräsidialamtes, Februar 1971, Barch Koblenz, B 122/15006.
100 Von Wechmar (Bundespresseamt) an Staatssekretär Ahlers (Leiter des Bundespresseamtes), Vermerk, 30.3.1971, Barch Koblenz, B 122/15007.
101 Referat AP des Bundespräsidialamtes (u. a. Völkerrechtliche Vertretung des Bundes), Vermerk vom 2.3.1971, Barch Koblenz, B 122/15006.
102 Rundtelegramm des Auswärtigen Amtes an deutsche Botschaften, 21.5.1971, Barch Koblenz, B 122/15006.
103 Referat AP des Bundespräsidialamtes, Vermerk über Gespräch des Bundespräsidenten mit dem rumänischen Botschafter, 2.3.1971, Barch Koblenz, B 122/15006.
104 Bundespräsidialamt, Referat AP, »Gedächtnisvermerk über Vier-Augen-Gespräch zwischen Staatspräsident Ceausescu und Bundespräsident Heinemann am 17. Mai 1971«, Barch Koblenz, B 122/15006.
105 Referat AP des Bundespräsidialamtes, »Protokoll der offiziellen Gespräche beim Staatsrat am Dienstag, dem 18. Mai 1971«, Barch Koblenz, B 122/15006. Im übrigen hatte Heinemann mit seiner damaligen Einschätzung recht. Mit dem Vier-Mächte-Abkommen über Berlin vom September 1971 war ein großes Hindernis im europäischen Entspannungsprozess überwunden und damit der Weg frei für eine europäische Sicherheitskonferenz.
106 Wortlaut nach einer Reuters-Meldung, die in vielen Zeitungen zitiert wurde. Zur Vorgeschichte des Bonn-Besuchs von Van Thieu vgl. Schwarz, Hans-Peter (Hg.), Akten zur auswärtigen Politik der Bundesrepublik Deutschland, 1973, München 2004, S. 493; Vgl. auch Leicht, Robert, »Mal was riskieren«. in: Die Zeit, 1.7.2004. Die dort aufgestellte Behauptung, Bundespräsident Heinemann habe einen Handschlag mit Van Thieu dadurch bewusst vermieden, dass er den rechten Arm in einer Verbandsschlinge trug, konnte nicht verifiziert werden.
107 Schwarz, Hans-Peter (Hg.), Akten zur auswärtigen Politik der Bundesrepublik Deutschland, 1973, München 2004, S. 394 f.
108 Auswärtiges Amt, Briefentwurf, 22.5.1974, Barch Koblenz, B 122/12254.
109 Brigitte Gollwitzer an Hilda Heinemann, 11.2.1970, EZA, NL Gollwitzer, 686/501.
110 Derix, Simone, Bebilderte Politik, S. 327.
111 Zit. n. Bahn-Flessburg, Leidenschaft mit Augenmaß, S. 108.
112 Bahn-Flessburg, Leidenschaft mit Augenmaß, S. 185.
113 Rau, Johannes, Vom Gesetzprüfungsrecht des Bundespräsidenten, in: Deutsches Verwaltungsblatt, 119. Jg., H1/2004 (Sonderdruck), S. 1–8, S. 2.
114 Lenski, Daniel, Von Heuss bis Carstens. Das Amtsverständnis der ersten fünf Bundespräsidenten unter besonderer Berücksichtigung ihrer verfassungsrechtlichen Kompetenzen, Leipzig 2009, S. 94 f.
115 Rau, Gesetzprüfungsrecht des Bundespräsidenten, S. 3.
116 Lenski, Von Heuss bis Carstens, S. 96 f.

117 Heinemann, Fernsehansprache vom 23.5.1972, zit. n. Lenski, Von Heuss bis Carstens, S. 96.
118 Wolfrum, Edgar, Die geglückte Demokratie, Bonn 2007, S. 312.
119 Herbert Wehner in einem Fernsehinterview, 5.1.1980, zit. n. Terjung, Knut (Hg.) Der Onkel. Herbert Wehner in Gesprächen und Interviews, Hamburg 1986, S. 165.
120 Birke, Adolf, Präsidiales Entscheidungshandeln in politischen Krisensituationen, in: Jäckel, Eberhard/Möller, Horst/Hermann, Rudolph (Hg.), Von Heuss bis Herzog, Stuttgart 1999, S. 87–107, S. 95.
121 Baring, Machtwechsel. S. 489; Lenski, Von Heuss bis Carstens, S. 92.
122 Heinemann, Fernsehansprache vom 22.9.1972, abgedr. in: Heinemann, Gustav W., Reden und Interviews, Bd. IV, hrsg. vom Presse- und Informationsamt der Bundesregierung, Bonn 1973, S. 38.
123 Heinemann, Interview mit dem Rheinischen Merkur, 24.11.1972, abgedr. in: Heinemann, Gustav W., Reden und Interviews, Bd. IV, hrsg. vom Presse- und Informationsamt der Bundesregierung, Bonn 1973, S. 181–184, S. 184.
124 Zur staatsrechtliche Diskussion um das Prüfungsrecht des Bundespräsidenten bei Ernennungen und Entlassungen vgl. Lenski, Von Heuss bis Carstens, S. 30 f.
125 Lenski, Von Heuss bis Carstens, S. 90 f.
126 Lenski, Von Heuss bis Carstens, S. 42 f.
127 Heinemann, Antwort auf eine Umfrage »Haben Sie ein Hobby?«, in: Kirche und Mann, September 1963, AdsD, NL Heinemann 161.
128 Zit. n. Bahn-Flessburg, Leidenschaft mit Augenmaß, S. 248.
129 Stern, Carola, Zwei Christen in der Politik. Gustav Heinemann und Helmut Gollwitzer, München 1979, S. 59.
130 Stern, Carola, Zwei Christen in der Politik, S. 9.
131 Zit. n. Vinke, Heinemann, S. 164.
132 Brigitte Gollwitzer an Hilda und Gustav Heinemann, 8.8.1970, EZA, NL Gollwitzer, 686/501.
133 Helmut Gollwitzer an Gustav Heinemann, 5.9.1970, EZA, NL Gollwitzer, 686/501.
134 Brigitte Gollwitzer an Hilda und Gustav Heinemann, Januar 1970, EZA, NL Gollwitzer, 686/501.
135 Brigitte Gollwitzer an Hilda und Gustav Heinemann, 5.9.1970, EZA, NL Gollwitzer, 686/501.
136 Brigitte Gollwitzer an Gustav und Hilda Heinemann, 20.11.1970, EZA, NL Gollwitzer, 686/501.
137 Brigitte Gollwitzer an Gustav Heinemann, 10.1.1971, EZA, NL Gollwitzer, 686/502.
138 Gollwitzer an Heinemann, 26.6.1971, EZA, NL Gollwitzer, 686/502.
139 Zit. n. Bahn-Flessburg, Leidenschaft mit Augenmaß, S. 194.
140 Vgl. Süddeutsche Zeitung, 31.1/1.2.2009; Bahn-Flessburg, Leidenschaft mit Augenmaß, S. 195.
141 Zit. n. Bahn-Flessburg, Leidenschaft mit Augenmaß, S. 195.
142 Brigitte Gollwitzer an Gustav Heinemann, 31.8.1972; 5.12.1972 EZA, NL Gollwitzer, 686/505.
143 Helmut Gollwitzer an Heinemann, 11.1.1973, EZA, NL Gollwitzer, 686/505.
144 Heinemann, Ansprache beim Neujahrsempfang für das Diplomatische Korps, 19.1.1973, abgedr. in: Heinemann, Gustav W., Reden und Interviews (IV), hrsg. vom Presse- und Informationsamt der Bundesregierung, Bonn 1973, S. 95–99; S. 95.
145 Brigitte und Helmut Gollwitzer an Heinemann, 26.6.1971, EZA NL Gollwitzer, 686/502.
146 Heinemann, Einleitung zu Ders., Allen Bürgern verpflichtet. Reden des Bundespräsidenten 1969–1974, Frankfurt a. M. 1975, S. 6.

147 Vgl. Jochum, Michael, Worte als Taten. Der Bundespräsident im demokratischen Prozess der Bundesrepublik Deutschland, Gütersloh 2000.

148 Heinemann, Ansprache aus Anlass der Eröffnung der Erinnerungsstätte für die deutschen Freiheitsbewegungen in Rastatt, 26.6.1974, abgedr. in: Heinemann, Gustav W., Reden und Interviews (V), hrsg. vom Presse- und Informationsamt der Bundesregierung, Bonn 1974, S. 161–170, S. 164.

149 Heinemann, Geschichtsbewusstsein und Tradition in Deutschland, Ansprache bei der Schaffermahlzeit in Bremen, 13.2.1970, abgedr. in: Heinemann, Gustav W., Reden und Interviews (I), hrsg. vom Presse- und Informationsamt der Bundesregierung, Bonn 1970, S. 75–81, S. 78, S. 80.

150 Heinemann, Rede beim Antrittsbesuch in Baden-Württemberg, Stuttgart, 3.11.1969, abgedr. in: Heinemann, Gustav W., Reden und Interviews (I), hrsg. vom Presse- und Informationsamt der Bundesregierung, Bonn 1970, S. 40–47, S. 46.

151 Heinemann, Ansprache aus Anlass der Eröffnung der Erinnerungsstätte für die deutschen Freiheitsbewegungen in Rastatt, 26.6.1974, abgedr. in: Heinemann, Gustav W., Reden und Interviews (V), hrsg. vom Presse- und Informationsamt der Bundesregierung, Bonn 1974, S. 161–170, S. 169.

152 Ebd., S. 164, S. 166.

153 Wolfrum, Die geglückte Demokratie, Bonn 2007, S. 311.

154 Heinemann, Weihnachtsansprache, 24.12.1971, abgedr. in: Heinemann, Gustav W., Reden und Interviews (III), hrsg. vom Presse- und Informationsamt der Bundesregierung, Bonn 1972, S. S. 79–84, S. 80, S. 82.

155 Heinemann, Ansprache bei der Jahrtausendfeier für Roswitha von Gandersheim, die erste deutsche Dichterin, 26.5.1973, abgedr. in: Heinemann, Gustav W., Reden und Interviews (IV), hrsg. vom Presse- und Informationsamt der Bundesregierung, Bonn 1973, S. 151–155, S. 154 f.

156 Heinemann, 25 Jahre Grundgesetz. Ansprache beim Festakt im Deutschen Bundestag, 24.5.1974, abgedr. in: Heinemann, Gustav W., Reden und Interviews (V), hrsg. vom Presse- und Informationsamt der Bundesregierung, Bonn 1974, S. 116–130, S. 119.

157 Heinemann, Abschied vom Amt, Ansprache auf der gemeinsamen Sitzung des Deutschen Bundestages und des Bundesrates, Bonn, 1.7.1974, abgedr. in: Heinemann, Gustav W., Reden und Interviews (V), hrsg. vom Presse- und Informationsamt der Bundesregierung, Bonn 1974, S. 171–177, S. 174.

158 Rede des Bundespräsidenten bei der Trauerfeier für die Opfer des Olympia-Attentats, 6.9.1972, Ms, Barch Koblenz, B 122/15033, abgdr. in: Heinemann, Gustav, Allen Bürgern verpflichtet. Reden des Bundespräsidenten, Frankfurt a. M. 1975, S. 105 f.

159 Vgl. Brief von Theodor Eschenburg an Heinemann, 11.9.1972, Barch Koblenz, B 122/15033; Aussage von Heinemanns Pressesprecher Geert Müller-Gerbes, in: Gustav Heinemann und seine Politik, hrsg. Vom Haus der Geschichte der Bundesrepublik Deutschland, Berlin 1999, S. 89; Dazu auch das Interview des israelischen Botschafters Eliashiv Ben-Horin mit »Der Spiegel«, 46/1972.

160 Fritz Caspari (Stellv. Chef des Bundespräsidialamts), Vermerk für den Bundespräsidenten, 23.10.1972, Barch Koblenz, B 122/15033.

161 Der isralische Staatspräsident Zalman Shazar an Heinemann, 21.9.1972, (Telegramm), Barch Koblenz, B 122/15034.

162 Vgl. den Bericht des deutschen Botschafters in Israel, Jesco von Puttkamer, vom 21.11.1972. Darin heißt es u. a. »Die geradezu eruptiven Emotionen breiter Bevölkerungskreise schwingen noch nach. Im Gegensatz zu ›München‹ hat die Regierung – wenigstens im Anfang – nichts getan, die Erregung im Lande zu dämpfen. Wie schon im September,

aber diesmal in noch ernsterer Form, stellten sich überall Assoziationen zur deutschen NS-Vergangenheit ein. … Es war … klar …, dass diejenigen Kräfte im Regierungslager die Oberhand behielten, die einen harten Kurs … gegenüber der Bundesrepublik als die einzig richtige israelische Deutschland-Politik betrachteten.«, Bericht des deutschen Botschafters in Israel an das AA, 21.11.1972, Barch B 122/7898.

163 Schreiben der Angehörigen von Opfern des Attentats auf die israelische Olympia-Mannschaft, (November 1972), Barch Koblenz, B 122/7898.

164 Heinemann, Antwortschreiben an die Angehörigen von Opfern des Attentats auf die israelische Olympia-Mannschaft, 12.12.1972, Barch Koblenz, B 122/7898. Schon bald nach der Entführung der Lufthansa-Maschine Ende Oktober 1972 gab es Gerüchte, dass die Bundesregierung von diesem Terror-Akt nicht völlig überrascht worden sei. Später tauchten Dokumente auf, denen zufolge es sich sogar um ein abgekartetes Spiel zwischen Bundesregierung und palästinensischen Terror-Organisationen gehandelt haben könnte. Der Bundesregierung sei nämlich sehr daran gelegen gewesen, die drei inhaftierten Terroristen so schnell wie möglich »loszuwerden«, damit die Bundesrepublik nicht zum Ziel palästinensischer Terroristen würde. Befragte Entscheidungsträger aus dieser Zeit, u. a. der damalige Innenminister Genscher und Kanzleramtsminister Horst Ehmke, widersprachen dieser Vermutung vehement. FAZ, 9.11.2006, Vgl. auch den Fernseh-Bericht von »report München« vom 18.6.2013; Noch im Juni 2013 bestritt die Bundesregierung, dass es in ihren Akten irgendwelche Hinweise darauf gebe, dass »deutsche Stellen von der bevorstehenden Entführung des Lufthansafluges LH 615 im Oktober 1972 gewusst haben«. Antwort des Parl. Staatssekretärs Ole Schröder auf eine kleine Anfrage, Verhandlungen des Deutschen Bundestages, 17. Wahlperiode, 249. Sitzung am 26.6.2013, S. 31873.

165 Ilse B. an Bundespräsident Heinemann, 3.7.1972, Barch Koblenz B122/16319.

166 Erklärung des Bundespräsidenten zum Anschlag auf das Springer-Verlagshaus in Hamburg am 19.5.1972, Barch Koblenz, B 122/16319.

167 Zit. n. Baring, Machtwechsel, S. 387 f. und Bahn-Flessburg, Leidenschaft mit Augenmaß, S. 146 (dort im Wortlaut etwas abweichend. Das ursprüngliche Ms konnte im Bundesarchiv nicht ermittelt werden.).

168 Wortlaut in: Baring, Machtwechsel, S. 388 f.

169 Bundespräsidialamt namens des Bundespräsidenten an Ilse B., 12.7.1972, Barch Koblenz B 122/16319. Name im Original ausgeschrieben.

170 Heinemann an Pfarrer Dieter B. (im Original ausgeschrieben), 22.4.1974, Barch Koblenz, B 122/16320.

171 Martin Walser, Walter Jens, Günter Herburger, Carola Stern u. a. an Bundespräsident Heinemann, 12.2.1973. In dem Schreiben wird u. a. die »Einzelhaft, die durch totale Isolierung ergänzt wird,« angeprangert. Diese und andere Maßnahmen »stellen einen Akt des psychischen und physischen (Drucks) gegen einen Untersuchungshäftling dar.« Die »Anwendung solcher Maßnahmen (sei) ein klarer Verstoß gegen die Bestimmungen der ›Europäischen Konvention zum Schutz der Menschenrechte und Grundfreiheiten‹.« Barch Koblenz, B 122/16320.

172 Staatssekretär des BMJ an Staatssekretär Spangenberg (Bundespräsidialamt), 22.2.1973, Barch Koblenz, B 122/16320; Vermerk des BMJ, 13.2.1973, Barch B 122/16320.

173 Vgl. Winkler, Willi, Die Geschichte der RAF, Berlin 2007, S. 223 ff., Peters, Butz, Tödlicher Irrtum. Die Geschichte der RAF, Frankfurt a. M. 2008, S. 326 f.

174 Heinemann, Rede zum Volkstrauertag, Wiesbaden, November 1964, abgedr. in: Ders., Der Frieden ist der Ernstfall, hrsg. von Martin Lotz, München 1981, S. 57–60, S. 60.

175 Ebd.

176 Abgedr. in: Heinemann, Gustav W., Reden und Interviews (I), hrsg. vom Presse- und Informationsamt der Bundesregierung, Bonn 1970, S. 9–17, S. 11.
177 Heinemann, Ansprache zum 30. Jahrestag des Kriegsbeginns, 1.9.1969, abgedr. in: Heinemann, Gustav W., Reden und Interviews (I), hrsg. vom Presse- und Informationsamt der Bundesregierung, Bonn 1970, S. 48–52, S. 50 f.
178 Vgl. den unter Federführung des Auswärtigen Amtes erarbeiteten »2. Rohentwurf Projektvorschlag Deutsche Friedensforschung«, 28.10.1969. Darin wird u.a. »der soziale Friede« als »unabdingbare Voraussetzung für jeglichen äußeren Frieden« bezeichnet. Barch Koblenz, B 122/11333.
179 Bericht über Fördertätigkeit der DGFK im Jahr 1972, Barch Koblenz, B 122/11425.
180 Schütz, Heinemann und das Problem des Friedens, S. 261.
181 Fritz Caspari (Bundespräsidialamt), Aufzeichnung über Besuch von Prof. Dr. Carl Friedrich von Weizsäcker beim Bundespräsidenten Heinemann am 6.10.1969, Barch Koblenz, B 122/11333.
182 Heinemann, Aufgabe und Bedeutung der Friedensforschung, abgedr. in: Ders., Allen Bürgern verpflichtet. Reden des Bundespräsidenten, Frankfurt a.M. S. 209–211, S. 209.
183 Vgl. Treffke, Heinemann, S. 205.
184 Rudolf Hartung, Zeitungsartikel (um 1972), als Ausriss von Brigitte Gollwitzer einem Brief vom 23.11.1973 an Gustav und Hilde Heinemann beigelegt, EZA NL Gollwitzer 686/507.
185 Zit. n. Bahn-Flessburg, Leidenschaft mit Augenmaß, S. 255.
186 Baring, Machtwechsel, S. 626.
187 Treffke, Heinemann, S. 206; S. 322. Anm. 174.
188 Heinemann, Abschied vom Amt. Ansprache auf der gemeinsamen Sitzung des Deutschen Bundestages und des Bundesrates, Bonn, 1.7.1974, abgedr. in: Heinemann, Gustav W., Reden und Interviews (V), hrsg. vom Presse- und Informationsamt der Bundesregierung, Bonn 1974, S. 171–177, S. 172 f.
189 Ebd., S. 174.
190 Ebd., S. 175.
191 Süddeutsche Zeitung, 30.6.1974, zit. n. Treffke, Heinemann, S. 206.
192 Heinemann, Rundfunkinterview mit dem RIAS, 22.6.1974, abgedr. in: Heinemann, Gustav W., Reden und Interviews (V), hrsg. vom Presse- und Informationsamt der Bundesregierung, Bonn 1974. S. 181–195, S. 193 f.
193 Stuttgarter Zeitung, 22.6.1974, zit. n. Treffke, Heinemann, S. 206.
194 Heinemann, Einleitung zu: Ders., Allen Bürgern verpflichtet. Reden des Bundespräsidenten 1969–1974, Frankfurt a.M. 1975, S. 6.
195 Heinemann, Rede beim Antrittsbesuch in Berlin, 18.7.1969, abgedr. in: Heinemann, Gustav W., Reden und Interviews (I), hrsg. vom Presse- und Informationsamt der Bundesregierung, Bonn 1970, S. 27–30, S. 30.
196 Heinemann, Bundestagsrede am 10.5.1968, in: Ders., Schwierige Vaterländer, S. 337–342, S. 341.
197 Heinemann, Rede beim Antrittsbesuch in Berlin, 18.7.1969, abgedr. in: Heinemann, Gustav W., Reden und Interviews (I), hrsg. vom Presse- und Informationsamt der Bundesregierung, Bonn 1970, S. 30.
198 Heinemann, Einleitung zu: Ders., Allen Bürgern verpflichtet. Reden des Bundespräsidenten 1969–1974, S. 7.
199 Lotz, Martin, Gustav Heinemann als Altbundespräsident, in: Thierfelder/Riemenschneider (Hg.), Gustav Heinemann. Christ und Politiker, Karlsruhe 1999, S. 234–239. »Zu dritt rangen wir am Telefon um jede Formulierung, damit zwischen Frau Meinhof und dem Staat der BRD wirklich eine Brücke gebaut werde.« Ebd., S. 237 (Martin Lotz war nach

dem Ausscheiden Heinemanns aus dem Amt des Bundespräsidenten dessen persönlicher Sekretär.).

200 Heinemann an Ulrike Meinhof, 11.12.1974, als Faksimile abgedr. in: Vinke, Heinemann, S. 219f.
201 Treffke, Heinemann, S. 208.
202 Heinemann an Carstens, 10.1.1975, zit. n. Treffke, Heinemann, S. 209.
203 Brigitte Gollwitzer an Hilda und Gustav Heinemann, 28.4.1971, EZA NL Gollwitzer 686/502.
204 Sudhoff, Jürgen, »Stipendium« vom Bundespräsidenten, in: Cicero, 8/2007, S. 62.
205 Treulieb, Jürgen, Rudi Dutschke und der bewaffnete Kampf, in: Kommune 5/2007.
206 Heinemann, »25 Jahre Grundgesetz. Ansprache beim Festakt im Deutschen Bundestag, 24.5.1974, abgedr. in: Heinemann, Gustav W., Reden und Interviews (V), hrsg. vom Presse- und Informationsamt der Bundesregierung, Bonn 1974, S. 127.
207 Treffke, Heinemann, S. 323, Anm. 204.
208 Heinemann, Freimütige Kritik und demokratischer Rechtsstaat, in: Aus Politik und Zeitgeschichte, 20,21/1976, S. 3–7.
209 Brigitte Gollwitzer, zit. n. Vinke, Gustav Heinemann, S. 221.
210 Stern, Carola, Zwei Christen in der Politik, S. 87.
211 FAZ, 13.7.1976.

Anmerkungen zu Kapitel XII. – Schlussbetrachtung

1 CDU-Pressedienst, 9.2.1952, zit. n. Koch, Deutschlandfrage, S. 284.
2 Eppler, Erhard, Parteiwechsel statt Überzeugungswechsel, in: Thierfelder, Jörg/Riemenschneider, Matthias (Hg.), Gustav Heinemann. Christ und Politiker, Karlsruhe 1999, S. 196–207.
3 Stern, Carola, Zwei Christen in der Politik, S. 36.
4 Heinemann, Tagebuch, 9.5.1920.
5 Heinemann, Gedenkrede zum 100. Geburtstag von Friedrich Ebert, 4.2.1971, abgedr. in: Ders., Allen Bürgern verpflichtet. Reden des Bundespräsidenten 1969–1974 (Reden und Schriften I), Frankfurt a.M. 1975, S. 62–65, S. 64.
6 Heinemann an Röpke, 21.8.1939, AdsD NL Heinemann Allg. Korresp.
7 Heinemann an Röpke, 21.8.1939, AdsD NL Heinemann Allg. Korresp.
8 Heinemann, Vortrag in Marl, 16.1.1948, Ms, AdsD NL Heinemann 0121.
9 Heinemann, Deutsches Bergrecht seit 1933, in: Deutsche Bergwerkszeitung, 16.5.1940, AdsD NL Heinemann 0118.
10 Heinemann, Rede im Landtag von NRW, 5.8.1948, AdsD NL Heinemann 0121.
11 Neue Zürcher Zeitung, 12.3.1969.
12 Heinemann, Notizen (um 1955), AdsD NL Heinemann Teil 2 040.
13 Prantl, Heribert, Süddeutsche Zeitung, 5.1.2012.

Anmerkungen zu Kapitel XIII. – Anhang

1 Lindemann, Helmut, Gustav Heinemann. Ein Leben für die Demokratie, München 1978, S. 15f.

2 Ebd., S. 11.
3 Brigitte Gollwitzer in einem Brief an Gustav Heinemann vom 4.5.1975; »Du musst [Memoiren] schreiben. Hast Du schon ein paar Sätze? Wart nur bis der Pfingstbesuch [des Ehepaars Gollwitzer, T. F.] kommt, der wird wieder beleben, was schon versunken zu sein scheint.« EZA NL Gollwitzer 686/509.
4 Bödeker, Hans Erich, Biographie. Annäherungen an den gegenwärtigen Forschungs- und Diskussionsstand, in: Ders. (Hg.), Biographie schreiben, Göttingen 2003, S. 9–63, S. 10. Zur neueren Diskussion über die Gattung der historischen Biographie vgl. u. a. Etzemüller, Thomas. Biographien. Lesen – erforschen – erzählen, Frankfurt a. M. 2012, Klein, Christian (Hg.), Handbuch Biographie. Methoden, Traditionen, Theorie, Stuttgart 2009, Bödeker, Hans Erich, Biographie. Annäherungen an den gegenwärtigen Forschungs- und Diskussionsstand, in: Ders. (Hg.), Biographie schreiben, Göttingen 2003, S. 9–63
Hähner, Olaf, Historische Biographik. Die Entwicklung einer geschichtswissenschaftlichen Darstellungsform von der Antike bis ins 20. Jahrhundert, Frankfurt a. M. 1999
Klein, Christian (Hg.), Grundlagen der Biographik. Theorie und Praxis des biographischen Schreibens, Stuttgart 2002. Le Goff, Jacques, Der Historiker als Menschenfresser, in: Freibeuter 41/1989, S. 21–28. Le Goff, Jacques, Wie schreibt man eine Biographie? In: Wie Geschichte geschrieben wird, Berlin 1998, S. 103–112. Rüsen, Jörn/Straub, Jürgen (Hg.), Die dunkle Spur der Vergangenheit. Psychoanalytische Zugänge zum Geschichtsbewusstsein. Erinnerung, Geschichte, Identität 2, Frankfurt a. M. 1998. Rohlfes, Joachim, Ein Herz für Personengeschichte? Strukturen und Persönlichkeiten in Wissenschaft und Unterricht, in: GWU 5/6 (1999), S. 305–320.
5 Bourdieu, Pierre, Die biographische Illusion, in: Ders., Praktische Vernunft, Frankfurt a. M., 1998, S. 75–82, S. 78.
6 Felken, Detlef, Die Größe der Anderen. Anmerkungen zur Lage der Biographie, in: Non Fiktion, 8. Jg., H 1/2013, S. 22.
7 Burckhardt, Jacob, Weltgeschichtliche Betrachtungen, München 1978, S. 3.
8 Bödeker, Hans Erich, Biographie. Annäherungen an den gegenwärtigen Forschungs- und Diskussionsstand, in: Ders. (Hg.), Biographie schreiben, Göttingen 2003, S. 9–63, S. 20
9 Felten, Die Größe der Anderen, in: Non Fiktion 8. Jg., H 1/2013, S. 26.
10 Auf der anderen Seite gibt es weiterhin (oder wieder) eine gewisse Unbekümmertheit um die Methodenreflexion beim Verfassen von Biographien, die als entbehrliches Beiwerk, wenn nicht gar Ballast gesehen wird. So lobt der Rezensent einer 2011 erschienen Biographie über Erich Ludendorff den Autor ausdrücklich dafür, dass er sich nicht »allzu sehr den Kopf darüber (zerbricht), wie man heutzutage das Projekt einer Biographie angehen sollte. Er schreibt , und das ist eher gut so, mit einer gewissen konzeptionellen Unbefangenheit.« (Peter Graf Kielmansegg, Rez. zu Nebelin, Manfred, Ludendorff. Diktator im Ersten Weltkrieg. München 2011, in: FAZ, 18.7.2011)
11 Bödeker, Biographie, S. 28.
12 Kracauer, Siegfried, Jacques Offenbach und das Paris seiner Zeit (1937), Frankfurt a. M. 1976, S. 9.
13 Goethe, Johann Wolfgang, Dichtung und Wahrheit, (Werke, Bd. 9, Hamburger Ausgabe), 9. Aufl. 1981, S. 9.
14 Antonia Grunenberg, zit. bei, Ullrich, Volker, Die schwierige Königsdisziplin, in: Die Zeit, 4.4.2007.

Personenregister

O

P

R

S

Z

Der Autor

Thomas Flemming, Studium der Geschichte, Germanistik und Philosophie. Historiker und Publizist.
Zahlreiche Veröffentlichungen zu zeitgeschichtlichen Themen, u. a.:

Die Berliner Mauer. Geschichte eines politischen Bauwerks, Berlin 1999
Der 17. Juni 1953. Kein Tag der deutschen Einheit, Berlin 2003
Vor Gericht. Deutsche Prozesse in Ost und West nach 1945, Berlin 2005 (zus. mit Bernd Ulrich)
Berlin im Kalten Krieg. Der Kampf um die geteilte Stadt, Berlin 2008
Die MAN. Eine deutsche Industriegeschichte, München 2008 (zus. mit Johannes Bähr und Ralf Banken)

www.thomasflemming.de